Sung Tieu
One Thousand Times

ed. Lynn Kost
Kunst Museum Winterthur
Kunsthalle Nürnberg
Snoeck

State-owned Enterprises and Contract Workers in the GDR
Kito Nedo

Volkseigentum, literally "property of the people," was a synonym for state ownership in the former German Democratic Republic (GDR). Important industrial plants, construction companies, mining operations, farms, traffic routes, natural resources, agricultural land, forests, schools, and kindergartens were declared "property of the people" by the Socialist Unity Party, known as the SED. The constitution accordingly declared, "The socialist state guarantees the use of state-owned property with the aim to achieve the highest results for society." It also stipulated that "the use and the management of state-owned property will be fundamentally carried out by the state-owned enterprises and state-run agencies." It is estimated that by the end of the 1980s nearly seven million people were employed by the state-owned enterprises, known as the VEB—as compared with ten million in the entire economy and a population of around sixteen million.

In 1989 there were approximately ninety-five thousand contract workers registered in the GDR.[1] Starting in the late 1970s and early 1980s, as a result of bilateral contracts with "brother states" such as Angola, Mozambique, Algeria, and Cuba, workers were brought to the GDR for a limited period of four or five years, sometimes as long as seven years, for education and work. Permanent employment and unlimited residency were not stipulated in the contracts.

In early 1980, the GDR signed a labor recruitment agreement with the Socialist Republic of Vietnam. With sixty thousand workers in around seven hundred enterprises throughout the GDR, the Vietnamese were the largest group of contract workers in the country. They were often employed in debilitating two- and three-shift systems and in areas with high accident rates and health risks. While the contract workers served to counteract the lack of workers in the GDR economy, propaganda focused especially on the act of international solidarity that was represented by their training of thousands of young Vietnamese as specialized workers.

Shortly before the dissolution of the GDR in 1990, the Vietnamese were often the first to lose their jobs, even though the bilateral agreements were still valid. Many enterprises closed the accommodations they had run, and the contract workers were forced to return home. The statutory compensation of three thousand German marks for the loss of their employment was withheld in many cases. When the GDR ceased to exist in 1990, all aspects of state-owned property were liquidated and quickly put out of commission or privatized. Around eight thousand VEBs and state-run enterprises were transferred to the management of a specially founded trust agency. When East Germany and West Germany were united on October 3, 1990, only about twenty-one thousand Vietnamese contract workers were still living in eastern Germany. They were not allowed to seek employment in western Germany. A slow, yearslong fight for the right to remain and against impending deportation began in united Germany. There was also an increase in violent racist attacks, which sadly culminated in a racist pogrom lasting several days in the summer of 1992 in Rostock-Lichtenhagen. It was not until 1997 that a new law granted the former contract workers immigration rights equal to migrant workers in western Germany, as well as the right to an unlimited residence permit in certain cases.

1   See Patrice G. Poutrus, "Arbeitskräfte für den Sozialismus: Die Vertragsarbeiter*innen," in "DDR postkolonial," special issue, *Peripherie* (Leverkusen, Germany) 165–66 (January 2022), 214–16.

Volkseigene Betriebe und Vertragsarbeiter in der DDR
Kito Nedo

Volkseigentum lautete in der ehemaligen DDR das Synonym für staatliches Eigentum. Wichtige Industrie-, Bau-, Bergbau- und Landwirtschaftsbetriebe, Verkehrswege, Bodenschätze, landwirtschaftliche Nutzflächen, Wälder, Schulen und Kindergärten wurden vom SED-Staat als Volkseigentum deklariert. „Der sozialistische Staat gewährleistet die Nutzung des Volkseigentums mit dem Ziel des höchsten Ergebnisses für die Gesellschaft", hiess es im entsprechenden Artikel der DDR-Verfassung, und weiter: „Die Nutzung und Bewirtschaftung des Volkseigentums erfolgt grundsätzlich durch die volkseigenen Betriebe und staatlichen Einrichtungen." Ende der 1980er Jahre waren schätzungsweise knapp 7 Millionen Menschen in den staatlichen VEBs, den sogenannten Volkseigenen Betrieben beschäftigt – bei knapp 10 Millionen Beschäftigten in der gesamten Wirtschaft und einer Gesamtbevölkerung von rund 16 Millionen.

1989 waren rund 95.000 Vertragsarbeiter*innen in der DDR registriert.[1] Ab Ende der 1970er, Anfang der 1980er waren sie auf der Grundlage bilateraler Verträge aus „befreundeten" Ländern wie Angola, Mosambik, Algerien oder Kuba für die befristete Dauer von vier oder fünf, manchmal bis zu sieben Jahren für Ausbildung und Arbeit in die DDR geholt worden. Eine permanente Anstellung und ein unbefristetes Aufenthaltsrecht waren nicht Gegenstand jener Verträge.

Im Frühjahr 1980 hatte die DDR mit der Sozialistischen Republik Vietnam ein sogenanntes Anwerbeabkommen geschlossen. Mit 60.000 Arbeiter*innen in rund 700 DDR-Betrieben stellten die Vietnames*innen die größte Gruppe innerhalb der Vertragsarbeiter*innenkohorte in der DDR. Sie wurden oft im kräftezehrenden Zwei- oder Drei-Schicht-System eingesetzt und in Bereichen, die mit Unfall- oder Gesundheitsrisiken behaftet waren. Während die DDR-Wirtschaft mithilfe der Vertragsarbeiter*innen dem Arbeitskräftemangel zu beheben suchte, hob die DDR-Propaganda vor allem darauf ab, dass tausende junge Vietnames*innen im Rahmen einer internationalen Solidaritätsaktion zu Facharbeiter*innen ausgebildet würden.

Kurz vor dem Ende der DDR 1990 waren die Vietnames*innen trotz weiterhin gültiger bilateraler Verträge oft die Ersten, denen gekündigt wurde. Viele Betriebe lösten die unter ihrer Regie stehenden Wohnunterkünfte auf. Die Vertragsarbeiter*innen wurden regelrecht zur Rückreise gedrängt. Ein ihnen gesetzlich zustehendes Entschädigungsgeld von 3000 D-Mark für den Verlust ihrer Arbeitsplätze wurde in vielen Fällen nicht ausgezahlt. Mit dem Ende der DDR wurde dann alles „Volkseigene" liquidiert und im Schnellverfahren stillgelegt oder privatisiert. Rund 8000 VEBs und Kombinate gingen in die Verwaltung einer neu gegründeten Treuhandgesellschaft über. Am ersten Tag der deutschen Einheit am 3. Oktober 1990 lebten nur noch rund 21.000 Vietnames*innen, die einst als Vertragsarbeiter*innen gekommen waren, in Ostdeutschland. Ihnen wurde verboten, im Westen Deutschlands auf Arbeitssuche zu gehen. Im wiedervereinten Deutschland begann ihr zäher und jahrelanger Kampf um das Bleiberecht und gegen die drohende Abschiebung. Hinzu kamen vermehrte und heftige rassistische Attacken, deren trauriger Höhepunkt ein mehrtägiges rassistisches Pogrom im Sommer 1992 in Rostock-Lichtenhagen war. Erst 1997 wurden die ehemaligen DDR-Vertragsarbeiter*innen durch eine Neuregelung der Bundesregierung aufenthaltsrechtlich mit den Arbeitsmigrant*innen in den alten Bundesländern gleichgestellt und erhielten unter bestimmten Bedingungen eine unbefristete Aufenthaltsgenehmigung in Deutschland.

1   Vgl. Patrice G. Poutrus, „Arbeitskräfte für den Sozialismus: Die Vertragsarbeiter*innen", in: *PERIPHERIE*, Nr. 165 + 166 (1-2022), Leverkusen-Opladen, S. 214–216.

Foreword

In 2022 the Berlin-based Vietnamese-German artist Sung Tieu made her first guest appearance at Kunst Museum Winterthur, where her room-filling installation with the suggestive title *Zugzwang* was included in the thematic exhibition "World Out of Joint." In this piece, the artist connected elements of functional design, such as administrative offices and spaces of detention, with a fictitious biography that was based on her own family story. In formal terms, the design of the furnishings was indebted to Minimalism, with a resolute content-related charge provided by the biographical references.

The combination of a reduced sculptural vocabulary and content-related issues positions Sung Tieu's work at points of rupture in the development of modernism and postmodernism. Unlike the avant-gardes of the past, today's art is no longer about a cultural and/or sociopolitical revolution, and even less about the overcoming of an established artistic canon; it is about redefining content and materials. Presenting an individual perspective of the world, the works reflect social phenomena, social upheavals, and personal experiences in a way that merges the private and the public. Corresponding to individual interests, artists refer to diverse historical positions, in addition to process-oriented, often performative approaches, unusual and innovative types of materials, archival research, interdisciplinary strategies, and the inclusion of contemporary techniques. In this way, artists cancel out historical references by means of a content-related or poetic charge of the formerly self-referential forms. Invariably, their approach involves complex strategies of subjective narration and memory recollection that open art to the world.

The issues associated with this were also the subject of the exhibition "Moment.Monument: Aspects of Contemporary Sculpture," held in 2021 at the Kunst Museum Winterthur. Tieu's exhibition "One Thousand Times," her first solo exhibition in a Swiss museum, builds on this by consistently examining the issues that are currently fundamental in sculpture. Her focus is on a postmigrant society that is full of uncertainties. Subjective points of view have long since replaced Western histography and yesterday's values, creating a complex experience of reality on the basis of which Tieu has developed her own narration in her impressive sculptural installations.

Among the freedoms available to every generation of artists is that of appropriating, reinterpreting, and even adjusting the formal vocabulary of earlier generations. The Kunsthalle Nürnberg, too, has time and again presented the work of artists who use the objectivist rhetoric of Minimalism to tell an explicitly individual story. In the past this often happened by confronting the specific history of Nuremberg as the city of Nazi rallies, such as in the group exhibition "Das Gelände" (The Site) in 2008: the Nazi legacy took center stage in this research-based project, which focused on all the phenomena related to Nazi architecture, ideology, and bureaucracy. In addition to numerous other inquiries related to identities, performativity, camp, and other pop-culture phenomena, Kunsthalle Nürnberg's current international group exhibition "Who's Afraid Of Stardust? Positions of Contemporary Queer Art" also focuses on discrimination and experiences of exclusion.

Although Sung Tieu tells a very different story about recent German history in her work, she, too, constructs a precise network of references, relationships, and interdependencies in her carefully researched projects, creating an impressive balancing act between discursive quality and aesthetic precision. The Kunsthalle Nürnberg is fortunate to be able to present her work in the largest solo exhibition to be held to date in a German institution.

Konrad Bitterli, Director, Kunst Museum Winterthur
Harriet Zilch, Director, Kunsthalle Nürnberg

Bereits 2022 war die aus Vietnam stammende und heute in Berlin lebende Künstlerin Sung Tieu zu Gast im Kunst Museum Winterthur – in der thematischen Ausstellung "Welt aus den Fugen". Der vielsagende Titel ihrer damaligen raumgreifenden Installation lautete *Zugzwang*. Darin verband die Künstlerin Elemente des funktionalen Designs, beispielsweise aus Verwaltungsräumen und Hafträumen, mit einer fiktiven Biografie, angelehnt an die eigene Familiengeschichte. Formal basierte das Mobiliarsdesign auf den Errungenschaften der Minimal Art, die durch die biografischen Verweise eine dezidierte inhaltliche Aufladung erfuhren.

In der Verbindung von reduzierter plastischer Setzung und inhaltlichen Anliegen positioniert sich Sung Tieus künstlerisches Schaffen gezielt an den Bruchstellen der Entwicklungen von Moderne und Postmoderne. Im Gegensatz zur historischen Avantgarde geht es heute nicht mehr um eine kulturelle und/oder gesellschaftspolitische Revolution, noch weniger um das Überwinden eines geläufigen künstlerischen Kanons, sondern um dessen inhaltliche und materielle Neubestimmung. So spiegeln sich in der Kunst gesellschaftliche Phänomene, soziale Verwerfungen und private Erfahrungen, sodass in den Werken, die von einer individuellen Sichtweise auf die Welt getragen sind, Privates und Öffentliches verschmelzen. Die Bezugnahmen auf historische Positionen sind vielfältig und entsprechen den jeweils individuellen Interessen, hinzukommen prozesshafte, zuweilen performative Werkansätze, ungewohnte und neuartige Materialien, archivalische Recherchen, interdisziplinäre Strategien und der Einbezug aktueller Techniken. Damit heben die Kunstschaffenden die historischen Positionen auf durch eine inhaltliche oder poetische Aufladung der ehemals selbstbezüglichen Formfindungen. Stets geht es um vielschichtige Strategien der subjektiven Erzählung und Erinnerung, welche die Kunst zur Welt hin öffnen.

Den damit zusammenhängenden Fragestellungen widmete das Kunst Museum Winterthur 2021 die Ausstellung "Moment.Monument. Aspekte zeitgenössischer Skulptur". Sung Tieus Ausstellung "One Thousand Times", ihre erste Einzelausstellung in einem Schweizer Museum, knüpft daran an, indem sie die heutigen Grundfragen der Skulptur konsequent weiterverfolgt. Inhaltlich ist dabei der Fokus auf eine postmigrantische Gesellschaft voller Ungewissheiten gerichtet. Subjektive Sichtweisen haben die westliche Geschichtsschreibung und die Sinnangebote von gestern längst abgelöst, woraus eine vielschichtige Wirklichkeitserfahrung resultiert, auf deren Grundlage Sung Tieu ihre eigenen Narrationen in beeindruckenden skulpturalen Installationen entfaltet.

Es gehört zu den Freiheiten einer jeden Künstler*innengeneration, sich das formale Vokabular älterer Generationen anzueignen, es umzudeuten oder sogar zu nivellieren. Auch die Kunsthalle Nürnberg hat wiederholt Positionen präsentiert, die die objektivistische Rhetorik des Minimalismus in diesem Sinne nutzten, um explizit individuelle Geschichten zu erzählen. In der Vergangenheit geschah dies wiederholt in Auseinandersetzung mit der spezifischen Geschichte Nürnbergs als Stadt der Reichsparteitage, zum Beispiel in der Gruppenausstellung "Das Gelände" im Jahr 2008: Das nationalsozialistische Erbe stand im Mittelpunkt recherchebasierten Arbeitens, das Phänomene rund um nationalsozialistische Architektur, Ideologie und Bürokratie in den Fokus rückte. Oder aktuell in der internationalen Gruppenausstellung "Who's Afraid Of Stardust? Positionen queerer Gegenwartskunst", die – neben zahlreichen anderen Fragestellungen rund um Identitäten, Performativität sowie Camp oder popkulturelle Phänomene – auch Diskriminierungs- und Ausgrenzungserfahrungen thematisiert.

Sung Tieu erzählt mit ihren Arbeiten eine ganz andere Geschichte der jüngeren deutschen Vergangenheit, doch auch sie konstruiert mit ihren im Detail recherchierten Werken ein präzises Netzwerk aus Verweisen, Bezügen und Interdependenzen. So entsteht ein eindrücklicher Spagat zwischen diskursiver Qualität und ästhetischer Präzision. Die Kunsthalle Nürnberg schätzt sich glücklich, ihr Werk in der bislang größten institutionellen Einzelausstellung in Deutschland präsentieren zu können.

Konrad Bitterli, Direktor Kunst Museum Winterthur
Harriet Zilch, Leiterin Kunsthalle Nürnberg

627, 2021
Stainless steel, polished stainless
steel, screws, rosettes
344 × 334 × 0.8 cm

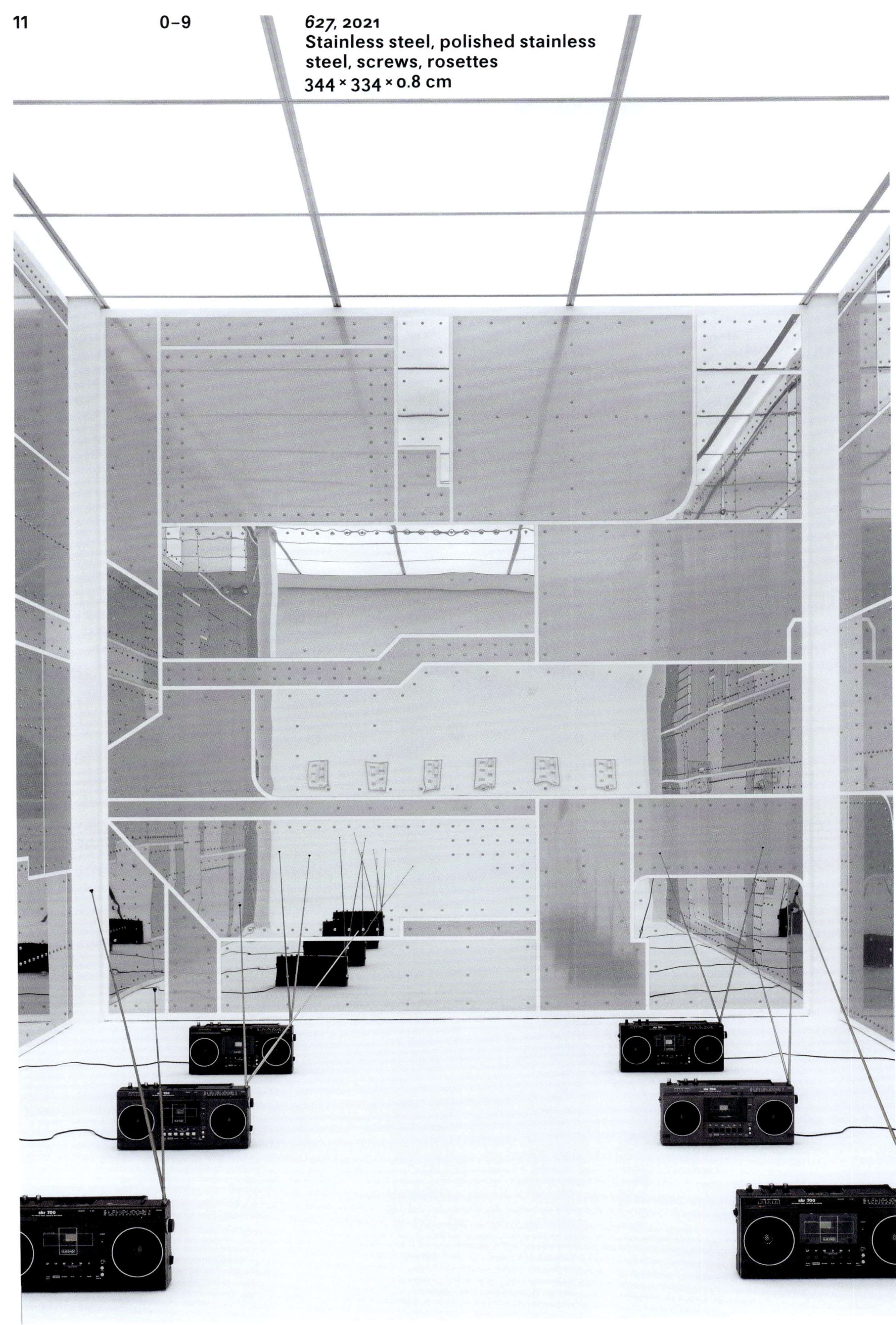

631, 2021
Silkscreen on stainless steel,
printed pattern from VEB Vowetex,
screws, rosettes
250 × 208 × 0.8 cm

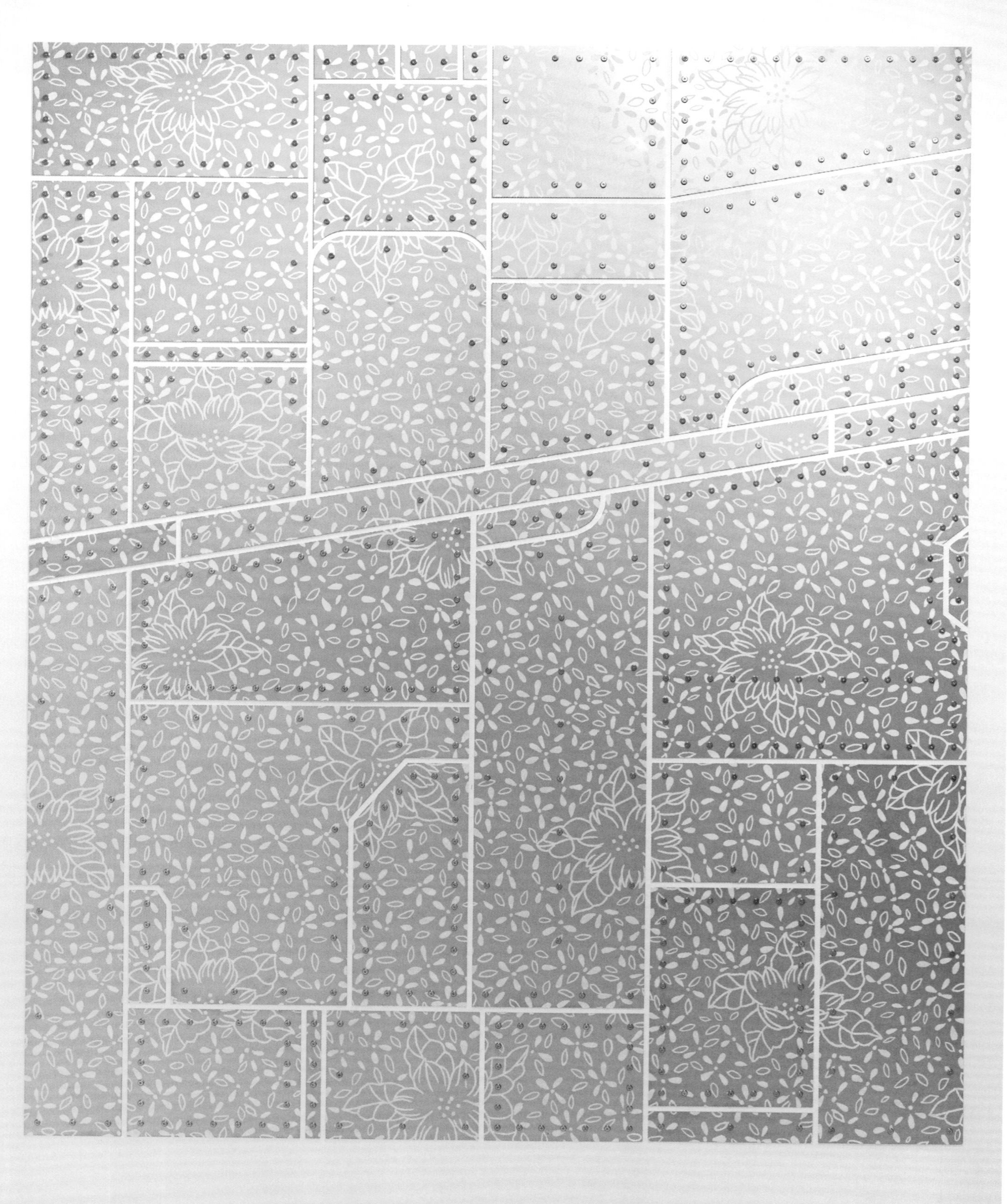

636, 2022
Polished stainless steel, screws,
rosettes
250 × 140 × 0.8 cm

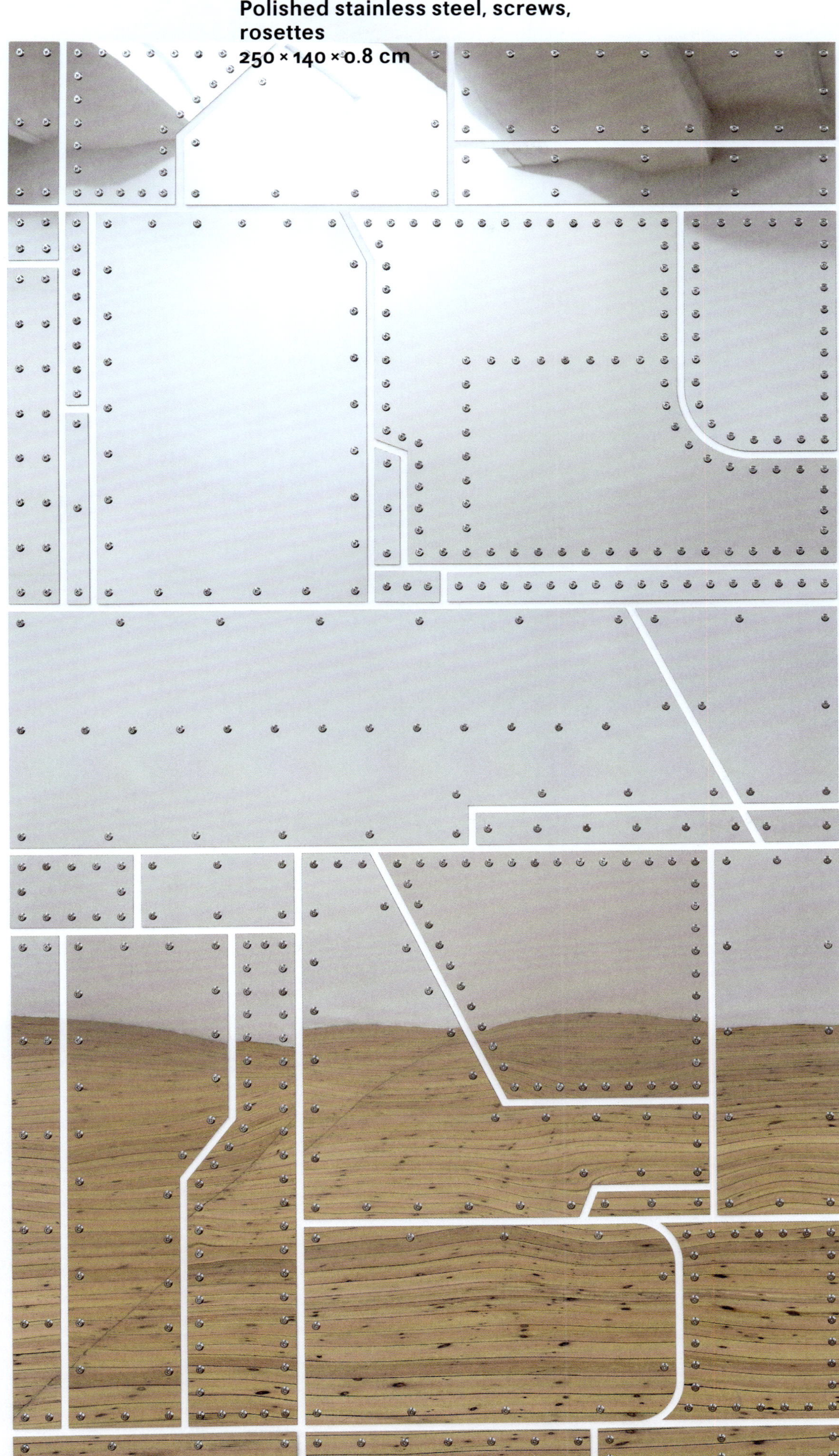

722, 2021
Silkscreen on polished stainless
steel, printed pattern from
VEB Vowetex, screws, rosettes
250 × 208 × 0.8 cm

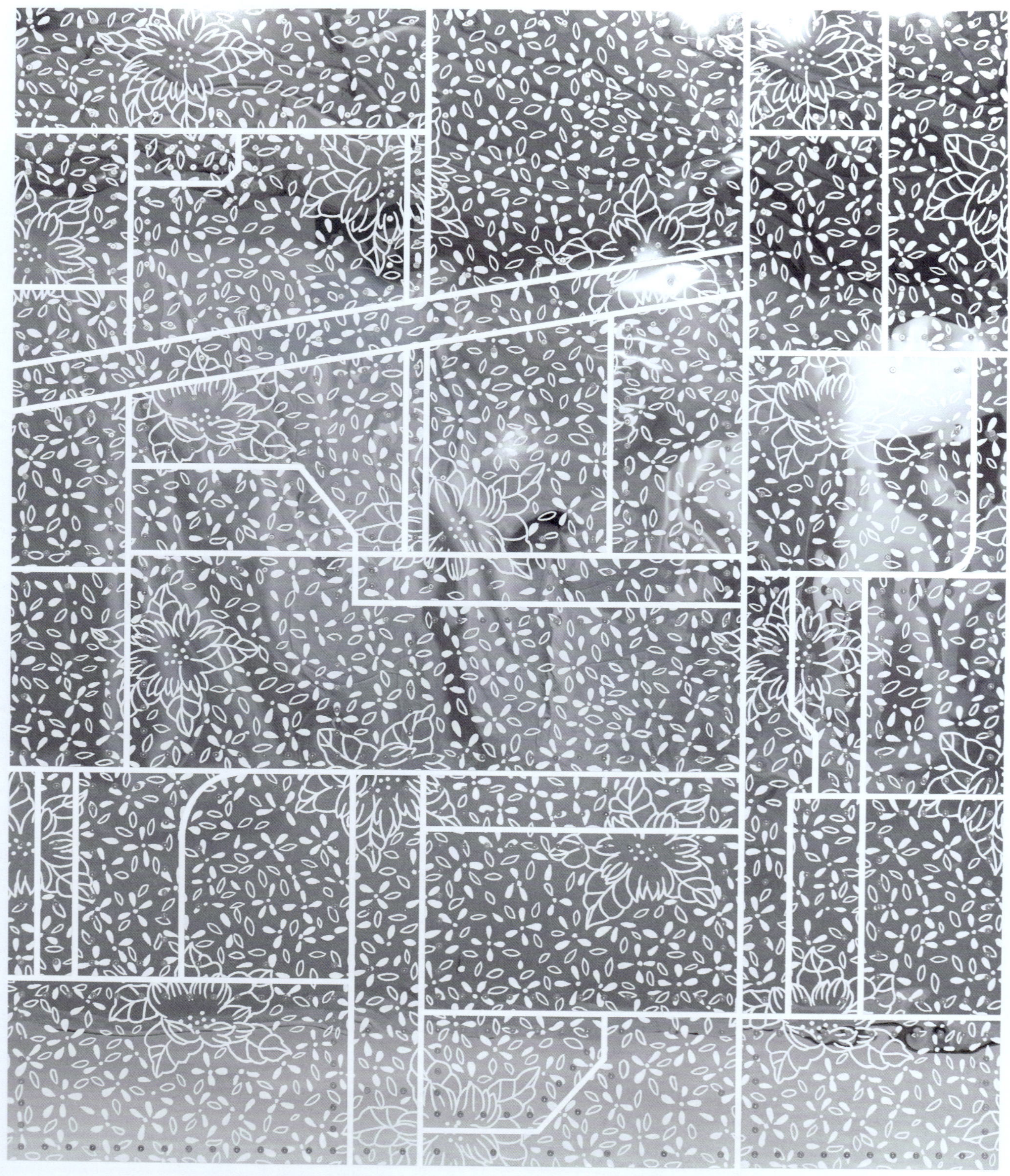

1097, 2021
Stainless steel, polished stainless
steel, screws, rosettes
344 × 646 × 0.8 cm

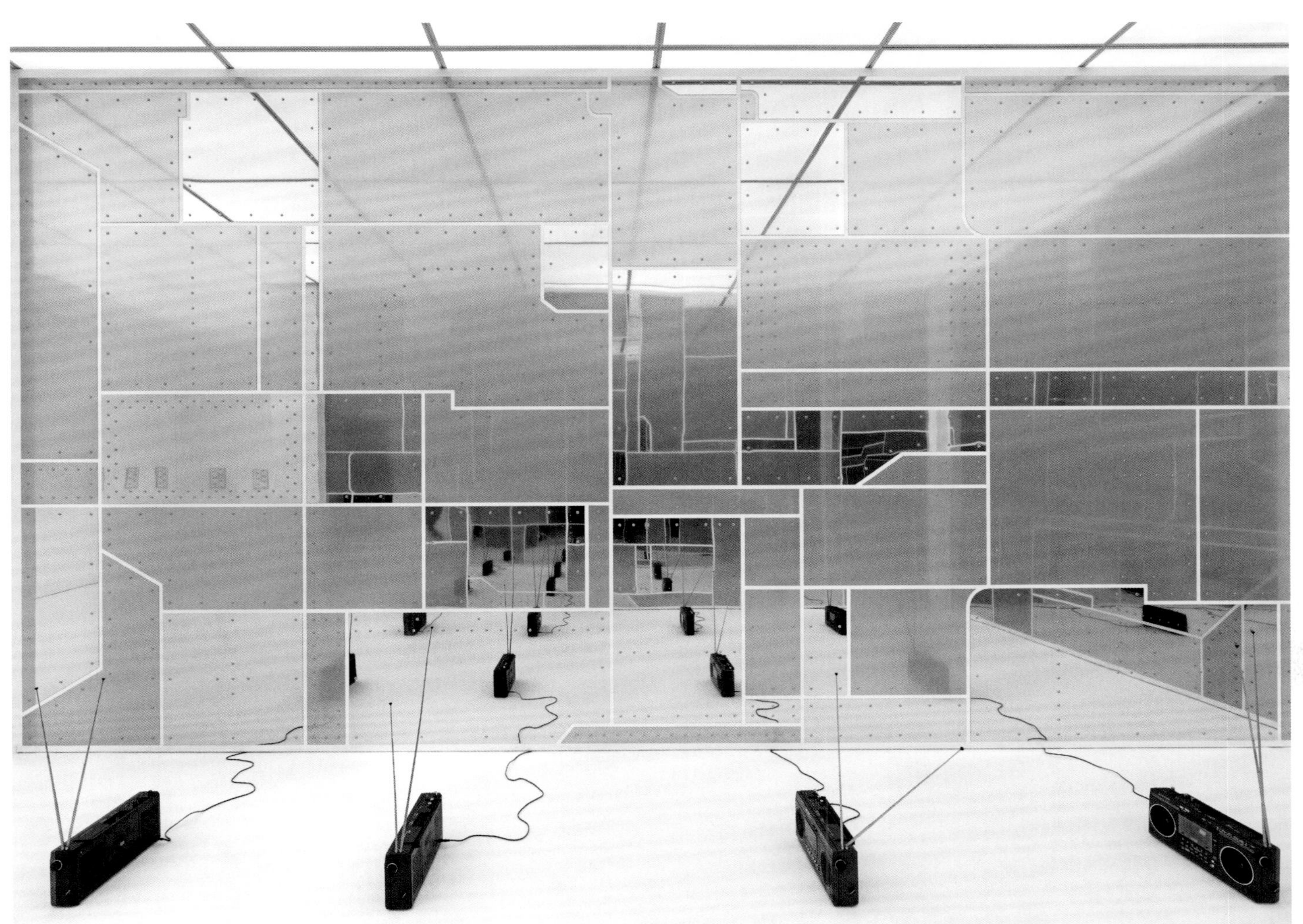

1331, 2021
Stainless steel, polished stainless
steel, screws, rosettes
344 × 646 × 0.8 cm

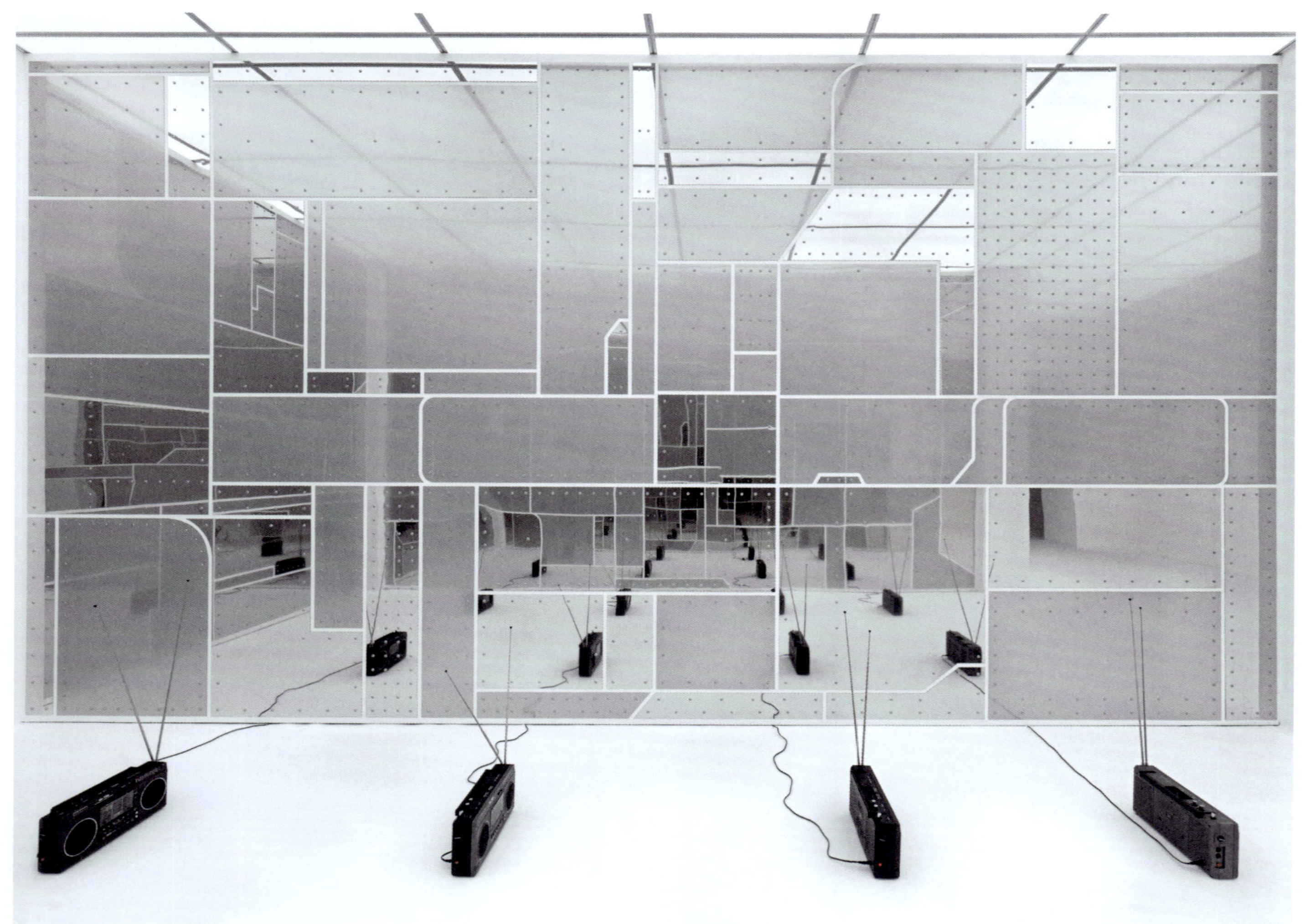

A

An Old Flame, 2022
Candle from VEB Wittol
Wittenberg, metal fixings; *Work
Contract*
10.5 × 2 × 4 cm

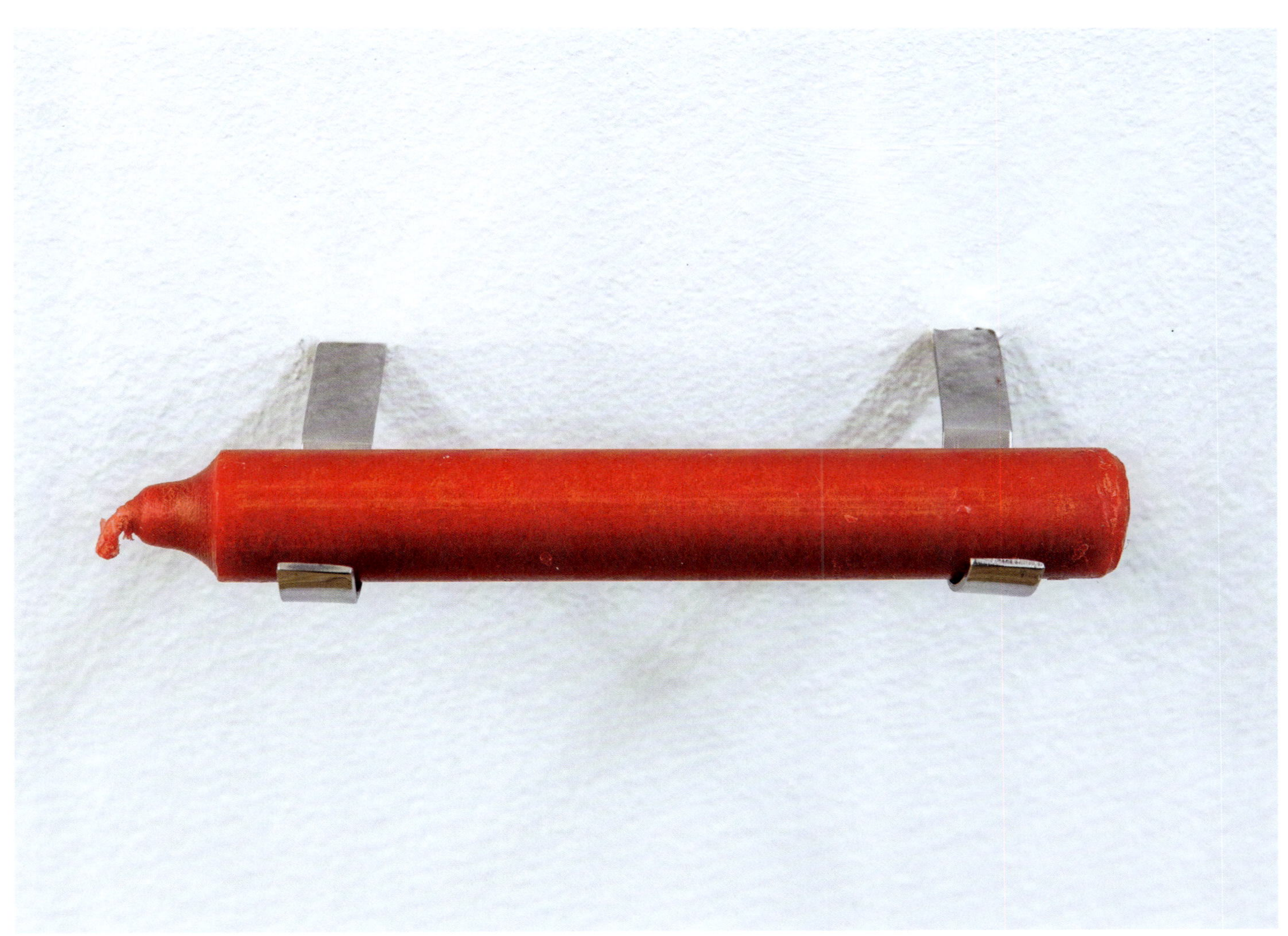

B

Baby Steps, 2022
Shoes from VEB Schuhfabrik
"Banner des Friedens" Weißenfels,
stainless steel; *Work Contract*
8 × 18 × 12 cm

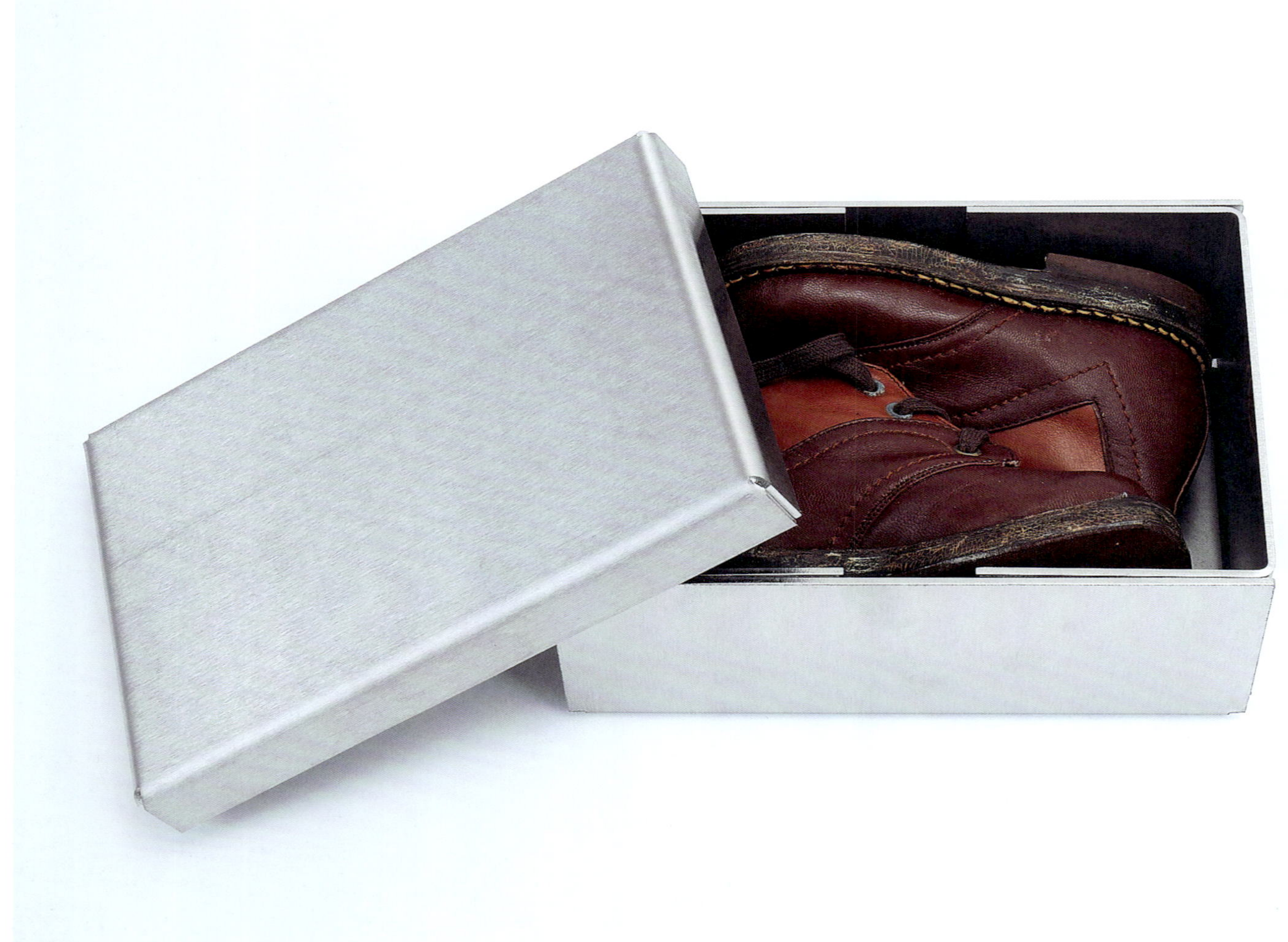

Ablehnung einer Klage Honeckers möglich

Moskau. dpa

Eine mögliche Klage des ehemaligen DDR-Staats- und Regierungschefs Erich Honecker vor einem russischen Gericht gegen eine Ausweisung aus Rußland könnte nach Ansicht des Außenministeriums in Moskau abgewiesen werden. Ein hochrangiger Vertreter des Außenamtes sagte am Freitag der Nachrichtenagentur ITAR-TASS: „Im gegenwärtigen Fall könnte ein russisches Gericht die Klage Honeckers zurückweisen, weil die Legitimität seines Aufenthaltes auf russischem Boden zweifelhaft ist." Eine mögliche Klage des 79jährigen Honecker gegen seine Auslieferung an Deutschland wurde von der chilenischen Seite ins Spiel gebracht, die sich auf eine entsprechende Konvention der Vereinten Nationen beruft.

Bundesnachrichtendienst speckt mangels Arbeit ab

München. dpa

Der Bundesnachrichtendienst (BND) wird aufgrund der politischen Entwicklungen seinen Personalstand bis 1998 um 750 Stellen kürzen. Kanzleramtsminister Friedrich Bohl sagte am Freitag nach einem Antrittsbesuch in der BND-Zentrale in München-Pullach vor Journalisten, daß die Kürzung „in Raten" vollzogen werde. Dies entspreche „in etwa" zehn Prozent der BND-Mitarbeiter. Nach Angaben von BND-Präsident Konrad Porzner solle vor allem im innerdeutschen Bereich abgebaut werden: Referate, die sich mit der Aufklärung in der früheren DDR beschäftigten, seien aufgelöst worden. Bohl erklärte, mit der Auflösung des Warschauer Paktes sei der globale militärische und ideologische Gegner entfallen.

Falsche Platzverteilung im bayerischen Landtag

München. AFP

Die Sitzverteilung im jetzigen bayerischen Landtag beruht auf einem Wahlgesetz, das in entscheidenden Punkten gegen die Landesverfassung verstößt. Dies entschied am Freitag der bayerische Verfassungsgerichtshof (VGH). Den Gesetzgeber forderte das Gericht auf, bis zu den nächsten Landtagswahlen ein gerechteres Zählsystem einzuführen. Eine Änderung der Sitzverteilung noch in der laufenden Legislaturperiode lehnten die Richter ab. Gemäß dem landesweiten Stimmenergebnis hätten nach der Wahl vom 14. Oktober 1990 der CSU bis zu sechs Abgeordnete und der SPD ein Abgeordneter weniger, FDP und Grünen jedoch vier beziehungsweise drei Sitze mehr zugestanden.

Im Osten keine Mehrheit für 218-Novellierung

Leipzig. ddp

Die Bevölkerungsmehrheit in Ostdeutschland lehnt nach Überzeugung des Vorsitzenden der sächsischen CDU-Landesgruppe im Bundestag, Manfred Kolbe, die Unionspläne zur Novellierung des Paragraphen 218 ab. Auch er erwäge, gegen diese Pläne zu stimmen, kündigte der CDU-Politiker in der „Leipziger Morgenpost" an. Maßgeblich für ihn sei allerdings das Votum der CDU-Basis in den Kreisverbänden, dem er sich unterwerfen wolle.

Stasi-Vorwürfe gegen Thüringens Polizei

Weimar. ddp

Etwa jeder dritte der bislang überprüften Thüringer Polizisten ist nach Angaben der Gauck-Behörde ein Informeller Mitarbeiter (IM) der Stasi gewesen. Wie der Leiter der Erfurter Außenstelle der Gauck-Behörde, Jürgen Haschke, am Freitag sagte, hat die Behörde bisher alle thüringischen Polizeimitarbeiter des höheren Dienstes und rund ein Fünftel aller Mitarbeiter des gehobenen Dienstes überprüft. Dies hochgerechnet, müsse das Thüringer Innenministerium 1 500 bis 2 000 Polizisten aufgrund einer Stasi-Tätigkeit entlassen. Das Thüringer Innenministerium wollte diese Zahlen den Angaben zufolge vorläufig so nicht bestätigen.

6 000 Asylbewerber in Sachsen verschwunden

Dresden. dpa/eb

Rund 6 000 Asylbewerber sind derzeit in Sachsen als untergetaucht und verschwunden. Das teilte am Freitag Peter Meisel vom Referat Ausländer- und Asylangelegenheiten des sächsischen Innenministeriums mit. Viele der Untergetauchten würden seiner Ansicht nach gern in den alten Ländern leben, da dort Unterschlupfmöglichkeiten besser seien. Die meisten würden, wenn sie aufgegriffen werden, ihre Flucht in den Westen mit der „besonders hohen ausländerfeindlichen Bedrohung in Sachsen" begründen. Nach Angaben seines Referats würden zur Zeit in Sachsen rund 22 000 Anerkennungsverfahren bearbeitet. Monatlich kämen zwischen 300 und 400 Asylbewerber nach Sachsen.

Debatte mit alten Argumenten

Umzugsgegner stellen Beschluß zur Aufteilung der Ministerien in Frage

Von unserem Redaktionsmitglied
Matthias Lambrecht

Berlin.

Das Gerangel um den Umzugs-Beschluß geht weiter: Nach den stellvertretenden Fraktionsvorsitzenden von CDU/CSU und FDP Heiner Geißler und Wolfgang Weng meldete sich am Freitag auch der Parlamentarische Geschäftsführer der SPD im Bundestag, Franz Müntefering, zu Wort. Er bekräftigte die Forderung seiner Bonner Kollegen, die vom Kabinett beschlossene Aufteilung der Ministerien zwischen Bonn und Berlin zu überdenken.

Nach Ansicht Münteferings, der auch SPD-Sprecher in der Konzeptkommission des Bundestages ist, läuft die Lösung, zehn der 18 Ministerien nach Berlin zu schicken, auf einen „Rutschbahn-Effekt" hinaus, weil es schließlich auch die Bonner Minister in die Hauptstadt ziehe. Dies sei aber nicht nur unehrlich gegenüber der Stadt Bonn, in der laut Bundestagsbeschluß die meisten Arbeitsplätze bleiben sollen, sondern treibe auch die Umzugskosten weiter in die Höhe. Der SPD-Haushaltsexperte Rudi Walther unterstützte ebenfalls den Vorschlag Wengs, nur die Kopfstellen der Ministerien nach Berlin zu schicken. Damit werde der Kabinettsbeschluß keineswegs umgestoßen, sondern lediglich präzisiert. Und schließlich stimmte sogar der erklärte Berlin-Befürworter Dietmar Kansy (CDU) in den Chor der Umzugskritiker mit ein: „Wenn eine Diskussion über den Kabinettsbeschluß neu ausläßt, bin ich dazu bereit", erklärte der Vorsitzende der Baukommission des Bundestages.

Bei Bundestagspräsidentin Rita Süßmuth (CDU) stießen die neuaufgelegten Vorschläge allerdings auf wenig Gegenliebe: Sie wandte sich in der „Berliner Morgenpost" entschieden gegen eine erneute Debatte über den Umzug. Das „Kopfstellen-Modell", für das der FDP-Fraktionsvize im Bundestag eine Mehrheit sucht, passe nicht in den Rahmen, den der Bundestagsbeschluß vom Juni 1991 vorgebe. Danach müsse die volle Arbeitsfähigkeit des Bundestages auch durch die Regierung sichergestellt werden. Es könne keine Lösung geben, die die Abgeordneten dazu veranlasse, ständig hin- und herzupendeln.

Auch für den Berliner Senatssprecher Dieter Flämig würde der Weng-Vorschlag den „Wanderzirkus" zwischen Bonn und Berlin „auf die Spitze treiben" und den Umzug schließlich nur teurer machen. „Berlin hat die Kabinettsentscheidung trotz einiger Zweifel mitgetragen, weil der Umzug nicht weiter hinausgezögert werden darf", erklärte Flämig. Das „ständige Gerede" müsse jetzt aber endlich ein Ende haben. Nicht nur in Berlin wachse sonst die Politikverdrossenheit, weil Politiker sich an einmal getroffene Entscheidungen nicht halten. Der Senatssprecher begrüßte „das klare Wort der Bundespräsidentin" und unterstrich, daß die gegenwärtige Diskussion für die laufende Berliner Umzugsplanung keine Bedeutung habe: „Wir werden uns dadurch nicht beirren lassen und gehen davon aus, daß die Bundesregierung dies auch nicht tut."

Thierse wünscht Stolpe weiter gute Nerven

Brandenburgs CDU verstärkt Druck / Auch SPD-Politiker fordern Amtsniederlegung

Berlin. dpa/AFP/ADN/eb

Die Streitigkeiten um die Stasi-Verstrickungen Manfred Stolpes (SPD) und eine mögliche Amtsniederlegung des brandenburgischen Ministerpräsidenten hielten auch am Freitag an.

Scharfe Kritik an der Leitung der evangelischen Kirche hat der stellvertretende SPD-Vorsitzende Wolfgang Thierse im Zusammenhang mit den Stasi-Vorwürfen gegen Stolpe erhoben. Gegenüber dem Kölner „EXPRESS" warf er den „schweigenden Herren der Kirche" vor, sie versteckten sich hinter Stolpe. Der Zeitpunkt sei längst überfällig, daß sich endlich die leitenden Herren der evangelischen Kirche zu Wort meldeten. Es gehe nicht nur um Stolpe, sondern um das viel breitere Panorama des diffizilen Verhältnisses Staat – Kirche in der DDR. Thierse riet Stolpe, „gute Nerven zu behalten, seine Arbeit als Ministerpräsident zu erledigen und alles, was er kann, zur Aufklärung beizutragen".

Die CDU-Fraktion im brandenburgischen Landtag hat sich nunmehr der harschen Kritik des CDU-Landesverbandes an Stolpe angeschlossen. „Statt sich inhaltlich mit dem Belastungsmaterial auseinanderzusetzen, flüchtet sich Stolpe in Desinformation und Verdrehung feststehender Tatsachen", teilte die Fraktion am Donnerstag abend in Potsdam mit. Den Lippenbekenntnissen, selbst an einer umfassenden Aufklärung interessiert zu sein, seien keine Taten gefolgt. So habe Stolpe dem Landtags-Untersuchungsausschuß noch immer keinen Einblick in seine Notizbücher gewährt. Statt dessen habe der Regierungschef „keine Gelegenheit ausgelassen, die Öffentlichkeit zu täuschen".

Ertmals distanzierte sich auch ein SPD-Politiker aus den neuen Ländern von Stolpe. Der Vorsitzende der SPD der Landesgruppe Sachsen im Bundestag, Gunter Weißgerber, sagte in einem Zeitungsinterview, es wäre eine Sache der Redlichkeit, „wenn Herr Stolpe die Amtsgeschäfte vorerst ruhen lassen würde, bis die Vorwürfe geklärt sind". Wenn im Fall Stolpe die Maßstäbe angewendet würden, die für jeden Straßenkehrer gälten, „sehe ich im Moment in Anbetracht der Vorwürfe keine andere Lösung". Ähnlich äußerte sich Jens Reich, Mitbegründer des „Neuen Forums". Stolpe bekräftigte indes, er werde mit Informationen über seine Stasi-Kontakte in die Offensive gehen, weil er nicht mehr auf die Befragungen des Untersuchungsausschusses des Potsdamer Landtages, der erst im Mai wieder tagt, warten könne. Kirchenvertreter gingen davon aus, daß der Ministerpräsident von kirchlicher Seite weitere Unterstützung für seine Gespräche mit der Staatssicherheit erhält. Demnächst sollen die acht Vertrauensleute der evangelischen Kirche in der damaligen DDR, die über die Treffen Stolpes mit der Stasi informiert waren, Stellung beziehen.

Der Bundesbeauftragte für die Stasi-Unterlagen, Joachim Gauck, erklärte, er habe Respekt davor gehabt, daß sich Kirchenleitungen in der DDR „andere äußeren mußten als Basisgruppen". Gegenüber dem „Hamburger Abendblatt" wies Gauck zurück, daß es zwischen ihm und Stolpe noch aus der DDR-Zeit stammende Rivalitäten gebe. Die starke Unterstützung Stolpes durch die Bevölkerung in den neuen Ländern führte er vor allem darauf zurück, daß der Ministerpräsident eine Symbolfigur und ein Hoffnungsträger für die Ostdeutschen sei.

Schnelle Heimkehr mit der MiG

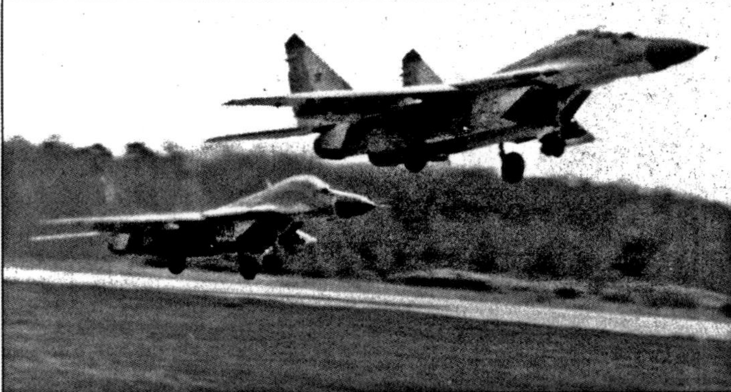

Schneller als diese MiG-29-Piloten gelangt kein Angehöriger der GUS-Streitkräfte von Deutschland zurück in die Heimat. Die Piloten, die von einem Militärflugplatz in der Nähe von Altenburg starten, fliegen mit ihren Maschinen direkt zu einem Stützpunkt in der Nähe von Moskau, von wo sie auf Einheiten der russischen Luftstreitkräfte verteilt werden sollen. Ihr Truppenteil wird aufgelöst. Im Mai soll die Rückführung abgeschlossen sein. Foto: dpa

Mielke – vom Spektakel zum Alltagsprozeß

Im Gerichtsverfahren gegen den Stasi-Chef ist auch nach elf Wochen kein Ende in Sicht

Von den dpa-Korrespondenten Ulrich
Scharlack und Karin Schlottmann

Berlin.

„Den kenn' ich gar nicht", kommentiert Erich Mielke die Verlesung eines der unzähligen Zeugenaussagen. Elf Wochen nach dem spektakulären Prozeßauftakt ist in Saal 700 des Berliner Landgerichts Prozeßalltag eingekehrt: Mit wachen Augen verfolgt der 84jährige inzwischen die nicht enden wollenden Verlesungen der Aussageprotokolle von Zeitzeugen, die über seine Beteiligung am doppelten Polizistenmord auf dem Berliner Bülowplatz im August 1931 Aufschluß geben sollen. Obwohl sich der greise Ex-Stasi-Chef inzwischen guter Gesundheit zu erfreuen scheint, ist offen, ob das Verfahren jemals zu einer Verurteilung führen wird. Für Rechtsanwalt Gerd Graubner „reichen die Beweise nicht für eine Verurteilung". Gleichzeitig wird immer unwahrscheinlicher, daß Mielke für seine mutmaßlichen Straftaten als Stasi-Chef büßen wird.

Das Verfahren wegen der Polizisten-Morde, das nach der Osterpause an diesem Montag in eine neue Runde geht, kann nach Ansicht von Staatsanwalt Karl-Heinz Dalheimer noch monatelang weitergehen. Einzig die Aussage des Angeklagten könnte dem Prozeß eine Wende geben. Doch Mielke schweigt eisern zu den Vorwürfen. Nur seinen Anwälten gegenüber beteuert er seine Unschuld. Was er Noch Wochen angesichts von Wehklagen wie „Ich halte das nicht mehr aus" und „Ich will raus hier" noch undenkbar war: Mielke liest in seiner Zelle Akten. „Doch das braucht seine Zeit", sagt Graubner.

Der bisherige Prozeßverlauf hat die Kritik an der Verwendung von angeblichen Nazi-Dokumenten nicht verstummen lassen. Bisher hat die Strafkammer es jedoch erst in einem Fall abgelehnt, die Aussage eines vermutlich von der SA gefolterten Zeugen zu verwenden. Doch die Verteidiger wollen nicht locker lassen. Rechtsanwalt Hubert Dreyling: „Wir bereiten weitere Beweisanträge vor".

Währenddessen ermittelt die Arbeitsgruppe Regierungskriminalität weiter wegen Mielkes mutmaßlicher Stasi-Verbrechen. Noch in diesem Monat muß Mielke damit rechnen, unter anderem gemeinsam mit Erich Honecker wegen der Todesschüsse an der Mauer angeklagt zu werden. Auch Mielkes Verantwortung für die Stasi-Morde wird untersucht. In seinem bisher einzigen Interview seit der Entmachtung gab er sich jedoch wenig einsichtig: „Wir sahen als Stasi wer, da herrschte noch Ruhe und Ordnung."

Bislang sieht es aber nicht so aus, als ob Mielke in absehbarer Zeit deshalb vor Gericht gestellt wird. Noch immer haben die Richter keine weiteren ärztlichen Untersuchungen angeordnet, um die tägliche Prozeßdauer von maximal zwei Stunden ausdehnen zu können. Mielkes körperliche Fitneß könnte allerdings dazu führen, daß Mielke gesund und munter während des Freigangs spazieren.

Erste Entscheidungen zu Parteivermögen nahen

Wie die FDP meldete nun auch die PDS ihre Ansprüche an

Von unserem Redaktionsmitglied
Ingo Preißler

Berlin.

Analog zur FDP hat auch die PDS ihre Ansprüche auf früheres Parteivermögen formuliert. Schatzmeister Dietmar Bartsch bestätigte gestern der Berliner Zeitung, daß PDS-Chef Gysi in einem 38seitigen Brief mit acht Anlagen seinen Standpunkt entsprechend der Aufforderung der Parteienkommission dargelegt habe. Von einst über 800 SED-Immobilien beantragt die PDS die Herausgabe von insgesamt 23. Bei 13 handele es sich um Eigentum von vor 1933, das durch die Sowjets nach dem Krieg rückübertragen wurde, darunter die Parteizentrale. Zwei Immobilien seien durch die Bodenreform in Parteibesitz gelangt, die verbleibenden acht durch Tauschverträge von 1955.

Die Forderung nach 75 Millionen Mark der laut Treuhand insgesamt 1,2 Milliarden Mark SED-Barvermögen begründete der Schatzmeister mit der Zahlung einer gleichen Summe an die SPD sowie aufgelaufenen Kosten unter anderem für Sozialpläne und Anwälte. Obwohl auch Bartsch von „Minimalforderungen" sprach, machte er deutlich, daß die PDS „überhaupt kein Interesse" an langwierigen juristischen Auseinandersetzungen habe. Der Kommissionsvorsitzende von Hammerstein stellte in Aussicht, daß schon im Mai erste Vorentscheidungen über Vermögensteile fallen könnten.

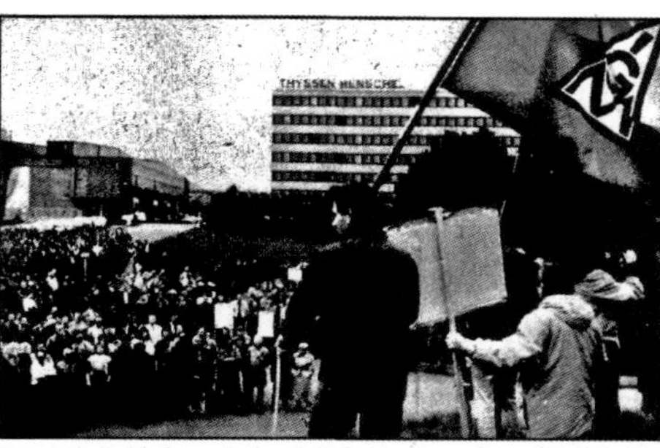

Warnstreiks flankierten am Freitag die Tarifverhandlungen in der Metallindustrie.
Foto: AP

Auch in der Metallindustrie droht jetzt der Arbeitskampf

Verhandlungen im Baugewerbe / Lösung für „Berliner"

Köln/Frankfurt. AFP/ADN/eb

Nach dem Öffentlichen Dienst ist nun auch in der westdeutschen Metallindustrie ein Arbeitskampf näher gerückt. Nach dem von den Arbeitgebern am Freitag in sieben Tarifbezirken vorgelegten Angebot von 3,3 Prozent kündigte die IG Metall für die kommende Woche massive Warnstreiks an.

Das erste Arbeitgeber-Angebot in der laufenden Tarifrunde sei „völligrealitätsfern", sagte der Vorsitzende der IG Metall, Franz Steinkühler, in Frankfurt. Die IG Metall fordert weiterhin Einkommenserhöhungen von 9,5 Prozent. Die Arbeitgeber bekräftigten ihre Forderung nach einer „produktivitätsnahen Gehaltserhöhung". Nur so könnten die Arbeitsplätze erhalten werden.

Für die 1,5 Millionen Beschäftigten im Baugewerbe begann am Freitag in Frankfurt/Main die vierte Runde der Tarifverhandlungen. Die IG Bau forderte 9,8 Prozent mehr Lohn und Gehalt, die Arbeitgeber boten bisher 3,4 Prozent.

In Chemnitz gingen am Freitag die Verhandlugen für die 40 000 Beschäftigten der ostdeutschen Textilindustrie weiter. Die Gewerkschaft Textil/Bekleidung fordert eine Anhebung der Löhne und Gehälter auf 70 Prozent der seit 1. April in den alten Ländern geltenden Tarifen.

Im Berliner Zeitung Verlag GmbH einigten sich die Parteien in der Nacht zum Freitag auf einen Haustarifvertrag. Danach werden die Gehälter der Ost-Mitarbeiter der Berliner Zeitung und des Berliner Kuriers stufenweise zum 1. Mai 1995 auf Westniveau angehoben. Zum 1. Mai diesen Jahres werden die Einkommen auf 70 Prozent der Westtarife erhöht.

Neues RAF-Schreiben kündigt Fortsetzung des Kampfes an

Verfassungsschutz: Brief stammt nicht von Kommandoebene

Bonn. dpa/eb

Ein neues Schreiben der Roten Armee Fraktion (RAF) hat am Freitag für Verwirrung gesorgt. In dem der dpa in Bonn übermittelten zweiseitigen Brief wird die Fortsetzung der terroristischen Anschläge angekündigt. Erst vor elf Tagen hatte die RAF in einem Schreiben, das für echt gehalten wird, den Verzicht auf Gewalt erklärt.

In dem neuen Brief heißt es, daß der Kampf weitergehe. Ferner werden Zitate aus früheren RAF-Schreiben und eine Auflistung von Attentaten aufgeführt. Dann heißt es: „Wir, als Teil des Widerstands in der BRD, fügen jetzt hinzu: Widerstand steht dafür, daß das, was in den letzten 22 Jahren war, nicht dem Staatsapparat und seinen Medien gehört. Diese Geschichte lebt in uns. Widerstand gegen die imperialistische Großmacht BRD bestimmt sich durch diese Erfahrungen. Der Kampf geht gemeinsam weiter."

Nach Einschätzung des Präsidenten des Kölner Verfassungsschutzamtes, Eckart Werthebach, stammt das neue Schreiben nicht von der RAF-Kommandoebene, „sondern von Personen, die für sich in Anspruch nehmen, dem RAF-Unterstützerkreis anzugehören". Das ergebe sich aus der Gesamtanlage der Erklärung und der Tatsache, daß sich die Autoren selbst als „Teil des Widerstandes in der BRD" bezeichnen. Diese wollten offenbar seit der bekanntgegebenen Einstellung der bewaffneten Kampfes Einfluß auf die in Gang gekommene Diskussion in der RAF nehmen.

Greifswalder Brennelemente kommen nicht nach Gorleben

Kapazitäten und technische Voraussetzungen fehlen

Greifswald/Gorleben. ADN

Das atomare Zwischenlager Gorleben wird keine radioaktiven Abfälle aus dem Kernkraftwerk Greifswald aufnehmen. Wie der Geschäftsführer der Brennelementelager Gorleben GmbH, Reinhard König, erklärte, fehlten dafür der Platz und entsprechende technische Voraussetzungen. Außerdem sei Gorleben auf die im Westen üblichen sogenannten CASTOR-Behälter ausgelegt. Um russische Lagerbehälter zu deponieren, bedürfe es einer Reihe technischer Änderungen und vor allem Genehmigungen.

Nach Angaben von König rechne man damit, daß in jedem deutschen KKW jährlich hochradioaktive Brennstoffe für etwa sechs CASTOR-Behälter anfallen. Das eigentliche Kapazitätsproblem aber seien die schwachradioaktiven Materialien. Wenn bis 1998/99 keine Lösung für die atomare Endlagerung, zum Beispiel im Schacht Konrad, gefunden werde, brauche Deutschland jedes Jahr ein Lager wie Gorleben. Weltweit suche man gegenwärtig nach weiteren Möglichkeiten, radioaktive Abfälle sicher zu lagern.

Berliner Zeitung

Großer Sportteil

Nr. 197   48. Jahrgang | Montag, 24. August 1992 | 70 Pfennig   90020

Thierse macht's nicht – oder?

SPD-Vize erklärt sich heute zu seiner Berliner Kandidatur

Berlin. eb
Im Laufe des gestrigen Tages haben sich die Gerüchte verdichtet, daß der stellvertretende Parteivorsitzende der SPD, Wolfgang Thierse, nicht für den Berliner Vorsitz seiner Partei kandidieren wird. Der Politiker wird seine Entscheidung heute morgen bekanntgeben. In den vergangenen Tagen hatte er mit Berliner Politikern und am Sonnabend noch einmal in der Führungsgruppe der SPD über die Kandidatur gesprochen.

Offensichtlich fürchtet Wolfgang Thierse, daß er bei einer Wahl zum Berliner Landesvorsitzenden seine Arbeit im Bundestag und in der Parteiführung nicht ausreichend wahrnehmen kann. In Bonn stehen Grundsatzentscheidungen für die Zukunft der neuen Bundesländer an, auf die sich Thierse vollständig konzentrieren will. Der erbitterte Streit um den Standort der Hauptstadt habe ihm gezeigt, daß für solche Auseinandersetzungen seine volle Präsenz erforderlich sei. Obwohl ihm viele Parteifreunde rieten, die Berliner Funktion anzustreben, gibt es in Bonn auch andere Stimmen. *(Fortsetzung Seite 2)*

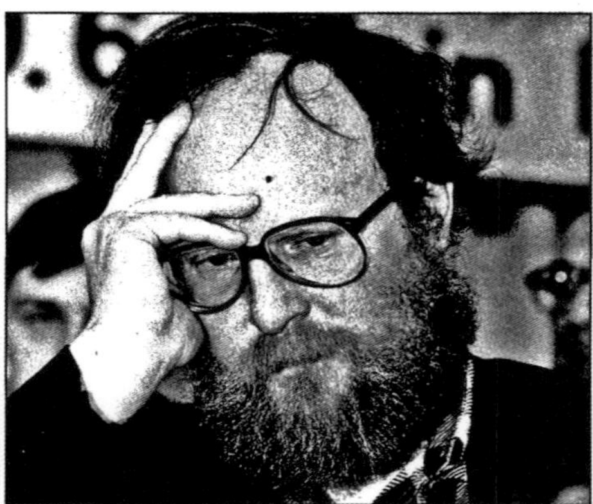

Schwierige Entscheidung: Thierse.   Foto: Schoelzel

SPD-Spitze wechselt Kurs in der Asyl-Frage

Regierung will schnell über Grundgesetzänderung reden

Bonn. eb
Zu einer Ergänzung des Grundgesetzes in der Asylfrage sind die Sozialdemokraten jetzt unter bestimmten Bedingungen bereit. Auch Militäreinsätze der Bundeswehr im Rahmen der UNO werden nicht mehr grundsätzlich abgelehnt. Diese Linie beschloß die Parteiführung der SPD auf einer Klausurtagung, die am Sonnabend zu Ende ging.

Bundesregierung und Unionsparteien begrüßten ausdrücklich den Kurswechsel. Bundesinnenminister Rudolf Seiters und der Parlamentarische Unions-Fraktionsführer Jürgen Rüttgers sprachen sich für die möglichst schnelle Aufnahme der notwendigen Gespräche über Verfassungsänderungen aus. Seiters kritisierte, daß angesichts des seit Monaten zunehmenden Zustroms von Asylbewerbern die Einsicht »sehr spät« komme.

SPD-Chef Björn Engholm hatte zum Abschluß der Spitzenberatung angekündigt, daß die Sozialdemokraten nach langer Diskussion einer Änderung des Asyl-Artikels im Grundgesetz zustimmen, falls diese notwendig sei. Grundsätzlich müsse jedoch das Recht auf politisches Asyl unangetastet bleiben.

Das Sechs-Punkte-Programm sieht vor, daß Asylbewerber, die keine oder falsche Angaben zur Person machen, schneller abgeschoben werden können. Die SPD will auch Antragsteller aus sogenannten Nichtverfolgerstaaten von individuellen Asyl-Verfahren ausschließen. Bürgerkriegsflüchtlingen müßte künftig ein befristetes Aufenthaltsrecht eingeräumt werden. In Abstimmung mit den anderen EG-Staaten ist nach SPD-Vorstellungen zudem ein Einwanderungsgesetz mit festen Quoten zu schaffen. Außerdem soll es eine Doppel-Staatsbürgerschaft geben. Als Voraussetzung für den weiteren Zuzug von Aussiedlern werden entsprechende Integrationsmöglichkeiten genannt.

Die Ergebnisse der Klausurtagung müssen noch von den Parteigremien gebilligt werden. Eine Kontroverse zeichnet sich ab, da die Linie der Parteispitze im Widerspruch zu den Beschlüssen des Bremer Parteitages steht. *(Siehe Seite 2)*

Beifall für Sturm auf Rostocker Ausländer-Heim

Rostock. dpa/AFP
Angefeuert durch regelrechte Beifallstürme von weit über 1 000 Zuschauern haben am Sonnabend abend rund 150 Randalierer die Zentrale Aufnahmestelle für die Asylbewerber Mecklenburg-Vorpommerns in Rostock zu stürmen versucht. Sie griffen mit Molotowcocktails, Steinen und Feuerwerkskörpern an.

Die Polizei konnte ein Eindringen in die Unterkunft verhindern. Bei den rund 13stündigen schweren Auseinandersetzungen wurden zwölf Polizisten verletzt, einer davon lebensgefährlich. Nachdem die Polizei die Menge in den frühen Morgenstunden auseinandergetrieben hatte, belagerten gestern erneut bis zu 100 Rechtsradikale das Heim. Die Polizei schloß neue Auseinandersetzungen nicht aus. Der Senat der Hansestadt befaßte sich mit den Vorfällen. Er erwog inzwischen die Evakuierung der rund 230 vorwiegend rumänischen Asylbewerber. 80 Bundesgrenzschutz-Beamte wurden gestern zum Schutz des Heims nach Rostock geschickt. Auch Mecklenburg-Vorpommerns Innenminister Lothar Kupfer reiste nach Rostock. *(Siehe Kommentar Seite 2 und Berichte auf Seite 4)*

Berlin schwofte – Hunderttausende auf den Beinen

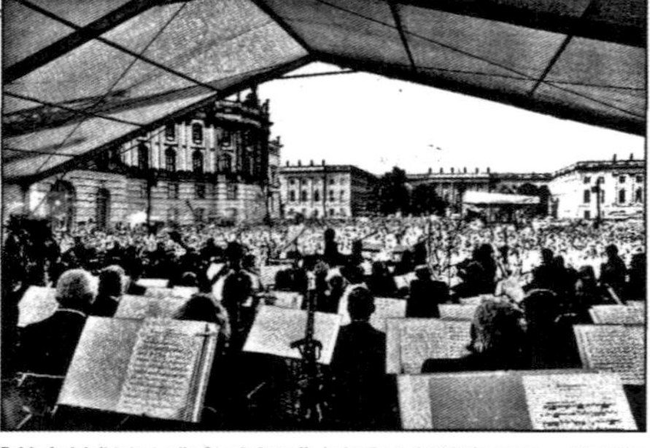

Trubel am Kudamm.   Foto: Kesten

Fabio Luisi dirigierte die Staatskapelle beim Fest der Lindenoper.   Foto: Olm

■ Promenadenkonzert
Etwa 5000 Besucher zog das Promenadenkonzert an, mit dem die Deutsche Staatsoper am Sonnabend die Spielzeit ihr 250. Jahr ihres Bestehens eröffnete. *(Siehe Seite 25)*

■ Europarty in der City
Über zwei Millionen Berliner und Brandenburger besuchten am Wochenende das größte Straßenfest Europas. Schlemmen und Kulturgenuß wurden am Kudamm großgeschrieben. *(Siehe Seite 9)*

■ Käfer wieder vereint
Zum sechsten internationalen Käfertreffen kamen dieses Mal mehrere hundert Volkswagen in die Stadt. Das Symbol des Wirtschaftswunders hat noch immer begeisterte Anhänger. *(Siehe Seite 13)*

Verpaßte Chance
Von Brigitte Fehrle

Die Berliner SPD hat bekommen, was sie verdient. Eine Absage. Wenn sich Wolfgang Thierse nicht heute nacht noch umstimmen lassen, bleibt der Landesverband vorerst ohne Führung. Die Partei hat es geschafft, den Kandidaten schon im Vorfeld zu verschließen.

Sie hat getan, was sie schon seit Jahren tut und woran sie krankt: Sie betrieb Personalpolitik ohne Inhalte. Statt einen Mann wie Wolfgang Thierse zu hofieren, übten sich die Bezirksfürsten im Grabenkampf. Es war alles Berliner Denken, das sie zu der absurden Annahme trieb, ein Wolfgang Thierse würde Bedingungen akzeptieren. Nein, Thierse stellt Bedingungen. Hätte er eingewilligt, öffentlich auf die Spitzenkandidatur zu verzichten – wie es ein großer Teil der Kreisvorsitzenden von ihm verlangte – es wäre für ihn der Beginn der Niederlage gewesen.

Statt ihren Kandidaten knebeln zu wollen, sollten sich die Berliner Genossen in Bescheidenheit üben. Der Rücktritt von Walter Momper in der vergangenen Woche hat ein grelles Licht auf den desolaten Zustand der Partei geworfen: Gutes Führungspersonal ist Mangelware, programmatisch weiß keiner, wo es lang geht, und die Mitgliederzahlen im Osten stagnieren auf niedrigem Niveau. Der Berliner Landesverband hat in Bonn einen miserablen Ruf. Jeder, der in den vergangenen Jahre konnte, flüchtete in die damalige Hauptstadt.

Daß einer, der in den Landesverbänden von Zehlendorf bis Hohenschönhausen etwas bewegen will, keine Rücksichten auf angestammte Pfründe, auf Platzhirsche und Empfindlichkeiten der Flügel nehmen darf, ist klar. Aber Wolfgang Thierse muß auch wissen, daß das die Ebene ist, auf der in Berlin kämpfen muß. Nach seiner via Medien am Sonnabend verbreiteten Absage ist die Grabenkämpfer erschreckt zu Kreuze gekrochen. Die erste Runde im Kampf um eine Wende in der Berliner SPD geht also auf das Konto Thierse. Deshalb bleibt es unverständlich, warum er jetzt nicht antritt. Wolfgang Thierse muß sich fragen lassen, ob nicht auch er eine Chance verpaßt.

Immer weniger ABM-Stellen

Potsdam. eb
Von den bisher noch 62500 ABM-Stellen in Brandenburg werden das Jahr nur etwa 50000 überdauern. Darauf »verwies Arbeitsministerin Regine Hildebrandt (SPD) in einem Interview mit der Berliner Zeitung. Sie forderte, zur Finanzierung der Arbeitsbeschaffungsmaßnahmen auch Selbständige und Beamte heranzuziehen. So könnten in ganz Ostdeutschland zusätzlich 100000 ABM-Plätze eingerichtet werden. Auf Dauer sei es billiger, Arbeit zu finanzieren als Arbeitslosigkeit, appellierte sie an Bonn. *(Interview Seite 15)*

Senat uneins über Ladenschlußzeiten

Berlin. eb
Der Berliner Senat ist uneins über die künftigen Ladenschlußzeiten in der Stadt. Während Sozialsenatorin Ingrid Stahmer (SPD) eine Bundesratsinitiative zur Verlängerung der Öffnungszeiten für kleine Geschäfte vorbereitete, mauern die Regierende Bürgermeister Eberhard Diepgen (CDU) und Wirtschaftssenator Norbert Meisner (SPD). Doch Ingrid Stahmer ist der Unterstützung durch die ehemaligen Spätverkaufsstellen im Ostteil der Stadt und der Familienbetriebe sicher. *(Hintergrund Seite 10)*

Kinder aus Sarajevo gerettet

Bonn protestiert gegen Mißhandlung von ZDF-Journalisten

Sarajevo. AFP/dpa/eb
Die Bundeswehr hat im Auftrag der UNO erstmals Kinder aus den jugoslawischen Kampfgebieten evakuiert. An Bord einer Transall trafen gestern sieben verletzte Kinder aus Sarajevo mit jeweils einer Begleitperson in Frankfurt/Main ein. Wie das Auswärtige Amt mitteilte, sollen sie medizinisch versorgt werden. Hessen hatte sich zur Aufnahme der Patienten im Alter von sechs bis 16 Jahren bereit erklärt. Die Bundeswehr-Maschine war offenbar das letzte Flugzeug, das in Sarajevo noch starten konnte. Danach mußte der Flughafen wegen Beschusses wieder geschlossen werden.

Außenminister Klaus Kinkel (FDP) hat in Belgrad gegen die Mißhandlung zweier Journalisten des ZDF protestiert. Die Fernsehjournalisten waren nach Angaben des Senders am Sonnabend nach der bulgarischen Grenze von Serben festgenommen worden. Einer sei nach Bulgarien abgeschoben, der Kameramann dagegen von einem »Tribunal« abgeurteilt und ins Gefängnis gesteckt worden. *(Weitere Nachrichten Seite 6)*

Dollar mit historischem Tief

Notenbanken intervenierten vergeblich

Frankfurt/Main. ddp/eb
Der Kurs des Dollars ist in der Nacht zu Sonnabend im US-Handel auf einen neuen historischen Tiefstand gefallen. Im hohen Umsätzen und äußerst nervösem Handel lag der Schlußkurs der US-Währung mit 1,4310 Mark um mehr als eineinhalb Pfennig unter seinem Vortagsstand von 1,4475 Mark.

Dabei war es den internationalen Notenbanken nachmittags noch gelungen, den angeschlagenen „Greenback" durch massive Aufkäufe gegen D-Mark zu stützen und auf 1,46 Mark zu treiben. Doch gegen die anschließend einsetzende Verkaufswelle waren die Notenbanken machtlos.

Ohne Auswirkung blieben damit auch besänftigende Erklärungen der Deutschen Bundesbank, die vorübergehend so interpretiert worden waren, daß nunmehr selbst für die Frankfurter Währungshüter mittlere Sicht in der Bundesrepublik wieder mit sinkenden Zinsen gerechnet werden könne. *(Siehe Seiten 2 und 30)*

BKA-Mann als Berliner Polizeichef

Berlin. eb
Neuer Polizeipräsident Berlins wird aller Voraussicht nach Hagen Saberschinsky. Der 52jährige, Kandidat von Innensenator Heckelmann, ist Chef der Sicherungsgruppe Bonn im Bundeskriminalamt und gilt als Experte für Terror- und Drogenstraftaten sowie die organisierte Kriminalität. In der Hierarchie des Bundeskriminalamtes als dritter Mann. Die CDU sieht in dem Beamten den „Top-Mann" für das Amt des Polizeipräsidenten; auch SPD-Abgeordnete nennen ihn „den Geeigneten". *(Siehe Seiten 3 und 9)*

Hertha: Viel Neues, trotzdem nur 0:0

Das Sprichwort vom gut kehrenden neuen Besen traf gestern bei Hertha BSC nicht zu. Im ersten Spiel unter dem neuen Trainer Günter Sebert gab es im nun mit Rasenheizung versehenen Olympiastadion nur ein torloses Unentschieden gegen Fortuna Düsseldorf. Die Blau-Weißen besaßen zwar gute Chancen im Dutzend, doch Feinbier, Winkhold, Gries und Co. versagten beim Abschluß. So verbleibt Hertha weiter auf dem 20. Tabellenplatz. *(Berichte Seite 18)*

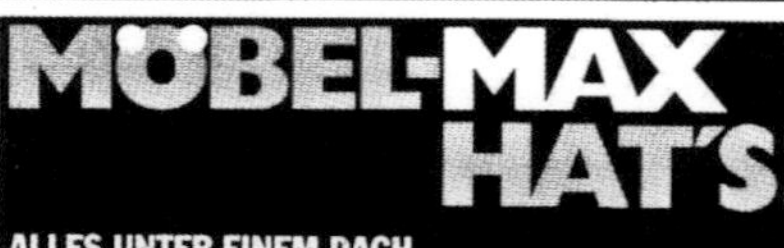

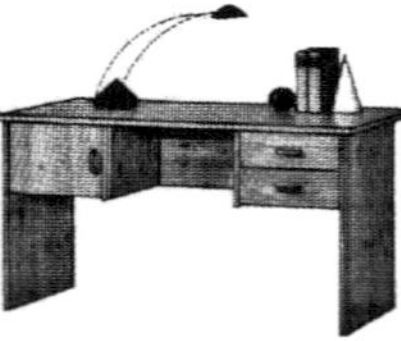

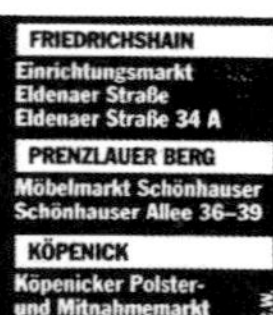

Währungskollaps

Von Ewald B. Schulte

Der Kollaps des Dollar, eigentlich eine klare Angelegenheit. Lange genug – während der gesamten nachträglich so glorifizierten Reagan-Ära nämlich – haben die Amerikaner schließlich über ihre Verhältnisse gelebt. Und das nicht zu knapp, wie vor allem das gigantische Außenhandelsdefizit belegt.

Die deutsche Wirtschafts- und Finanzpolitik hat dennoch nicht den geringsten Anlaß zur Häme. Im Gegenteil: Gerade die – konjunkturell auch international völlig aberwitzige – Hochzinspolitik, mit deren Hilfe Bonn das finanzpolitische Einheits-Desaster Theo Waigels derzeit zu kaschieren sucht, hat das amerikanische Dilemma noch potenziert. Das auf risikolose Rendite bedachte Kapital, das derzeit in wahren Unsummen nach Deutschland strömt, fehlt Washington, um die US-Konjunktur anzukurbeln.

Stagnation ist angesagt, Skeptiker rechnen sogar mit weltweit rezessiven Konsequenzen. Eine Entwicklung, die gerade den so exportorientierten Deutschen überhaupt nicht schmecken kann. Ein wirtschaftlich richtig angeschlagenes Amerika nämlich hat sich noch stets auf die Nachfragekraft des eigenen Binnenmarktes besonnen – und seine Grenzen entsprechend abgeschottet. Eine Fortsetzung der auf Pump – und hohe Zinsen – ausgerichteten Bonner Finanzpolitik würde also mittelfristig gerade dem Standbein der deutschen Wirtschaft den letzten Halt entziehen. Und das zum konjunkturell denkbar schlechtesten Zeitpunkt.

So gesehen ist die überfällige Revision der deutschen Zinspolitik allen eventuell anders gelagerten Wunschvorstellungen des Kanzlers zum Trotz keine aktive Wahlkampfhilfe für den „Männerfreund" George Bush, sondern zuallererst unverzichtbarer Bestandteil einer auf die Bedürfnisse unserer nationalen Wirtschafts- und Beschäftigungslage ausgerichteten Politik. Bonn und Frankfurt müssen endlich begreifen, daß im Zeitalter überaus eng miteinander verflochtener globaler Finanzmärkte für Ego-Trips althergebrachter Prägung kein Raum mehr ist.

Bestürzend

Von Bettina Urbanski

Da ist es wieder: das Bild von Hoyerswerda. Das Bild vom nicht nur in Europa gefürchteten „häßlichen Deutschen". In seiner Neuauflage ist es noch bestürzender – ein Wochenende der Gewalt gegen Asylbewerber.

Aufgeputschte, ausländerfeindliche Jugendliche machten gegen Asylbewerber mobil, die hier in Deutschland ein menschenwürdiges Leben zu finden hofften. Unter dem Beifall der „normalen Bürger". In Hoyerswerda zählten sie nach Hunderten, nun sind es schon mehr als tausend, die den gewalttätigen jungen Leuten aus der rechtsextremen Szene buchstäblich zujubeln. Wie viele werden es morgen sein, die in ihrem Frust, in ihrer existentiellen Unsicherheit einen Sündenbock suchen?!

Nichts ist jetzt dringlicher, als die potentiellen Konfliktherde zu entschärfen. Dazu gehört, Asylbewerberheime endlich so einzurichten und zu belegen, daß die Bevölkerung in deren Umgebung damit leben kann. Das kann nicht den (Ost-)Kommunen allein überlassen bleiben. Rechtsradikalen und gewaltbereiten Jugendlichen muß, wo immer möglich, Einhalt, nicht aber Rückhalt geboten werden. Und vor allem gehört dazu, daß in der Politik der Mut aufgebracht wird, die unpopuläre Wahrheit zu sagen: Es werden noch mehr Asylbewerber nach Deutschland kommen, die vor Elend oder politischer Verfolgung fliehen.

Das muß auch die SPD klarmachen, wenn sie, dem öffentlichen Druck sich beugend, am Grundgesetz basteln will. Andernfalls beteiligt sie sich an den Irreführungsversuchen der Unionsparteien. Nach dem Rattenfänger-Motto: Nur der Asylartikel in der Verfassung ist schuld.

Aber durch eine Grundgesetzänderung wird nicht ein Ausländer weniger in Deutschland sein Glück suchen. Es gibt keine schnelle, sofort wirksame Lösung für das Einwanderungsproblem. Wenn überhaupt, kann die Einwanderung nur längerfristig eingedämmt werden. Um so wichtiger ist es, Bedingungen zu schaffen, die Toleranz zwischen Ausländern und Deutschen überhaupt erst ermöglichen. Wenn der Kurswechsel der SPD diesen Hintergrund hat, dann könnte es ein Schritt in die richtige Richtung sein.

Dollar-Sturz schockt US-Politik

Vernichtende Reaktion auf das Wirtschaftsprogramm des Präsidenten

*Von unserem Korrespondenten
Peter W. Schroeder, Washington*

Den großen amerikanischen Zeitungen war das Ereignis Schlagzeilen auf der ersten Seite wert: „Der Dollar stürzt auf eine historische Tiefstmarke gegenüber der D-Mark", schrieb die „New York Times". Die „Washington Post" wußte auch warum: „Das ist ein internationales Mißtrauensvotum für die Wirtschaftspolitik von Präsident George Bush." Auf die Journalistenfrage nach möglichen Washingtoner Abwehrmaßnahmen gegen den Höhenflug der Mark knurrte ein Berater des Präsidenten: „Wir überlegen. Aber Bombardieren fällt wohl aus."

Der Sturz des Dollar am vergangenen Freitag auf die noch nie erreichte historische Tiefstmarke von 1,429 Mark traf die Politiker in Washington jedenfalls wie ein Schock. Für den demokratischen Präsidentschaftsbewerber Bill Clinton ist der marode Dollar „nur der letzte Beweis für die verfehlte Wirtschaftspolitik von Bush, die schnellstens geändert werden muß". Und für jedermann erkennbar sei doch wohl, daß er dafür der geeignetere Politiker sei.

Der amtierende Präsident reagierte auf die Nachrichten von der Börse lieber gar nicht. Denn zusammen mit der amerikanischen Währung waren am Freitag auch die amerikanischen Aktienkurse in den Keller gestürzt. Der Wertverlust der Wertpapiere habe „gerade mal 1,5 Prozent" betragen, beruhigte ein Sprecher des Finanzministeriums. Der gesamte Vermögensverlust der Aktionäre belaufe sich auf „weniger als 50 Milliarden Dollar". Mit diesem Kleingeld hätte man freilich den gesamten Golfkrieg bezahlen können.

Tatsächlich ist der dramatische Kursrutsch an den Devisen- und Aktienbörsen für den wahlkämpfenden Präsidenten George Bush mehr als peinlich. Denn das Debakel war die Antwort auf seine weltweit mit

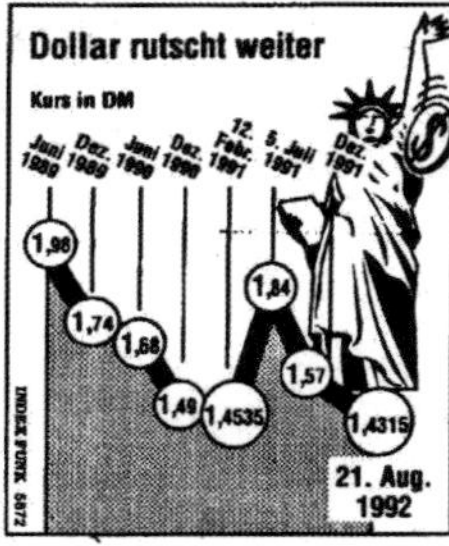

Sturz ins Bodenlose: Am Freitagabend lag der Schlußkurs des US-Dollars an der New Yorker Wall Street bei nur noch 1,43 Mark.

wunderte sich der Chefhändler eines New Yorker Broker-Hauses. Die Devisenhändler interpretierten Bushs Wahlversprechen aber ganz anders: „Steuersenkungen führen entweder zu staatlichen Ausgabenkürzungen oder zur höheren Staatsverschuldung oder zu beidem", analysierten sie, „und das versetzt der US-Wirtschaft in jedem Fall einen weiteren Dämpfer." Denn danach seien Nachfragerückgang, sinkende Auslastungen der US-Betriebe, höhere Arbeitslosenzahlen und entweder höhere Zinsen für Auslandskredite oder weitere Zinssenkungen in den USA zu erwarten. Eine der Hauptfolgen sei dann eine für die US-Wirtschaft nachteilige amerikanische Kapitalflucht ins Ausland und eine verstärkte Nachfrage nach der „gegenwärtig härtesten und beliebtesten Währung der Welt".

Damit ist die Deutsche Mark gemeint, und ihre weltweite Begehrlichkeit stützt sich nach Angaben eines Beraters von US-Finanzminister James Brady auf zwei Gründe: „Alle Welt ist der Ansicht, daß die Deutschen mit den gegenwärtigen Wirtschaftsproblemen besser fertig werden als alle anderen. Und zur Inflationsbekämpfung im eigenen Land hat die Bundesbank die Zinsen auch so hochgeschraubt, daß es inzwischen eine 6,5prozentige Zinsdifferenz zwischen Deutschland und den Vereinigten Staaten gibt." Da könne sich doch niemand wundern, „daß kaum noch jemand Dollar haben will und alle nach der strahlend stabilen und hochverzinsten D-Mark greifen".

Zumal mit kraftvollen Entscheidungen Washingtons so schnell nicht zu rechnen sei. Ein Wahlhelfer von Bush bringt das auf den Punkt: „Was wir auch tun könnten – es würde große Opfer von der Bevölkerung verlangen. Und mitten im Wahlkampf sind wir doch nicht so verrückt und lassen die Wähler zur Ader."

Spannung erwartete Abschlußrede auf dem republikanischen Wahlparteitag in Houston. „Die Wirtschaft hat über sein angekündigtes Konjunktur-Belebungsprogramm abgestimmt", erklärte ein Börsianer an der New Yorker Wall Street, „und sie hat panikartig ‚nein danke' gesagt."

In Wahrheit sind die Verhältnisse etwas komplizierter. Als wenige Stunden nach der Bush-Rede am Freitagvormittag an der New Yorker Aktienbörse die Geschäfte begannen, reagierten Aktionäre und Händler zuerst vorsichtig optimistisch. Der vom Präsidenten angekündigte Abbau staatlicher Reglementierungen und das Versprechen allgemeiner Steuersenkungen kamen bei der Wirtschaft gut an. Weil diese Maßnahmen höhere Unternehmensgewinne versprechen, setzte ein Run auf Aktien ein, der Dow-Jones-Index schnellte um mehr als 15 Punkte hoch. „Ein paar Leute waren richtig euphorisch",

Sozialdemokraten nehmen Kurs auf Positionen der Regierungskoalition

Engholm will seine Partei auf eine Grundgesetzänderung einschwören

*Von unserem Korrespondenten
Golo Schmidt, Bonn*

Ausgerechnet im Gästehaus der Bundesregierung auf dem Petersberg in der Nähe Bonns hoffte die SPD-Spitze auf Erleuchtung, wie die Partei zu einer ernsthaften Alternative der Koalition aufsteigen könnte. Mit einem Sofortprogramm wollte sich die Opposition als handlungs- und regierungsfähig erweisen, hieß es zuvor. Doch allzuviel wurde daraus nicht.

Was Parteichef Engholm nach stundenlanger Klausur zum „Thema Nr. 1" Aufbau Ost vorlegte, bewegte sich jedenfalls in vertrauten Positionen: Betriebe dürften nicht weiter liquidiert, sondern müßten mit öffentlichen Mitteln saniert und erst dann privatisiert werden. Die Eigentumsregelung sei zu ändern, die Investitionszulage von jetzt acht auf zwanzig Prozent zu erhöhen, ostdeutsche Waren bei der Hilfe für Osteuropa zu bevorzugen.

Für das angekündigte Konzept zur Wirtschafts-, Finanz- und Sozialpolitik hatte am Ende schlicht die Zeit. Statt dessen wurden in den Punkten Asyl und deutscher Blauhelm-Einsatz die Weichen neu gestellt und die SPD vorsichtig auf Wege gebracht, die von einer Annäherung an die Positionen der Bundesregierung künden.

Danach will die SPD den weltweiten Kampfeinsatz deutscher Soldaten nun nicht mehr ablehnen. Unter zwei Voraussetzungen. Die UNO müsse das Gewaltmonopol haben, und an die Deutschen müsse eine „nachhaltige Bitte" ergangen sein. Die Entscheidung soll dann von Fall zu Fall getroffen werden, nach Meinung von Parteichef Engholm mit der Mehrheit des Bundestages.

Für den Fall, daß „ein noch nicht absehbarer Konflikt dies nötig macht", bot Engholm zugleich die Bereitschaft der SPD an, auch einer entsprechende UNO-Reform über eine deutsche Teilnahme an internationalen Militäreinsätzen zu entscheiden. Die SPD sei nunmehr offen, dafür die rechtlichen Grundlagen zu schaffen.

Diese Abkehr vom letzten Parteitagsbeschluß, der eine Grundgesetzänderung nur für eine Beteiligung an UNO-Friedensmissionen vorsieht, stürzt die SPD in neue Turbulenzen. Die südhessische SPD-Chefin Heidemarie Wieczorek-Zeul, die am Wochenende vergeblich gegen den Kurswechsel anredete, wird den Widerstand kaum aufgeben. Ihr Landesverband hat, ebenso wie der Bremens, den Antrag auf einen Sonderparteitag bereits angekündigt.

Auch die Kursänderung in der Asylfrage dürfte innerparteilichen Ärger nachziehen: Für Bundesvorständlerin Inge Wettig-Danielmeier macht eine Grundgesetz-Änderung keinen Sinn: „Wenn wir das derzeitige Asylrecht vernünftig ausschöpfen und in der Zirndorfer Zentrale vernünftig gearbeitet wird, hätten wir nicht annähernd so viele Probleme."

Der Parteichef macht unterdes deutlich, daß er den Ärger in Kauf nehmen will. Notfalls müsse eben ein Sonderparteitag entscheiden, bescheid er lapidar.

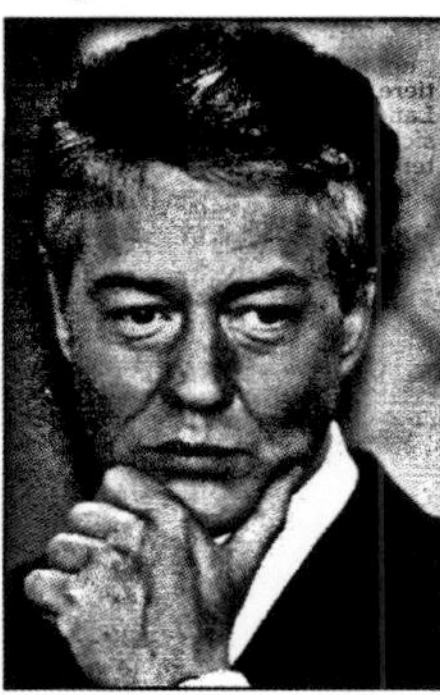

Björn Engholm   Foto: AP

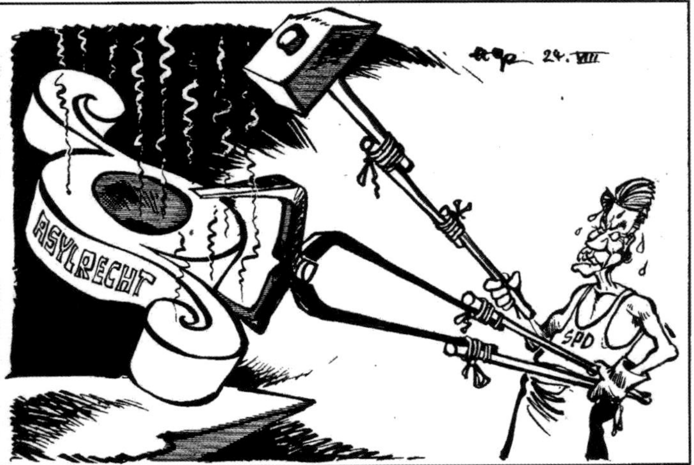

Heißes Eisen   Zeichnung: Horst Haitzinger

Hilfe für Medelliner U-Bahn-Bau eingefroren

Kolumbien pocht auf die von Bonn versprochenen Millionen

*Von unserem Korrespondenten
Dietmar Seher, Bonn*

Die Bundesregierung hat möglicherweise 40 Millionen Mark „in den Sand gesetzt" – ausgerechnet in Medellin, Heimat und Hauptstadt der Drogenbosse in Kolumbien.

Das Entwicklungshilfeministerium und die staatseigene Kreditanstalt für Wiederaufbau unterstützten den Bau der städtischen U-Bahn in Kolumbiens zweitgrößter Stadt mit der Zusage, 52 Millionen Mark zuzuschießen – eine Entscheidung, die Jahre zurückreicht. Tatsächlich ausgegeben wurden 40,5 Millionen. Dann explodierten die Kosten. Statt 861 Millionen US-Dollar, wie die Planung vorsah, schnellten die prognostizierten Ausgaben für den Bau des Schnellbahn-Systems auf 2,18 Milliarden hoch. Wegen fehlender Mittel wurden die Arbeiten gestoppt.

Entwicklungshilfe-Minister Carl-Dieter Spranger (CSU) hat jetzt die Auszahlung des Restbetrags auf Eis gelegt, obwohl die Kolumbianer die Zuschüsse für die Anschaffung der Waggons haben wollen. Die Fertigstellung des Gesamtprojekts „scheint nicht gewährleistet zu sein", sagt ein Sprecher des Spranger-Hauses in Bonn. Bonn möchte nicht noch mehr Geld in ein Faß ohne Boden stecken.

Ob Spranger freilich bei seinem Grundsatz bleibt, wird sich zeigen. Im September kommt hoher Besuch an den Rhein. Kolumbiens Präsident Cesar Gaviria will politische Gespräche führen und möglicherweise auch die eingefrorenen Millionen „auftauen".

Die reservierte Haltung der Bundesregierung zu dem Milliardending von Medellin hat klar ausschließlich finanzielle Ursachen. Daß diese Entwicklungshilfe in Welt-Zentrum des internationalen Drogenschmuggels fließt, stört die Dritte-Welt-Experten nicht. Der Ministeriums-Sprecher: „Wir können die Bevölkerung doch nicht doppelt bestrafen."

Die Colonia Dignidad will auf Renten nicht verzichten

Umstrittene deutsche Kolonie in Chile klagt vor Gerichten

*Von dpa-Korrespondent
Klemens Kindermann*

Die umstrittene deutsche Siedlung „Colonia Dignidad" in Chile gerät wieder ins Rampenlicht. Nachdem die Regierung von Präsident Patricio Aylwin im Februar 1991 die Auflösung der Kolonie angeordnet und die Siedlung dagegen Beschwerde eingelegt hatte, war es inzwischen um das sektenähnliche Treiben dort geworden. Nun aber kommt die Kolonie wegen Verfahren, mit denen sie vor deutschen Gerichten die Weiterzahlung von Renten für Mitglieder erreichen will, wieder an die Öffentlichkeit. Wie dpa bekannt wurde, sind beim Landessozialgericht (LSG) Nordrhein-Westfalen eine Reihe von Verfahren in dieser Sache anhängig.

Die beklagte Landesversicherungsanstalt (LVA) Westfalen in Münster weigert sich, den Mitgliedern der 1961 vom ehemaligen Jugendpfleger Paul Schäfer gegründeten „Kolonie der Würde" auszuzahlen. Sie bezweifelt, daß die Rentenbeträge den – zum Teil hochbetagten – Klägern tatsächlich zufließen würden. Ihre Zweifel gründen sich darauf, daß der mit hohen Zäunen umgebenen Siedlung nach dem Bericht einer vom Aylwin eingesetzten Kommission schwerwiegende Gesetzesverstöße und Menschenrechtsverletzungen vorgehalten werden. Auch wurden bei einer öffentlichen Anhörung des Unterausschusses für Menschenrechte und Humanitäre Hilfe des Auswärtigen Ausschusses des Bundestages 1988 Aussagen festgehalten, nach denen Mitglieder der Kolonie mit Psychopharmaka behandelt und mißhandelt worden sind. Die Bewohner haben danach auch kein Geld und von den Rentenempfängern niemand seine Rente je gesehen.

Wie ein Sprecher der LVA auf Anfrage sagte, geht es in diesem Fall um acht Berechtigte im Alter zwischen 76 und 90 Jahren und um einen Gesamtbetrag an Rentenzahlungen in Höhe von insgesamt 7 000 Mark monatlich, die seit Anfang 1989 Zug um Zug nicht mehr ausgezahlt worden seien. Auch bei der Bundesversicherungsanstalt für Angestellte (BfA) liegen insgesamt sechs Fälle an, wie ein Sprecher auf Anfrage mitteilte. Das Sozialgericht Münster hat sechs auf die Weiterzahlung der Renten gerichtete Klagen in der ersten Instanz bereits abgewiesen, die jetzt in der zweiten Instanz beim LSG Essen gelandet sind.

Bemühungen der Versicherungsträger, persönliche Gespräche mit den durch einen Düsseldorfer Rechtsanwalt vertretenen Klägern zu führen, scheiterten bisher. Es ist nicht auszuschließen, daß die Klagen bis vor das Bundessozialgericht kommen, aber zunächst haben die Landessozialgerichte das Wort. Wann in Essen entschieden wird, ist aber zur Zeit noch unklar.

PRESSESTIMMEN

Der Export deutschen Mülls, der jetzt in die Schlagzeilen geraten ist, stößt in den Medien auf allgemeine Kritik. Dazu schreibt die

„Augsburger Allgemeine"

Die deutschen Politiker stehen vor dem Scherbenhaufen einer seit vielen Jahren verfehlten Abfallpolitik. Der Müllexport von Frankreich war überfällig, denn mit dem jahrelang ins Ausland gekarrten Dreck wurden die Probleme gleich mitexportiert. Die deutschen Umweltpolitiker drückten sich um unpopuläre Entscheidungen im eigenen Land. Das „klare Nein zum Abfall-Tourismus" hätte Töpfer schon vor Jahren erklären müssen, nicht erst bei seinem Bußgang nach Paris. Doch wäre es falsch, die Schuld für die jetzige Abfall-Misere allein der Politik anzulasten. Wir alle müssen uns an die Nase fassen, weil wir immer noch nicht sensibel genug mit unserem Müll umgehen.

„Freies Wort", Suhl

Polen und Russen, darf man vermuten, wären sicher weniger pingelig, wenn mit dem deutschen Dreck auch reichlich deutsches Geld ins Land flösse. Nur: Wer dafür plädiert, den Müll bei den Armen abzuladen, der stellt sich mit der Müllmafia moralisch auf eine Stufe. Es führt kein Weg daran vorbei: Den Wohlstandsmüllberg müssen wir allein abtragen. Das ist viel zu tun: Mehr Wiederverwertung von Altstoffen, Kompostierung organischer Abfälle, auch Bau neuer Verbrennungsanlagen – vor allem aber konsequente Müllvermeidung.

„Südwestpresse", Ulm

Klar, sie sind für Europa. Selbstredend pflegen sie internationale Partnerschaften, je weiter weg, desto besser, wegen der schönen Dienstreisen. Nur jetzt, da es um die Bewältigung des Müllnotstands geht, erweisen sich die meisten Kommunalpolitiker als wahre Kleingeister. Ihr Horizont endet an der Kreisgrenze. Politische Sichthöhe: Null. Gemessen an den Argumenten, mit denen sie Nachbarschaftshilfe in Sachen Müll ablehnen, muß man den einst belächelten Duodezfürsten der deutschen Kleinstaaterei heute Abbitte tun: Im Vergleich zu unseren Abfallpolitikern waren die geopolitisch denkende Größen.

Thierse macht's nicht – oder?

(Fortsetzung von Seite 1)
Sie unterstützen ihn in der Auffassung, daß er in der Bundespolitik nicht zurückstecken darf.

Bis in die späten gestrigen Abend hinein bemühten sich Mitglieder der Berliner SPD-Führung, Wolfgang Thierse umzustimmen. Noch am vergangenen Mittwoch war aus verschiedenen Bezirksverbänden der Berliner SPD die Forderung erhoben worden, er solle zwar den Parteiamt übernehmen, aber von vornherein auf eine Spitzenkandidatur bei den nächsten Berliner Wahlen im Jahr 1995 verzichten. Thierse hatte aber von vornherein unmißverständlich erklärt, daß er nicht bereit sei, bereits zu dieser Zeit auf eine Spitzenkandidatur zu verzichten.

Unter dem Druck der Berichte über Thierses Verzicht scheinen sich nun alle Flügel der Partei für seine Kandidatur ohne jede Vorbedingungen zu entscheiden, da sie eine katastrophale öffentliche Wirkung fürchten.

Tritt Thierse nicht an, so gilt nach Meinung des SPD-Bundestagsabgeordneten Gerd Wartenberg der Fraktionsvorsitzende Ditmar Staffelt als der einzige ernstzunehmende Kandidat. Die Jusos fordern zwar eine Frau an der Spitze, können aber keinen Namen nennen. Allerdings wird es nach Meinung der amtierenden SPD-Vorsitzenden Buttgereit heute noch keine Entscheidung geben.

Der neue Landesvorsitzende soll auf dem turnusmäßigen Wahlparteitag Ende Oktober gewählt werden. In dieser Zeit wollen die Berliner Sozialdemokraten auch ihren Parteivorsitzenden Engholm um Unterstützung bitten, um Thierse umzustimmen.

(Hintergründe siehe Seite 3)

Politiker wollen Bundeswehr zum Berufsheer machen

Hamburg. dpa
Angesichts der geänderten weltpolitischen Lage mehren sich die Stimmen, die ein deutsches Berufsheer anstelle der Wehrpflichtigen-Armee fordern. Der FDP-Wehrexperte Jürgen Koppelin begründete seine Auffassung mit der wachsenden Wehrungerechtigkeit. 1993 stünden rund 300 000 junge Männer zur Verfügung, von denen nur 200 000 gebraucht würden. Eine Freiwilligen-Armee wäre zudem militärisch effizienter. Das Grünen-Vorstandsmitglied Helmut Lippelt sagte im Magazin „Der Spiegel", nach dem Ende des Ost-West-Konflikts brauche Deutschland weniger als 100 000 Soldaten. Das würde notwendigerweise ein Berufsheer bedeuten.

Rechtsexperte fordert Amnestie für DDR-Täter

Berlin. AFP
Für einen Schlußstrich unter die „hilflosen Versuche, die Vergangenheit zu bewältigen", hat sich der Präsident des Berliner Verfassungsgerichtshofes, Klaus Finkelnburg, ausgesprochen. Da die jahrzehntelange Unterdrückung eines ganzen Volkes nach dem Strafrecht nicht geahndet werden könne, kämen die Architekten des Unrechtsstaates „weitgehend ungeschoren davon", während die kleinen Leute als Befehlsempfänger belangt werden könnten, schrieb der Rechtsexperte in einem Beitrag für die Berliner „Sonntagspost". Da die Justiz dieses Unrecht nicht lösen könne, sollten Regierung und Bundestag mit einer „ausgewogenen Amnestie" einen Schlußstrich ziehen.

Die Regierung gilt als verschwenderisch

Tübingen. ddp
Neun von zehn wahlberechtigten Deutschen sind der Ansicht, die Bonner Regierung gehe verschwenderisch mit Steuergeldern um. Innerhalb der vergangenen fünf Monate stieg die Zahl der Bundesbürger, die der Regierenden einen zu sorglosen Umgang mit dem Geld vorwerfen, von 87,4 auf 91,1 Prozent. Das ergab eine am Sonnabend vom Tübinger Wickert-Institut veröffentlichte Umfrage.

Morsleben-Gegner auf juristischem Streitpfad

Magdeburg. dpa
Die Gegner des atomaren Endlagers in Morsleben wollen ihren juristischen Kampf gegen den Betrieb des sachsen-anhaltinischen Atommülllagers fortsetzen. Neben der laufenden Verfassungsbeschwerde gegen die Entscheidung des Bundesverwaltungsgerichts über die Wiederinbetriebnahme vom vergangenen Juni soll auch gegen die bevorstehenden Transporte von radioaktiven Stoffen nach Morsleben geklagt werden. Darin kamen Vertreter von Umweltverbänden, der Bürgerinitiative Morsleben und der Landtagsfraktionen von SPD, PDS und Bündnis 90/Grüne am Sonnabend in Magdeburg überein.

Sprengstoffanschläge in Bremerhaven

Bremerhaven. AP
Ein Sprengsatz ist gestern morgen vor dem Bremerhavener Polizeipräsidium detoniert. Der Sprengkörper war auf einem 15 Meter entfernten Grünstreifen abgelegt worden. Etwa 30 Fensterscheiben gingen zu Bruch. Menschen kamen nicht zu Schaden. Über die Täter liegen keine Hinweise vor. Vor dem Bremerhavener Büro der rechtsradikalen Partei Deutsche Volksunion (DVU) konnte die Polizei einen Sprengsatz rechtzeitig entschärfen.

Streit um Ost-Hilfen eskaliert

Niedersachsen warnt vor überzogenen Forderungen / Engholm für neue Steuern

Berlin. ADN/dpa/eb
Die Finanzierung des Aufbaus in den neuen Ländern bleibt weiter umstritten. Während der Schweriner Regierungschef Seite langfristige Zahlungen des Bundes fordert, warnt Niedersachsens Ministerpräsident Schröder vor einer Überlastung des Westens. Auch die Frage nach Steuern kommt wieder auf.

Bundesfinanzminister Theo Waigel (CSU) will vor allem einen tarifpolitischen „Pakt der Vernunft" schmieden. So sollen seiner Meinung nach die Lohnerhöhungen im nächsten Jahr bei rund drei Prozent liegen. Unter diesen Voraussetzungen – so Waigel gestern im ZDF – müßte sich die Industrie aufraffen und mehr im Osten investieren als bisher. Als dritter Beteiligter bei diesem „Pakt" könnte dann auch der Staat „noch mal etwas Entscheidendes leisten" und auf Steuer- und Abgabenerhöhungen verzichten, sagte der Finanzminister.

Eine stärkere Unterstützung des Bundes für die Ostländer hat unterdessen Mecklenburg-Vorpommerns Ministerpräsident Bernd Seite (CDU) verlangt. Für die nächsten zehn bis 15 Jahre müßten jährlich etwa hundert Milliarden Mark – etwa 3,6 Prozent des deutschen Bruttosozialprodukts – eingesetzt werden, um bestimmte Projekte beim Aufbau Ost langfristig zu sichern. Zudem verlangte er die Streichung der Altschulden, die auf dem Wohnungsbestand in den neuen Ländern lasteten. Ohne einen solchen Schritt könne die notwendige Sanierung und Modernisierung nicht bezahlt werden.

Vor einer überzogenen Belastung der Westdeutschen bei der Gestaltung der deutschen Einheit hat der Regierungschef Gerhard Schröder (SPD) gewarnt. Der „Bild am Sonntag" sagte er, wenn die Westdeutschen noch mehr zahlen müßten, sei „der soziale Friede in Gefahr". Man müsse sich endlich von der Illusion lösen, daß in fünf bis zehn Jahren die Lebensverhältnisse in Ost- und Westdeutschland gleich seien. Als realistisch nannte Schröder einen Zeitraum von 15 bis 20 Jahren.

Im erzgebirgischen Stollberg hatte Waigel am Sonnabend den Finanztransfer für Ostdeutschland in diesem Jahr mit rund 174 Milliarden Mark beziffert. Im kommenden Jahr sollen die Mittel etwa in gleicher Höhe fließen. Auch die erwarteten rund 5,5 Milliarden Mark Mehreinnahmen, die sich aus der Erhöhung der Mehrwertsteuer ergeben, würden ausschließlich in die ostdeutschen Länder fließen.

Unterdessen forderte der SPD-Vorsitzende Björn Engholm den Bund auf, die Finanzausstattung der neuen Länder auf ein für den neuen Finanzausgleich notwendiges Mindestmaß anzuheben. Diese Übergangsverpflichtung könnte mit wachsender Annäherung der Wirtschafts- und Finanzkraft des Ostens sukzessive wegfallen, sagte Engholm der Düsseldorfer „Handelsblatt". Zugleich äußerte er die Überzeugung, angesichts der Größe der zusätzlichen Aufgaben um eine befristete Anhebung der Staats- und Steuerquote" nicht herumkommen zu können.

Rechtsanwalt Vogel ging als Eva unter die West-Juristen

Fernsehbericht: Kontinuierliche MfS-Mitarbeit seit 1953

Hamburg. dpa
Der Rechtsanwalt und ehemalige „Sonderbeauftragte für humanitäre Fragen" der DDR, Wolfgang Vogel, hat Kontakte zum früheren DDR-Ministerium für Staatssicherheit (MfS) eingeräumt. Vogel betonte in einer der dpa übermittelten Erklärung zugleich, er sei keine Verpflichtung eingegangen. „Es gab kein Dienstverhältnis", erklärte Vogel.

Damit reagierte der Anwalt auf jüngste Vorwürfe, er sei seit 1953 inoffizieller Mitarbeiter der Stasi gewesen. Dies berichteten das Fernseh-Magazin „Panorama" sowie „Der Spiegel" unter Hinweis auf Akten der Gauck-Behörde.

Der einstige Honecker-Vertraute Vogel hatte bislang stets eine Stasi-Zusammenarbeit bestritten. Einem „Panorama" vorliegenden Verpflichtungsbericht vom 11. November 1953 zufolge willigte Vogel „ohne Bedenken" in eine Kooperation mit dem Geheimdienst ein und nahm nach dem Stasi-Einsatzplan sollte Vogel laut „Panorama" „auf der Linie Rechtsanwälte und inhaftierte Personen" arbeiten und in der „Westjustiz" aufgebaut werden. Entsprechend den Stasi-Vorgaben habe Vogel die Zulassung als Anwalt in West-Berlin beantragt.

Im März 1957 wurde Vogels Zusammenarbeit mit der Stasi angeblich abgebrochen, weil dieser sich als „unaufrichtig" erwiesen habe. Dies sei offenbar ein Tarnmanöver gewesen, heißt es in „Panorama", denn in der Gauck-Behörde seien in der vergangenen Woche Berichte der Stasi gefunden worden, die belegten, daß Vogel auch nach 1957 noch jahrelang für den Geheimdienst gearbeitet habe.

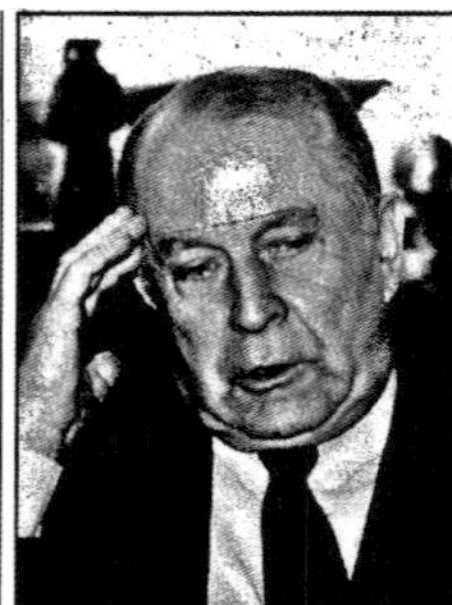

Wolfgang Vogel   Foto: AP

Waigel will 1994 zusammen mit der DSU antreten

CSU-Chef geht auf Distanz zu Lambsdorff und Rühe

Bonn. dpa
CSU-Chef Theo Waigel strebt für die Bundestagswahl Ende 1994 eine Zusammenarbeit mit der DSU an. Das gelte auch für die Kandidatur, sagte der CSU-Vorsitzende gestern abend in der ZDF-Sendung „Bonn direkt". Diese Kooperation, für die das Verfassungsgericht direkte Listenverbindungen ausschließe, aber andere Möglichkeiten zulasse, sei „vor allen Dingen für die CDU von größter Bedeutung", meinte Waigel. „Niemand glaubt doch, daß 1994 nochmals Wahlergebnisse zu erreichen sind, wie sie im Jahre 1990 bei der Bundestagswahl und bei den Landtagswahlen in den jungen Bundesländern für die CDU erreicht wurden."

Kritisch-distanziert äußerte sich Waigel zum FDP-Vorsitzenden Otto Graf Lambsdorff, den er als „Sommerloch-Entertainer" bezeichnete, und zu Verteidigungsminister Volker Rühe (CDU). Er habe zwar nichts gegen Rühe, sagte der CSU-Chef zur Spekulation um eine mögliche Kanzlerkandidatur des früheren CDU-Generalsekretärs. „Zunächst muß man sich erst einmal dort bewähren, wo man ist, und dann soll man für andere Positionen sich möglicherweise ins Gespräch bringen lassen." Rühe habe als Verteidigungsminister „noch so viele Aufgaben vor sich, man denke nur einmal, vor welchen Problemen auch frühere Verteidigungsminister nach wenigen Monaten standen – da kommen nicht immer nur die positiven Schlagzeilen".

Verfassungsgericht entscheidet über Hauptstadt-Vertrag

Karlsruhe. dpa
Das Bundesverfassungsgericht in Karlsruhe entscheidet heute über einen vorläufigen Stopp des Hauptstadt-Abkommens zwischen dem Bund und Berlin. Das teilte der Vorsitzende des Zweiten Senats, Ernst Gottfried Mahrenholz, mit. Gegen die für morgen geplante Unterzeichnung des Vertrags haben vier Bundestagsabgeordnete eine Einstweilige Verfügung beantragt. Der Vertrag solle nicht unterschrieben werden, bis über die Hauptstadt-Konzeption in einem Gesetzgebungsverfahren entschieden worden ist. Der Bundestag hatte sich mit knapper Mehrheit für Berlin als Hauptstadt ausgesprochen. Dem Antrag von Günther Müller (CSU), Martin Grüner (FDP) und Ortwin Lowack (parteilos) hatte sich am Freitag der CSU-Parlamentarier Gerhard Scheu angeschlossen.

Polizisten sollen von Bagatellen frei bleiben

Frankfurt/Main. dpa
Polizeibeamte sollten von Bagatellfällen entlastet werden. Das hat der hessische Innenminister Herbert Günther (SPD) gestern im Hessischen Rundfunk gefordert. Als Beispiel nannte Günther den Schreibdienst, der inzwischen vielfach von qualifizierten Angestellten erledigt werde. Mit dieser Entlastung könne mehr uniformierte Polizei „draußen vor Ort" eingesetzt werden. Einen Sicherheitsdienst nach Art einer Bürgerwehr lehnte der Minister jedoch entschieden ab.

„Asterix" verseuchte die Elbe mit Schweröl

Hamburg. dpa
Das Tankmotorschiff „Asterix" hat die Unterelbe auf einer Länge von fünf Kilometern und einer Breite zwischen 50 und 100 Metern mit einem Gemisch von Schweröl und Wasser verunreinigt. Wie die Hamburger Polizei berichtete, entdeckte ein Streifenboot der Wasserschutzpolizei gestern den Ölfilm auf der Höhe von Stade. Die Polizei geht davon aus, daß das Öl beim Leeren der Ballasttanks der „Asterix" in die Elbe gelangt ist. Da sich der rund 375 000 Quadratmeter große Ölfilm sehr dünn auf der Elbe ausgebreitet hatte, konnte kein Absaugschiff eingesetzt werden. Gegen den Eigner des Schiffes verhängte die Staatsanwaltschaft unterdessen eine Sicherheitsleistung.

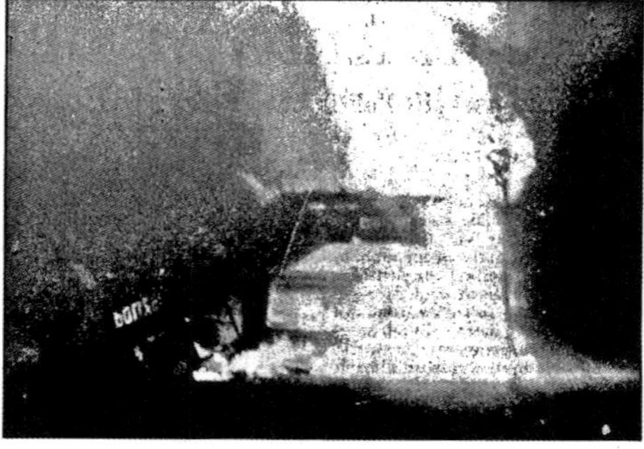

Während der schweren Ausschreitungen zwischen Jugendlichen und Polizei vor der Zentralen Aufnahmestelle für Asylbewerber in Rostock gingen auch Polizeifahrzeuge in Flammen auf.   Foto: dpa

Schwere Krawalle vor Asylbewerberheim

1000 Rostocker sahen zu / Regierung unterschätzte Gewalt

Rostock/Stendal. dpa/ADN
Vor der Zentralen Aufnahmestelle für die Asylbewerber Mecklenburg-Vorpommerns in Rostock ist es am Sonnabend abend zu schweren Ausschreitungen zwischen etwa 150 ausländerfeindlichen Randalierern und der Polizei gekommen. 12 Polizisten und zahlreiche Randalierer wurden verletzt. Ein „harter Kern" von Angreifern versuchte bis in die frühen Morgenstunden, unter Einsatz von Molotowcocktails, Steinen und Feuerwerkskörpern gewaltsam in das Asylbewerberheim im Neubaugebiet Lichtenhagen einzudringen. Weit mehr als 1000 Zuschauer, darunter auch zahlreiche Anwohner, applaudierten den Angreifern, feuerten sie immer wieder an und riefen in Sprechchören ausländerfeindliche Parolen. Die Polizei setzte unter anderem Tränengas und Wasserwerfer ein.

Der Schweriner Innenstaatssekretär Klaus Baltzer räumte ein, man habe von einer Kundgebung vor dem Heim im Vorfeld gewußt, jedoch nicht mit einem derartigen Ausmaß von Gewalt gerechnet. Der Leiter des Landeskriminalamtes, Siegfried Kordus, ging gestern davon aus, daß die Aktion überregional geplant gewesen sei. Kordus erklärte, er rechne jederzeit mit einem erneuten Angriff.

Am gestrigen Nachmittag befaßte sich der Rostocker Senat auf einer Krisensitzung mit den Vorfällen. Der SPD-Fraktionsvorsitzende im Landtag, Harald Ringstorff, hat unterdessen der Landesregierung eine Mitverantwortung für die Ausschreitungen angelastet. Die Probleme der Aufnahmestelle seien seit dem Frühsommer bekannt.

In den vergangenen vier Monaten hatten sich die Anwohner des Asylbewerberheims vor allem wegen Lärm- und Schmutzbelästigungen bei den zuständigen Stellen beschwert. Weil die Unterkunft mit 300 Plätzen zeitweise überbelegt war, campierten vor allem die rumänischen Flüchtlinge tagelang im Freien.

Ein Asylbewerberheim im sächsisch-anhaltinischen Köckte wurde in der Nacht zum Sonntag zum zweiten Mal innerhalb einer Woche überfallen. 30 zum Teil vermummte Jugendliche warfen dabei mit Steinen einige Fensterscheiben ein. Eine Gruppe von insgesamt 70 Skinheads randalierte in der Nacht zum Sonntag auch in Wolfsburg. Zwei Passanten wurden verletzt, mehrere Autos beschädigt. Etliche Skinheads wurden vorübergehend festgenommen.

Müll-Abkommen verschärft das Entsorgungsproblem

Baden-Württembergs Kommunen droht der Abfallnotstand

Stuttgart. dpa
Baden-Württemberg droht ungeachtet der Vereinbarungen zwischen Bundesumweltminister Klaus Töpfer (CDU) und seiner französischen Kollegin Segolene Royal der Müllnotstand. Der Stuttgarter Umweltminister Harald B. Schäfer (SPD) sagte in der baden-württembergischen Landeshauptstadt, die betroffenen Kreise und Städte müßten so schnell wie möglich eigene Lösungen entwickeln, um den Notstand abzuwenden. Frankreich gewähre Deutschland keine Ausnahmeregelung und keine Übergangsfristen für Mülltransporte zu Deponiezwecken.

Die am Freitag vereinbarte deutsch-französische Arbeitsgruppe für die Müllkooperation der Grenzregionen wird nach den Worten des Bonner Umweltministers Klaus Töpfer (CDU) morgen in Paris zusammentreffen. Angesichts des Müllnotstands hätten die Minister sich geeinigt, Ende August neue Regelungen zum Problem des Hausmüll-Exports vorzulegen. Bis dahin gelten die französischen Regelungen: gen: Müll darf nur mit staatlicher Genehmigung über die Grenze gebracht werden und nur, wenn der Abfall dort weiterverarbeitet oder verbrannt wird.

Der Oberbürgermeister von Ulm, Ivo Gönner (SPD), sagte, das Ergebnis von Paris befreie seine Stadt nicht von akuten Nöten. Da bis Ende August beraten werde, sei eine Lösung erst Anfang September in Sicht. Die Stadt könne nur bis Mittwoch zwischenlagern. Neuer Müll müsse unter freiem Himmel abgelegt werden.

Über weitere Müllschiebereien berichtet das Magazin „Der Spiegel" in seiner neuesten Ausgabe. Danach werden Kunststoffverpackungen mit dem Grünen Punkt des Dualen Systems Deutschland (DSD) auch nach Osteuropa – nach Slowenien, Ungarn und Frankreich – verschoben. Bundesjustizministerin Sabine Leutheusser-Schnarrenberger (FDP) kündigte in „Bild am Sonntag" für 1993 härtere Strafen gegen Umweltsünder und damit auch gegen illegale Müllexporteure an.

Der Einstein in uns

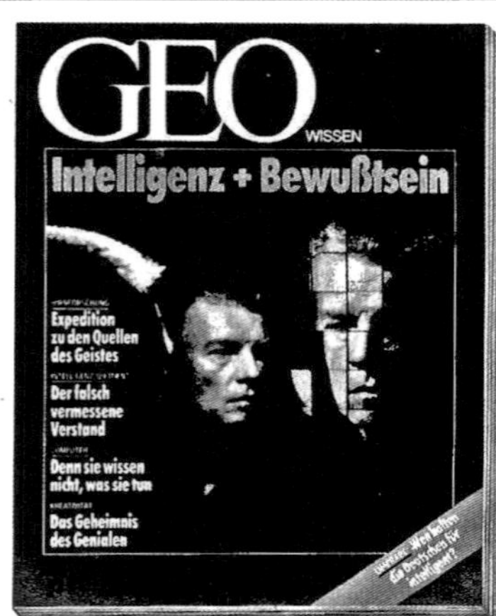

Auf ihren Expeditionen zu den Quellen des Geistes tasten sich Forscher an die elementaren Eigenschaften des Menschseins heran: Intelligenz und Bewußtsein. Sie wollen das Geheimnis des Genialen ergründen und das Rätsel tierischen Denkens lösen. Sie wollen die Weltsicht von Kindern begreifen und Computer mit Menschenverstand versehen. GEO-Wissen faßt ihre Ergebnisse zusammen und hält verblüffende Antworten bereit – auch auf die Frage, ob Intelligenztests in den Papierkorb gehören.

Jetzt bei Ihrem Zeitschriftenhändler

Berliner Zeitung

Nr. 198   48. Jahrgang   **Dienstag, 25. August 1992**   70 Pfennig   90020

Verfassungsgericht gibt grünes Licht für Hauptstadtvertrag

Berlin-Gegner wollten Unterzeichnung verhindern

Berlin/Karlsruhe. eb

Das Bundesverfassungsgericht in Karlsruhe hat gestern den Weg für die Unterzeichnung des Hauptstadtvertrags zwischen Bonn und Berlin freigemacht. Es wies den Antrag von vier Bundestagsabgeordneten auf eine Einstweilige Verfügung ab, die den Vertrag in letzter Minute verhindern sollte.

Nun können Bundeskanzler Helmut Kohl, Brandenburgs Ministerpräsident Manfred Stolpe und der Regierende Bürgermeister von Berlin, Eberhard Diepgen, heute, wie geplant, im Roten Rathaus ihre Unterschrift unter den Vertrag setzen. Das Abkommen soll die Zusammenarbeit zwischen dem Bund und den beiden Ländern beim Aufbau des Regierungssitzes regeln.

Die CSU-Abgeordneten Günther Müller und Gerhard Scheu, der FDP-Parlamentarier Martin Grüner und der parteilose Ortwin Lowack hatten das Verfassungsgericht angerufen, weil sie eine gesetzliche Regelung darüber fordern, ob Berlin Sitz von Bundestag und Bundesregierung werden soll. Sie halten den Beschluß des Bundestages vom 20. Juni 1991 nicht für ausreichend.

EINZELHEITEN
Seite 15

Berlin und Bonn betrachten das Vertragswerk als Grundlage für ihre Zusammenarbeit. In erster Linie regelt es die Bau- und Verkehrsplanung für das Regierungsviertel. Ansprechpartner für den Bund sind dann nicht mehr die Bezirke, sondern der Senat. Zudem verpflichten sich Bonn und Berlin, sich bei der Unterbringung von Botschaften und Landesvertretungen, beim Wohnungsbau für die Bundesbeamten und der Nutzung von Grundstücken zu unterstützen.

Für viele der wichtigste Punkt: Bonn erkennt an, daß es für die Hauptstadtaufgaben Berlins Geld zur Verfügung stellen muß – wieviel, das steht jedoch nicht in dem Vertrag. Der Senat wertet aber allein schon die Erwähnung als Erfolg. Monatelang hatte der Bund sich geweigert, das Thema überhaupt zu behandeln.

Der Vertrag war bei seinem Bekanntwerden auf harte Kritik der Opposition und der Bezirke gestoßen.

Daimler-Investition steht auf der Kippe

Berlin. eb

Daimler-Benz wird seine geplante Milliarden-Investition in Ahrensdorf bei Berlin noch einmal grundsätzlich überdenken. Hintergrund: Die EG-Kommission hat eingeplante Subventionen in Höhe von rund 300 Millionen Mark für das Lkw-Werk noch nicht bewilligt. Durch die Verzögerung wird der Zeitplan zunehmend unrealistisch, heißt es im Konzern. Auch eine Reduzierung des geplanten Investitionsrahmens werde nicht ausgeschlossen, sagte Konzernsprecher Detlef Bay gestern gegenüber der Berliner Zeitung.

(Kommentar Seite 2, Bericht Seite 23)

200 000 Wohnungen droht Umwandlung

Berlin. eb

Rund 200 000 Mietwohnungen mit etwa 400 000 Bewohnern in beiden Teilen der Stadt droht nach neuesten Berechnungen des Berliner Mietervereins (BMV) die Umwandlung in eine Eigentumswohnung. Das erklärte BMV-Hauptgeschäftsführer Hartmann Vetter gegenüber der Berliner Zeitung. Der BMV fürchtet, daß viele Mieter durch Eigenbedarfskündigungen aus ihren Wohnungen verdrängt werden. Betroffen davon seien hauptsächlich Altbauquartiere in attraktiven Lagen, aber auch solche „mit einem besonderen Flair" wie in Prenzlauer Berg. Immobilienhändler Willi Bendzko, Sprecher des Rings Deutscher Makler, sagte, um den Bundesdurchschnitt zu erreichen, müßten in Berlin theoretisch sogar rund 500 000 Wohnungen privatisiert werden.

(Hintergründe Seite 16)

Andrew wütete über Florida

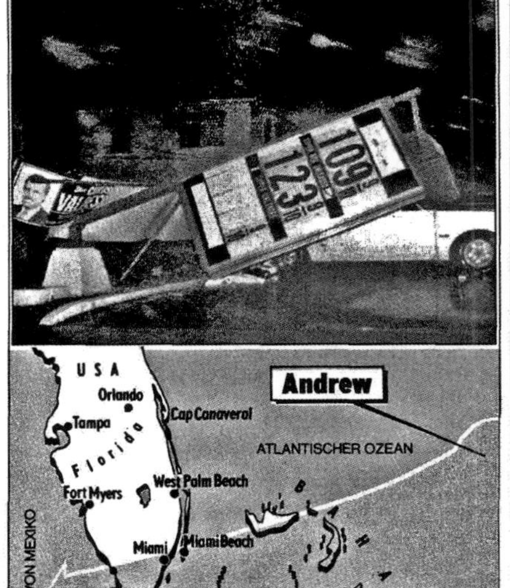

Der Hurrikan „Andrew" raste gestern mit 240 Stundenkilometern über den Süden des US-Bundesstaates Florida hinweg. Der Wirbelsturm ist einer der schwersten dieses Jahrhunderts. In Miami entwurzelte er Bäume, ließ Autos durch die Luft fliegen, drückte Dächer ein, begrub die Küstenstraße unter Sandmassen und verwüstete Tankstellen (Foto). Aus dem Gebiet waren fast eine Million Menschen geflohen. *(Siehe Seite 28)*   Karte: Döring; Foto: AP

Wolfgang Thierse sagt ab – und die Berliner SPD ist ratlos

Vorerst wird noch kein neuer Kandidat benannt

Berlin. eb

Nach der Absage von Wolfgang Thierse für den Landesvorsitz macht sich in der Berliner SPD Ratlosigkeit breit. Die amtierende Parteivorsitzende Monika Buttgereit sagte gestern, man wolle vorerst keinen neuen Kandidaten benennen. Die Partei müsse jetzt erst einmal „über sich selbst nachdenken".

„Ein volles Bonner und ein volles Berliner Engagement" ließen sich nicht überzeugend miteinander verbinden, begründete Wolfgang Thierse seine Ablehnung. Thierse ist neben seiner Funktion in der Bundespartei auch stellvertretender Vorsitzender der SPD-Bundestagsfraktion.

Nach der Sitzung des Geschäftsführenden Landesvorstandes sagte Monika Buttgereit, man bedauere die Absage sehr. Aber die Chance sei nicht vertan, die „Reformfähigkeit" der Partei unter Beweis zu stellen. Das Thema einer Klausurtagung am Freitag: „Wie weiter mit der SPD?" *(Siehe Seite 2)*

Bonn verlangt härtere Gangart gegen Serben

NATO-Botschafter erörtern Einsatz von 6000 Soldaten

Bonn. ADN/AP/dpa

Die Bundesregierung wird sich auf der morgen in London beginnenden Jugoslawien-Konferenz für eine bessere Kontrolle des UNO-Embargos gegen Serbien und Montenegro einsetzen. Man ziehe auch zusätzliche Maßnahmen zur Verschärfung der Handelssperre in Betracht, hieß es gestern in Bonner Regierungskreisen.

Wie zu erfahren war, will die deutsche Regierung in London für die Entsendung internationaler Kontrollteams werben, die die UNO-Sanktionen besser als bisher überwachen sollen. Die Bundesrepublik müßte sich an einer solchen Maßnahme mit Zivilpersonal beteiligen, hieß es. Analog zum gegenwärtigen Verfahren in der Adria könnte die Donau-Schiffahrt überprüft werden.

Der ZDF-Kameramann Hermann Wohlberg, der am Wochenende von serbischen Behörden festgenommen wurde, ist nach Angaben des Auswärtigen Amtes „wohlauf und bei guter Gesundheit". Für heute vormittag sei im serbischen Zajeca ein Haftprüfungstermin anberaumt, sagte Außenamtssprecher Hanns Schumacher.

Unterdessen wurde aus NATO-Kreisen in Brüssel bekannt, daß Experten der Militärorganisation einen Plan für den Einsatz von 6000 Soldaten zum Schutz von humanitären Lieferungen in Bosnien-Herzegowina ausgearbeitet haben.

Nach Angaben von AP werden die NATO-Botschafter auf einer Sitzung heute diesem Vorschlag wahrscheinlich zustimmen, es gibt aber Pläne für eine größere Aktion mit 20 000 bis 30 000 Soldaten verwarfen. Auch die Westeuropäische Union hat gestern erneut über eine militärische Sicherung der Hilfslieferungen nach Bosnien-Herzegowina beraten.

Die UNO-Vollversammlung ist gestern in New York zu einer Sondersitzung über die Lage in Bosnien-Herzegowina zusammengetreten. UNO-Generalsekretär Boutros Ghali hatte New York allerdings vor Beginn der Sitzung verlassen und war nach London aufgebrochen, um dort als Mitvorsitzender der Jugoslawienkonferenz zu fungieren.

(Weitere Berichte Seite 6)

Südkorea und China begraben ihren Zwist

Peking/Seoul. dpa/eb

Nach über vier Jahrzehnten der Feindschaft haben China und Südkorea diplomatische Beziehungen aufgenommen. Der chinesische Außenminister Qian Qichen und sein Amtskollege Lee Sang-Ock unterzeichneten das Abkommen gestern in Peking. Südkoreas Präsident Roh Tae Woh bezeichnete in einer Ansprache in Seoul die Vereinbarung zwischen beiden Ländern als „bedeutenden Fortschritt für die friedliche Vereinigung der koreanischen Halbinsel". Peking sei die „einzig gesetzmäßige Regierung in China". Bislang war das aus Sicht Seouls Taiwan. Peking ist Seouls drittwichtigster Handelspartner. Die taiwanesische Botschaft in Seoul soll China übergeben werden. *(Bericht Seite 2)*

Kokain-Frachter vom Zoll aufgebracht

Rostock. dpa

Im Rostocker Hafen sind 140 Kilogramm Kokain bei der Durchsuchung eines kolumbianischen Frachters sichergestellt worden. Das Rauschgift mit einem Schwarzmarktwert von rund 16 Millionen Mark sei vermutlich für Holland und andere westeuropäische Länder bestimmt gewesen, informierte das Landeskriminalamt Mecklenburg-Vorpommern. *(Siehe Seite 2)*

Noch nicht über den Berg

Von Martina Doering

Das einzig positive Ergebnis des Nahostfriedens-Prozesses war bisher, daß er nicht scheiterte. Die Beteiligten traten sich am Fuße eines Berges von Problemen gegenseitig auf die Füße und behinderten sich beim Aufstieg, indem sie mit formalen Fragen zusätzliche Felsbrocken in den Weg rollten. Gestern begann nun die sechste Runde der Verhandlungen in Washington, und die Veränderung der Ausgangslage ist fast wundersam zu nennen. Das Tempo, mit dem Israel ins Rennen geht, läßt kaum Zeit zum Atemholen. Ein neuer Mann an der Spitze der israelischen Regierung will Ergebnisse sehen. Seine Vorleistungen sind enorm. Rabin verhängte einen Teil-Siedlungsstopp und begann damit, die Hauptbarriere für eine Einigung mit den Arabern abzutragen. Er legte Autonomie-Vorschläge auf den Tisch, die nun bei den Gesprächen eine solide Verhandlungsgrundlage sind. Einen Tag vor Beginn der neuen Runde in Washington kündigte er Maßnahmen zur Lockerung des Besatzungsregimes an. Sollten sich zudem die Gerüchte bewahrheiten, daß Israel einen Teilrückzug von den Golan-Höhen in Betracht zieht, könnte das Washingtoner Treffen wirklich erste Ergebnisse anbahnen.

Für die arabische Seite – die Palästinenser, die Syrer, die Libanesen und die Jordanier – bringt dies durchaus Probleme. Denn natürlich entsprechen die israelischen Vorschläge nicht oder nur teilweise denen der Araber. Die Palästinenser wollen einen totalen Siedlungsstopp und meinen, die Autonomie-Pläne seien unzureichend, die wichtigsten Punkte bleiben unter der Kontrolle Israels. Und die Syrer fordern den ganzen Golan zurück und nicht nur ein Stück. Solange Israel mauerte, mußten sie ihre verbal geäußerte Verhandlungsbereitschaft und ihren Friedenswillen nicht unter Beweis stellen. Jetzt kommt auch für sie die Stunde der Wahrheit. Noch ist man bei den Nahost-Gesprächen nicht über den Berg, aber der Aufstieg zum Gipfel hatte noch nie bessere Bedingungen als jetzt.

Erneut Steine gegen Rostocker Ausländerheim

Asylbewerber werden umquartiert / Bundesinnenminister Seiters berät vor Ort

Rostock. eb

Nach den schweren Ausschreitungen in Rostock, bei denen 74 Polizisten verletzt und 139 vorwiegend aus Rostock, Berlin und Hamburg stammende Randalierer verhaftet wurden, begannen die Behörden gestern mit der schrittweisen Umquartierung der Asylbewerber. Sie sollen zunächst in Notunterkünften in Greifswald und Bad Doberan untergebracht werden. Bundesinnenminister Rudolf Seiters reiste gestern zu Beratungen mit den dortigen Behörden nach Rostock. Die Bundesregierung hat die Krawalle „auf das schärfste" verurteilt.

Unterdessen bewarfen gestern nachmittag rund 200 Jugendliche das Asylbewerber-Heim erneut mit Steinen. Polizeikräfte konnten die Aktion jedoch sofort unterbinden.

(Reportage aus Rostock Seite 3)

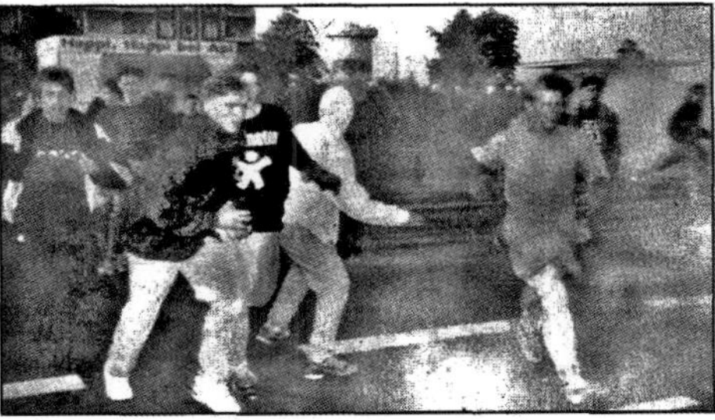
Tränengas war nötig, um die Rechtsradikalen in Rostock abzudrängen.   Foto: AP

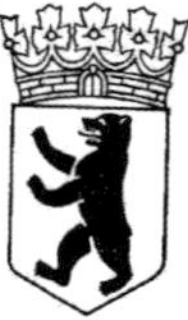

Berliner Zeitung

Nr. 236   48. Jahrgang   Donnerstag, 8. Oktober 1992   70 Pfennig   90 020

Experten erwarten Steuererhöhungen

Geringere Einnahmen / Haushalt unter Druck

Von unserem Korrespondenten Dietmar Seher

Bonn. Haushaltsexperten des Bundestags erwarten eine deutliche Verschlechterung der Lage der Staatsfinanzen, wenn Anfang November die neue Steuerschätzung vorgelegt wird.

Anlaß sind die nach unten korrigierten 93er Wachstumsprognosen der Konjunkturforscher und ein deutlicher Einbruch der Auftragslage im August, der beim verarbeitenden Gewerbe im Westen bei minus 6,7, im Osten sogar bei minus 8,3 Prozent liegt.

Während Koalitionsabgeordnete hoffen, die dann zu erwartenden geringeren Steuereinnahmen noch mit verschärftem Sparen ausgleichen zu können, gehen SPD-Experten davon aus, daß Finanzminister Theo Waigel (CSU) noch im Herbst den Haushalt '93 korrigieren und neue Steuererhöhungen ankündigen muß.

Mit einem Vorboten dieser Entwicklung beschäftigte sich gestern der Haushaltsausschuß. Die Bundesanstalt für Arbeit wird nach jüngsten Berechnungen im kommenden Jahr ein Defizit von 8,7 Milliarden Mark aufweisen. Waigel will diesen Betrag ohne neue Schuldenaufnahme begleichen.

Angesichts der schlechten Finanzlage drängen die deutschen Städte auf eine baldige, wichtige Teile des „Sozialpakets" und Abtreibungsparagraphen 218 erst nach der Jahrtausendwende in Kraft zu setzen. Allein für die Schaffung der Kindergartenplätze seien 40 Milliarden Mark erforderlich. Auch die Bundesländer, die Waigel gestern noch einmal auf Sparkurs bringen wollte, bekommen Probleme mit dem vorgegebenen Etatzuwachs von drei Prozent. Bayern hat bereits ein Plus von sechs Prozent.

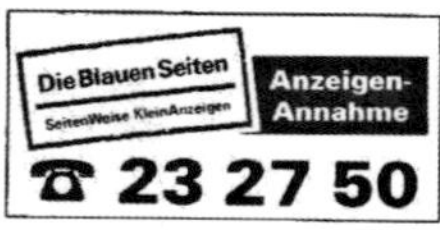

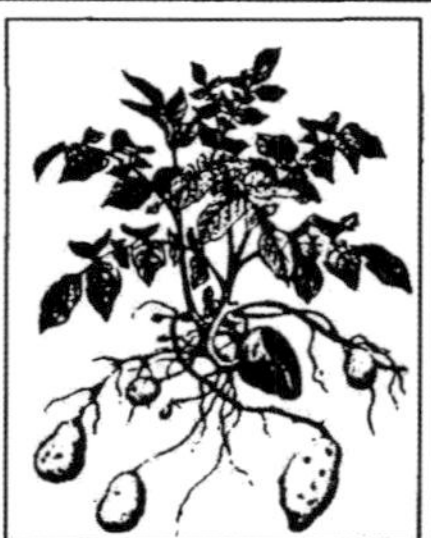

Ohne Bodenfrost bekommt die Kartoffel weniger Nährstoffe.

PFLANZEN

In der Landwirtschaft hat ein milder Winter besonders negative Folgen für die Sommerkulturen, insbesondere bei Hackfrüchten, zum Beispiel Kartoffeln. Wenn der durch die Ernte verfestigte Boden im Winter durch den Frost nicht durchbröckelt wird, dringen im Frühjahr weniger Stick- und Nährstoffe in die Wurzeln ein. Der mangelnde Nährstoffgehalt führt bei Pflanzen zu einem verminderten Wachstum und verringert den Ernteertrag.

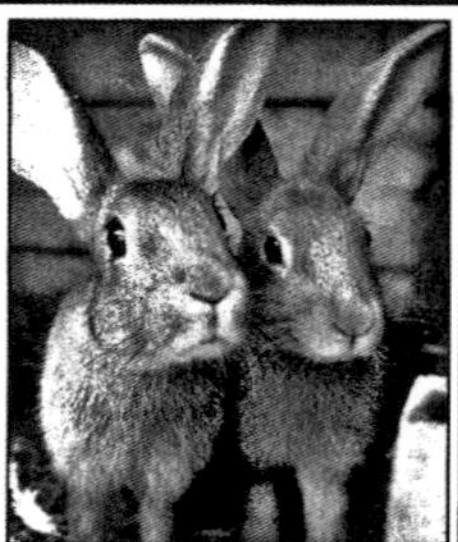

Nach milden Wintern gibt es in der Stadt zu viele Kaninchen.

TIERE

In der Tierwelt stört ein wärmerer Winter auf verschiedene Weise ökologische Kreisläufe. So findet unter anderem nur vermindert eine natürliche Selektion statt. Kranke und verkrüppelte Tiere, die sonst dem Frost zum Opfer fallen, überleben und vergrößern den Bestand. In den Großstädten nimmt die Population von Wildkaninchen und Ratten deshalb erheblich zu. Ein höherer Bestand an Rehwild schädigt die Wälder, da verstärkter Wildverbiß auftritt.

---

3 Grad mehr: Der Winter fällt aus

Berlin. eb
Die Temperaturen werden von Dezember bis Februar in unseren Breiten durchschnittlich um 3 Grad Celsius höher liegen als bisher. Das erklärte der Meteorologe Wolfgang Röder, Experte für Langfristvorhersagen an der Freien Universität Berlin, gestern gegenüber der Berliner Zeitung. Seine Erkenntnisse, so Röder, ergeben sich aus umfangreichen Untersuchungsreihen, die er in den letzten Jahren durchgeführt habe. Zudem liegen Vergleichsdaten vor, die bis zum Jahre 1761 zurückreichen. Bestätigt sich die Prognose des Wissenschaftlers, dann fällt der Winter aus. Während sich einerseits die Einsparung von Wärmeenergie positiv auszahlt, bringen milde Winter andererseits auch negative Folgen für die Ökosysteme mit sich. Die Ursache für den erwarteten Temperaturanstieg sieht Röder vor allem in der steigenden Konzentration sogenannter Treibhausgase wie Methan, Kohlendioxid, FCKW und Stickoxide in der Atmosphäre. Bereits seit einigen Jahren machen Wissenschaftler auf diesen Zusammenhang aufmerksam und warnen vor den Folgen einer weltweiten Klimakatastrophe. *(Fortsetzung Seite 2)*

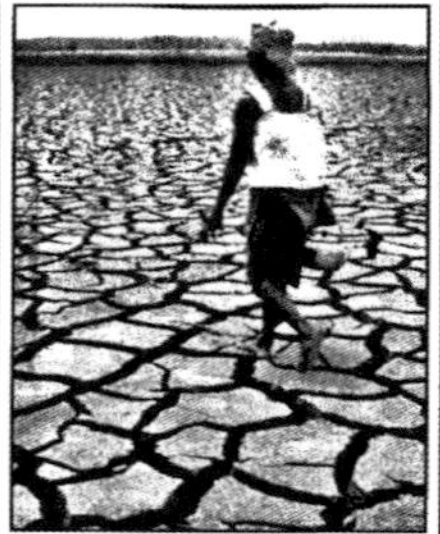

Dürreperioden sind eine Folge des Klimawandels.   Foto: Reuter

MENSCHEN

Die Veränderung des Klimas bedroht die natürliche Existenzgrundlage der Menschen. Wenn sich das Erdklima so schnell verändert, wie es Wissenschaftler voraussagen, ist jeder Lebensraum des Planeten gefährdet. Während durch den Anstieg des Meeresspiegels die Küstenregionen überflutet werden, führen Stürme und Hitzewellen im Landesinneren zum Absterben und Rückzug von Arten und zu verstärkten Bodenerosionen.

Flugschreiber der Unglücksboeing entdeckt

Möglicherweise verlor der Jumbo nur ein Triebwerk

Amsterdam. AP/AFP/eb
Drei Tage nach der Flugzeugkatastrophe von Amsterdam ist der Flugschreiber der El-Al-Maschine gefunden worden, von dessen Auswertung sich die Experten Aufschlüsse über den genauen Unfallverlauf erhoffen. Er ist allerdings schwer beschädigt. Wie es zu der Tragödie, die vermutlich 250 Menschenleben forderte, kommen konnte, war auch gestern noch völlig unklar. So gab es Zweifel an der bisherigen Darstellung der Behörden, daß die Maschine kurz nach dem Start zwei ihrer vier Triebwerke verloren habe. Es könne auch sein, daß die gefundenen Teile nur zu einem Triebwerk gehörten. Sicher ist bisher nur, daß das äußerste rechte Triebwerk abgerissen ist.

Eine Sprecherin des Amsterdamer Flughafens Schiphol teilte gestern mit, bei der El-Al-Frachtmaschine habe bereits im Juli beim Landeanflug ein Triebwerk gebrannt. Damals hatte der bordeigene Feuerlöscher die Flammen erstickt, die Maschine war sicher gelandet.

Bis gestern wurden insgesamt 30 Leichen der eingestürzten Hochhäuser geborgen. Die meisten sind so schwer verstümmelt, daß eine Identifizierung ausgeschlossen ist.
(Reportage auf Seite 3)

Brandenburg: Stahlwerker demonstrierten

Brandenburg. ADN/eb
Gegenüber demonstrierenden Stahlwerkern aus Brandenburg, Hennigsdorf und Eisenhüttenstadt wies Bundeswirtschaftsminister Jürgen Möllemann (FDP) gestern den Vorwurf zurück, die Bundesregierung engagiere sich zu wenig für den Erhalt der ostdeutschen Stahlstandorte. Die Demonstranten hatten Transparente entrollt mit der Aufschrift „Eisenhüttenstadt muß bleiben". Die „miese Konjunktur der Branche" führe jedoch auch im Westen Deutschlands zu Personalabbau, sagte Möllemann vor Beginn einer Podiumsdiskussion.

Der Chef der IG Metall Potsdam, Elias Hadjiandreou, forderte vor allem die Sicherung des Stahlabsatzes in der GUS und verwies auf den Marshallplan aus den Nachkriegsjahren. Möllemann entgegnete, er sei nicht bereit, „mit der Ware gleich die Mark dazuzuliefern". Die GUS müsse sich endlich durch den Verkauf von Rohstoffen Liquidität verschaffen, sagte der Minister. Andere Hoffnungen zu wecken sei eine Milchmädchenrechnung und nutze den Produzenten in Ostdeutschland nichts.
(Bericht und Kommentar Seite 9)

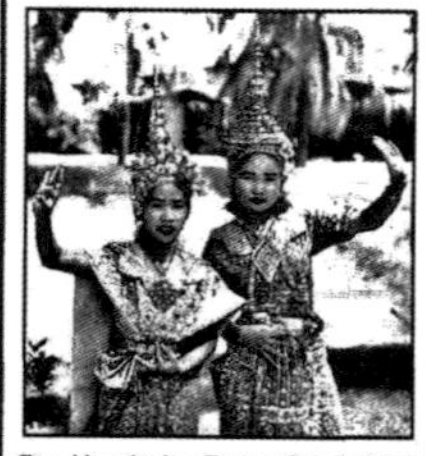

Der klassische Tanz wird in Thailand gepflegt.   Foto: Kraemer

---

Streit um Gesetze gegen Rechtsradikale

SPD, FDP, Anwälte und Polizei lehnen Unionsvorschläge ab

Bonn. AFP/eb
Die Forderungen der CDU/CSU nach schärferen Gesetzen zur Bekämpfung des Rechtsextremismus sind auf breiten Widerstand gestoßen. Führende Politiker von FDP und SPD, der Deutsche Anwaltverein sowie die Gewerkschaft der Polizei sprachen sich gestern dafür aus, statt dessen die bestehenden Gesetze voll auszuschöpfen. Demgegenüber vertrat der bayerische Innenminister Edmund Stoiber (CSU) die Ansicht, das gesetzliche Instrumentarium reiche nicht aus, die Gewalt auf der Straße zu bekämpfen.

Der Bundestag beschäftigt sich heute am späten Nachmittag mit den anhaltenden rechtsradikalen Ausschreitungen. Dabei wollen die Parteien in einer gemeinsamen Entschließung Fremdenhaß und Ausländerfeindlichkeit verurteilen. Auf der Rednerliste stehen unter anderem Innenminister Rudolf Seiters (CDU), Justizministerin Sabine Leutheusser-Schnarrenberger (FDP) und der frühere Partei- und Fraktionsvorsitzende der SPD, Hans-Jochen Vogel.

Die Innen- und Justizminister von Bund und Ländern werden morgen in Bonn darüber beraten, wie rechtsextremistischen Ausschreitungen begegnet werden kann.
(Siehe Seite 6)

Jetzt greifen die Serben verstärkt nach Sarajevo

Sarajevo. eb
Nach der Einnahme von Bosanski Brod haben serbische Truppen gestern ihre Offensive gegen moslemisch-kroatische Verteidigungsstellungen in Bosnien verstärkt. Vor allem in Sarajevo schlugen zahlreiche Granaten ein, meldete ein AFP-Korrespondent. Ziele waren vor allem die Altstadt, das Zentrum sowie die Stadtteile Dobrinja und Hrasno, wo zwischen den Konfliktparteien nur noch 50 Meter liegen. Auch die Gegend um den Präsidentenpalast wurden mit schwerem Geschütz- und Granatwerferfeuer belegt.

Iran appellierte indessen an den Westen, der Entsendung von Truppen auf den Balkan zuzustimmen, die den Moslems in Bosnien helfen sollen. Das geistliche Oberhaupt der iranischen Schiiten, Ajatollah Chamenei, wurde mit den Worten zitiert, den europäischen Staaten sei das Schicksal der Moslems gleichgültig. In Bonn verabschiedete das Kabinett gestern eine Verordnung, mit der Ausfuhren nach Ex-Jugoslawien verschärft kontrolliert werden sollen. Davon ausgenommen sind lediglich Nahrungsmittel sowie Güter für medizinische und humanitäre Zwecke.
(Bericht Seite 2)

Jelzin erneuert seine Zusagen für Rußlanddeutsche

Moskau. dpa/AP
Rußlands Präsident Boris Jelzin will seine Zusagen für die Autonomie der Rußlanddeutschen einhalten. Dies teilte gestern Bundesaußenminister Klaus Kinkel nach einem Gespräch mit dem Kremlchef in Moskau mit. Jelzin habe Schwierigkeiten bei der Einrichtung einer Autonomen Wolgarepublik eingeräumt. Die dort lebende Bevölkerung habe massive Vorbehalte gegen eine Wiedererrichtung der im Zweiten Weltkrieg aufgelösten Autonomen Republik. Bereits bei seinem Gespräch mit Rußlands Außenminister Andrej Kosyrew hatte Kinkel zu verstehen gegeben, daß Bonn die Haltung Moskaus zu den Rußlanddeutschen als Gradmesser der bilateralen Beziehungen ansieht. Der russische Politiker seinerseits hatte die Erwartung geäußert, daß bis zum Besuch von Bundeskanzler Kohl im Dezember noch strittige Fragen, wie die Entschädigung von Nazi-Opfern, gelöst werden können.

Bei einem Empfang in der neuen deutschen Botschaft in Moskau traf der Gast aus Bonn dann mit dem ehemaligen sowjetischen Präsidenten, Michail Gorbatschow, zusammen.

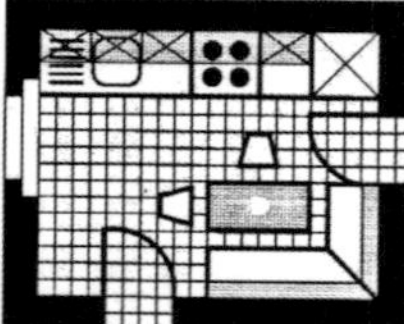

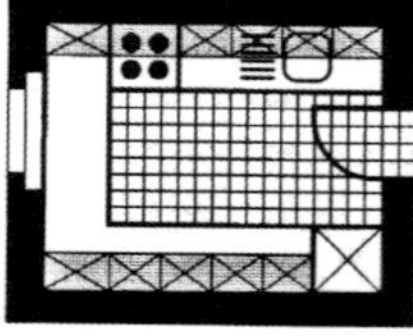

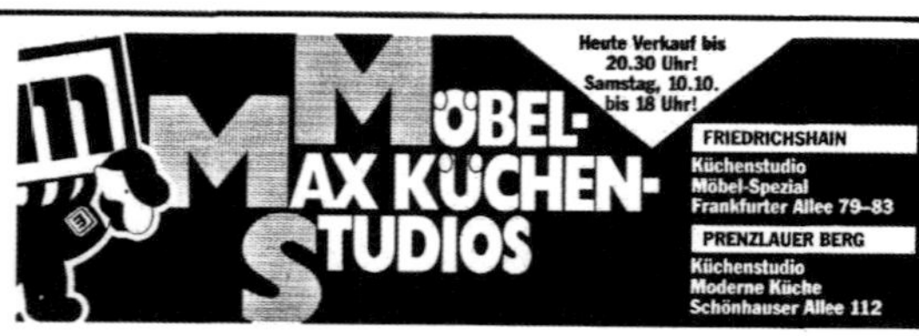

CDU will höhere Einkommensgrenzen bei Sozialwohnungen

Die Erhöhung der Einkommensgrenzen für den Zugang zu einer Sozialwohnung hat der Parlamentarische Geschäftsführer der Berliner CDU-Fraktion, Volker Liepelt, gefordert. In einem Schreiben an Bundesbauministerin Irmgard Schwaetzer (FDP) verweist er darauf, daß man leistungsbereite Menschen, die brav ihre Steuern zahlen, nicht auf Dauer vom größten Segment des Berliner Wohnungsmarktes ausschließen dürfe. „Mit den seit Jahren nicht angepaßten Grenzen werden Bezieher mittlerer Einkommen bestraft, die gleichwohl mit ihrer Steuerleistung den entscheidenden Beitrag zum sozialen Wohnungsbau leisten", heißt es in dem Brief. Erklärtes Ziel der Berliner CDU sei die Öffnung des sozialen Wohnungsbaus für alle Bevölkerungsschichten bei einkommensabhängigen Mieten, betonte Liepelt. **ADN**

Schutzbeamte wollen betriebseigene Kita

Die Einrichtung eines Betriebskindergartens in der Polizeibehörde und im Landeseinwohneramt hat die Gewerkschaft der Polizei (GdP) Berlin gefordert. Mit der Aufgabe einer derartigen Einrichtung im Gebäudekomplex am Platz der Luftbrücke durch die amerikanischen Streitkräfte biete sich dafür gegenwärtig eine günstige Gelegenheit, so die stellvertretende Landesvorsitzende, Johanna Ruhnau. **ADN**

AUFGEKLÄRT. Die Polizei nahm einen 18jährigen Mann aus Kreuzberg fest. Der Verhaftete gestand, am 4. Oktober auf dem Breitscheidplatz in Schöneberg eine 26jährigen Erzieher mißhandelt und durch mehrere Messerstiche lebensgefährlich verletzt zu haben. **ADN**

ABGESTÜRZT. Statt in der Haftanstalt landete am Dienstag abend ein 53jähriger Berliner in der Intensivstation eines Krankenhauses. Um sich der Vollstreckung eines Haftbefehls zu entziehen, seilte er sich vom Balkon seiner im zweiten Stock gelegenen Wohnung am Charlottenburger Heilmannring ab. Dabei stürzte er in die Tiefe und zog sich schwere Verletzungen zu.

ÜBERFALL. Vier Männer drangen am Dienstag abend in einem Heim an der Lichtenberger Rhinstraße gewaltsam in eine Wohnung ein. Die mit einem Samuraischwert und einer Pistole bewaffneten Täter fesselten drei Heimbewohner und raubten ihnen Schmuck, Geld und ein Funktelefon. **eb**

Im Fruchthof ist der Tag um 7 Uhr vorbei

Auf dem Großmarkt Beusselstraße wird jährlich Obst für eine Milliarde Mark umgesetzt

Die Luft ist kälter als draußen und voll von schlaraffischen Wohlgerüchen. Wie eine moderne Gartenfee wandelt Hannelore Beckmann zwischen den brusthohen Rollcontainern in der 600 Quadratmeter großen Lagerhalle umher, nimmt hier eine Nase voll herbem Basilikumaroma, bewundert dort eine besonders prachtvolle Partie Himbeeren. Auf dem Fruchthof an der Beusselstraße in Moabit beginnt langsam der Tag – der Rest der Berliner genießt noch eine weitere Tiefschlafphase.

Keiner würde der Chefin einer Fruchtimportfirma auf dem Berliner Großmarkt ansehen, daß es erst vier Uhr früh ist und sie an vergangenen Tag eine Stunde später als sonst – ausnahmsweise abends um neun – ins Bett gegangen ist.

Die Kisten mit dem Obst und Gemüse, die die Importeurin gemeinsam mit ihrer Truppe schon vor zwei Stunden von den Zulieferern in

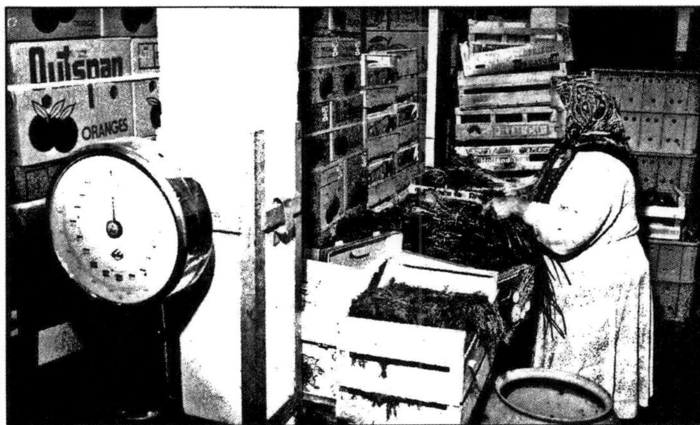

Die Sortiererin entscheidet nachts, was den Gaumen tagsüber verwöhnt.   Foto: Zalewski

SERIE

BERLIN WACHT AUF

Empfang genommen und per Gabelstapler abgeladen hat, sehen allesamt so appetitlich aus, als könnten sie direkt auf dem Frühstücksbuffet der exklusiven Kundschaft stehen: „In der Branche zählen Frische und Ästhetik", verrät Hannelore Beckmann das offene Erfolgsgeheimnis – und deutet stolz auf die kalibrierte, aber nach der Größe sortierte Ware. Die wird inzwischen von den vier Fahrern nach telefonischer Anforderung der Kunden zusammengestellt und in den neun Lastwagen des Unternehmens für die verschiedenen Auslieferungstouren verstaut. Die Listen über den Inhalt der Fuhren werden der Buchhaltung per Picknickkorb-Flaschenzug zum Fenster des Büros im ersten Stock geschickt. So spart man sich mühsames Treppensteigen. „Angekommen!", brüllt eine der beiden Sekretärinnen von oben und läßt den geleerten Korb wie Rapunzels Zopf wieder nach unten in die Halle gleiten.

Nur knapp 200 Meter oder eine ganze Welt weiter tobt dagegen das Leben: Hier, in der eigentlichen Ver-

kaufshalle des Berliner Fruchthofs kann von Wohlgeruch oder entspannter Ruhe keine Rede sein. Wie in jeder Nacht tragen die 48 Firmen auf dem 29 475 Quadratmeter großen Hallenareal ihr tägliches Buhlen um die Kundschaft mit dieser noch von Angesicht zu Angesicht aus.

Gegen fünf Uhr entsteht große Hektik

Auf den zehn Meter breiten Ladestraßen und den davon abzweigenden Gassen herrscht auch jetzt um kurz vor fünf Uhr – viele müde Stunden nach der Hauptanlieferungszeit – stop-and-go. Im künstlichen Licht vieler hundert Neonleuchten und dem beißend süßen Geruch nach überreifen Früchten, Schweiß und Diesel geschieht einem türkischen Einzelhändler ein Malheur: Gerade auf der pulsierenden Hauptverkehrsader gerät seine übervoll beladene Sackkarre aus dem Gleichgewicht, schwankt bedrohlich, entleert sich unaufhaltsam mitten auf den ölfilmüberzogenen Betonboden. Ein vielstimmiger Orkan von Gabelstapler-Hupen – fast 140 erledigen die Transporte innerhalb der Hallenwege – hält über das Unglücksseligen Gericht: Schuldig! Denn Zeit ist Geld.

Erst kostbare Minuten später („Idiot!", „Weg da, ich muß durch!") ist das Verkehrschaos entzerrt, die Gabelstapler rasen weiter. Wer nicht rechtzeitig von der Fahrbahn in die Lücken zwischen den Palettentürmen springt, ist geliefert.

Haushoch in riesige Regale getürmt oder an beiden Seiten der Verkaufsgassen ausgestellt, lagert die verderbliche Ware und wartet auf den Zuschlag der kritisch begutachtenden Einzelhändler, Marktverkäufer oder Großkunden aus Berlin und Umland. „Da frag mich doch einer, wie die manchmal entscheiden", erbost sich einer am Tresen der Snackbar, die am Mittelgang gegenüber vom Zeitungskiosk mit Buletten, Bockwurst, Bier und Kaffee Anlaufpunkt für die wohlverdienten Pausen der knapp tausend Mitarbeiter in der Halle ist.

Motto: Den Nachbarn immer unterbieten

„Du mußt halt früher aufstehen und schneller die Preise dumpen als dein Nachbar, um hier was zu reißen", brüllt ihm ein runzliges Kerlchen im Vorbeihasten zu.

Erst gegen sieben Uhr legt sich der Sturm in der Verkaufshalle etwas: Längst haben sich die Einkäu-

fer in der Morgendämmerung auf den Weg gemacht, das frische Obst auf Wochenmärkten oder im Laden zu verkaufen. Manchmal ist das Gemüse allerdings nicht mehr knackig, empört sich einer der Großhändler über die schwarzen Schafe seines Metiers: „Da gibt es welche, die frisieren selbst angegammelte Tomaten auf taurisch. Kein Wunder, wenn unsere Branche dann als geldgierig und betrügerisch gilt."

450 000 Tonnen Gemüse werden jähtlich umgesetzt

Das Geschäft in der Halle war auch heute wohl nicht besser und nicht schlechter als sonst: 1991 wurde hier im Fruchthof, der vom Land Berlin angemietet ist, rund eine Milliarde Mark umgesetzt, mehr als 450 000 Tonnen Obst, Gemüse, Südfrüchte und Kartoffeln gingen über die Verkaufsstände.

Für die Großhändler kein Grund, um sich an diesem Tag nach der heißen Phase zurückzulehnen: Es wartet bereits die Bestellung für den kommenden Tag auf sie, das Geschäft geht weiter – und zwar schnell. Wer jetzt morgens gegen acht Uhr müde ist, kann nicht bestehen.   **Julia Schön**

Unkorrekte Rechnungen umgehend reklamieren

Auch im Ostteil der Stadt werden unbezahlte Fernmelderechnungen jetzt angemahnt. Viele Berliner, die in den vergangenen Monaten falsche Rechnungen erhalten haben und nicht bezahlten, befürchten nun, ihr Telefon zu verlieren. Darüber sprach unser Redaktionsmitglied Hartmut Augustin mit dem Pressesprecher der Telekom, Bernhard Krüger.

Berliner Zeitung: Die Telekom hatte in der Vergangenheit Probleme, alle Fernmelderechnungen exakt zu erstellen. Dennoch beginnt jetzt das Mahnverfahren.

Bernhard Krüger: Die Fernmelderechnungsstellen haben sich in den letzten Wochen technisch und personell auf das Mahnverfahren vorbereitet.

Von einer Reihe Kunden werden jetzt ziemlich hohe Beträge angemahnt, obwohl diese beteuern, niemals soviel telefoniert zu haben. Gibt es Einspruchsmöglichkeiten?

Wer mit seiner Rechnung nicht einverstanden ist, sollte sich sofort an das zuständige Fernmeldeamt wenden. Wir versuchen, beim Kunden wie bei der Telekom den Fehler zu finden. Wenn in dem Rechnungszeitraum das entsprechende Kabelnetz repariert wurde, ist das ein Grund, auf den Betrag zu verzichten. Das gleiche gilt, wenn die Rechnung des Kunden ständig einen ähnlichen Betrag aufweist und in einem Monat plötzlich erheblich abweicht. Alle Fragen müssen mit uns in einem Gespräch geklärt werden.

Müssen die Kunden, die ihr Veto eingelegt haben, trotzdem erst einmal die Rechnung bezahlen?

Ja, und zwar innerhalb von zehn Tagen. In diesem Zeitraum sollte schon das Problem geklärt werden.

Falsche Kripomänner verhafteten Trickdieb

Ein mit einem grau-blauen Arbeitskittel bekleideter, etwa 50 Jahre alter, 1,65 Meter großer Mann verschaffte sich am Dienstag nachmittag als angeblicher Bewag-Mitarbeiter Zutritt zur Wohnung einer 89jährigen Frau an der Schöneberger Kurfürstenstraße. Kurze Zeit später klingelten zwei falsche Kripo-Beamte an der Wohnungstür, um den Bewag-Mann zu verhaften. Als das Trio die Wohnung verlassen hatte, stellte die Rentnerin den Verlust von 1100 Mark Bargeld und Papieren fest.   **eb**

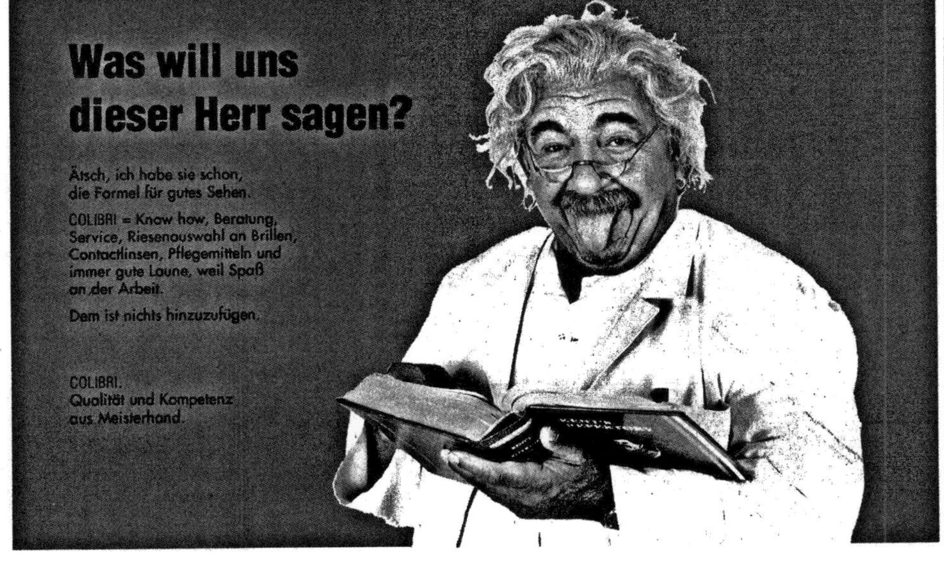

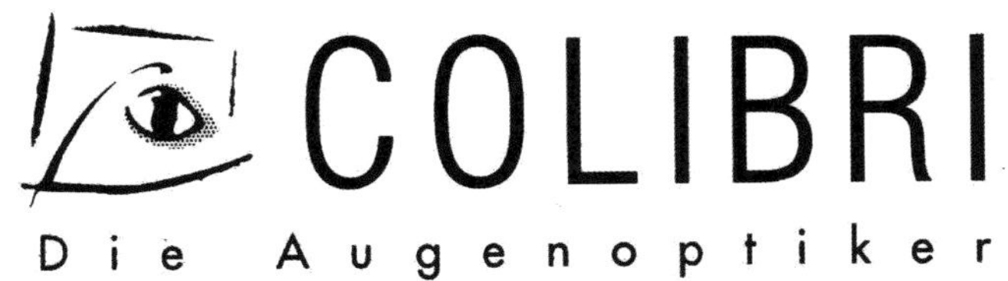

Streit um Neonazis und Skinheads

Gewerkschafter sind ratlos / Proteststreik vorgeschlagen

„Die rechtsradikalen Neonazis sind keine wirkliche Gefahr für die innere Sicherheit Deutschlands." Eberhard Seidel-Pielen, Journalist und Autor mehrerer Bücher über Rechtsradikalismus, nahm an Dienstag abend keine Rücksicht auf linke Ansichten. Die rund hundert Berliner Gewerkschafter, die zur DGB-Diskussion über „Rechtsradikalismus - (k)ein ostdeutsches Jugendphänomen" gekommen waren, ärgerten sich und widersprachen seinen Thesen heftig.

Es sei unzulässig, die Skinheads generell als Neonazis zu bezeichnen, so Seidel-Pielen. Der Rechtsradikalismus sei kein Jugendphänomen und auch nicht auf die neuen Bundesländer beschränkt. Skinheads dürften nicht zu einem neuen Feindbild aufgebaut werden. „Entscheidend ist nicht der prügelnde Typ auf der Straße, sondern die Ideologie der rechtsradikalen Neonazis, die sich in der Gesellschaft niederschlägt." Seidel-Pielen warf allen demokratischen Parteien vor, versagt zu haben. Allerdings sei der Rechtsradikalismus kein spezifisch deutsches Problem. „Es handelt sich um die normalen Verwerfungen westlicher Industrienationen", sagte Seidel-Pielen. Deutschland könne mit einem rechtsextremen Wählerpotential von 15 Prozent gut leben. Der

Journalist warb auch um Verständnis für die Jugendlichen. Durch das Ende der DDR seien tradierte Beziehungen aufgelöst worden. „Die langjährige Erziehung zum Haß schlägt sich jetzt gegenüber Ausländern nieder", meinte Seidel-Pielen. Dahinter verberge sich aber auch „antibürgerlicher Protest"; beispielsweise beklagten die jugendlichen Skinheads einen Mangel an Solidarität und sozialer Verantwortung.

Die Gewerkschafter trauten ihren Ohren nicht. „Der Rechtsradikalismus hat doch nicht antibürgerlichem Protest nichts zu tun.", „Ich sehe schon eine Gefahr für Deutschland." – „Die Entwicklung ist nicht normal." Eine junge Frau aus Marzahn jedoch bekannte offen ihre Hilflosigkeit: „Meine 16jährige Tochter hat sich den Skinheads angeschlossen, nachdem sie nicht länger außenstehen wollte." Sie könne das Mädchen nicht aus der Clique herausholen. Die anderen Gewerkschafter aber wollten lieber über die große Politik und Aktionen gegen Rechtsradikalismus reden: Bundesweit solle für zehn Minuten die Arbeit niedergelegt werden. „Wir haben dem DGB-Bundesvorstand diesen Streik vorgeschlagen", teilte Bernd Rissmann vom Berliner DGB mit.   **Christine Richter**

Humboldt-Uni vor Gericht gescheitert

Das Bundesverfassungsgericht in Karlsruhe hat die Beschwerde der Humboldt-Universität gegen das sogenannte Ergänzungsgesetz zum Berliner Hochschulrecht zurückgewiesen. Die Humboldt-Universität hatte gegen das Gesetz geklagt, weil dieses ihrer Meinung nach die Freiheit von Lehre und Forschung einschränkt. Die Hochschule hätte sich zunächst an das Berliner Verwaltungsgericht wenden müssen, so die Verfassungsrichter. Sie befaßten sich nicht inhaltlich mit der Beschwerde. Am 20. Oktober will der Akademische Senat entscheiden, ob erneut Klage erhoben werden soll. Einige Humboldtianer befürchten, daß sich dann die Erneuerung der Hochschule verzögern wird.   **eb**

Hospiz zur Pflege von Aidskranken

Ein Hospiz zur Pflege und Begleitung von Menschen mit Aids will der HIV e.V. in Berlin einrichten. Das Projekt sei allerdings abhängig von geeigneten Räumlichkeiten. Verhandlungen zur Übernahme einer ehemaligen Klinik in Berlin-Kreuzberg würden vorbereitet, sagte Geschäftsführer Bernd Vielhaber gestern vor Journalisten in Berlin. Das Haus soll eine Begegnungsstätte von Betroffenen und Nichtbetroffenen werden und auch Theater und Kleinkunst einbeziehen. Aids-Kranke dürften nicht vom Leben ausgeschlossen werden. Schwerstkranke Menschen bis zu ihrem Tod zu Hause und nicht in einer Klinik zu betreuen, sei eines der Vereinsziele, betonte Vielhaber.   **dpa**

Bürgerbewegung spricht von „Knebelverträgen"

Potsdamer OB soll mit der MEVAG nachverhandeln

Von unserem Redaktionsmitglied Ralf Geißler

Potsdam.
Die vom Potsdamer Oberbürgermeister Horst Gramlich (SPD) mit dem örtlichen Energieunternehmen MEVAG ausgehandelten Vereinbarungen sind bei der Fraktion Neues Forum/Argus des Stadtparlaments auf heftige Kritik gestoßen.

Der Stadtverordnete Rudolf Tschäpe sprach gegenüber Journalisten von „Knebelverträgen", bei denen das kapitalstarke MEVAG-Unternehmen das kapitalschwache Potsdam übervorteile. Gramlich hat inzwischen selbst das Vertragspaket von der Tagesordnung der gestrigen Stadtverordnetenversammlung genommen, um in den kritisierten Punkten eine Nachbesserung zu erreichen.

Vor allem bemängeln die Bürgerbewegungen, die Koalitionspartner im Potsdamer Rathaus sind, daß der vorgelegte Konzessionsvertrag über 20 Jahre ohne Ausstiegsmöglichkeiten abgeschlossen werden soll und die MEVAG in dieser Zeit die personelle und energiewirtschaftliche Hoheit inne hätte.

Ein selbständig handelndes kommunales Energieversorgungsunternehmen sei nicht Ziel der Grundsatzvereinbarungen, heißt es in einem vom Neuem Forum/Argus in Auftrag gegebenen Gutachten.

In einer Entschließung hatte die Stadtverordnetenversammlung im Januar 1992 unter anderem einen „maximal möglichen Einfluß auf die Personalpolitik künftiger Stadtwerke", eine „uneingeschränkte Energieeinsparpolitik" und die „Kapitalmehrheit von 55 Prozent Beteiligungsgesellschaften" gefordert.

Die Gutachter zweifeln an, daß Potsdam die vertraglich angestrebte Kapitalmehrheit von 55 Prozent überhaupt erreichen kann. Die Bürgerbewegung empfiehlt daher, auch über andere Finanzierungsmodelle wie Leasing oder die Betreibergesellschaften nachzudenken. „Zugunsten des favorisierten Partners MEVAG hat man solche Überlegungen offenbar völlig ausgeklammert", kritisiert Rudolf Tschäpe. Er nannte es „leichtsinnig, wenn nicht verantwortungslos" vom Oberbürgermeister, nicht selbst ein unabhängiges Gutachten über sein Vertragspaket eingeholt zu haben.

Der MEVAG wirft das Neue Forum/Argus unseriöse Verhandlungsführung vor. Sie habe die Zahlung des sogenannten „Weggeldes" von zehn Millionen Mark jährlich vom Abschluß eines Konzessionsvertrages abhängig gemacht und die Stadt Potsdam so unter Druck gesetzt. Dies sei „Erpressung", so der Stadtverordnete Tschäpe, denn die Landeshauptstadt habe einen Rechtsanspruch auf diese Gelder.

Kommunen müssen nicht mehr haften

Potsdam. dpa
Die brandenburgischen Kommunen müssen bei falsch erteilten Investitionsvorrangbescheiden nur noch in Ausnahmefällen haften. Bei schuldlosen oder leicht fahrlässigen Fehlern in der Anwendung bundesrechtlicher Vorschriften leistet das Bundesland Schadenersatz, teilte das Presse- und Informationsamt nach einem entsprechenden Kabinettsbeschluß zur Änderung des brandenburgischen Haftungsfreistellungsgesetzes gestern mit.

Protest gegen Landesbürokratie

Potsdam. dpa
Eine Protest-Petition gegen die ministerielle Bürokratie in Brandenburg haben gestern Sprecher von 50 Bürgermeistern Landtagspräsident Herbert Knoblich (SPD) überreicht. Der Peitzer Bürgermeister Hans Gahler sagte, die landeseigenen Förderprogramme und Gesetze funktionierten in ihrer Grundstruktur nicht. Zur „Halbzeit" von Landtag und Landesregierung zeige sich, daß in Potsdam vielfach an den Kommunen vorbei geplant werde.

„Eiserne Lady" bestohlen

Potsdam. eb
Der Potsdamer Landtag ist erneut Schauplatz eines Verbrechens geworden. Nachdem vor einiger Zeit dem CDU-Politiker Dietsel lichtscheue Elemente ein Funktelefon aus dem Auto entwendeten, wurde am Montag die FDP-Abgeordnete Rosemarie Fuchs Opfer eines Diebstahls. Ihr Portemonnaie samt Schecks und Kreditkarten, das Frau Fuchs arglos im unverschlossenen Zimmer alleingelassen hatte, wechselte in einem unbewachten Augenblick den Besitzer. Sofort wurde das Innenministerium (!) informiert. Aber auch die von dort herbeieilende Polizei konnte den Verlust zunächst nur noch bestätigen. Man sei bislang auf keine heiße Spur gestoßen, hieß es gestern auf der FDP-Etage. Frau Fuchs ist sicherheitspolitische Sprecherin ihrer Fraktion und tritt als „Eiserne Lady" im allgemeinen für ein härteres Vorgehen gegen Kriminelle ein.

Stolpe spricht über Babelsberg in Paris

Paris/Potsdam. ADN
Brandenburgs Ministerpräsident Manfred Stolpe (SPD) ist gestern in der französischen Hauptstadt Paris eingetroffen. Er wird noch am Nachmittag mit Präsident Francois Mitterrand zusammenkommen. Bei einer Begegnung mit Bruno Durieux vom Minister für Industrie und Außenhandel geht es vor allem um die Umstrukturierung der Wirtschaft in den neuen Bundesländern. Erörtert werden die Chancen für französische Investoren in Ostdeutschland, die sich durch die Nähe zu den Märkten Mittel- und Osteuropas ergeben. Mit Kulturminister Jack Lang will Stolpe über ein europäisches Medienzentrum in Potsdam-Babelsberg sprechen. Im August war der Verkauf des ostdeutschen Filmunternehmens DEFA an die französische Immobiliengruppe Compagnie Generale des Eaux (CGE) besiegelt worden. Nach Vorstellungen der Franzosen sollen in Rekonstruktion und Ausbau der Medienstadt Babelsberg 410 Millionen Mark investiert werden.

Dankbar für Zeugenaussagen

Expertenkommissionen der Polizei befassen sich mit Gewalt gegen Ausländer

Nach Schätzungen der Polizei und des Verfassungsschutzes liegt die Zahl der rechtsextremen Jugendlichen im Land Brandenburg bei zirka 500. Aufgrund der zunehmenden Gewaltbereitschaft der Gruppen richteten die fünf Polizeipräsidien im Land Expertenkommissionen ein, die die Ermittlungen bei Straftaten vor allem gegen Ausländer führt und Informationen an das Landeskriminalamt in Basdorf weiterleitet. Mit dem Leiter der Expertenkommission in Potsdam, Karl Bachmann, sprach unser Redaktionsmitglied Susanne Lenz.

Berliner Zeitung: Wenn ich im Land Brandenburg einen Ausländer sehe, kommt mir immer der Gedanke „Hoffentlich passiert dem nichts."

Bachmann: Das würde ich so nicht stehenlassen. Es sind letztendlich doch Einzelfälle. Ein Problem, das Deutschland nicht gut zu Gesicht steht und gegen das man mit aller Ernsthaftigkeit vorgehen muß. Aber es ist richtig, daß ein Ausländer mehr gefährdet ist als ein Deutscher.

Wie groß ist die Gruppe, mit der Sie sich befassen?

Es gibt zirka 200 aktive Täter.

Und wo sind die Schwerpunkte?

Zur Zeit in Brandenburg/Nauen, Jüterbog/Luckenwalde und Potsdam.

Können Sie die Personen in bezug auf Alter und Beruf näher beschreiben?

Es ist nicht eine Gruppe, sondern Gruppierungen, die spontan handeln. In der Regel ab 5 bis 50 Personen gegen Asylbewerberheime, Erntelager oder auch vor der Disko. Die Leute sind zwischen 15 und 25. Sie kommen aus dem ganzen sozialen Spektrum. Da sind auch Arbeitslose dabei, aber auch Auszubildende, Facharbeiter.

Und was den politischen Organisationsgrad betrifft?

Das ist eigentlich recht diffus. Die Leute sind nicht stark in politischen Parteien oder Vereinen organisiert. In der Regel sind es Gruppen, die in der Freizeit etwas zusammen unternehmen und dann handeln.

Kann man nicht sagen, daß sie sich nach rechts orientieren?

Sie sind auf jeden Fall rechts sehr nah. Ihre Motivation ist Ausländerfeindlichkeit, das wird auch offen gesagt.

Sind die Gruppen in irgendeiner Form organisiert?

Es sind vereinzelte Gruppierungen. Man kann nicht von einer zentralen Stelle ausgehen. Selten entfernen sie sich vom Wohnort oder der Umgebung.

Gibt es Verbindungen zur bundesdeutschen Szene?

Ja, die gibt es auf jeden Fall. Man kennt sich, man besucht sich, man trifft sich auf Konzerten. Aber daß die Straftaten vom Altbundesgebiet gesteuert werden, darüber gibt es keine Erkenntnisse. Ich würde das auch nicht so sehen. Die wenigsten Aktionen sind geplant.

Haben die Straftaten im Vergleich zu den letzten beiden Jahren abgenommen, weil die Polizei etwas mehr Fuß gefaßt hat?

Nein. Es gibt eher eine zunehmende Tendenz. Nicht nur quantitativ, sondern vor allem qualitativ. Während man früher zu zwanzigst vor ein Ausländerheim gezogen ist und Parolen gerufen hat, auch gesehen und wiedererkannt wurde, wirft man heute einen Stein oder Brandsatz und verschwindet unerkannt sofort wieder. Auch die Brutalität hat sehr zugenommen. Die Täter verwenden jetzt Ketten, Schwerter, Baseballschläger.

Die Arbeit der Polizei hat sich verbessert, und trotzdem nehmen die Straftaten zu. Ist das nicht frustrierend?

Frustrierend ist unser Arbeitsgegenstand selbstverständlich. Aber die Beweggründe der Jugendlichen kann man nicht nur mit polizeilichen und juristischen Mitteln verändern. Das ist ein gesamtgesellschaftliches Problem. Wir können vorbeugen durch Sicherung der Objekte, Bestreifung, das Festlegen von Schwerpunkten.

Gibt es, wenigstens was die Ermittlungen betrifft, größere Erfolge?

Die Aufklärungsquote liegt mit 50 Prozent relativ über dem Durchschnitt, was die Gesamtkriminalität betrifft. Trotzdem kann das natürlich nicht befriedigen.

Die Polizei ist im Zusammenhang mit dem Eberswalder Skinhead-Prozeß ins Kreuzfeuer der Kritik geraten. Da haben drei Zivilpolizisten mehr oder weniger zugesehen, wie ein Afrikaner so brutal zusammengeschlagen worden ist, daß er kurze Zeit später starb.

Jeder Beamte ist dazu verpflichtet bei jeder Straftat unverzüglich einzuschreiten und die Gefahr abzuwenden. Das ist sein Job, dafür ist er da. Auch der Bürger muß die Sicherheit haben, daß er das tut.

Fühlen Sie Sie sich von den Kritikern ungerecht behandelt?

Der Eindruck, der aus diesem Prozeß erwachsen ist, ist nicht nur unschön, sondern behindert auch die Arbeit. Es ist ein Einzelfall, den ich nicht werten möchte. Das ist Sache der Justiz. Wenn dort ein dienstliches Vergehen vorliegt, dann muß das ermittelt und von einem Gericht eingeschätzt werden. Wenn Leben oder Gesundheit eines Bürgers egal welcher Nationalität in Gefahr sind, ist ein Beamter über die normale Bürgerpflicht hinaus verpflichtet, schützend einzugreifen.

Die Polizei hat zumindest in Berlin den Ruf, eher auf der rechten als auf der linken Seite zu stehen.

Ich würde das für Brandenburg nicht so sehen. Wir haben einmal eine andere Geschichte und auch weil die politische Auffassung des Beamten, der ja seinem Dienstherrn verpflichtet ist, keine Rolle spielt.

Sie sollte keine Rolle spielen.

Richtig. Und darüber gibt es auch keine Erkenntnisse, beispielsweise wer was wählt.

Glauben Sie, daß die Polizei hier inzwischen ausreichend qualifiziert ist, um mit dem Problem umzugehen?

Ich würde sagen, daß ein Bemühen, die innere Sicherheit zu wahren, da ist. Bei allen Fehlern, die jeder Mensch macht, sind in dem kurzen Zeitraum, den wir hatten, uns mit dem neuen Recht vertraut zu machen, beachtliche Ergebnisse erreicht worden.

In Eberswalde wollten Zeugen vielfach aus Angst nicht aussagen.

Diese Erfahrung haben wir auch schon gemacht. Wichtig ist, daß die Bürger uns Hinweise geben. Es kann jeder betroffen werden und er wäre dann auch dankbar, wenn ihm geholfen wird, durch Zeugenaussagen und Hinweise. Auch vertraulich, wenn da Gefahren bestehen.

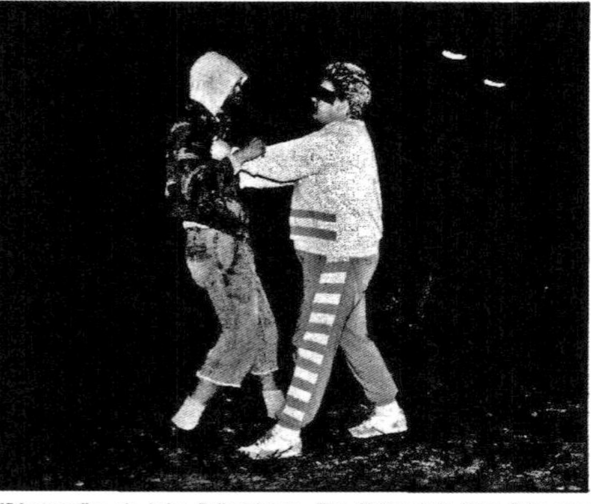

Wirkungsvoller als jeder Polizeieinsatz. Eine Mutter holt ihren Sohn vom Schlachtfeld vor dem Eisenhüttenstädter Asylbewerberheim. Foto: Gaul

Wanderungen im Berliner Umland

Erinnerung an die alte Hanse

Gartz an der Oder bietet historisches Flair und eine reizvolle Umgebung

Von unserem Mitarbeiter Heiner Hein

Gartz.
Keine Frage, der 1249 mit Stadtrechten bedachte Oderort Gartz in der Uckermark hat schon einmal bessere Zeiten gesehen. Im Mittelalter verlief hier eine wichtige Handelsstraße zwischen Berlin und Stettin. Gartz war 1314 der Hanse beigetreten, und die aus diesen Zeiten erhaltenen steinernen Zeugen wie die mächtige Feldsteinmauer, das Stettiner Tor, die teilweise wieder hergestellte Stephanskirche und der Storchenturm geben dem Städtchen mit seinen 2400 Bewohnern historisches Flair und ist deshalb auch zu jeder Jahreszeit ein lohnendes Ausflugsziel.

Mit der Bahn ist Gartz sehr zeitaufwendig erreichbar, so daß diesmal das eigene Auto der beste Zubringer ist.

Die Altstadt ist zur Oder hin durch eine Uferpromenade begrenzt, die den Blick auf die polnische Oderseite freigibt. Gegenwärtig wird die Schaffung eines Europa Nationalparks Unteres Odertal auf einer Länge von 60 und einer Breite zwischen zwei und fünf Kilometern zu beiden Seiten des Grenzflusses diskutiert. Übrigens: Bei klarem Wetter sind etwa 40 Meter hohen Uferwall die Konturen von Schwedt auszumachen.

Bevor man sich nun auf die Walz begibt, bleibt zu überlegen, sich vielleicht ein Fahrrad bei Herrn Hannermeister an der Pommernstraße (Drogerie) zu leihen und trampeln die reizvolle Endmoränenlandschaft im Umfeld zu erkunden. Auch Kutschfahrten sind möglich. In der Zingelstube bei Herrn Vandree warten Pferd und Wagen auf Fahrgäste zu Kutschausflügen.

Ein markierter Wanderpfad führt zur Gemeinde Mescherin nördlich der Stadt. Es lohnt sich, das zwischen Hügeln eingebettete naturgeschützte Gebiet „Gartzer Schrey" mit seiner außerordentlich interessanten Vegetation kennenzulernen. In Nachbarschaft von Pfuhlen und Tümpeln gedeihen Steppenrasen und ein Hochmoor-Erlenwald.

Der Name „Schrey" geht offenbar auf eine Zeit zurück, als zu dieser Stelle ein Götterkult betrieben wurde. Sitz der weiblichen Baumgottheit war, so die Sage, ein Areal, das durch schräg in die Erde gerammte Stangen, sogenannten „Schrägen", vor der Außenwelt abgeriegelt wurde, daher die Bezeichnung „Schrey".

Weiter geht es nordwärts nach Mescherin und zur gleichnamigen Oderbucht mit der im Sommer eröffneten Strandgaststätte. Von hier aus eröffnet sich ein faszinierender Blick auf zahlreiche Häuser, die auf einem Steilufer gebaut wurden. Unten im Tal präsentiert sich die Oder als geteilter Strom. Die vielen kleinen Wasserarme sind die Vorläufer des Deltas vor der Mündung ins Oderhaff. Stettin liegt nur gute 20 Kilometer entfernt.

Gut beraten ist, wer sich vor einer Gartzreise Informationen beim Förderverein für die Region Gartz, O-1322, Stettinerstraße 37c, Telefon 03 33 32/268 einholt.

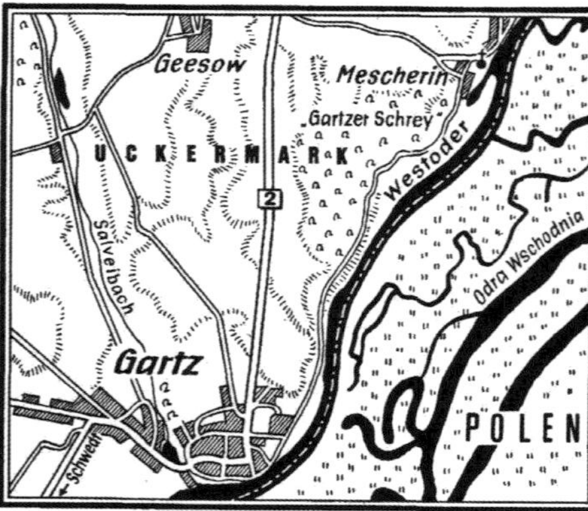

Karte: Anton

C

Cella S1001, 2022
Typewriter from VEB Robotron
Dresden, typewriter ink on paper;
Work Contract
8 × 31 × 32.5 cm

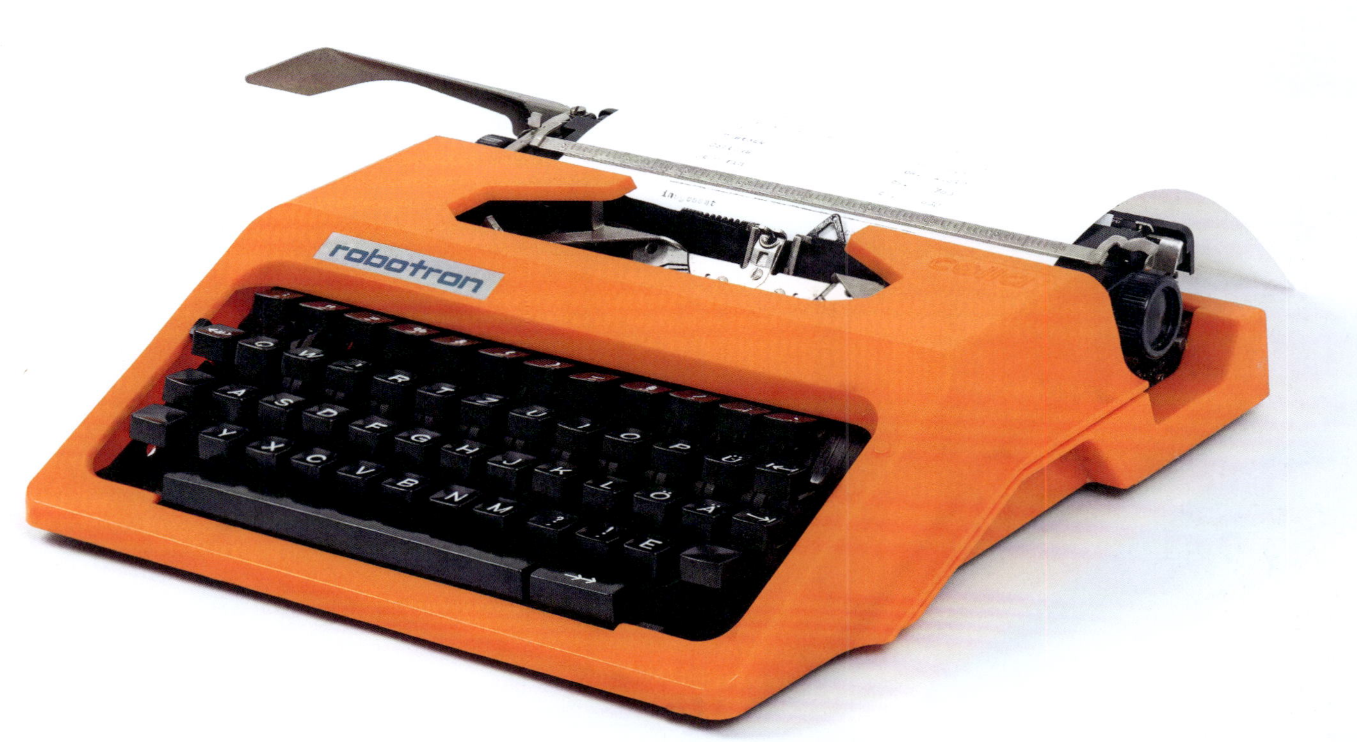

C

Combi-Vision, 2021
Television from VEB Robotron-
Elektronik Radeberg; *Work
Contract*
28 × 30 × 28 cm

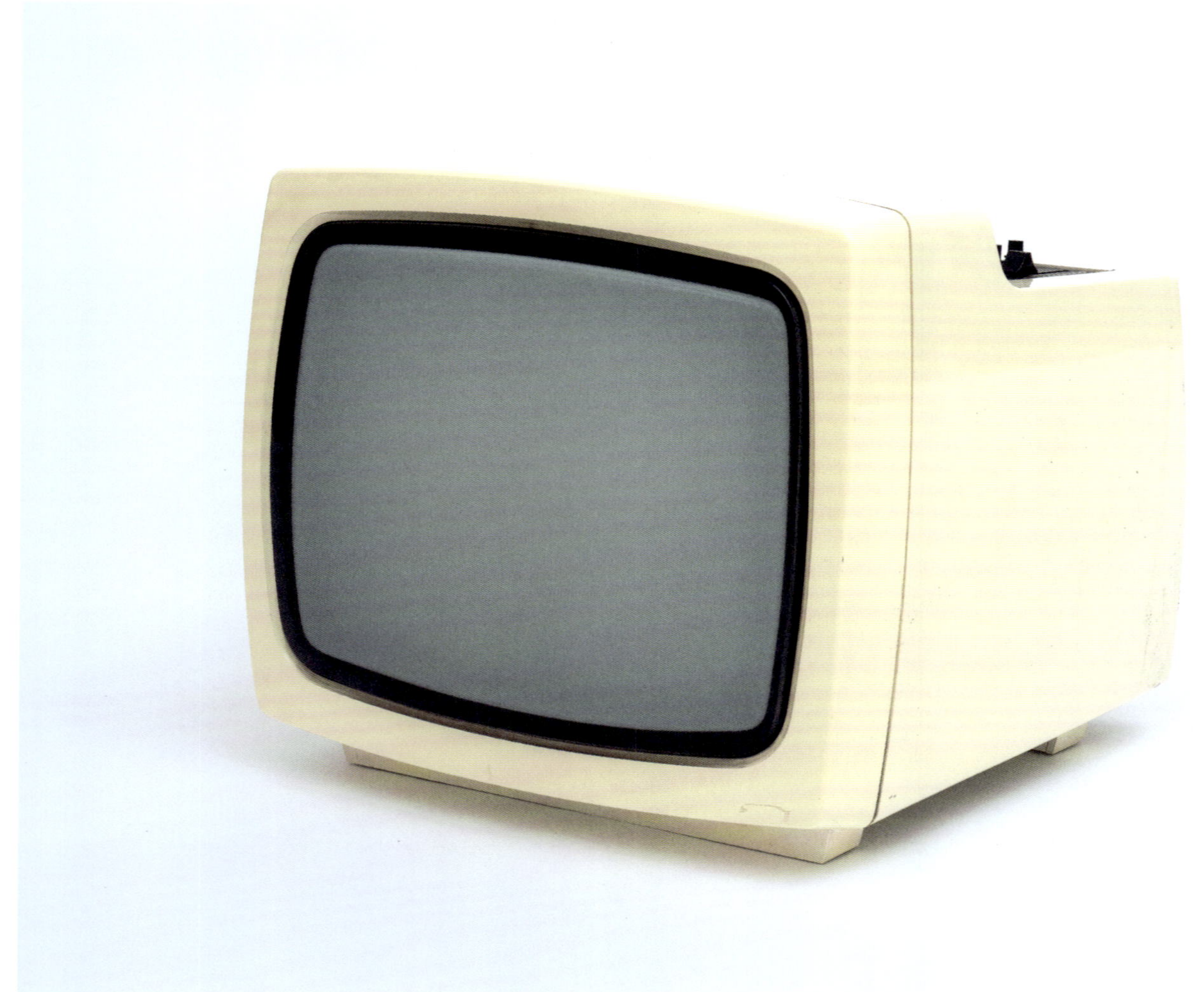

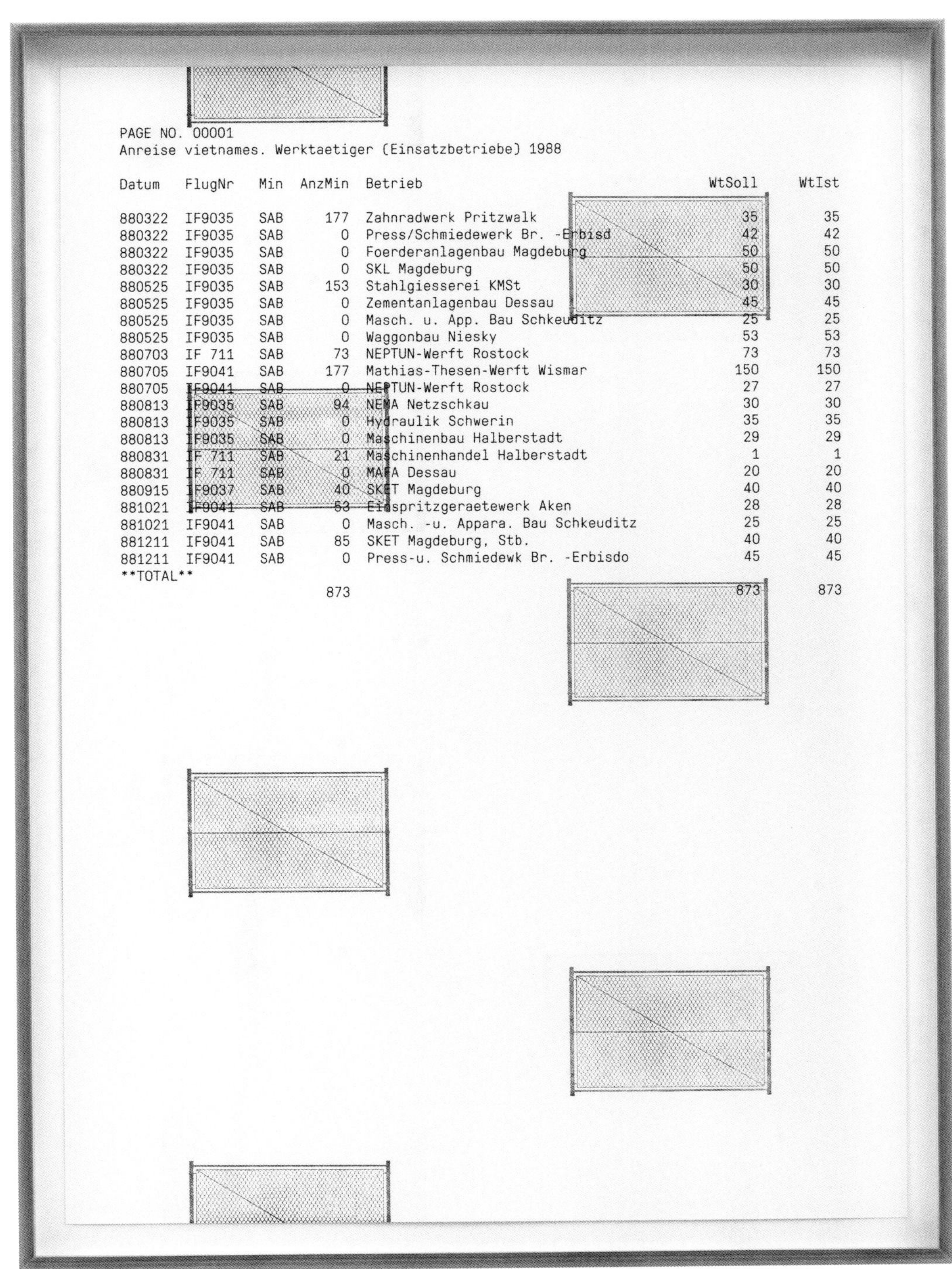

PAGE NO. 00001
Anreise vietnames. Werktaetiger (Einsatzbetriebe) 1988

Datum	FlugNr	Min	AnzMin	Betrieb	WtSoll	WtIst
880322	IF9035	SAB	177	Zahnradwerk Pritzwalk	35	35
880322	IF9035	SAB	0	Press/Schmiedewerk Br. -Erbisd	42	42
880322	IF9035	SAB	0	Foerderanlagenbau Magdeburg	50	50
880322	IF9035	SAB	0	SKL Magdeburg	50	50
880525	IF9035	SAB	153	Stahlgiesserei KMSt	30	30
880525	IF9035	SAB	0	Zementanlagenbau Dessau	45	45
880525	IF9035	SAB	0	Masch. u. App. Bau Schkeuditz	25	25
880525	IF9035	SAB	0	Waggonbau Niesky	53	53
880703	IF 711	SAB	73	NEPTUN-Werft Rostock	73	73
880705	IF9041	SAB	177	Mathias-Thesen-Werft Wismar	150	150
880705	IF9041	SAB	0	NEPTUN-Werft Rostock	27	27
880813	IF9035	SAB	94	NEMA Netzschkau	30	30
880813	IF9035	SAB	0	Hydraulik Schwerin	35	35
880813	IF9035	SAB	0	Maschinenbau Halberstadt	29	29
880831	IF 711	SAB	21	Maschinenhandel Halberstadt	1	1
880831	IF 711	SAB	0	MAFA Dessau	20	20
880915	IF9037	SAB	40	SKET Magdeburg	40	40
881021	IF9041	SAB	53	Einspritzgeraetewerk Aken	28	28
881021	IF9041	SAB	0	Masch. -u. Appara. Bau Schkeuditz	25	25
881211	IF9041	SAB	85	SKET Magdeburg, Stb.	40	40
881211	IF9041	SAB	0	Press-u. Schmiedewk Br. -Erbisdo	45	45
TOTAL			873		873	873

D

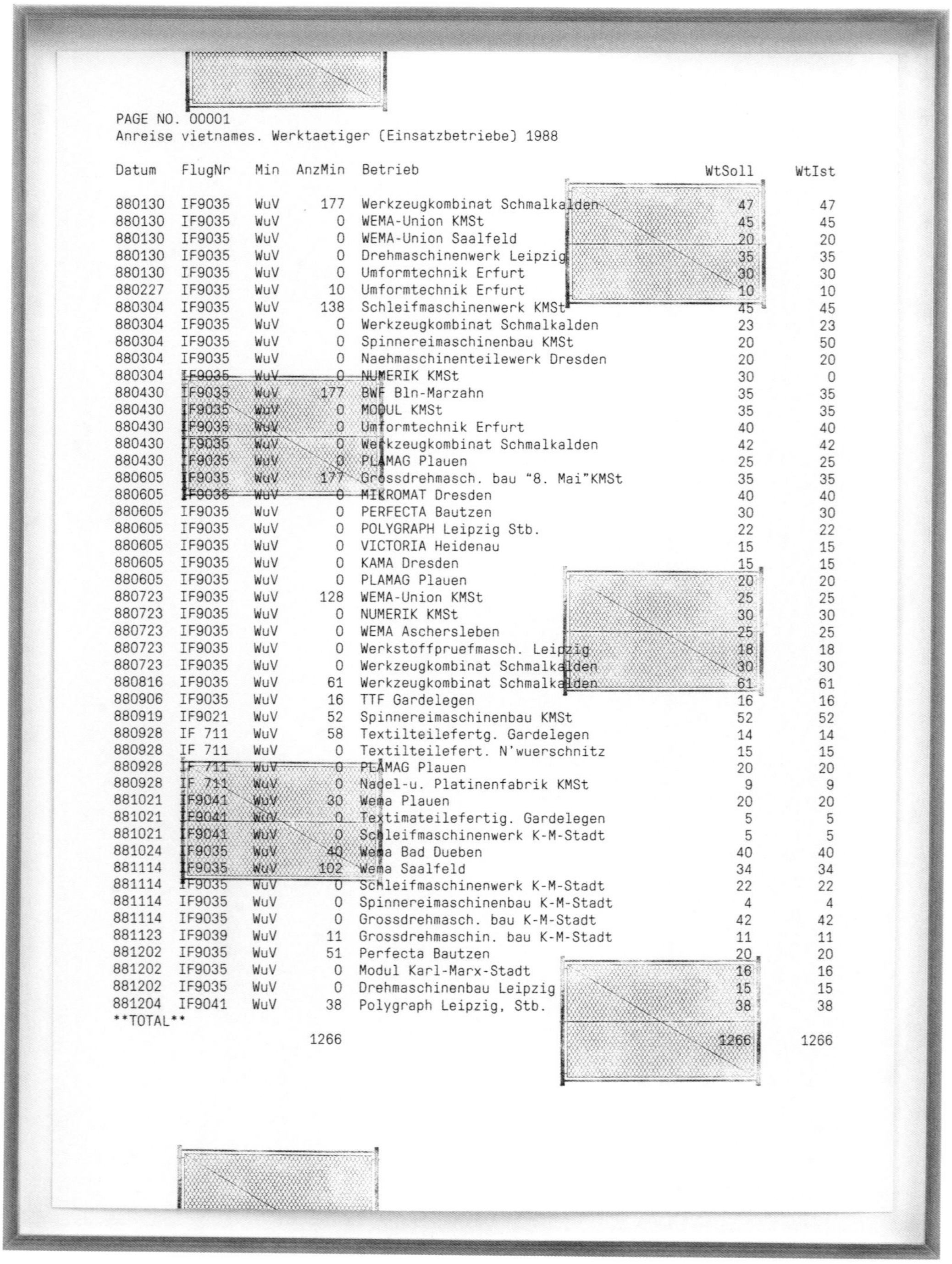

```
PAGE NO. 00001
Anreise vietnames. Werktaetiger (Einsatzbetriebe) 1988

Datum    FlugNr   Min  AnzMin  Betrieb                                    WtSoll    WtIst

880130   IF9035   WuV    177   Werkzeugkombinat Schmalkalden                  47        47
880130   IF9035   WuV      0   WEMA-Union KMSt                                45        45
880130   IF9035   WuV      0   WEMA-Union Saalfeld                            20        20
880130   IF9035   WuV      0   Drehmaschinenwerk Leipzig                      35        35
880130   IF9035   WuV      0   Umformtechnik Erfurt                           30        30
880227   IF9035   WuV     10   Umformtechnik Erfurt                           10        10
880304   IF9035   WuV    138   Schleifmaschinenwerk KMSt                      45        45
880304   IF9035   WuV      0   Werkzeugkombinat Schmalkalden                  23        23
880304   IF9035   WuV      0   Spinnereimaschinenbau KMSt                     20        50
880304   IF9035   WuV      0   Naehmaschinenteilewerk Dresden                 20        20
880304   IF9035   WuV      0   NUMERIK KMSt                                   30         0
880430   IF9035   WuV    177   BWF Bln-Marzahn                                35        35
880430   IF9035   WuV      0   MODUL KMSt                                     35        35
880430   IF9035   WuV      0   Umformtechnik Erfurt                           40        40
880430   IF9035   WuV      0   Werkzeugkombinat Schmalkalden                  42        42
880430   IF9035   WuV      0   PLAMAG Plauen                                  25        25
880605   IF9035   WuV    177   Grossdrehmasch. bau "8. Mai"KMSt               35        35
880605   IF9035   WuV      0   MIKROMAT Dresden                               40        40
880605   IF9035   WuV      0   PERFECTA Bautzen                               30        30
880605   IF9035   WuV      0   POLYGRAPH Leipzig Stb.                         22        22
880605   IF9035   WuV      0   VICTORIA Heidenau                              15        15
880605   IF9035   WuV      0   KAMA Dresden                                   15        15
880605   IF9035   WuV      0   PLAMAG Plauen                                  20        20
880723   IF9035   WuV    128   WEMA-Union KMSt                                25        25
880723   IF9035   WuV      0   NUMERIK KMSt                                   30        30
880723   IF9035   WuV      0   WEMA Aschersleben                              25        25
880723   IF9035   WuV      0   Werkstoffpruefmasch. Leipzig                   18        18
880723   IF9035   WuV      0   Werkzeugkombinat Schmalkalden                  30        30
880816   IF9035   WuV     61   Werkzeugkombinat Schmalkalden                  61        61
880906   IF9035   WuV     16   TTF Gardelegen                                 16        16
880919   IF9021   WuV     52   Spinnereimaschinenbau KMSt                     52        52
880928   IF 711   WuV     58   Textilteilefertg. Gardelegen                   14        14
880928   IF 711   WuV      0   Textilteilefert. N'wuerschnitz                 15        15
880928   IF 711   WuV      0   PLAMAG Plauen                                  20        20
880928   IF 711   WuV      0   Nadel-u. Platinenfabrik KMSt                    9         9
881021   IF9041   WuV     30   Wema Plauen                                    20        20
881021   IF9041   WuV      0   Textimateilefertig. Gardelegen                  5         5
881021   IF9041   WuV      0   Schleifmaschinenwerk K-M-Stadt                  5         5
881024   IF9035   WuV     40   Wema Bad Dueben                                40        40
881114   IF9035   WuV    102   Wema Saalfeld                                  34        34
881114   IF9035   WuV      0   Schleifmaschinenwerk K-M-Stadt                 22        22
881114   IF9035   WuV      0   Spinnereimaschinenbau K-M-Stadt                 4         4
881114   IF9035   WuV      0   Grossdrehmasch. bau K-M-Stadt                  42        42
881123   IF9039   WuV     11   Grossdrehmaschin. bau K-M-Stadt                11        11
881202   IF9035   WuV     51   Perfecta Bautzen                               20        20
881202   IF9035   WuV      0   Modul Karl-Marx-Stadt                          16        16
881202   IF9035   WuV      0   Drehmaschinenbau Leipzig                       15        15
881204   IF9041   WuV     38   Polygraph Leipzig, Stb.                        38        38
**TOTAL**
                             1266                                           1266      1266
```

**Date, Flight Number, Ministry,
Factory, Workers Target, Workers
Actual (Complete Edition),** 2021
Stamps on digital prints, framed
In 67 parts, each: 32.1 × 23.4 cm

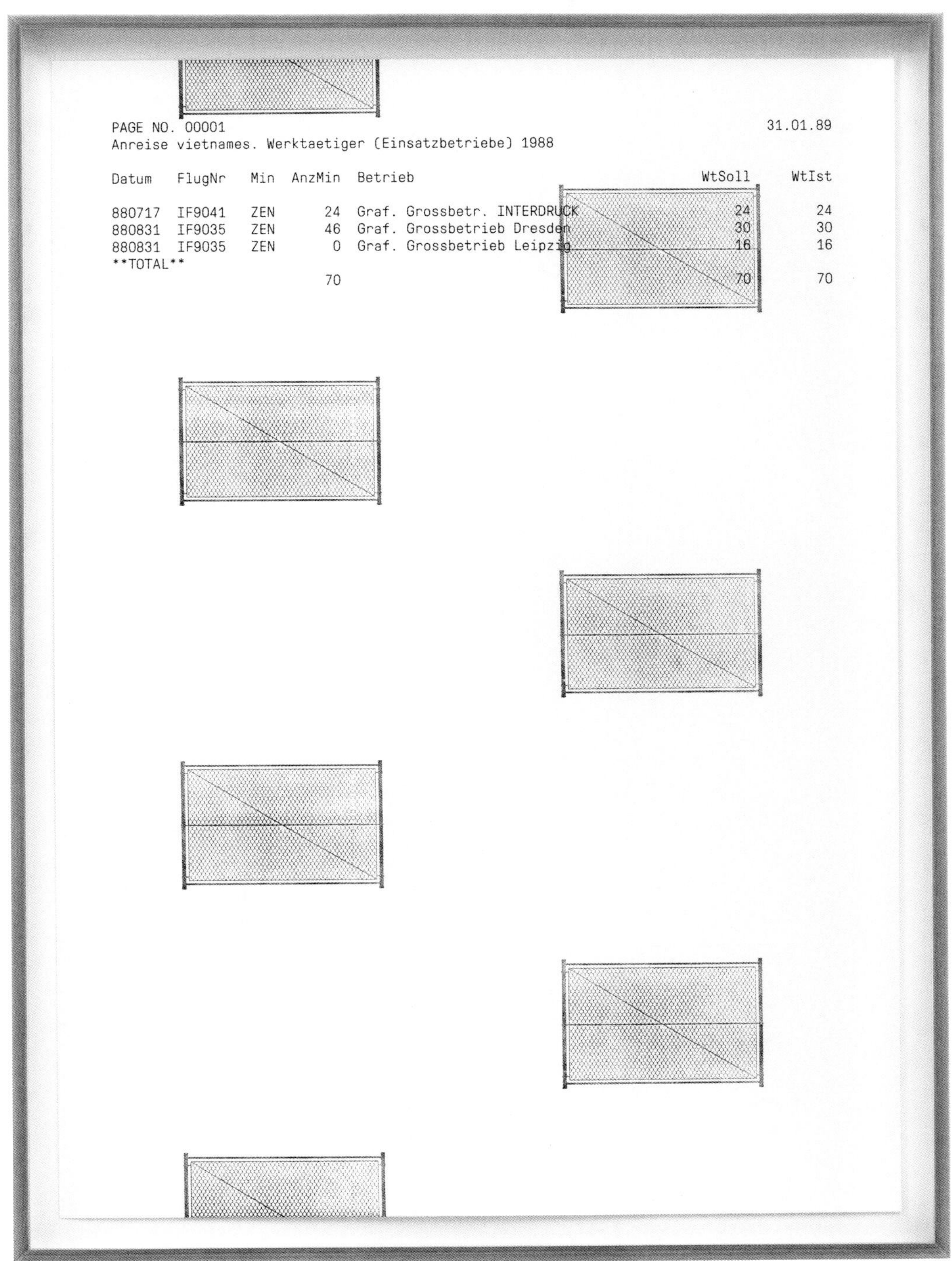

D · *Date, Flight Number, Ministry, Factory, Workers Target, Workers Actual (Complete Edition)*, 2021
Stamps on digital prints, framed
In 67 parts, each: 32.1 × 23.4 cm

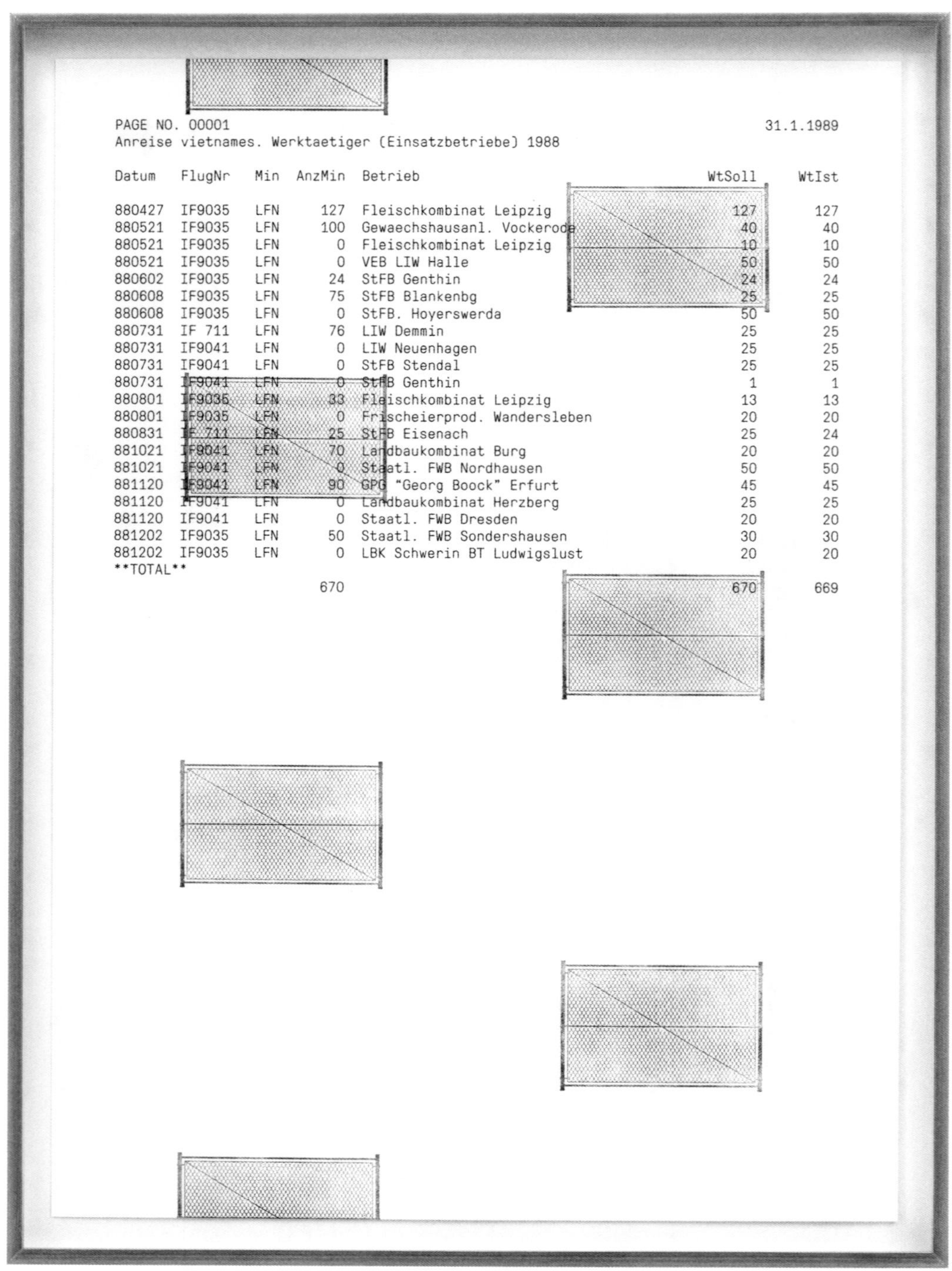

```
PAGE NO. 00001                                                      31.1.1989
Anreise vietnames. Werktaetiger (Einsatzbetriebe) 1988

Datum    FlugNr   Min   AnzMin   Betrieb                        WtSoll    WtIst

880427   IF9035   LFN   127      Fleischkombinat Leipzig          127      127
880521   IF9035   LFN   100      Gewaechshausanl. Vockerode        40       40
880521   IF9035   LFN     0      Fleischkombinat Leipzig           10       10
880521   IF9035   LFN     0      VEB LIW Halle                     50       50
880602   IF9035   LFN    24      StFB Genthin                      24       24
880608   IF9035   LFN    75      StFB Blankenbg                    25       25
880608   IF9035   LFN     0      StFB. Hoyerswerda                 50       50
880731   IF 711   LFN    76      LIW Demmin                        25       25
880731   IF9041   LFN     0      LIW Neuenhagen                    25       25
880731   IF9041   LFN     0      StFB Stendal                      25       25
880731   IF9041   LFN     0      StFB Genthin                       1        1
880801   IF9035   LFN    33      Fleischkombinat Leipzig           13       13
880801   IF9035   LFN     0      Frischeierprod. Wandersleben      20       20
880831   IF 711   LFN    25      StFB Eisenach                     25       24
881021   IF9041   LFN    70      Landbaukombinat Burg              20       20
881021   IF9041   LFN     0      Staatl. FWB Nordhausen            50       50
881120   IF9041   LFN    90      GPG "Georg Boock" Erfurt          45       45
881120   IF9041   LFN     0      Landbaukombinat Herzberg          25       25
881120   IF9041   LFN     0      Staatl. FWB Dresden               20       20
881202   IF9035   LFN    50      Staatl. FWB Sondershausen         30       30
881202   IF9035   LFN     0      LBK Schwerin BT Ludwigslust       20       20
**TOTAL**
                            670                                   670      669
```

***Date, Flight Number, Ministry, Factory, Workers Target, Workers Actual (Complete Edition)*, 2021**
Stamps on digital prints, framed
In 67 parts, each: 32.1 × 23.4 cm

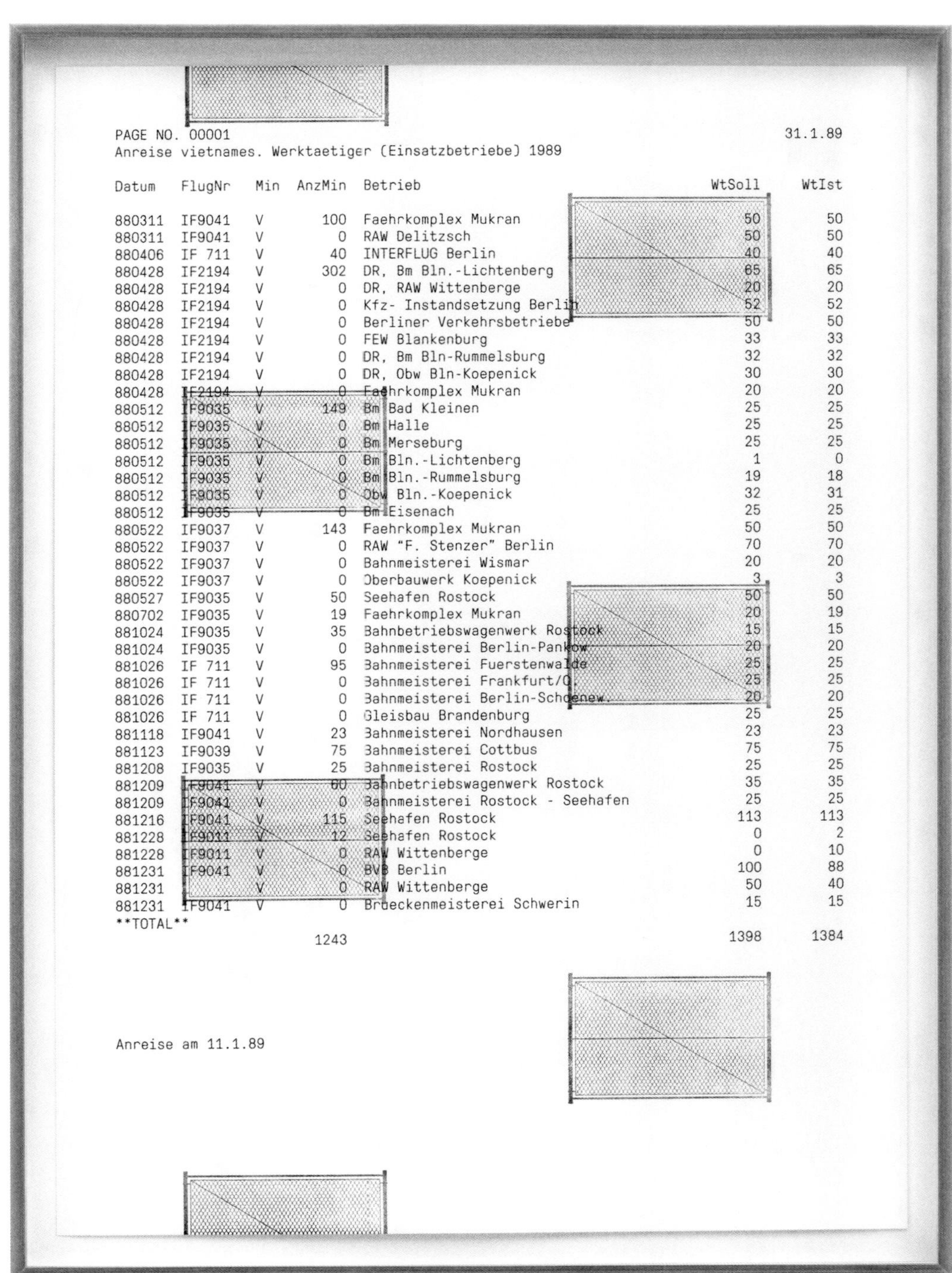

Date, Flight Number, Ministry,
Factory, Workers Target, Workers
Actual (Complete Edition), 2021
Stamps on digital prints, framed
In 67 parts, each: 32.1 × 23.4 cm

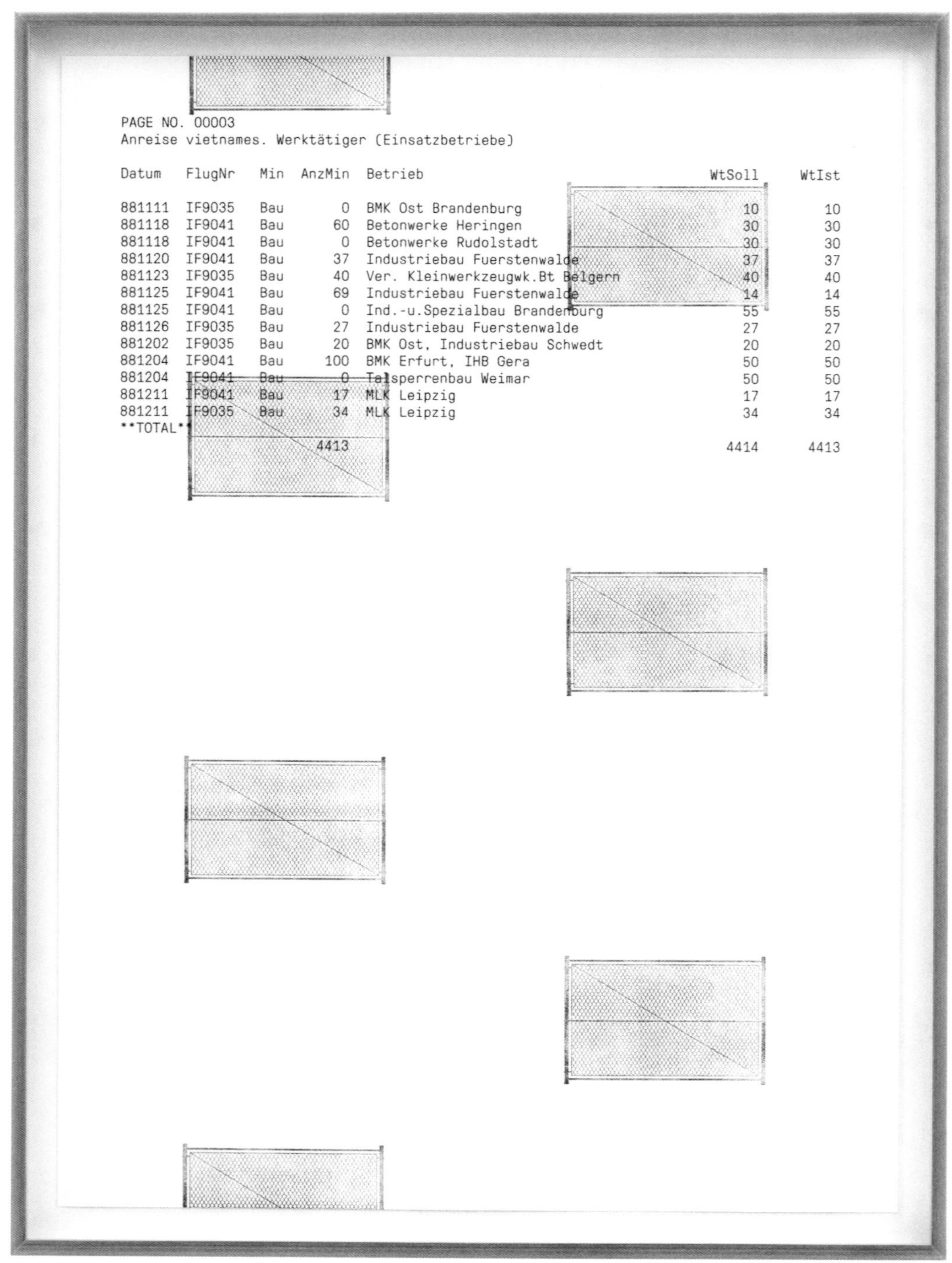

Datum	FlugNr	Min	AnzMin	Betrieb	WtSoll	WtIst
881111	IF9035	Bau	0	BMK Ost Brandenburg	10	10
881118	IF9041	Bau	60	Betonwerke Heringen	30	30
881118	IF9041	Bau	0	Betonwerke Rudolstadt	30	30
881120	IF9041	Bau	37	Industriebau Fuerstenwalde	37	37
881123	IF9035	Bau	40	Ver. Kleinwerkzeugwk.Bt Belgern	40	40
881125	IF9041	Bau	69	Industriebau Fuerstenwalde	14	14
881125	IF9041	Bau	0	Ind.-u.Spezialbau Brandenburg	55	55
881126	IF9035	Bau	27	Industriebau Fuerstenwalde	27	27
881202	IF9035	Bau	20	BMK Ost, Industriebau Schwedt	20	20
881204	IF9041	Bau	100	BMK Erfurt, IHB Gera	50	50
881204	IF9041	Bau	0	Talsperrenbau Weimar	50	50
881211	IF9041	Bau	17	MLK Leipzig	17	17
881211	IF9035	Bau	34	MLK Leipzig	34	34
TOTAL			4413		4414	4413

Date, Flight Number, Ministry, Factory, Workers Target, Workers Actual (Complete Edition), 2021
Stamps on digital prints, framed
In 67 parts, each: 32.1 × 23.4 cm

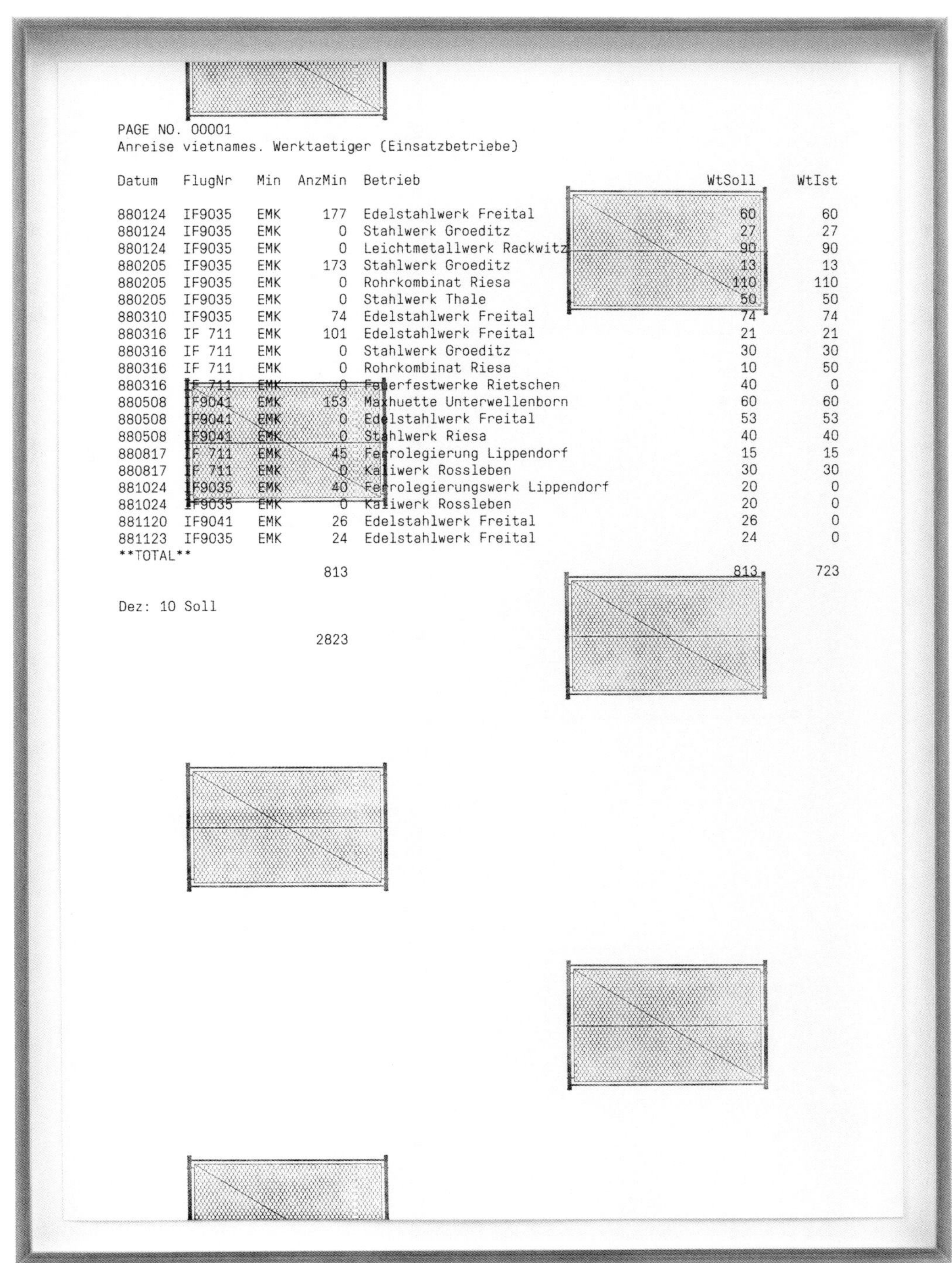

```
PAGE NO. 00001
Anreise vietnames. Werktaetiger (Einsatzbetriebe)

Datum   FlugNr   Min   AnzMin   Betrieb                                    WtSoll    WtIst

880124  IF9035   EMK    177    Edelstahlwerk Freital                         60        60
880124  IF9035   EMK      0    Stahlwerk Groeditz                            27        27
880124  IF9035   EMK      0    Leichtmetallwerk Rackwitz                     90        90
880205  IF9035   EMK    173    Stahlwerk Groeditz                            13        13
880205  IF9035   EMK      0    Rohrkombinat Riesa                           110       110
880205  IF9035   EMK      0    Stahlwerk Thale                               50        50
880310  IF9035   EMK     74    Edelstahlwerk Freital                         74        74
880316  IF 711   EMK    101    Edelstahlwerk Freital                         21        21
880316  IF 711   EMK      0    Stahlwerk Groeditz                            30        30
880316  IF 711   EMK      0    Rohrkombinat Riesa                            10        50
880316  IF 711   EMK      0    Feuerfestwerke Rietschen                      40         0
880508  IF9041   EMK    153    Maxhuette Unterwellenborn                     60        60
880508  IF9041   EMK      0    Edelstahlwerk Freital                         53        53
880508  IF9041   EMK      0    Stahlwerk Riesa                               40        40
880817  IF 711   EMK     45    Ferrolegierung Lippendorf                     15        15
880817  IF 711   EMK      0    Kaliwerk Rossleben                            30        30
881024  IF9035   EMK     40    Ferrolegierungswerk Lippendorf               20         0
881024  IF9035   EMK      0    Kaliwerk Rossleben                            20         0
881120  IF9041   EMK     26    Edelstahlwerk Freital                         26         0
881123  IF9035   EMK     24    Edelstahlwerk Freital                         24         0
**TOTAL**
                             813                                            813       723

Dez: 10 Soll

                    2823
```

D

Date, Flight Number, Ministry, Factory, Workers Target, Workers Actual (Complete Edition), 2021
Stamps on digital prints, framed
In 67 parts, each: 32.1 × 23.4 cm

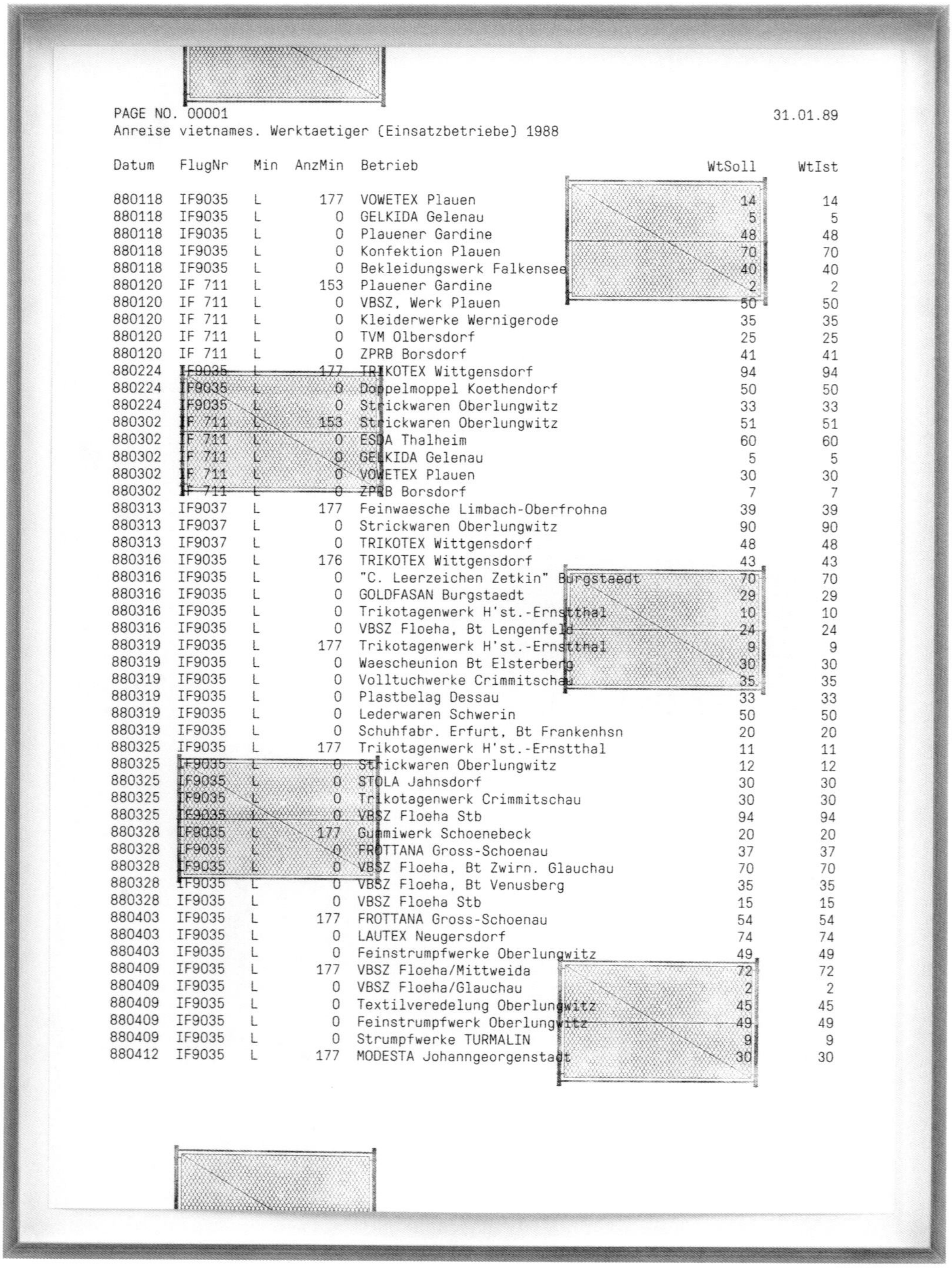

PAGE NO. 00001   31.01.89
Anreise vietnames. Werktaetiger (Einsatzbetriebe) 1988

Datum	FlugNr	Min	AnzMin	Betrieb	WtSoll	WtIst
880118	IF9035	L	177	VOWETEX Plauen	14	14
880118	IF9035	L	0	GELKIDA Gelenau	5	5
880118	IF9035	L	0	Plauener Gardine	48	48
880118	IF9035	L	0	Konfektion Plauen	70	70
880118	IF9035	L	0	Bekleidungswerk Falkensee	40	40
880120	IF 711	L	153	Plauener Gardine	2	2
880120	IF 711	L	0	VBSZ, Werk Plauen	50	50
880120	IF 711	L	0	Kleiderwerke Wernigerode	35	35
880120	IF 711	L	0	TVM Olbersdorf	25	25
880120	IF 711	L	0	ZPRB Borsdorf	41	41
880224	IF9035	L	177	TRIKOTEX Wittgensdorf	94	94
880224	IF9035	L	0	Doppelmoppel Koethendorf	50	50
880224	IF9035	L	0	Strickwaren Oberlungwitz	33	33
880302	IF 711	L	153	Strickwaren Oberlungwitz	51	51
880302	IF 711	L	0	ESDA Thalheim	60	60
880302	IF 711	L	0	GELKIDA Gelenau	5	5
880302	IF 711	L	0	VOWETEX Plauen	30	30
880302	IF 711	L	0	ZPRB Borsdorf	7	7
880313	IF9037	L	177	Feinwaesche Limbach-Oberfrohna	39	39
880313	IF9037	L	0	Strickwaren Oberlungwitz	90	90
880313	IF9037	L	0	TRIKOTEX Wittgensdorf	48	48
880316	IF9035	L	176	TRIKOTEX Wittgensdorf	43	43
880316	IF9035	L	0	"C. Leerzeichen Zetkin" Burgstaedt	70	70
880316	IF9035	L	0	GOLDFASAN Burgstaedt	29	29
880316	IF9035	L	0	Trikotagenwerk H'st.-Ernstthal	10	10
880316	IF9035	L	0	VBSZ Floeha, Bt Lengenfeld	24	24
880319	IF9035	L	177	Trikotagenwerk H'st.-Ernstthal	9	9
880319	IF9035	L	0	Waescheunion Bt Elsterberg	30	30
880319	IF9035	L	0	Volltuchwerke Crimmitschau	35	35
880319	IF9035	L	0	Plastbelag Dessau	33	33
880319	IF9035	L	0	Lederwaren Schwerin	50	50
880319	IF9035	L	0	Schuhfabr. Erfurt, Bt Frankenhsn	20	20
880325	IF9035	L	177	Trikotagenwerk H'st.-Ernstthal	11	11
880325	IF9035	L	0	Strickwaren Oberlungwitz	12	12
880325	IF9035	L	0	STOLA Jahnsdorf	30	30
880325	IF9035	L	0	Trikotagenwerk Crimmitschau	30	30
880325	IF9035	L	0	VBSZ Floeha Stb	94	94
880328	IF9035	L	177	Gummiwerk Schoenebeck	20	20
880328	IF9035	L	0	FROTTANA Gross-Schoenau	37	37
880328	IF9035	L	0	VBSZ Floeha, Bt Zwirn. Glauchau	70	70
880328	IF9035	L	0	VBSZ Floeha, Bt Venusberg	35	35
880328	IF9035	L	0	VBSZ Floeha Stb	15	15
880403	IF9035	L	177	FROTTANA Gross-Schoenau	54	54
880403	IF9035	L	0	LAUTEX Neugersdorf	74	74
880403	IF9035	L	0	Feinstrumpfwerke Oberlungwitz	49	49
880409	IF9035	L	177	VBSZ Floeha/Mittweida	72	72
880409	IF9035	L	0	VBSZ Floeha/Glauchau	2	2
880409	IF9035	L	0	Textilveredelung Oberlungwitz	45	45
880409	IF9035	L	0	Feinstrumpfwerk Oberlungwitz	49	49
880409	IF9035	L	0	Strumpfwerke TURMALIN	9	9
880412	IF9035	L	177	MODESTA Johanngeorgenstadt	30	30

D

Date, Flight Number, Ministry,
Factory, Workers Target, Workers
Actual (Complete Edition), **2021**
Stamps on digital prints, framed
In 67 parts, each: 32.1 × 23.4 cm

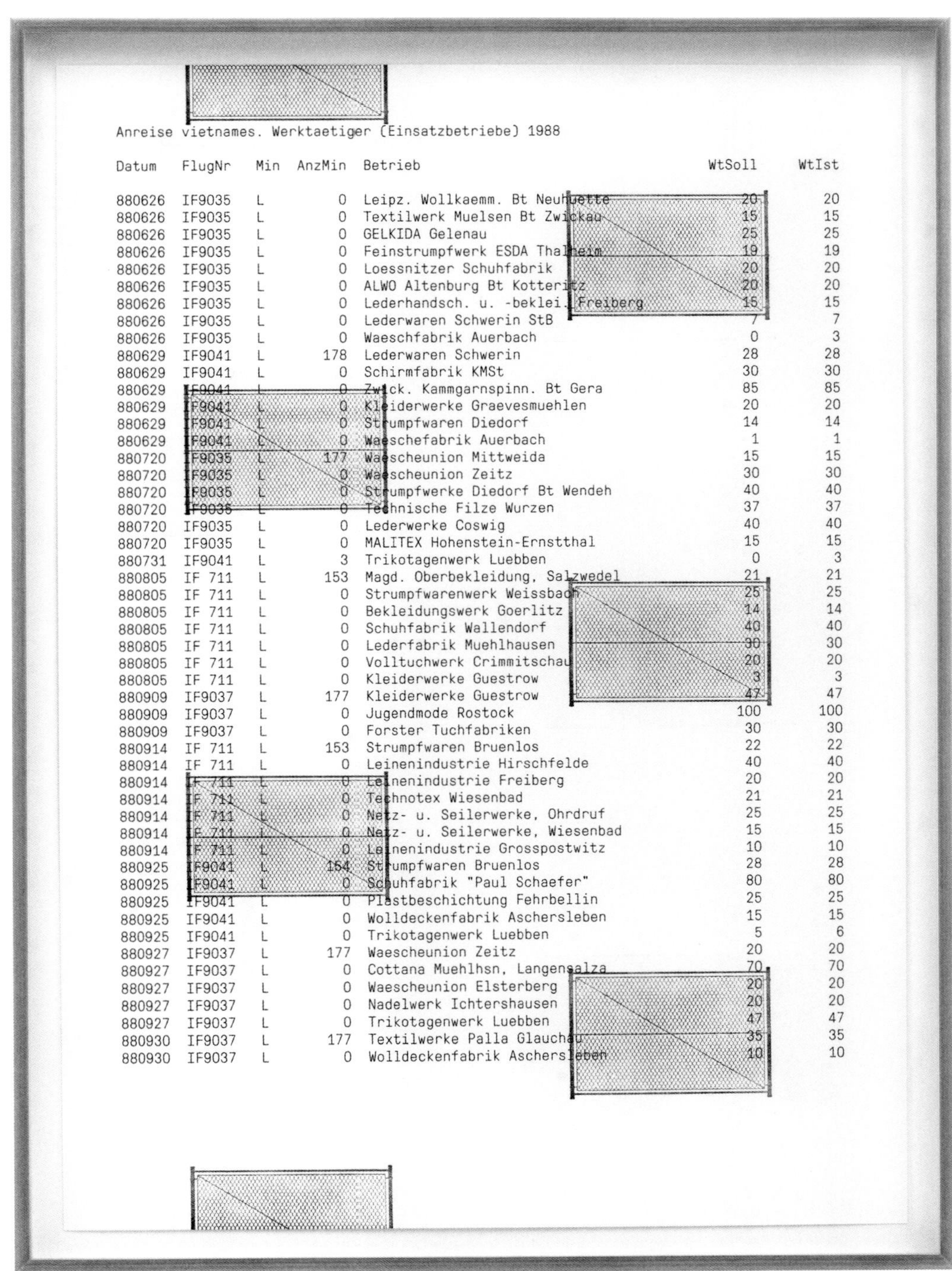

Anreise vietnames. Werktaetiger (Einsatzbetriebe) 1988

Datum	FlugNr	Min	AnzMin	Betrieb	WtSoll	WtIst
880626	IF9035	L	0	Leipz. Wollkaemm. Bt Neuhuette	20	20
880626	IF9035	L	0	Textilwerk Muelsen Bt Zwickau	15	15
880626	IF9035	L	0	GELKIDA Gelenau	25	25
880626	IF9035	L	0	Feinstrumpfwerk ESDA Thalheim	19	19
880626	IF9035	L	0	Loessnitzer Schuhfabrik	20	20
880626	IF9035	L	0	ALWO Altenburg Bt Kotteritz	20	20
880626	IF9035	L	0	Lederhandsch. u. -beklei. Freiberg	15	15
880626	IF9035	L	0	Lederwaren Schwerin StB	7	7
880626	IF9035	L	0	Waeschfabrik Auerbach	0	3
880629	IF9041	L	178	Lederwaren Schwerin	28	28
880629	IF9041	L	0	Schirmfabrik KMSt	30	30
880629	IF9041	L	0	Zwick. Kammgarnspinn. Bt Gera	85	85
880629	IF9041	L	0	Kleiderwerke Graevesmuehlen	20	20
880629	IF9041	L	0	Strumpfwaren Diedorf	14	14
880629	IF9041	L	0	Waeschefabrik Auerbach	1	1
880720	IF9035	L	177	Waescheunion Mittweida	15	15
880720	IF9035	L	0	Waescheunion Zeitz	30	30
880720	IF9035	L	0	Strumpfwerke Diedorf Bt Wendeh	40	40
880720	IF9035	L	0	Technische Filze Wurzen	37	37
880720	IF9035	L	0	Lederwerke Coswig	40	40
880720	IF9035	L	0	MALITEX Hohenstein-Ernstthal	15	15
880731	IF9041	L	3	Trikotagenwerk Luebben	0	3
880805	IF 711	L	153	Magd. Oberbekleidung, Salzwedel	21	21
880805	IF 711	L	0	Strumpfwarenwerk Weissbach	25	25
880805	IF 711	L	0	Bekleidungswerk Goerlitz	14	14
880805	IF 711	L	0	Schuhfabrik Wallendorf	40	40
880805	IF 711	L	0	Lederfabrik Muehlhausen	30	30
880805	IF 711	L	0	Volltuchwerk Crimmitschau	20	20
880805	IF 711	L	0	Kleiderwerke Guestrow	3	3
880909	IF9037	L	177	Kleiderwerke Guestrow	47	47
880909	IF9037	L	0	Jugendmode Rostock	100	100
880909	IF9037	L	0	Forster Tuchfabriken	30	30
880914	IF 711	L	153	Strumpfwaren Bruenlos	22	22
880914	IF 711	L	0	Leinenindustrie Hirschfelde	40	40
880914	IF 711	L	0	Leinenindustrie Freiberg	20	20
880914	IF 711	L	0	Technotex Wiesenbad	21	21
880914	IF 711	L	0	Netz- u. Seilerwerke, Ohrdruf	25	25
880914	IF 711	L	0	Netz- u. Seilerwerke, Wiesenbad	15	15
880914	IF 711	L	0	Leinenindustrie Grosspostwitz	10	10
880925	IF9041	L	154	Strumpfwaren Bruenlos	28	28
880925	IF9041	L	0	Schuhfabrik "Paul Schaefer"	80	80
880925	IF9041	L	0	Plastbeschichtung Fehrbellin	25	25
880925	IF9041	L	0	Wolldeckenfabrik Aschersleben	15	15
880925	IF9041	L	0	Trikotagenwerk Luebben	5	6
880927	IF9037	L	177	Waescheunion Zeitz	20	20
880927	IF9037	L	0	Cottana Muehlhsn, Langensalza	70	70
880927	IF9037	L	0	Waescheunion Elsterberg	20	20
880927	IF9037	L	0	Nadelwerk Ichtershausen	20	20
880927	IF9037	L	0	Trikotagenwerk Luebben	47	47
880930	IF9037	L	177	Textilwerke Palla Glauchau	35	35
880930	IF9037	L	0	Wolldeckenfabrik Aschersleben	10	10

D

Date, Flight Number, Ministry, Factory, Workers Target, Workers Actual (Complete Edition), 2021
Stamps on digital prints, framed
In 67 parts, each: 32.1 × 23.4 cm

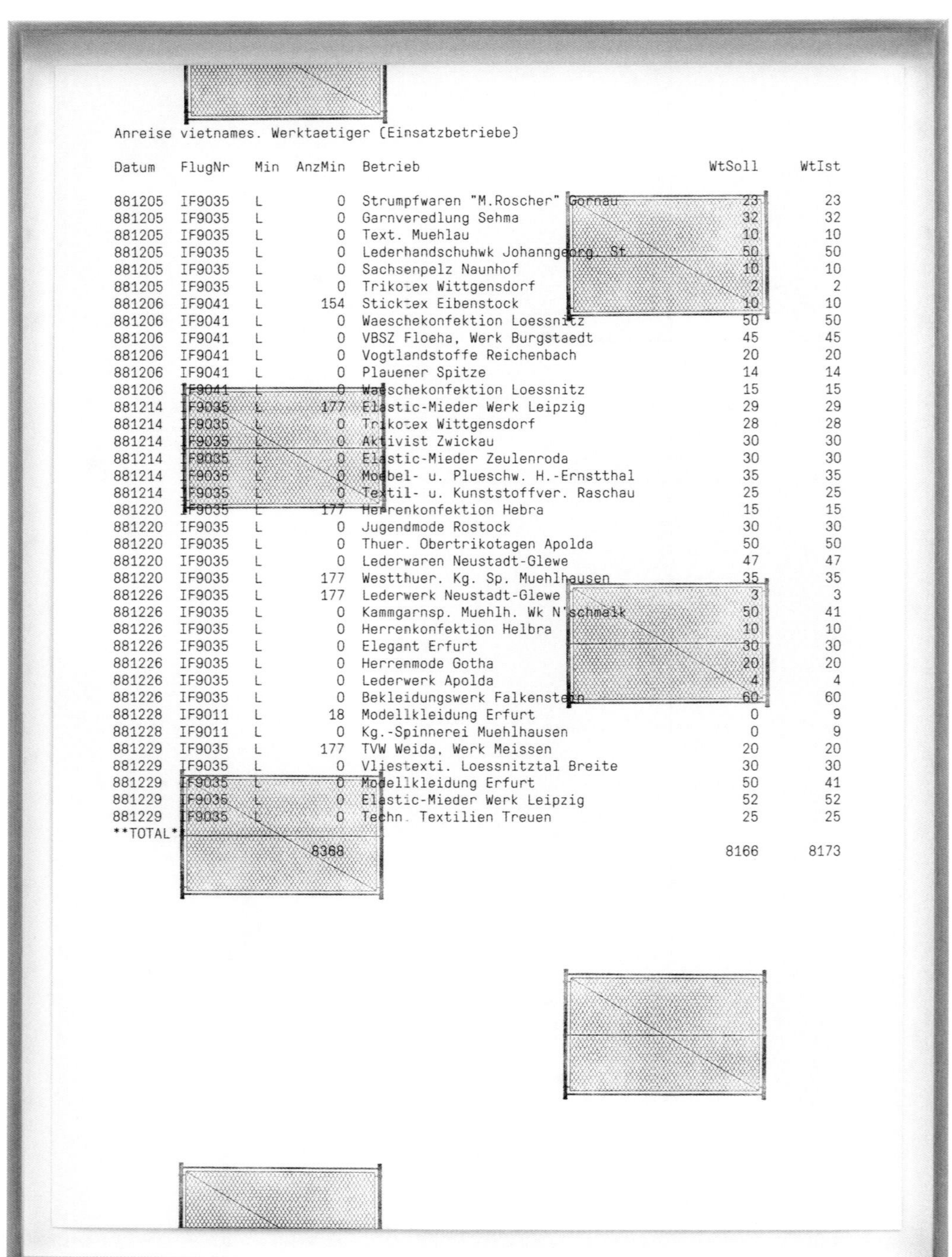

```
Anreise vietnames. Werktaetiger (Einsatzbetriebe)

Datum   FlugNr   Min  AnzMin  Betrieb                                  WtSoll    WtIst

881205  IF9035   L        0  Strumpfwaren "M.Roscher" Gornau              23        23
881205  IF9035   L        0  Garnveredlung Sehma                          32        32
881205  IF9035   L        0  Text. Muehlau                                10        10
881205  IF9035   L        0  Lederhandschuhwk Johanngeorg. St.            50        50
881205  IF9035   L        0  Sachsenpelz Naunhof                          10        10
881205  IF9035   L        0  Trikotex Wittgensdorf                         2         2
881206  IF9041   L      154  Sticktex Eibenstock                          10        10
881206  IF9041   L        0  Waeschekonfektion Loessnitz                  50        50
881206  IF9041   L        0  VBSZ Floeha, Werk Burgstaedt                 45        45
881206  IF9041   L        0  Vogtlandstoffe Reichenbach                   20        20
881206  IF9041   L        0  Plauener Spitze                              14        14
881206  IF9041   L        0  Waeschekonfektion Loessnitz                  15        15
881214  IF9035   L      177  Elastic-Mieder Werk Leipzig                  29        29
881214  IF9035   L        0  Trikotex Wittgensdorf                        28        28
881214  IF9035   L        0  Aktivist Zwickau                             30        30
881214  IF9035   L        0  Elastic-Mieder Zeulenroda                    30        30
881214  IF9035   L        0  Moebel- u. Plueschw. H.-Ernstthal            35        35
881214  IF9035   L        0  Textil- u. Kunststoffver. Raschau            25        25
881220  IF9035   L      177  Herrenkonfektion Hebra                       15        15
881220  IF9035   L        0  Jugendmode Rostock                           30        30
881220  IF9035   L        0  Thuer. Obertrikotagen Apolda                 50        50
881220  IF9035   L        0  Lederwaren Neustadt-Glewe                    47        47
881220  IF9035   L      177  Westthuer. Kg. Sp. Muehlhausen               35        35
881226  IF9035   L      177  Lederwerk Neustadt-Glewe                      3         3
881226  IF9035   L        0  Kammgarnsp. Muehlh. Wk N'schmalk             50        41
881226  IF9035   L        0  Herrenkonfektion Helbra                      10        10
881226  IF9035   L        0  Elegant Erfurt                               30        30
881226  IF9035   L        0  Herrenmode Gotha                             20        20
881226  IF9035   L        0  Lederwerk Apolda                              4         4
881226  IF9035   L        0  Bekleidungswerk Falkenstein                  60        60
881228  IF9011   L       18  Modellkleidung Erfurt                         0         9
881228  IF9011   L        0  Kg.-Spinnerei Muehlhausen                     0         9
881229  IF9035   L      177  TVW Weida, Werk Meissen                      20        20
881229  IF9035   L        0  Vliestexti. Loessnitztal Breite              30        30
881229  IF9035   L        0  Modellkleidung Erfurt                        50        41
881229  IF9035   L        0  Elastic-Mieder Werk Leipzig                  52        52
881229  IF9035   L        0  Techn. Textilien Treuen                      25        25
**TOTAL*              8368                                               8166      8173
```

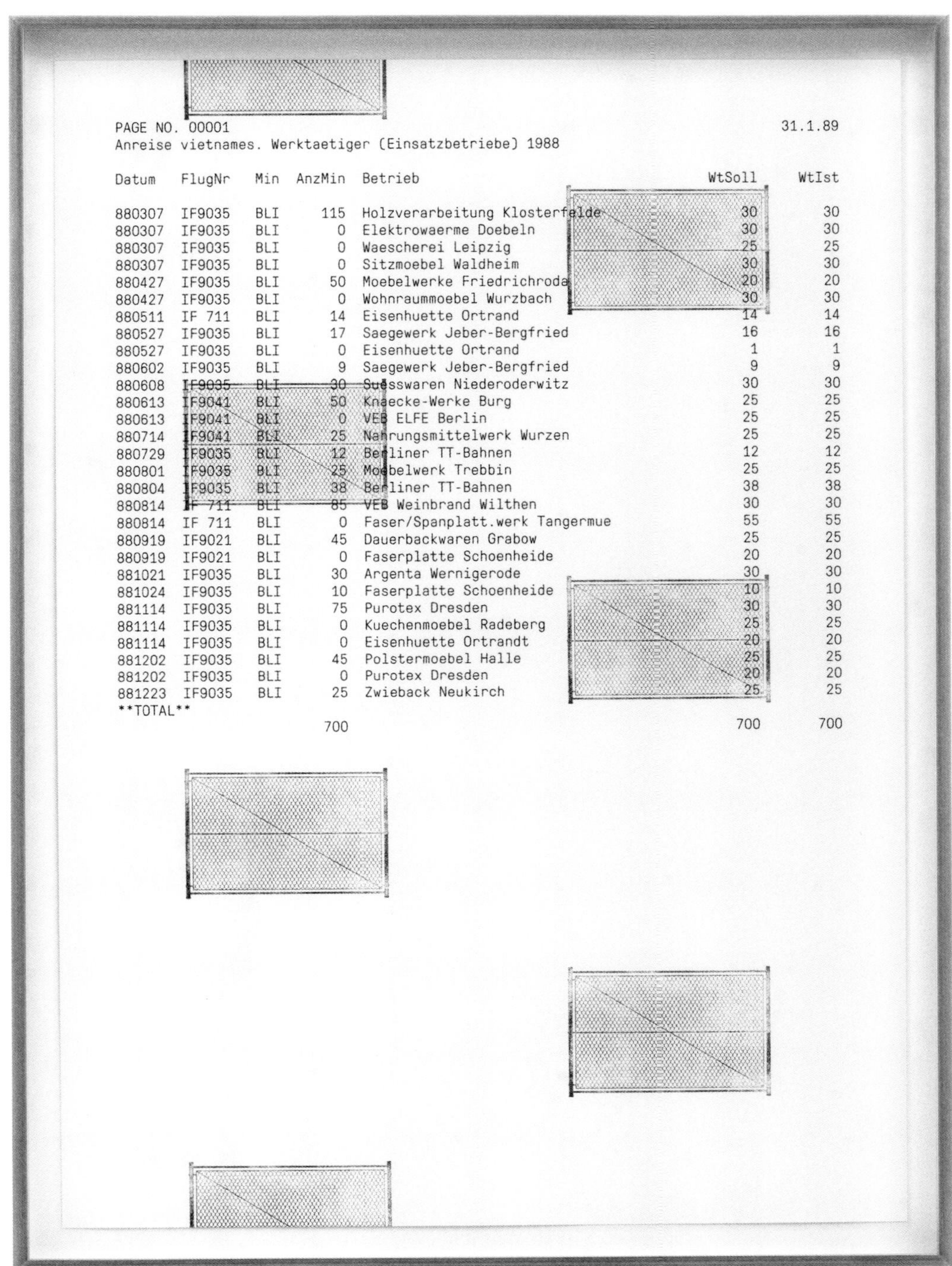

PAGE NO. 00001   31.1.89
Anreise vietnames. Werktaetiger (Einsatzbetriebe) 1988

Datum	FlugNr	Min	AnzMin	Betrieb	WtSoll	WtIst
880307	IF9035	BLI	115	Holzverarbeitung Klosterfelde	30	30
880307	IF9035	BLI	0	Elektrowaerme Doebeln	30	30
880307	IF9035	BLI	0	Waescherei Leipzig	25	25
880307	IF9035	BLI	0	Sitzmoebel Waldheim	30	30
880427	IF9035	BLI	50	Moebelwerke Friedrichroda	20	20
880427	IF9035	BLI	0	Wohnraummoebel Wurzbach	30	30
880511	IF 711	BLI	14	Eisenhuette Ortrand	14	14
880527	IF9035	BLI	17	Saegewerk Jeber-Bergfried	16	16
880527	IF9035	BLI	0	Eisenhuette Ortrand	1	1
880602	IF9035	BLI	9	Saegewerk Jeber-Bergfried	9	9
880608	IF9035	BLI	30	Suesswaren Niederoderwitz	30	30
880613	IF9041	BLI	50	Knaecke-Werke Burg	25	25
880613	IF9041	BLI	0	VEB ELFE Berlin	25	25
880714	IF9041	BLI	25	Nahrungsmittelwerk Wurzen	25	25
880729	IF9035	BLI	12	Berliner TT-Bahnen	12	12
880801	IF9035	BLI	25	Moebelwerk Trebbin	25	25
880804	IF9035	BLI	38	Berliner TT-Bahnen	38	38
880814	IF 711	BLI	85	VEB Weinbrand Wilthen	30	30
880814	IF 711	BLI	0	Faser/Spanplatt.werk Tangermue	55	55
880919	IF9021	BLI	45	Dauerbackwaren Grabow	25	25
880919	IF9021	BLI	0	Faserplatte Schoenheide	20	20
881021	IF9035	BLI	30	Argenta Wernigerode	30	30
881024	IF9035	BLI	10	Faserplatte Schoenheide	10	10
881114	IF9035	BLI	75	Purotex Dresden	30	30
881114	IF9035	BLI	0	Kuechenmoebel Radeberg	25	25
881114	IF9035	BLI	0	Eisenhuette Ortrandt	20	20
881202	IF9035	BLI	45	Polstermoebel Halle	25	25
881202	IF9035	BLI	0	Purotex Dresden	20	20
881223	IF9035	BLI	25	Zwieback Neukirch	25	25
TOTAL			700		700	700

Date, Flight Number, Ministry,
Factory, Workers Target, Workers
Actual (Complete Edition), 2021
Stamps on digital prints, framed
In 67 parts, each: 32.1 × 23.4 cm

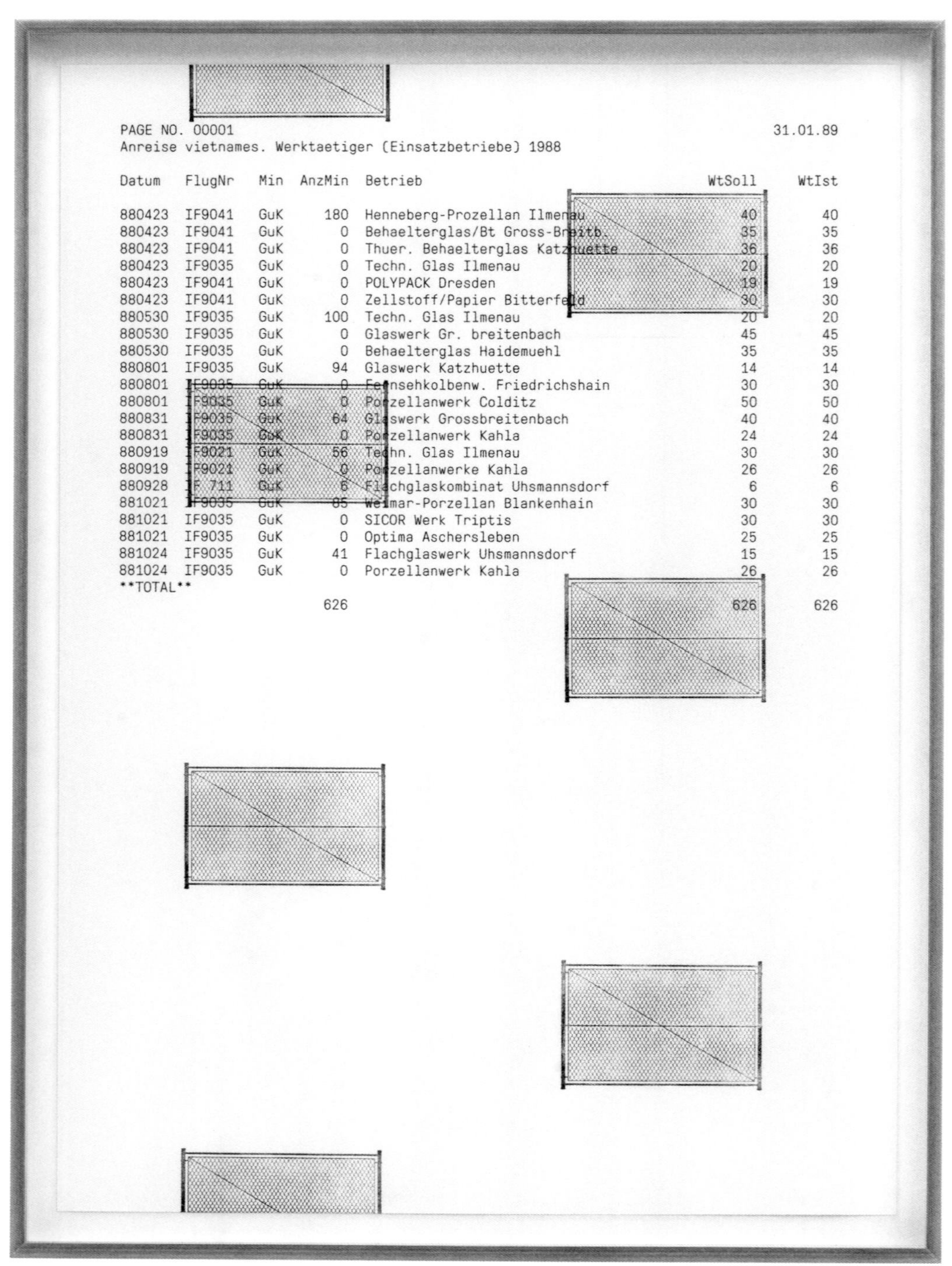

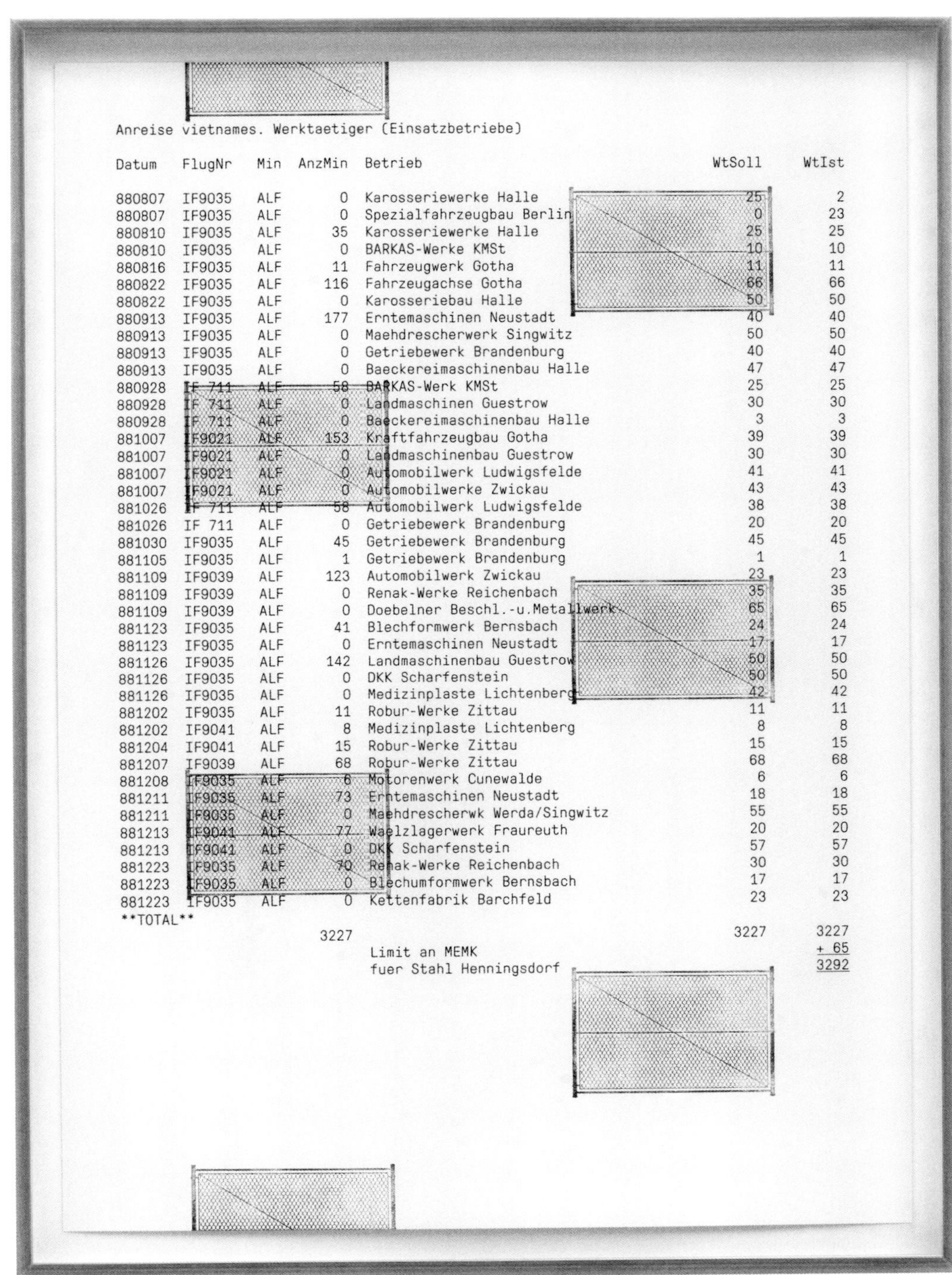

Anreise vietnames. Werktaetiger (Einsatzbetriebe)

Datum	FlugNr	Min	AnzMin	Betrieb	WtSoll	WtIst
880807	IF9035	ALF	0	Karosseriewerke Halle	25	2
880807	IF9035	ALF	0	Spezialfahrzeugbau Berlin	0	23
880810	IF9035	ALF	35	Karosseriewerke Halle	25	25
880810	IF9035	ALF	0	BARKAS-Werke KMSt	10	10
880816	IF9035	ALF	11	Fahrzeugwerk Gotha	11	11
880822	IF9035	ALF	116	Fahrzeugachse Gotha	66	66
880822	IF9035	ALF	0	Karosseriebau Halle	50	50
880913	IF9035	ALF	177	Erntemaschinen Neustadt	40	40
880913	IF9035	ALF	0	Maehdrescherwerk Singwitz	50	50
880913	IF9035	ALF	0	Getriebewerk Brandenburg	40	40
880913	IF9035	ALF	0	Baeckereimaschinenbau Halle	47	47
880928	IF 711	ALF	58	BARKAS-Werk KMSt	25	25
880928	IF 711	ALF	0	Landmaschinen Guestrow	30	30
880928	IF 711	ALF	0	Baeckereimaschinenbau Halle	3	3
881007	IF9021	ALF	153	Kraftfahrzeugbau Gotha	39	39
881007	IF9021	ALF	0	Landmaschinenbau Guestrow	30	30
881007	IF9021	ALF	0	Automobilwerk Ludwigsfelde	41	41
881007	IF9021	ALF	0	Automobilwerke Zwickau	43	43
881026	IF 711	ALF	58	Automobilwerk Ludwigsfelde	38	38
881026	IF 711	ALF	0	Getriebewerk Brandenburg	20	20
881030	IF9035	ALF	45	Getriebewerk Brandenburg	45	45
881105	IF9035	ALF	1	Getriebewerk Brandenburg	1	1
881109	IF9039	ALF	123	Automobilwerk Zwickau	23	23
881109	IF9039	ALF	0	Renak-Werke Reichenbach	35	35
881109	IF9039	ALF	0	Doebelner Beschl.-u.Metallwerk	65	65
881123	IF9035	ALF	41	Blechformwerk Bernsbach	24	24
881123	IF9035	ALF	0	Erntemaschinen Neustadt	17	17
881126	IF9035	ALF	142	Landmaschinenbau Guestrow	50	50
881126	IF9035	ALF	0	DKK Scharfenstein	50	50
881126	IF9035	ALF	0	Medizinplaste Lichtenberg	42	42
881202	IF9035	ALF	11	Robur-Werke Zittau	11	11
881202	IF9041	ALF	8	Medizinplaste Lichtenberg	8	8
881204	IF9041	ALF	15	Robur-Werke Zittau	15	15
881207	IF9039	ALF	68	Robur-Werke Zittau	68	68
881208	IF9035	ALF	6	Motorenwerk Cunewalde	6	6
881211	IF9035	ALF	73	Erntemaschinen Neustadt	18	18
881211	IF9035	ALF	0	Maehdrescherwk Werda/Singwitz	55	55
881213	IF9041	ALF	77	Waelzlagerwerk Fraureuth	20	20
881213	IF9041	ALF	0	DKK Scharfenstein	57	57
881223	IF9035	ALF	70	Renak-Werke Reichenbach	30	30
881223	IF9035	ALF	0	Blechumformwerk Bernsbach	17	17
881223	IF9035	ALF	0	Kettenfabrik Barchfeld	23	23
TOTAL			3227		3227	3227

Limit an MEMK
fuer Stahl Henningsdorf

WtIst: + 65 → 3292

Date, Flight Number, Ministry, Factory, Workers Target, Workers Actual (Complete Edition), 2021
Stamps on digital prints, framed
In 67 parts, each: 32.1 × 23.4 cm

```
PAGE NO. 00001                                                    31.1.89
Anreise vietnames. Werktaetiger (Einsatzbetriebe) 1988

Datum   FlugNr  Min  AnzMin  Betrieb                          WtSoll   WtIst

880112  IF9035  Bau    173   KKW Stendal                         23      23
880112  IF9035  Bau      0   Industriebau Wernigerode           100     100
880112  IF9035  Bau      0   MLK Plauen                          50      50
880118  IF 711  Bau    153   BMK Sued, Bt KMSt, Baust. Berlin    53      53
880118  IF 711  Bau      0   Autobahnbaukombinat, Bt Berlin      70      70
880118  IF 711  Bau      0   ABK /Brueckenbau, Bt. Berlin        30      30
880127  IF9035  Bau    177   Industriebau Eisenbuettenstadt     100     100
880127  IF9035  Bau      0   KKW Stendal                         77      77
880208  IF9035  Bau     45   Industriebau Eisleben               45      45
880214  IF9035  Bau    165   Industriebau Eisleben               55      55
880214  IF9035  Bau      0   Industriebau Bautzen                40      40
880214  IF9035  Bau      0   Industriebau Eisenbuettenstadt      38      38
880214  IF9035  Bau      0   Kuehlturmbau Leipzig                32      32
880227  IF9035  Bau    144   Kuehlturmbau Leipzig                68      68
880227  IF9035  Bau      0   Saeureschutz Leipzig                30      30
880227  IF9035  Bau      0   MLK Magdeburg                       34      34
880227  IF9035  Bau      0   Industriebau Eisenhuettenstadt      12      12
880316  IF 711  Bau     52   Betonwerk Venschow                  30      30
880316  IF 711  Bau      0   Industriebau Potsdam                22      22
880330  IF 711  Bau    131   Industriebau Schwedt                31      31
880330  IF 711  Bau      0   Industriebau Greifswald            100     100
880331  IF9035  Bau    177   Industriebau Potsdam                98      98
880331  IF9035  Bau      0   Industriebau Schwerin               50      50
880331  IF9035  Bau      0   Industriebau Schwedt                29      29
880406  IF9037  Bau    100   Industriebau Dresden                50      50
880406  IF9037  Bau      0   Industriebau Erfurt                 50      50
880418  IF9037  Bau    158   Industriebau Cottbus               158     158
880421  IF9035  Bau    177   Industriebau Cottbus                32      32
880421  IF9035  Bau      0   Betonwerk Elster                    30      30
880421  IF9035  Bau      0   Industriebau Dresden                60      60
880421  IF9035  Bau      0   Industriebau KKW Lubmin             55      55
880506  IF9035  Bau    177   Verkehrsbau Berlin                  10      10
880506  IF9035  Bau      0   Industriebau Leipzig               100     100
880506  IF9035  Bau      0   Industriebau Brandenburg            24      24
880506  IF9035  Bau      0   Brueckenbau Dresden                 10      10
880506  IF9035  Bau      0   Strassenbau Potsdam                 30      30
880506  IF9035  Bau      0   Erdbau Magdeburg                     3       3
880511  IF 711  Bau    139   Industriebau Schwedt                29      29
880511  IF 711  Bau      0   Ind-.u.Hafenbau Rostock             40      40
880511  IF 711  Bau      0   Industriebau Leuna                  70      70
880521  IF9035  Bau     77   Industriebau Erfurt                 50      50
880521  IF9035  Bau      0   Erdbau Magdeburg                    27      27
880530  IF9035  Bau     77   Industriebau Schwedt                27      27
880530  IF9035  Bau      0   Industriebau Magdeburg              50      50
880602  IF9035  Bau     26   Industriebau Brandenburg            26      26
880613  IF9041  Bau     69   MLK Calbe                           29      29
880613  IF9041  Bau      0   Industriebau Bautzen                40      40
880702  IF9035  Bau     11   MLK Calbe                           11      11
880703  IF 711  Bau     80   Baukombinat Leipzig                 35      35
880703  IF 711  Bau      0   WBK Gera                            30      30
880703  IF 711  Bau      0   WBK Halle                           15      15
```

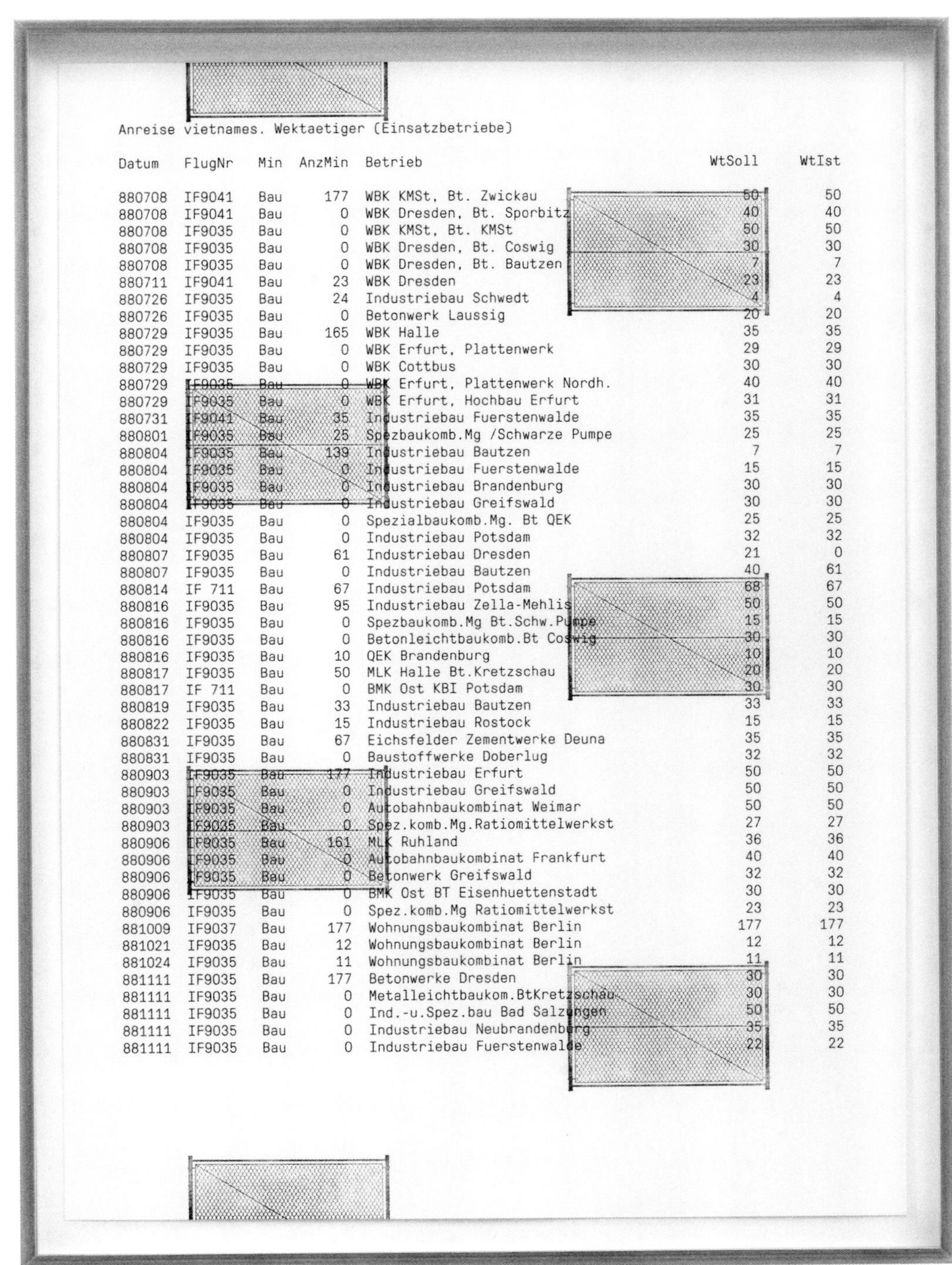

Anreise vietnames. Wektaetiger (Einsatzbetriebe)

Datum	FlugNr	Min	AnzMin	Betrieb	WtSoll	WtIst
880708	IF9041	Bau	177	WBK KMSt, Bt. Zwickau	50	50
880708	IF9041	Bau	0	WBK Dresden, Bt. Sporbitz	40	40
880708	IF9035	Bau	0	WBK KMSt, Bt. KMSt	50	50
880708	IF9035	Bau	0	WBK Dresden, Bt. Coswig	30	30
880708	IF9035	Bau	0	WBK Dresden, Bt. Bautzen	7	7
880711	IF9041	Bau	23	WBK Dresden	23	23
880726	IF9035	Bau	24	Industriebau Schwedt	4	4
880726	IF9035	Bau	0	Betonwerk Laussig	20	20
880729	IF9035	Bau	165	WBK Halle	35	35
880729	IF9035	Bau	0	WBK Erfurt, Plattenwerk	29	29
880729	IF9035	Bau	0	WBK Cottbus	30	30
880729	IF9035	Bau	0	WBK Erfurt, Plattenwerk Nordh.	40	40
880729	IF9035	Bau	0	WBK Erfurt, Hochbau Erfurt	31	31
880731	IF9041	Bau	35	Industriebau Fuerstenwalde	35	35
880801	IF9035	Bau	25	Spezbaukomb.Mg /Schwarze Pumpe	25	25
880804	IF9035	Bau	139	Industriebau Bautzen	7	7
880804	IF9035	Bau	0	Industriebau Fuerstenwalde	15	15
880804	IF9035	Bau	0	Industriebau Brandenburg	30	30
880804	IF9035	Bau	0	Industriebau Greifswald	30	30
880804	IF9035	Bau	0	Spezialbaukomb.Mg. Bt QEK	25	25
880804	IF9035	Bau	0	Industriebau Potsdam	32	32
880807	IF9035	Bau	61	Industriebau Dresden	21	0
880807	IF9035	Bau	0	Industriebau Bautzen	40	61
880814	IF 711	Bau	67	Industriebau Potsdam	68	67
880816	IF9035	Bau	95	Industriebau Zella-Mehlis	50	50
880816	IF9035	Bau	0	Spezbaukomb.Mg Bt.Schw.Pumpe	15	15
880816	IF9035	Bau	0	Betonleichtbaukomb.Bt Coswig	30	30
880816	IF9035	Bau	10	QEK Brandenburg	10	10
880817	IF9035	Bau	50	MLK Halle Bt.Kretzschau	20	20
880817	IF 711	Bau	0	BMK Ost KBI Potsdam	30	30
880819	IF9035	Bau	33	Industriebau Bautzen	33	33
880822	IF9035	Bau	15	Industriebau Rostock	15	15
880831	IF9035	Bau	67	Eichsfelder Zementwerke Deuna	35	35
880831	IF9035	Bau	0	Baustoffwerke Doberlug	32	32
880903	IF9035	Bau	177	Industriebau Erfurt	50	50
880903	IF9035	Bau	0	Industriebau Greifswald	50	50
880903	IF9035	Bau	0	Autobahnbaukombinat Weimar	50	50
880903	IF9035	Bau	0	Spez.komb.Mg.Ratiomittelwerkst	27	27
880906	IF9035	Bau	161	MLK Ruhland	36	36
880906	IF9035	Bau	0	Autobahnbaukombinat Frankfurt	40	40
880906	IF9035	Bau	0	Betonwerk Greifswald	32	32
880906	IF9035	Bau	0	BMK Ost BT Eisenhuettenstadt	30	30
880906	IF9035	Bau	0	Spez.komb.Mg Ratiomittelwerkst	23	23
881009	IF9037	Bau	177	Wohnungsbaukombinat Berlin	177	177
881021	IF9035	Bau	12	Wohnungsbaukombinat Berlin	12	12
881024	IF9035	Bau	11	Wohnungsbaukombinat Berlin	11	11
881111	IF9035	Bau	177	Betonwerke Dresden	30	30
881111	IF9035	Bau	0	Metalleichtbaukom.BtKretzschau	30	30
881111	IF9035	Bau	0	Ind.-u.Spez.bau Bad Salzungen	50	50
881111	IF9035	Bau	0	Industriebau Neubrandenberg	35	35
881111	IF9035	Bau	0	Industriebau Fuerstenwalde	22	22

Date, Flight Number, Ministry, Factory, Workers Target, Workers Actual (Complete Edition), 2021
Stamps on digital prints, framed
In 67 parts, each: 32.1 × 23.4 cm

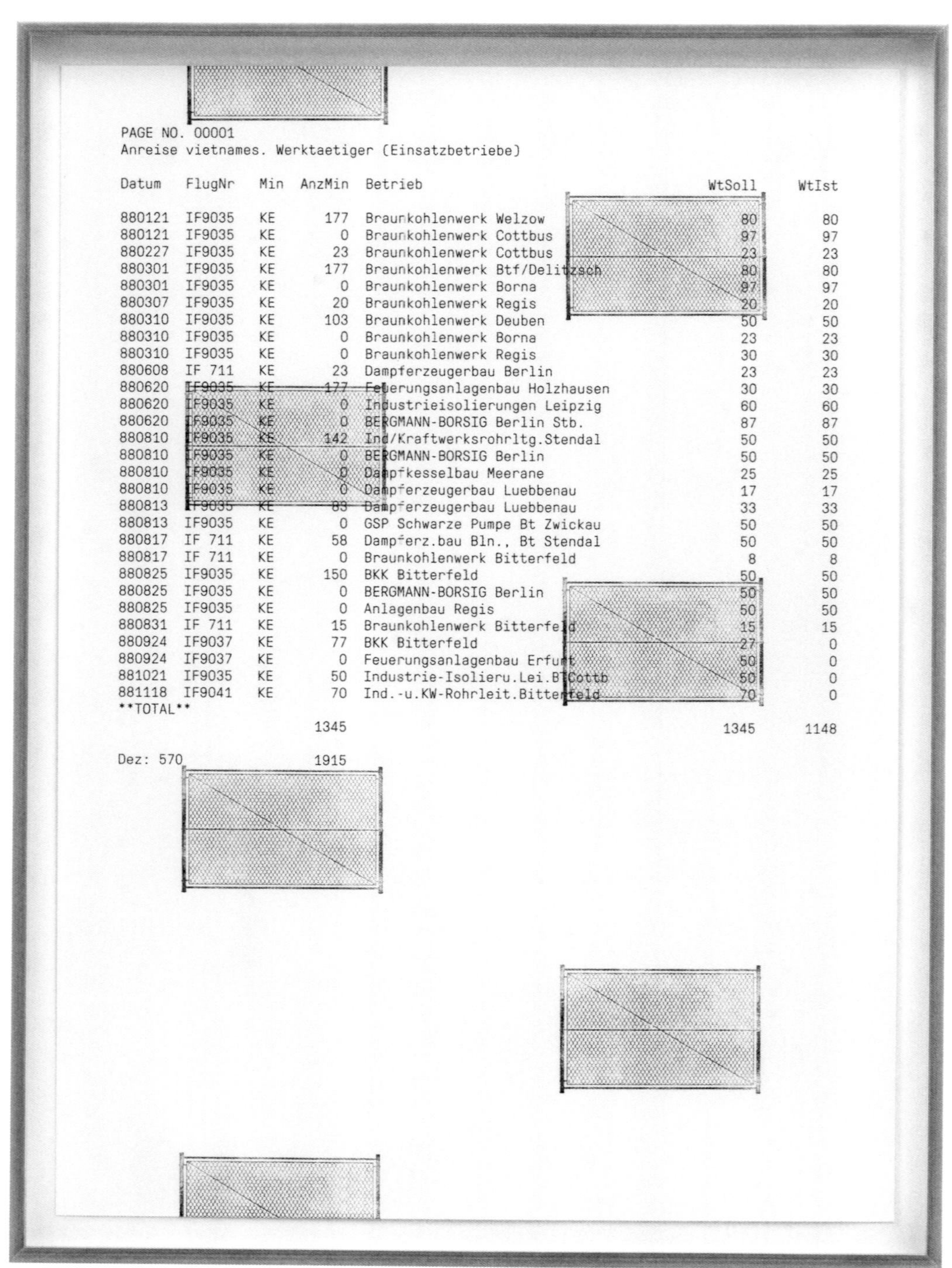

```
PAGE NO. 00001
Anreise vietnames. Werktaetiger (Einsatzbetriebe)
```

Datum	FlugNr	Min	AnzMin	Betrieb	WtSoll	WtIst
880121	IF9035	KE	177	Braunkohlenwerk Welzow	80	80
880121	IF9035	KE	0	Braunkohlenwerk Cottbus	97	97
880227	IF9035	KE	23	Braunkohlenwerk Cottbus	23	23
880301	IF9035	KE	177	Braunkohlenwerk Btf/Delitzsch	80	80
880301	IF9035	KE	0	Braunkohlenwerk Borna	97	97
880307	IF9035	KE	20	Braunkohlenwerk Regis	20	20
880310	IF9035	KE	103	Braunkohlenwerk Deuben	50	50
880310	IF9035	KE	0	Braunkohlenwerk Borna	23	23
880310	IF9035	KE	0	Braunkohlenwerk Regis	30	30
880608	IF 711	KE	23	Dampferzeugerbau Berlin	23	23
880620	IF9035	KE	177	Feuerungsanlagenbau Holzhausen	30	30
880620	IF9035	KE	0	Industrieisolierungen Leipzig	60	60
880620	IF9035	KE	0	BERGMANN-BORSIG Berlin Stb.	87	87
880810	IF9035	KE	142	Ind/Kraftwerksrohrltg.Stendal	50	50
880810	IF9035	KE	0	BERGMANN-BORSIG Berlin	50	50
880810	IF9035	KE	0	Dampfkesselbau Meerane	25	25
880810	IF9035	KE	0	Dampferzeugerbau Luebbenau	17	17
880813	IF9035	KE	83	Dampferzeugerbau Luebbenau	33	33
880813	IF9035	KE	0	GSP Schwarze Pumpe Bt Zwickau	50	50
880817	IF 711	KE	58	Dampferz.bau Bln., Bt Stendal	50	50
880817	IF 711	KE	0	Braunkohlenwerk Bitterfeld	8	8
880825	IF9035	KE	150	BKK Bitterfeld	50	50
880825	IF9035	KE	0	BERGMANN-BORSIG Berlin	50	50
880825	IF9035	KE	0	Anlagenbau Regis	50	50
880831	IF 711	KE	15	Braunkohlenwerk Bitterfeld	15	15
880924	IF9037	KE	77	BKK Bitterfeld	27	0
880924	IF9037	KE	0	Feuerungsanlagenbau Erfurt	50	0
881021	IF9035	KE	50	Industrie-Isolieru.Lei.BtCottb	50	0
881118	IF9041	KE	70	Ind.-u.KW-Rohrleit.Bitterfeld	70	0
TOTAL			1345		1345	1148

```
Dez: 570          1915
```

Date, Flight Number, Ministry, Factory, Workers Target, Workers Actual (Complete Edition), 2021
Stamps on digital prints, framed
In 67 parts, each: 32.1 × 23.4 cm

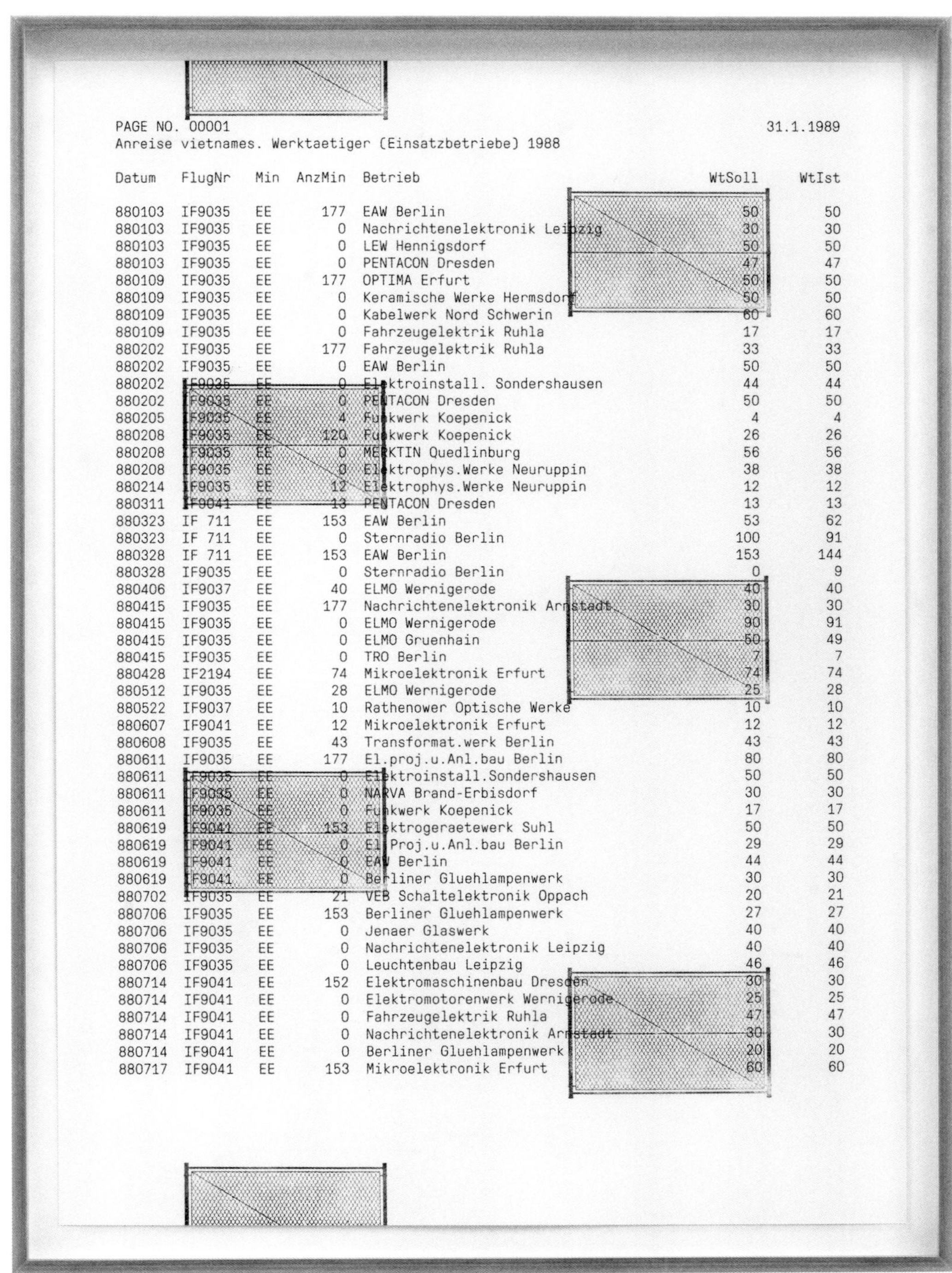

```
PAGE NO. 00001                                                    31.1.1989
Anreise vietnames. Werktaetiger (Einsatzbetriebe) 1988

Datum   FlugNr  Min  AnzMin  Betrieb                          WtSoll    WtIst

880103  IF9035  EE     177   EAW Berlin                           50       50
880103  IF9035  EE       0   Nachrichtenelektronik Leipzig        30       30
880103  IF9035  EE       0   LEW Hennigsdorf                      50       50
880103  IF9035  EE       0   PENTACON Dresden                     47       47
880109  IF9035  EE     177   OPTIMA Erfurt                        50       50
880109  IF9035  EE       0   Keramische Werke Hermsdorf           50       50
880109  IF9035  EE       0   Kabelwerk Nord Schwerin              60       60
880109  IF9035  EE       0   Fahrzeugelektrik Ruhla               17       17
880202  IF9035  EE     177   Fahrzeugelektrik Ruhla               33       33
880202  IF9035  EE       0   EAW Berlin                           50       50
880202  IF9035  EE       0   Elektroinstall. Sondershausen        44       44
880202  IF9035  EE       0   PENTACON Dresden                     50       50
880205  IF9035  EE       4   Funkwerk Koepenick                    4        4
880208  IF9035  EE     120   Funkwerk Koepenick                   26       26
880208  IF9035  EE       0   MERKTIN Quedlinburg                  56       56
880208  IF9035  EE       0   Elektrophys.Werke Neuruppin          38       38
880214  IF9035  EE      12   Elektrophys.Werke Neuruppin          12       12
880311  IF9041  EE      13   PENTACON Dresden                     13       13
880323  IF 711  EE     153   EAW Berlin                           53       62
880323  IF 711  EE       0   Sternradio Berlin                   100       91
880328  IF 711  EE     153   EAW Berlin                          153      144
880328  IF9035  EE       0   Sternradio Berlin                     0        9
880406  IF9037  EE      40   ELMO Wernigerode                     40       40
880415  IF9035  EE     177   Nachrichtenelektronik Arnstadt       30       30
880415  IF9035  EE       0   ELMO Wernigerode                     90       91
880415  IF9035  EE       0   ELMO Gruenhain                       50       49
880415  IF9035  EE       0   TRO Berlin                            7        7
880428  IF2194  EE      74   Mikroelektronik Erfurt               74       74
880512  IF9035  EE      28   ELMO Wernigerode                     25       28
880522  IF9037  EE      10   Rathenower Optische Werke            10       10
880607  IF9041  EE      12   Mikroelektronik Erfurt               12       12
880608  IF9035  EE      43   Transformat.werk Berlin              43       43
880611  IF9035  EE     177   El.proj.u.Anl.bau Berlin             80       80
880611  IF9035  EE       0   Elektroinstall.Sondershausen         50       50
880611  IF9035  EE       0   NARVA Brand-Erbisdorf                30       30
880611  IF9035  EE       0   Funkwerk Koepenick                   17       17
880619  IF9041  EE     153   Elektrogeraetewerk Suhl              50       50
880619  IF9041  EE       0   El.Proj.u.Anl.bau Berlin             29       29
880619  IF9041  EE       0   EAW Berlin                           44       44
880619  IF9041  EE       0   Berliner Gluehlampenwerk             30       30
880702  IF9035  EE      21   VEB Schaltelektronik Oppach          20       21
880706  IF9035  EE     153   Berliner Gluehlampenwerk             27       27
880706  IF9035  EE       0   Jenaer Glaswerk                      40       40
880706  IF9035  EE       0   Nachrichtenelektronik Leipzig        40       40
880706  IF9035  EE       0   Leuchtenbau Leipzig                  46       46
880714  IF9041  EE     152   Elektromaschinenbau Dresden          30       30
880714  IF9041  EE       0   Elektromotorenwerk Wernigerode       25       25
880714  IF9041  EE       0   Fahrzeugelektrik Ruhla               47       47
880714  IF9041  EE       0   Nachrichtenelektronik Arnstadt       30       30
880714  IF9041  EE       0   Berliner Gluehlampenwerk             20       20
880717  IF9041  EE     153   Mikroelektronik Erfurt               60       60
```

D

Date, Flight Number, Ministry, Factory, Workers Target, Workers Actual (Complete Edition), 2021
Stamps on digital prints, framed
In 67 parts, each: 32.1 × 23.4 cm

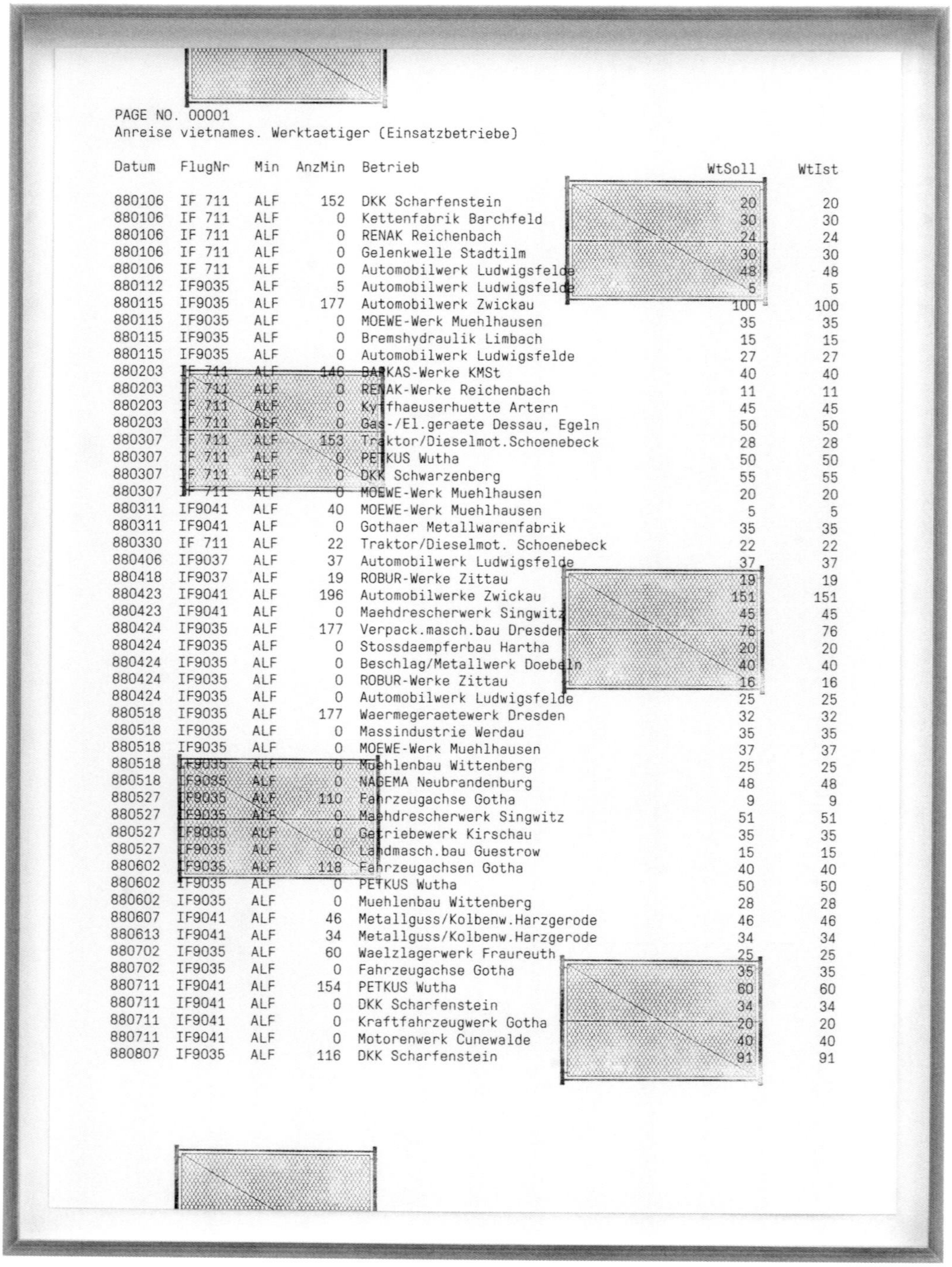

```
PAGE NO. 00001
Anreise vietnames. Werktaetiger (Einsatzbetriebe)

Datum    FlugNr   Min   AnzMin   Betrieb                               WtSoll   WtIst

880106   IF 711   ALF   152      DKK Scharfenstein                        20      20
880106   IF 711   ALF     0      Kettenfabrik Barchfeld                   30      30
880106   IF 711   ALF     0      RENAK Reichenbach                        24      24
880106   IF 711   ALF     0      Gelenkwelle Stadtilm                     30      30
880106   IF 711   ALF     0      Automobilwerk Ludwigsfelde               48      48
880112   IF9035   ALF     5      Automobilwerk Ludwigsfelde                5       5
880115   IF9035   ALF   177      Automobilwerk Zwickau                   100     100
880115   IF9035   ALF     0      MOEWE-Werk Muehlhausen                   35      35
880115   IF9035   ALF     0      Bremshydraulik Limbach                   15      15
880115   IF9035   ALF     0      Automobilwerk Ludwigsfelde               27      27
880203   IF 711   ALF   146      BARKAS-Werke KMSt                        40      40
880203   IF 711   ALF     0      RENAK-Werke Reichenbach                  11      11
880203   IF 711   ALF     0      Kyffhaeuserhuette Artern                 45      45
880203   IF 711   ALF     0      Gas-/El.geraete Dessau, Egeln            50      50
880307   IF 711   ALF   153      Traktor/Dieselmot.Schoenebeck            28      28
880307   IF 711   ALF     0      PETKUS Wutha                             50      50
880307   IF 711   ALF     0      DKK Schwarzenberg                        55      55
880307   IF 711   ALF     0      MOEWE-Werk Muehlhausen                   20      20
880311   IF9041   ALF    40      MOEWE-Werk Muehlhausen                    5       5
880311   IF9041   ALF     0      Gothaer Metallwarenfabrik                35      35
880330   IF 711   ALF    22      Traktor/Dieselmot. Schoenebeck           22      22
880406   IF9037   ALF    37      Automobilwerk Ludwigsfelde               37      37
880418   IF9037   ALF    19      ROBUR-Werke Zittau                       19      19
880423   IF9041   ALF   196      Automobilwerke Zwickau                  151     151
880423   IF9041   ALF     0      Maehdrescherwerk Singwitz                45      45
880424   IF9035   ALF   177      Verpack.masch.bau Dresden                76      76
880424   IF9035   ALF     0      Stossdaempferbau Hartha                  20      20
880424   IF9035   ALF     0      Beschlag/Metallwerk Doebeln              40      40
880424   IF9035   ALF     0      ROBUR-Werke Zittau                       16      16
880424   IF9035   ALF     0      Automobilwerk Ludwigsfelde               25      25
880518   IF9035   ALF   177      Waermegeraetewerk Dresden                32      32
880518   IF9035   ALF     0      Massindustrie Werdau                     35      35
880518   IF9035   ALF     0      MOEWE-Werk Muehlhausen                   37      37
880518   IF9035   ALF     0      Muehlenbau Wittenberg                    25      25
880518   IF9035   ALF     0      NAGEMA Neubrandenburg                    48      48
880527   IF9035   ALF   110      Fahrzeugachse Gotha                       9       9
880527   IF9035   ALF     0      Maehdrescherwerk Singwitz                51      51
880527   IF9035   ALF     0      Getriebewerk Kirschau                    35      35
880527   IF9035   ALF     0      Landmasch.bau Guestrow                   15      15
880602   IF9035   ALF   118      Fahrzeugachsen Gotha                     40      40
880602   IF9035   ALF     0      PETKUS Wutha                             50      50
880602   IF9035   ALF     0      Muehlenbau Wittenberg                    28      28
880607   IF9041   ALF    46      Metallguss/Kolbenw.Harzgerode            46      46
880613   IF9041   ALF    34      Metallguss/Kolbenw.Harzgerode            34      34
880702   IF9035   ALF    60      Waelzlagerwerk Fraureuth                 25      25
880702   IF9035   ALF     0      Fahrzeugachse Gotha                      35      35
880711   IF9041   ALF   154      PETKUS Wutha                             60      60
880711   IF9041   ALF     0      DKK Scharfenstein                        34      34
880711   IF9041   ALF     0      Kraftfahrzeugwerk Gotha                  20      20
880711   IF9041   ALF     0      Motorenwerk Cunewalde                    40      40
880807   IF9035   ALF   116      DKK Scharfenstein                        91      91
```

D

Date, Flight Number, Ministry, Factory, Workers Target, Workers Actual (Complete Edition), 2021
Stamps on digital prints, framed
In 67 parts, each: 32.1 × 23.4 cm

PAGE NO. 00001   Anlage 1 18.09.88
Anreise vietnames. Werktaetiger (Einsatzbetriebe)

Datum	FlugNr	Min	AnzMin	Betrieb	WtSoll	WtIst
880118	IF9035	L	177	VOWETEX Plauen	14	14
880118	IF9035	L	0	GELKIDA Gelenau	5	5
880118	IF9035	L	0	Plauener Gardine	48	48
880118	IF9035	L	0	Konfektion Plauen	70	70
880118	IF9035	L	0	Bekleidungswerk Falkensee	40	40
880120	IF 711	L	153	Plauener Gardine	2	2
880120	IF 711	L	0	VBSZ, Werk Plauen	50	50
880120	IF 711	L	0	Kleiderwerke Wernigerode	35	35
880120	IF 711	L(35) TVM	0	Textile Verpack.mitt.Olbersdorf	25	25
880120	IF 711	L	0	ZPRB Borsdorf	41	41
880224	IF9035	L	177	TRIKOTEX Wittgensdorf	94	94
880224	IF9035	L	0	Doppelmoppel Koethendorf	50	50
880224	IF9035	L	0	Strickwaren Oberlungwitz	33	33
880302	IF 711	L	153	Strickwaren Oberlungwitz	51	51
880302	IF 711	L	0	ESDA Thalheim	60	60
880302	IF 711	L	0	GELKIDA Gelenau	5	5
880302	IF 711	L	0	VOWETEX Plauen	30	30
880302	IF 711	L	0	ZPRB Borsdorf	7	7
880313	IF9037	L	177	Feinwaesche Limbach-Oberfrohna	39	39
880313	IF9037	L	0	Strickwaren Oberlungwitz	90	90
880313	IF9037	L	0	TRIKOTEX Wittgensdorf	48	48
880316	IF9035	L	176	TRIKOTEX Wittgensdorf 118	43	43
880316	IF9035	L	0	"C.Zetkin" Burgstaedt	70	70
880316	IF9035	L	0	GOLDFASAN Burgstaedt 120	29	29
880316	IF9035	L	0	Trikotagenwerk H'st.-Ernstthal	10	10
880316	IF9035	L	0	VBSZ Floeha, Bt Lengenfeld	24	24
880319	IF9035	L	177	Trikotagenwerk H'st.-Ernstthal	9	9
880319	IF9035	L	0	Waescheunion Bt Elsterberg	30	30
880319	IF9035	L	0	Volltuchwerke Crimmitschau	35	35
880319	IF9035	L	0	Plastbelag Dessau	33	33
880319	IF9035	L	0	Lederwaren Schwerin	50	50
880319	IF9035	L	0	Schuhfabr.Erfurt,Bt Frankenhsn	20	20
880325	IF9035	L	177	Trikotagenwerk H'st.-Ernstthal	11	11
880325	IF9035	L	0	Strickwaren Oberlungwitz	12	12
880325	IF9035	L	0	STOLA Jahnsdorf	30	30
880325	IF9035	L	0	Trikotagenwerk Crimmitschau	30	30
880325	IF9035	L	0	VBSZ Floeha Stb	94	94
880328	IF9035	L	177	Gummiwerk Schoenebeck	20	20
880328	IF9035	L	0	FROTTANA Gross-Schoenau	37	37
880328	IF9035	L	0	VBSZ Floeha,Bt Zwirn. Glauchau	70	70
880328	IF9035	L	0	VBSZ Floeha, Bt Venusberg	35	35
880328	IF9035	L	0	VBSZ Floeha Stb	15	15
880403	IF9035	L	177	FROTTANA Gross-Schoenau	54	54
880403	IF9035	L	0	LAUTEX Neugersdorf	74	74
880403	IF9035	L	0	Feinstrumpfwerke Oberlungwitz	49	49
880409	IF9035	L	177	VBSZ Floeha/Mittweida	72	72
880409	IF9035	L	0	VBSZ Floeha/Glauchau	2	2
880409	IF9035	L	0	Textilveredelung Oberlungwitz	45	45
880409	IF9035	L	0	Feinstrumpfwerk Oberlungwitz	49	49
880409	IF9035	L	0	Strumpfwerke TURMALIN	9	9
880412	IF9035	L	177	MODESTA Johanngeorgenstadt	30	30

D

**Date, Flight Number, Ministry,
Factory, Workers Target, Workers
Actual (Complete Edition)**, 2021
Stamps on digital prints, framed
In 67 parts, each: 32.1 × 23.4 cm

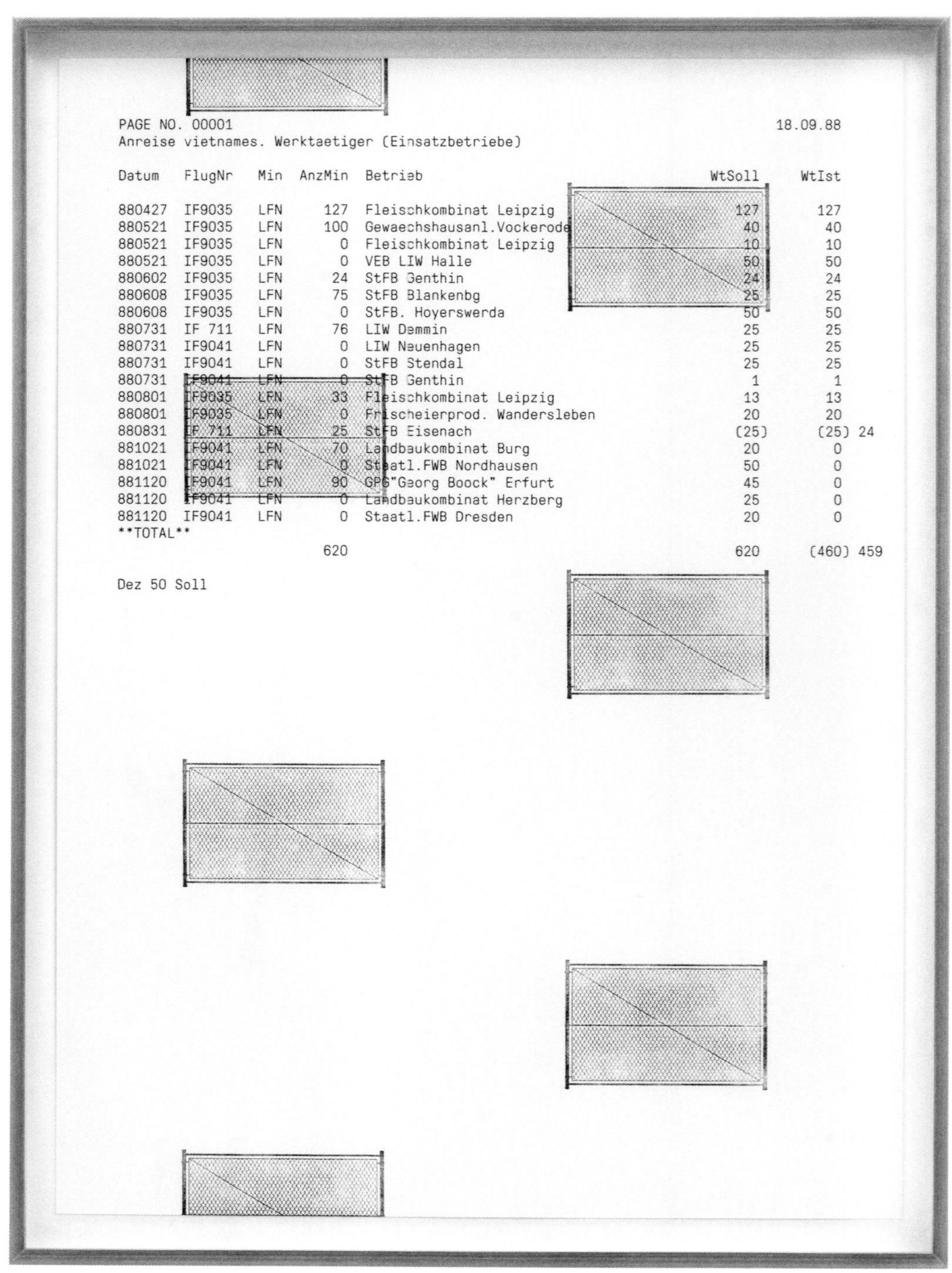

```
PAGE NO. 00001                                                    18.09.88
Anreise vietnames. Werktaetiger (Einsatzbetriebe)

Datum    FlugNr   Min   AnzMin   Betrieb                    WtSoll    WtIst

880427   IF9035   LFN    127    Fleischkombinat Leipzig        127      127
880521   IF9035   LFN    100    Gewaechshausanl.Vockerode       40       40
880521   IF9035   LFN      0    Fleischkombinat Leipzig         10       10
880521   IF9035   LFN      0    VEB LIW Halle                   50       50
880602   IF9035   LFN     24    StFB Genthin                    24       24
880608   IF9035   LFN     75    StFB Blankenbg                  25       25
880608   IF9035   LFN      0    StFB. Hoyerswerda               50       50
880731   IF 711   LFN     76    LIW Demmin                      25       25
880731   IF9041   LFN      0    LIW Neuenhagen                  25       25
880731   IF9041   LFN      0    StFB Stendal                    25       25
880731   IF9041   LFN      0    StFB Genthin                     1        1
880801   IF9035   LFN     33    Fleischkombinat Leipzig         13       13
880801   IF9035   LFN      0    Frischeierprod. Wandersleben    20       20
880831   IF 711   LFN     25    StFB Eisenach                  (25)    (25) 24
881021   IF9041   LFN     70    Landbaukombinat Burg            20        0
881021   IF9041   LFN      0    Staatl.FWB Nordhausen           50        0
881120   IF9041   LFN     90    GPG"Georg Boock" Erfurt         45        0
881120   IF9041   LFN      0    Landbaukombinat Herzberg        25        0
881120   IF9041   LFN      0    Staatl.FWB Dresden              20        0
**TOTAL**
                           620                                  620   (460) 459

Dez 50 Soll
```

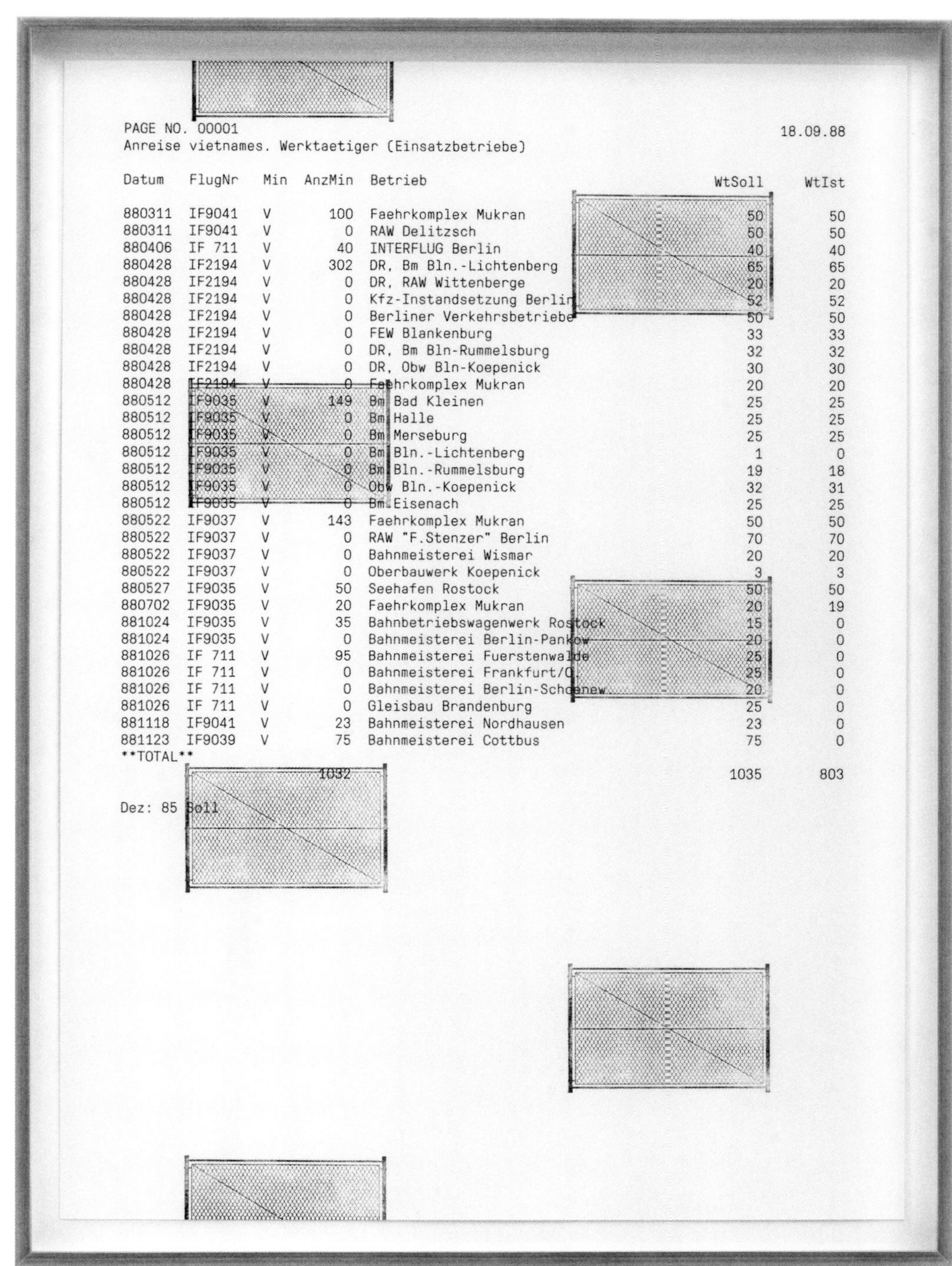

```
PAGE NO. 00001                                                          18.09.88
Anreise vietnames. Werktaetiger (Einsatzbetriebe)
```

Datum	FlugNr	Min	AnzMin	Betrieb	WtSoll	WtIst
880311	IF9041	V	100	Faehrkomplex Mukran	50	50
880311	IF9041	V	0	RAW Delitzsch	50	50
880406	IF 711	V	40	INTERFLUG Berlin	40	40
880428	IF2194	V	302	DR, Bm Bln.-Lichtenberg	65	65
880428	IF2194	V	0	DR, RAW Wittenberge	20	20
880428	IF2194	V	0	Kfz-Instandsetzung Berlin	52	52
880428	IF2194	V	0	Berliner Verkehrsbetriebe	50	50
880428	IF2194	V	0	FEW Blankenburg	33	33
880428	IF2194	V	0	DR, Bm Bln-Rummelsburg	32	32
880428	IF2194	V	0	DR, Obw Bln-Koepenick	30	30
880428	IF2194	V	0	Faehrkomplex Mukran	20	20
880512	IF9035	V	149	Bm Bad Kleinen	25	25
880512	IF9035	V	0	Bm Halle	25	25
880512	IF9035	V	0	Bm Merseburg	25	25
880512	IF9035	V	0	Bm Bln.-Lichtenberg	1	0
880512	IF9035	V	0	Bm Bln.-Rummelsburg	19	18
880512	IF9035	V	0	Obw Bln.-Koepenick	32	31
880512	IF9035	V	0	Bm Eisenach	25	25
880522	IF9037	V	143	Faehrkomplex Mukran	50	50
880522	IF9037	V	0	RAW "F.Stenzer" Berlin	70	70
880522	IF9037	V	0	Bahnmeisterei Wismar	20	20
880522	IF9037	V	0	Oberbauwerk Koepenick	3	3
880527	IF9035	V	50	Seehafen Rostock	50	50
880702	IF9035	V	20	Faehrkomplex Mukran	20	19
881024	IF9035	V	35	Bahnbetriebswagenwerk Rostock	15	0
881024	IF9035	V	0	Bahnmeisterei Berlin-Pankow	20	0
881026	IF 711	V	95	Bahnmeisterei Fuerstenwalde	25	0
881026	IF 711	V	0	Bahnmeisterei Frankfurt/O	25	0
881026	IF 711	V	0	Bahnmeisterei Berlin-Schoenew	20	0
881026	IF 711	V	0	Gleisbau Brandenburg	25	0
881118	IF9041	V	23	Bahnmeisterei Nordhausen	23	0
881123	IF9039	V	75	Bahnmeisterei Cottbus	75	0
TOTAL			1032		1035	803

```
Dez: 85 Soll
```

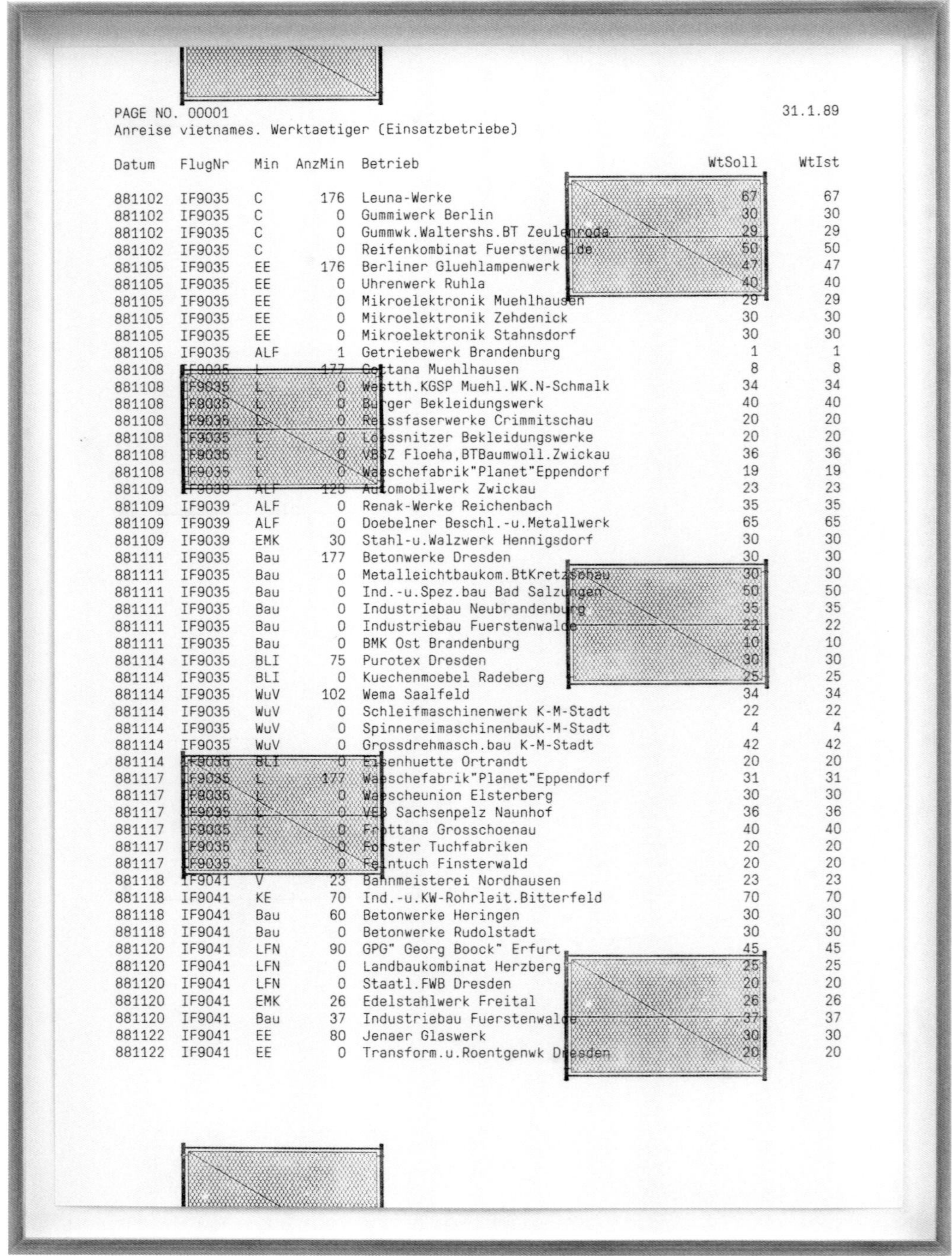

```
PAGE NO. 00001                                                          31.1.89
Anreise vietnames. Werktaetiger (Einsatzbetriebe)
```

Datum	FlugNr	Min	AnzMin	Betrieb	WtSoll	WtIst
881102	IF9035	C	176	Leuna-Werke	67	67
881102	IF9035	C	0	Gummiwerk Berlin	30	30
881102	IF9035	C	0	Gummwk.Waltershs.BT Zeulenroda	29	29
881102	IF9035	C	0	Reifenkombinat Fuerstenwalde	50	50
881105	IF9035	EE	176	Berliner Gluehlampenwerk	47	47
881105	IF9035	EE	0	Uhrenwerk Ruhla	40	40
881105	IF9035	EE	0	Mikroelektronik Muehlhausen	29	29
881105	IF9035	EE	0	Mikroelektronik Zehdenick	30	30
881105	IF9035	EE	0	Mikroelektronik Stahnsdorf	30	30
881105	IF9035	ALF	1	Getriebewerk Brandenburg	1	1
881108	IF9035	L	177	Gottana Muehlhausen	8	8
881108	IF9035	L	0	Westth.KGSP Muehl.WK.N-Schmalk	34	34
881108	IF9035	L	0	Burger Bekleidungswerk	40	40
881108	IF9035	L	0	Reissfaserwerke Crimmitschau	20	20
881108	IF9035	L	0	Loessnitzer Bekleidungswerke	20	20
881108	IF9035	L	0	VBSZ Floeha,BTBaumwoll.Zwickau	36	36
881108	IF9035	L	0	Waeschefabrik"Planet"Eppendorf	19	19
881109	IF9039	ALF	123	Automobilwerk Zwickau	23	23
881109	IF9039	ALF	0	Renak-Werke Reichenbach	35	35
881109	IF9039	ALF	0	Doebelner Beschl.-u.Metallwerk	65	65
881109	IF9039	EMK	30	Stahl-u.Walzwerk Hennigsdorf	30	30
881111	IF9035	Bau	177	Betonwerke Dresden	30	30
881111	IF9035	Bau	0	Metalleichtbaukom.BtKretzschau	30	30
881111	IF9035	Bau	0	Ind.-u.Spez.bau Bad Salzungen	50	50
881111	IF9035	Bau	0	Industriebau Neubrandenburg	35	35
881111	IF9035	Bau	0	Industriebau Fuerstenwalde	22	22
881111	IF9035	Bau	0	BMK Ost Brandenburg	10	10
881114	IF9035	BLI	75	Purotex Dresden	30	30
881114	IF9035	BLI	0	Kuechenmoebel Radeberg	25	25
881114	IF9035	WuV	102	Wema Saalfeld	34	34
881114	IF9035	WuV	0	Schleifmaschinenwerk K-M-Stadt	22	22
881114	IF9035	WuV	0	SpinnereimaschinenbauK-M-Stadt	4	4
881114	IF9035	WuV	0	Grossdrehmasch.bau K-M-Stadt	42	42
881114	IF9035	BLI	0	Eisenhuette Ortrandt	20	20
881117	IF9035	L	177	Waeschefabrik"Planet"Eppendorf	31	31
881117	IF9035	L	0	Waescheunion Elsterberg	30	30
881117	IF9035	L	0	VEB Sachsenpelz Naunhof	36	36
881117	IF9035	L	0	Frottana Grosschoenau	40	40
881117	IF9035	L	0	Forster Tuchfabriken	20	20
881117	IF9035	L	0	Feintuch Finsterwald	20	20
881118	IF9041	V	23	Bahnmeisterei Nordhausen	23	23
881118	IF9041	KE	70	Ind.-u.KW-Rohrleit.Bitterfeld	70	70
881118	IF9041	Bau	60	Betonwerke Heringen	30	30
881118	IF9041	Bau	0	Betonwerke Rudolstadt	30	30
881120	IF9041	LFN	90	GPG" Georg Boock" Erfurt	45	45
881120	IF9041	LFN	0	Landbaukombinat Herzberg	25	25
881120	IF9041	LFN	0	Staatl.FWB Dresden	20	20
881120	IF9041	EMK	26	Edelstahlwerk Freital	26	26
881120	IF9041	Bau	37	Industriebau Fuerstenwalde	37	37
881122	IF9041	EE	80	Jenaer Glaswerk	30	30
881122	IF9041	EE	0	Transform.u.Roentgenwk Dresden	20	20

Date, Flight Number, Ministry, Factory, Workers Target, Workers Actual (Complete Edition), 2021
Stamps on digital prints, framed
In 67 parts, each: 32.1 × 23.4 cm

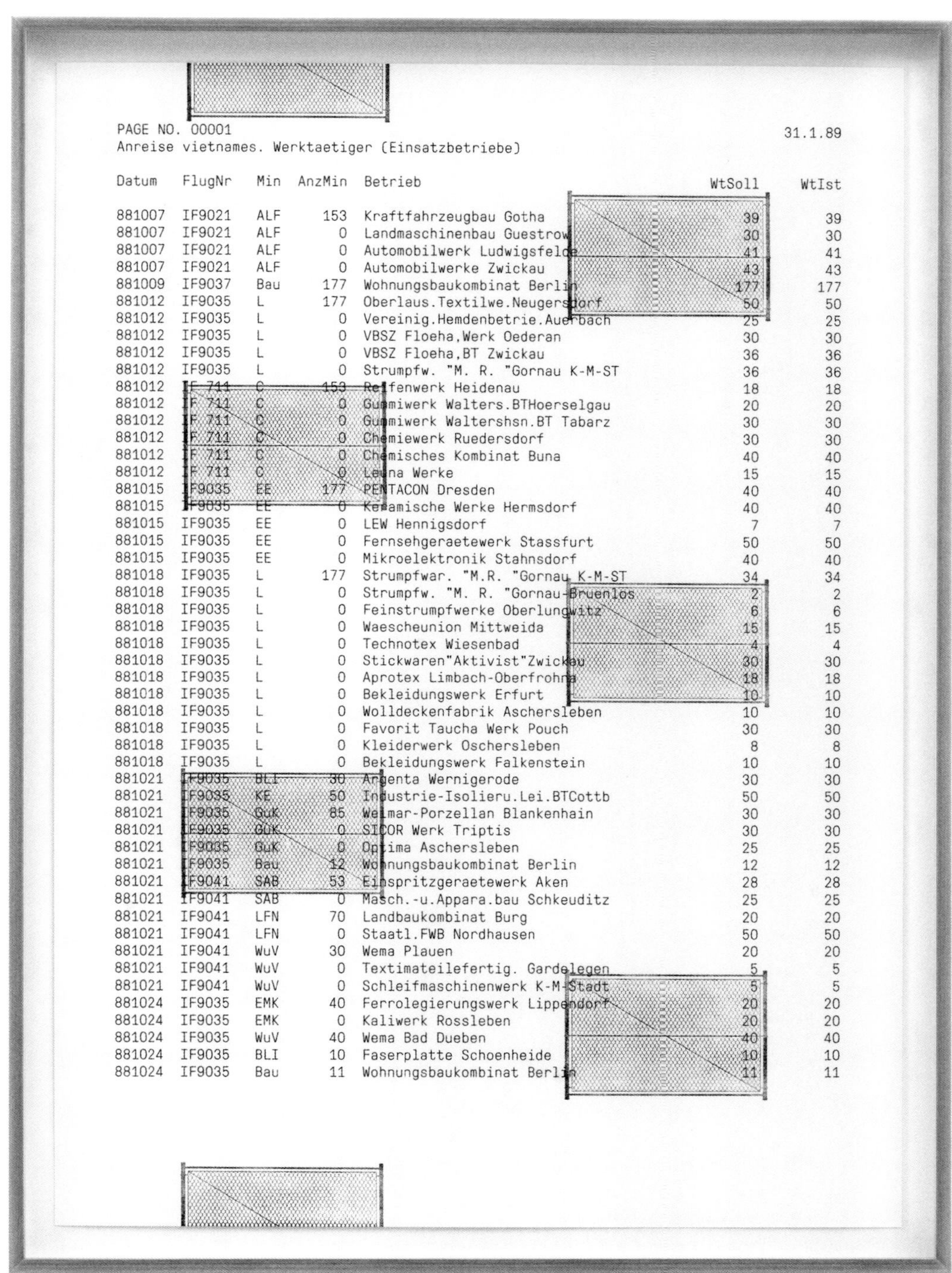

```
PAGE NO. 00001                                                       31.1.89
Anreise vietnames. Werktaetiger (Einsatzbetriebe)

Datum    FlugNr   Min  AnzMin  Betrieb                              WtSoll   WtIst

881007   IF9021   ALF     153  Kraftfahrzeugbau Gotha                  39      39
881007   IF9021   ALF       0  Landmaschinenbau Guestrow               30      30
881007   IF9021   ALF       0  Automobilwerk Ludwigsfelde              41      41
881007   IF9021   ALF       0  Automobilwerke Zwickau                  43      43
881009   IF9037   Bau     177  Wohnungsbaukombinat Berlin             177     177
881012   IF9035   L       177  Oberlaus.Textilwe.Neugersdorf           50      50
881012   IF9035   L         0  Vereinig.Hemdenbetrie.Auerbach          25      25
881012   IF9035   L         0  VBSZ Floeha,Werk Oederan                30      30
881012   IF9035   L         0  VBSZ Floeha,BT Zwickau                  36      36
881012   IF9035   L         0  Strumpfw. "M. R. "Gornau K-M-ST         36      36
881012   IF 711   C       153  Reifenwerk Heidenau                     18      18
881012   IF 711   C         0  Gummiwerk Walters.BTHoerselgau          20      20
881012   IF 711   C         0  Gummiwerk Waltershsn.BT Tabarz          30      30
881012   IF 711   C         0  Chemiewerk Ruedersdorf                  30      30
881012   IF 711   C         0  Chemisches Kombinat Buna                40      40
881012   IF 711   C         0  Leuna Werke                             15      15
881015   IF9035   EE      177  PENTACON Dresden                        40      40
881015   IF9035   EE        0  Keramische Werke Hermsdorf              40      40
881015   IF9035   EE        0  LEW Hennigsdorf                          7       7
881015   IF9035   EE        0  Fernsehgeraetewerk Stassfurt            50      50
881015   IF9035   EE        0  Mikroelektronik Stahnsdorf              40      40
881018   IF9035   L       177  Strumpfwar. "M.R. "Gornau K-M-ST        34      34
881018   IF9035   L         0  Strumpfw. "M. R. "Gornau-Bruenlos        2       2
881018   IF9035   L         0  Feinstrumpfwerke Oberlungwitz            6       6
881018   IF9035   L         0  Waescheunion Mittweida                  15      15
881018   IF9035   L         0  Technotex Wiesenbad                      4       4
881018   IF9035   L         0  Stickwaren"Aktivist"Zwickau             30      30
881018   IF9035   L         0  Aprotex Limbach-Oberfrohna              18      18
881018   IF9035   L         0  Bekleidungswerk Erfurt                  10      10
881018   IF9035   L         0  Wolldeckenfabrik Aschersleben           10      10
881018   IF9035   L         0  Favorit Taucha Werk Pouch               30      30
881018   IF9035   L         0  Kleiderwerk Oschersleben                 8       8
881018   IF9035   L         0  Bekleidungswerk Falkenstein             10      10
881021   IF9035   BLI      30  Argenta Wernigerode                     30      30
881021   IF9035   KE       50  Industrie-Isolieru.Lei.BTCottb          50      50
881021   IF9035   GuK      85  Weimar-Porzellan Blankenhain            30      30
881021   IF9035   GuK       0  SICOR Werk Triptis                      30      30
881021   IF9035   GuK       0  Optima Aschersleben                     25      25
881021   IF9035   Bau      12  Wohnungsbaukombinat Berlin              12      12
881021   IF9041   SAB      53  Einspritzgeraetewerk Aken               28      28
881021   IF9041   SAB       0  Masch.-u.Appara.bau Schkeuditz          25      25
881021   IF9041   LFN      70  Landbaukombinat Burg                    20      20
881021   IF9041   LFN       0  Staatl.FWB Nordhausen                   50      50
881021   IF9041   WuV      30  Wema Plauen                             20      20
881021   IF9041   WuV       0  Textimateilefertig. Gardelegen           5       5
881021   IF9041   WuV       0  Schleifmaschinenwerk K-M-Stadt           5       5
881024   IF9035   EMK      40  Ferrolegierungswerk Lippendorf          20      20
881024   IF9035   EMK       0  Kaliwerk Rossleben                      20      20
881024   IF9035   WuV      40  Wema Bad Dueben                         40      40
881024   IF9035   BLI      10  Faserplatte Schoenheide                 10      10
881024   IF9035   Bau      11  Wohnungsbaukombinat Berlin              11      11
```

D

Date, Flight Number, Ministry, Factory, Workers Target, Workers Actual (Complete Edition), 2021
**Stamps on digital prints, framed
In 67 parts, each: 32.1 × 23.4 cm**

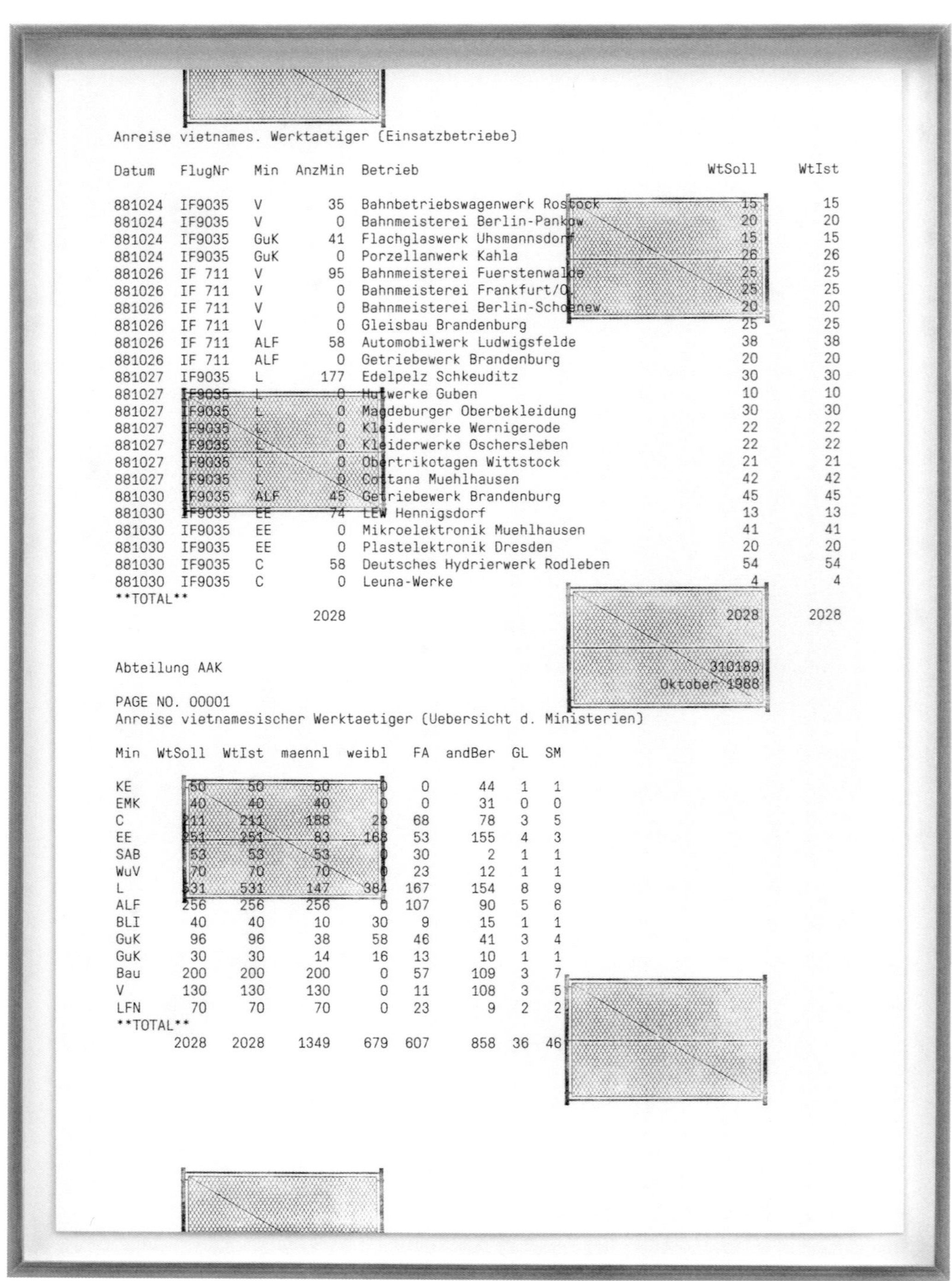

```
Anreise vietnames. Werktaetiger (Einsatzbetriebe)

Datum    FlugNr   Min   AnzMin   Betrieb                                      WtSoll   WtIst

881024   IF9035   V       35    Bahnbetriebswagenwerk Rostock                   15       15
881024   IF9035   V        0    Bahnmeisterei Berlin-Pankow                     20       20
881024   IF9035   GuK     41    Flachglaswerk Uhsmannsdorf                      15       15
881024   IF9035   GuK      0    Porzellanwerk Kahla                             26       26
881026   IF 711   V       95    Bahnmeisterei Fuerstenwalde                     25       25
881026   IF 711   V        0    Bahnmeisterei Frankfurt/O                       25       25
881026   IF 711   V        0    Bahnmeisterei Berlin-Schoenew.                  20       20
881026   IF 711   V        0    Gleisbau Brandenburg                            25       25
881026   IF 711   ALF     58    Automobilwerk Ludwigsfelde                      38       38
881026   IF 711   ALF      0    Getriebewerk Brandenburg                        20       20
881027   IF9035   L      177    Edelpelz Schkeuditz                             30       30
881027   IF9035   L        0    Hutwerke Guben                                  10       10
881027   IF9035   L        0    Magdeburger Oberbekleidung                      30       30
881027   IF9035   L        0    Kleiderwerke Wernigerode                        22       22
881027   IF9035   L        0    Kleiderwerke Oschersleben                       22       22
881027   IF9035   L        0    Obertrikotagen Wittstock                        21       21
881027   IF9035   L        0    Cottana Muehlhausen                             42       42
881030   IF9035   ALF     45    Getriebewerk Brandenburg                        45       45
881030   IF9035   EE      74    LEW Hennigsdorf                                 13       13
881030   IF9035   EE       0    Mikroelektronik Muehlhausen                     41       41
881030   IF9035   EE       0    Plastelektronik Dresden                         20       20
881030   IF9035   C       58    Deutsches Hydrierwerk Rodleben                  54       54
881030   IF9035   C        0    Leuna-Werke                                      4        4
**TOTAL**
                          2028                                                 2028     2028


Abteilung AAK

PAGE NO. 00001
Anreise vietnamesischer Werktaetiger (Uebersicht d. Ministerien)

Min   WtSoll   WtIst   maennl   weibl    FA   andBer   GL   SM

KE       50      50      50        0      0      44      1    1
EMK      40      40      40        0      0      31      0    0
C       211     211     188       23     68      78      3    5
EE      251     251      83      168     53     155      4    3
SAB      53      53      53        0     30       2      1    1
WuV      70      70      70        0     23      12      1    1
L       531     531     147      384    167     154      8    9
ALF     256     256     256        0    107      90      5    6
BLI      40      40      10       30      9      15      1    1
GuK      96      96      38       58     46      41      3    4
GuK      30      30      14       16     13      10      1    1
Bau     200     200     200        0     57     109      3    7
V       130     130     130        0     11     108      3    5
LFN      70      70      70        0     23       9      2    2
**TOTAL**
       2028    2028    1349      679    607     858     36   46
```

310189
Oktober 1988

*Date, Flight Number, Ministry,
Factory, Workers Target, Workers
Actual (Complete Edition)*, 2021
Stamps on digital prints, framed
In 67 parts, each: 32.1 × 23.4 cm

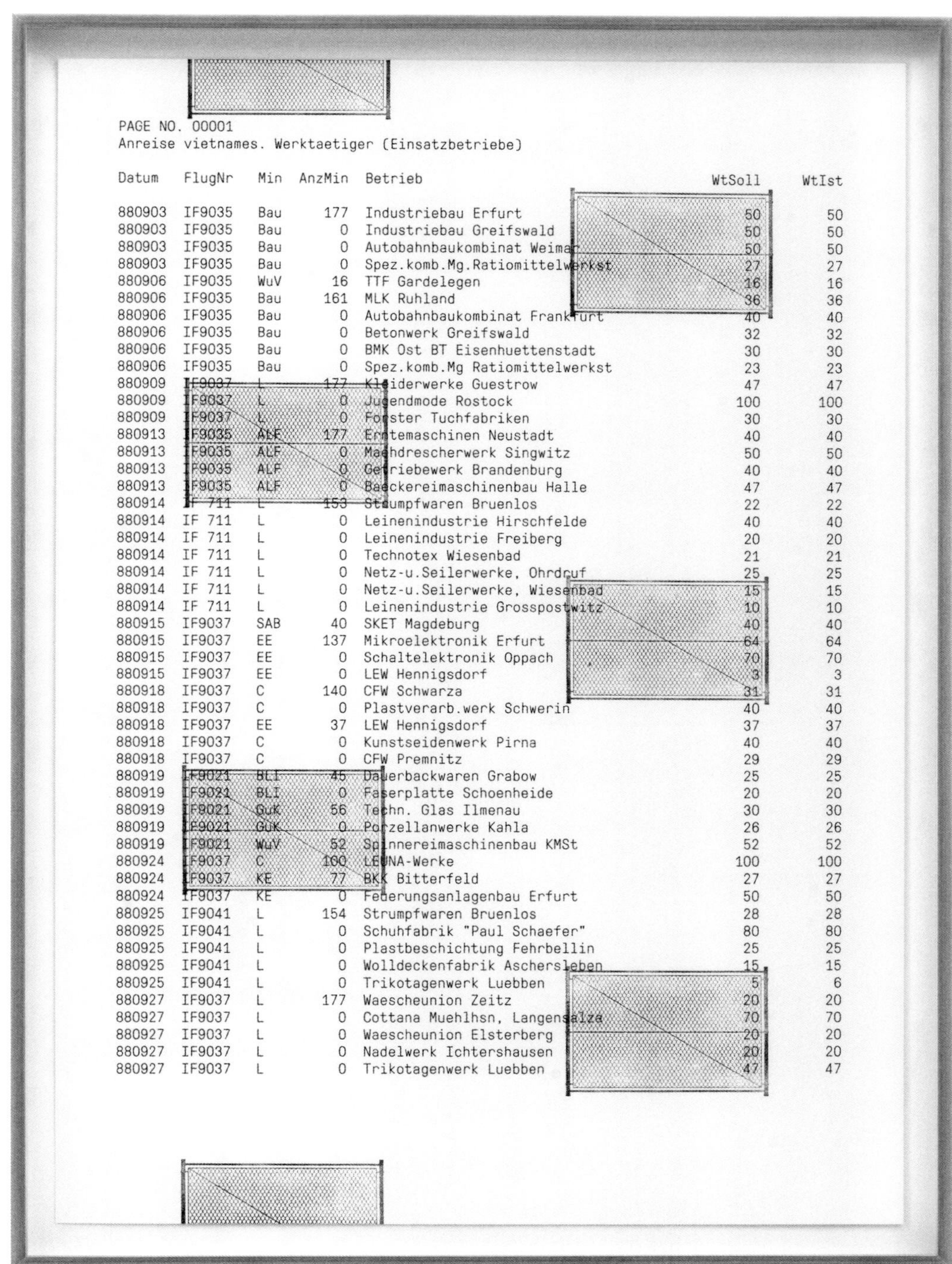

Datum	FlugNr	Min	AnzMin	Betrieb	WtSoll	WtIst
880903	IF9035	Bau	177	Industriebau Erfurt	50	50
880903	IF9035	Bau	0	Industriebau Greifswald	50	50
880903	IF9035	Bau	0	Autobahnbaukombinat Weimar	50	50
880903	IF9035	Bau	0	Spez.komb.Mg.Ratiomittelwerkst	27	27
880906	IF9035	WuV	16	TTF Gardelegen	16	16
880906	IF9035	Bau	161	MLK Ruhland	36	36
880906	IF9035	Bau	0	Autobahnbaukombinat Frankfurt	40	40
880906	IF9035	Bau	0	Betonwerk Greifswald	32	32
880906	IF9035	Bau	0	BMK Ost BT Eisenhuettenstadt	30	30
880906	IF9035	Bau	0	Spez.komb.Mg Ratiomittelwerkst	23	23
880909	IF9037	L	177	Kleiderwerke Guestrow	47	47
880909	IF9037	L	0	Jugendmode Rostock	100	100
880909	IF9037	L	0	Forster Tuchfabriken	30	30
880913	IF9035	ALF	177	Erntemaschinen Neustadt	40	40
880913	IF9035	ALF	0	Maehdrescherwerk Singwitz	50	50
880913	IF9035	ALF	0	Getriebewerk Brandenburg	40	40
880913	IF9035	ALF	0	Baeckereimaschinenbau Halle	47	47
880914	IF 711	L	153	Strumpfwaren Bruenlos	22	22
880914	IF 711	L	0	Leinenindustrie Hirschfelde	40	40
880914	IF 711	L	0	Leinenindustrie Freiberg	20	20
880914	IF 711	L	0	Technotex Wiesenbad	21	21
880914	IF 711	L	0	Netz-u.Seilerwerke, Ohrdruf	25	25
880914	IF 711	L	0	Netz-u.Seilerwerke, Wiesenbad	15	15
880914	IF 711	L	0	Leinenindustrie Grosspostwitz	10	10
880915	IF9037	SAB	40	SKET Magdeburg	40	40
880915	IF9037	EE	137	Mikroelektronik Erfurt	64	64
880915	IF9037	EE	0	Schaltelektronik Oppach	70	70
880915	IF9037	EE	0	LEW Hennigsdorf	3	3
880918	IF9037	C	140	CFW Schwarza	31	31
880918	IF9037	C	0	Plastverarb.werk Schwerin	40	40
880918	IF9037	EE	37	LEW Hennigsdorf	37	37
880918	IF9037	C	0	Kunstseidenwerk Pirna	40	40
880918	IF9037	C	0	CFW Premnitz	29	29
880919	IF9021	BLI	45	Dauerbackwaren Grabow	25	25
880919	IF9021	BLI	0	Faserplatte Schoenheide	20	20
880919	IF9021	GuK	56	Techn. Glas Ilmenau	30	30
880919	IF9021	GuK	0	Porzellanwerke Kahla	26	26
880919	IF9021	WuV	52	Spinnereimaschinenbau KMSt	52	52
880924	IF9037	C	100	LEUNA-Werke	100	100
880924	IF9037	KE	77	BKK Bitterfeld	27	27
880924	IF9037	KE	0	Federungsanlagenbau Erfurt	50	50
880925	IF9041	L	154	Strumpfwaren Bruenlos	28	28
880925	IF9041	L	0	Schuhfabrik "Paul Schaefer"	80	80
880925	IF9041	L	0	Plastbeschichtung Fehrbellin	25	25
880925	IF9041	L	0	Wolldeckenfabrik Aschersleben	15	15
880925	IF9041	L	0	Trikotagenwerk Luebben	5	6
880927	IF9037	L	177	Waescheunion Zeitz	20	20
880927	IF9037	L	0	Cottana Muehlhsn, Langensalza	70	70
880927	IF9037	L	0	Waescheunion Elsterberg	20	20
880927	IF9037	L	0	Nadelwerk Ichtershausen	20	20
880927	IF9037	L	0	Trikotagenwerk Luebben	47	47

Date, Flight Number, Ministry,
Factory, Workers Target, Workers
Actual (Complete Edition), 2021
Stamps on digital prints, framed
In 67 parts, each: 32.1 × 23.4 cm

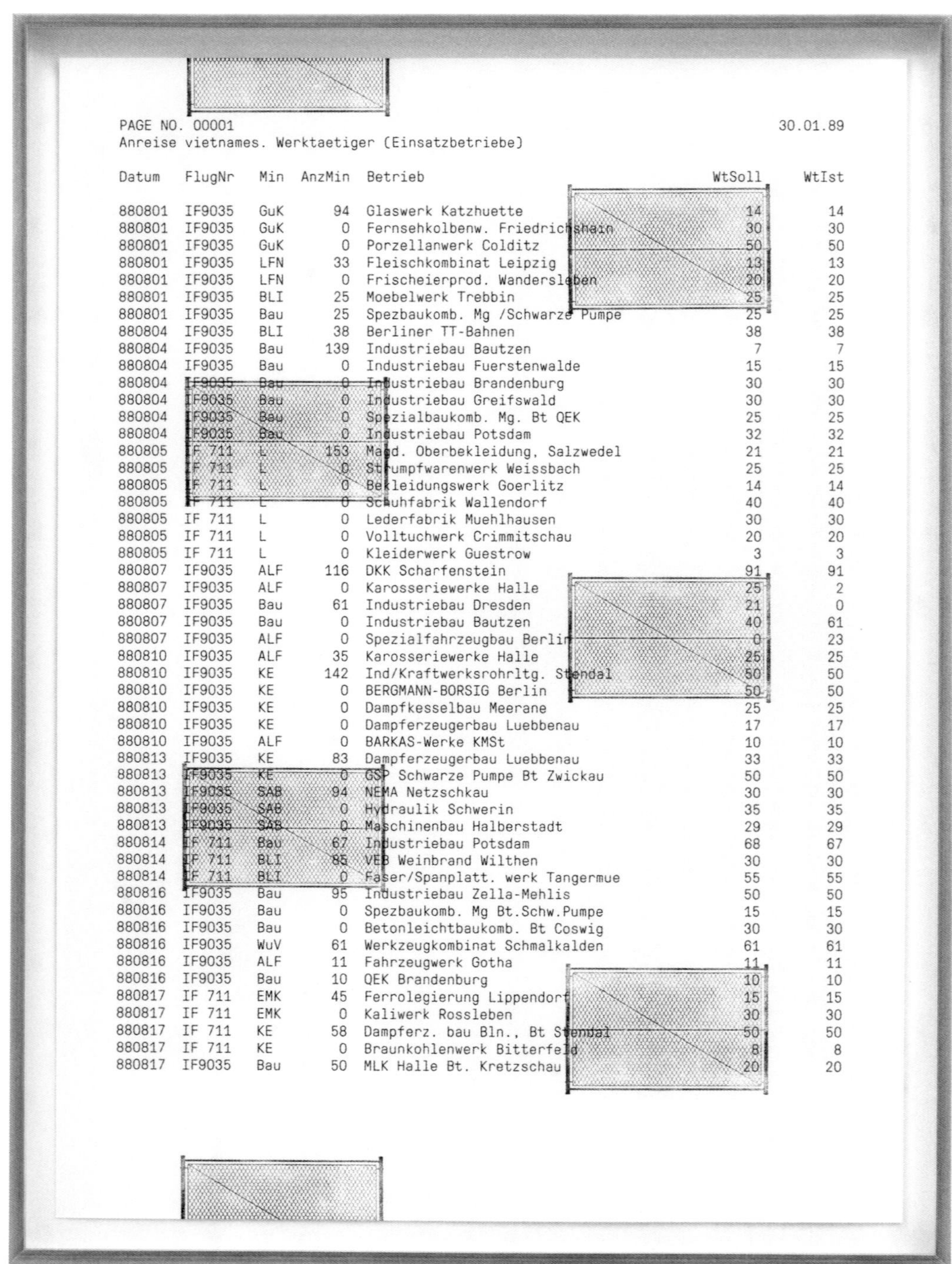

```
PAGE NO. 00001                                                    30.01.89
Anreise vietnames. Werktaetiger (Einsatzbetriebe)

Datum    FlugNr   Min   AnzMin   Betrieb                          WtSoll   WtIst

880801   IF9035   GuK      94   Glaswerk Katzhuette                  14      14
880801   IF9035   GuK       0   Fernsehkolbenw. Friedrichshain       30      30
880801   IF9035   GuK       0   Porzellanwerk Colditz                50      50
880801   IF9035   LFN      33   Fleischkombinat Leipzig              13      13
880801   IF9035   LFN       0   Frischeierprod. Wandersleben         20      20
880801   IF9035   BLI      25   Moebelwerk Trebbin                   25      25
880801   IF9035   Bau      25   Spezbaukomb. Mg /Schwarze Pumpe      25      25
880804   IF9035   BLI      38   Berliner TT-Bahnen                   38      38
880804   IF9035   Bau     139   Industriebau Bautzen                  7       7
880804   IF9035   Bau       0   Industriebau Fuerstenwalde           15      15
880804   IF9035   Bau       0   Industriebau Brandenburg             30      30
880804   IF9035   Bau       0   Industriebau Greifswald              30      30
880804   IF9035   Bau       0   Spezialbaukomb. Mg. Bt QEK           25      25
880804   IF9035   Bau       0   Industriebau Potsdam                 32      32
880805   IF 711   L       153   Magd. Oberbekleidung, Salzwedel      21      21
880805   IF 711   L         0   Strumpfwarenwerk Weissbach           25      25
880805   IF 711   L         0   Bekleidungswerk Goerlitz             14      14
880805   IF 711   L         0   Schuhfabrik Wallendorf               40      40
880805   IF 711   L         0   Lederfabrik Muehlhausen              30      30
880805   IF 711   L         0   Volltuchwerk Crimmitschau            20      20
880805   IF 711   L         0   Kleiderwerk Guestrow                  3       3
880807   IF9035   ALF     116   DKK Scharfenstein                    91      91
880807   IF9035   ALF       0   Karosseriewerke Halle                25       2
880807   IF9035   Bau      61   Industriebau Dresden                 21       0
880807   IF9035   Bau       0   Industriebau Bautzen                 40      61
880807   IF9035   ALF       0   Spezialfahrzeugbau Berlin             0      23
880810   IF9035   ALF      35   Karosseriewerke Halle                25      25
880810   IF9035   KE      142   Ind/Kraftwerksrohrltg. Stendal       50      50
880810   IF9035   KE        0   BERGMANN-BORSIG Berlin               50      50
880810   IF9035   KE        0   Dampfkesselbau Meerane               25      25
880810   IF9035   KE        0   Dampferzeugerbau Luebbenau           17      17
880810   IF9035   ALF       0   BARKAS-Werke KMSt                    10      10
880813   IF9035   KE       83   Dampferzeugerbau Luebbenau           33      33
880813   IF9035   KE        0   GSP Schwarze Pumpe Bt Zwickau        50      50
880813   IF9035   SAB      94   NEMA Netzschkau                      30      30
880813   IF9035   SAB       0   Hydraulik Schwerin                   35      35
880813   IF9035   SAB       0   Maschinenbau Halberstadt             29      29
880814   IF 711   Bau      67   Industriebau Potsdam                 68      67
880814   IF 711   BLI      85   VEB Weinbrand Wilthen                30      30
880814   IF 711   BLI       0   Faser/Spanplatt. werk Tangermue      55      55
880816   IF9035   Bau      95   Industriebau Zella-Mehlis            50      50
880816   IF9035   Bau       0   Spezbaukomb. Mg Bt.Schw.Pumpe        15      15
880816   IF9035   Bau       0   Betonleichtbaukomb. Bt Coswig        30      30
880816   IF9035   WuV      61   Werkzeugkombinat Schmalkalden        61      61
880816   IF9035   ALF      11   Fahrzeugwerk Gotha                   11      11
880816   IF9035   Bau      10   QEK Brandenburg                      10      10
880817   IF 711   EMK      45   Ferrolegierung Lippendorf            15      15
880817   IF 711   EMK       0   Kaliwerk Rossleben                   30      30
880817   IF 711   KE       58   Dampferz. bau Bln., Bt Stendal       50      50
880817   IF 711   KE        0   Braunkohlenwerk Bitterfeld            8       8
880817   IF9035   Bau      50   MLK Halle Bt. Kretzschau             20      20
```

```
PAGE NO. 00001                                                    30.01.89
Anreise vietnames. Werktaetiger (Einsatzbetriebe)
```

Datum	FlugNr	Min	AnzMin	Betrieb	WtSoll	WtIst
880702	IF9035	C	66	Hydrierwerk Zeitz	14	14
880702	IF9035	C	0	PLASTINA Erfurt	20	20
880702	IF9035	C	0	Reifenwerk Heidenau	32	32
880702	IF9035	ALF	60	Waelzlagerwerk Fraureuth	25	25
880702	IF9035	ALF	0	Fahrzeugachse Gotha	35	35
880702	IF9035	V	19	Faehrkomplex Mukran	20	19
880702	IF9035	Bau	11	MLK Calbe	11	11
880702	IF9035	EE	21	VEB Schaltelektronik Oppach	20	21
880703	IF 711	SAB	73	NEPTUN-Werft Rostock	73	73
880703	IF 711	Bau	80	Baukombinat Leipzig	35	35
880703	IF 711	Bau	0	WBK Gera	30	30
880703	IF 711	Bau	0	WBK Halle	15	15
880705	IF9041	SAB	177	Mathias-Thesen-Werft Wismar	150	150
880705	IF9041	SAB	0	NEPTUN-Werft Rostock	27	27
880706	IF9035	EE	153	Berliner Gluehlampenwerk	27	27
880706	IF9035	EE	0	Jenaer Glaswerk	40	40
880706	IF9035	EE	0	Nachrichtenelektronik Leipzig	40	40
880706	IF9035	EE	0	Leuchtenbau Leipzig	46	46
880708	IF9041	Bau	177	WBK KMSt, Bt. Zwickau	50	50
880708	IF9041	Bau	0	WBK Dresden, Bt. Sporbitz	40	40
880708	IF9035	Bau	0	WBK KMSt, Bt. KMSt	50	50
880708	IF9035	Bau	0	WBK Dresden, Bt. Coswig	40	30
880708	IF9035	Bau	0	WBK Dresden, Bt. Bautzen	7	7
880711	IF9041	Bau	23	WBK Dresden	23	23
880711	IF9041	ALF	154	PETKUS Wutha	60	60
880711	IF9041	ALF	0	DKK Scharfenstein	34	34
880711	IF9041	ALF	0	Kraftfahrzeugwerk Gotha	20	20
880711	IF9041	ALF	0	Motorenwerk Cunewalde	40	40
880714	IF9041	BLI	25	Nahrungsmittelwerk Wurzen	25	25
880714	IF9041	EE	152	Elektromaschinenbau Dresden	30	30
880714	IF9041	EE	0	Elektromotorenwerk Wernigerode	25	25
880714	IF9041	EE	0	Fahrzeugelektrik Ruhla	47	47
880714	IF9041	EE	0	Nachri chtenelektronik Arnstadt	30	30
880714	IF9041	EE	0	Berliner Gluehlampenwerk	20	20
880717	IF9041	EE	153	Mikroelektronik Erfurt	60	60
880717	IF9041	EE	0	Fahrzeugelektronik Ruhla	3	3
880717	IF9041	EE	0	Berliner Gluehlampenwerk	10	10
880717	IF9041	EE	0	Elektromotorenwerk Hartha	50	50
880717	IF9041	EE	0	Rathenower Optische Werke	30	30
880717	IF9041	ZEN	24	Graf. Grossbetr. INTERDRUCK	24	24
880720	IF 711	EE	153	Leuchtenbau Leipzig	94	94
880720	IF 711	EE	0	Uhrenwerke Ruhla	30	30
880720	IF 711	EE	0	Nachrichtenelektronik Leipzig	29	29
880720	IF9035	L	177	Waescheunion Mittweida	15	15
880720	IF9035	L	0	Waescheunion Zeitz	30	30
880720	IF9035	L	0	Strumpfwerke Diedorf Bt Wendeh	40	40
880720	IF9035	L	0	Technische Filze Wurzen	37	37
880720	IF9035	L	0	Lederwerke Coswig	40	40
880720	IF9035	L	0	MALITEX Hohenstein-Ernstthal	15	15
880723	IF9035	WuV	128	WEMA-Union KMSt	25	25
880723	IF9035	WuV	0	NUMERIK KMSt	30	30

Date, Flight Number, Ministry, Factory, Workers Target, Workers Actual (Complete Edition), 2021
Stamps on digital prints, framed
In 67 parts, each: 32.1 × 23.4 cm

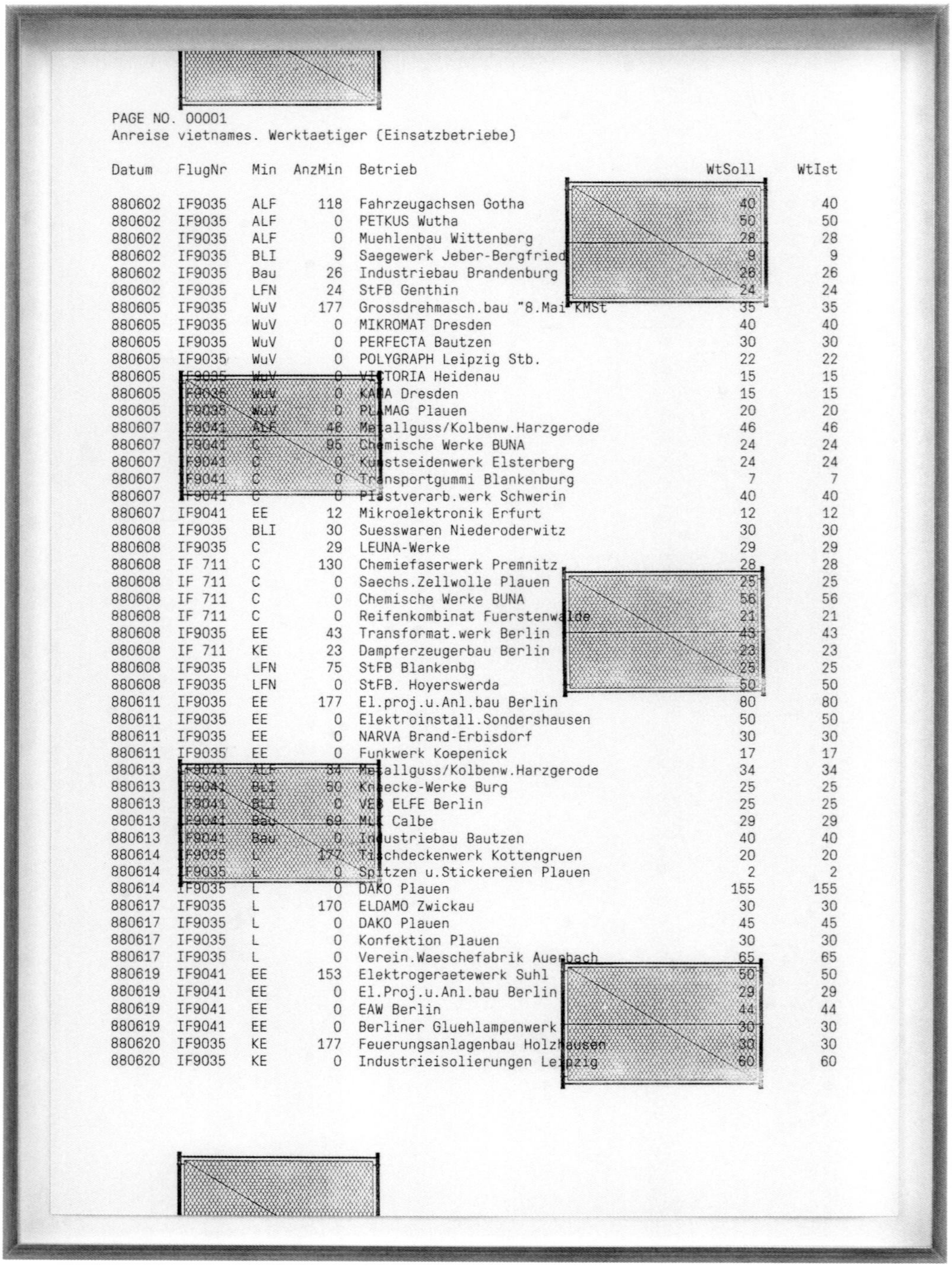

```
PAGE NO. 00001
Anreise vietnames. Werktaetiger (Einsatzbetriebe)

Datum   FlugNr  Min  AnzMin  Betrieb                           WtSoll   WtIst

880602  IF9035  ALF    118   Fahrzeugachsen Gotha                 40      40
880602  IF9035  ALF      0   PETKUS Wutha                         50      50
880602  IF9035  ALF      0   Muehlenbau Wittenberg                28      28
880602  IF9035  BLI      9   Saegewerk Jeber-Bergfried             9       9
880602  IF9035  Bau     26   Industriebau Brandenburg             26      26
880602  IF9035  LFN     24   StFB Genthin                         24      24
880605  IF9035  WuV    177   Grossdrehmasch.bau "8.Mai KMSt       35      35
880605  IF9035  WuV      0   MIKROMAT Dresden                     40      40
880605  IF9035  WuV      0   PERFECTA Bautzen                     30      30
880605  IF9035  WuV      0   POLYGRAPH Leipzig Stb.               22      22
880605  IF9035  WuV      0   VICTORIA Heidenau                    15      15
880605  IF9035  WuV      0   KARA Dresden                         15      15
880605  IF9035  WuV      0   PLAMAG Plauen                        20      20
880607  IF9041  ALF     46   Metallguss/Kolbenw.Harzgerode        46      46
880607  IF9041  C       95   Chemische Werke BUNA                 24      24
880607  IF9041  C        0   Kunstseidenwerk Elsterberg           24      24
880607  IF9041  C        0   Transportgummi Blankenburg            7       7
880607  IF9041  C        0   Plastverarb.werk Schwerin            40      40
880607  IF9041  EE      12   Mikroelektronik Erfurt               12      12
880608  IF9035  BLI     30   Suesswaren Niederoderwitz            30      30
880608  IF9035  C       29   LEUNA-Werke                          29      29
880608  IF 711  C      130   Chemiefaserwerk Premnitz             28      28
880608  IF 711  C        0   Saechs.Zellwolle Plauen              25      25
880608  IF 711  C        0   Chemische Werke BUNA                 56      56
880608  IF 711  C        0   Reifenkombinat Fuerstenwalde         21      21
880608  IF9035  EE      43   Transformat.werk Berlin              43      43
880608  IF 711  KE      23   Dampferzeugerbau Berlin              23      23
880608  IF9035  LFN     75   StFB Blankenbg                       25      25
880608  IF9035  LFN      0   StFB. Hoyerswerda                    50      50
880611  IF9035  EE     177   El.proj.u.Anl.bau Berlin             80      80
880611  IF9035  EE       0   Elektroinstall.Sondershausen         50      50
880611  IF9035  EE       0   NARVA Brand-Erbisdorf                30      30
880611  IF9035  EE       0   Funkwerk Koepenick                   17      17
880613  IF9041  ALF     34   Metallguss/Kolbenw.Harzgerode        34      34
880613  IF9041  BLI     50   Knoecke-Werke Burg                   25      25
880613  IF9041  BLI      0   VEB ELFE Berlin                      25      25
880613  IF9041  Bau     60   MLK Calbe                            29      29
880613  IF9041  Bau      0   Industriebau Bautzen                 40      40
880614  IF9035  L      177   Tischdeckenwerk Kottengruen          20      20
880614  IF9035  L        0   Spitzen u.Stickereien Plauen          2       2
880614  IF9035  L        0   DAKO Plauen                         155     155
880617  IF9035  L      170   ELDAMO Zwickau                       30      30
880617  IF9035  L        0   DAKO Plauen                          45      45
880617  IF9035  L        0   Konfektion Plauen                    30      30
880617  IF9035  L        0   Verein.Waeschefabrik Auerbach        65      65
880619  IF9041  EE     153   Elektrogeraetewerk Suhl              50      50
880619  IF9041  EE       0   El.Proj.u.Anl.bau Berlin             29      29
880619  IF9041  EE       0   EAW Berlin                           44      44
880619  IF9041  EE       0   Berliner Gluehlampenwerk             30      30
880620  IF9035  KE     177   Feuerungsanlagenbau Holzhausen       30      30
880620  IF9035  KE       0   Industrieisolierungen Leipzig        60      60
```

```
PAGE NO. 00001                                                    30.1.89
Anreise vietnames. Werktaetiger (Einsatzbetriebe)
```

Datum	FlugNr	Min	AnzMin	Betrieb	WtSoll	WtIst
880503	IF9035	L	177	Loesznitzer Schuhfabrik	49	49
880503	IF9035	L	0	Bekleidungswerk Burgstedt	50	50
880503	IF9035	L	0	Damenmoden Geyer	40	40
880503	IF9035	L	0	Strumpfmoden Diedorf	18	18
880503	IF9035	L	0	Strumpfwerk Gornau	20	20
880506	IF9035	Bau	177	Verkehrsbau Berlin	10	10
880506	IF9035	Bau	0	Industriebau Leipzig	100	100
880506	IF9035	Bau	0	Industriebau Brandenburg	24	24
880506	IF9035	Bau	0	Brueckenbau Dresden	10	10
880506	IF9035	Bau	0	Strassenbau Potsdam	30	30
880506	IF9035	Bau	0	Erdbau Magdeburg	3	3
880508	IF9041	EMK	153	Maxhuette Unterwellenborn	60	60
880508	IF9041	EMK	0	Edelstahlwerk Freital	53	53
880508	IF9041	EMK	0	Stahlwerk Riesa	40	40
880509	IF9035	C	177	Reifenkombinat Fue'walde	56	56
880509	IF9035	C	0	BT Boehlen	45	45
880509	IF9035	C	0	Hydrierwerk Zeitz	50	50
880509	IF9035	C	0	Ottendorf-Okrilla	26	26
880511	IF 711	BLI	14	Eisenhuette Ortrand	14	14
880511	IF 711	Bau	139	Industriebau Schwedt	29	29
880511	IF 711	Bau	0	Ind-.u.Hafenbau Rostock	40	40
880511	IF 711	Bau	0	Industriebau Leuna	70	70
880512	IF9035	EE	28	ELMO Wernigerode	25	28
880512	IF9035	V	149	Bm Bad Kleinen	25	25
880512	IF9035	V	0	Bm Halle	25	25
880512	IF9035	V	0	Bm Merseburg	25	25
880512	IF9035	V	0	Bm Bln.-Lichtenberg	1	0
880512	IF9035	V	0	Bm Bln.-Rummelsburg	19	18
880512	IF9035	V	0	Obw Bln.-Koepenick	32	31
880512	IF9035	V	0	Bm Eisenach	25	25
880515	IF9035	C	177	LEUNA-Werke "W.Ulbricht"	30	30
880515	IF9035	C	0	CFK Schwarza	100	100
880515	IF9035	C	0	Kunstseidenwerk Elsterbg.	31	32
880515	IF9035	C	0	Chemiefaserwerk Premnitz	16	15
880518	IF9035	ALF	177	Waermegeraetewerk Dresden	32	32
880518	IF9035	ALF	0	Massindustrie Werdau	35	35
880518	IF9035	ALF	0	MOEWE-Werk Muehlhausen	37	37
880518	IF9035	ALF	0	Muehlenbau Wittenberg	25	25
880518	IF9035	ALF	0	NAGEMA Neubrandenburg	48	48
880521	IF9035	Bau	77	Industriebau Erfurt	50	50
880521	IF9035	Bau	0	Erdbau Magdeburg	27	27
880521	IF9035	LFN	100	Gewaechshausanl.Vockerode	40	40
880521	IF9035	LFN	0	Fleischkombinat Leipzig	10	10
880521	IF9035	LFN	0	VEB LIW Halle	50	50
880522	IF9037	EE	10	Rathenower Optische Werke	10	10
880522	IF9037	V	143	Faehrkomplex Mukran	50	50
880522	IF9037	V	0	RAW "F.Stenzer" Berlin	70	70
880522	IF9037	V	0	Bahnmeisterei Wismar	20	20
880522	IF9037	V	0	Oberbauwerk Koepenick	3	3
880524	IF9035	L	177	Plauener Spitze	60	60
880524	IF9035	L	0	Halbmondteppiche Oelsnitz	47	47

```
PAGE NO. 00001                                                    26.01.89
Anreise vietnames. Werktaetiger (Einsatzbetriebe)
```

Datum	FlugNr	Min	AnzMin	Betrieb	WtSoll	WtIst
880403	IF9035	L	177	FROTTANA Gross-Schoenau	54	54
880403	IF9035	L	0	LAUTEX Neugersdorf	74	74
880403	IF9035	L	0	Feinstrumpfwerke Oberlungwitz	49	49
880406	IF 711	V	40	INTERFLUG Berlin	40	40
880406	IF9037	EE	40	ELMO Wernigerode	40	40
880406	IF9037	Bau	100	Industriebau Dresden	50	50
880406	IF9037	Bau	0	Industriebau Erfurt	50	50
880406	IF9037	ALF	37	Automobilwerk Ludwigsfelde	37	37
880409	IF9035	L	177	VBSZ Floeha/Mittweida	72	72
880409	IF9035	L	0	VBSZ Floeha/Glauchau	2	2
880409	IF9035	L	0	Textilveredelung Oberlungwitz	45	45
880409	IF9035	L	0	Feinstrumpfwerk Oberlungwitz	49	49
880409	IF9035	L	0	Strumpfwerke TURMALIN	9	9
880412	IF9035	L	177	MODESTA Johanngeorgenstadt	30	30
880412	IF9035	L	0	Strumpfwerke TURMALIN	36	36
880412	IF9035	L	0	Kinderbekleidung Sehma	50	50
880412	IF9035	L	0	Damenmoden GEYER	20	20
880412	IF9035	L	0	Bekleidungswerke Loessnitz	32	32
880412	IF9035	L	0	VBSZ Floeha/Plauen	9	9
880413	IF 711	L	153	Bekleidungswerke Loessnitz	153	153
880415	IF9035	EE	177	Nachrichtenelektronik Arnstadt	30	30
880415	IF9035	EE	0	ELMO Wernigerode	90	91
880415	IF9035	EE	0	ELMO Gruenhain	50	49
880415	IF9035	EE	0	TRO Berlin	7	7
880418	IF 711	C	153	Synthesewerk Schwarzheide	80	80
880418	IF 711	C	0	SPRELA-Werke Spremberg	40	40
880418	IF 711	C	0	Transportgummi Bad Blankenburg	33	33
880418	IF9037	Bau	158	Industriebau Cottbus	158	158
880418	IF9037	ALF	19	ROBUR-Werke Zittau	19	19
880421	IF9035	Bau	177	Industriebau Cottbus	32	32
880421	IF9035	Bau	0	Betonwerk Elster	30	30
880421	IF9035	Bau	0	Industriebau Dresden	60	60
880421	IF9035	Bau	0	Industriebau KKW Lubmin	55	55
880421	IF2190	L	376	Verein. Waeschefabrik Auerbach	60	60
880421	IF9041	L	0	Verein. Hemdenfabrik Auerbach	50	50
880421	IF9041	L	0	Plauener Spitze	65	65
880421	IF9041	L	0	Plauener Gardine	85	85
880421	IF9041	L	0	Bekleidungswerk Falkenstein	100	100
880421	IF9041	L	0	VBSZ Floeha	16	16
880423	IF9041	ALF	196	Automobilwerke Zwickau	151	151
880423	IF9041	ALF	0	Maehdrescherwerk Singwitz	45	45
880423	IF9041	GuK	180	Henneberg-Prozellan Ilmenau	40	40
880423	IF9041	GuK	0	Behaelterglas/Bt Gross-Breitb.	35	35
880423	IF9041	GuK	0	Thuer. Behaelterglas Katzhuette	36	36
880423	IF9035	GuK	0	Techn. Glas Ilmenau	20	20
880423	IF9041	GuK	0	POLYPACK Dresden	19	19
880423	IF9041	GuK	0	Zellstoff/Papier Bitterfeld	30	30
880424	IF9035	ALF	177	Verpack. masch. bau Dresden	76	76
880424	IF9035	ALF	0	Stossdaempferbau Hartha	20	20
880424	IF9035	ALF	0	Beschlag/Metallwerk Doebeln	40	40
880424	IF9035	ALF	0	ROBUR-Werke Zittau	16	16

D ***Date, Flight Number, Ministry, Factory, Workers Target, Workers Actual (Complete Edition)***, 2021
**Stamps on digital prints, framed
In 67 parts, each: 32.1 × 23.4 cm**

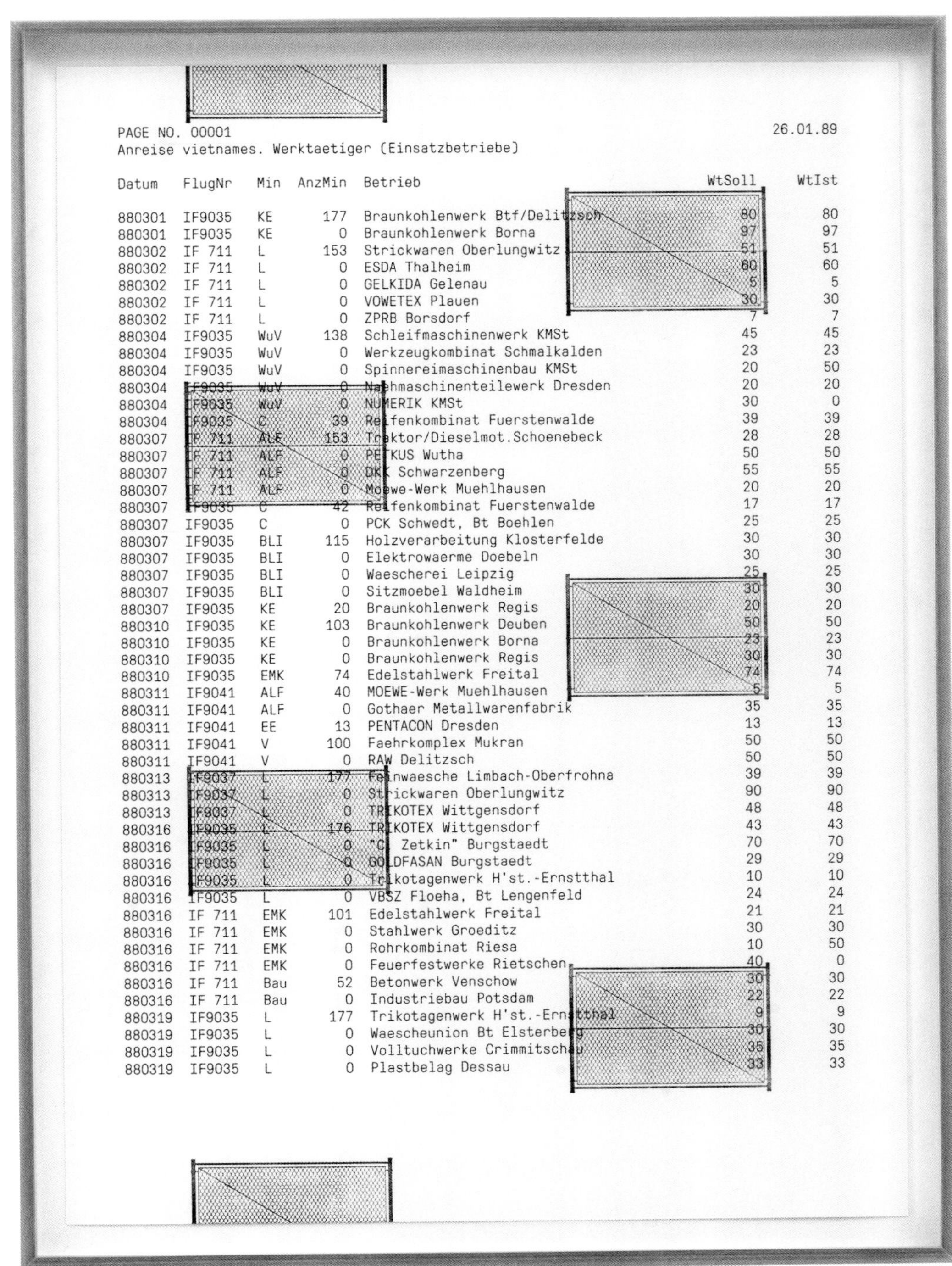

```
PAGE NO. 00001                                                    26.01.89
Anreise vietnames. Werktaetiger (Einsatzbetriebe)

Datum    FlugNr   Min   AnzMin   Betrieb                           WtSoll     WtIst

880301   IF9035   KE      177   Braunkohlenwerk Btf/Delitzsch         80        80
880301   IF9035   KE        0   Braunkohlenwerk Borna                 97        97
880302   IF 711   L       153   Strickwaren Oberlungwitz              51        51
880302   IF 711   L         0   ESDA Thalheim                         60        60
880302   IF 711   L         0   GELKIDA Gelenau                        5         5
880302   IF 711   L         0   VOWETEX Plauen                        30        30
880302   IF 711   L         0   ZPRB Borsdorf                          7         7
880304   IF9035   WuV     138   Schleifmaschinenwerk KMSt             45        45
880304   IF9035   WuV       0   Werkzeugkombinat Schmalkalden         23        23
880304   IF9035   WuV       0   Spinnereimaschinenbau KMSt            20        50
880304   IF9035   WuV       0   Naehmaschinenteilewerk Dresden        20        20
880304   IF9035   WuV       0   NUMERIK KMSt                          30         0
880304   IF9035   C        39   Reifenkombinat Fuerstenwalde          39        39
880307   IF 711   ALF     153   Traktor/Dieselmot.Schoenebeck         28        28
880307   IF 711   ALF       0   PETKUS Wutha                          50        50
880307   IF 711   ALF       0   DKK Schwarzenberg                     55        55
880307   IF 711   ALF       0   Moewe-Werk Muehlhausen                20        20
880307   IF9035   C        42   Reifenkombinat Fuerstenwalde          17        17
880307   IF9035   C         0   PCK Schwedt, Bt Boehlen               25        25
880307   IF9035   BLI     115   Holzverarbeitung Klosterfelde         30        30
880307   IF9035   BLI       0   Elektrowaerme Doebeln                 30        30
880307   IF9035   BLI       0   Waescherei Leipzig                    25        25
880307   IF9035   BLI       0   Sitzmoebel Waldheim                   30        30
880307   IF9035   KE       20   Braunkohlenwerk Regis                 20        20
880310   IF9035   KE      103   Braunkohlenwerk Deuben                50        50
880310   IF9035   KE        0   Braunkohlenwerk Borna                 23        23
880310   IF9035   KE        0   Braunkohlenwerk Regis                 30        30
880310   IF9035   EMK      74   Edelstahlwerk Freital                 74        74
880311   IF9041   ALF      40   MOEWE-Werk Muehlhausen                 5         5
880311   IF9041   ALF       0   Gothaer Metallwarenfabrik             35        35
880311   IF9041   EE       13   PENTACON Dresden                      13        13
880311   IF9041   V       100   Faehrkomplex Mukran                   50        50
880311   IF9041   V         0   RAW Delitzsch                         50        50
880313   IF9037   L       177   Feinwaesche Limbach-Oberfrohna        39        39
880313   IF9037   L         0   Strickwaren Oberlungwitz              90        90
880313   IF9037   L         0   TRIKOTEX Wittgensdorf                 48        48
880316   IF9035   L       176   TRIKOTEX Wittgensdorf                 43        43
880316   IF9035   L         0   "Cl Zetkin" Burgstaedt                70        70
880316   IF9035   L         0   GOLDFASAN Burgstaedt                  29        29
880316   IF9035   L         0   Trikotagenwerk H'st.-Ernstthal        10        10
880316   IF9035   L         0   VBSZ Floeha, Bt Lengenfeld            24        24
880316   IF 711   EMK     101   Edelstahlwerk Freital                 21        21
880316   IF 711   EMK       0   Stahlwerk Groeditz                    30        30
880316   IF 711   EMK       0   Rohrkombinat Riesa                    10        50
880316   IF 711   EMK       0   Feuerfestwerke Rietschen              40         0
880316   IF 711   Bau      52   Betonwerk Venschow                    30        30
880316   IF 711   Bau       0   Industriebau Potsdam                  22        22
880319   IF9035   L       177   Trikotagenwerk H'st.-Ernstthal         9         9
880319   IF9035   L         0   Waescheunion Bt Elsterberg            30        30
880319   IF9035   L         0   Volltuchwerke Crimmitschau            35        35
880319   IF9035   L         0   Plastbelag Dessau                     33        33
```

Date, Flight Number, Ministry, Factory, Workers Target, Workers Actual (Complete Edition), 2021
Stamps on digital prints, framed
In 67 parts, each: 32.1 × 23.4 cm

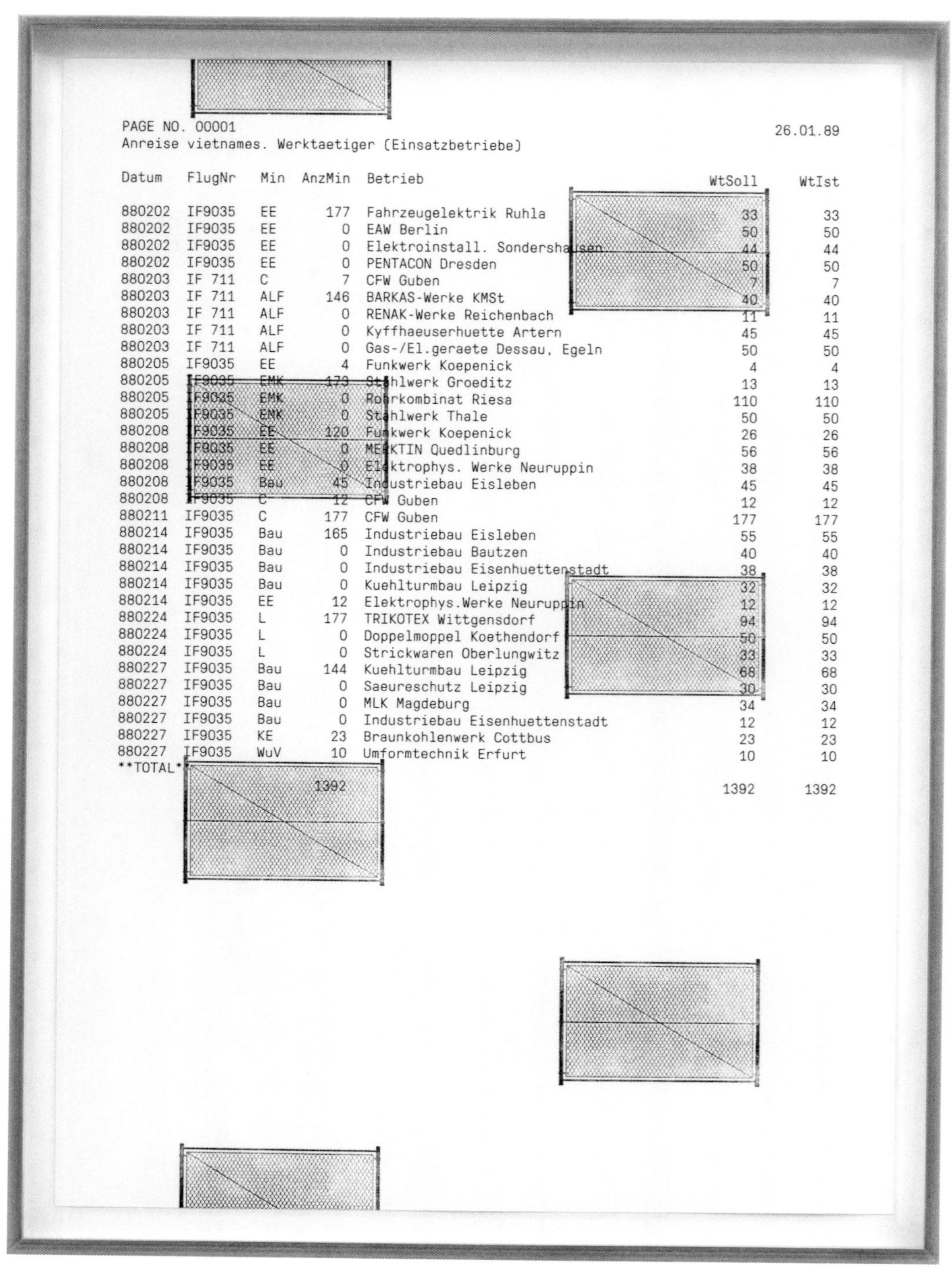

```
PAGE NO. 00001                                                      26.01.89
Anreise vietnames. Werktaetiger (Einsatzbetriebe)

Datum    FlugNr   Min  AnzMin   Betrieb                          WtSoll     WtIst

880202   IF9035   EE     177    Fahrzeugelektrik Ruhla              33        33
880202   IF9035   EE       0    EAW Berlin                          50        50
880202   IF9035   EE       0    Elektroinstall. Sondershausen       44        44
880202   IF9035   EE       0    PENTACON Dresden                    50        50
880203   IF 711   C        7    CFW Guben                            7         7
880203   IF 711   ALF    146    BARKAS-Werke KMSt                   40        40
880203   IF 711   ALF      0    RENAK-Werke Reichenbach             11        11
880203   IF 711   ALF      0    Kyffhaeuserhuette Artern            45        45
880203   IF 711   ALF      0    Gas-/El.geraete Dessau, Egeln       50        50
880205   IF9035   EE       4    Funkwerk Koepenick                   4         4
880205   IF9035   EMK    173    Stahlwerk Groeditz                  13        13
880205   IF9035   EMK      0    Rohrkombinat Riesa                 110       110
880205   IF9035   EMK      0    Stahlwerk Thale                     50        50
880208   IF9035   EE     120    Funkwerk Koepenick                  26        26
880208   IF9035   EE       0    MERKTIN Quedlinburg                 56        56
880208   IF9035   EE       0    Elektrophys. Werke Neuruppin        38        38
880208   IF9035   Bau     45    Industriebau Eisleben               45        45
880208   IF9035   C       12    CFW Guben                           12        12
880211   IF9035   C      177    CFW Guben                          177       177
880214   IF9035   Bau    165    Industriebau Eisleben               55        55
880214   IF9035   Bau      0    Industriebau Bautzen                40        40
880214   IF9035   Bau      0    Industriebau Eisenhuettenstadt      38        38
880214   IF9035   Bau      0    Kuehlturmbau Leipzig                32        32
880214   IF9035   EE      12    Elektrophys.Werke Neuruppin         12        12
880224   IF9035   L      177    TRIKOTEX Wittgensdorf               94        94
880224   IF9035   L        0    Doppelmoppel Koethendorf            50        50
880224   IF9035   L        0    Strickwaren Oberlungwitz            33        33
880227   IF9035   Bau    144    Kuehlturmbau Leipzig                68        68
880227   IF9035   Bau      0    Saeureschutz Leipzig                30        30
880227   IF9035   Bau      0    MLK Magdeburg                       34        34
880227   IF9035   Bau      0    Industriebau Eisenhuettenstadt      12        12
880227   IF9035   KE      23    Braunkohlenwerk Cottbus             23        23
880227   IF9035   WuV     10    Umformtechnik Erfurt                10        10
**TOTAL*                1392                                      1392      1392
```

Date, Flight Number, Ministry, Factory, Workers Target, Workers Actual (Complete Edition), 2021
Stamps on digital prints, framed
In 67 parts, each: 32.1 × 23.4 cm

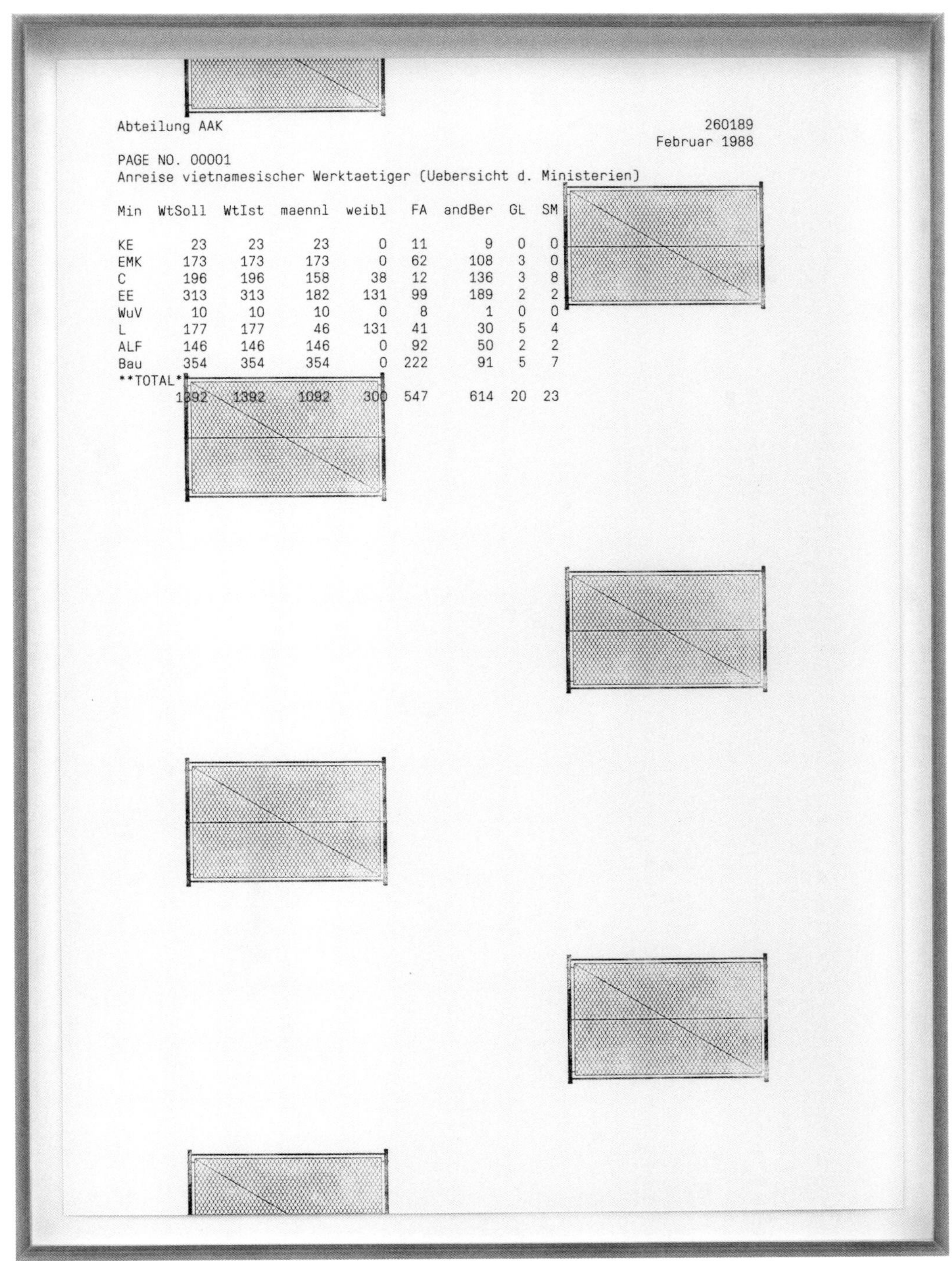

Abteilung AAK

260189
Februar 1988

PAGE NO. 00001
Anreise vietnamesischer Werktaetiger (Uebersicht d. Ministerien)

Min	WtSoll	WtIst	maennl	weibl	FA	andBer	GL	SM
KE	23	23	23	0	11	9	0	0
EMK	173	173	173	0	62	108	3	0
C	196	196	158	38	12	136	3	8
EE	313	313	182	131	99	189	2	2
WuV	10	10	10	0	8	1	0	0
L	177	177	46	131	41	30	5	4
ALF	146	146	146	0	92	50	2	2
Bau	354	354	354	0	222	91	5	7
TOTAL	1392	1392	1092	300	547	614	20	23

D

Date, Flight Number, Ministry, Factory, Workers Target, Workers Actual (Complete Edition), 2021
Stamps on digital prints, framed
In 67 parts, each: 32.1 × 23.4 cm

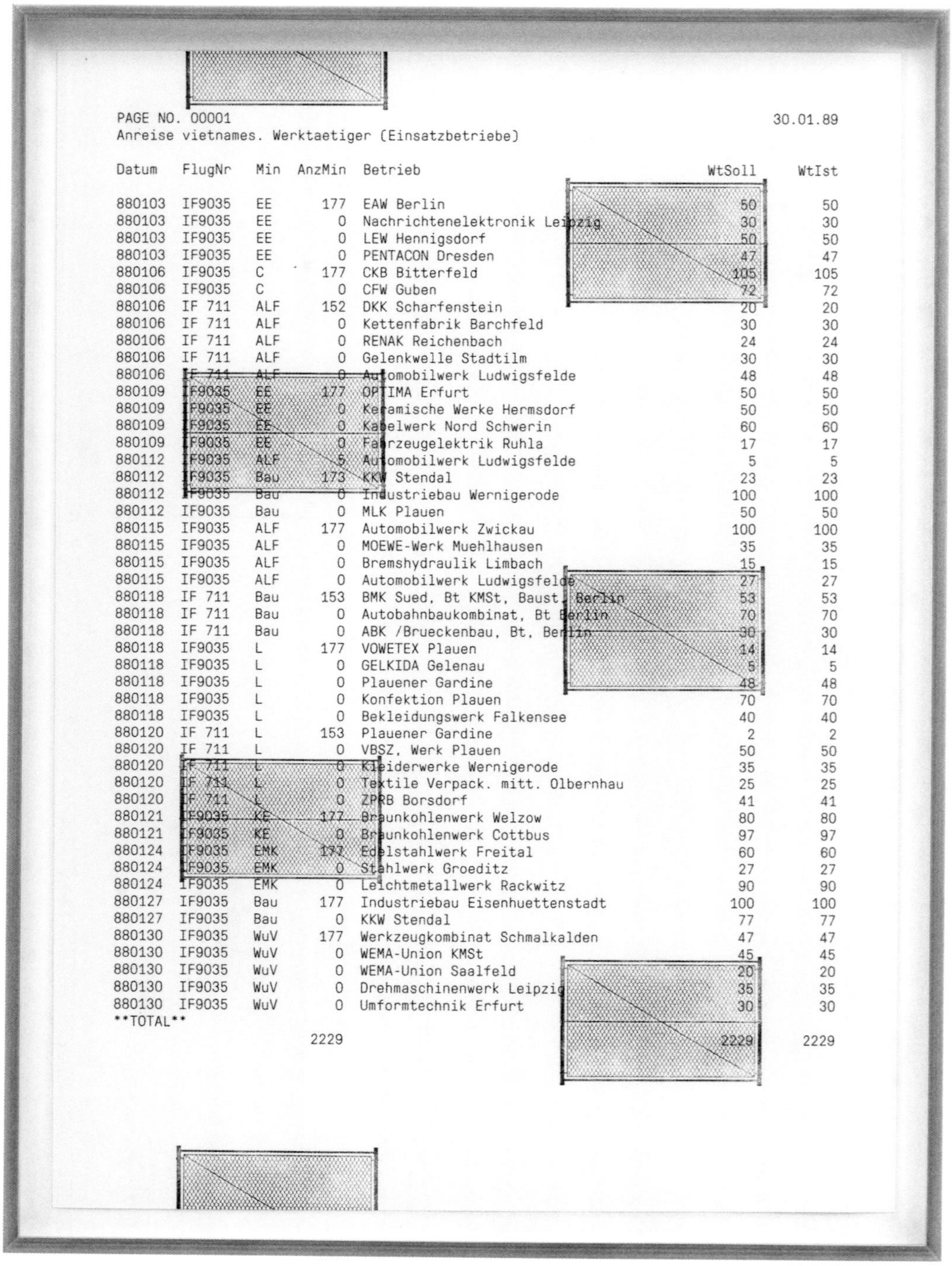

```
PAGE NO. 00001                                                    30.01.89
Anreise vietnames. Werktaetiger (Einsatzbetriebe)

Datum    FlugNr   Min   AnzMin   Betrieb                          WtSoll   WtIst

880103   IF9035   EE     177     EAW Berlin                          50     50
880103   IF9035   EE       0     Nachrichtenelektronik Leipzig       30     30
880103   IF9035   EE       0     LEW Hennigsdorf                     50     50
880103   IF9035   EE       0     PENTACON Dresden                    47     47
880106   IF9035   C      177     CKB Bitterfeld                     105    105
880106   IF9035   C        0     CFW Guben                           72     72
880106   IF 711   ALF    152     DKK Scharfenstein                   20     20
880106   IF 711   ALF      0     Kettenfabrik Barchfeld              30     30
880106   IF 711   ALF      0     RENAK Reichenbach                   24     24
880106   IF 711   ALF      0     Gelenkwelle Stadtilm                30     30
880106   IF 711   ALF      0     Automobilwerk Ludwigsfelde          48     48
880109   IF9035   EE     177     OPTIMA Erfurt                       50     50
880109   IF9035   EE       0     Keramische Werke Hermsdorf          50     50
880109   IF9035   EE       0     Kabelwerk Nord Schwerin             60     60
880109   IF9035   EE       0     Fahrzeugelektrik Ruhla              17     17
880112   IF9035   ALF      5     Automobilwerk Ludwigsfelde           5      5
880112   IF9035   Bau    173     KKW Stendal                         23     23
880112   IF9035   Bau      0     Industriebau Wernigerode           100    100
880112   IF9035   Bau      0     MLK Plauen                          50     50
880115   IF9035   ALF    177     Automobilwerk Zwickau              100    100
880115   IF9035   ALF      0     MOEWE-Werk Muehlhausen              35     35
880115   IF9035   ALF      0     Bremshydraulik Limbach              15     15
880115   IF9035   ALF      0     Automobilwerk Ludwigsfelde          27     27
880118   IF 711   Bau    153     BMK Sued, Bt KMSt, Baust. Berlin    53     53
880118   IF 711   Bau      0     Autobahnbaukombinat, Bt Berlin      70     70
880118   IF 711   Bau      0     ABK /Brueckenbau, Bt. Berlin        30     30
880118   IF9035   L      177     VOWETEX Plauen                      14     14
880118   IF9035   L        0     GELKIDA Gelenau                      5      5
880118   IF9035   L        0     Plauener Gardine                    48     48
880118   IF9035   L        0     Konfektion Plauen                   70     70
880118   IF9035   L        0     Bekleidungswerk Falkensee           40     40
880120   IF 711   L      153     Plauener Gardine                     2      2
880120   IF 711   L        0     VBSZ, Werk Plauen                   50     50
880120   IF 711   L        0     Kleiderwerke Wernigerode            35     35
880120   IF 711   L        0     Textile Verpack. mitt. Olbernhau    25     25
880120   IF 711   L        0     ZPRB Borsdorf                       41     41
880121   IF9035   KE     177     Braunkohlenwerk Welzow              80     80
880121   IF9035   KE       0     Braunkohlenwerk Cottbus             97     97
880124   IF9035   EMK    177     Edelstahlwerk Freital               60     60
880124   IF9035   EMK      0     Stahlwerk Groeditz                  27     27
880124   IF9035   EMK      0     Leichtmetallwerk Rackwitz           90     90
880127   IF9035   Bau    177     Industriebau Eisenhuettenstadt     100    100
880127   IF9035   Bau      0     KKW Stendal                         77     77
880130   IF9035   WuV    177     Werkzeugkombinat Schmalkalden       47     47
880130   IF9035   WuV      0     WEMA-Union KMSt                     45     45
880130   IF9035   WuV      0     WEMA-Union Saalfeld                 20     20
880130   IF9035   WuV      0     Drehmaschinenwerk Leipzig           35     35
880130   IF9035   WuV      0     Umformtechnik Erfurt                30     30
**TOTAL**
                           2229                                   2229     2229
```

D *Date, Flight Number, Ministry, Factory, Workers Target, Workers Actual (Complete Edition)*, 2021
Stamps on digital prints, framed
In 67 parts, each: 32.1 × 23.4 cm

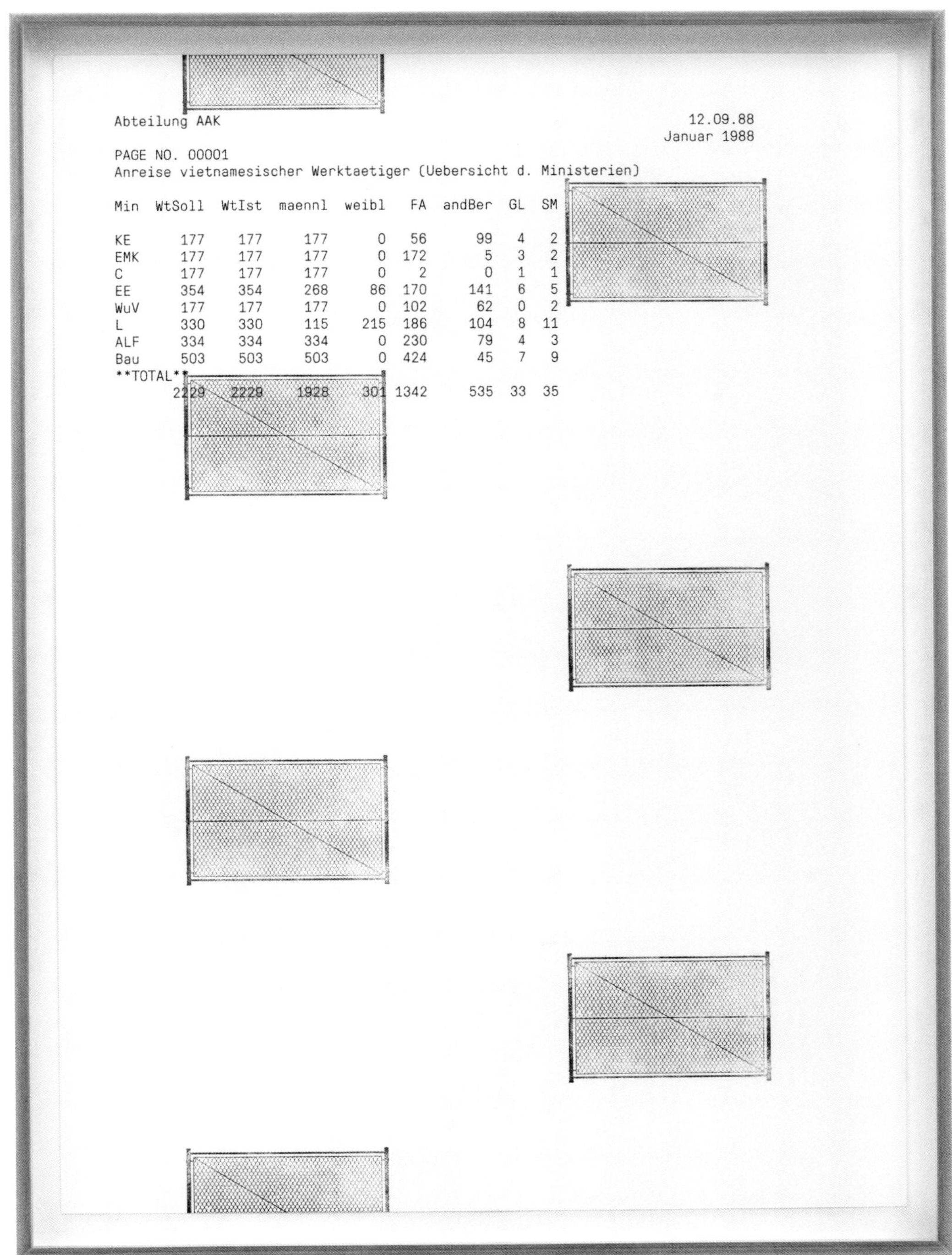

Min	WtSoll	WtIst	maennl	weibl	FA	andBer	GL	SM
KE	177	177	177	0	56	99	4	2
EMK	177	177	177	0	172	5	3	2
C	177	177	177	0	2	0	1	1
EE	354	354	268	86	170	141	6	5
WuV	177	177	177	0	102	62	0	2
L	330	330	115	215	186	104	8	11
ALF	334	334	334	0	230	79	4	3
Bau	503	503	503	0	424	45	7	9
TOTAL	2229	2229	1928	301	1342	535	33	35

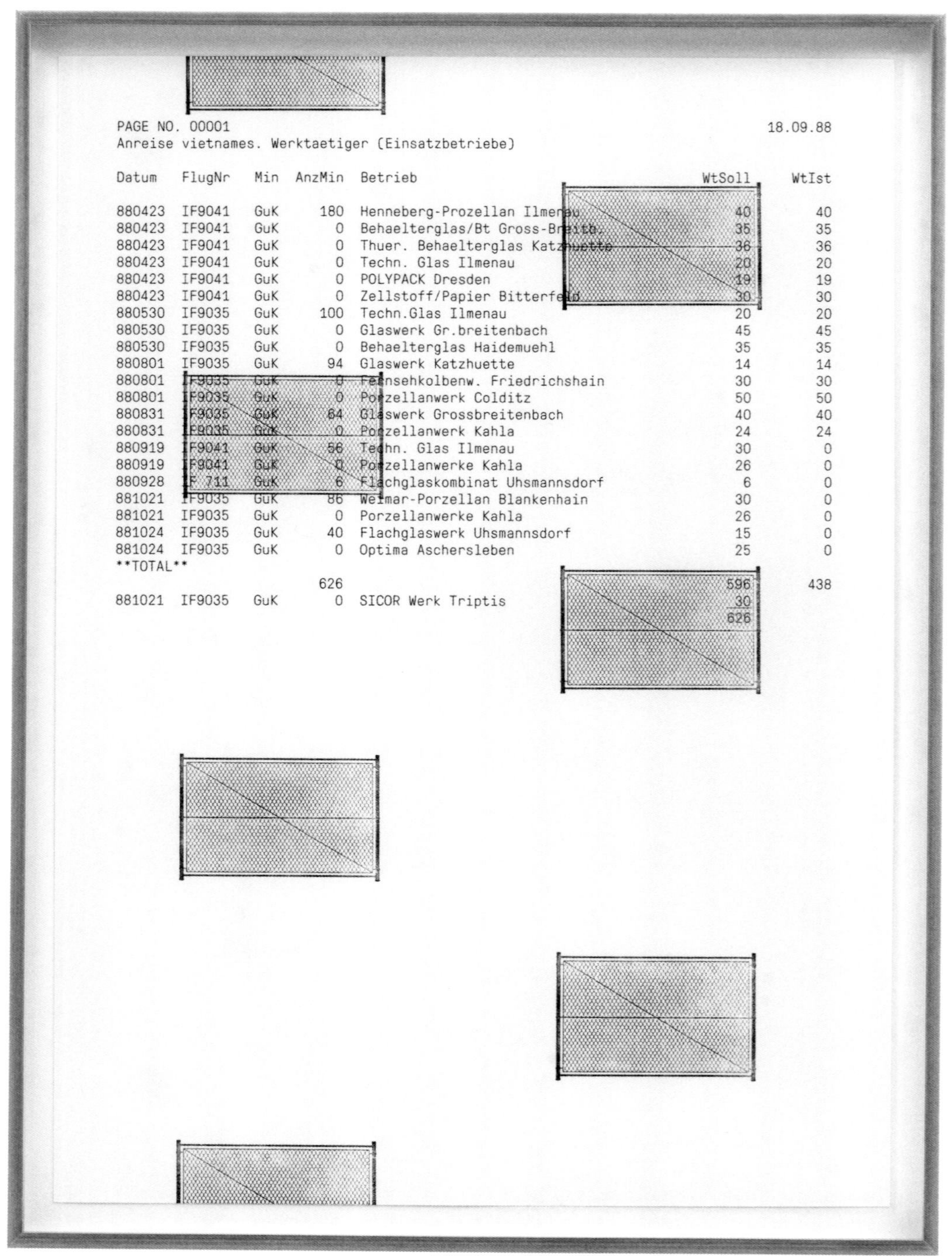

```
PAGE NO. 00001                                                      18.09.88
Anreise vietnames. Werktaetiger (Einsatzbetriebe)

Datum    FlugNr  Min  AnzMin  Betrieb                               WtSoll    WtIst

880423   IF9041  GuK    180   Henneberg-Prozellan Ilmenau              40        40
880423   IF9041  GuK      0   Behaelterglas/Bt Gross-Breitb.           35        35
880423   IF9041  GuK      0   Thuer. Behaelterglas Katzhuette          36        36
880423   IF9041  GuK      0   Techn. Glas Ilmenau                      20        20
880423   IF9041  GuK      0   POLYPACK Dresden                         19        19
880423   IF9041  GuK      0   Zellstoff/Papier Bitterfeld              30        30
880530   IF9035  GuK    100   Techn.Glas Ilmenau                       20        20
880530   IF9035  GuK      0   Glaswerk Gr.breitenbach                  45        45
880530   IF9035  GuK      0   Behaelterglas Haidemuehl                 35        35
880801   IF9035  GuK     94   Glaswerk Katzhuette                      14        14
880801   IF9035  GuK      0   Fernsehkolbenw. Friedrichshain           30        30
880801   IF9035  GuK      0   Porzellanwerk Colditz                    50        50
880831   IF9035  GuK     64   Glaswerk Grossbreitenbach                40        40
880831   IF9035  GuK      0   Porzellanwerk Kahla                      24        24
880919   IF9041  GuK     56   Techn. Glas Ilmenau                      30         0
880919   IF9041  GuK      0   Porzellanwerke Kahla                     26         0
880928   IF 711  GuK      6   Flachglaskombinat Uhsmannsdorf            6         0
881021   IF9035  GuK     86   Weimar-Porzellan Blankenhain             30         0
881021   IF9035  GuK      0   Porzellanwerke Kahla                     26         0
881024   IF9035  GuK     40   Flachglaswerk Uhsmannsdorf               15         0
881024   IF9035  GuK      0   Optima Aschersleben                      25         0
**TOTAL**
                       626                                            596       438
881021   IF9035  GuK      0   SICOR Werk Triptis                        30
                                                                      626
```

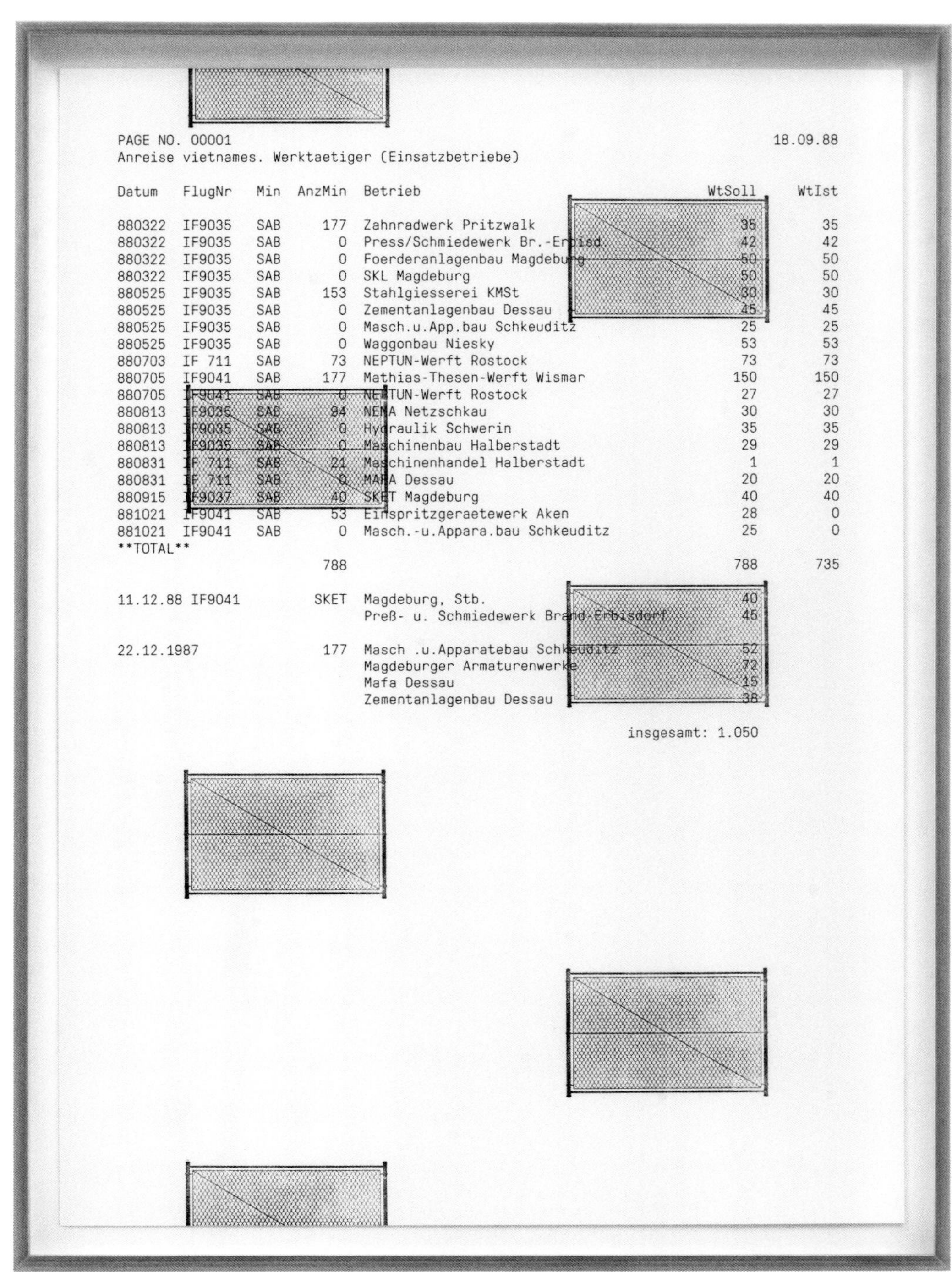

Datum	FlugNr	Min	AnzMin	Betrieb	WtSoll	WtIst
880322	IF9035	SAB	177	Zahnradwerk Pritzwalk	35	35
880322	IF9035	SAB	0	Press/Schmiedewerk Br.-Erbisd.	42	42
880322	IF9035	SAB	0	Foerderanlagenbau Magdeburg	50	50
880322	IF9035	SAB	0	SKL Magdeburg	50	50
880525	IF9035	SAB	153	Stahlgiesserei KMSt	30	30
880525	IF9035	SAB	0	Zementanlagenbau Dessau	45	45
880525	IF9035	SAB	0	Masch.u.App.bau Schkeuditz	25	25
880525	IF9035	SAB	0	Waggonbau Niesky	53	53
880703	IF 711	SAB	73	NEPTUN-Werft Rostock	73	73
880705	IF9041	SAB	177	Mathias-Thesen-Werft Wismar	150	150
880705	IF9041	SAB	0	NEPTUN-Werft Rostock	27	27
880813	IF9035	SAB	94	NEMA Netzschkau	30	30
880813	IF9035	SAB	0	Hydraulik Schwerin	35	35
880813	IF9035	SAB	0	Maschinenbau Halberstadt	29	29
880831	IF 711	SAB	21	Maschinenhandel Halberstadt	1	1
880831	IF 711	SAB	0	MAFA Dessau	20	20
880915	IF9037	SAB	40	SKET Magdeburg	40	40
881021	IF9041	SAB	53	Einspritzgeraetewerk Aken	28	0
881021	IF9041	SAB	0	Masch.-u.Appara.bau Schkeuditz	25	0
TOTAL			788		788	735

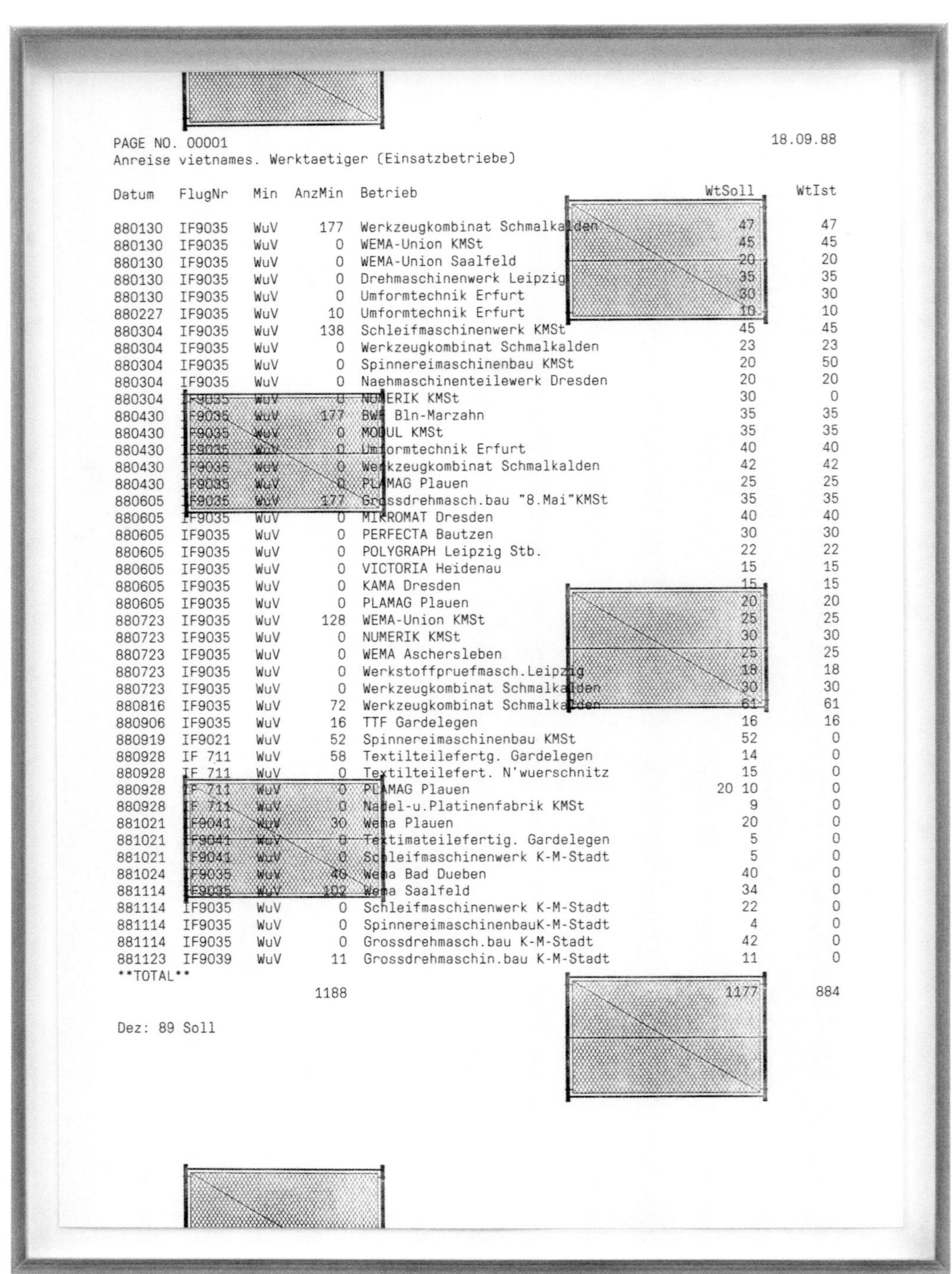

```
PAGE NO. 00001                                                    18.09.88
Anreise vietnames. Werktaetiger (Einsatzbetriebe)

Datum    FlugNr   Min   AnzMin   Betrieb                          WtSoll   WtIst

880130   IF9035   WuV    177     Werkzeugkombinat Schmalkalden        47      47
880130   IF9035   WuV      0     WEMA-Union KMSt                       45      45
880130   IF9035   WuV      0     WEMA-Union Saalfeld                   20      20
880130   IF9035   WuV      0     Drehmaschinenwerk Leipzig             35      35
880130   IF9035   WuV      0     Umformtechnik Erfurt                  30      30
880227   IF9035   WuV     10     Umformtechnik Erfurt                  10      10
880304   IF9035   WuV    138     Schleifmaschinenwerk KMSt             45      45
880304   IF9035   WuV      0     Werkzeugkombinat Schmalkalden         23      23
880304   IF9035   WuV      0     Spinnereimaschinenbau KMSt            20      50
880304   IF9035   WuV      0     Naehmaschinenteilewerk Dresden        20      20
880304   IF9035   WuV      0     NUMERIK KMSt                          30       0
880430   IF9035   WuV    177     BWF Bln-Marzahn                       35      35
880430   IF9035   WuV      0     MODUL KMSt                            35      35
880430   IF9035   WuV      0     Umformtechnik Erfurt                  40      40
880430   IF9035   WuV      0     Werkzeugkombinat Schmalkalden         42      42
880430   IF9035   WuV      0     PLAMAG Plauen                         25      25
880605   IF9035   WuV    177     Grossdrehmasch.bau "8.Mai"KMSt        35      35
880605   IF9035   WuV      0     MIKROMAT Dresden                      40      40
880605   IF9035   WuV      0     PERFECTA Bautzen                      30      30
880605   IF9035   WuV      0     POLYGRAPH Leipzig Stb.                22      22
880605   IF9035   WuV      0     VICTORIA Heidenau                     15      15
880605   IF9035   WuV      0     KAMA Dresden                          15      15
880605   IF9035   WuV      0     PLAMAG Plauen                         20      20
880723   IF9035   WuV    128     WEMA-Union KMSt                       25      25
880723   IF9035   WuV      0     NUMERIK KMSt                          30      30
880723   IF9035   WuV      0     WEMA Aschersleben                     25      25
880723   IF9035   WuV      0     Werkstoffpruefmasch.Leipzig           18      18
880723   IF9035   WuV      0     Werkzeugkombinat Schmalkalden         30      30
880816   IF9035   WuV     72     Werkzeugkombinat Schmalkalden         61      61
880906   IF9035   WuV     16     TTF Gardelegen                        16      16
880919   IF9021   WuV     52     Spinnereimaschinenbau KMSt            52       0
880928   IF 711   WuV     58     Textilteilefertg. Gardelegen          14       0
880928   IF 711   WuV      0     Textilteilefert. N'wuerschnitz        15       0
880928   IF 711   WuV      0     PLAMAG Plauen                      20 10       0
880928   IF 711   WuV      0     Nadel-u.Platinenfabrik KMSt            9       0
881021   IF9041   WuV     30     Wema Plauen                           20       0
881021   IF9041   WuV      0     Textimateilefertig. Gardelegen         5       0
881021   IF9041   WuV      0     Schleifmaschinenwerk K-M-Stadt         5       0
881024   IF9035   WuV     40     Wema Bad Dueben                       40       0
881114   IF9035   WuV    102     Wema Saalfeld                         34       0
881114   IF9035   WuV      0     Schleifmaschinenwerk K-M-Stadt        22       0
881114   IF9035   WuV      0     SpinnereimaschinenbauK-M-Stadt         4       0
881114   IF9035   WuV      0     Grossdrehmasch.bau K-M-Stadt          42       0
881123   IF9039   WuV     11     Grossdrehmaschin.bau K-M-Stadt        11       0
**TOTAL**
                            1188                                    1177     884

Dez: 89 Soll
```

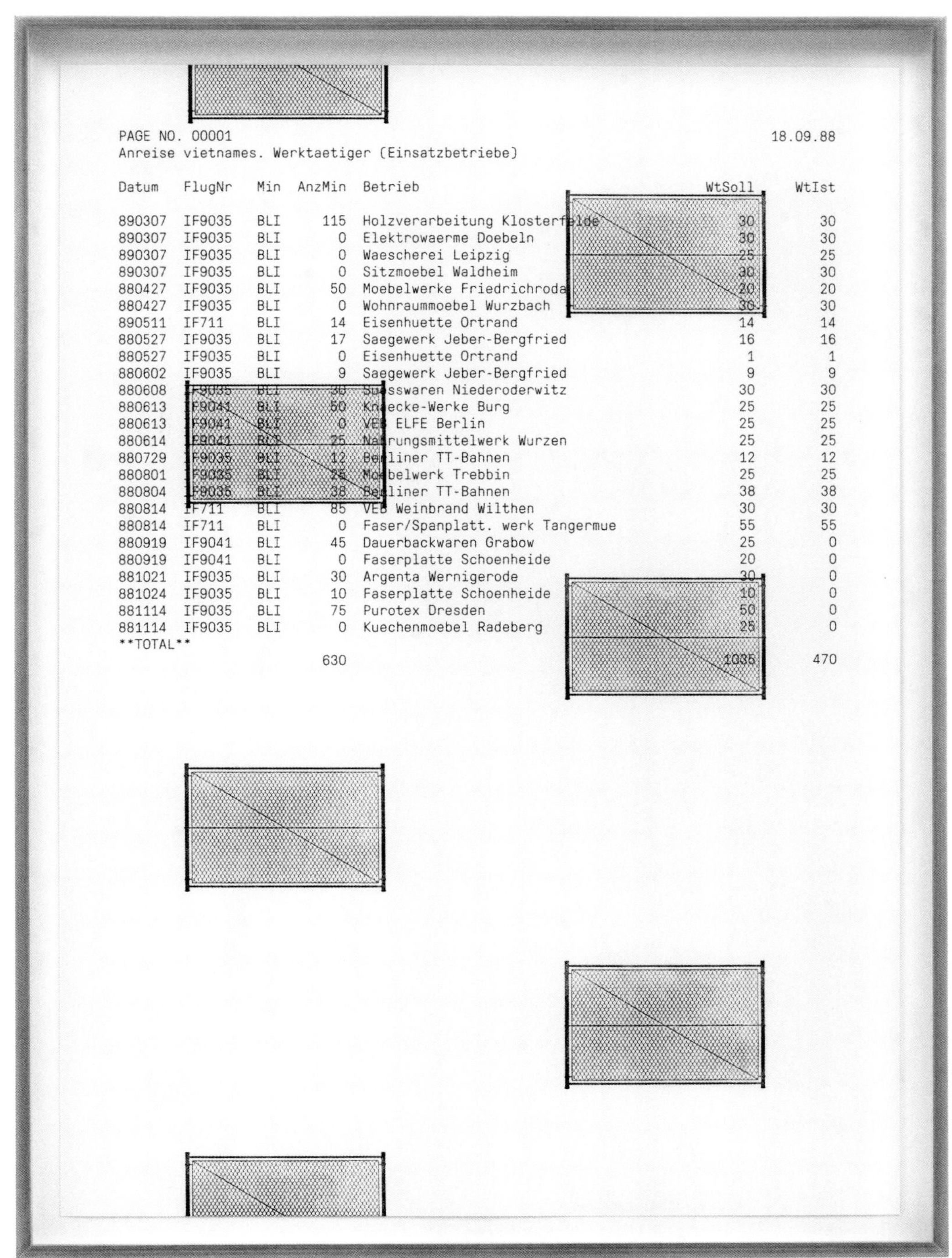

```
PAGE NO. 00001                                                      18.09.88
Anreise vietnames. Werktaetiger (Einsatzbetriebe)

Datum   FlugNr   Min  AnzMin  Betrieb                              WtSoll    WtIst

890307  IF9035   BLI   115    Holzverarbeitung Klosterfelde          30       30
890307  IF9035   BLI     0    Elektrowaerme Doebeln                  30       30
890307  IF9035   BLI     0    Waescherei Leipzig                     25       25
890307  IF9035   BLI     0    Sitzmoebel Waldheim                    30       30
880427  IF9035   BLI    50    Moebelwerke Friedrichroda              20       20
880427  IF9035   BLI     0    Wohnraummoebel Wurzbach                30       30
890511  IF711    BLI    14    Eisenhuette Ortrand                    14       14
880527  IF9035   BLI    17    Saegewerk Jeber-Bergfried              16       16
880527  IF9035   BLI     0    Eisenhuette Ortrand                     1        1
880602  IF9035   BLI     9    Saegewerk Jeber-Bergfried               9        9
880608  IF9035   BLI    30    Suesswaren Niederoderwitz              30       30
880613  IF9041   BLI    50    Knaecke-Werke Burg                     25       25
880613  IF9041   BLI     0    VEB ELFE Berlin                        25       25
880614  IF9041   BLI    25    Nahrungsmittelwerk Wurzen              25       25
880729  IF9035   BLI    12    Berliner TT-Bahnen                     12       12
880801  IF9035   BLI    25    Moebelwerk Trebbin                     25       25
880804  IF9035   BLI    38    Berliner TT-Bahnen                     38       38
880814  IF711    BLI    85    VEB Weinbrand Wilthen                  30       30
880814  IF711    BLI     0    Faser/Spanplatt. werk Tangermue        55       55
880919  IF9041   BLI    45    Dauerbackwaren Grabow                  25        0
880919  IF9041   BLI     0    Faserplatte Schoenheide                20        0
881021  IF9035   BLI    30    Argenta Wernigerode                    30        0
881024  IF9035   BLI    10    Faserplatte Schoenheide                10        0
881114  IF9035   BLI    75    Purotex Dresden                        50        0
881114  IF9035   BLI     0    Kuechenmoebel Radeberg                 25        0
**TOTAL**
                             630                                   1035      470
```

Date, Flight Number, Ministry, Factory, Workers Target, Workers Actual (Complete Edition), 2021
Stamps on digital prints, framed
In 67 parts, each: 32.1 × 23.4 cm

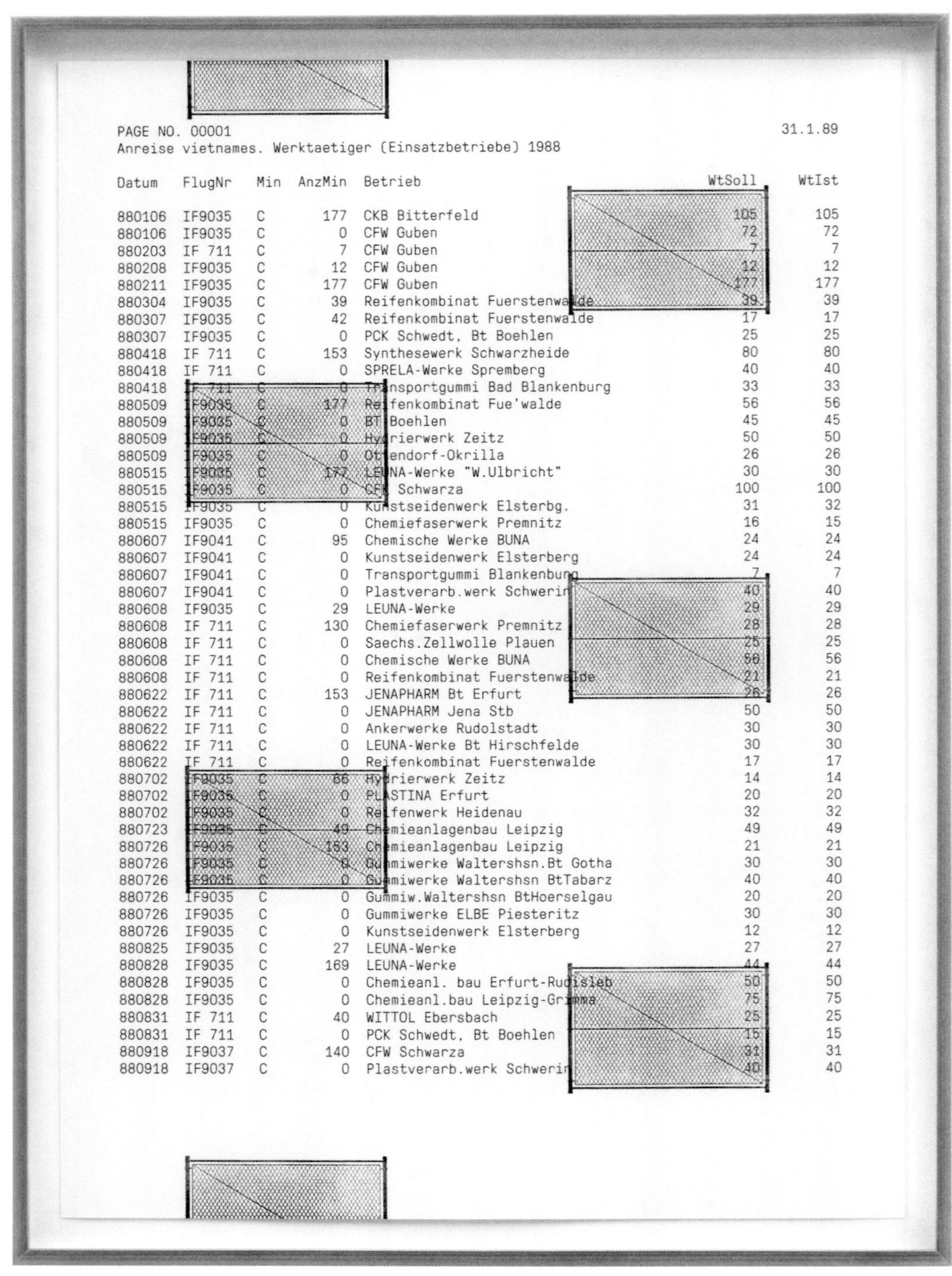

```
PAGE NO. 00001                                                   31.1.89
Anreise vietnames. Werktaetiger (Einsatzbetriebe) 1988
```

Datum	FlugNr	Min	AnzMin	Betrieb	WtSoll	WtIst
880106	IF9035	C	177	CKB Bitterfeld	105	105
880106	IF9035	C	0	CFW Guben	72	72
880203	IF 711	C	7	CFW Guben	7	7
880208	IF9035	C	12	CFW Guben	12	12
880211	IF9035	C	177	CFW Guben	177	177
880304	IF9035	C	39	Reifenkombinat Fuerstenwalde	39	39
880307	IF9035	C	42	Reifenkombinat Fuerstenwalde	17	17
880307	IF9035	C	0	PCK Schwedt, Bt Boehlen	25	25
880418	IF 711	C	153	Synthesewerk Schwarzheide	80	80
880418	IF 711	C	0	SPRELA-Werke Spremberg	40	40
880418	IF 711	C	0	Transportgummi Bad Blankenburg	33	33
880509	IF9035	C	177	Reifenkombinat Fue'walde	56	56
880509	IF9035	C	0	BT Boehlen	45	45
880509	IF9035	C	0	Hydrierwerk Zeitz	50	50
880509	IF9035	C	0	Ottendorf-Okrilla	26	26
880515	IF9035	C	177	LEUNA-Werke "W.Ulbricht"	30	30
880515	IF9035	C	0	CFK Schwarza	100	100
880515	IF9035	C	0	Kunstseidenwerk Elsterbg.	31	32
880515	IF9035	C	0	Chemiefaserwerk Premnitz	16	15
880607	IF9041	C	95	Chemische Werke BUNA	24	24
880607	IF9041	C	0	Kunstseidenwerk Elsterberg	24	24
880607	IF9041	C	0	Transportgummi Blankenburg	7	7
880607	IF9041	C	0	Plastverarb.werk Schwerin	40	40
880608	IF9035	C	29	LEUNA-Werke	29	29
880608	IF 711	C	130	Chemiefaserwerk Premnitz	28	28
880608	IF 711	C	0	Saechs.Zellwolle Plauen	25	25
880608	IF 711	C	0	Chemische Werke BUNA	56	56
880608	IF 711	C	0	Reifenkombinat Fuerstenwalde	21	21
880622	IF 711	C	153	JENAPHARM Bt Erfurt	26	26
880622	IF 711	C	0	JENAPHARM Jena Stb	50	50
880622	IF 711	C	0	Ankerwerke Rudolstadt	30	30
880622	IF 711	C	0	LEUNA-Werke Bt Hirschfelde	30	30
880622	IF 711	C	0	Reifenkombinat Fuerstenwalde	17	17
880702	IF9035	C	66	Hydrierwerk Zeitz	14	14
880702	IF9035	C	0	PLASTINA Erfurt	20	20
880702	IF9035	C	0	Reifenwerk Heidenau	32	32
880723	IF9035	C	49	Chemieanlagenbau Leipzig	49	49
880726	IF9035	C	153	Chemieanlagenbau Leipzig	21	21
880726	IF9035	C	0	Gummiwerke Waltershsn.Bt Gotha	30	30
880726	IF9035	C	0	Gummiwerke Waltershsn BtTabarz	40	40
880726	IF9035	C	0	Gummiw.Waltershsn BtHoerselgau	20	20
880726	IF9035	C	0	Gummiwerke ELBE Piesteritz	30	30
880726	IF9035	C	0	Kunstseidenwerk Elsterberg	12	12
880825	IF9035	C	27	LEUNA-Werke	27	27
880828	IF9035	C	169	LEUNA-Werke	44	44
880828	IF9035	C	0	Chemieanl. bau Erfurt-Rudisleb	50	50
880828	IF9035	C	0	Chemieanl.bau Leipzig-Grimma	75	75
880831	IF 711	C	40	WITTOL Ebersbach	25	25
880831	IF 711	C	0	PCK Schwedt, Bt Boehlen	15	15
880918	IF9037	C	140	CFW Schwarza	31	31
880918	IF9037	C	0	Plastverarb.werk Schwerin	40	40

D

Date, Flight Number, Ministry, Factory, Workers Target, Workers Actual (Complete Edition), 2021
Stamps on digital prints, framed
In 67 parts, each: 32.1 × 23.4 cm

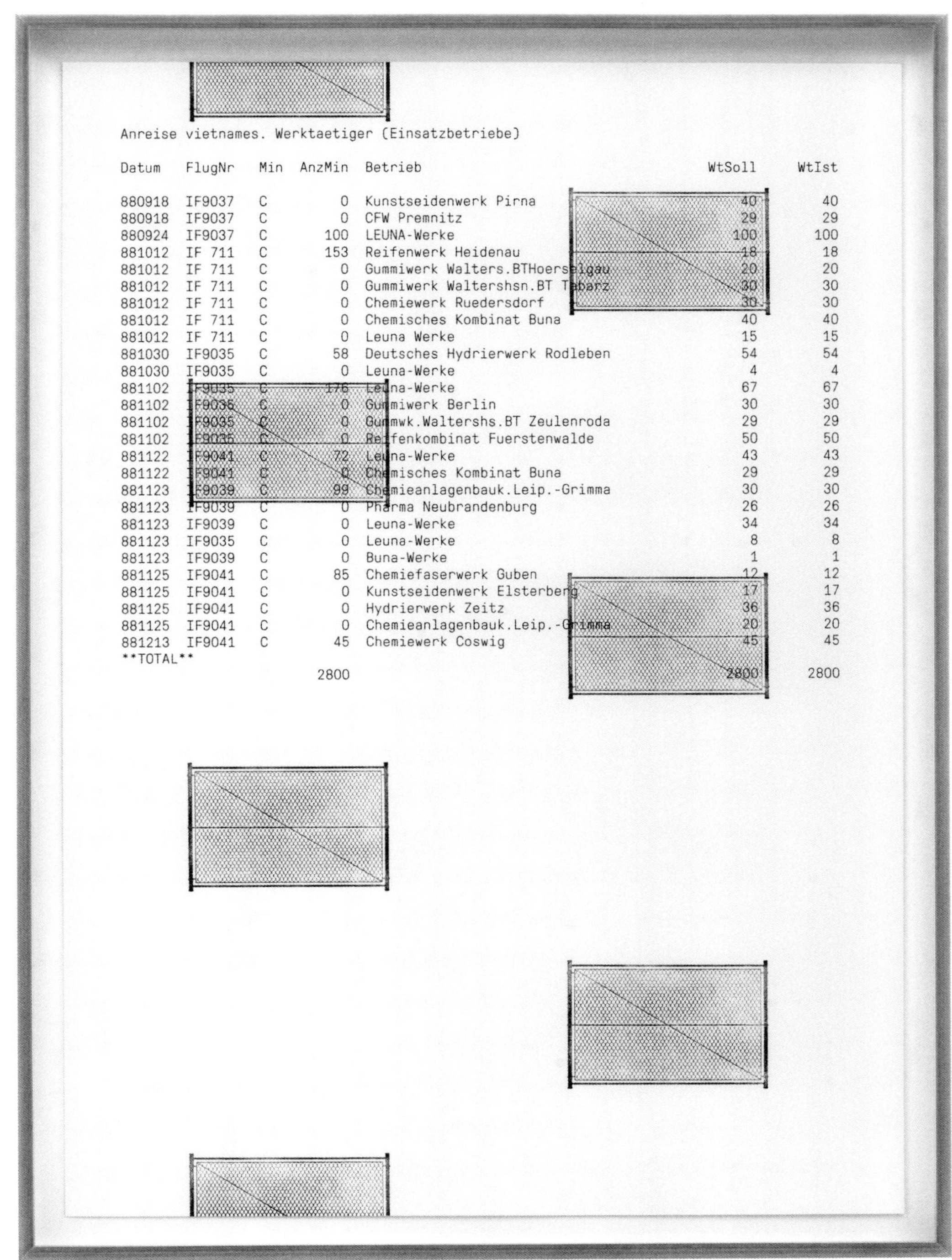

Datum	FlugNr	Min	AnzMin	Betrieb	WtSoll	WtIst
880918	IF9037	C	0	Kunstseidenwerk Pirna	40	40
880918	IF9037	C	0	CFW Premnitz	29	29
880924	IF9037	C	100	LEUNA-Werke	100	100
881012	IF 711	C	153	Reifenwerk Heidenau	18	18
881012	IF 711	C	0	Gummiwerk Walters.BTHoerselgau	20	20
881012	IF 711	C	0	Gummiwerk Waltershsn.BT Tabarz	30	30
881012	IF 711	C	0	Chemiewerk Ruedersdorf	30	30
881012	IF 711	C	0	Chemisches Kombinat Buna	40	40
881012	IF 711	C	0	Leuna Werke	15	15
881030	IF9035	C	58	Deutsches Hydrierwerk Rodleben	54	54
881030	IF9035	C	0	Leuna-Werke	4	4
881102	IF9035	C	176	Leuna-Werke	67	67
881102	IF9035	C	0	Gummiwerk Berlin	30	30
881102	IF9035	C	0	Gummwk.Waltershs.BT Zeulenroda	29	29
881102	IF9035	C	0	Reifenkombinat Fuerstenwalde	50	50
881122	IF9041	C	72	Leuna-Werke	43	43
881122	IF9041	C	0	Chemisches Kombinat Buna	29	29
881123	IF9039	C	99	Chemieanlagenbauk.Leip.-Grimma	30	30
881123	IF9039	C	0	Pharma Neubrandenburg	26	26
881123	IF9039	C	0	Leuna-Werke	34	34
881123	IF9035	C	0	Leuna-Werke	8	8
881123	IF9039	C	0	Buna-Werke	1	1
881125	IF9041	C	85	Chemiefaserwerk Guben	12	12
881125	IF9041	C	0	Kunstseidenwerk Elsterberg	17	17
881125	IF9041	C	0	Hydrierwerk Zeitz	36	36
881125	IF9041	C	0	Chemieanlagenbauk.Leip.-Grimma	20	20
881213	IF9041	C	45	Chemiewerk Coswig	45	45
TOTAL			2800		2800	2800

Date, Flight Number, Ministry, Factory, Workers Target, Workers Actual (Complete Edition), 2021
Stamps on digital prints, framed
In 67 parts, each: 32.1 × 23.4 cm

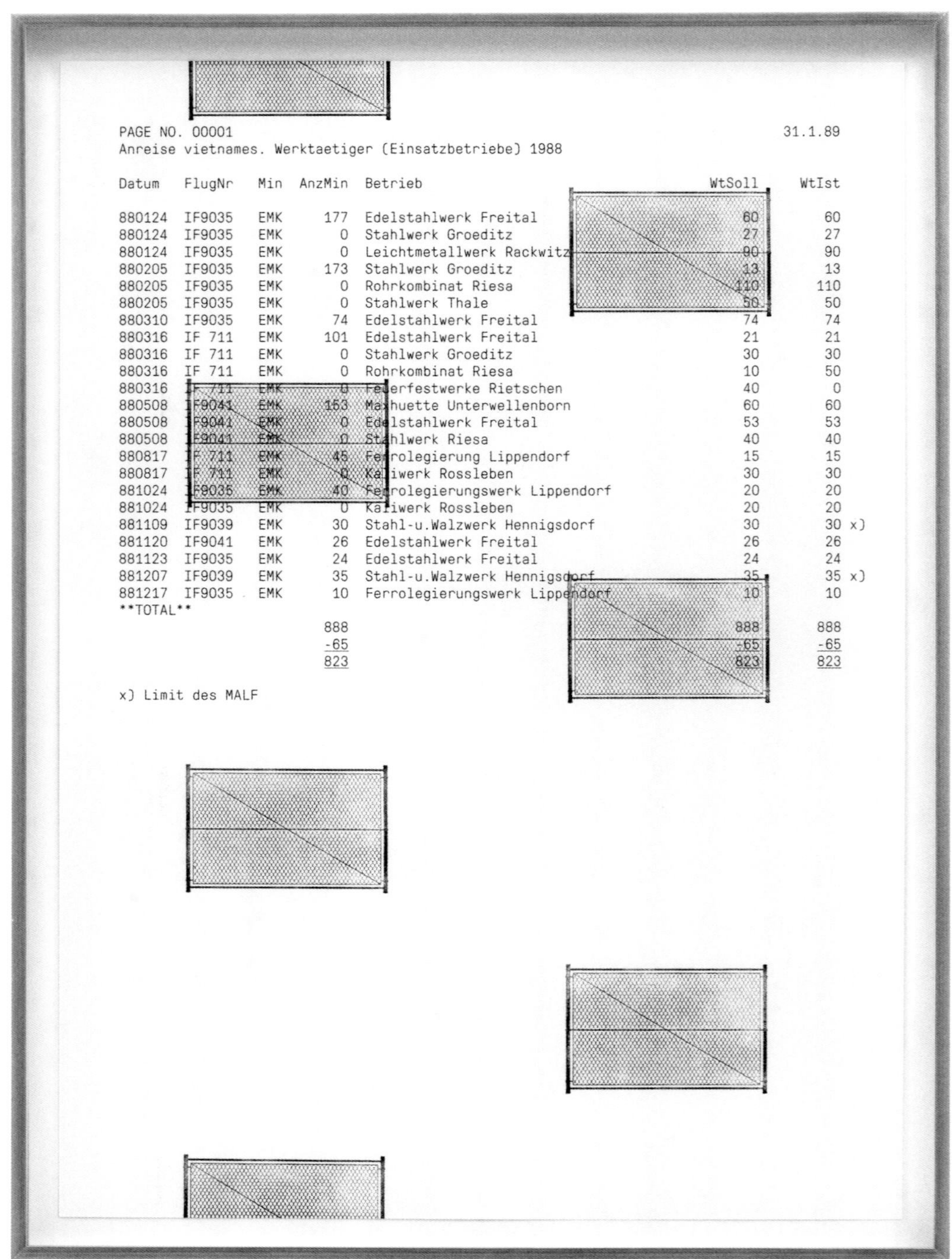

Datum	FlugNr	Min	AnzMin	Betrieb	WtSoll	WtIst
880124	IF9035	EMK	177	Edelstahlwerk Freital	60	60
880124	IF9035	EMK	0	Stahlwerk Groeditz	27	27
880124	IF9035	EMK	0	Leichtmetallwerk Rackwitz	90	90
880205	IF9035	EMK	173	Stahlwerk Groeditz	13	13
880205	IF9035	EMK	0	Rohrkombinat Riesa	110	110
880205	IF9035	EMK	0	Stahlwerk Thale	50	50
880310	IF9035	EMK	74	Edelstahlwerk Freital	74	74
880316	IF 711	EMK	101	Edelstahlwerk Freital	21	21
880316	IF 711	EMK	0	Stahlwerk Groeditz	30	30
880316	IF 711	EMK	0	Rohrkombinat Riesa	10	50
880316	IF 711	EMK	0	Feuerfestwerke Rietschen	40	0
880508	IF9041	EMK	153	Maxhuette Unterwellenborn	60	60
880508	IF9041	EMK	0	Edelstahlwerk Freital	53	53
880508	IF9041	EMK	0	Stahlwerk Riesa	40	40
880817	IF 711	EMK	45	Ferrolegierung Lippendorf	15	15
880817	IF 711	EMK	0	Kaliwerk Rossleben	30	30
881024	IF9035	EMK	40	Ferrolegierungswerk Lippendorf	20	20
881024	IF9035	EMK	0	Kaliwerk Rossleben	20	20
881109	IF9039	EMK	30	Stahl-u.Walzwerk Hennigsdorf	30	30 x)
881120	IF9041	EMK	26	Edelstahlwerk Freital	26	26
881123	IF9035	EMK	24	Edelstahlwerk Freital	24	24
881207	IF9039	EMK	35	Stahl-u.Walzwerk Hennigsdorf	35	35 x)
881217	IF9035	EMK	10	Ferrolegierungswerk Lippendorf	10	10
TOTAL			888		888	888
			-65		-65	-65
			823		823	823

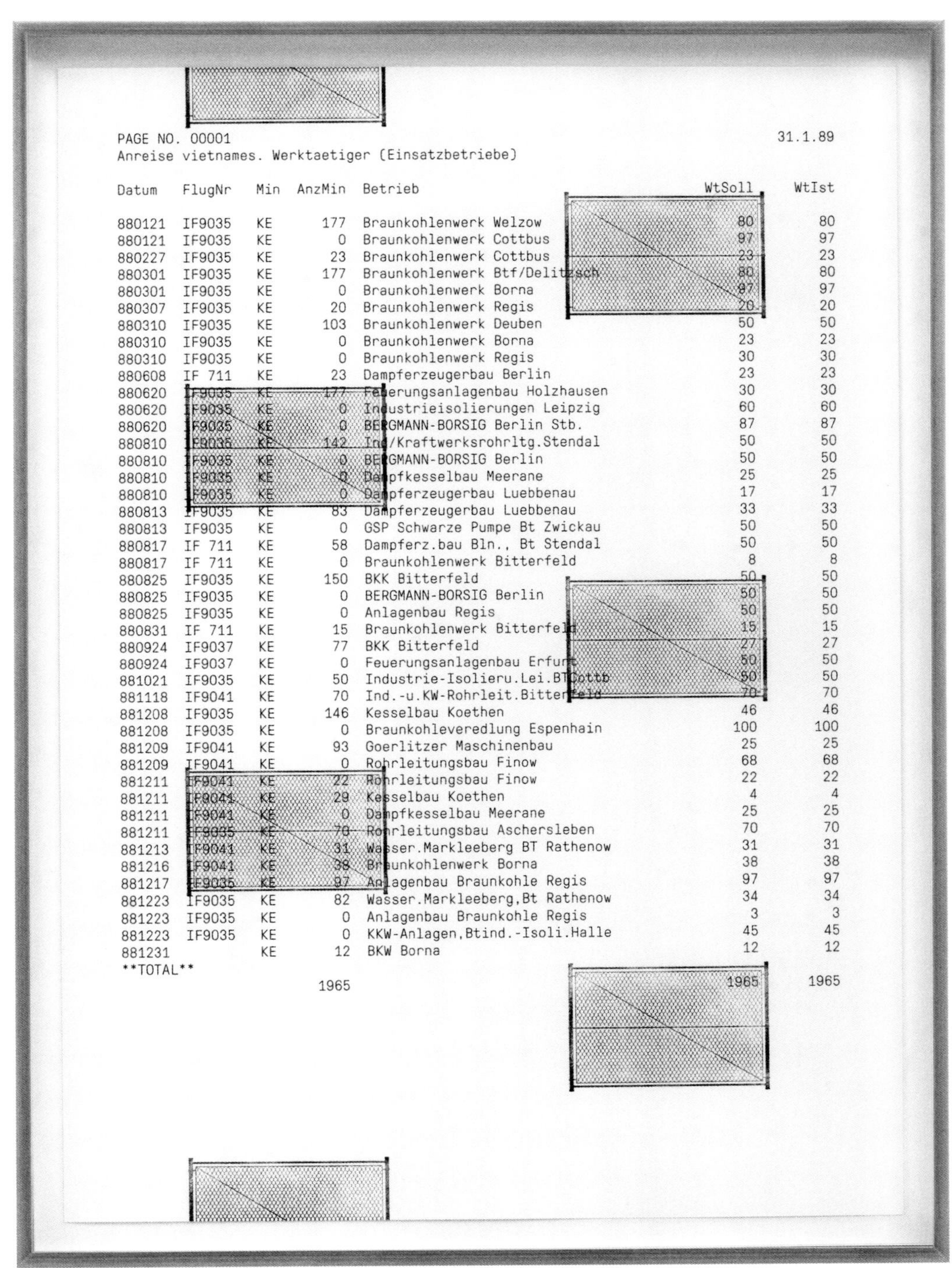

```
PAGE NO. 00001                                                      31.1.89
Anreise vietnames. Werktaetiger (Einsatzbetriebe)

Datum    FlugNr   Min   AnzMin   Betrieb                         WtSoll   WtIst

880121   IF9035   KE      177   Braunkohlenwerk Welzow              80       80
880121   IF9035   KE        0   Braunkohlenwerk Cottbus             97       97
880227   IF9035   KE       23   Braunkohlenwerk Cottbus             23       23
880301   IF9035   KE      177   Braunkohlenwerk Btf/Delitzsch       80       80
880301   IF9035   KE        0   Braunkohlenwerk Borna               97       97
880307   IF9035   KE       20   Braunkohlenwerk Regis               20       20
880310   IF9035   KE      103   Braunkohlenwerk Deuben              50       50
880310   IF9035   KE        0   Braunkohlenwerk Borna               23       23
880310   IF9035   KE        0   Braunkohlenwerk Regis               30       30
880608   IF 711   KE       23   Dampferzeugerbau Berlin             23       23
880620   IF9035   KE      177   Feuerungsanlagenbau Holzhausen      30       30
880620   IF9035   KE        0   Industrieisolierungen Leipzig       60       60
880620   IF9035   KE        0   BERGMANN-BORSIG Berlin Stb.         87       87
880810   IF9035   KE      142   Ind/Kraftwerksrohrltg.Stendal       50       50
880810   IF9035   KE        0   BERGMANN-BORSIG Berlin              50       50
880810   IF9035   KE        0   Dampfkesselbau Meerane              25       25
880810   IF9035   KE        0   Dampferzeugerbau Luebbenau          17       17
880813   IF9035   KE       83   Dampferzeugerbau Luebbenau          33       33
880813   IF9035   KE        0   GSP Schwarze Pumpe Bt Zwickau       50       50
880817   IF 711   KE       58   Dampferz.bau Bln., Bt Stendal       50       50
880817   IF 711   KE        0   Braunkohlenwerk Bitterfeld           8        8
880825   IF9035   KE      150   BKK Bitterfeld                      50       50
880825   IF9035   KE        0   BERGMANN-BORSIG Berlin              50       50
880825   IF9035   KE        0   Anlagenbau Regis                    50       50
880831   IF 711   KE       15   Braunkohlenwerk Bitterfeld          15       15
880924   IF9037   KE       77   BKK Bitterfeld                      27       27
880924   IF9037   KE        0   Feuerungsanlagenbau Erfurt          50       50
881021   IF9035   KE       50   Industrie-Isolieru.Lei.BTCottb      50       50
881118   IF9041   KE       70   Ind.-u.KW-Rohrleit.Bitterfeld       70       70
881208   IF9035   KE      146   Kesselbau Koethen                   46       46
881208   IF9035   KE        0   Braunkohleveredlung Espenhain      100      100
881209   IF9041   KE       93   Goerlitzer Maschinenbau             25       25
881209   IF9041   KE        0   Rohrleitungsbau Finow               68       68
881211   IF9041   KE       22   Rohrleitungsbau Finow               22       22
881211   IF9041   KE       29   Kesselbau Koethen                    4        4
881211   IF9041   KE        0   Dampfkesselbau Meerane              25       25
881211   IF9035   KE       70   Rohrleitungsbau Aschersleben        70       70
881213   IF9041   KE       31   Wasser.Markleeberg BT Rathenow      31       31
881216   IF9041   KE       38   Braunkohlenwerk Borna               38       38
881217   IF9035   KE       97   Anlagenbau Braunkohle Regis         97       97
881223   IF9035   KE       82   Wasser.Markleeberg,Bt Rathenow      34       34
881223   IF9035   KE        0   Anlagenbau Braunkohle Regis          3        3
881223   IF9035   KE        0   KKW-Anlagen,Btind.-Isoli.Halle      45       45
881231            KE       12   BKW Borna                           12       12
**TOTAL**
                           1965                                   1965     1965
```

Date, Flight Number, Ministry, Factory, Workers Target, Workers Actual (Complete Edition), 2021
Stamps on digital prints, framed
In 67 parts, each: 32.1 × 23.4 cm

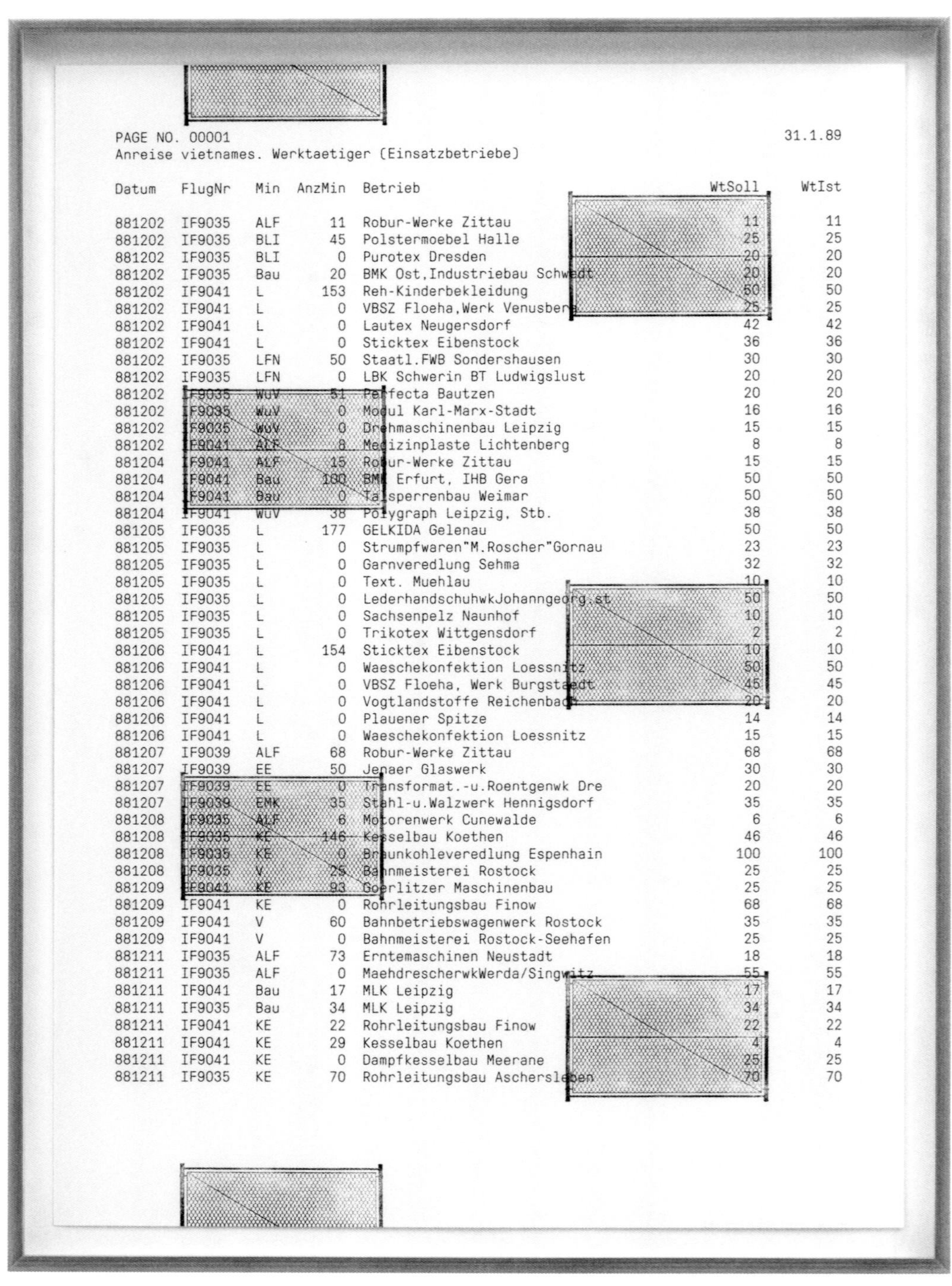

```
PAGE NO. 00001                                                      31.1.89
Anreise vietnames. Werktaetiger (Einsatzbetriebe)
```

Datum	FlugNr	Min	AnzMin	Betrieb	WtSoll	WtIst
881202	IF9035	ALF	11	Robur-Werke Zittau	11	11
881202	IF9035	BLI	45	Polstermoebel Halle	25	25
881202	IF9035	BLI	0	Purotex Dresden	20	20
881202	IF9035	Bau	20	BMK Ost,Industriebau Schwedt	20	20
881202	IF9041	L	153	Reh-Kinderbekleidung	50	50
881202	IF9041	L	0	VBSZ Floeha,Werk Venusberg	25	25
881202	IF9041	L	0	Lautex Neugersdorf	42	42
881202	IF9041	L	0	Sticktex Eibenstock	36	36
881202	IF9035	LFN	50	Staatl.FWB Sondershausen	30	30
881202	IF9035	LFN	0	LBK Schwerin BT Ludwigslust	20	20
881202	IF9035	WuV	51	Perfecta Bautzen	20	20
881202	IF9035	WuV	0	Modul Karl-Marx-Stadt	16	16
881202	IF9035	WuV	0	Drehmaschinenbau Leipzig	15	15
881202	IF9041	ALF	8	Medizinplaste Lichtenberg	8	8
881204	IF9041	ALF	15	Robur-Werke Zittau	15	15
881204	IF9041	Bau	100	BMK Erfurt, IHB Gera	50	50
881204	IF9041	Bau	0	Talsperrenbau Weimar	50	50
881204	IF9041	WuV	38	Polygraph Leipzig, Stb.	38	38
881205	IF9035	L	177	GELKIDA Gelenau	50	50
881205	IF9035	L	0	Strumpfwaren"M.Roscher"Gornau	23	23
881205	IF9035	L	0	Garnveredlung Sehma	32	32
881205	IF9035	L	0	Text. Muehlau	10	10
881205	IF9035	L	0	LederhandschuhwkJohanngeorg.st	50	50
881205	IF9035	L	0	Sachsenpelz Naunhof	10	10
881205	IF9035	L	0	Trikotex Wittgensdorf	2	2
881206	IF9041	L	154	Sticktex Eibenstock	10	10
881206	IF9041	L	0	Waeschekonfektion Loessnitz	50	50
881206	IF9041	L	0	VBSZ Floeha, Werk Burgstaedt	45	45
881206	IF9041	L	0	Vogtlandstoffe Reichenbach	20	20
881206	IF9041	L	0	Plauener Spitze	14	14
881206	IF9041	L	0	Waeschekonfektion Loessnitz	15	15
881207	IF9039	ALF	68	Robur-Werke Zittau	68	68
881207	IF9039	EE	50	Jenaer Glaswerk	30	30
881207	IF9039	EE	0	Transformat.-u.Roentgenwk Dre	20	20
881207	IF9039	EMK	35	Stahl-u.Walzwerk Hennigsdorf	35	35
881208	IF9035	ALF	6	Motorenwerk Cunewalde	6	6
881208	IF9035	KE	146	Kesselbau Koethen	46	46
881208	IF9035	KE	0	Braunkohleveredlung Espenhain	100	100
881208	IF9035	V	25	Bahnmeisterei Rostock	25	25
881209	IF9041	KE	93	Goerlitzer Maschinenbau	25	25
881209	IF9041	KE	0	Rohrleitungsbau Finow	68	68
881209	IF9041	V	60	Bahnbetriebswagenwerk Rostock	35	35
881209	IF9041	V	0	Bahnmeisterei Rostock-Seehafen	25	25
881211	IF9035	ALF	73	Erntemaschinen Neustadt	18	18
881211	IF9035	ALF	0	MaehdrescherwkWerda/Singwitz	55	55
881211	IF9041	Bau	17	MLK Leipzig	17	17
881211	IF9035	Bau	34	MLK Leipzig	34	34
881211	IF9041	KE	22	Rohrleitungsbau Finow	22	22
881211	IF9041	KE	29	Kesselbau Koethen	4	4
881211	IF9041	KE	0	Dampfkesselbau Meerane	25	25
881211	IF9035	KE	70	Rohrleitungsbau Aschersleben	70	70

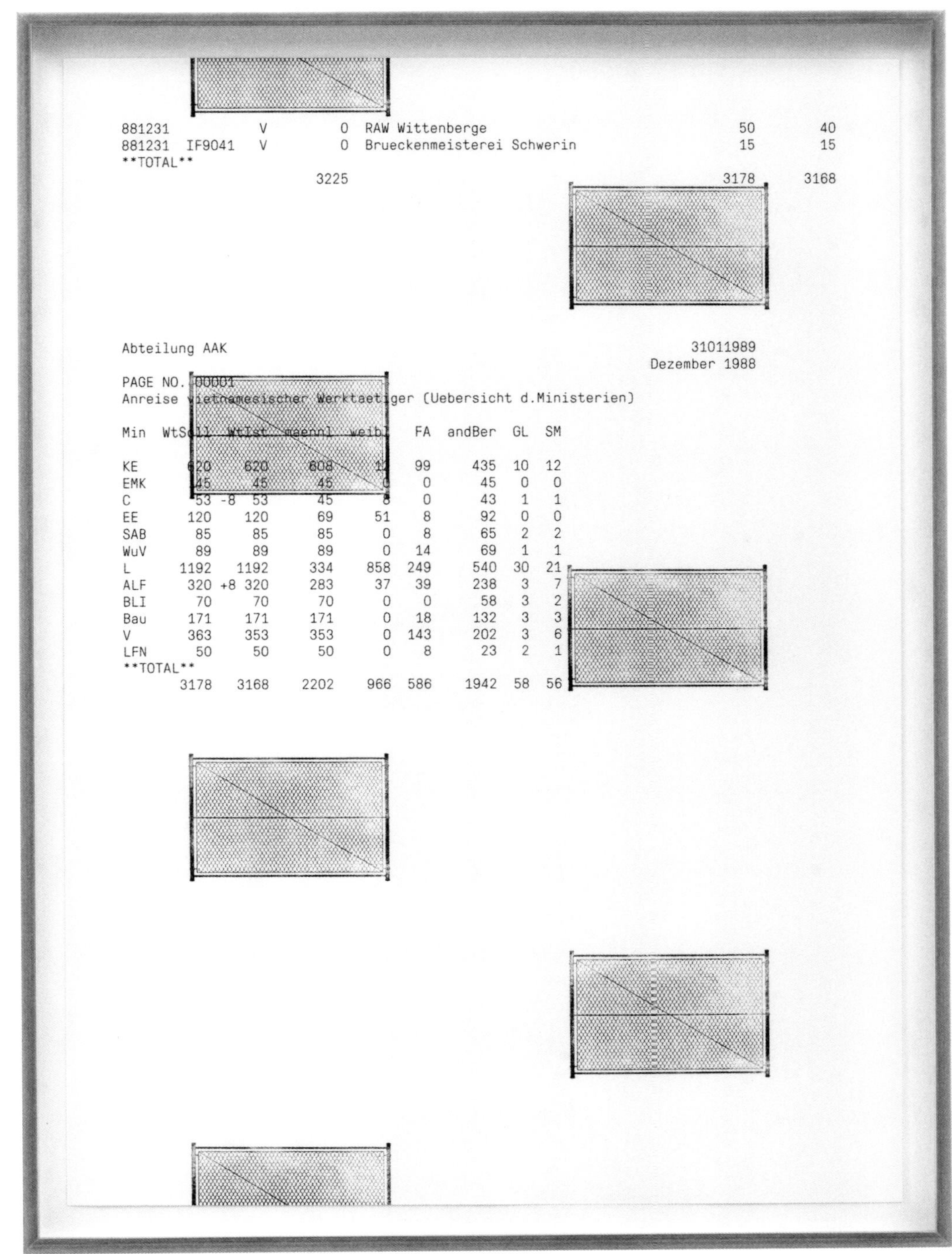

```
881231           V        0  RAW Wittenberge                        50       40
881231  IF9041   V        0  Brueckenmeisterei Schwerin             15       15
**TOTAL**
                             3225                                 3178     3168


Abteilung AAK                                                     31011989
                                                               Dezember 1988
PAGE NO. 00001
Anreise vietnamesischer Werktaetiger (Uebersicht d.Ministerien)

Min  WtSoll   WtIst   maennl   weibl     FA   andBer  GL  SM

KE     620     620     608      12       99      435  10  12
EMK     45      45      45       0        0       45   0   0
C       53  -8  53      45       8        0       43   1   1
EE     120     120      69      51        8       92   0   0
SAB     85      85      85       0        8       65   2   2
WuV     89      89      89       0       14       69   1   1
L     1192    1192     334     858      249      540  30  21
ALF    320  +8 320     283      37       39      238   3   7
BLI     70      70      70       0        0       58   3   2
Bau    171     171     171       0       18      132   3   3
V      363     353     353       0      143      202   3   6
LFN     50      50      50       0        8       23   2   1
**TOTAL**
      3178    3168    2202     966      586     1942  58  56
```

D

Date, Flight Number, Ministry,
Factory, Workers Target, Workers
Actual (Complete Edition), 2021
Stamps on digital prints, framed
In 67 parts, each: 32.1 × 23.4 cm

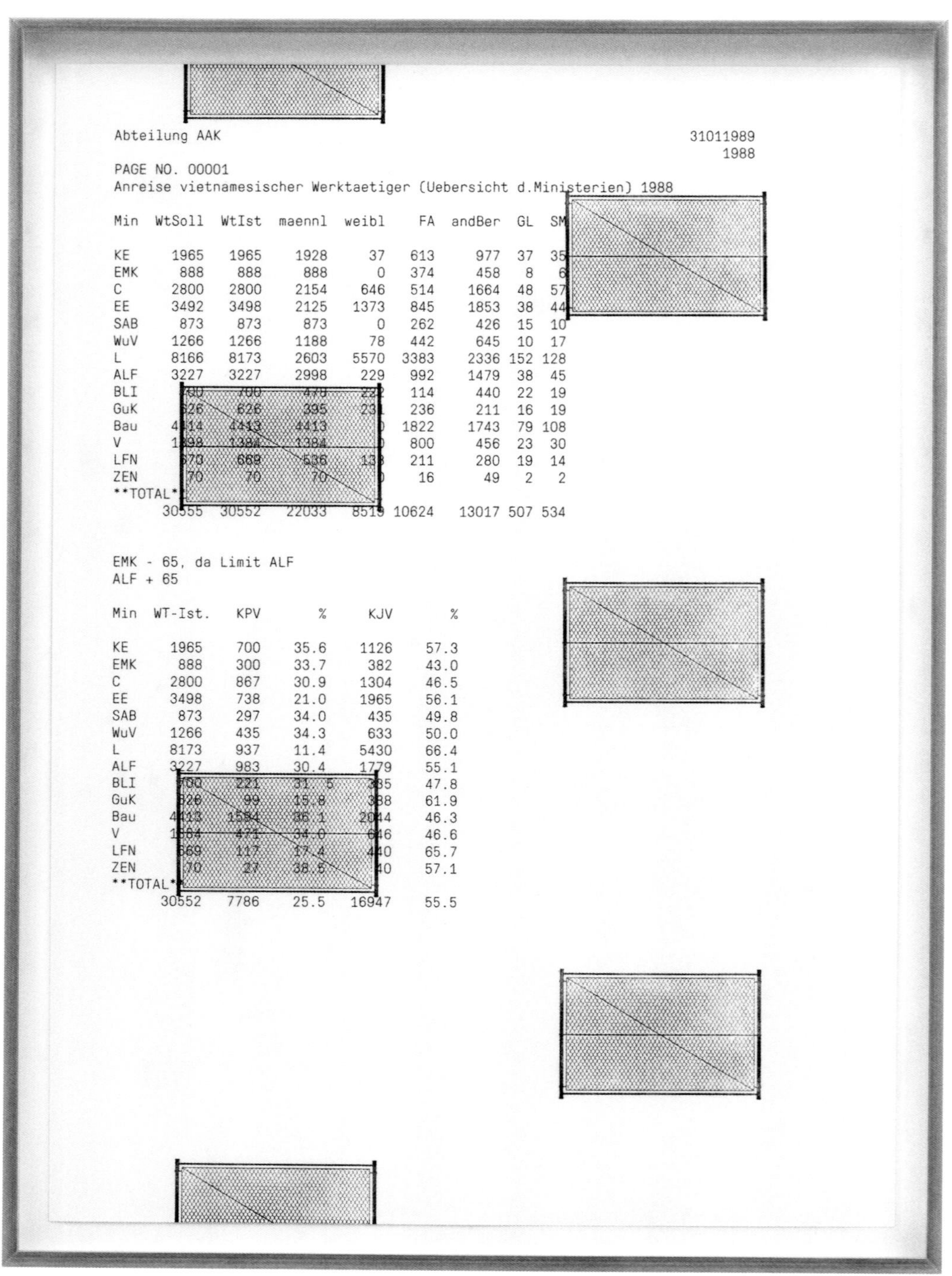

```
Abteilung AAK                                            31011989
                                                            1988
PAGE NO. 00001
Anreise vietnamesischer Werktaetiger (Uebersicht d.Ministerien) 1988

Min  WtSoll  WtIst  maennl  weibl    FA  andBer  GL   SM

KE     1965   1965    1928     37   613     977  37   35
EMK     888    888     888      0   374     458   8    6
C      2800   2800    2154    646   514    1664  48   57
EE     3492   3498    2125   1373   845    1853  38   44
SAB     873    873     873      0   262     426  15   10
WuV    1266   1266    1188     78   442     645  10   17
L      8166   8173    2603   5570  3383    2336 152  128
ALF    3227   3227    2998    229   992    1479  38   45
BLI     700    700     470    22    114     440  22   19
GuK     626    626     395    23    236     211  16   19
Bau    4414   4413    4413     0   1822    1743  79  108
V      1398   1384    1384     0    800     456  23   30
LFN     670    669     536   13    211     280  19   14
ZEN      70     70      70     0     16      49   2    2
**TOTAL*
       30555  30552   22033  8519 10624   13017 507 534


EMK - 65, da Limit ALF
ALF + 65

Min  WT-Ist.   KPV      %      KJV      %

KE     1965    700    35.6    1126    57.3
EMK     888    300    33.7     382    43.0
C      2800    867    30.9    1304    46.5
EE     3498    738    21.0    1965    56.1
SAB     873    297    34.0     435    49.8
WuV    1266    435    34.3     633    50.0
L      8173    937    11.4    5430    66.4
ALF    3227    983    30.4    1779    55.1
BLI     700    221    31.5     335    47.8
GuK     626     99    15.8     388    61.9
Bau    4413   1584    36.1    2044    46.3
V      1584    471    34.0     646    46.6
LFN     669    117    17.4     440    65.7
ZEN      70     27    38.5      40    57.1
**TOTAL*
       30552   7786   25.5   16947    55.5
```

Date, Flight Number, Ministry, Factory, Workers Target, Workers Actual (Complete Edition), 2021
**Stamps on digital prints, framed
In 67 parts, each: 32.1 × 23.4 cm**

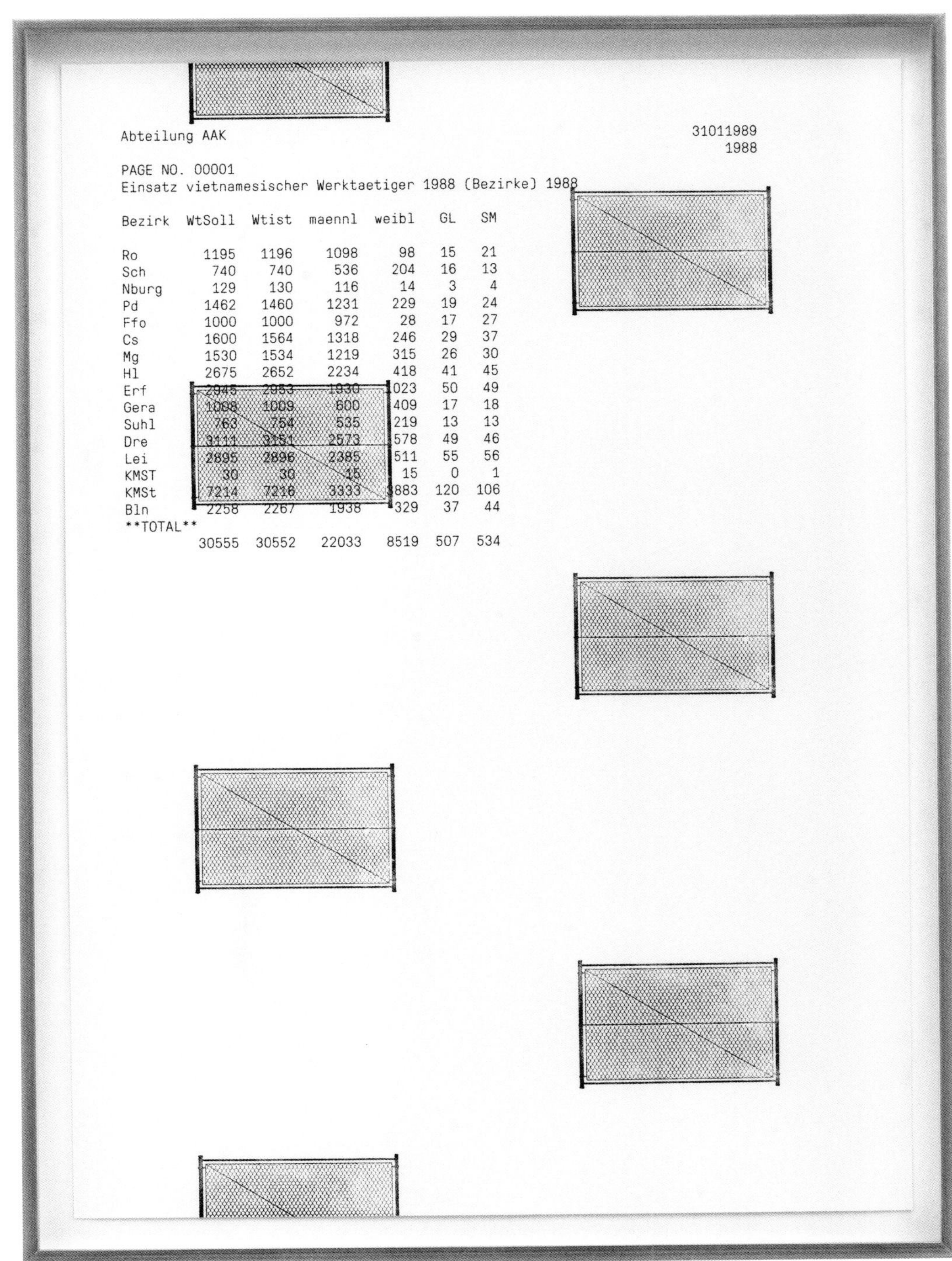

Bezirk	WtSoll	Wtist	maennl	weibl	GL	SM
Ro	1195	1196	1098	98	15	21
Sch	740	740	536	204	16	13
Nburg	129	130	116	14	3	4
Pd	1462	1460	1231	229	19	24
Ffo	1000	1000	972	28	17	27
Cs	1600	1564	1318	246	29	37
Mg	1530	1534	1219	315	26	30
Hl	2675	2652	2234	418	41	45
Erf	2945	2953	1930	1023	50	49
Gera	1008	1009	600	409	17	18
Suhl	763	754	535	219	13	13
Dre	3111	3151	2573	578	49	46
Lei	2895	2896	2385	511	55	56
KMST	30	30	15	15	0	1
KMSt	7214	7216	3333	3883	120	106
Bln	2258	2267	1938	329	37	44
TOTAL	30555	30552	22033	8519	507	534

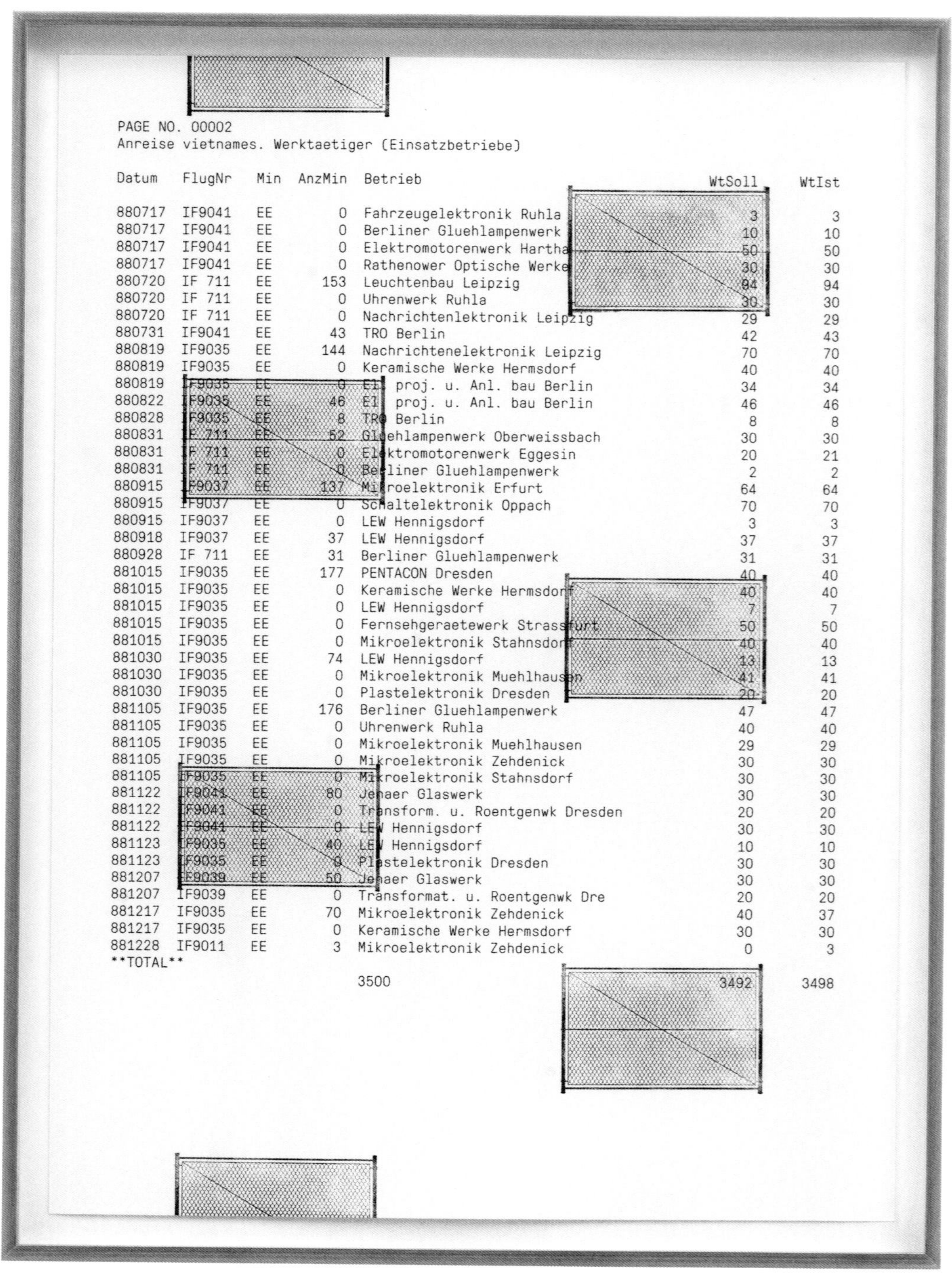

Datum	FlugNr	Min	AnzMin	Betrieb	WtSoll	WtIst
880717	IF9041	EE	0	Fahrzeugelektronik Ruhla	3	3
880717	IF9041	EE	0	Berliner Gluehlampenwerk	10	10
880717	IF9041	EE	0	Elektromotorenwerk Hartha	50	50
880717	IF9041	EE	0	Rathenower Optische Werke	30	30
880720	IF 711	EE	153	Leuchtenbau Leipzig	94	94
880720	IF 711	EE	0	Uhrenwerk Ruhla	30	30
880720	IF 711	EE	0	Nachrichtenlektronik Leipzig	29	29
880731	IF9041	EE	43	TRO Berlin	42	43
880819	IF9035	EE	144	Nachrichtenelektronik Leipzig	70	70
880819	IF9035	EE	0	Keramische Werke Hermsdorf	40	40
880819	IF9035	EE	0	El proj. u. Anl. bau Berlin	34	34
880822	IF9035	EE	46	El proj. u. Anl. bau Berlin	46	46
880828	IF9035	EE	8	TRO Berlin	8	8
880831	IF 711	EE	52	Gluehlampenwerk Oberweissbach	30	30
880831	IF 711	EE	0	Elektromotorenwerk Eggesin	20	21
880831	IF 711	EE	0	Berliner Gluehlampenwerk	2	2
880915	IF9037	EE	137	Mikroelektronik Erfurt	64	64
880915	IF9037	EE	0	Schaltelektronik Oppach	70	70
880915	IF9037	EE	0	LEW Hennigsdorf	3	3
880918	IF9037	EE	37	LEW Hennigsdorf	37	37
880928	IF 711	EE	31	Berliner Gluehlampenwerk	31	31
881015	IF9035	EE	177	PENTACON Dresden	40	40
881015	IF9035	EE	0	Keramische Werke Hermsdorf	40	40
881015	IF9035	EE	0	LEW Hennigsdorf	7	7
881015	IF9035	EE	0	Fernsehgeraetewerk Strassfurt	50	50
881015	IF9035	EE	0	Mikroelektronik Stahnsdorf	40	40
881030	IF9035	EE	74	LEW Hennigsdorf	13	13
881030	IF9035	EE	0	Mikroelektronik Muehlhausen	41	41
881030	IF9035	EE	0	Plastelektronik Dresden	20	20
881105	IF9035	EE	176	Berliner Gluehlampenwerk	47	47
881105	IF9035	EE	0	Uhrenwerk Ruhla	40	40
881105	IF9035	EE	0	Mikroelektronik Muehlhausen	29	29
881105	IF9035	EE	0	Mikroelektronik Zehdenick	30	30
881105	IF9035	EE	0	Mikroelektronik Stahnsdorf	30	30
881122	IF9041	EE	80	Jenaer Glaswerk	30	30
881122	IF9041	EE	0	Transform. u. Roentgenwk Dresden	20	20
881122	IF9041	EE	0	LEW Hennigsdorf	30	30
881123	IF9035	EE	40	LEW Hennigsdorf	10	10
881123	IF9035	EE	0	Plastelektronik Dresden	30	30
881207	IF9039	EE	50	Jenaer Glaswerk	30	30
881207	IF9039	EE	0	Transformat. u. Roentgenwk Dre	20	20
881217	IF9035	EE	70	Mikroelektronik Zehdenick	40	37
881217	IF9035	EE	0	Keramische Werke Hermsdorf	30	30
881228	IF9011	EE	3	Mikroelektronik Zehdenick	0	3
TOTAL			3500		3492	3498

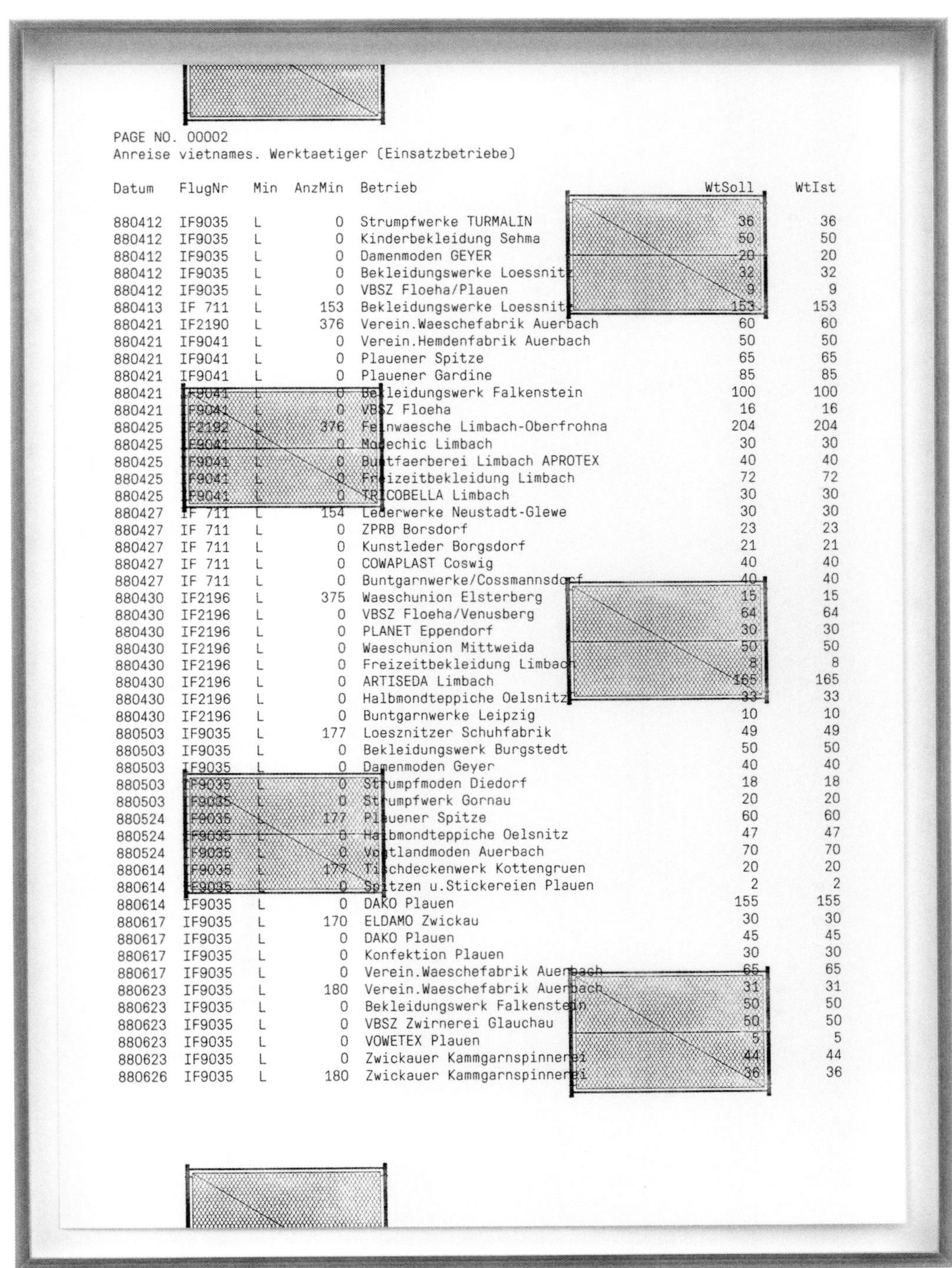

```
PAGE NO. 00002
Anreise vietnames. Werktaetiger (Einsatzbetriebe)
```

Datum	FlugNr	Min	AnzMin	Betrieb	WtSoll	WtIst
880412	IF9035	L	0	Strumpfwerke TURMALIN	36	36
880412	IF9035	L	0	Kinderbekleidung Sehma	50	50
880412	IF9035	L	0	Damenmoden GEYER	20	20
880412	IF9035	L	0	Bekleidungswerke Loessnit	32	32
880412	IF9035	L	0	VBSZ Floeha/Plauen	9	9
880413	IF 711	L	153	Bekleidungswerke Loessnit	153	153
880421	IF2190	L	376	Verein.Waeschefabrik Auerbach	60	60
880421	IF9041	L	0	Verein.Hemdenfabrik Auerbach	50	50
880421	IF9041	L	0	Plauener Spitze	65	65
880421	IF9041	L	0	Plauener Gardine	85	85
880421	IF9041	L	0	Bekleidungswerk Falkenstein	100	100
880421	IF9041	L	0	VBSZ Floeha	16	16
880425	IF2192	L	376	Feinwaesche Limbach-Oberfrohna	204	204
880425	IF9041	L	0	Modechic Limbach	30	30
880425	IF9041	L	0	Buntfaerberei Limbach APROTEX	40	40
880425	IF9041	L	0	Freizeitbekleidung Limbach	72	72
880425	IF9041	L	0	TRICOBELLA Limbach	30	30
880427	IF 711	L	154	Lederwerke Neustadt-Glewe	30	30
880427	IF 711	L	0	ZPRB Borsdorf	23	23
880427	IF 711	L	0	Kunstleder Borgsdorf	21	21
880427	IF 711	L	0	COWAPLAST Coswig	40	40
880427	IF 711	L	0	Buntgarnwerke/Cossmannsdorf	40	40
880430	IF2196	L	375	Waeschunion Elsterberg	15	15
880430	IF2196	L	0	VBSZ Floeha/Venusberg	64	64
880430	IF2196	L	0	PLANET Eppendorf	30	30
880430	IF2196	L	0	Waeschunion Mittweida	50	50
880430	IF2196	L	0	Freizeitbekleidung Limbach	8	8
880430	IF2196	L	0	ARTISEDA Limbach	165	165
880430	IF2196	L	0	Halbmondteppiche Oelsnitz	33	33
880430	IF2196	L	0	Buntgarnwerke Leipzig	10	10
880503	IF9035	L	177	Loesznitzer Schuhfabrik	49	49
880503	IF9035	L	0	Bekleidungswerk Burgstedt	50	50
880503	IF9035	L	0	Damenmoden Geyer	40	40
880503	IF9035	L	0	Strumpfmoden Diedorf	18	18
880503	IF9035	L	0	Strumpfwerk Gornau	20	20
880524	IF9035	L	177	Plauener Spitze	60	60
880524	IF9035	L	0	Halbmondteppiche Oelsnitz	47	47
880524	IF9035	L	0	Voetlandmoden Auerbach	70	70
880614	IF9035	L	177	Tischdeckenwerk Kottengruen	20	20
880614	IF9035	L	0	Spitzen u.Stickereien Plauen	2	2
880614	IF9035	L	0	DAKO Plauen	155	155
880617	IF9035	L	170	ELDAMO Zwickau	30	30
880617	IF9035	L	0	DAKO Plauen	45	45
880617	IF9035	L	0	Konfektion Plauen	30	30
880617	IF9035	L	0	Verein.Waeschefabrik Auerbach	65	65
880623	IF9035	L	180	Verein.Waeschefabrik Auerbach	31	31
880623	IF9035	L	0	Bekleidungswerk Falkenstein	50	50
880623	IF9035	L	0	VBSZ Zwirnerei Glauchau	50	50
880623	IF9035	L	0	VOWETEX Plauen	5	5
880623	IF9035	L	0	Zwickauer Kammgarnspinnerei	44	44
880626	IF9035	L	180	Zwickauer Kammgarnspinnerei	36	36

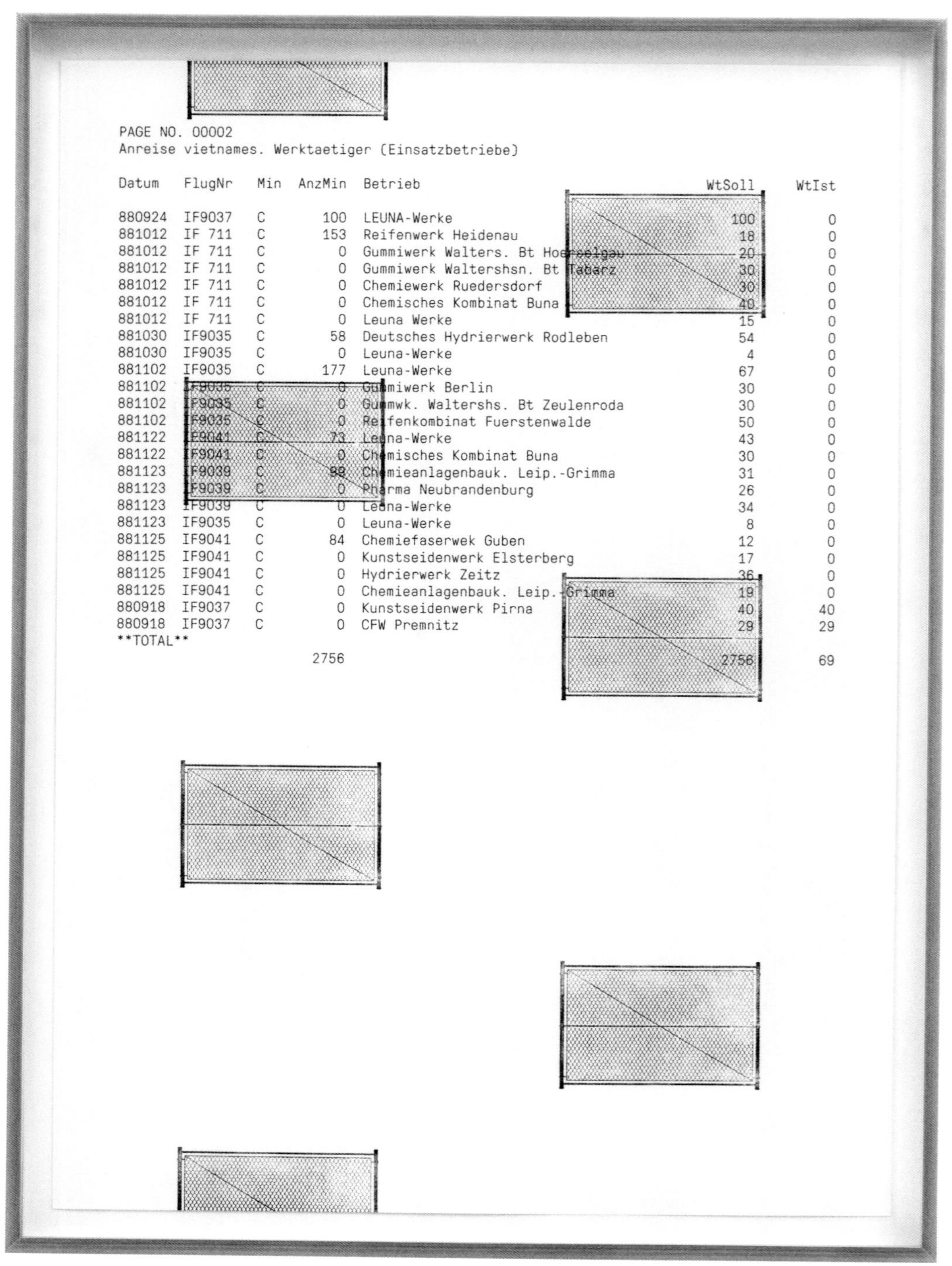

Datum	FlugNr	Min	AnzMin	Betrieb	WtSoll	WtIst
880924	IF9037	C	100	LEUNA-Werke	100	0
881012	IF 711	C	153	Reifenwerk Heidenau	18	0
881012	IF 711	C	0	Gummiwerk Walters. Bt Hoerselgau	20	0
881012	IF 711	C	0	Gummiwerk Waltershsn. Bt Tabarz	30	0
881012	IF 711	C	0	Chemiewerk Ruedersdorf	30	0
881012	IF 711	C	0	Chemisches Kombinat Buna	40	0
881012	IF 711	C	0	Leuna Werke	15	0
881030	IF9035	C	58	Deutsches Hydrierwerk Rodleben	54	0
881030	IF9035	C	0	Leuna-Werke	4	0
881102	IF9035	C	177	Leuna-Werke	67	0
881102	IF9035	C	0	Gummiwerk Berlin	30	0
881102	IF9035	C	0	Gummwk. Waltershs. Bt Zeulenroda	30	0
881102	IF9035	C	0	Reifenkombinat Fuerstenwalde	50	0
881122	IF9041	C	73	Leuna-Werke	43	0
881122	IF9041	C	0	Chemisches Kombinat Buna	30	0
881123	IF9039	C	88	Chemieanlagenbauk. Leip.-Grimma	31	0
881123	IF9039	C	0	Pharma Neubrandenburg	26	0
881123	IF9039	C	0	Leuna-Werke	34	0
881123	IF9035	C	0	Leuna-Werke	8	0
881125	IF9041	C	84	Chemiefaserwek Guben	12	0
881125	IF9041	C	0	Kunstseidenwerk Elsterberg	17	0
881125	IF9041	C	0	Hydrierwerk Zeitz	36	0
881125	IF9041	C	0	Chemieanlagenbauk. Leip.-Grimma	19	0
880918	IF9037	C	0	Kunstseidenwerk Pirna	40	40
880918	IF9037	C	0	CFW Premnitz	29	29
TOTAL			2756		2756	69

Date, Flight Number, Ministry, Factory, Workers Target, Workers Actual (Complete Edition), 2021
**Stamps on digital prints, framed
In 67 parts, each: 32.1 × 23.4 cm**

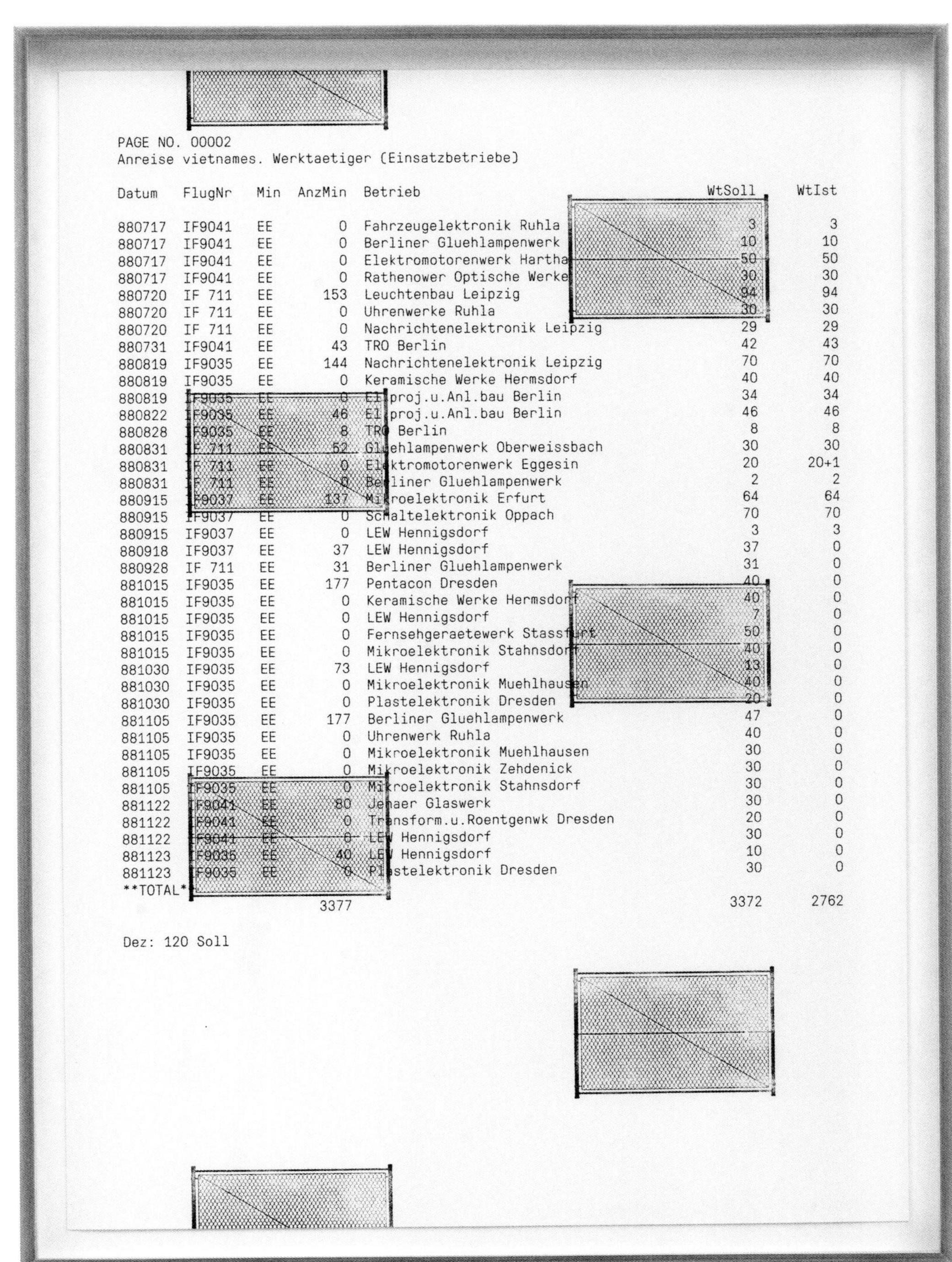

Datum	FlugNr	Min	AnzMin	Betrieb	WtSoll	WtIst
880717	IF9041	EE	0	Fahrzeugelektronik Ruhla	3	3
880717	IF9041	EE	0	Berliner Gluehlampenwerk	10	10
880717	IF9041	EE	0	Elektromotorenwerk Hartha	50	50
880717	IF9041	EE	0	Rathenower Optische Werke	30	30
880720	IF 711	EE	153	Leuchtenbau Leipzig	94	94
880720	IF 711	EE	0	Uhrenwerke Ruhla	30	30
880720	IF 711	EE	0	Nachrichtenelektronik Leipzig	29	29
880731	IF9041	EE	43	TRO Berlin	42	43
880819	IF9035	EE	144	Nachrichtenelektronik Leipzig	70	70
880819	IF9035	EE	0	Keramische Werke Hermsdorf	40	40
880819	IF9035	EE	0	El.proj.u.Anl.bau Berlin	34	34
880822	IF9035	EE	46	El.proj.u.Anl.bau Berlin	46	46
880828	IF9035	EE	8	TRO Berlin	8	8
880831	IF 711	EE	52	Gluehlampenwerk Oberweissbach	30	30
880831	IF 711	EE	0	Elektromotorenwerk Eggesin	20	20+1
880831	IF 711	EE	0	Berliner Gluehlampenwerk	2	2
880915	IF9037	EE	137	Mikroelektronik Erfurt	64	64
880915	IF9037	EE	0	Schaltelektronik Oppach	70	70
880915	IF9037	EE	0	LEW Hennigsdorf	3	3
880918	IF9037	EE	37	LEW Hennigsdorf	37	0
880928	IF 711	EE	31	Berliner Gluehlampenwerk	31	0
881015	IF9035	EE	177	Pentacon Dresden	40	0
881015	IF9035	EE	0	Keramische Werke Hermsdorf	40	0
881015	IF9035	EE	0	LEW Hennigsdorf	7	0
881015	IF9035	EE	0	Fernsehgeraetewerk Stassfurt	50	0
881015	IF9035	EE	0	Mikroelektronik Stahnsdorf	40	0
881030	IF9035	EE	73	LEW Hennigsdorf	13	0
881030	IF9035	EE	0	Mikroelektronik Muehlhausen	40	0
881030	IF9035	EE	0	Plastelektronik Dresden	20	0
881105	IF9035	EE	177	Berliner Gluehlampenwerk	47	0
881105	IF9035	EE	0	Uhrenwerk Ruhla	40	0
881105	IF9035	EE	0	Mikroelektronik Muehlhausen	30	0
881105	IF9035	EE	0	Mikroelektronik Zehdenick	30	0
881105	IF9035	EE	0	Mikroelektronik Stahnsdorf	30	0
881122	IF9041	EE	80	Jenaer Glaswerk	30	0
881122	IF9041	EE	0	Transform.u.Roentgenwk Dresden	20	0
881122	IF9041	EE	0	LEW Hennigsdorf	30	0
881123	IF9035	EE	40	LEW Hennigsdorf	10	0
881123	IF9035	EE	0	Plastelektronik Dresden	30	0
TOTAL			3377		3372	2762

Date, Flight Number, Ministry, Factory, Workers Target, Workers Actual (Complete Edition), 2021
Stamps on digital prints, framed
In 67 parts, each: 32.1 × 23.4 cm

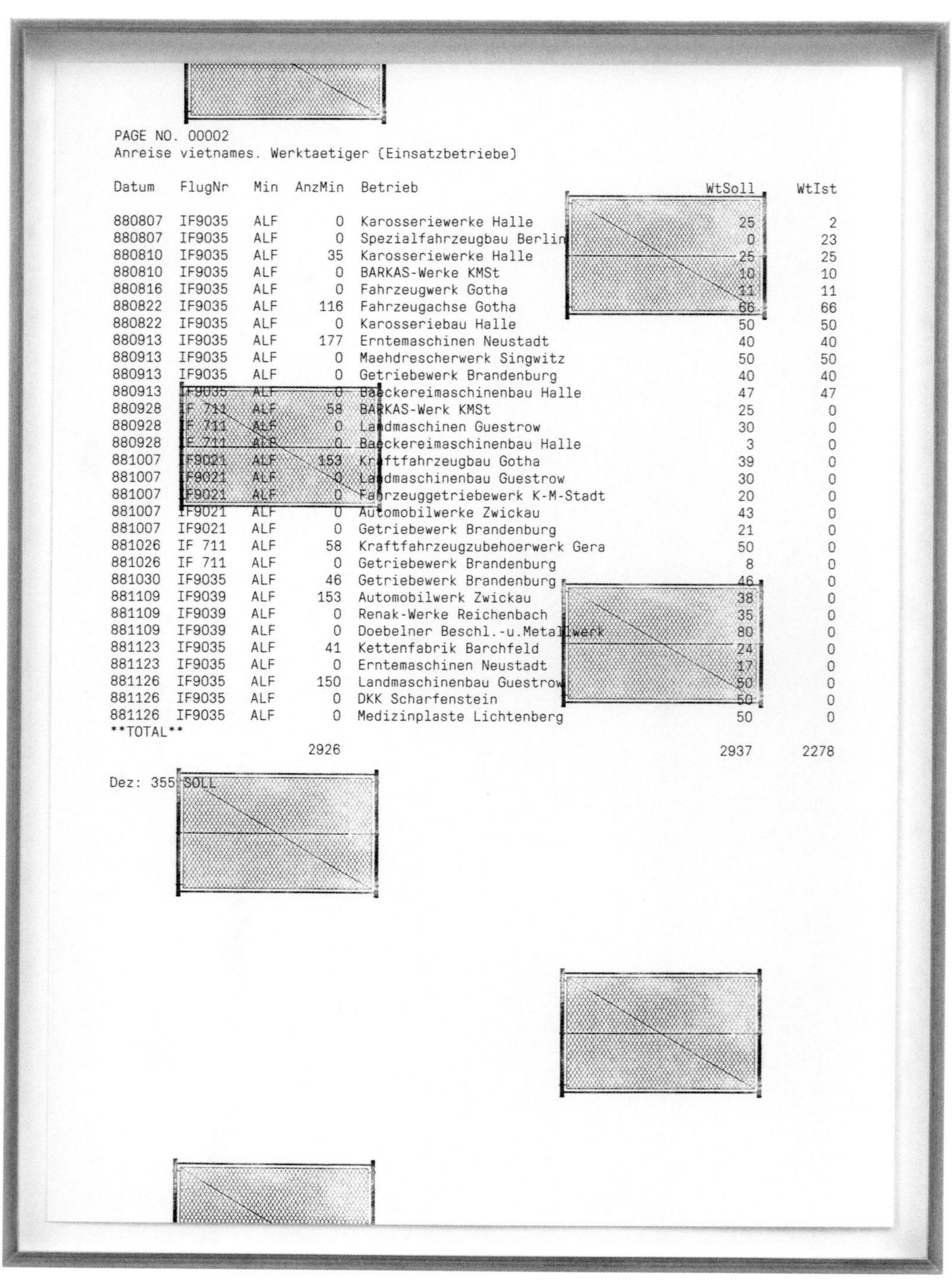

Datum	FlugNr	Min	AnzMin	Betrieb	WtSoll	WtIst
880807	IF9035	ALF	0	Karosseriewerke Halle	25	2
880807	IF9035	ALF	0	Spezialfahrzeugbau Berlin	0	23
880810	IF9035	ALF	35	Karosseriewerke Halle	25	25
880810	IF9035	ALF	0	BARKAS-Werke KMSt	10	10
880816	IF9035	ALF	0	Fahrzeugwerk Gotha	11	11
880822	IF9035	ALF	116	Fahrzeugachse Gotha	66	66
880822	IF9035	ALF	0	Karosseriebau Halle	50	50
880913	IF9035	ALF	177	Erntemaschinen Neustadt	40	40
880913	IF9035	ALF	0	Maehdrescherwerk Singwitz	50	50
880913	IF9035	ALF	0	Getriebewerk Brandenburg	40	40
880913	IF9035	ALF	0	Baeckereimaschinenbau Halle	47	47
880928	IF 711	ALF	58	BARKAS-Werk KMSt	25	0
880928	IF 711	ALF	0	Landmaschinen Guestrow	30	0
880928	IF 711	ALF	0	Baeckereimaschinenbau Halle	3	0
881007	IF9021	ALF	153	Kraftfahrzeugbau Gotha	39	0
881007	IF9021	ALF	0	Landmaschinenbau Guestrow	30	0
881007	IF9021	ALF	0	Fahrzeuggetriebewerk K-M-Stadt	20	0
881007	IF9021	ALF	0	Automobilwerke Zwickau	43	0
881007	IF9021	ALF	0	Getriebewerk Brandenburg	21	0
881026	IF 711	ALF	58	Kraftfahrzeugzubehoerwerk Gera	50	0
881026	IF 711	ALF	0	Getriebewerk Brandenburg	8	0
881030	IF9035	ALF	46	Getriebewerk Brandenburg	46	0
881109	IF9039	ALF	153	Automobilwerk Zwickau	38	0
881109	IF9039	ALF	0	Renak-Werke Reichenbach	35	0
881109	IF9039	ALF	0	Doebelner Beschl.-u.Metallwerk	80	0
881123	IF9035	ALF	41	Kettenfabrik Barchfeld	24	0
881123	IF9035	ALF	0	Erntemaschinen Neustadt	17	0
881126	IF9035	ALF	150	Landmaschinenbau Guestrow	50	0
881126	IF9035	ALF	0	DKK Scharfenstein	50	0
881126	IF9035	ALF	0	Medizinplaste Lichtenberg	50	0
TOTAL			2926		2937	2278

D

Date, Flight Number, Ministry, Factory, Workers Target, Workers Actual (Complete Edition), 2021
Stamps on digital prints, framed
In 67 parts, each: 32.1 × 23.4 cm

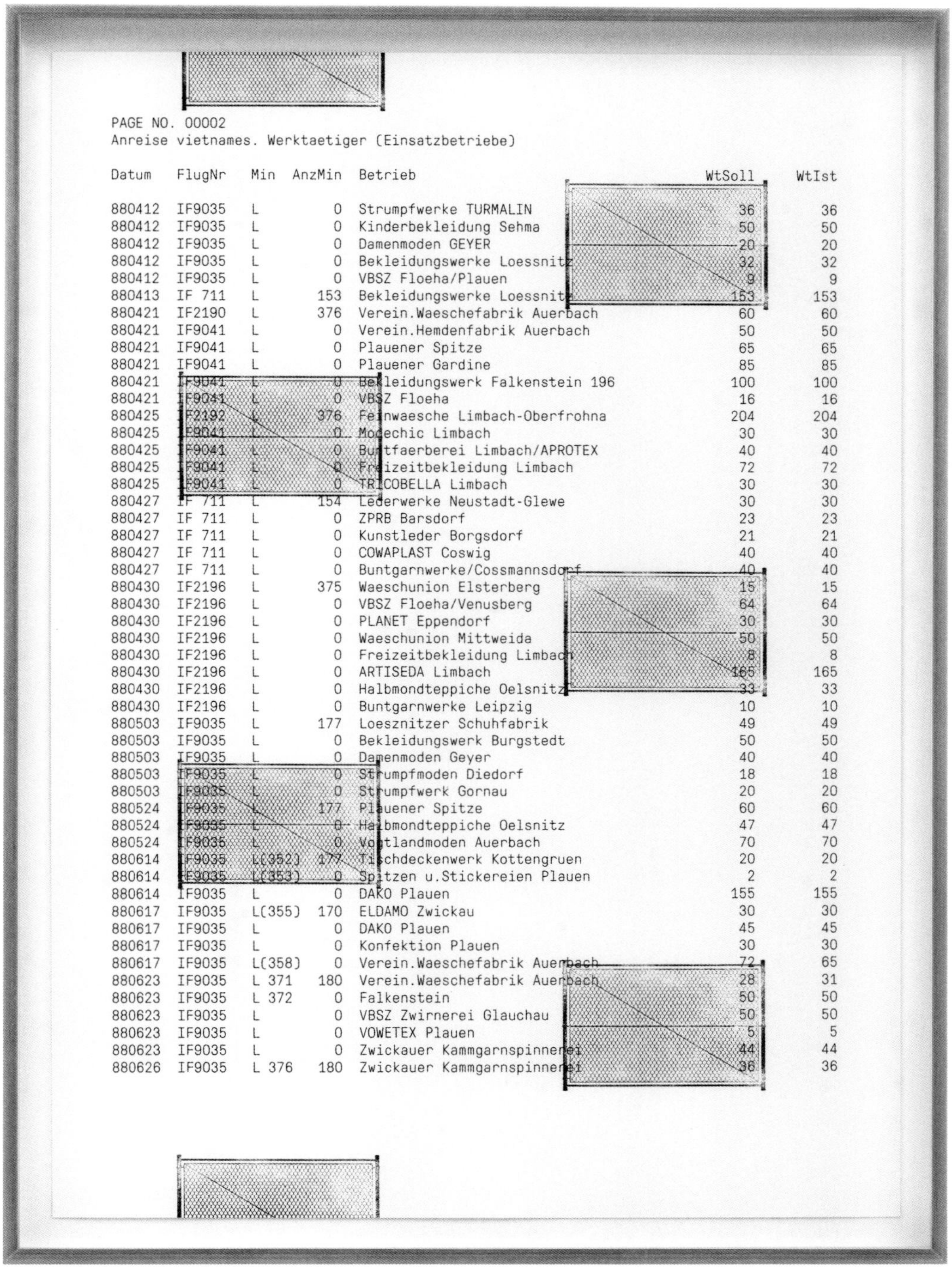

PAGE NO. 00002
Anreise vietnames. Werktaetiger (Einsatzbetriebe)

Datum	FlugNr	Min	AnzMin	Betrieb	WtSoll	WtIst
880412	IF9035	L	0	Strumpfwerke TURMALIN	36	36
880412	IF9035	L	0	Kinderbekleidung Sehma	50	50
880412	IF9035	L	0	Damenmoden GEYER	20	20
880412	IF9035	L	0	Bekleidungswerke Loessnitz	32	32
880412	IF9035	L	0	VBSZ Floeha/Plauen	9	9
880413	IF 711	L	153	Bekleidungswerke Loessnitz	153	153
880421	IF2190	L	376	Verein.Waeschefabrik Auerbach	60	60
880421	IF9041	L	0	Verein.Hemdenfabrik Auerbach	50	50
880421	IF9041	L	0	Plauener Spitze	65	65
880421	IF9041	L	0	Plauener Gardine	85	85
880421	IF9041	L	0	Bekleidungswerk Falkenstein 196	100	100
880421	IF9041	L	0	VBSZ Floeha	16	16
880425	IF2192	L	376	Feinwaesche Limbach-Oberfrohna	204	204
880425	IF9041	L	0	Modechic Limbach	30	30
880425	IF9041	L	0	Buntfaerberei Limbach/APROTEX	40	40
880425	IF9041	L	0	Freizeitbekleidung Limbach	72	72
880425	IF9041	L	0	TRICOBELLA Limbach	30	30
880427	IF 711	L	154	Lederwerke Neustadt-Glewe	30	30
880427	IF 711	L	0	ZPRB Barsdorf	23	23
880427	IF 711	L	0	Kunstleder Borgsdorf	21	21
880427	IF 711	L	0	COWAPLAST Coswig	40	40
880427	IF 711	L	0	Buntgarnwerke/Cossmannsdorf	40	40
880430	IF2196	L	375	Waeschunion Elsterberg	15	15
880430	IF2196	L	0	VBSZ Floeha/Venusberg	64	64
880430	IF2196	L	0	PLANET Eppendorf	30	30
880430	IF2196	L	0	Waeschunion Mittweida	50	50
880430	IF2196	L	0	Freizeitbekleidung Limbach	8	8
880430	IF2196	L	0	ARTISEDA Limbach	165	165
880430	IF2196	L	0	Halbmondteppiche Oelsnitz	33	33
880430	IF2196	L	0	Buntgarnwerke Leipzig	10	10
880503	IF9035	L	177	Loesznitzer Schuhfabrik	49	49
880503	IF9035	L	0	Bekleidungswerk Burgstedt	50	50
880503	IF9035	L	0	Damenmoden Geyer	40	40
880503	IF9035	L	0	Strumpfmoden Diedorf	18	18
880503	IF9035	L	0	Strumpfwerk Gornau	20	20
880524	IF9035	L	177	Plauener Spitze	60	60
880524	IF9035	L	0	Halbmondteppiche Oelsnitz	47	47
880524	IF9035	L	0	Voatlandmoden Auerbach	70	70
880614	IF9035	L(352)	177	Tischdeckenwerk Kottengruen	20	20
880614	IF9035	L(353)	0	Spitzen u.Stickereien Plauen	2	2
880614	IF9035	L	0	DAKO Plauen	155	155
880617	IF9035	L(355)	170	ELDAMO Zwickau	30	30
880617	IF9035	L	0	DAKO Plauen	45	45
880617	IF9035	L	0	Konfektion Plauen	30	30
880617	IF9035	L(358)	0	Verein.Waeschefabrik Auerbach	72	65
880623	IF9035	L 371	180	Verein.Waeschefabrik Auerbach	28	31
880623	IF9035	L 372	0	Falkenstein	50	50
880623	IF9035	L	0	VBSZ Zwirnerei Glauchau	50	50
880623	IF9035	L	0	VOWETEX Plauen	5	5
880623	IF9035	L	0	Zwickauer Kammgarnspinnerei	44	44
880626	IF9035	L 376	180	Zwickauer Kammgarnspinnerei	36	36

Date, Flight Number, Ministry, Factory, Workers Target, Workers Actual (Complete Edition), 2021
Stamps on digital prints, framed
In 67 parts, each: 32.1 × 23.4 cm

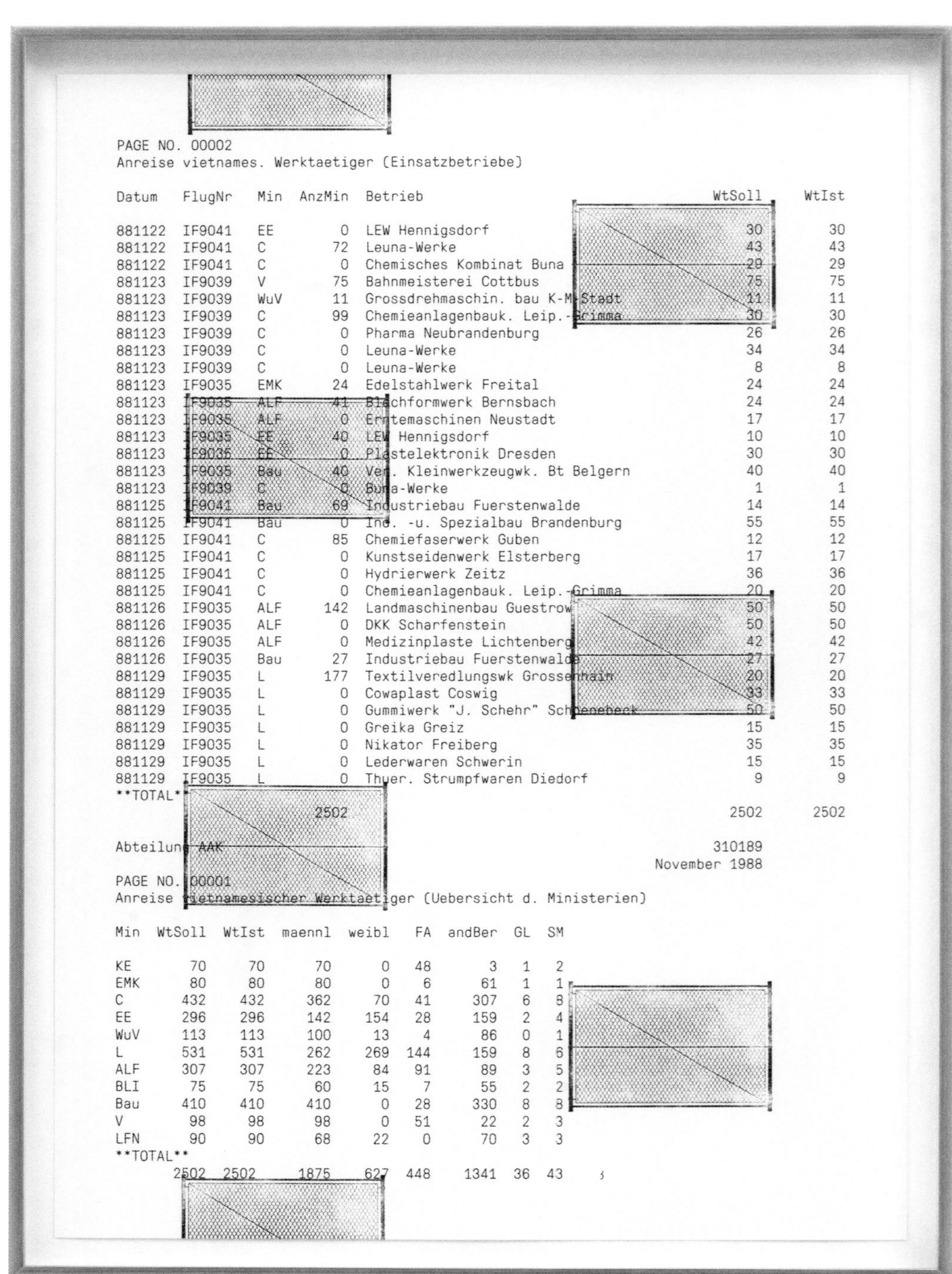

PAGE NO. 00002
Anreise vietnames. Werktaetiger (Einsatzbetriebe)

Datum	FlugNr	Min	AnzMin	Betrieb	WtSoll	WtIst
881122	IF9041	EE	0	LEW Hennigsdorf	30	30
881122	IF9041	C	72	Leuna-Werke	43	43
881122	IF9041	C	0	Chemisches Kombinat Buna	29	29
881123	IF9039	V	75	Bahnmeisterei Cottbus	75	75
881123	IF9039	WuV	11	Grossdrehmaschin. bau K-M-Stadt	11	11
881123	IF9039	C	99	Chemieanlagenbauk. Leip.-Grimma	30	30
881123	IF9039	C	0	Pharma Neubrandenburg	26	26
881123	IF9039	C	0	Leuna-Werke	34	34
881123	IF9039	C	0	Leuna-Werke	8	8
881123	IF9035	EMK	24	Edelstahlwerk Freital	24	24
881123	IF9035	ALF	41	Blechformwerk Bernsbach	24	24
881123	IF9035	ALF	0	Erntemaschinen Neustadt	17	17
881123	IF9035	EE	40	LEW Hennigsdorf	10	10
881123	IF9035	EE	0	Plastelektronik Dresden	30	30
881123	IF9035	Bau	40	Ver. Kleinwerkzeugwk. Bt Belgern	40	40
881123	IF9039	C	0	Buna-Werke	1	1
881125	IF9041	Bau	69	Industriebau Fuerstenwalde	14	14
881125	IF9041	Bau	0	Ind. -u. Spezialbau Brandenburg	55	55
881125	IF9041	C	85	Chemiefaserwerk Guben	12	12
881125	IF9041	C	0	Kunstseidenwerk Elsterberg	17	17
881125	IF9041	C	0	Hydrierwerk Zeitz	36	36
881125	IF9041	C	0	Chemieanlagenbauk. Leip.-Grimma	20	20
881126	IF9035	ALF	142	Landmaschinenbau Guestrow	50	50
881126	IF9035	ALF	0	DKK Scharfenstein	50	50
881126	IF9035	ALF	0	Medizinplaste Lichtenberg	42	42
881126	IF9035	Bau	27	Industriebau Fuerstenwalde	27	27
881129	IF9035	L	177	Textilveredlungswk Grossenhain	20	20
881129	IF9035	L	0	Cowaplast Coswig	33	33
881129	IF9035	L	0	Gummiwerk "J. Schehr" Schoenebeck	50	50
881129	IF9035	L	0	Greika Greiz	15	15
881129	IF9035	L	0	Nikator Freiberg	35	35
881129	IF9035	L	0	Lederwaren Schwerin	15	15
881129	IF9035	L	0	Thuer. Strumpfwaren Diedorf	9	9
TOTAL			2502		2502	2502

Abteilung AAK

310189
November 1988

PAGE NO. 00001
Anreise vietnamesischer Werktaetiger (Uebersicht d. Ministerien)

Min	WtSoll	WtIst	maennl	weibl	FA	andBer	GL	SM
KE	70	70	70	0	48	3	1	2
EMK	80	80	80	0	6	61	1	1
C	432	432	362	70	41	307	6	8
EE	296	296	142	154	28	159	2	4
WuV	113	113	100	13	4	86	0	1
L	531	531	262	269	144	159	8	6
ALF	307	307	223	84	91	89	3	5
BLI	75	75	60	15	7	55	2	2
Bau	410	410	410	0	28	330	8	8
V	98	98	98	0	51	22	2	3
LFN	90	90	68	22	0	70	3	3
TOTAL	2502	2502	1875	627	448	1341	36	43

D

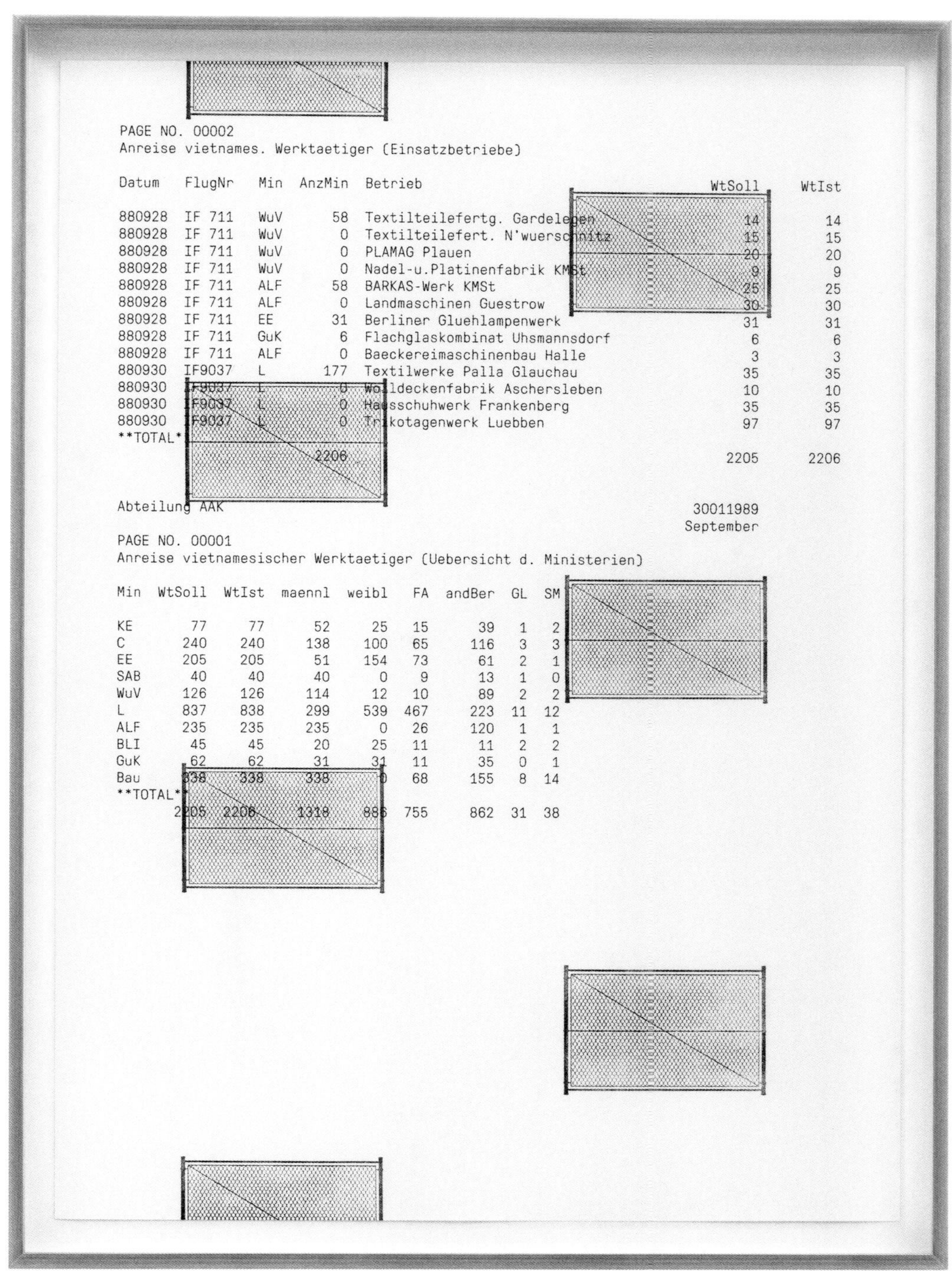

PAGE NO. 00002
Anreise vietnames. Werktaetiger (Einsatzbetriebe)

Datum	FlugNr	Min	AnzMin	Betrieb	WtSoll	WtIst
880928	IF 711	WuV	58	Textilteilefertg. Gardelegen	14	14
880928	IF 711	WuV	0	Textilteilefert. N'wuerschnitz	15	15
880928	IF 711	WuV	0	PLAMAG Plauen	20	20
880928	IF 711	WuV	0	Nadel-u.Platinenfabrik KMSt	9	9
880928	IF 711	ALF	58	BARKAS-Werk KMSt	25	25
880928	IF 711	ALF	0	Landmaschinen Guestrow	30	30
880928	IF 711	EE	31	Berliner Gluehlampenwerk	31	31
880928	IF 711	GuK	6	Flachglaskombinat Uhsmannsdorf	6	6
880928	IF 711	ALF	0	Baeckereimaschinenbau Halle	3	3
880930	IF9037	L	177	Textilwerke Palla Glauchau	35	35
880930	IF9037	L	0	Wolldeckenfabrik Aschersleben	10	10
880930	IF9037	L	0	Hausschuhwerk Frankenberg	35	35
880930	IF9037	L	0	Trikotagenwerk Luebben	97	97
**TOTAL*			2206		2205	2206

Abteilung AAK

30011989
September

PAGE NO. 00001
Anreise vietnamesischer Werktaetiger (Uebersicht d. Ministerien)

Min	WtSoll	WtIst	maennl	weibl	FA	andBer	GL	SM
KE	77	77	52	25	15	39	1	2
C	240	240	138	100	65	116	3	3
EE	205	205	51	154	73	61	2	1
SAB	40	40	40	0	9	13	1	0
WuV	126	126	114	12	10	89	2	2
L	837	838	299	539	467	223	11	12
ALF	235	235	235	0	26	120	1	1
BLI	45	45	20	25	11	11	2	2
GuK	62	62	31	31	11	35	0	1
Bau	338	338	338	0	68	155	8	14
**TOTAL*	2205	2206	1318	886	755	862	31	38

Date, Flight Number, Ministry, Factory, Workers Target, Workers Actual (Complete Edition), 2021
Stamps on digital prints, framed
In 67 parts, each: 32.1 × 23.4 cm

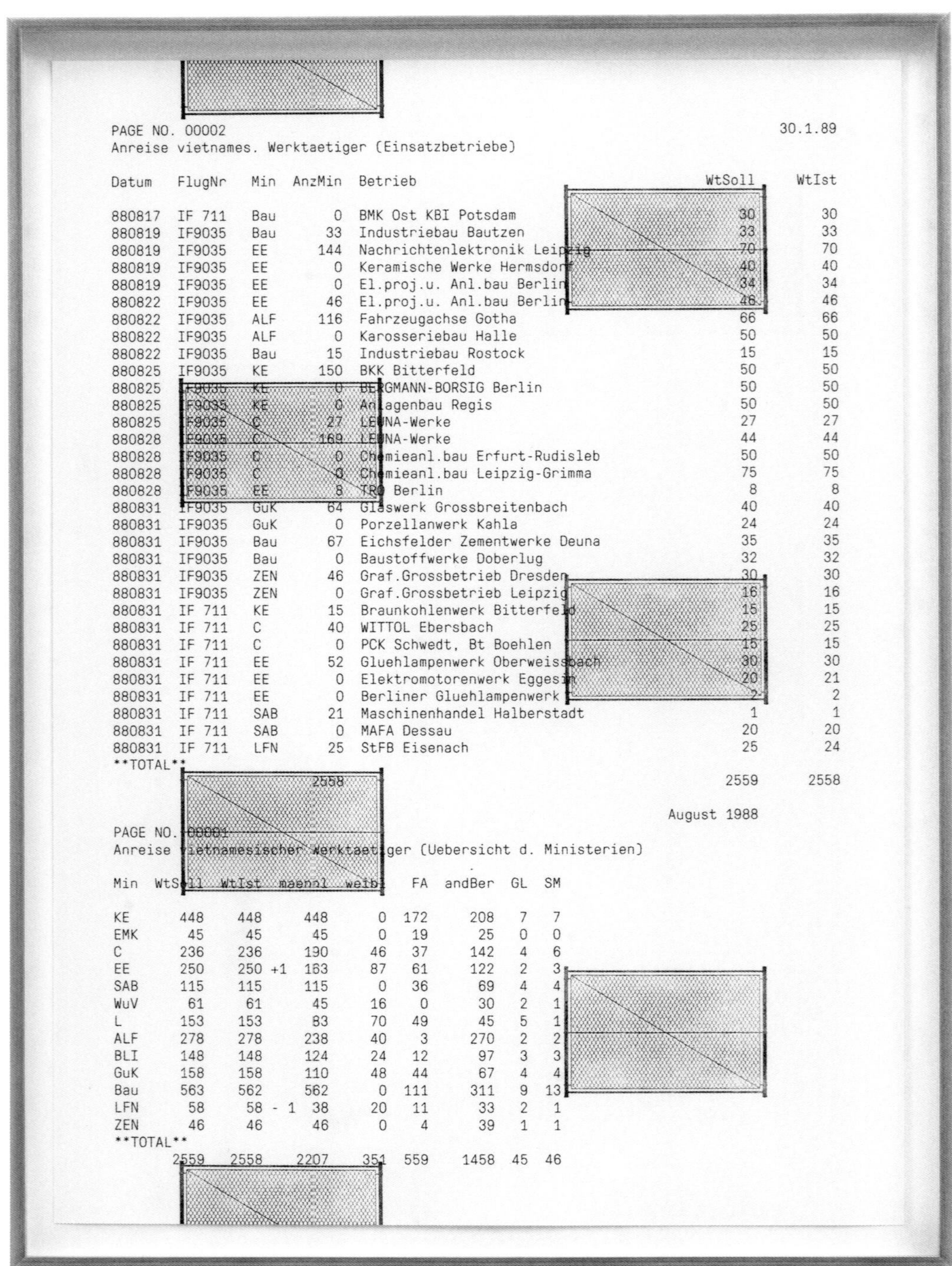

```
PAGE NO. 00002                                                    30.1.89
Anreise vietnames. Werktaetiger (Einsatzbetriebe)

Datum    FlugNr   Min  AnzMin  Betrieb                          WtSoll   WtIst
880817   IF 711   Bau      0   BMK Ost KBI Potsdam                  30      30
880819   IF9035   Bau     33   Industriebau Bautzen                33      33
880819   IF9035   EE     144   Nachrichtenlektronik Leipzig        70      70
880819   IF9035   EE       0   Keramische Werke Hermsdorf          40      40
880819   IF9035   EE       0   El.proj.u. Anl.bau Berlin           34      34
880822   IF9035   EE      46   El.proj.u. Anl.bau Berlin           46      46
880822   IF9035   ALF    116   Fahrzeugachse Gotha                 66      66
880822   IF9035   ALF      0   Karosseriebau Halle                 50      50
880822   IF9035   Bau     15   Industriebau Rostock                15      15
880825   IF9035   KE     150   BKK Bitterfeld                      50      50
880825   IF9035   KE       0   BERGMANN-BORSIG Berlin              50      50
880825   IF9035   KE       0   Anlagenbau Regis                    50      50
880825   IF9035   C       27   LEUNA-Werke                         27      27
880828   IF9035   C      169   LEUNA-Werke                         44      44
880828   IF9035   C        0   Chemieanl.bau Erfurt-Rudisleb       50      50
880828   IF9035   C        0   Chemieanl.bau Leipzig-Grimma        75      75
880828   IF9035   EE       8   TRO Berlin                           8       8
880831   IF9035   GuK     64   Glaswerk Grossbreitenbach           40      40
880831   IF9035   GuK      0   Porzellanwerk Kahla                 24      24
880831   IF9035   Bau     67   Eichsfelder Zementwerke Deuna       35      35
880831   IF9035   Bau      0   Baustoffwerke Doberlug              32      32
880831   IF9035   ZEN     46   Graf.Grossbetrieb Dresden           30      30
880831   IF9035   ZEN      0   Graf.Grossbetrieb Leipzig           16      16
880831   IF 711   KE      15   Braunkohlenwerk Bitterfeld          15      15
880831   IF 711   C       40   WITTOL Ebersbach                    25      25
880831   IF 711   C        0   PCK Schwedt, Bt Boehlen             15      15
880831   IF 711   EE      52   Gluehlampenwerk Oberweissbach       30      30
880831   IF 711   EE       0   Elektromotorenwerk Eggesin          20      21
880831   IF 711   EE       0   Berliner Gluehlampenwerk             2       2
880831   IF 711   SAB     21   Maschinenhandel Halberstadt          1       1
880831   IF 711   SAB      0   MAFA Dessau                         20      20
880831   IF 711   LFN     25   StFB Eisenach                       25      24
**TOTAL**                2558                                    2559    2558


                                                          August 1988
PAGE NO. 00001
Anreise vietnamesischer Werktaetiger (Uebersicht d. Ministerien)


Min  WtSoll   WtIst   maennl   weibl    FA   andBer  GL  SM

KE      448      448      448      0    172      208   7   7
EMK      45       45       45      0     19       25   0   0
C       236      236      190     46     37      142   4   6
EE      250    250 +1     163     87     61      122   2   3
SAB     115      115      115      0     36       69   4   4
WuV      61       61       45     16      0       30   2   1
L       153      153       83     70     49       45   5   1
ALF     278      278      238     40      3      270   2   2
BLI     148      148      124     24     12       97   3   3
GuK     158      158      110     48     44       67   4   4
Bau     563      562      562      0    111      311   9  13
LFN      58     58 - 1     38     20     11       33   2   1
ZEN      46       46       46      0      4       39   1   1
**TOTAL**
       2559     2558     2207    351    559     1458  45  46
```

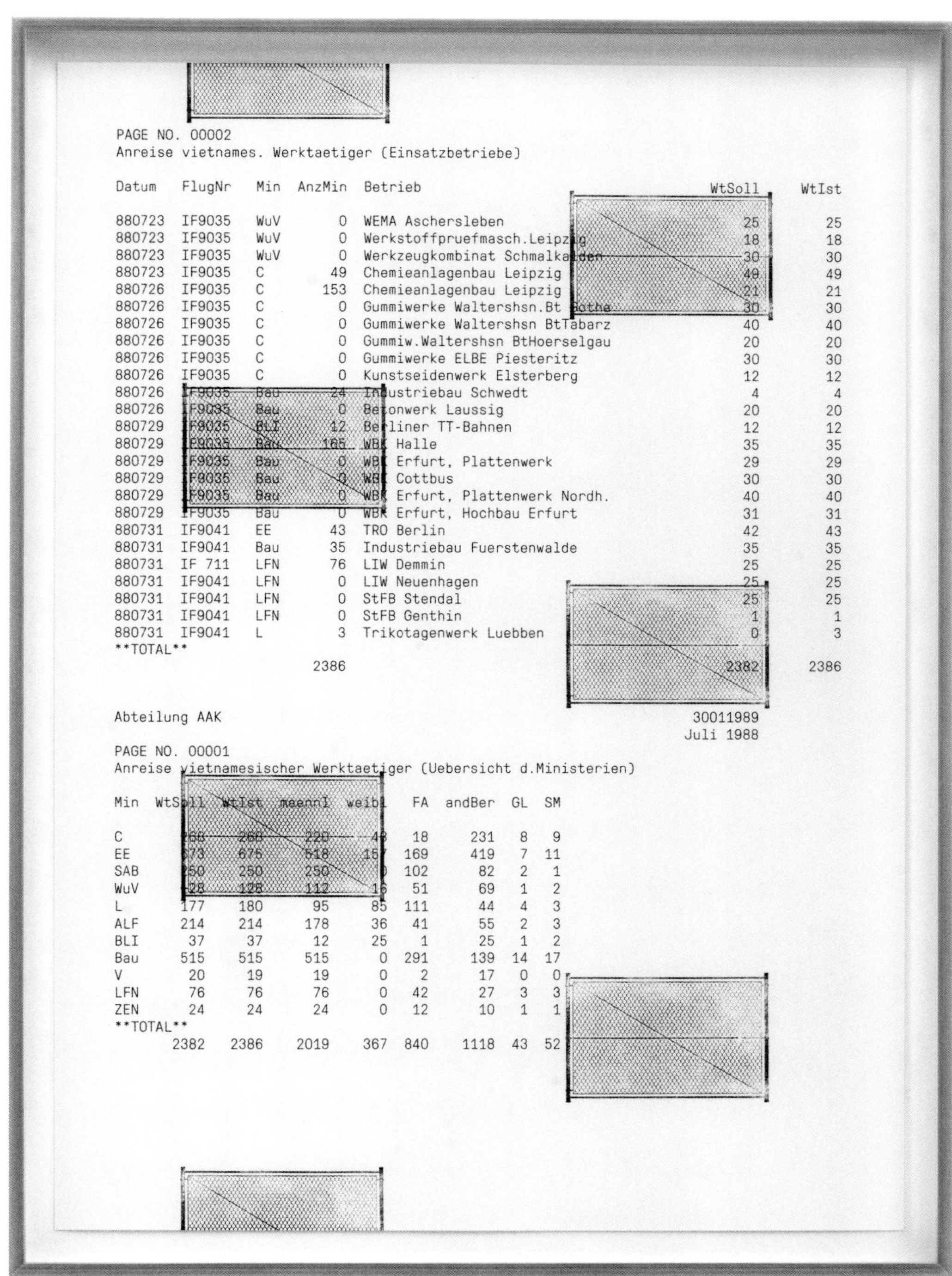

PAGE NO. 00002
Anreise vietnames. Werktaetiger (Einsatzbetriebe)

Datum	FlugNr	Min	AnzMin	Betrieb	WtSoll	WtIst
880723	IF9035	WuV	0	WEMA Aschersleben	25	25
880723	IF9035	WuV	0	Werkstoffpruefmasch.Leipzig	18	18
880723	IF9035	WuV	0	Werkzeugkombinat Schmalkalden	30	30
880723	IF9035	C	49	Chemieanlagenbau Leipzig	49	49
880726	IF9035	C	153	Chemieanlagenbau Leipzig	21	21
880726	IF9035	C	0	Gummiwerke Waltershsn.Bt Gotha	30	30
880726	IF9035	C	0	Gummiwerke Waltershsn BtTabarz	40	40
880726	IF9035	C	0	Gummiw.Waltershsn BtHoerselgau	20	20
880726	IF9035	C	0	Gummiwerke ELBE Piesteritz	30	30
880726	IF9035	C	0	Kunstseidenwerk Elsterberg	12	12
880726	IF9035	Bau	24	Industriebau Schwedt	4	4
880726	IF9035	Bau	0	Betonwerk Laussig	20	20
880729	IF9035	BLI	12	Berliner TT-Bahnen	12	12
880729	IF9035	Bau	165	WBK Halle	35	35
880729	IF9035	Bau	0	WBK Erfurt, Plattenwerk	29	29
880729	IF9035	Bau	0	WBK Cottbus	30	30
880729	IF9035	Bau	0	WBK Erfurt, Plattenwerk Nordh.	40	40
880729	IF9035	Bau	0	WBK Erfurt, Hochbau Erfurt	31	31
880731	IF9041	EE	43	TRO Berlin	42	43
880731	IF9041	Bau	35	Industriebau Fuerstenwalde	35	35
880731	IF 711	LFN	76	LIW Demmin	25	25
880731	IF9041	LFN	0	LIW Neuenhagen	25	25
880731	IF9041	LFN	0	StFB Stendal	25	25
880731	IF9041	LFN	0	StFB Genthin	1	1
880731	IF9041	L	3	Trikotagenwerk Luebben	0	3
TOTAL			2386		2382	2386

Abteilung AAK

30011989
Juli 1988

PAGE NO. 00001
Anreise vietnamesischer Werktaetiger (Uebersicht d.Ministerien)

Min	WtSoll	WtIst	maennl	weibl	FA	andBer	GL	SM
C	268	268	220	48	18	231	8	9
EE	673	675	518	157	169	419	7	11
SAB	250	250	250	0	102	82	2	1
WuV	128	128	112	16	51	69	1	2
L	177	180	95	85	111	44	4	3
ALF	214	214	178	36	41	55	2	3
BLI	37	37	12	25	1	25	1	2
Bau	515	515	515	0	291	139	14	17
V	20	19	19	0	2	17	0	0
LFN	76	76	76	0	42	27	3	3
ZEN	24	24	24	0	12	10	1	1
TOTAL	2382	2386	2019	367	840	1118	43	52

Date, Flight Number, Ministry, Factory, Workers Target, Workers Actual (Complete Edition), 2021
Stamps on digital prints, framed
In 67 parts, each: 32.1 × 23.4 cm

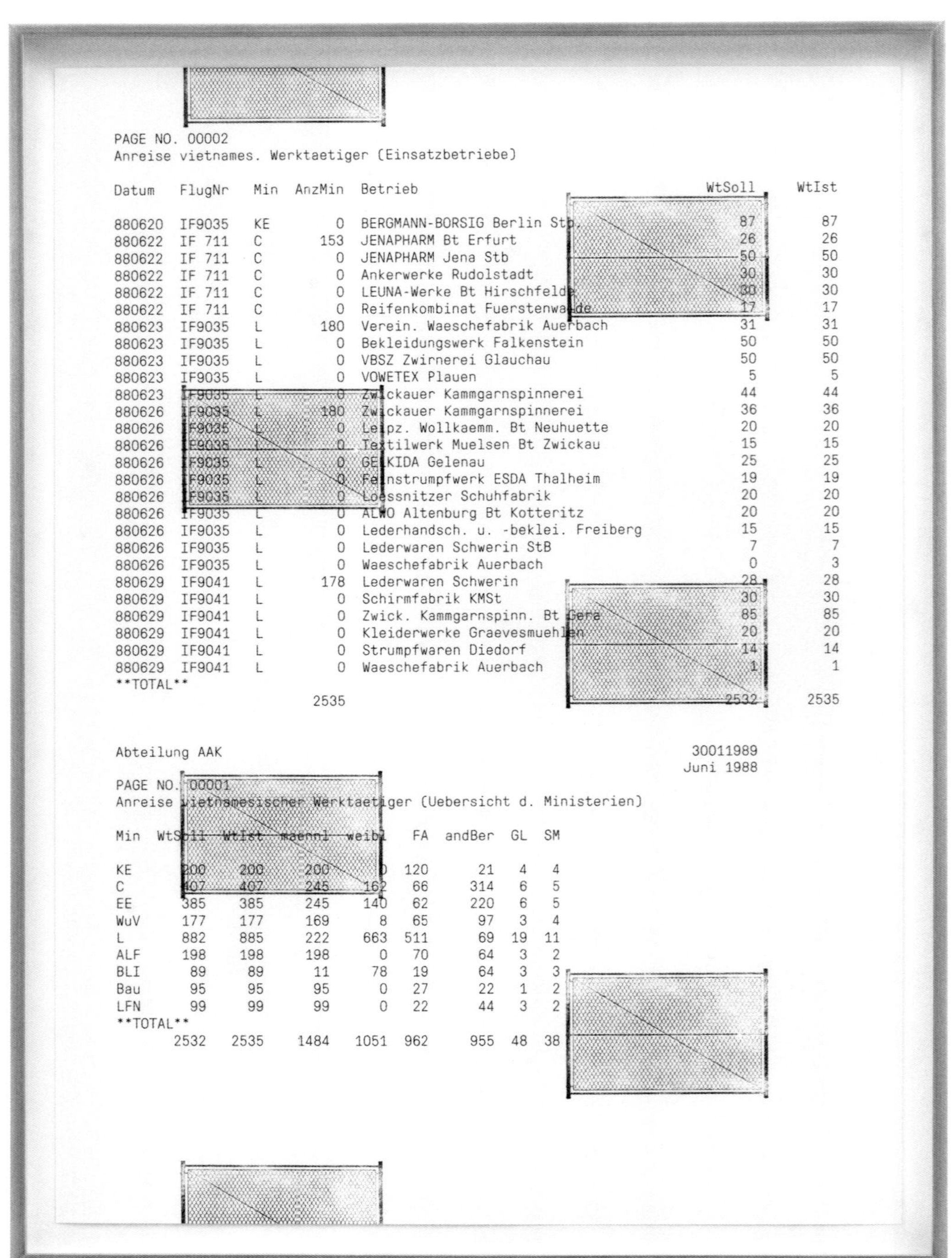

```
PAGE NO. 00002
Anreise vietnames. Werktaetiger (Einsatzbetriebe)

Datum    FlugNr   Min  AnzMin  Betrieb                                    WtSoll      WtIst

880620   IF9035   KE      0    BERGMANN-BORSIG Berlin Stb.                   87         87
880622   IF 711   C     153    JENAPHARM Bt Erfurt                           26         26
880622   IF 711   C       0    JENAPHARM Jena Stb                            50         50
880622   IF 711   C       0    Ankerwerke Rudolstadt                         30         30
880622   IF 711   C       0    LEUNA-Werke Bt Hirschfelde                    30         30
880622   IF 711   C       0    Reifenkombinat Fuerstenwalde                  17         17
880623   IF9035   L     180    Verein. Waeschefabrik Auerbach                31         31
880623   IF9035   L       0    Bekleidungswerk Falkenstein                   50         50
880623   IF9035   L       0    VBSZ Zwirnerei Glauchau                       50         50
880623   IF9035   L       0    VOWETEX Plauen                                 5          5
880623   IF9035   L       0    Zwickauer Kammgarnspinnerei                   44         44
880626   IF9035   L     180    Zwickauer Kammgarnspinnerei                   36         36
880626   IF9035   L       0    Leipz. Wollkaemm. Bt Neuhuette                20         20
880626   IF9035   L       0    Textilwerk Muelsen Bt Zwickau                 15         15
880626   IF9035   L       0    GELKIDA Gelenau                               25         25
880626   IF9035   L       0    Feinstrumpfwerk ESDA Thalheim                 19         19
880626   IF9035   L       0    Loessnitzer Schuhfabrik                       20         20
880626   IF9035   L       0    ALWO Altenburg Bt Kotteritz                   20         20
880626   IF9035   L       0    Lederhandsch. u. -beklei. Freiberg            15         15
880626   IF9035   L       0    Lederwaren Schwerin StB                        7          7
880626   IF9035   L       0    Waeschefabrik Auerbach                         0          3
880629   IF9041   L     178    Lederwaren Schwerin                           28         28
880629   IF9041   L       0    Schirmfabrik KMSt                             30         30
880629   IF9041   L       0    Zwick. Kammgarnspinn. Bt Gera                 85         85
880629   IF9041   L       0    Kleiderwerke Graevesmuehlen                   20         20
880629   IF9041   L       0    Strumpfwaren Diedorf                          14         14
880629   IF9041   L       0    Waeschefabrik Auerbach                         1          1
**TOTAL**
                       2535                                                2532       2535


Abteilung AAK                                                        30011989
                                                                    Juni 1988
PAGE NO. 00001
Anreise vietnamesischer Werktaetiger (Uebersicht d. Ministerien)

Min  WtSoll  WtIst  maennl  weibl   FA  andBer  GL  SM

KE      200    200     200      0   120      21   4   4
C       407    407     245    162    66     314   6   5
EE      385    385     245    140    62     220   6   5
WuV     177    177     169      8    65      97   3   4
L       882    885     222    663   511      69  19  11
ALF     198    198     198      0    70      64   3   2
BLI      89     89      11     78    19      64   3   3
Bau      95     95      95      0    27      22   1   2
LFN      99     99      99      0    22      44   3   2
**TOTAL**
       2532   2535    1484   1051   962     955  48  38
```

Date, Flight Number, Ministry, Factory, Workers Target, Workers Actual (Complete Edition), 2021
Stamps on digital prints, framed
In 67 parts, each: 32.1 × 23.4 cm

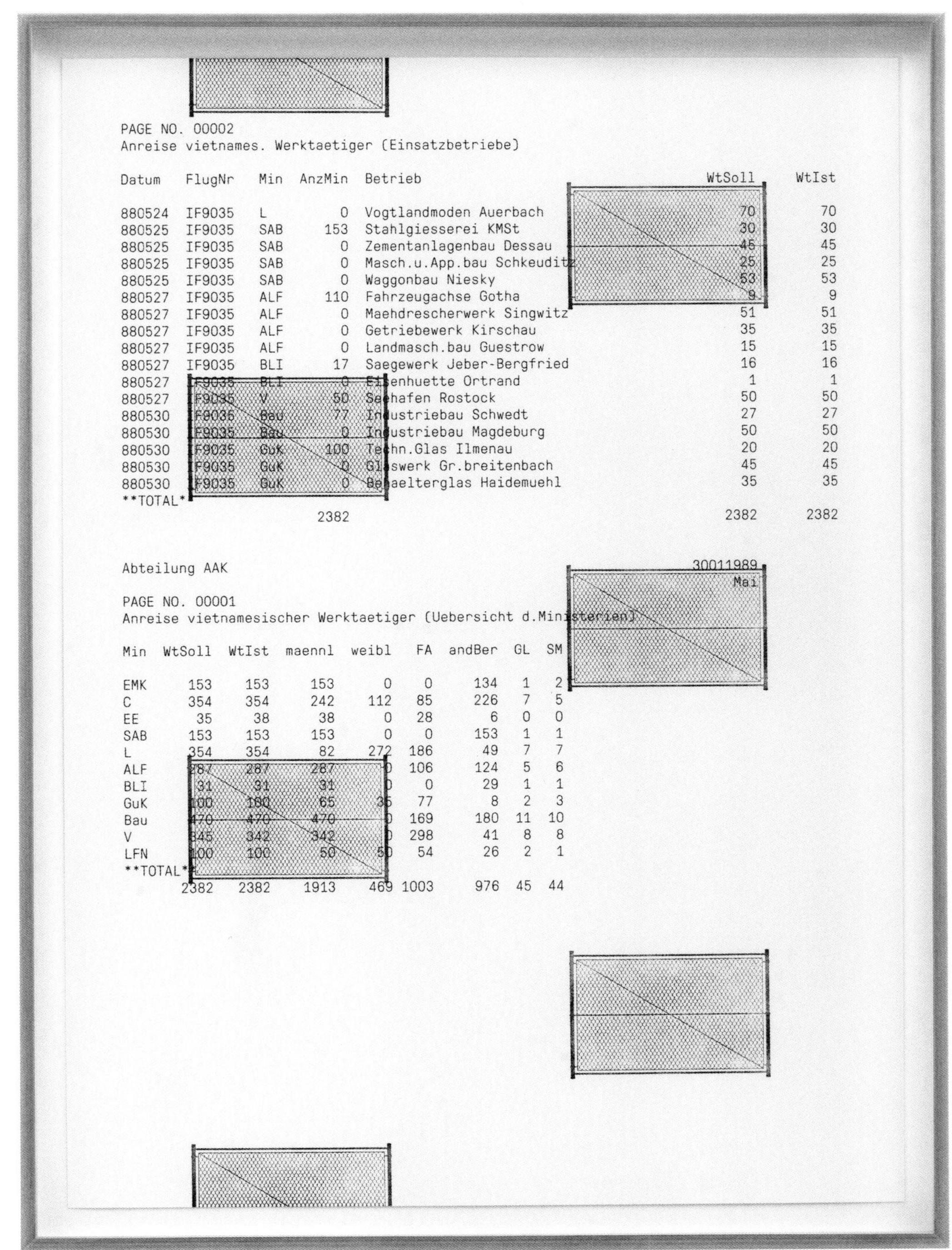

PAGE NO. 00002
Anreise vietnames. Werktaetiger (Einsatzbetriebe)

Datum	FlugNr	Min	AnzMin	Betrieb	WtSoll	WtIst
880524	IF9035	L	0	Vogtlandmoden Auerbach	70	70
880525	IF9035	SAB	153	Stahlgiesserei KMSt	30	30
880525	IF9035	SAB	0	Zementanlagenbau Dessau	45	45
880525	IF9035	SAB	0	Masch.u.App.bau Schkeuditz	25	25
880525	IF9035	SAB	0	Waggonbau Niesky	53	53
880527	IF9035	ALF	110	Fahrzeugachse Gotha	9	9
880527	IF9035	ALF	0	Maehdrescherwerk Singwitz	51	51
880527	IF9035	ALF	0	Getriebewerk Kirschau	35	35
880527	IF9035	ALF	0	Landmasch.bau Guestrow	15	15
880527	IF9035	BLI	17	Saegewerk Jeber-Bergfried	16	16
880527	IF9035	BLI	0	Eisenhuette Ortrand	1	1
880527	IF9035	V	50	Seehafen Rostock	50	50
880530	IF9035	Bau	77	Industriebau Schwedt	27	27
880530	IF9035	Bau	0	Industriebau Magdeburg	50	50
880530	IF9035	GuK	100	Techn.Glas Ilmenau	20	20
880530	IF9035	GuK	0	Glaswerk Gr.breitenbach	45	45
880530	IF9035	GuK	0	Behaelterglas Haidemuehl	35	35
**TOTAL*			2382		2382	2382

Abteilung AAK

30011989
Mai

PAGE NO. 00001
Anreise vietnamesischer Werktaetiger (Uebersicht d.Ministerien)

Min	WtSoll	WtIst	maennl	weibl	FA	andBer	GL	SM
EMK	153	153	153	0	0	134	1	2
C	354	354	242	112	85	226	7	5
EE	35	38	38	0	28	6	0	0
SAB	153	153	153	0	0	153	1	1
L	354	354	82	272	186	49	7	7
ALF	287	287	287	0	106	124	5	6
BLI	31	31	31	0	0	29	1	1
GuK	100	100	65	35	77	8	2	3
Bau	470	470	470	0	169	180	11	10
V	345	342	342	0	298	41	8	8
LFN	100	100	50	50	54	26	2	1
**TOTAL*	2382	2382	1913	469	1003	976	45	44

Date, Flight Number, Ministry, Factory, Workers Target, Workers Actual (Complete Edition), 2021
Stamps on digital prints, framed
In 67 parts, each: 32.1 × 23.4 cm

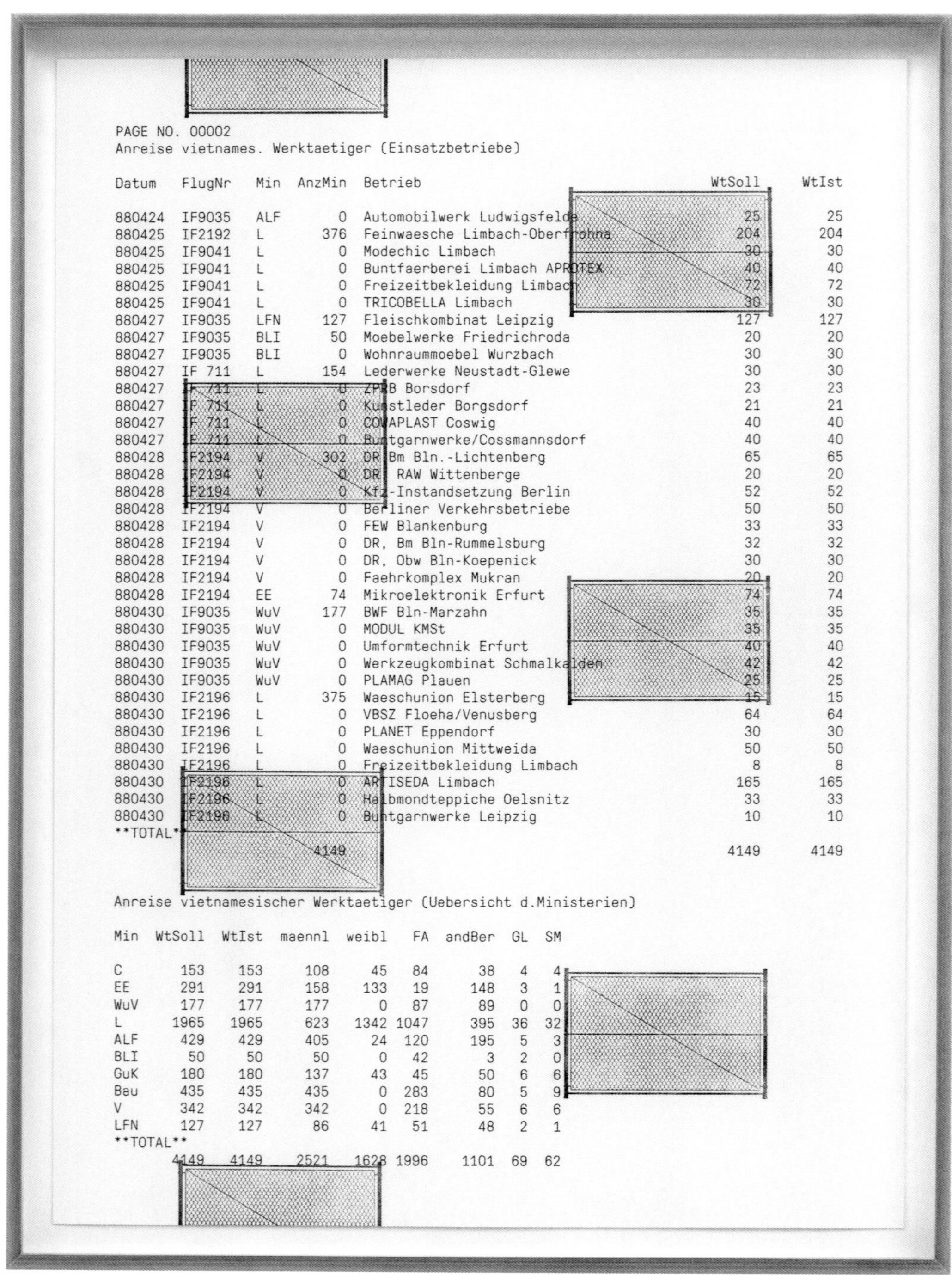

```
PAGE NO. 00002
Anreise vietnames. Werktaetiger (Einsatzbetriebe)

Datum    FlugNr   Min  AnzMin  Betrieb                                WtSoll   WtIst

880424   IF9035   ALF       0  Automobilwerk Ludwigsfelde                 25      25
880425   IF2192   L       376  Feinwaesche Limbach-Oberfrohna            204     204
880425   IF9041   L         0  Modechic Limbach                           30      30
880425   IF9041   L         0  Buntfaerberei Limbach APROTEX              40      40
880425   IF9041   L         0  Freizeitbekleidung Limbach                 72      72
880425   IF9041   L         0  TRICOBELLA Limbach                         30      30
880427   IF9035   LFN     127  Fleischkombinat Leipzig                   127     127
880427   IF9035   BLI      50  Moebelwerke Friedrichroda                  20      20
880427   IF9035   BLI       0  Wohnraummoebel Wurzbach                    30      30
880427   IF 711   L       154  Lederwerke Neustadt-Glewe                  30      30
880427   IF 711   L         0  ZPRB Borsdorf                              23      23
880427   IF 711   L         0  Kunstleder Borgsdorf                       21      21
880427   IF 711   L         0  COVAPLAST Coswig                           40      40
880427   IF 711   L         0  Buntgarnwerke/Cossmannsdorf                40      40
880428   IF2194   V       302  DR, Bm Bln.-Lichtenberg                    65      65
880428   IF2194   V         0  DR, RAW Wittenberge                        20      20
880428   IF2194   V         0  Kfz-Instandsetzung Berlin                  52      52
880428   IF2194   V         0  Berliner Verkehrsbetriebe                  50      50
880428   IF2194   V         0  FEW Blankenburg                            33      33
880428   IF2194   V         0  DR, Bm Bln-Rummelsburg                     32      32
880428   IF2194   V         0  DR, Obw Bln-Koepenick                      30      30
880428   IF2194   V         0  Faehrkomplex Mukran                        20      20
880428   IF2194   EE       74  Mikroelektronik Erfurt                     74      74
880430   IF9035   WuV     177  BWF Bln-Marzahn                            35      35
880430   IF9035   WuV       0  MODUL KMSt                                 35      35
880430   IF9035   WuV       0  Umformtechnik Erfurt                       40      40
880430   IF9035   WuV       0  Werkzeugkombinat Schmalkalden              42      42
880430   IF9035   WuV       0  PLAMAG Plauen                              25      25
880430   IF2196   L       375  Waeschunion Elsterberg                     15      15
880430   IF2196   L         0  VBSZ Floeha/Venusberg                      64      64
880430   IF2196   L         0  PLANET Eppendorf                           30      30
880430   IF2196   L         0  Waeschunion Mittweida                      50      50
880430   IF2196   L         0  Freizeitbekleidung Limbach                  8       8
880430   IF2196   L         0  ARTISEDA Limbach                          165     165
880430   IF2196   L         0  Halbmondteppiche Oelsnitz                   33      33
880430   IF2196   L         0  Buntgarnwerke Leipzig                      10      10
**TOTAL**
                         4149                                           4149    4149


Anreise vietnamesischer Werktaetiger (Uebersicht d.Ministerien)

Min  WtSoll  WtIst  maennl  weibl   FA  andBer  GL  SM

C       153    153     108     45    84      38   4   4
EE      291    291     158    133    19     148   3   1
WuV     177    177     177      0    87      89   0   0
L      1965   1965     623   1342  1047     395  36  32
ALF     429    429     405     24   120     195   5   3
BLI      50     50      50      0    42       3   2   0
GuK     180    180     137     43    45      50   6   6
Bau     435    435     435      0   283      80   5   9
V       342    342     342      0   218      55   6   6
LFN     127    127      86     41    51      48   2   1
**TOTAL**
       4149   4149    2521   1628  1996    1101  69  62
```

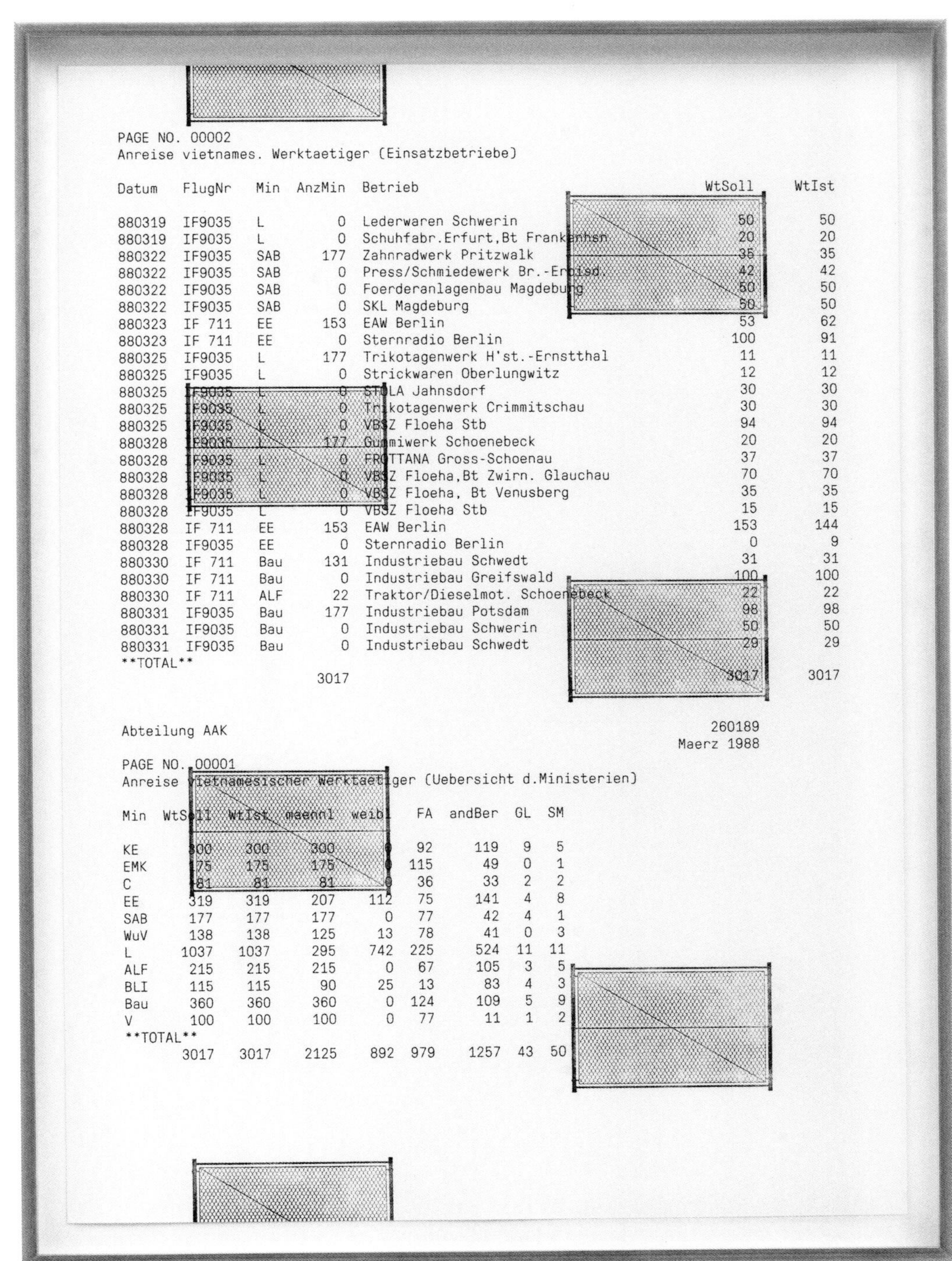

```
PAGE NO. 00002
Anreise vietnames. Werktaetiger (Einsatzbetriebe)

Datum   FlugNr  Min AnzMin Betrieb                              WtSoll    WtIst

880319  IF9035  L      0  Lederwaren Schwerin                      50       50
880319  IF9035  L      0  Schuhfabr.Erfurt,Bt Frankenhsn           20       20
880322  IF9035  SAB  177  Zahnradwerk Pritzwalk                    35       35
880322  IF9035  SAB    0  Press/Schmiedewerk Br.-Erbisd.           42       42
880322  IF9035  SAB    0  Foerderanlagenbau Magdeburg              50       50
880322  IF9035  SAB    0  SKL Magdeburg                            50       50
880323  IF 711  EE   153  EAW Berlin                               53       62
880323  IF 711  EE     0  Sternradio Berlin                       100       91
880325  IF9035  L    177  Trikotagenwerk H'st.-Ernstthal           11       11
880325  IF9035  L      0  Strickwaren Oberlungwitz                 12       12
880325  IF9035  L      0  STOLA Jahnsdorf                          30       30
880325  IF9035  L      0  Trikotagenwerk Crimmitschau              30       30
880325  IF9035  L      0  VBSZ Floeha Stb                          94       94
880328  IF9035  L    177  Gummiwerk Schoenebeck                    20       20
880328  IF9035  L      0  FROTTANA Gross-Schoenau                  37       37
880328  IF9035  L      0  VBSZ Floeha,Bt Zwirn. Glauchau           70       70
880328  IF9035  L      0  VBSZ Floeha, Bt Venusberg                35       35
880328  IF9035  L      0  VBSZ Floeha Stb                          15       15
880328  IF 711  EE   153  EAW Berlin                              153      144
880328  IF9035  EE     0  Sternradio Berlin                         0        9
880330  IF 711  Bau  131  Industriebau Schwedt                     31       31
880330  IF 711  Bau    0  Industriebau Greifswald                 100      100
880330  IF 711  ALF   22  Traktor/Dieselmot. Schoenebeck           22       22
880331  IF9035  Bau  177  Industriebau Potsdam                     98       98
880331  IF9035  Bau    0  Industriebau Schwerin                    50       50
880331  IF9035  Bau    0  Industriebau Schwedt                     29       29
**TOTAL**
                        3017                                     3017     3017


Abteilung AAK                                            260189
                                                        Maerz 1988

PAGE NO. 00001
Anreise vietnamesischer Werktaetiger (Uebersicht d.Ministerien)

Min  WtSoll  WtIst  maennl  weibl   FA  andBer  GL  SM

KE    300     300    300       0    92    119    9    5
EMK   175     175    175       0   115     49    0    1
C      81      81     81       0    36     33    2    2
EE    319     319    207     112    75    141    4    8
SAB   177     177    177       0    77     42    4    1
WuV   138     138    125      13    78     41    0    3
L    1037    1037    295     742   225    524   11   11
ALF   215     215    215       0    67    105    3    5
BLI   115     115     90      25    13     83    4    3
Bau   360     360    360       0   124    109    5    9
V     100     100    100       0    77     11    1    2
**TOTAL**
     3017    3017   2125     892   979   1257   43   50
```

Date, Flight Number, Ministry, Factory, Workers Target, Workers Actual (Complete Edition), 2021
Stamps on digital prints, framed
In 67 parts, each: 32.1 × 23.4 cm

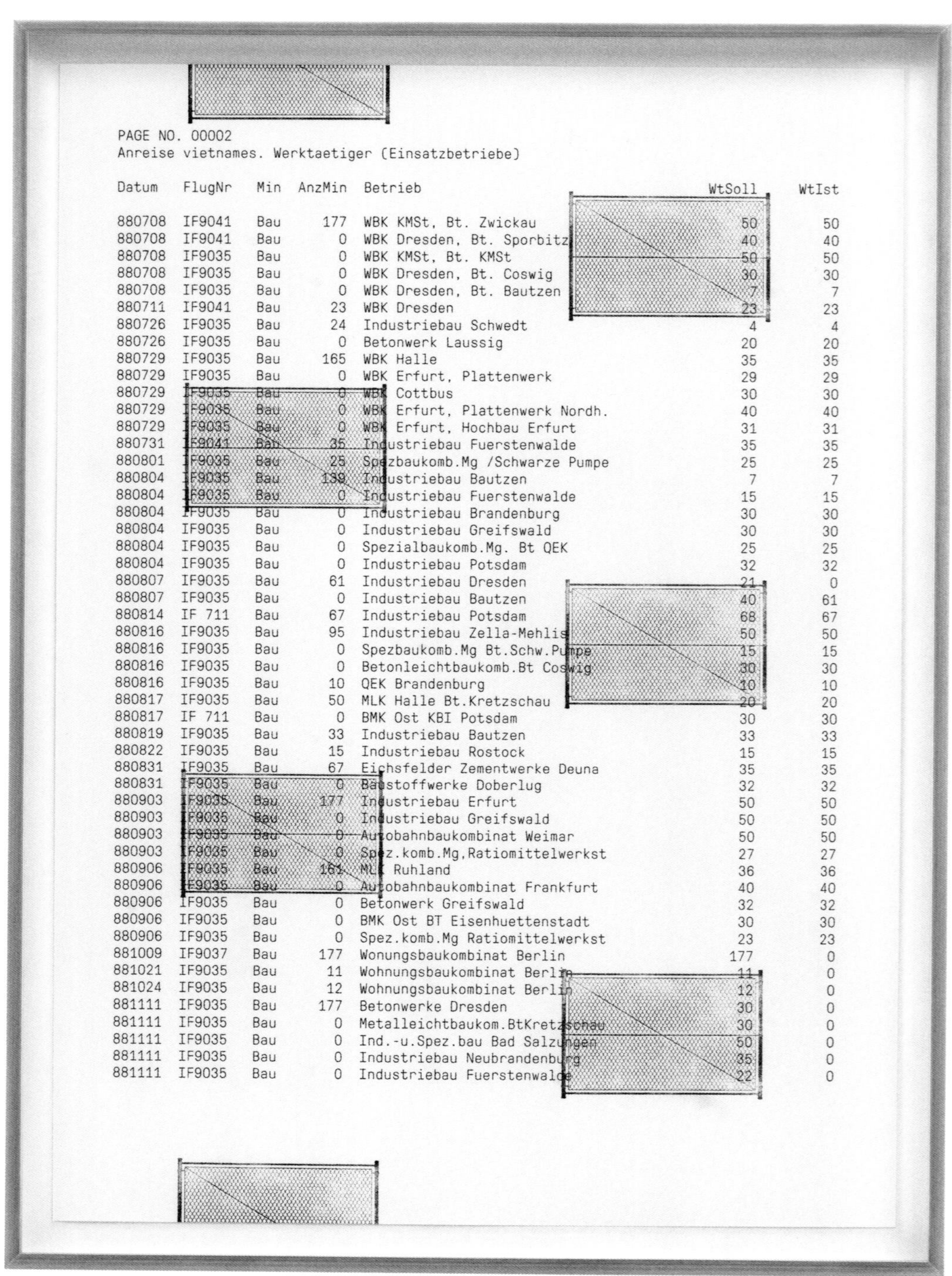

```
PAGE NO. 00002
Anreise vietnames. Werktaetiger (Einsatzbetriebe)
```

Datum	FlugNr	Min	AnzMin	Betrieb	WtSoll	WtIst
880708	IF9041	Bau	177	WBK KMSt, Bt. Zwickau	50	50
880708	IF9041	Bau	0	WBK Dresden, Bt. Sporbitz	40	40
880708	IF9035	Bau	0	WBK KMSt, Bt. KMSt	50	50
880708	IF9035	Bau	0	WBK Dresden, Bt. Coswig	30	30
880708	IF9035	Bau	0	WBK Dresden, Bt. Bautzen	7	7
880711	IF9041	Bau	23	WBK Dresden	23	23
880726	IF9035	Bau	24	Industriebau Schwedt	4	4
880726	IF9035	Bau	0	Betonwerk Laussig	20	20
880729	IF9035	Bau	165	WBK Halle	35	35
880729	IF9035	Bau	0	WBK Erfurt, Plattenwerk	29	29
880729	IF9035	Bau	0	WBK Cottbus	30	30
880729	IF9035	Bau	0	WBK Erfurt, Plattenwerk Nordh.	40	40
880729	IF9035	Bau	0	WBK Erfurt, Hochbau Erfurt	31	31
880731	IF9041	Bau	35	Industriebau Fuerstenwalde	35	35
880801	IF9035	Bau	25	Spezbaukomb.Mg /Schwarze Pumpe	25	25
880804	IF9035	Bau	139	Industriebau Bautzen	7	7
880804	IF9035	Bau	0	Industriebau Fuerstenwalde	15	15
880804	IF9035	Bau	0	Industriebau Brandenburg	30	30
880804	IF9035	Bau	0	Industriebau Greifswald	30	30
880804	IF9035	Bau	0	Spezialbaukomb.Mg. Bt QEK	25	25
880804	IF9035	Bau	0	Industriebau Potsdam	32	32
880807	IF9035	Bau	61	Industriebau Dresden	21	0
880807	IF9035	Bau	0	Industriebau Bautzen	40	61
880814	IF 711	Bau	67	Industriebau Potsdam	68	67
880816	IF9035	Bau	95	Industriebau Zella-Mehlis	50	50
880816	IF9035	Bau	0	Spezbaukomb.Mg Bt.Schw.Pumpe	15	15
880816	IF9035	Bau	0	Betonleichtbaukomb.Bt Coswig	30	30
880816	IF9035	Bau	10	QEK Brandenburg	10	10
880817	IF9035	Bau	50	MLK Halle Bt.Kretzschau	20	20
880817	IF 711	Bau	0	BMK Ost KBI Potsdam	30	30
880819	IF9035	Bau	33	Industriebau Bautzen	33	33
880822	IF9035	Bau	15	Industriebau Rostock	15	15
880831	IF9035	Bau	67	Eichsfelder Zementwerke Deuna	35	35
880831	IF9035	Bau	0	Baustoffwerke Doberlug	32	32
880903	IF9035	Bau	177	Industriebau Erfurt	50	50
880903	IF9035	Bau	0	Industriebau Greifswald	50	50
880903	IF9035	Bau	0	Autobahnbaukombinat Weimar	50	50
880903	IF9035	Bau	0	Spez.komb.Mg,Ratiomittelwerkst	27	27
880906	IF9035	Bau	161	MLK Ruhland	36	36
880906	IF9035	Bau	0	Autobahnbaukombinat Frankfurt	40	40
880906	IF9035	Bau	0	Betonwerk Greifswald	32	32
880906	IF9035	Bau	0	BMK Ost BT Eisenhuettenstadt	30	30
880906	IF9035	Bau	0	Spez.komb.Mg Ratiomittelwerkst	23	23
881009	IF9037	Bau	177	Wonungsbaukombinat Berlin	177	0
881021	IF9035	Bau	11	Wohnungsbaukombinat Berlin	11	0
881024	IF9035	Bau	12	Wohnungsbaukombinat Berlin	12	0
881111	IF9035	Bau	177	Betonwerke Dresden	30	0
881111	IF9035	Bau	0	Metalleichtbaukom.BtKretzschau	30	0
881111	IF9035	Bau	0	Ind.-u.Spez.bau Bad Salzungen	50	0
881111	IF9035	Bau	0	Industriebau Neubrandenburg	35	0
881111	IF9035	Bau	0	Industriebau Fuerstenwalde	22	0

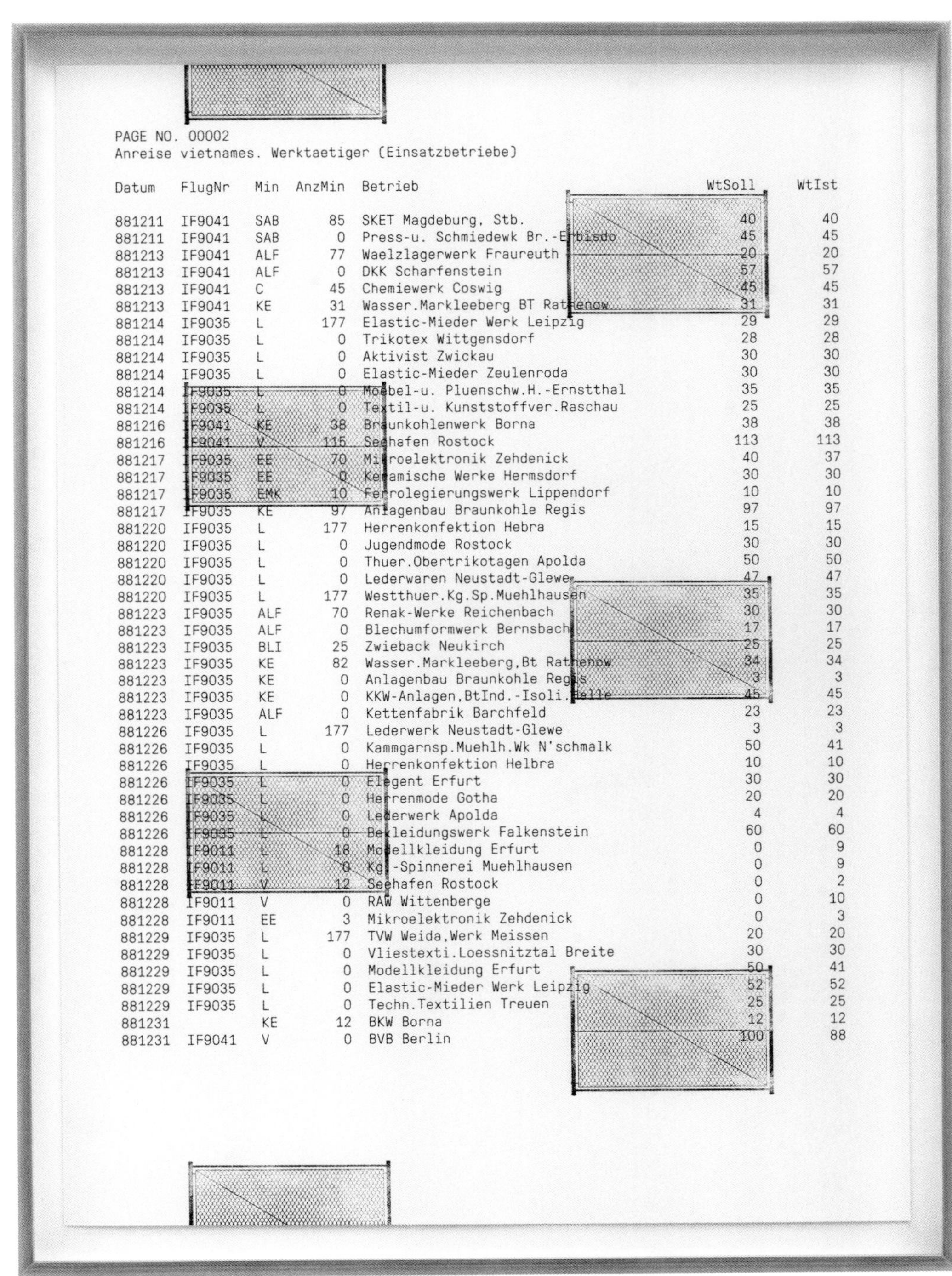

PAGE NO. 00002
Anreise vietnames. Werktaetiger (Einsatzbetriebe)

Datum	FlugNr	Min	AnzMin	Betrieb	WtSoll	WtIst
881211	IF9041	SAB	85	SKET Magdeburg, Stb.	40	40
881211	IF9041	SAB	0	Press-u. Schmiedewk Br.-Erbisdo	45	45
881213	IF9041	ALF	77	Waelzlagerwerk Fraureuth	20	20
881213	IF9041	ALF	0	DKK Scharfenstein	57	57
881213	IF9041	C	45	Chemiewerk Coswig	45	45
881213	IF9041	KE	31	Wasser.Markleeberg BT Rathenow	31	31
881214	IF9035	L	177	Elastic-Mieder Werk Leipzig	29	29
881214	IF9035	L	0	Trikotex Wittgensdorf	28	28
881214	IF9035	L	0	Aktivist Zwickau	30	30
881214	IF9035	L	0	Elastic-Mieder Zeulenroda	30	30
881214	IF9035	L	0	Moebel-u. Pluenschw.H.-Ernstthal	35	35
881214	IF9035	L	0	Textil-u. Kunststoffver.Raschau	25	25
881216	IF9041	KE	38	Braunkohlenwerk Borna	38	38
881216	IF9041	V	115	Seehafen Rostock	113	113
881217	IF9035	EE	70	Mikroelektronik Zehdenick	40	37
881217	IF9035	EE	0	Keramische Werke Hermsdorf	30	30
881217	IF9035	EMK	10	Ferrolegierungswerk Lippendorf	10	10
881217	IF9035	KE	97	Anlagenbau Braunkohle Regis	97	97
881220	IF9035	L	177	Herrenkonfektion Hebra	15	15
881220	IF9035	L	0	Jugendmode Rostock	30	30
881220	IF9035	L	0	Thuer.Obertrikotagen Apolda	50	50
881220	IF9035	L	0	Lederwaren Neustadt-Glewe	47	47
881220	IF9035	L	177	Westthuer.Kg.Sp.Muehlhausen	35	35
881223	IF9035	ALF	70	Renak-Werke Reichenbach	30	30
881223	IF9035	ALF	0	Blechumformwerk Bernsbach	17	17
881223	IF9035	BLI	25	Zwieback Neukirch	25	25
881223	IF9035	KE	82	Wasser.Markleeberg,Bt Rathenow	34	34
881223	IF9035	KE	0	Anlagenbau Braunkohle Regis	3	3
881223	IF9035	KE	0	KKW-Anlagen,BtInd.-Isoli.Halle	45	45
881223	IF9035	ALF	0	Kettenfabrik Barchfeld	23	23
881226	IF9035	L	177	Lederwerk Neustadt-Glewe	3	3
881226	IF9035	L	0	Kammgarnsp.Muehlh.Wk N'schmalk	50	41
881226	IF9035	L	0	Herrenkonfektion Helbra	10	10
881226	IF9035	L	0	Elegent Erfurt	30	30
881226	IF9035	L	0	Herrenmode Gotha	20	20
881226	IF9035	L	0	Lederwerk Apolda	4	4
881226	IF9035	L	0	Bekleidungswerk Falkenstein	60	60
881228	IF9011	L	18	Modellkleidung Erfurt	0	9
881228	IF9011	L	0	Kg.-Spinnerei Muehlhausen	0	9
881228	IF9011	V	12	Seehafen Rostock	0	2
881228	IF9011	V	0	RAW Wittenberge	0	10
881228	IF9011	EE	3	Mikroelektronik Zehdenick	0	3
881229	IF9035	L	177	TVW Weida,Werk Meissen	20	20
881229	IF9035	L	0	Vliestexti.Loessnitztal Breite	30	30
881229	IF9035	L	0	Modellkleidung Erfurt	50	41
881229	IF9035	L	0	Elastic-Mieder Werk Leipzig	52	52
881229	IF9035	L	0	Techn.Textilien Treuen	25	25
881231		KE	12	BKW Borna	12	12
881231	IF9041	V	0	BVB Berlin	100	88

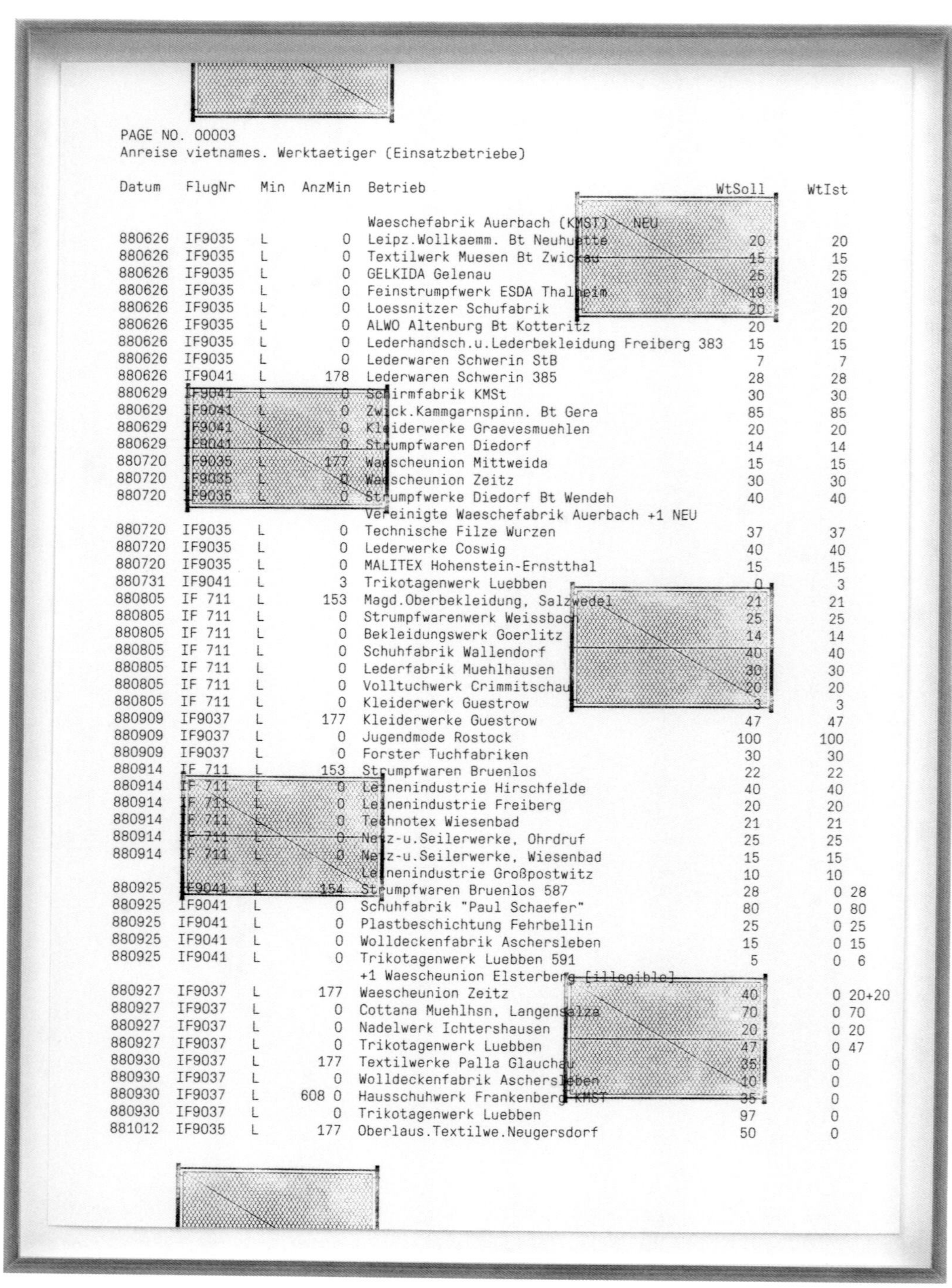

```
PAGE NO. 00003
Anreise vietnames. Werktaetiger (Einsatzbetriebe)
```

Datum	FlugNr	Min	AnzMin	Betrieb	WtSoll	WtIst
				Waeschefabrik Auerbach (KMST) NEU		
880626	IF9035	L	0	Leipz.Wollkaemm. Bt Neuhuette	20	20
880626	IF9035	L	0	Textilwerk Muesen Bt Zwickau	15	15
880626	IF9035	L	0	GELKIDA Gelenau	25	25
880626	IF9035	L	0	Feinstrumpfwerk ESDA Thalheim	19	19
880626	IF9035	L	0	Loessnitzer Schufabrik	20	20
880626	IF9035	L	0	ALWO Altenburg Bt Kotteritz	20	20
880626	IF9035	L	0	Lederhandsch.u.Lederbekleidung Freiberg 383	15	15
880626	IF9035	L	0	Lederwaren Schwerin StB	7	7
880626	IF9041	L	178	Lederwaren Schwerin 385	28	28
880629	IF9041	L	0	Schirmfabrik KMSt	30	30
880629	IF9041	L	0	Zwick.Kammgarnspinn. Bt Gera	85	85
880629	IF9041	L	0	Kleiderwerke Graevesmuehlen	20	20
880629	IF9041	L	0	Strumpfwaren Diedorf	14	14
880720	IF9035	L	177	Waescheunion Mittweida	15	15
880720	IF9035	L	0	Waescheunion Zeitz	30	30
880720	IF9035	L	0	Strumpfwerke Diedorf Bt Wendeh	40	40
				Vereinigte Waeschefabrik Auerbach +1 NEU		
880720	IF9035	L	0	Technische Filze Wurzen	37	37
880720	IF9035	L	0	Lederwerke Coswig	40	40
880720	IF9035	L	0	MALITEX Hohenstein-Ernstthal	15	15
880731	IF9041	L	3	Trikotagenwerk Luebben	0	3
880805	IF 711	L	153	Magd.Oberbekleidung, Salzwedel	21	21
880805	IF 711	L	0	Strumpfwarenwerk Weissbach	25	25
880805	IF 711	L	0	Bekleidungswerk Goerlitz	14	14
880805	IF 711	L	0	Schuhfabrik Wallendorf	40	40
880805	IF 711	L	0	Lederfabrik Muehlhausen	30	30
880805	IF 711	L	0	Volltuchwerk Crimmitschau	20	20
880805	IF 711	L	0	Kleiderwerk Guestrow	3	3
880909	IF9037	L	177	Kleiderwerke Guestrow	47	47
880909	IF9037	L	0	Jugendmode Rostock	100	100
880909	IF9037	L	0	Forster Tuchfabriken	30	30
880914	IF 711	L	153	Strumpfwaren Bruenlos	22	22
880914	IF 711	L	0	Leinenindustrie Hirschfelde	40	40
880914	IF 711	L	0	Leinenindustrie Freiberg	20	20
880914	IF 711	L	0	Technotex Wiesenbad	21	21
880914	IF 711	L	0	Netz-u.Seilerwerke, Ohrdruf	25	25
880914	IF 711	L	0	Netz-u.Seilerwerke, Wiesenbad	15	15
				Leinenindustrie Großpostwitz	10	10
880925	IF9041	L	154	Strumpfwaren Bruenlos 587	28	0 28
880925	IF9041	L	0	Schuhfabrik "Paul Schaefer"	80	0 80
880925	IF9041	L	0	Plastbeschichtung Fehrbellin	25	0 25
880925	IF9041	L	0	Wolldeckenfabrik Aschersleben	15	0 15
880925	IF9041	L	0	Trikotagenwerk Luebben 591	5	0 6
				+1 Waescheunion Elsterberg [illegible]		
880927	IF9037	L	177	Waescheunion Zeitz	40	0 20+20
880927	IF9037	L	0	Cottana Muehlhsn, Langensalza	70	0 70
880927	IF9037	L	0	Nadelwerk Ichtershausen	20	0 20
880927	IF9037	L	0	Trikotagenwerk Luebben	47	0 47
880930	IF9037	L	177	Textilwerke Palla Glauchau	35	0
880930	IF9037	L	0	Wolldeckenfabrik Aschersleben	10	0
880930	IF9037	L	608 0	Hausschuhwerk Frankenberg KMST	35	0
880930	IF9037	L	0	Trikotagenwerk Luebben	97	0
881012	IF9035	L	177	Oberlaus.Textilwe.Neugersdorf	50	0

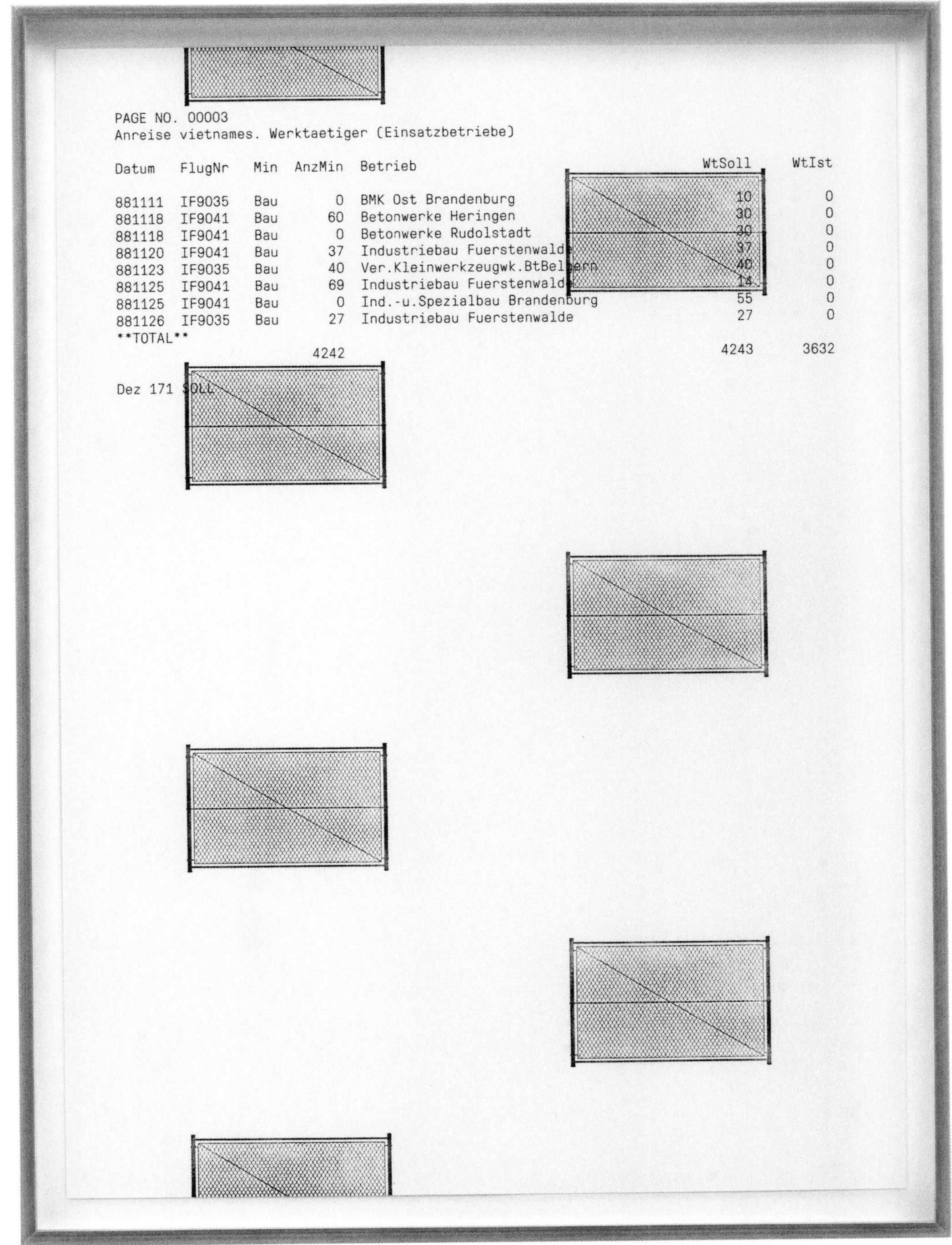

Datum	FlugNr	Min	AnzMin	Betrieb	WtSoll	WtIst
881111	IF9035	Bau	0	BMK Ost Brandenburg	10	0
881118	IF9041	Bau	60	Betonwerke Heringen	30	0
881118	IF9041	Bau	0	Betonwerke Rudolstadt	30	0
881120	IF9041	Bau	37	Industriebau Fuerstenwalde	37	0
881123	IF9035	Bau	40	Ver.Kleinwerkzeugwk.BtBelzern	40	0
881125	IF9041	Bau	69	Industriebau Fuerstenwalde	14	0
881125	IF9041	Bau	0	Ind.-u.Spezialbau Brandenburg	55	0
881126	IF9035	Bau	27	Industriebau Fuerstenwalde	27	0
TOTAL			4242		4243	3632

D

*Date, Flight Number, Ministry,
Factory, Workers Target, Workers
Actual (Complete Edition),* 2021
Stamps on digital prints, framed
In 67 parts, each: 32.1 × 23.4 cm

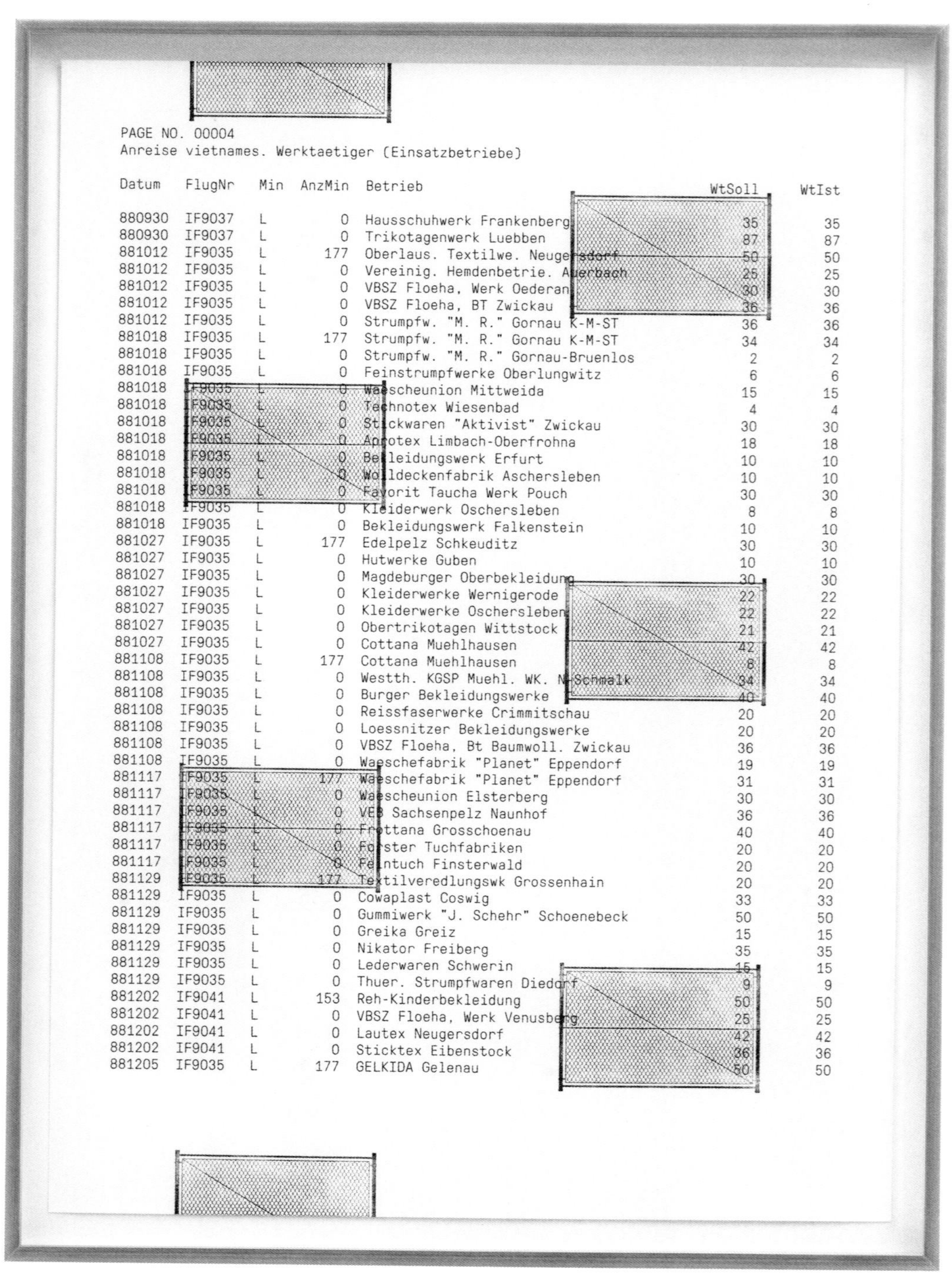

Date, Flight Number, Ministry, Factory, Workers Target, Workers Actual (Complete Edition), 2021
Stamps on digital prints, framed
In 67 parts, each: 32.1 × 23.4 cm

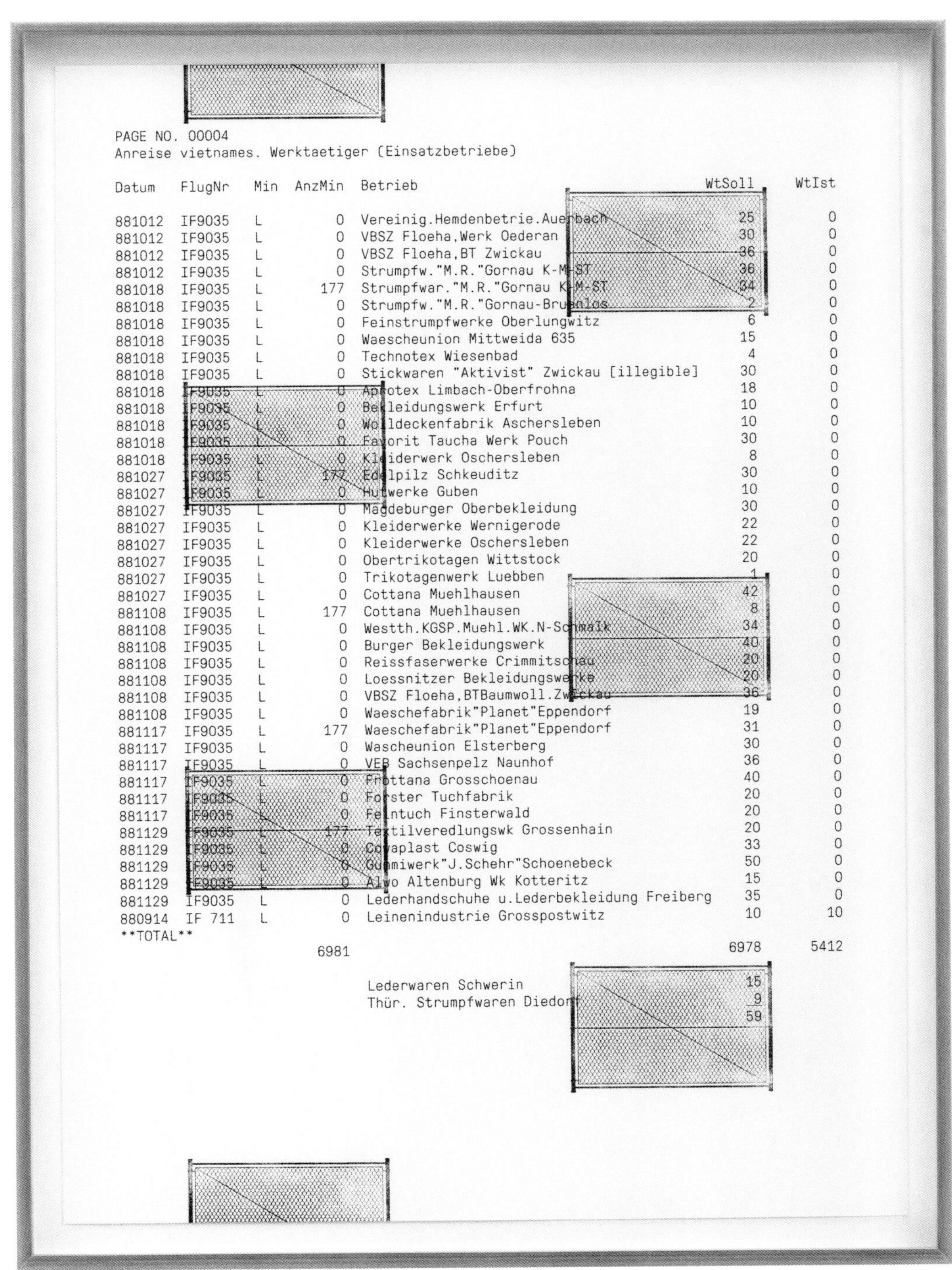

Datum	FlugNr	Min	AnzMin	Betrieb	WtSoll	WtIst
881012	IF9035	L	0	Vereinig.Hemdenbetrie.Auerbach	25	0
881012	IF9035	L	0	VBSZ Floeha,Werk Oederan	30	0
881012	IF9035	L	0	VBSZ Floeha,BT Zwickau	36	0
881012	IF9035	L	0	Strumpfw."M.R."Gornau K-M-ST	36	0
881018	IF9035	L	177	Strumpfwar."M.R."Gornau K-M-ST	34	0
881018	IF9035	L	0	Strumpfw."M.R."Gornau-Bruenlos	2	0
881018	IF9035	L	0	Feinstrumpfwerke Oberlungwitz	6	0
881018	IF9035	L	0	Waescheunion Mittweida 635	15	0
881018	IF9035	L	0	Technotex Wiesenbad	4	0
881018	IF9035	L	0	Stickwaren "Aktivist" Zwickau [illegible]	30	0
881018	IF9035	L	0	Aprotex Limbach-Oberfrohna	18	0
881018	IF9035	L	0	Bekleidungswerk Erfurt	10	0
881018	IF9035	L	0	Wolldeckenfabrik Aschersleben	10	0
881018	IF9035	L	0	Favorit Taucha Werk Pouch	30	0
881018	IF9035	L	0	Kleiderwerk Oschersleben	8	0
881027	IF9035	L	177	Edelpilz Schkeuditz	30	0
881027	IF9035	L	0	Hutwerke Guben	10	0
881027	IF9035	L	0	Magdeburger Oberbekleidung	30	0
881027	IF9035	L	0	Kleiderwerke Wernigerode	22	0
881027	IF9035	L	0	Kleiderwerke Oschersleben	22	0
881027	IF9035	L	0	Obertrikotagen Wittstock	20	0
881027	IF9035	L	0	Trikotagenwerk Luebben	1	0
881027	IF9035	L	0	Cottana Muehlhausen	42	0
881108	IF9035	L	177	Cottana Muehlhausen	8	0
881108	IF9035	L	0	Westth.KGSP.Muehl.WK.N-Schmalk	34	0
881108	IF9035	L	0	Burger Bekleidungswerk	40	0
881108	IF9035	L	0	Reissfaserwerke Crimmitschau	20	0
881108	IF9035	L	0	Loessnitzer Bekleidungswerke	20	0
881108	IF9035	L	0	VBSZ Floeha,BTBaumwoll.Zwickau	36	0
881108	IF9035	L	0	Waeschefabrik"Planet"Eppendorf	19	0
881117	IF9035	L	177	Waeschefabrik"Planet"Eppendorf	31	0
881117	IF9035	L	0	Wascheunion Elsterberg	30	0
881117	IF9035	L	0	VEB Sachsenpelz Naunhof	36	0
881117	IF9035	L	0	Frottana Grosschoenau	40	0
881117	IF9035	L	0	Forster Tuchfabrik	20	0
881117	IF9035	L	0	Feintuch Finsterwald	20	0
881129	IF9035	L	177	Textilveredlungswk Grossenhain	20	0
881129	IF9035	L	0	Covaplast Coswig	33	0
881129	IF9035	L	0	Gummiwerk"J.Schehr"Schoenebeck	50	0
881129	IF9035	L	0	Alwo Altenburg Wk Kotteritz	15	0
881129	IF9035	L	0	Lederhandschuhe u.Lederbekleidung Freiberg	35	0
880914	IF 711	L	0	Leinenindustrie Grosspostwitz	10	10
TOTAL			6981		6978	5412

Lederwaren Schwerin · 15
Thür. Strumpfwaren Diedorf · 9
59

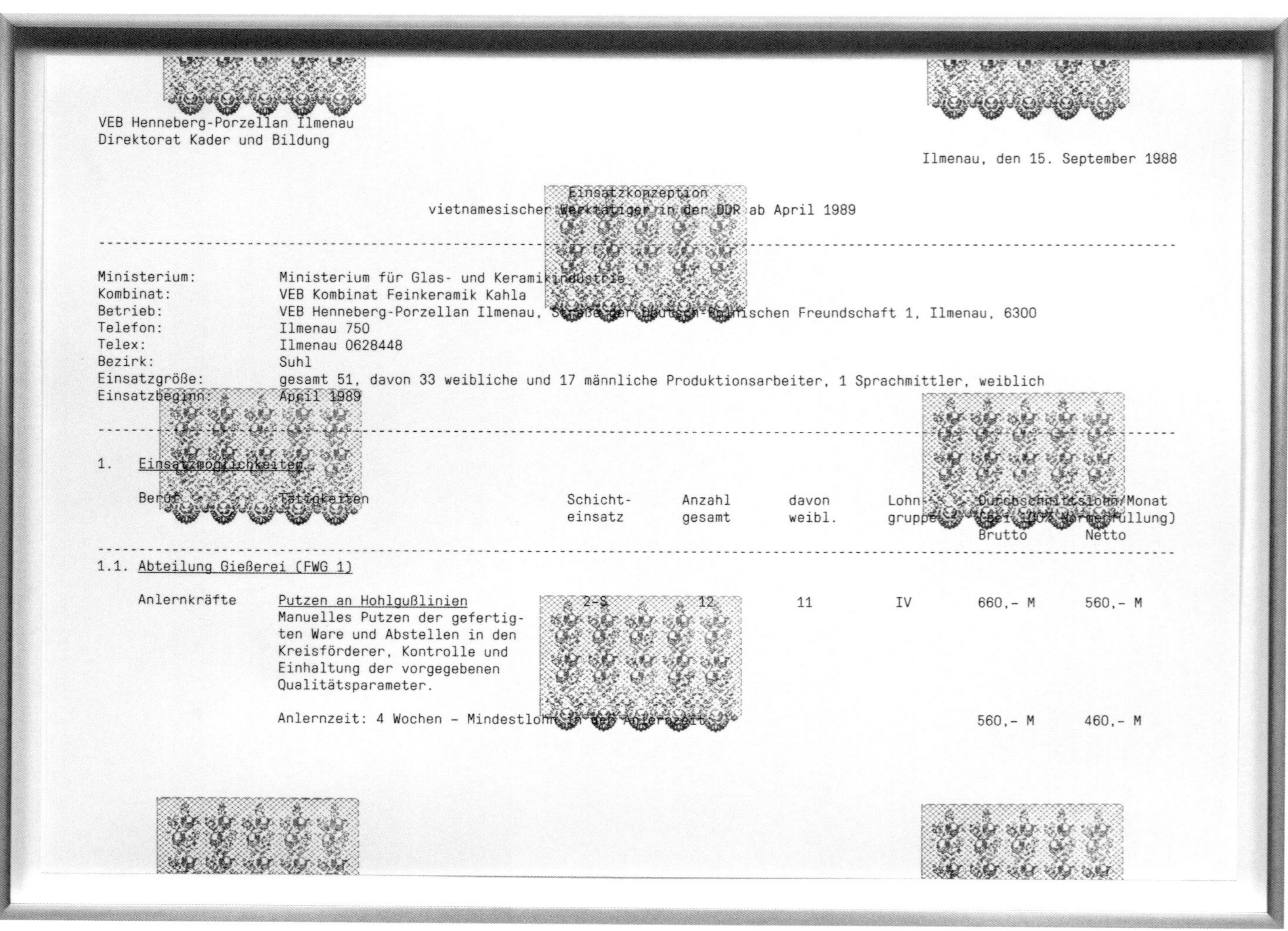

VEB Henneberg-Porzellan Ilmenau
Direktorat Kader und Bildung

Ilmenau, den 15. September 1988

Einsatzkonzeption
vietnamesischer Werktätiger in der DDR ab April 1989

Ministerium:	Ministerium für Glas- und Keramikindustrie
Kombinat:	VEB Kombinat Feinkeramik Kahla
Betrieb:	VEB Henneberg-Porzellan Ilmenau, Straße der deutsch-polnischen Freundschaft 1, Ilmenau, 6300
Telefon:	Ilmenau 750
Telex:	Ilmenau 0628448
Bezirk:	Suhl
Einsatzgröße:	gesamt 51, davon 33 weibliche und 17 männliche Produktionsarbeiter, 1 Sprachmittler, weiblich
Einsatzbeginn:	April 1989

----

1. Einsatzmöglichkeiten

Beruf	Tätigkeiten	Schicht-einsatz	Anzahl gesamt	davon weibl.	Lohn-gruppe	Durchschnittslohn/Monat (bei 100% Normerfüllung) Brutto	Netto
1.1. Abteilung Gießerei (FWG 1)							
Anlernkräfte	Putzen an Hohlgußlinien Manuelles Putzen der gefertigten Ware und Abstellen in den Kreisförderer, Kontrolle und Einhaltung der vorgegebenen Qualitätsparameter.	2-S	12	11	IV	660,- M	560,- M
	Anlernzeit: 4 Wochen – Mindestlohn in der Anlernzeit					560,- M	460,- M

Deployment Concept (VEB Henneberg-Porzellan Ilmenau),
2021
Stamps on digital prints, framed
In 6 parts, each: 23.4 × 32.1 cm

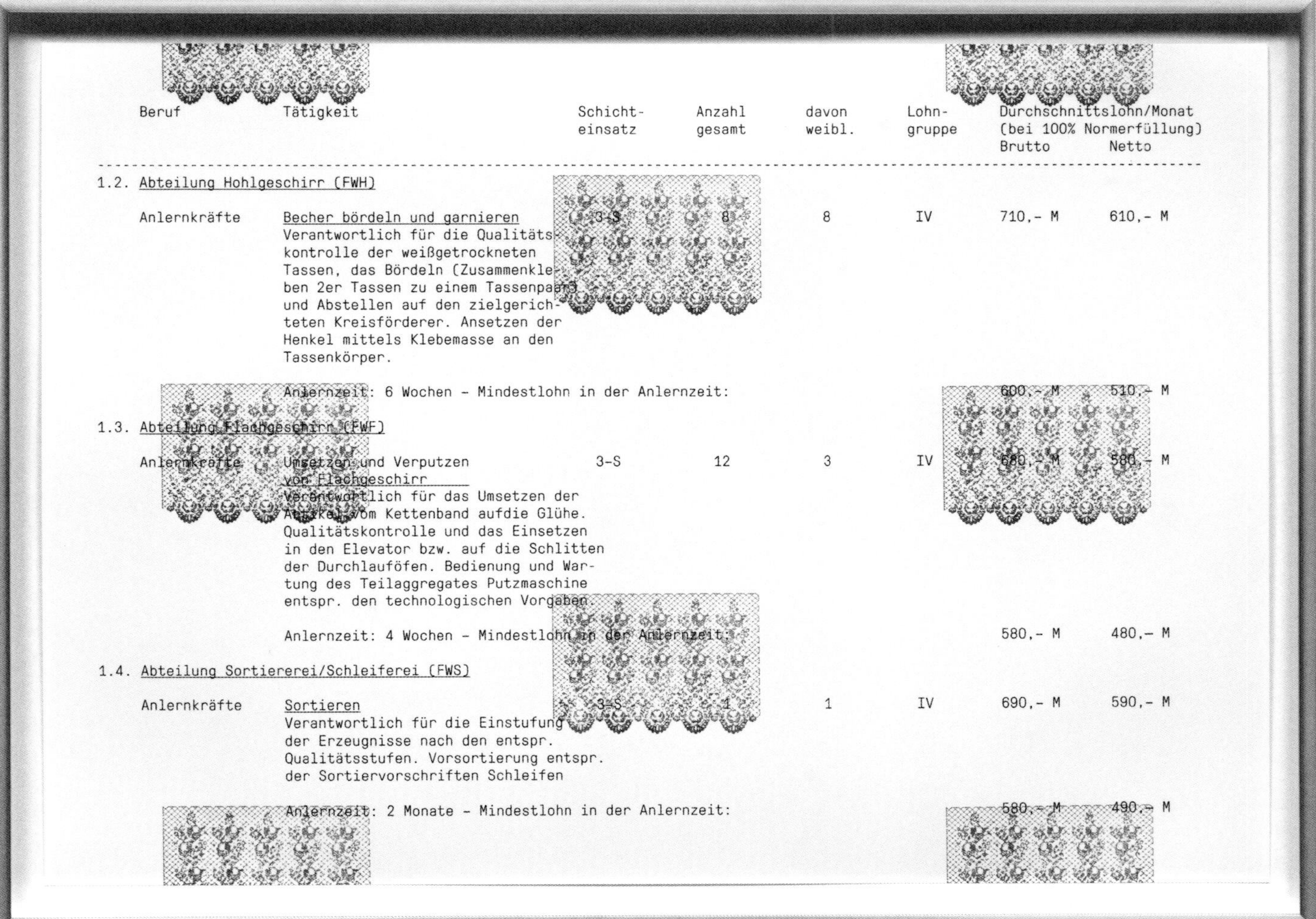

Beruf	Tätigkeit	Schicht-einsatz	Anzahl gesamt	davon weibl.	Lohn-gruppe	Durchschnittslohn/Monat (bei 100% Normerfüllung)	
						Brutto	Netto
1.2. Abteilung Hohlgeschirr (FWH)							
Anlernkräfte	Becher bördeln und garnieren Verantwortlich für die Qualitäts- kontrolle der weißgetrockneten Tassen, das Bördeln (Zusammenkle- ben 2er Tassen zu einem Tassenpaar) und Abstellen auf den zielgerich- teten Kreisförderer. Ansetzen der Henkel mittels Klebemasse an den Tassenkörper.	3-S	8	8	IV	710,- M	610,- M
	Anlernzeit: 6 Wochen - Mindestlohn in der Anlernzeit:					600,- M	510,- M
1.3. Abteilung Flachgeschirr (FWF)							
Anlernkräfte	Umsetzen und Verputzen von Flachgeschirr Verantwortlich für das Umsetzen der Artikel vom Kettenband aufdie Glühe. Qualitätskontrolle und das Einsetzen in den Elevator bzw. auf die Schlitten der Durchlauföfen. Bedienung und War- tung des Teilaggregates Putzmaschine entspr. den technologischen Vorgaben.	3-S	12	3	IV	680,- M	580,- M
	Anlernzeit: 4 Wochen - Mindestlohn in der Anlernzeit:					580,- M	480,- M
1.4. Abteilung Sortiererei/Schleiferei (FWS)							
Anlernkräfte	Sortieren Verantwortlich für die Einstufung der Erzeugnisse nach den entspr. Qualitätsstufen. Vorsortierung entspr. der Sortiervorschriften Schleifen	3-S	1	1	IV	690,- M	590,- M
	Anlernzeit: 2 Monate - Mindestlohn in der Anlernzeit:					580,- M	490,- M

Beruf	Tätigkeit	Schicht-einsatz	Anzahl gesamt	davon weibl.	Lohn-gruppe	Durchschnittslohn/Monat (bei 100% Normerfüllung) Brutto	Netto
1.5. Abteilung Dekoration (FBD)							
Anlernkräfte	Drucken Aufbringen von Schiebebildern auf das Porzellan nach vorgegebenen Mustern.	2-S	6	6	IV	690,- M	590,- M
	Anlernzeit: 3 Monate - Mindestlohn in der Anlernzeit:					590,- M	490,- M
1.6. Abteilung Packerei (FBP)							
Anlernkräfte	Schmelzen, Polieren und Schrumpfen Schmelzen, Polieren und Schrumpfen der Porzellanartikel auf maschineller Basis entspr. den vorgegebenen Qualitätsbestimmungen. Buntsortieren nach TGL. Aufsetzen und Abnehmen an Schrumpfmaschinen.	3-S	7	-	IV	780,- M	680,- M
	Anlernzeit: 4 Wochen - Mindestlohn in der Anlernzeit:					670,- M	570,- M
	Verpacken Verpacken der fertigen Ware in Kartonagen entspr. den Sortimenten und Qualitätsvorschriften.	2-S	4	4	IV	756,- M	650,- M
	Anlernzeit: 4 Wochen - Mindestlohn in der Anlernzeit:					640,- M	550,- M

Für den Einsatz im 3-Schicht-System werden 7,- M als Nachtschichtprämie gewährt.

D

Deployment Concept (VEB Henneberg-Porzellan Ilmenau),
2021
Stamps on digital prints, framed
In 6 parts, each: 23.4 × 32.1 cm

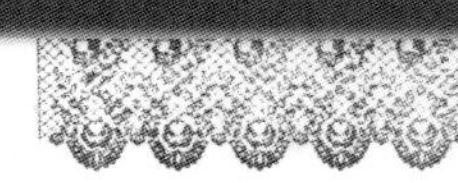
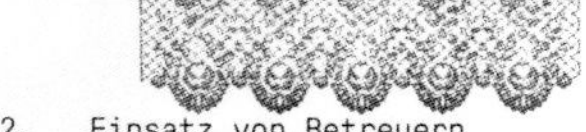

2.   Einsatz von Betreuern

Für den Einsatz der vietnamesischen Werktätigen wird zur Betreuung

                         1 Sprachmittler, weiblich,

benötigt. Die Bereitstellung des Sprachmittlers wird entsprechend dem Regierungsabkommen zwischen der Deutschen Demokratischen
Republik und der SR Vietnam durch den vietnamesischen Partner abgesichert.
Die Entlohnung erfolgt auf der Grundlage des Rahmenkollektivvertrages über die Arbeits- und Lohnbedingungen der Werktätigen in den
volkseigenen Betrieben und Kombinaten der Glas- und Keramikindustrie.

3.   Anreisemöglichkeiten

Der Einsatz erfolgt im April 1989. Für die Übernahme und Übergabe der erforderlichen Einsatzunterlagen sowie für den Empfang wird
ein konkreter Plan ausgearbeitet.

4.   Qualifizierungsmöglichkeiten

Für die vietnamesischen Werktätigen werden folgende Qualifizierungsmöglichkeiten geschaffen:

Tätigkeit   Kurzcharakteristik

Ausbildung zum Teilfacharbeiter
(Facharbeiter für Keramtechnik)
mit folgenden Tätigkeiten:

- Umsetzen und Verputzen   Umsetzen der Ware auf Fließband und Verputzen der Gegenstände mit
                                                       Hand und an der Putzmaschine

- Becher garnieren und bördeln   Ansetzen der Henkel an den Tassenkörper und Zusammenstellen der
                                                       Becher Bord auf Bord (bördeln). Abstellen auf Kreisförderer

- Putzen an Hohlgußlinien, Besetzen und   Verputzen von Hohlgeschirr (Kannen, Dosen, Gießer) am Fließband,
  Entleeren der Glühofenschlitten   Auf- und Abnahme der Gegenstände

- Glasieren und Abwischen   Arbeit an der Glasiermaschine, Tauchen der Gegenstände in die
                                                       Glasur (z. B. Kannen) und Abwischen des Bodens

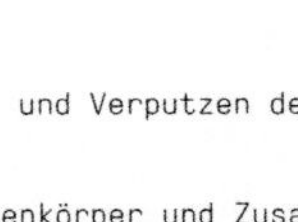
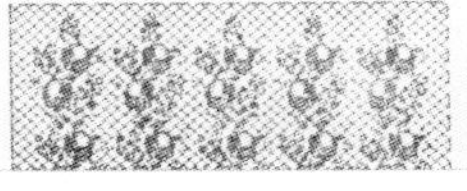
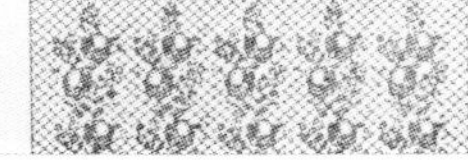

***Deployment Concept (VEB
Henneberg-Porzellan Ilmenau),**
2021**
**Stamps on digital prints, framed
In 6 parts, each: 23.4 × 32.1 cm**

Tätigkeit   Kurzcharakteristik

Ausbildung zu Teilfacharbeiter
(Facharbeiter Kerammaler und
-dekorierer) mit folgender Tätigkeit:

Drucken   Aufbringen von Schiebebildern auf das Porzellan nach vorgegebenen
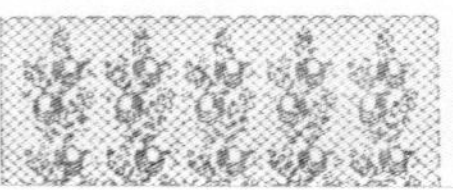
                                                 Mustern

Die Ausbildung in den angeführten Tätigkeitsgruppen erfolgt praktisch im Prozeß der Arbeit bei gleichzeitiger Unterweisung in die
Technologie. Die theoretische Qualifizierung erfolgt durch die Betriebsschule.

Nach erfolgtem Abschluß der Teilfacharbeiterausbildung und dem Erwerb der erforderlichen deutschen Sprachkenntnisse haben die
vietnamesischen Werktätigen die Möglichkeit, im Rahmen der Aus- und Weiterbildung der Werktätigen sich zum Facharbeiter zu qualifi-
zieren und die Facharbeiterprüfung abzulegen. Die Ausbildung zum Facharbeiter beträgt ca. 12 Monate.

Voraussetzung zur Teilnahme an allen Qualifizierungslehrgängen ist das Erlernen der deutschen Sprache. Die Teilnahme am Deutschun-
terricht ist Pflicht eines jeden vietnamesischen Werktätigen. Die Dauer des Deutschunterrichtes erstreckt sich auf ca. 200 Stunden.
Die erreichten Qualifizierungsstufen und erworbenen Sprachkenntnisse werden bescheinigt.

5.   Betriebscharakteristik

5.1. Charakter der Fertigung

Im Territorium Ilmenau des Bezirkes Suhl (DDR) wurde ein neues Porzellanwerk gebaut. Der Aufbau des Werkes erfolgte auf der Grundlage der neuesten Erkenntnisse aus Forschung und Entwicklung. Das Fertigungsprogramm sieht die Herstellung von Haushaltporzellan in
mehreren Formen mit vielfältigen Dekorationen vor.
Produziert wird mit fester Verkettung ganzer Produktionsabschnitte.
Der Einsatz modernster Fertigungstechnologie dient zur Sicherung einer stabilen Produktion mit höchster Effektivität. Daraus resultiert die Notwendigkeit eines mehrschichtigen Einsatzes der Produktionsanlagen.

Das neue Porzellanwerk wird hinsichtlich der Arbeitsplatzgestaltung, der Hygiene, der Ablauforganisation und der sozialen Maßnahmen
mordernsten Ansprüchen gerecht.

Die wirkungsvolle Klimatisierung der Werkhallen schafft eine angenehme Arbeitsatmosphäre.

Deployment Concept (VEB Henneberg-Porzellan Ilmenau), 2021
Stamps on digital prints, framed
In 6 parts, each: 23.4 × 32.1 cm

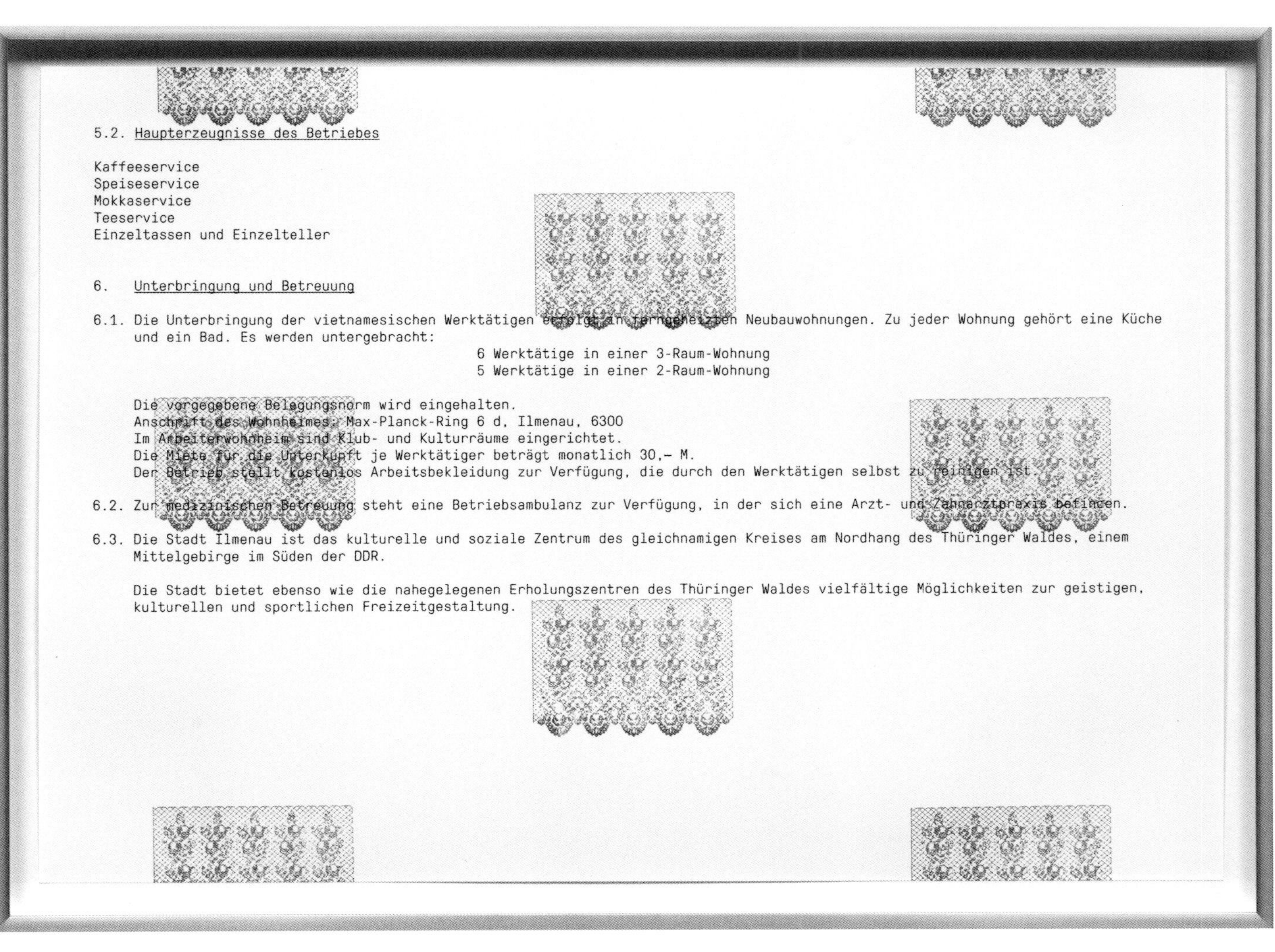

5.2. Haupterzeugnisse des Betriebes

Kaffeeservice
Speiseservice
Mokkaservice
Teeservice
Einzeltassen und Einzelteller

6.   Unterbringung und Betreuung

6.1. Die Unterbringung der vietnamesischen Werktätigen erfolgt in fernbeheizten Neubauwohnungen. Zu jeder Wohnung gehört eine Küche und ein Bad. Es werden untergebracht:

                    6 Werktätige in einer 3-Raum-Wohnung
                    5 Werktätige in einer 2-Raum-Wohnung

     Die vorgegebene Belegungsnorm wird eingehalten.
     Anschrift des Wohnheimes: Max-Planck-Ring 6 d, Ilmenau, 6300
     Im Arbeiterwohnheim sind Klub- und Kulturräume eingerichtet.
     Die Miete für die Unterkunft je Werktätiger beträgt monatlich 30,- M.
     Der Betrieb stellt kostenlos Arbeitsbekleidung zur Verfügung, die durch den Werktätigen selbst zu reinigen ist.

6.2. Zur medizinischen Betreuung steht eine Betriebsambulanz zur Verfügung, in der sich eine Arzt- und Zahnarztpraxis befinden.

6.3. Die Stadt Ilmenau ist das kulturelle und soziale Zentrum des gleichnamigen Kreises am Nordhang des Thüringer Waldes, einem Mittelgebirge im Süden der DDR.

     Die Stadt bietet ebenso wie die nahegelegenen Erholungszentren des Thüringer Waldes vielfältige Möglichkeiten zur geistigen, kulturellen und sportlichen Freizeitgestaltung.

Determinations, **2021**
Stamps on digital prints, framed
In 9 parts, each: 32.1 × 23.4 cm

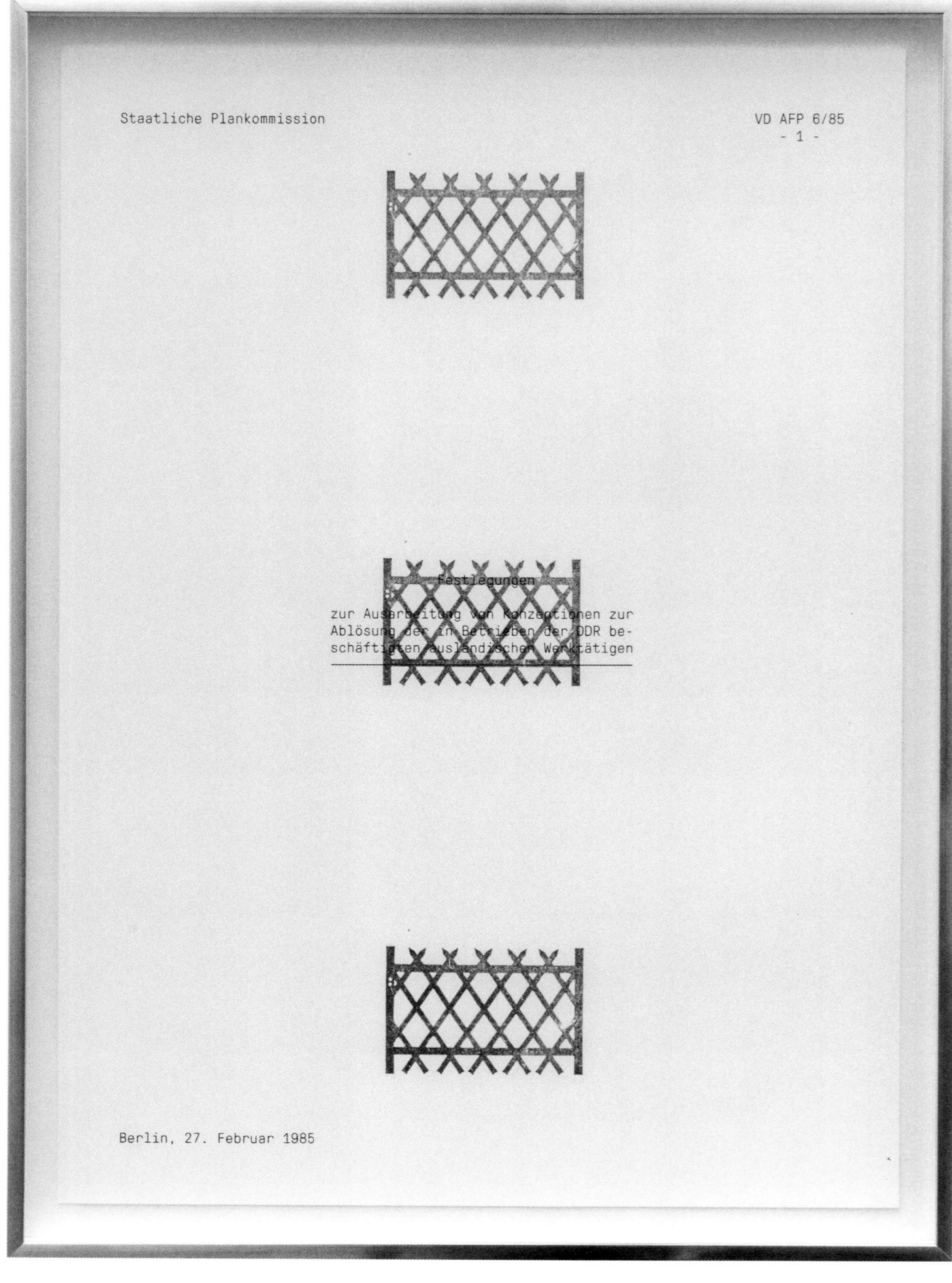

Determinations, 2021
Stamps on digital prints, framed
In 9 parts, each: 32.1 × 23.4 cm

VD AFP 6/85
- 2 -

Festlegungen zur Ausarbeitung von Konzeptionen zur Ablösung der in Betrieben der DDR
beschäftigten ausländischen Werktätigen

1. Der Beschluß des Politbüros des ZK der SED vom 20.10.1983 über "Grundsätze zur
    weiteren Vervollkommnung der Leitung und Planung des gesellschaftlichen Arbeits-
    vermögens" ist konsequent durchzuführen:

    "Entsprechend den mit den befreundeten Ländern getroffenen Abkommen wird ein großer
    Teil dieser Werktätigen in den Jahren 1985 bis 1988 planmäßig in die Heimatländer
    zurückkehren. In Vorbereitung des Fünfjahrplanes 1986 - 1990 sind vorausschauend
    Maßnahmen zu treffen, um durch gezielte Rationalisierungsmaßnahmen und die recht-
    zeitige Gewinnung und Ausbildung eigener Arbeitskräfte die Produktionsleistungen zu
    sichern."

    Zur Durchführung des Beschlusses sind durch die Minister pro Betrieb Konzeptionen
    zur Ablösung des vorhandenen Einsatzes ausländischer Werktätiger zu erarbeiten.
    Ziel der Konzeptionen zur Ablösung des Einsatzes ausländischer Werktätiger ist,
    durch Maßnahmen der Rationalisierung, die Anwendung der Schwedter Initiative,
    Arbeitsplätze einzusparen und Arbeitskräfte zu gewinnen, um - verbunden mit einer
    höchstmöglichen Steigerung der Produktivität und Effektivität der lebendigen Arbeit
    - die Verringerung des Arbeitsvermögens durch die Abreise ausländischer Werktätiger
    auszugleichen und eine dynamische Leistungsentwicklung entsprechend den volkswirt-
    schaftlichen Anforderungen zu gewährleisten. Für Betriebe, die nur kubanische Werk-
    tätige sowie polnische Werktätige auf der Grundlage der Pendler-Vereinbarung be-
    schäftigen, sind ebenfalls Konzeptionen zur Ablösung dieser Einsätze auszuarbeiten.

    Für die Betriebe, in denen in Ausnahmefällen, aus zwingenden volkswirtschaftlichen
    Gründen, eine Verlängerung des Einsatzes bzw. eine Neuanreise ausländischer Werk-
    tätiger für erforderlich gehalten wird, haben die Minister Vorschläge über Einsatz-
    dauer, Maßnahmen zur Heranbildung eigener Arbeitskräfte und den vorgesehenen Zeit-
    punkt der Ablösung des Einsatzes ausländischer Werktätiger auszuarbeiten.

    Durch die <u>Kombinate</u> ist die Ausarbeitung der Konzeptionen in den unterstellten
    Betrieben mit dem Ziel straff zu leiten, den für die Ablösung ausländischer
    Arbeitskräfte erforderlichen gesellschaftlichen Aufwand so gering wie möglich zu
    halten und als Hauptrichtung des Ersatzes ausländischer Werktätiger die Gewinnung
    von Arbeitskräften durch effektivere Nutzung des in den Betrieben vorhandenen
    Arbeitsvermögens, durch Erhöhung der Wirksamkeit von Wissenschaft und Technik,
    Maßnahmen der Rationalisierung, Modernisierung, Anwendung der Mikroelektronik und
    Robotertechnik durchzusetzen.

    Durch die <u>Bezirksplankommissionen und die Bezirksämter für Arbeit</u> ist die Mitarbeit
    der Kreisplankommissionen und der Kreisämter für Arbeit an den Arbeitskräftesiche-
    rungskonzeptionen und Begründungen der Betriebe mit dem Ziel zu organisieren, dann
    - wenn die betrieblichen Möglichkeiten zur Gewinnung von Arbeitskräften nicht aus-
    reichen - weitere Deckungsquellen durch Ausschöpfung aller territorialen
    Möglichkeiten zu erschließen.

                                                        VD AFP 6/85
                                                          - 3 -

2.   Durch die <u>Einsatzbetriebe</u> sind ausgehend von den Reproduktionsrechnungen des
      Arbeitsvermögens für den Zeitraum 1986 - 1990 auszuarbeiten:

2.1. <u>Arbeitskräftesicherungskonzeptionen zum Einsatz</u> ausländischer Werktätiger mit dem
      Ziel, bei planmäßiger Abreise der ausländischen Werktätigen die volle Durchführung
      der Produktionsaufgaben zu gewährleisten.
      Der Hauptweg dazu ist die Gewinnung von Arbeitskräften durch effektivere Nutzung
      des in den Betrieben vorhandenen Arbeitsvermögens.

      Gliederung:

      a) Darstellung des Einsatzes der ausländischen Werktätigen, der Einsatzbereiche und
         der Abreisetermine; der erreichten Leistungen und der Aufwendungen des Betriebes

      b) Maßnahmen des Betriebes und des Kombinates zur besseren Nutzung des vorhandenen
         und heranwachsenden Arbeitsvermögens:

         • Anzahl der im Betrieb zu gewinnenden Arbeitskräfte und der dazu erforderlichen
           konkreten Maßnahmen (Rationalisierung, Anwendung der WAO, bessere Ausnutzung
           der Arbeitszeit, Verbesserung der Beschäftigtenstruktur und des qualifika-
           tionsgerechten Einsatzes, Einsparung von Betreuungskräften für die ausländi-
           schen Werktätigen),

         • Nutzung der planmäßigen Reproduktion durch gezielte Berufsausbildung für den
           Ersatz ausländischer Werktätiger (Anzahl der Arbeitskräfte),

         • Maßnahmen der Produktionssicherung ohne Inanspruchnahme zusätzlichen
           Arbeitsvermögens, einschließlich der Ergebnisse der Abstimmungen mit anderen
           Betrieben.

      c) Maßnahmen, die mit dem Rat des Kreises abzustimmen, zu vereinbaren und gemeinsam
         zu realisieren sind:

         • Bilanzierung der Berufsausbildung zur gezielten Ausbildung für den Ersatz aus-
           ländischer Werktätiger, Maßnahmen zur effektiven Ausbildung und Erwachsenen-
           qualifizierung;
           Gewinnung von Arbeitskräften aus dem Belegschaftswechsel im Territorium, durch
           Einstellungsgenehmigungen, durch Einstellungsbeschränkungen für andere usw.,

         • Ansiedlung von Arbeitskräften aus dem Zweig und Bereitstellung von Wohnungen
           auf der Grundlage von Kommunalverträgen mit den Räten der Städte und
           Gemeinden,

         • Maßnahmen der überbetrieblichen Gewinnung von Arbeitskräften und der dazu
           erforderlichen Aus- und Weiterbildung.

      In die Arbeitskräftesicherungskonzeptionen sind alle Maßnahmen der Betriebe und
      Kombinate zur Ablösung ausländischer Werktätiger aufzunehmen. Die Arbeitskräfte-
      sicherungskonzeptionen sind durch die Betriebsleiter, die Vorsitzenden der Kreis-
      plankommissionen und die Direktoren der Ämter für Arbeit zu unterschreiben.

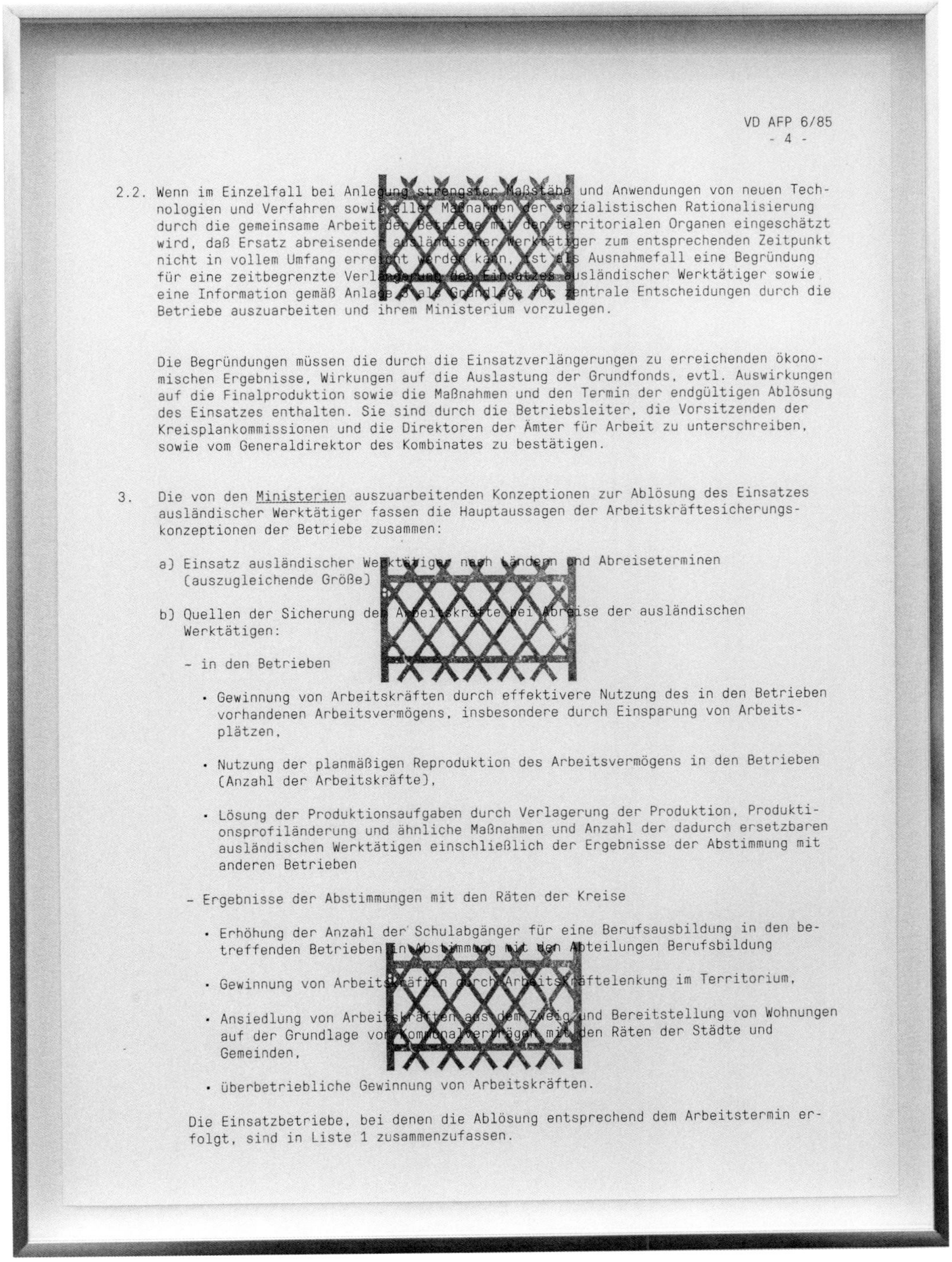

VD AFP 6/85
- 4 -

2.2. Wenn im Einzelfall bei Anlegung strengster Maßstäbe und Anwendungen von neuen Tech-
nologien und Verfahren sowie aller Maßnahmen der sozialistischen Rationalisierung
durch die gemeinsame Arbeit der Betriebe mit den territorialen Organen eingeschätzt
wird, daß Ersatz abreisender ausländischer Werktätiger zum entsprechenden Zeitpunkt
nicht in vollem Umfang erreicht werden kann, ist als Ausnahmefall eine Begründung
für eine zeitbegrenzte Verlängerung des Einsatzes ausländischer Werktätiger sowie
eine Information gemäß Anlage 5 als Grundlage für zentrale Entscheidungen durch die
Betriebe auszuarbeiten und ihrem Ministerium vorzulegen.

Die Begründungen müssen die durch die Einsatzverlängerungen zu erreichenden ökonomischen Ergebnisse, Wirkungen auf die Auslastung der Grundfonds, evtl. Auswirkungen
auf die Finalproduktion sowie die Maßnahmen und den Termin der endgültigen Ablösung
des Einsatzes enthalten. Sie sind durch die Betriebsleiter, die Vorsitzenden der
Kreisplankommissionen und die Direktoren der Ämter für Arbeit zu unterschreiben,
sowie vom Generaldirektor des Kombinates zu bestätigen.

3.　Die von den <u>Ministerien</u> auszuarbeitenden Konzeptionen zur Ablösung des Einsatzes
ausländischer Werktätiger fassen die Hauptaussagen der Arbeitskräftesicherungskonzeptionen der Betriebe zusammen:

a) Einsatz ausländischer Werktätiger nach Ländern und Abreiseterminen
   (auszugleichende Größe)

b) Quellen der Sicherung der Arbeitskräfte bei Abreise der ausländischen
   Werktätigen:

   - in den Betrieben

     · Gewinnung von Arbeitskräften durch effektivere Nutzung des in den Betrieben
       vorhandenen Arbeitsvermögens, insbesondere durch Einsparung von Arbeits-
       plätzen,

     · Nutzung der planmäßigen Reproduktion des Arbeitsvermögens in den Betrieben
       (Anzahl der Arbeitskräfte),

     · Lösung der Produktionsaufgaben durch Verlagerung der Produktion, Produkti-
       onsprofiländerung und ähnliche Maßnahmen und Anzahl der dadurch ersetzbaren
       ausländischen Werktätigen einschließlich der Ergebnisse der Abstimmung mit
       anderen Betrieben

   - Ergebnisse der Abstimmungen mit den Räten der Kreise

     · Erhöhung der Anzahl der Schulabgänger für eine Berufsausbildung in den be-
       treffenden Betrieben in Abstimmung mit den Abteilungen Berufsbildung

     · Gewinnung von Arbeitskräften durch Arbeitskräftelenkung im Territorium,

     · Ansiedlung von Arbeitskräften aus dem Zweig und Bereitstellung von Wohnungen
       auf der Grundlage von Kommunalverträgen mit den Räten der Städte und
       Gemeinden,

     · überbetriebliche Gewinnung von Arbeitskräften.

Die Einsatzbetriebe, bei denen die Ablösung entsprechend dem Arbeitstermin erfolgt, sind in Liste 1 zusammenzufassen.

Determinations, **2021**
Stamps on digital prints, framed
In 9 parts, each: 32.1 × 23.4 cm

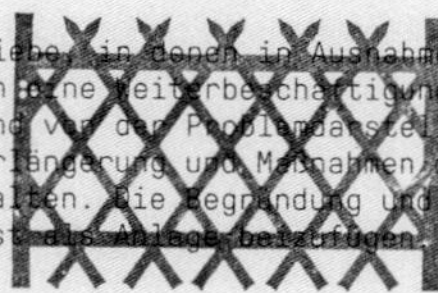

VD AFP 6/85
- 5 -

c) Übersicht über die Betriebe, in denen in Ausnahmefällen aus zwingenden volks-
wirtschaftlichen Gründen eine Weiterbeschäftigung ausländischer Werktätiger
vertreten wird. Ausgehend von der Problemdarstellung muß der Vorschlag die zeitliche Begrenzung der Verlängerung und Maßnahmen der Ablösung sowie den endgültigen Ablösetermin enthalten. Die Begründung und die Information je Betrieb
entsprechend Anlage 3 ist dieser Anlage beizufügen.

4.   Durch die <u>Kreisplankommissionen</u> und die <u>Ämter für Arbeit</u> ist die Ausarbeitung der
Arbeitskräftesicherungskonzeptionen und der Begründungen mit dem Ziel zu unterstützen, die geplanten Abreisetermine bei voller Sicherung der Produktionsaufgaben
zu gewährleisten.
Die Räte der Kreise unterstützen, wenn die betrieblichen Möglichkeiten zur Gewinnung von Arbeitskräften nicht ausreichen, die Ablösung der ausländischen Werktätigen durch die Bereitstellung von Arbeitskräften aus folgenden Deckungsquellen:

· Bilanzierung von Schulabgängern für eine Berufsausbildung aus der verfüg-
baren Reserve und durch Entscheidungen zu Lasten anderer Bereiche der
Volkswirtschaft,

· Gewinnung durch Maßnahmen der Arbeitskräftelenkung,

· Unterstützung der Ansiedlung von Arbeitskräften durch Schaffung der terri-
torialen Voraussetzungen, insbesondere der Bereitstellung von Wohnraum und
Kinderbetreuungsplätzen auf der Grundlage von Kommunalverträgen mit den
Räten der Städte und Gemeinden,

· Maßnahmen der überbetrieblichen Gewinnung von Arbeitskräften, indem die
Umsetzung von Arbeitskräften aus Betrieben planmäßig festgelegt und organisiert wird, die günstige Reproduktionsbedingungen des Arbeitsvermögens haben
bzw. durch Rationalisierung Arbeitskräfte für die Lösung volkswirtschaft-
licher Schwerpunktaufgaben gewinnen können.

Zu den Deckungsquellen sind die erforderlichen territorialen Voraussetzungen zu
schaffen.
Durch die BPK-Vorsitzenden und die Direktoren der Ämter für Arbeit ist zu gewährleisten, daß die in den Sicherungskonzeptionen enthaltenen Maßnahmen in die Pläne
aufgenommen und zielstrebig realisiert werden.

- Die Ablösung des Einsatzes ausländischer Arbeitskräfte ist in Übersichten
entsprechend Liste 1 zu erfassen.

- Verlängerungen sind in Übersichten entsprechend Liste 2 zu erfassen. Von den
Bezirksplankommissionen sind die Listen 1 und 2 an die Staatliche Plankommis-
sion zu übergeben.

- Die Ablösung des Einsatzes ausländischer Werktätiger ist zum festen Bestandteil der langfristigen Konzeptionen zum Einsatz und zur effektiven Nutzung des
gesellschaftlichen Arbeitsvermögens zu machen.

- Die Maßnahmen zur Ablösung des Einsatzes ausländischer Arbeitskräfte sind in
die territoriale Bilanzierung und die Volkswirtschaftspläne aufzunehmen. Das
betrifft u.a. die Bilanzierung der Arbeitskräfte und der Schulabgänger für
eine Berufsausbildung, die Schaffung territorialer Voraussetzungen und die
Arbeitskräftelenkungsmaßnahmen.

D

Determinations, 2021
**Stamps on digital prints, framed
In 9 parts, each: 23.4 × 32.1 cm**

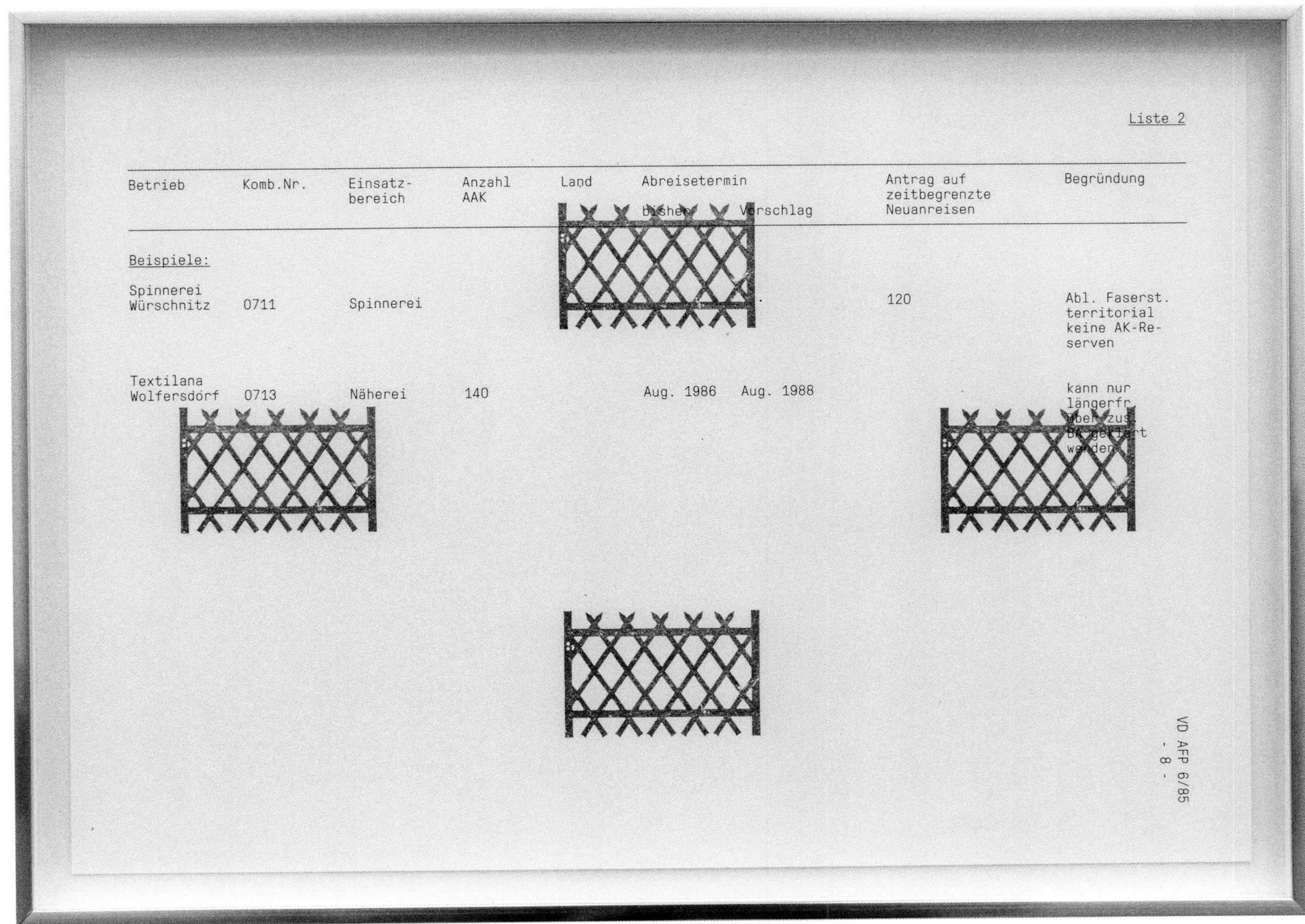

Liste 2

Betrieb	Komb.Nr.	Einsatz-bereich	Anzahl AAK	Land	Abreisetermin bisher	Vorschlag	Antrag auf zeitbegrenzte Neuanreisen	Begründung
Beispiele:								
Spinnerei Würschnitz	0711	Spinnerei					120	Abl. Faserst. territorial keine AK-Re-serven
Textilana Wolfersdorf	0713	Näherei	140		Aug. 1986	Aug. 1988		kann nur längerfr. über zus. BK geklärt werden

VD AFP 6/85

- 8 -

Determinations, 2021
**Stamps on digital prints, framed
In 9 parts, each: 23.4 × 32.1 cm**

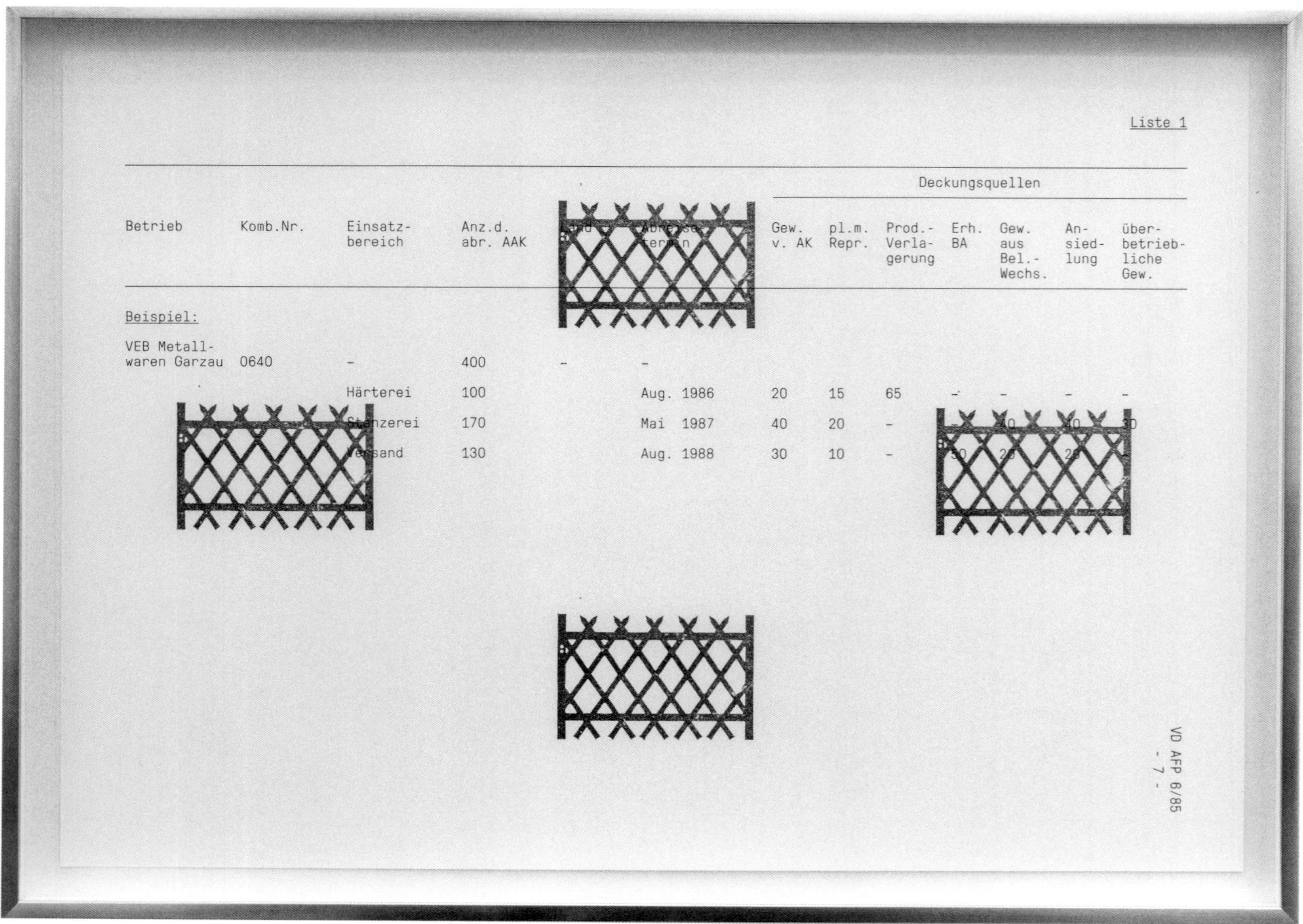

<u>Liste 1</u>

Betrieb	Komb.Nr.	Einsatz- bereich	Anz.d. abr. AAK	Land	Abreise- termin	Deckungsquellen						
						Gew. v. AK	pl.m. Repr.	Prod.- Verla- gerung	Erh. BA	Gew. aus Bel.- Wechs.	An- sied- lung	über- betrieb- liche Gew.
<u>Beispiel:</u>												
VEB Metall- waren Garzau	0640	–	400	–	–							
		Härterei	100		Aug. 1986	20	15	65	–	–	–	–
		Stanzerei	170		Mai 1987	40	20	–	–	40	40	30
		Versand	130		Aug. 1988	30	10	–	30	20	20	–

VD AFP 6/85
- 7 -

Determinations, 2021
Stamps on digital prints, framed
In 9 parts, each: 32.1 × 23.4 cm

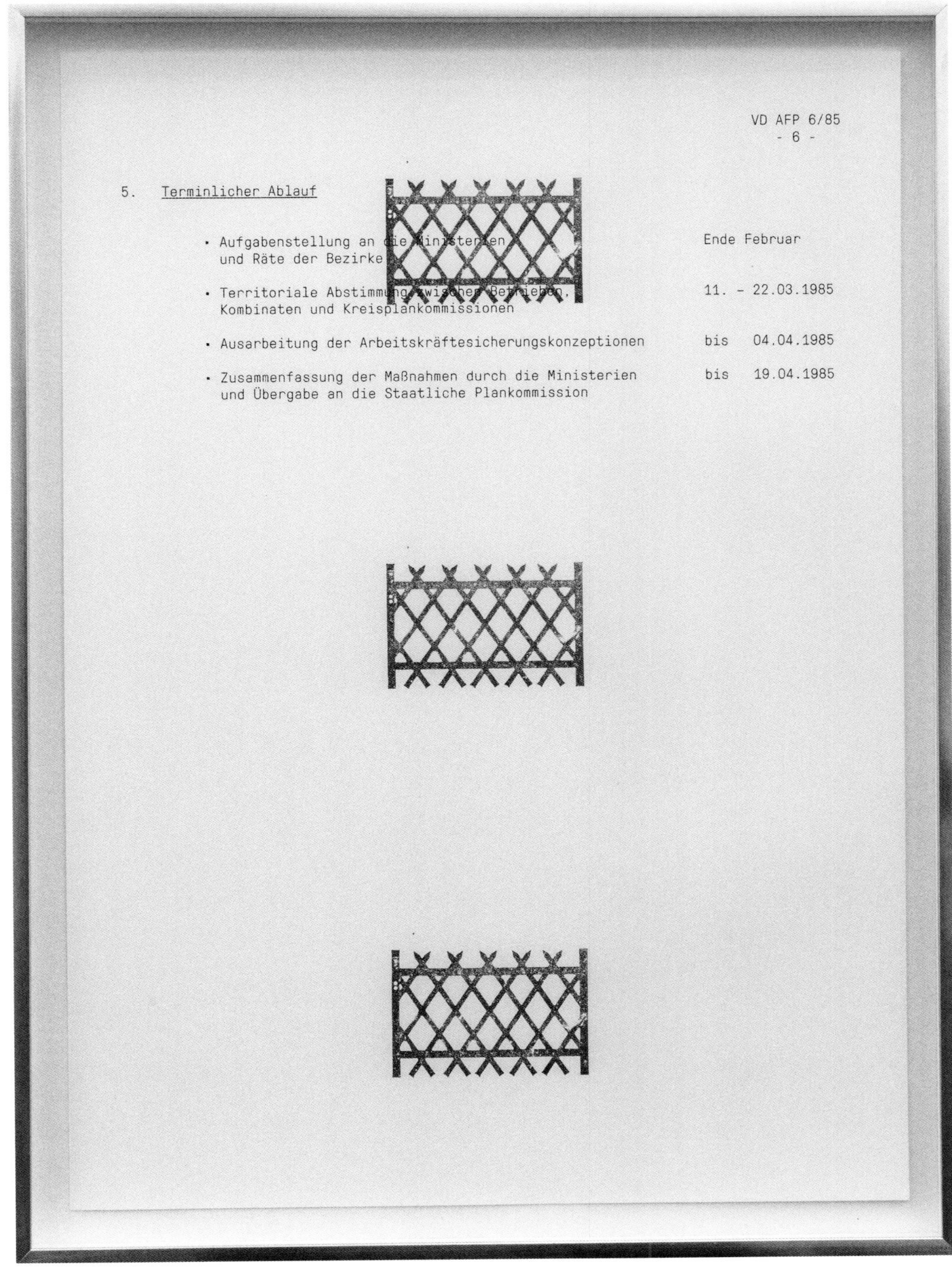

Determinations, 2021
Stamps on digital prints, framed
In 9 parts, each: 32.1 × 23.4 cm

VD AFP 6/85
Anlage 3
- 9 -

Information

Betrieb: ....
Kombinat: ....

1. Einsatz der Arbeitskräfte entsprechend Bilanzentscheidung zur Inanspruchnahme des
   Arbeitsvermögens 1985

- im Jahresdurchschnitt -   AK gesamt   dav. ausländ.
                                                             Werktätige

Arbeiter und Angestellte
                    "   in Pers. ....
                                             in VbE   ....

Produktionspersonal   in Pers. ....

mehrschichtig arbeitendes
Produktionspersonal   ....

2. Abreisetermine nach Ländergruppen

Nation   Anzahl   Abreisetermin

                                                             bisher   Vorschlag

3. vorgesehene Einsatzbereiche im Betrieb

Bereich im   Tätigkeit   Anzahl AK   ausländ.   dar.mehr-
Betrieb   Werktätige   schichtig
                                                                    Arbeitende

4. Effektivität des Einsatzes ausländischer Werktätiger

- in TM -   geplante Lei-   Anzahl   Leistung der
                  stung je Arb.   x   ausländ.   =   ausländischen
                  u. Angest, 1985   Werktätiger   Werktätigen

Nettoproduktion
Warenproduktion
Betriebsergebnis

Bezirk wünscht neue City-Buslinien

Charlottenburger Baustadtrat schlägt Einrichtung von City-Ringbuslinien vor / Plädoyer für weitere Busspuren und eine Renaissance der Zebrastreifen / Widerstand gegen Parkhausbau angekündigt

Charlottenburg. Ungeachtet des verkehrspolitischen Gegenwindes will der Citybezirk Charlottenburg weiter alles in seinen Kräften stehende unternehmen, um die Autoströme in der Innenstadt zu verringern. Im Bezirksamt glaubt man, daß dieses Ziel nur mit einem attraktiveren Busnetz erreicht werden kann. So möchte der zuständige Baustadtrat Claus Dyckhoff (SPD) der BVG die Einrichtung neuer City-Ringbuslinien vorschlagen, wie es sie in westdeutschen Städten schon gibt. Derartige Linien könnten wichtige Bezirksstandorte mit U- und S-Bahnhöfen verbinden, so daß der Zwang zum Umsteigen minimiert werde oder ganz wegfalle, beschrieb der Stadtrat die Vorteile. Vorstellbar sei zum Beispiel eine Ringlinie, die das Schloß Charlottenburg an das Rathaus anbinde und weiter am bezirklichen Schwimmbad vorbei zum Kurfürstendamm und zur Lietzenburger Straße führe.

Dyckhoff hält es für unabdingbar, daß die Busse in kurzen Abständen fahren und es ein dichtes Haltestellennetz gibt: »In Zürich braucht man nicht mehr als hundert Meter zu laufen, dann gibt es eine Haltestelle. In Berlin können die Wege, bedingt durch die großen Blockbautiefen, gen. Wenn er seinen Wagen fast einen halben Kilometer von seinem Haus abstellen müßte, würde das kein Autofahrer für zumutbar halten.« Offenbar kann man für die Benutzer öffentlicher Verkehrssysteme lange Anmarschstrecken als selbstverständlich an.

Baustadtrat Dyckhoff plädiert auch für die Anlage von Busspuren auf allen Hauptverkehrsstraßen, die in die Innenstadt hinein- und hindurchführten, also beispielsweise in der Kantstraße und der Otto-Suhr-Allee sowie eventuell auf Teilabschnitten der Joachimsthaler Straße. Nach Auffassung Dyckhoffs sind Busspuren als »Versorgungsspuren« unverzichtbar. Genutzt auch von Rettungswagen und Taxen, dem Liefer- und dem Radverkehr, stellten sie »Ventile« dar, die den notwendigen Verkehr vom weniger notwendigen trennen. Deshalb werde sich der Bezirk weiterhin »mit allen Kräften« für den Erhalt des Kudamm-Busspur in der jetzigen Form einsetzen.

Dem Stadtrat zufolge wird Charlottenburg »auf jeden Fall« auch gegen den Bau von neuen Tiefgaragen Front machen, den die CDU/SPD-Koalition, aber auch die Arbeitsgemeinschaft City befürwortet. Seit Jahren seien die schon im Bezirk existierenden Parkhäuser und Tiefgaragen nicht ausgelastet. Mittlerweile gebe es sogar Planungen eines Eigentümers, ein Parkhaus in der Uhlandstraße zurückzubauen. In den freiwerdenden oberen Etagen sollen Büros eingerichtet werden. C & A in der Wilmersdorfer Straße beabsichtige darüber hinaus, zugunsten eines Neubaus ein vorhandenes Parkhaus ganz abzureißen. Dieser Standort sei optimal durch öffentliche Verkehrsmittel erschlossen — durch zwei U-Bahn- und eine S-Bahn-Linie und Busse.

Verkehrspolitisch könne der sozialdemokratisch regierte Bezirk derzeit selbst nur »kleine Brötchen backen«, räumte der Baustadtrat ein. Aber auch das könnte »sehr effektiv« sein. Weiter Vorrang hat die Sicherung von Schul- und Spielwegen. Daneben ist daran gedacht, neue verkehrsberuhigte Bereiche einzurichten. Die Bezirksplaner sind speziell bestrebt, den Fußgängern mittels Umbauten allüberall die Überquerung von Wohn- und Geschäftsstraßen zu erleichtern. Was noch für Zündstoff sorgen dürfte: Sie wollen dabei die Renaissance der Zebrastreifens einläuten. Dyckhoff: »Ich möchte im nördlichen Abschnitt der Wilmersdorfer Straße mit einem konsequenten System von Zebrastreifen beginnen. Ich halte es nämlich für ein Unglück, daß diese Streifen in Berlin verschwinden. Zusammen mit Mittelinseln richtig eingesetzt, sind Zebrastreifen aus meiner Sicht ein sehr geeignetes Mittel, den Verkehr sicherer zu machen.«

Thomas Knauf

WISSEN SWERTES
FÜR DIE BERLINERiNNEN

»Wann wird der Stau aufgelöst?«

Unter diesem Motto lädt Verkehrssenator Haase alle interessierten AutofahrerInnen am Montag, 25.3. um 19.30 Uhr in die Gaststätte »Berliner Kneipe« Emdener/Ecke Wiclefstraße. Diskussionsbereit in den Vollrausch!

Stadtbezirks-Broschüre

Durch die Bezirke Prenzlauer Berg und Friedrichshain führt die zweite Broschüre der Reihe »Rundgänge durch Quartiere«. Sie ist kostenlos bei der Senatsverwaltung für Bau- und Wohnungswesen im Referat Öffentlichkeitsarbeit, Württembergische Straße 6 in Wilmersdorf, erhältlich.

Beratungsdienst

Zum telefonischen Beratungsdienst des Verbandes Geburts- und anderer Behinderter können Betroffene dienstags von 17 bis 19 Uhr unter (Vorwahl West-Berlin) 34 11 797 Kontakt aufnehmen. Unter der gleichen Nummer ist auch der kostenlose Rollstuhlverleih täglich — auch an Feiertagen — erreichbar.

Keine Paketannahme

Beim Postamt 451, Drakestraße 33a, 1-45, sind im Bereich des Paketannahmeschalters Umbauten erforderlich, die am Montag, 25.3., beginnen. Voraussichtlicher Termin der Wiedereröffnung der Annahme ist der 3.6.

Auszubildende gesucht!

Das Bezirksamt von Steglitz sucht Auszubildende für den Beruf Bürogehilfe/in. Einstellungstermin ist der 15. Juni. Bewerbungen mit den üblichen Unterlagen sind bis spätestens 31. März an das Bezirksamt Steglitz, Abteilung Personal und Verwaltung, PA I B1, Schloßstraße 80, 1-41 zu richten.

Die Schampus-Fete war ein Flop

Zur vorgezogenen Havelchaussee-Öffnungsfete des Grunewaldturmes kamen nur Bekannte des Wirts / Wieder demonstrierten Umweltschützer

Zehlendorf. Es scheint kein Anlaß zum Feiern zu sein, daß der schwarz-rote Senat vor Ostern die Havelchaussee wieder öffnen will. Zur vorgezogenen Eröffnungsfete des Grunewaldturmes am vergangenen Freitag waren zwar alle 21 Tische »gebucht«, erzählte Geschäftsführer Thomas »Bodo« Bode, tatsächlich aber blieben 16 Tische leer. Und die erschienenen Gäste waren nicht einmal wegen des Zeitungsinserates gekommen, mit der der Restaurant-Chef suggerierte, daß die Chaussee bereits geöffnet sei und man nun »in Harmonie feiern« wolle: Sechs-Gang-Menü für 128 Mark, inklusive unbegrenzt Champagner. Einer der Schampus-Fans, Peter Pflegel, hätte von der Feier durch »Mundpropaganda« gehört — auf deutsch: Der überwiegende Teil der Gäste kannte Bode persönlich und war von ihm angerufen worden.

Klar, daß alle für die Öffnung der Havelchaussee sind. Denn die kulinarische Laden des »guten Bekannten« solle wieder richtig laufen. Aber dennoch konnten die Gäste das 1,8 Kilometer gesperrte Stück noch durchfahren. Die Polizei hatte an beiden Seiten jeweils eine Wanne aufgefahren. Die Gäste vermuteten anfangs gar, Demonstranten hätten die Benutzung der Chaussee verhindert.

Doch die Ökofront schaffte es nur, einen einzigen Vertreter zu schicken. Fritz Kelm (37), Biologe vom Trägerkreis Havelchaussee, trank in dem Restaurant Weizenbier und wollte Bodo auch wenige Tage vor der voraussichtlichen Öffnung der Waldstraße davon überzeugen, daß aus ökologischen Gründen eine Sperrung notwendig sei. Der Versuch war zwar hoffnungslos, das Bier am Schluß aber umsonst.

Auch gestern demonstrierten wieder zahlreiche Umweltschützer für eine weitere Sperrung der Havelchaussee. Mit Plakaten und Trommelwirbel wurden Auto- und Motorradfahrer darauf hingewiesen, daß es auf dem Straßenteilstück noch keine freie Fahrt gibt. Polizisten sorgten dafür, daß es auch dabei blieb. Am Tag zuvor, berichtete eine AL-Aktivistin, haben sich die Beamten noch anders verhalten: »Da lauerten die Polizisten in einer Kurve und haben ganz schön abkassiert.« Wachleiter Horst Frohn war gestern zufrieden: »Binnen einer dreiviertel Stunde wollten bloß drei Autofahrer durch.«

diak/thok

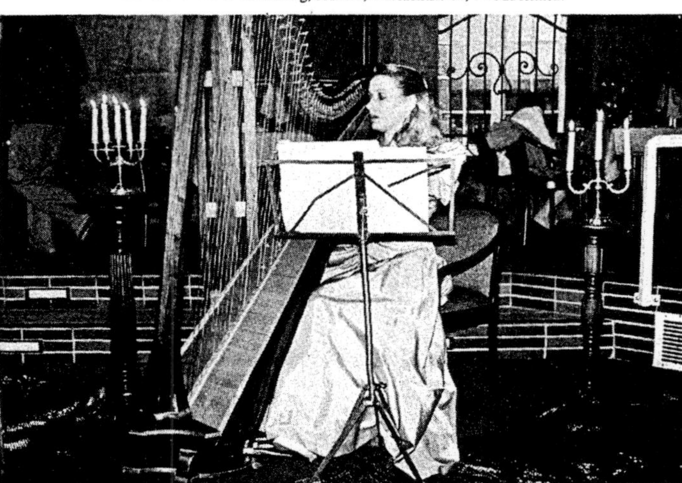

Havelklänge und andere Shanties wurden zur Wiedereröffnung einer Straße geboten   Foto: Marc Volk

---

Zehn Quadratmeter Deutschland

Wie Vietnamesen in Ost-Berlin leben müssen / Aus Angst ziehen sie sich immer mehr zurück

Berlin. Wer den Weg in die Friedrichsfelder Hans-Loch-Straße findet, kann erahnen, wie VietnamesInnen in Ost-Berlin leben. Zwei Busstationen vom U-Bahnhof Tierpark entfernt gelangt man in eine triste Schlafstadt, dominiert von der realsozialistischen Plattenbau-Architektur. Nur eine Imbißbude durchbricht die Gleichförmigkeit dieses Viertels.

In einem grauen Wohnheim leben rund 200 Frauen und Männer aus Vietnam und Kuba auf engstem Raum zusammen. Darunter sind, seit Ende Januar, Tran Thi Hai An (32) und Nguyen Thi Hai Thu (30) mit vier weiteren KollegInnen in einer Drei-Zimmer-Wohnung.

Vor vier Jahren sind die beiden Freundinnen Hai An und Hai Thu im Rahmen des zwischen der DDR und Vietnam vereinbarten Wirtschaftsabkommens nach Ost-Berlin gekommen. Beide hoffen bis zum Auslaufen des Vertrages, das heißt, noch ein bis zwei Jahre, in Deutschland bleiben zu können. Denn von hier aus haben sie zumindest die Möglichkeit, ihre Familien finanziell zu unterstützen. Aber mit dem Arbeitslosengeld von 500 Mark pro Monat, das Hai Thu seit ihrer Entlassung erhält, schafft sie das kaum noch. »Ich hoffe, irgendeine Arbeit zu finden. Nur so kann ich meiner Familie helfen«, meint sie.

Der für VietnamesInnen zuständige Berliner Ausländerbeauftragte Nguyen van Huong fürchtet, daß das für Hai An kaum möglich sein wird, »weil VietnamesInnen keine uneingeschränkte Arbeitserlaubnis besitzen«. Als Näherin für einen monatlichen Lohn von 1.000 Mark ist Hai An deutlich privilegiert. Zur Zeit sind nur 358 VietnamesInnen in Ost-Berlin berufstätig. Aber auch deren Zukunft ist ungewissen.

Hai An bewohnt ein Zimmer für sich alleine — es ist zu klein für zwei. Ihr Refugium hat sie bescheiden eingerichtet: ein Bett, ein Tisch, ein Kassettenrekorder. Der Fernseher läuft ständig. Für die zehn Quadratmeter bezahlt sie 150 Mark und muß sich das Bad und die Stehküche mit ihren MitbewohnerInnen teilen. Im Schlaf- und Wohnzimmer wird gelebt, gegessen, ferngesehen.

Ihre KollegInnen haben nicht so viel Glück. Sie müssen sich zu zweit oder zu dritt ein enges Zimmer teilen. »Dies entspricht den Bedürfnissen des Gemeinschaftslebens der VietnamesInnen«, versichert Frau Sohlich von der Arbeitnehmer-Wohnungsbauen-Gesellschaft mbH (ArWoGe). »Außerdem zahlen sie dadurch ein geringere Miete.«

Die noch in Marzahn, Lichtenberg und Hohenschönhausen verbliebenen 1.629 VietnamesInnen befinden sich in einer prekären Wohnsituation. Fast alle sind in Wohnheimen der ArWoGe untergebracht. Im Rahmen des Wirtschaftsabkommens ist die ArWoGe nicht verpflichtet, VietnamesInnen nach ihrer Entlassung weiterhin Wohnraum bereitzustellen.

Trotzdem gelang es Nguyen van Huong im Februar, eine Zusicherung von der ArWoGe zu erhalten, arbeitslose VietnamesInnen — zur Zeit sind es in Ost-Berlin 550 — bis zum Ende des Jahres nicht auf die Straße zu setzen. Im Gegenzug verpflichtete sich die Behörde des Ausländerbeauftragten, eine definitive Regelung über den Verbleib arbeitsloser VietnamesInnen im neuen Jahr zu finden.

Hai An und Hai Thu planen ihre Rückkehr nach Vietnam: »Vietnam bleibt unsere Heimat.« In Ostdeutschland fühlen sie sich mit der Wende immer unwohler. Nachts trauen sie sich aus Angst, belästigt zu werden, nicht auf die Straße. Erst am 6. März wurde ein Vietnamese direkt vor seiner Tür in der Gehrenseestraße von Skinheads zusammengeschlagen. Nguyen van Huong erkennt, daß sich ein fremdenfeindlichkeit als »Volkssport« zu »institutionalisieren« beginnt.

Die europäische vietnamesische Gemeinschaft zieht sich immer mehr zurück. Hai Thu und Hai An haben keine deutschen Freunde, trotzdem versucht Hai Thu, zwei Stunden täglich Deutsch zu lernen. »Ich brauche Dolmetscherin«, sagt Hai An lachend. Aber auch Hai Thu hat noch immer große Schwierigkeiten, deutsche Zeitungen zu lesen. Was sie allerdings am stärksten vermißt, ist die Möglichkeit, Literatur auf Vietnamesisch zu bekommen.

Hanh Trinh-Lukas Philippi

»Rollheimer« im Korso

Berlin. Mit einem Korso von rund 30 Bussen, Traktoren, Wohnmobilen und anderen Fahrzeugen haben am Samstag mehrere hundert Bewohner und Freunde des »Rollheimer-Dorfes« für den Erhalt der Wagendörfer demonstriert. Unter dem Motto »Das Leben wagen — Wir leben im Wagen« führte der Zug von Kreuzberg in die westliche Innenstadt. Eine Sprecherin sagte, daß derzeit drei von insgesamt acht Wagendörfern von einer Räumung bedroht seien. Ähnliche Aktionen seien auch in westdeutschen Städten geplant. Die »Rollheimer« haben ihre bunten Wagendörfer zumeist im ehemaligen Grenzstreifen zwischen Ost- und West-Berlin im Bezirk Kreuzberg aufgeschlagen.

dpa

Potsdamer fordern Baustopp für Berliner Yachthafen an der Havel

Potsdam. Den sofortigen Baustopp für einen Westberliner Yachthafen an der Havel fordern die Potsdamer Grünen und die Bürgerbewegung Argus. Sie verlangen vom Magistrat der Stadt, mit rechtlichen Schritten gegen die »willkürlichen Baumaßnahmen« vorzugehen.

»Die geplanten Yachthäfen am Tiefen See vor dem Park Babelsberg sind wegen ihrer Größe Objekte von städtebaulicher Relevanz.« Es seien erhebliche Auswirkungen für das Ökosystem und die Anwohner zu erwarten. Das Wasserstraßenamt habe zwei Westberliner Firmen die Genehmigungen für drei je 67 Meter lange Anlagen nur in Abhängigkeit von der Magistratszustimmung erteilt. Ein Auflagenkatalog des Potsdamer Dezernats für Umweltschutz werde auch nicht erfüllt. »Wenn die Stadt gegen diesen Präzedenzfall nicht mit aller Entschiedenheit vorgeht, wird es zu weiteren Bauten dieser Art kommen«, so Grüne und Argus. Die Firmen sollten vom Magistrat verpflichtet werden, den ursprünglichen Zustand des Gebietes wiederherzustellen.

adn

Der »Telebus« fährt nur für Wessis

Berlin. Obwohl das Berliner Pflegegeldgesetz seit dem 1. Januar auch im Ostteil der Stadt gilt, haben Betroffene dort noch keine Möglichkeit. Selbst im Vorjahr gestellte Anträge seien noch nicht bearbeitet, klagte Kay Kriegel, Geschäftsführer des Berliner Behindertenverbandes e.V., am Wochenende anläßlich des Weltbehindertentages.

Sparmaßnahmen seien auch der Grund, daß für Ostberliner der Westberliner Telebus — ein Sonderfahrdienst für Behinderte — gesperrt bleibt. Standen dafür im vergangenen Jahr noch 27 Millionen Mark allein für die Westbezirke zur Verfügung, sollen 1991 nach Angaben des Geschäftsführers nur noch 25 Millionen Mark für die ganze Stadt reichen. Doch weder Bus noch U- oder S-Bahn sind in den elf Ostbezirken behindertengerecht ausgebaut.

adn

Run auf Mietenspiegel

Informationen zu Mietenfragen stießen bei der gestern beendeten Baumesse auf größtes Interesse

Hohenschönhausen. Am meisten interessierten sich die rund 40.000 BesucherInnen der gestern zu Ende gegangenen »Baumesse Region Berlin 2000« für den Berliner Mietenspiegel. Die ausliegenden Informationsmaterialien jedenfalls wurden fleißig eingepackt. Bei einer weiteren Broschüre am dichtumlagerten Ausstellungsstand der Berliner Senatsverwaltung für Bau- und Wohnungswesen ging es um einen Leitfaden beim Umgang mit Mieterhöhungen.

Handlungshilfe auf diesem und anderen Sektoren — vom Hypothekdarlehen bis Eigenheimbau — für Bürger und Fachleute zu geben, war Hauptanliegen des Messeveranstalters Winckler und Partner. Fast 600 Aussteller, in der Mehrzahl ostdeutsche Unternehmen, waren beteiligt. Sie informierten in einem Messeschwerpunkt über Aus- und Weiterbildungsmöglichkeiten für junge Bauarbeiter.

Die nächste »Baumesse Region Berlin 2000« ist bereits in Vorbereitung und wird dann voraussichtlich 1992 in Potsdam stattfinden.

adn

taz berlin

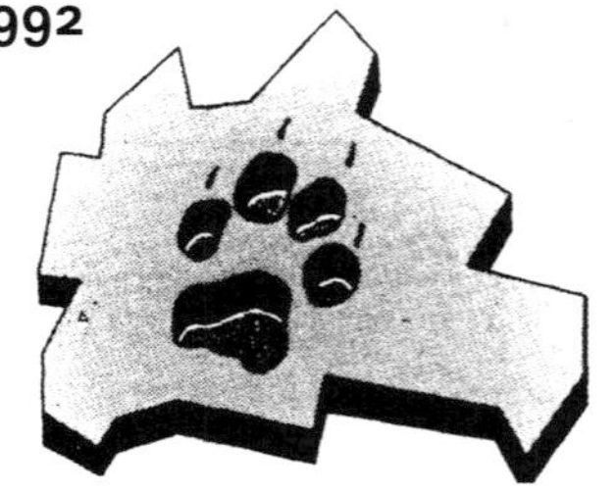

MONTAG, 27. APRIL 92   **SEITE 21**

DAS WETTER

Das Wetter um Berlin: Am Montag zunächst stark bewölkt und noch Schauer, tagsüber wechselnd stark bewölkt und aufheiternd. Schwacher, meist südwestlicher Wind. Höchsttemperatur 19°. Tiefstwert nachts um 8°. Aussichten bis Donnerstag: Meist wolkenreich und Schauer.

KOMMENTAR

Die Würde zurückgegeben

Die Ausstellung »Jüdische Lebenswelten« ist zu Ende

Gestern ging die Ausstellung *Jüdische Lebenswelten* zu Ende. 350.000 Gäste haben die kostbaren Handschriften bestaunt und ließen sich von der Bildern des Synagogenmalers Issachar Ryback rühren. Zum ersten Mal im Nachkriegsdeutschland war eine Schau zu sehen, die den ganzen Kosmos jüdischen Denkens, Lebens, Arbeitens und den verbindenden Glauben in den verschiedenen Epochen und unterschiedlichen Kulturen entfaltete. Zum ersten Mal war es möglich, sich diesen Lebenswelten zu nähern, ohne daß die Bilder der Todes- und Tötungswelten den Besucher so befangen machten, daß alle Neugierde in Scham erstickte. Wenn künftig Schulklassen zum Mahnmal am S-Bahnhof Grunewald fahren, werden sie nicht nur die Juden als Opfer sehen, sondern sich auch erinnern, daß Unmenschlichkeit die Welt arm macht. Diese Ausstellung hat, weil sie jüdische Menschen zum Subjekt und nicht zum gedemütigten Objekt von SS-Männern machte, den Juden ihre Würde zurückgegeben. Gemessen daran, ist die Kritik, es sei nur das assimilierte Judentum zu sehen gewesen, nebensächlich. Ob diese Ausstellung der Beginn eines neuen Verhältnisses zwischen Juden und Nichtjuden war, kann erst zeigen. Indizien sprechen dafür. Vor allem am Rahmenprogramm — 115.000 Besucher — zeigte sich, wie groß das Interesse an jüdischer Kultur ist. Das Erstaunlichste dabei: Ein völlig neues Publikum fand sich ein. Gekommen waren nicht nur die Stammgäste — die Juden selbst und die Philosemiten —, sondern Jugendliche mit grünen Haaren und löchrigen Jeans. Also genau die, die gegen den Golfkrieg demonstrierten, die israelische Politik gegenüber den Arabern grausam finden und deren Protest gern als antisemitisch abqualifiziert wird. Und diese Mischung, heute Klezmer-Klänge oder Hilsenrath-Lesung, morgen eine Demonstration gegen die Besiedlung der Westbank und übermorgen eine Felafel im jüdischen »Beth-Café« oder »Oren«, macht Hoffnung. Da zeigt sich eine Unbefangenheit gegenüber Juden, die mit Unwissen nichts zu tun hat, sondern viel mit Neugier und Offenheit. Vielleicht entsteht so ein Klima, in dem jüdisches Leben — mitten in Deutschland und nicht in Abgrenzung dazu — selbstverständlich wird. So gesehen, werden vielleicht einmal die *Jüdischen Lebenswelten* als eine Art Wendepunkt im deutsch-jüdischen Verhältnis in die Geschichtsbücher eingehen.

Anita Kugler

Vietnamese vor aller Augen erstochen

Der 21jährige Täter aus Marzahn, der sich als politisch rechts bezeichnet, wurde verhaftet / Elfter Mord an einem Ausländer seit der Maueröffnung

Marzahn. Ein 29jähriger Vietnamese ist am Freitag abend vor einem Einkaufszentrum in Marzahn in Gegenwart zahlreicher Passanten erstochen worden. Ein 21jähriger Deutscher, der am Samstag von der Kripo festgenommen wurde, hat die Tat gestanden. Der Mann, der sich selber als politisch rechts, aber nicht als Skinhead einstuft, war bis Redaktionsschluß noch in Haft, der Vorwurf lautet auf Totschlag.

Am Freitag abend stand der 21jährige Vietnamese Nguyen Van Tu zusammen mit einigen Landsleuten vor dem Einkaufszentrum am Brodowiner Ring, um Zigaretten zu verkaufen. Der Maurer Mike L., der in Marzahn wohnt, hielt sich mit einigen anderen jungen Männern ebenfalls dort auf. Offenbar, so der Leiter der 7. Mordkommission, Thomas Scherhant, trinken die Männer dort regelmäßig Alkohol. Mike L. trat »grundlos«, so Scherhant, gegen die Warenkisten der Vietnamesen. Die Vietnamesen, die sich bedroht fühlten, protestierten. Mike L. zog ein Butterflymesser — ein Klappmesser mit mehreren Klingen — stach auf Nguyen Van Tu ein und traf ihn in den Oberkörper. Anschließend flüchtete er. Keiner der zahlreichen Besucher des Einkaufszentrums rührte während des Streits eine Hand für den Vietnamesen oder versuchte, den Täter aufzuhalten. Niemand rief einen Krankenwagen, als Nguyen Van Tu schon blutend am Boden lag. Die anderen Vietnamesen brachten den Schwerverletzten in eine Poliklinik. Die schickte ihn per Notarztwagen zum Krankenhaus Friedrichshain, wo er trotz einer Notoperation starb. Erst das Krankenhaus verständigte die Polizei.

Da einige Zeugen eine Personenbeschreibung geben konnten, fand die Kripo den Täter, nachdem sie die Umgebung des Einkaufszentrums und einen nahegelegenen Jugendclub durchsucht hatte. Die anderen Männer, die mit Mike L. vor dem Einkaufszentrum standen, waren nach dem bisherigen Vernehmungsstand nicht an der Tat beteiligt.

»Abscheu und Empörung« äußerte der CDU-Vertreter im Ausländerausschuß des Abgeordnetenhauses, Christian Zippel. Das Problem sei nicht mit mehr Polizeipräsenz zu lösen, das sei eine »klimatische Frage«. Im Ausländerausschuß werde zur Zeit diskutiert, den 3.000 bis 5.000 ehemaligen vietnamesischen Vertragsarbeitern in Berlin, die noch aus der DDR-Zeit hier seien, eine Art Aufenthaltsrecht zu verschaffen, damit diese die Möglichkeit zur legalen Arbeit hätten. Eine Aufenthaltserlaubnis für Vietnamesen befürwortet auch Eckhardt Barthel, der außenpolitische Sprecher der SPD. Dies berühre jedoch Bundesrecht. Barthel wies darauf hin, daß es häufig Angriffe gegen vietnamesische Zigarettenhändler gibt. Der Vietnamese ist Nguyen Van Tu der elfte Ausländer, der von Deutschen ermordet wurde.

Eva Schweitzer

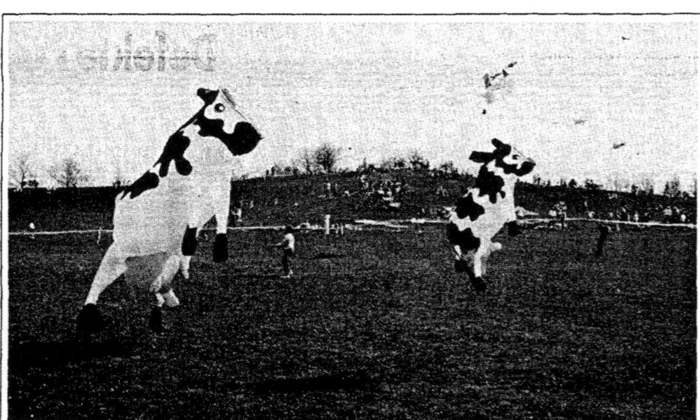

Da fliegt die Kuh! Spezialisten aus vier Städten führten am Wochenende in Britz ihre Drachen vor, darunter auch meteorologische Forschungsdrachen und Drachen aus dem Mittelalter.   Foto: David Brandt

---

KRIMINALITÄT

Totes Baby gefunden

Berlin. Ein etwa drei Monate alter Säugling ist am Sonntag nachmittag tot im Hellersdorfer Flüßchen Wuhle gefunden worden. Ob es sich bei der Leiche um den entführten Säugling aus Marzahn handelt, stand bei Redaktionsschluß noch nicht fest, weil die 8. Mordkommission noch am Fundort ermittelte. Der drei Monate alte Axel Albrecht war am vergangenen Dienstag von drei kahlgeschorenen Männern in Lederjacken und Kapuzen-Shirts seiner 22jährigen Mutter entrissen und entführt worden. Alle Suchaktionen der Polizei waren bisher erfolglos geblieben. *Siehe auch Seite 28.*

VANDALISMUS

Jüdischer Friedhof in Weißensee geschändet

Weißensee. Etwa 30 Grabmale wurden auf dem jüdischen Friedhof in Weißensee umgestoßen beziehungsweise beschädigt. Der Polizei sei die Schändung am Sonntag nachmittag gemeldet worden. Innensenator Heckelmann sagte zu, daß die Polizei alles unternehmen werde, um die Täter zu ermitteln.

Im Westberliner Nahverkehr geht heute gar nichts mehr

Streik im öffentlichen Dienst: Von Montag bis Sonntag erste Phase / Im Westteil stehen heute die BVG-Busse, U- und S-Bahnen still / Fernsprechauskunft unbesetzt, Schleusen dicht, im Flugverkehr keine Verzögerungen

Berlin. Wer keinen Wagen besitzt oder nicht vorsorglich Fahrgemeinschaften gebildet oder sein Fahrrad nicht rechtzeitig repariert hat, wird es heute besonders schwerhaben: Von null bis 24 Uhr stehen heute im öffentlichen Nahverkehr im Westteil der *BVG* alle Räder still. Betroffen sind auch alle Linien, die im Westen beginnen und durch den Ostteil führen: *S1, S2, U6, U8* sowie *die Buslinien 100, 120, 124, 126, 128, 170, 171, 277 und N8.* Ausnahme: die privaten Busse in den Außenbezirken. Zusätzlich will die BVG mit rund 100 bis 150 privaten Bussen Notlinien aufrechterhalten. Busse aus dem Osten fahren nur bis zur ehemaligen Mauer. Der *Ausflugsverkehr* und die Wannseebahn sind vom Streik betroffen.

Bei der *Post* wird am Montag in einigen Bereichen der Telekom vergeblich angerufen werden. Entstörungsdienst, Fernsprechauskunft und Handvermittlung bleiben unbesetzt. Im Laufe der Woche folgen Postdienst und Postgiroamt. *Achtung:* Wegen des Streiks in einigen Postdienststellen Westdeutschlands können schon jetzt Briefe liegen bleiben.

Aufatmen dürfen alle Eltern: Die *Kinderta-*gesstätten beteiligen sich erst in der zweiten Phase (ab 4. Mai) am Ausstand.

In einigen *Verwaltungen* wird sich schon heute unerledigtes Papier stapeln: von heute bis einschließlich Mittwoch kann es bei der »Bundesversicherungsanstalt für Angestellte« (*BfA*) zu Genehmigung von Kuren und bei der Berechnung von Renten zu Verzögerungen kommen. Im selben Zeitraum gehen am Fehrbelliner Platz die Beschäftigten des »Bundesinstituts für Berufsbildung« (*BIBB*) in den Ausstand.

Vom 28. bis zum 29. April werden rund 1.000 Beschäftigte bei der *Senatsverwaltung für Inneres, Bau- und Wohnungswesen, Stadtentwicklung und Umweltschutz* und beim *Landesamt für Zentrale Soziale Aufgaben* die Arbeit niederlegen.

Keine Pflege erhalten von heute an bis Mittwoch auch die öffentlichen Grünflächen und Parkanlagen: 3.000 Beschäftigte in den westlichen *Gartenbauämtern* lassen die Arbeit ruhen.

Für mindestens drei Tage bleiben ab heute die fünf Westberliner *Schleusen* geschlossen. Auch im *Westhafen* beginnt am Dienstag für rund 1.000 Beschäftigte der Arbeitskampf.

Die *Universitäten* (FU und TU) werden am 29. April eine eintägige Denkpause einlegen.

Im Zentralwerkstatt der *Feuerwehr* bleiben am Mittwoch rund 50 Beschäftigte der Arbeit fern. Einsatzkräfte werden jedoch nicht streiken. Bei der *Polizei* treten am 29. und 30. April Beschäftigte der Wachpolizei und im Werkstättenbereich der Direktion 5 in den Streik. Bei einem längeren Streik sollen auch Meldestellen des Landeseinwohneramtes betroffen sein. Kriminal- und Schutzpolizisten dürfen als Beamte hingegen nicht streiken.

Bei der *BSR* kommt es erst vom 1. bis 3. Mai zum Kampfmaßnahmen. Schwerpunkt: die innerstädtische Straßenreinigung. In der zweiten Streikphase wird die Müllabfuhr in den Ausstand gehen.

Im *Flugverkehr* werden keine Verzögerungen von und nach Berlin erwartet. Die Flughafenfeuerwehr will die ÖTV in der ersten Phase nicht in den Streik einbeziehen.

Die *Deutsche Reichsbahn* bleibt vom Streik verschont. Die S-Bahn im Osten und der Fernverkehr sollen rollen.   **sev**

Siehe auch Seite 22

„Der Schmuggel hat mich uffjeregt"

In Berlin begann der Prozeß gegen einen jungen Arbeitslosen, der im April einen Vietnamesen
vor den Augen zahlreicher teilnahmslos zuschauender EinkaufspassantInnen erstach ■ **Von Ute Scheub**

Berlin (taz) — Nein, er wirkt nicht wie ein rücksichtslos agierender Rechtsradikaler. Ein dicklicher braver Junge sitzt da auf der Anklagebank, mit scheuen Augen in einem pickeligen Gesicht. Als er in einer Pause mit seinen Eltern sprechen darf, hängt er weinend in den Armen seiner Mutti. Und doch hat der 22jährige arbeitslose Maurer Mike L. im Ostberliner Bezirk Marzahn am 24. April einen Menschen erstochen. Seit gestern steht er wegen Totschlags an dem 29jährigen Vietnamesen Nguyen Van Tu vor Gericht.

Das, was an jenem Apriltag geschehen sei, „tut mir leid", murmelt er mit gesenktem Kopf. Mit seinen Kumpels hatte er in einer der Plattenwohnungen in der Plattensiedlung einen Klaren nach dem anderen gekippt — 20 Gläser Apfelkorn und mehrere Bier nach seiner Aussage. Sie waren dann zu einem Einkaufszentrum gezogen, vor dem vietnamesische Zigarettenhändler ihre billige, weil unversteuerte Ware feilboten. Warum Mike L., damals in Jeans, Turnschuhen und Bomberjacke, deren Kisten umtrat, „weeß ick ooch nich. Es kam über mich. Die Leute haß ick wirklich nich, und ich hab auch nix gegen andere Ausländer. Aber der Schmuggel hat mich uffjeregt." Warum denn? „Das ist doch verboten." Ob seine Kumpels denn nie solche Zigaretten rauchen würden? „Die wollen se zwar nich kaufen, aber manchmal sind se mit dem Geld knapp."

Was danach geschah, da gehen die Versionen auseinander. Der Angeklagte will sein Messer in Notwehr gezückt haben, nachdem sich eine Gruppe von vier oder fünf Vietnamesen „mit Latten bewaffnet" und dann auf ihn „eingeschlagen hat". Aus „Angst und Panik" habe er mit seinem Butterflymesser auf einen der „▬▬▬▬" eingestochen. Ja, „▬▬▬▬" hätten sie die immer genannt, „das ist Umgangssprache, bei uns und in der normalen Bevölkerung". Der erste der geladenen vietnamesischen Zeugen hat jedoch weder eine kollektive Bewaffnung noch kollektive Schläge durch seine Landsleute wahrgenommen. Er und Nguyen Van Tu hätten den Deutschen nur zur Rede stellen wollen, warum er die Kisten umtrat. Mit entschuldigendem Lächeln für seine Sprachkenntnisse spricht er dem Gericht vor, was er damals fragte: „Warum du so machen? Nicht wieder einmal." Da habe der Angeklagte schon das Messer in der Hand gehabt, übersetzt sein Dolmetscher. Als dann doch von hinten eine Holzlatte geflogen sei, habe er zugestochen.

Einig sind sich aber beide, daß ihre Auseinandersetzung jede Menge Schaulustige anzog. An die fünfzig PassantInnen guckten zu, doch niemand rührte auch nur einen Finger, um die Eskalation zu stoppen. „Keiner hat sich geäußert oder eingemischt", das bestätigt auch der Angeklagte. Vor aller Augen konnte er das Messer in Nguyen Van Tus Lunge rammen. Mike L. rannte weg, die Vietnamesen, auch sein blutendes Opfer, rannten ihm hinterher. Doch nach hundert Metern verließen Nguyen Van Tu die Kräfte, er ging zurück und fiel hin. Ein Landsmann brachte ihn ins Krankenhaus, wo er wenig später starb.

„Ich hatte 'ne Wut jehabt", sagt Mike L. zur Begründung, warum er nach seiner Flucht mit drei Kumpels und zwei Knüppeln dann doch wieder zum Tatort zurückging. Eine Wut, kein Schuldbewußtsein. Aber als sein Opfer dann am Boden lag, „hab ich nix mehr gemacht. Am Abend bin ich in die Disco im Jugendclub." Am nächsten Abend suchte dort schon die Mordkommission nach Zeugen. „Ich war's", gab Mike L. zu, immerhin.

Der Prozeß wird fortgesetzt.

Trend nach rechts

■ Ergebnisse der IBM-Jugendstudie

Bonn (taz) — Fast ein Drittel der Jugendlichen in Deutschland muß als ausländer- und fremdenfeindlich eingestuft werden. Dies ergab die IBM-Jugendstudie 1992, die gestern in Bonn vorgestellt wurde. Befragt wurden 2.016 repräsentativ ausgewählte Jugendliche zwischen 16 und 24 Jahren aus ganz Deutschland. Der Studie zufolge umfaßt dieses Drittel einen harten, konsequent ausländerfeindlichen Kern von 13 Prozent und einen Sympathisantenkreis (15 Prozent), der als anfällig für ausländer- und fremdenfeindliche Gedanken gelten muß. Wirklich gewaltbereit sei etwa 1 Prozent der Jugendlichen. Nur ein Viertel der Befragten lehnt jede Diskriminierung von Ausländern ab.

62 Prozent der ostdeutschen und 50 Prozent der westdeutschen Jugendlichen sind der Meinung, so die Studie, daß es genug Ausländer in Deutschland gibt und keine weiteren mehr hinzukommen dürfen. Rund drei Viertel der Jugendlichen sind für eine Grundgesetzänderung in Sachen Asylrecht, um den angenommenen Mißbrauch zu verhindern. Im Gegensatz zu dieser wenig ausländerfreundlichen Haltung steht die Einschätzung von etwa 70 Prozent der befragten Jugendlichen, daß Ausländerfeindlichkeit und Rechtsradikalismus gravierende Probleme darstellen. Ebenso wie die Ausländerfeindlichkeit wächst offenbar die Staatsverdrossenheit unter Jugendlichen. Nur noch 14 Prozent der Jugendlichen sind der Meinung, daß sich Staat und Wirtschaft ausreichend für ihre Belange einsetzen. In einer ähnlichen Befragung 1990 äußerten noch ein Drittel der Jugendlichen seine Zufriedenheit. In diesem Jahr sind in Ostdeutschland sogar zwei Drittel ausgesprochen unzufrieden.

Die weltweite Umweltverschmutzung ist für 72 Prozent der westdeutschen Jugendlichen Sorge Nummer 1. Dagegen bewerten fast alle jungen Leute aus Ostdeutschland die Arbeitslosigkeit als größtes Problem. Kaum Unterschiede bestehen bei den persönlichen Hoffnungen und Wünschen: sichere Ausbildungs-, Studien- und Arbeitsplätze, Erfolg im Beruf und Glück in der Partnerschaft.

Myriam Schönecker

Nobelpreis für Literatur für Derek Walcott

■ Ein „Grenzgänger zwischen den Kulturen" aus Trinidad erhält in diesem Jahr den Literatur-Nobelpreis / Allgemeine Überraschung setzt unmittelbar ein

Berlin (dpa/taz) — *...sssame procedure as every year, James ...* Jedes Jahr um dieselbe Zeit bricht in allen Redaktionen dasselbe Chaos aus: die Nobelpreisjury hat getagt, und die Voraussagen sind Altpapier geworden; unbekannte Namen werden mühsam buchstabiert, und der Eurozentrismus rächt sich aufs bitterste. Nachdem sich alles miteinander mit Wole Soyinka (1986) und Nagib Mahfuz (1988) blamiert haben, gönnte uns das schwedische Politbüro kundiges Aufatmen mit Paz (1990) und Gordimer (1991), um in diesem Jahr wieder mit einer völkerverbindenden Überraschung aufzuwarten: Der Nobelpreis für Literatur geht an den karibischen Lyriker Derek Walcott.

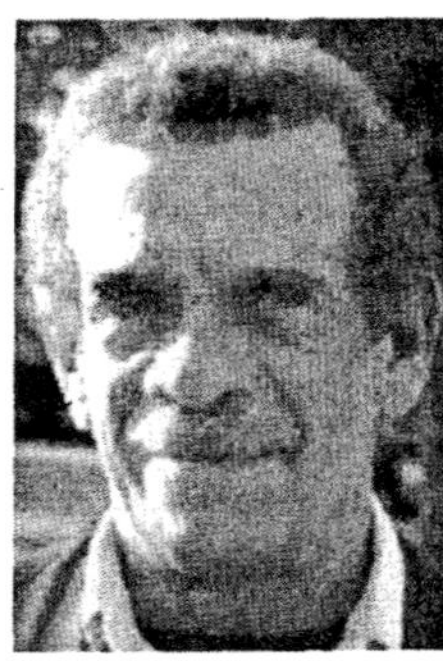

Derek Walcott   *Foto: rtr*

Der 62jährige lebt in Trinidad und Boston, wo er Anglistik lehrt, und wird „als Grenzgänger zwischen den Kulturen" gewürdigt. Niemand sagt es besser als dpa: „Aus seiner karibischen Heimat, der englischen Sprache und seinen afrikanischen Wurzeln schöpft er seine dichterische Kraft."

Der schönste auf deutsch erhältliche Text ist von dem Lyriker Joseph Brodsky, der zum „Königreich des Sternapfels" (1979) eine Einführung schrieb:

I'm just a red nigger who love the sea, / I had a sound colonial education. / I have Dutch, nigger, and English in me, / and either I'm no-body, or I'm a nation.

Ein roter Nigger, der lieben das Meer, / Bin ich, mit echt kolonialem Diplom; / Hab Holländisch, Nigger und Englisch in mir, / Bin entweder niemand oder eine Nation.

Während der bald vierzig Jahre, die Walcott dabei ist, haben ihn Kritiker an beiden Küsten des Meeres als „westindischen Dichter aus der Karibik" etikettiert ... In diesen Versuchen, den Mann als einen Regionalschriftsteller darzustellen, wird sowohl eine geistige als auch eine geistliche Feigheit sichtbar, im weiteren wohl, seitens der Kritikerzunft, durch die fehlende Bereitschaft zuzugeben erklärt werden kann, daß der große Dichter der englischen Sprache ein Schwarzer ist. Man kann das auch einer völlig zerstörten Ohrleiste oder einer mit Speck umwachsenen Netzhaut zuschreiben."

Die Nicht-zur-Kenntnisnahme karibischer Literatur in Europa, vor allem aber in Deutschland, ist eklatant; der Schriftsteller und Theoretiker Eduard Glissant ist hierfür ein weiteres Beispiel. Die Region Westindien ist durch den Kolonionalismus politisch zerstückelt; die Ausrottung seiner UreinwohnerInnen, die Einschiffung von SklavInnen aus Afrika, die Zwangsansiedelung der europäischen Besatzer von Bevölkerungsgruppen aus Indien und Asien hat die Erwirtschaftung des westlichen Fetischbegriffes „Identität" nicht eben vereinfacht. Die kulturelle „Identität" dieser Region liegt vor allem in der Formung eigener Sprachen, die aus dem Kreolischen, dem „reinen" Französisch, dem Pidgin-Englisch und dem Besatzerenglisch gebildet werden und andere Idiome aufnehmen. Die Vergeßlichkeit der Geschichte, die an Sprache gebunden ist, wird damit, heute erst, aufgehoben; die Lyrik markiert den Rand des Bewußtseins. „Schlagt dieses Buch auf", schreibt Brodsky, „und seht *...den grauen, eisernen Hafen an einer Möwe / rostiger Angel sich öffnen,* hört *das Himmelsfenster knirschen / bei hereingewürgtem Rückwärtsgang,* seid gewarnt: es wird *Am Ende dieses Satzes Regen setzen. / Am Rande des Regens ein Segel...".*

Einzig übersetzt:
Derek Walcott: Das Königreich des Sternapfels.
Gedichte, aus dem Englischen übertragen von Klaus Martens. Mit einem Vorwort von Joseph Brodsky, Hanser Verlag

■ Wiesenthal

Nazi enttarnt?

Wien/Graz (AP) — Der Leiter des Jüdischen Dokumentationszentrums in Wien, Simon Wiesenthal, hat nach eigenen Angaben einen früheren „Judenkommissar" der Nationalsozialisten in Belgrad enttarnt. Wiesenthal erklärte gestern in Wien, danach handele es sich um den in Graz praktizierenden Arzt Egon Sabukoschek. Sabukoschek soll demnach für die Massenerschießung und Judendeportationen verantwortlich sein. Die Kieferchirurg wies auf Nachfrage die Vorwürfe zurück. Er sei bei seiner Entlassung aus der Wehrmacht Gefreiter gewesen und habe mit den Vorgängen in Belgrad nichts zu tun. Wiesenthal erklärte, Sabukoschek habe 1941 in Belgrad als „Judenkommissar" 100 Juden für eine Erschießung ausgewählt. In einer in Belgrad gegen ihn erhobenen Anklage werden ihm fünf Morde sowie Deportationen in den Jahren 1942 und 1943 vorgeworfen.

■ Aids

Neues Medikament

Berlin (dpa) — In der Bundesrepublik ist neben Azidothymidin (AZT) ein zweites Medikament gegen Aids, der Wirkstoff Dideoxynosin (DDI), zugelassen worden. Das Bundesgesundheitsamt Berlin bestätigte gestern, daß das Mittel der Firma Bristol Myers Squibb (München) unter dem Namen „Videx" bereits Ende August die Zulassung erhielt.

■ UNO-Bericht

800 Millionen hungern

Rom (dpa) — Die Zahl der chronisch unterernährten Menschen ist in den vergangenen 20 Jahren trotz der weltweiten Bevölkerungsexplosion von 941 Millionen auf 786 Millionen Menschen gesunken. Dennoch seien noch immer etwa 20 Prozent aller Bewohner der Dritten Welt unterernährt, sagte der Direktor des Ernährungsprogramms der FAO.

■ Hanau-Atom

Atommüllager zu

Wiesbaden (AP) — Im Hanauer Siemens-Brennelementewerk ist das Atommüllager auf Anordnung des hessischen Umweltministeriums gesperrt worden. Die Genehmigung sei ausgelaufen, heißt es. Eine erneute Genehmigung könne noch nicht erteilt werden, so auch das Bundesamt für Strahlenschutz.

■ Thälmann-Mord

Aufklärung verhindert

Ludwigsburg (dpa) — Die Stasi hat nach Darstellung der Zentralen Stelle zur Aufklärung von NS-Verbrechen Beweismaterial für Verfahren gegen Nazis in der BRD zurückgehalten. So habe die Stasi verhindert, daß die Ermordung von Ernst Thälmann durch die Nazis in der Bundesrepublik gerichtlich aufgeklärt werden konnte, sagte Leiter Streim.

„Nicht aus Ausländerfeindlichkeit" getötet

■ Viereinhalb Jahre Haft für einen Ostberliner, der einen Vietnamesen erstach

Berlin (taz) — Die Tat sei „nicht aus Ausländerfeindlichkeit begangen worden", aber ein „Akt verwerflicher Selbstjustiz" gewesen. So der Tenor des gestrigen Gerichtsurteils gegen den Mike L., der im April im Ostberliner Plattenbautenviertel Marzahn nach einer Rangelei den 29jährigen Nguyen Van Tu erstochen hatte. Der 22jährige arbeitslose Angeklagte, ein so brav wie unreif wirkender Mitläufer, aber kein Aktivist der rechten Szene, hatte zuvor die Kisten von vietnamesischen Zigarettenverkäufern umgestoßen. Nach dem Motiv gefragt, gab er an, etwas gegen Schmuggel zu haben.

Das Gericht schenkte dem Glauben und verurteilte den zur Tatzeit Angetrunkenen wegen Körperverletzung mit Todesfolge zu viereinhalb Jahren Haft.

Nicht nur diese Wertung sorgte für Unruhe im Zuschauersaal, sondern auch die Einschätzung der Richter, Nguyen Van Tu habe den Angeklagten zuvor „rechtswidrig angegriffen". Dieser Wertung der Zeugenaussagen konnte keine andere Seite der Prozeßbeteiligten folgen.

In den Plädoyers hatte die Staatsanwältin fünfeinhalb Jahre Haft wegen Totschlags mit bedingtem Vorsatz verlangt. Der Angeklagte habe den Stich in den Lungenflügel mit „erheblicher krimineller Energie" geführt. Verteidiger Stefan König verlangte hingegen Freispruch oder eine Bewährungsstrafe. Sein Mandant habe nicht aus Vorsatz, sondern im Affekt gehandelt. Die Stichbewegung sei aus einer Körperdrehung heraus erfolgt und keineswegs gezielt gewesen. In einer etwas seltsam anmutenden Denkoperation trennte der Verteidiger die Tat von ihrer Vorgeschichte des Kistenumtretens und kam zum Schluß: „Wenn man in diesem Messerstich eine ausländerfeindliche Tat sehen wollte, müßte man sich in den Bereich des Hypothetischen begeben."

Margarete von Galen, die den Vater von Nguyen Van Tu als Nebenkläger vertrat, war indes genau davon überzeugt: „Das Motiv war zwar nicht Ausländerhaß, aber Ausländerfeindlichkeit". Bei der Polizei habe der Angeklagte angegeben, er stehe der rechtsextremen DVU nahe. Das mache wenigstens was gegen Ausländer, die Straftaten — wie das Verkaufen unversteuerter Zigaretten — verübten. Ein Strafmaß wollte sie dennoch nicht nennen, „weil mir die Zustände in der Strafanstalt zur Genüge bekannt sind."   **usche**

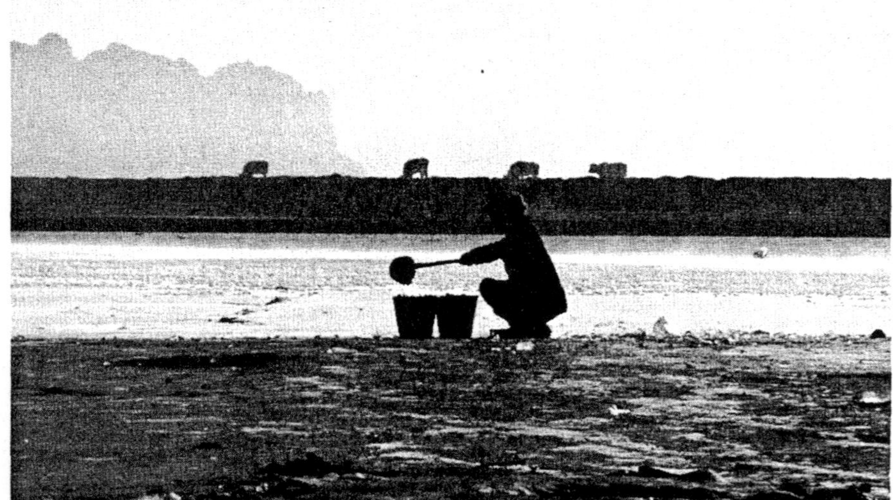

Wasserstelle am vereisten Fluß in der Mongolei Foto: Kadir van Lohuizen/Hollandse Hoogte   Der Augenblick ■

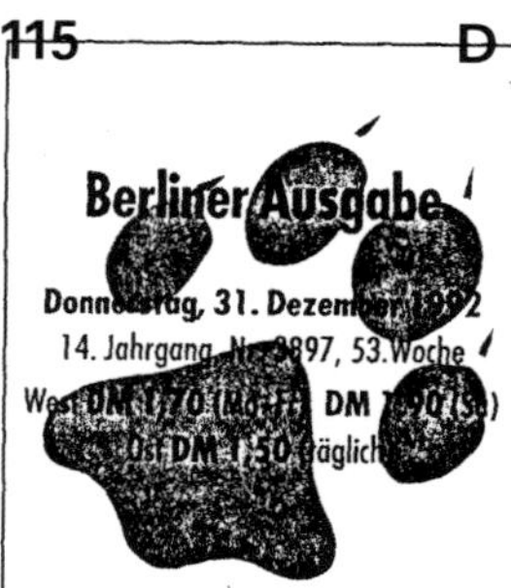

die tageszeitung

Berliner Ausgabe
Donnerstag, 31. Dezember 1992
14. Jahrgang, Nr. 3897, 53. Woche
West DM 2,70 (Mo-Fr), DM 3,00 (Sa)
Ost DM 1,50 täglich

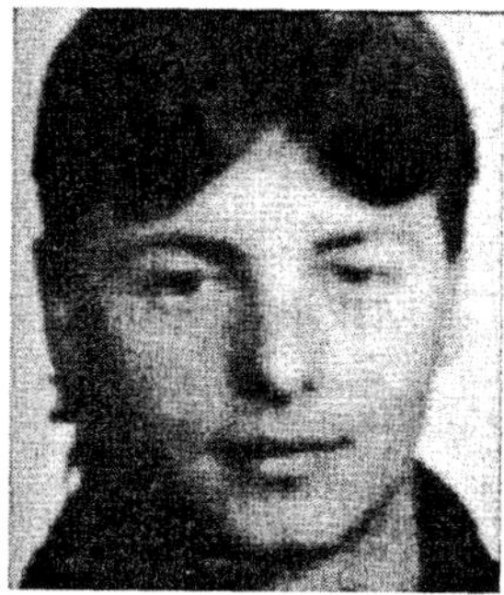

Dragomir Christinel
18 Jahre alt, am 14. März 1992 bei einem Überfall auf ein AsylbewerberInnenheim in Saal bei Rostock von Rechtsradikalen zu Tode geprügelt.

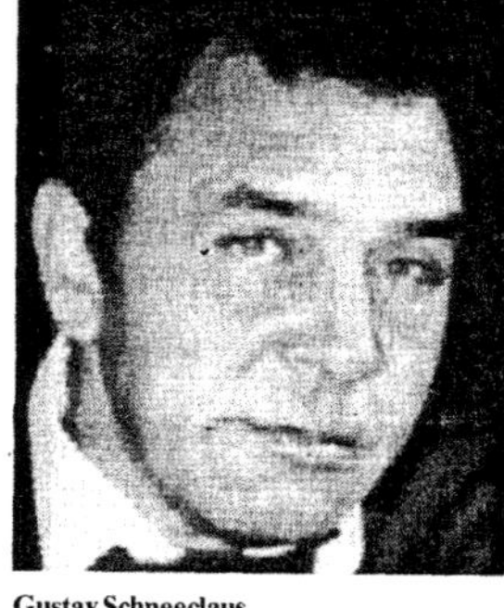

Gustav Schneeclaus
53 Jahre alt, am 18. März 1992 in Buxtehude von Skinheads erschlagen.

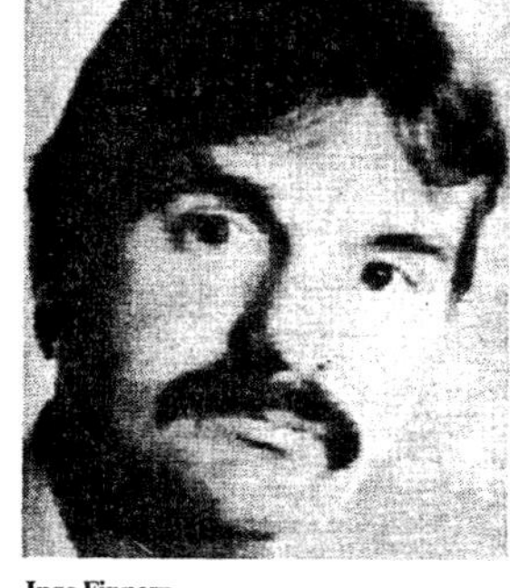

Ingo Finnern
31, obdachlos. Am 19. März 1992 von einem Skinhead in den Flensburger Hafen geworfen und ertrunken.

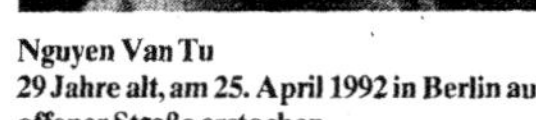

Nguyen Van Tu
29 Jahre alt, am 25. April 1992 in Berlin auf offener Straße erstochen.

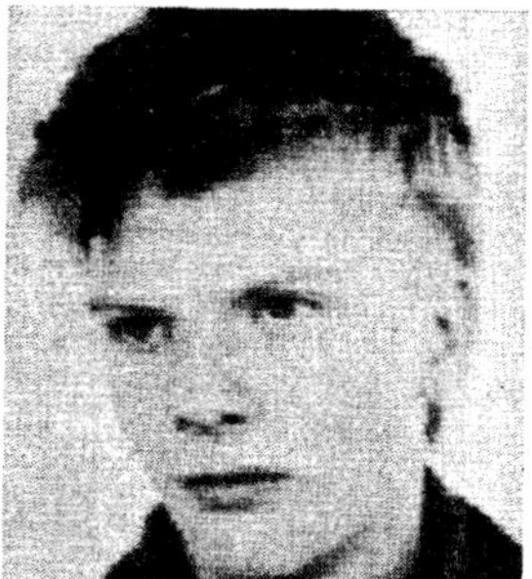

Torsten Lamprecht
23 Jahre alt, am 9. Mai 1992 bei einem Überfall von Neonazis auf ein Lokal in Magdeburg an einem Schädelbruch zu Tode gekommen.

Günter Schwannicke
58 Jahre alt, obdachlos. Am 29. August 1992 in Berlin von zwei Skinheads getötet.

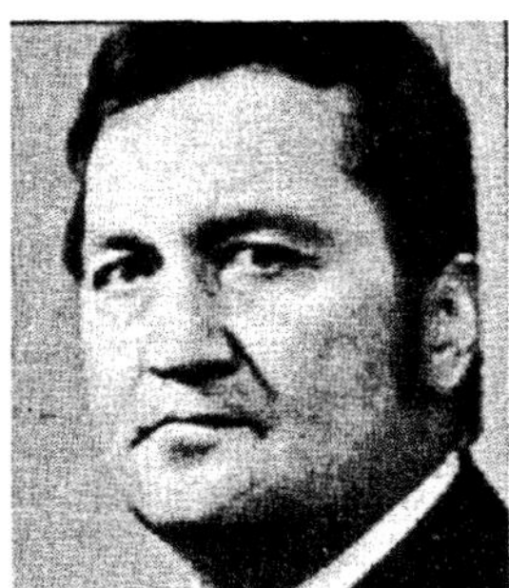

Emil Wendland
50 Jahre alt, obdachlos. Am 1. Juli 1992 in Neuruppin von Skinheads erstochen.

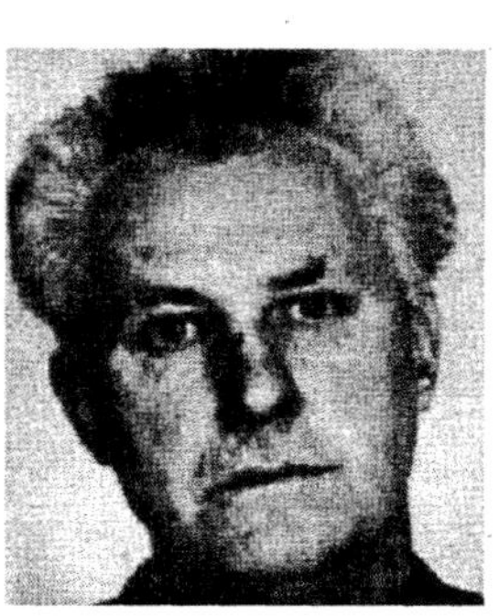

Klaus Dieter Klein
49 Jahre, obdachlos. Am 1. August 1992 in Bad Breisig von zwei Skinheads niedergestochen und totgetrampelt.

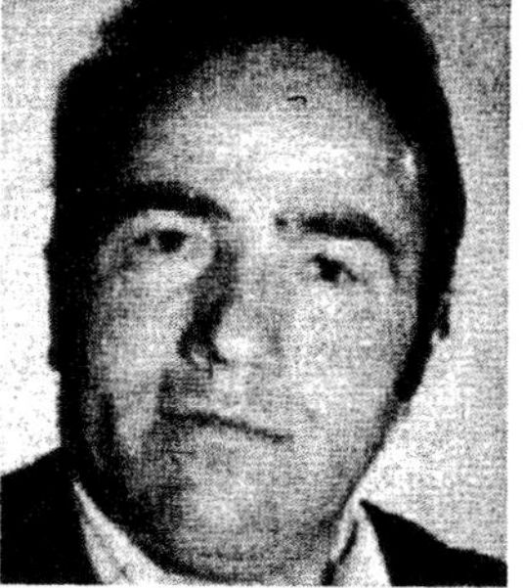

Sadri Berisha
55 Jahre alt, am 8. Juli 1992 in Ostfildern von Rechtsradikalen zu Tode geprügelt.

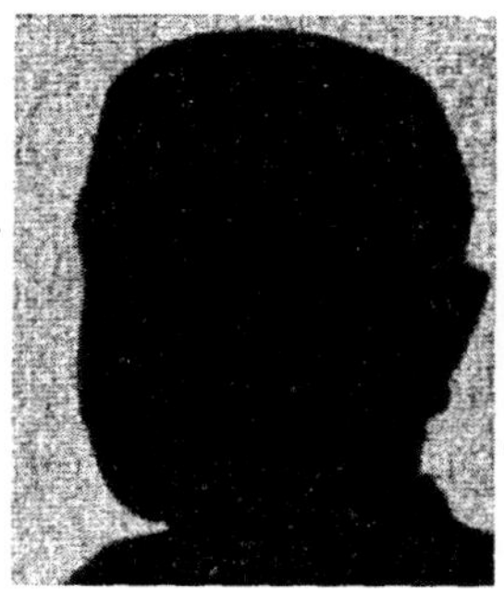

Rolf Schulze
52 Jahre alt, obdachlos. Am 7. November 1992 von drei rechtsradikalen Jugendlichen am Kolpinsee (Brandenburg) mißhandelt und verbrannt.

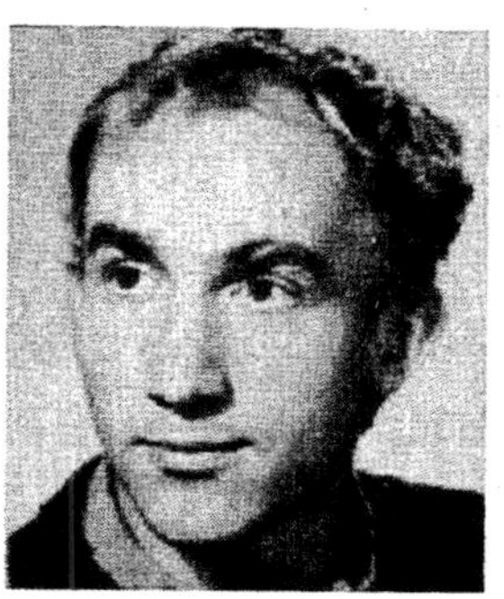

Ireneusz Szyderski
24 Jahre alt, am 3. August 1992 in Stotternheim von Skinheads zu Tode geschlagen und getreten.

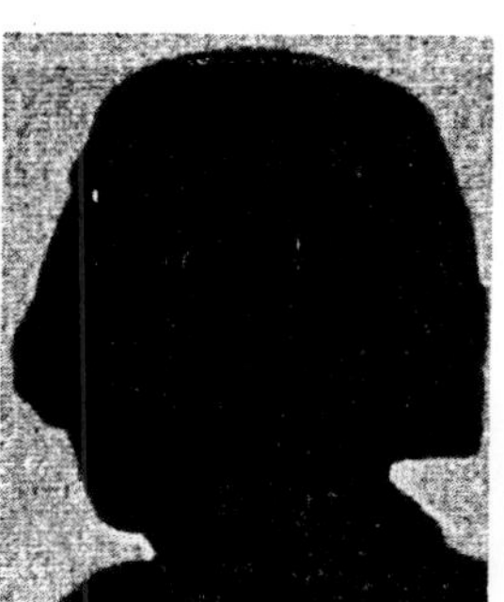

Ayse Yilmaz
14 Jahre alt, am 23. November 1992 in Mölln bei einem Brandanschlag von Rechtsradikalen auf zwei von TürkInnen bewohnte Häuser verbrannt.

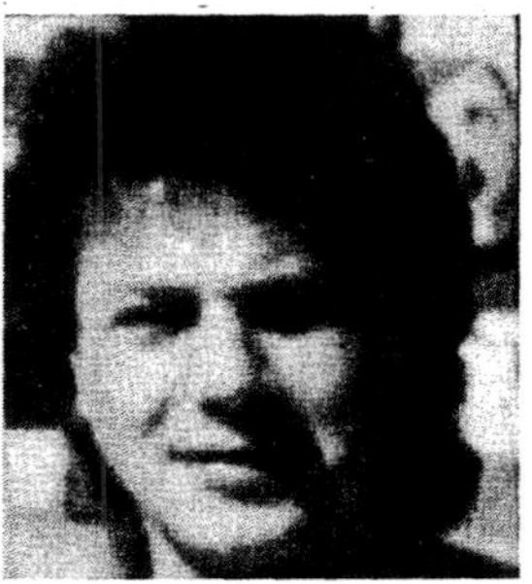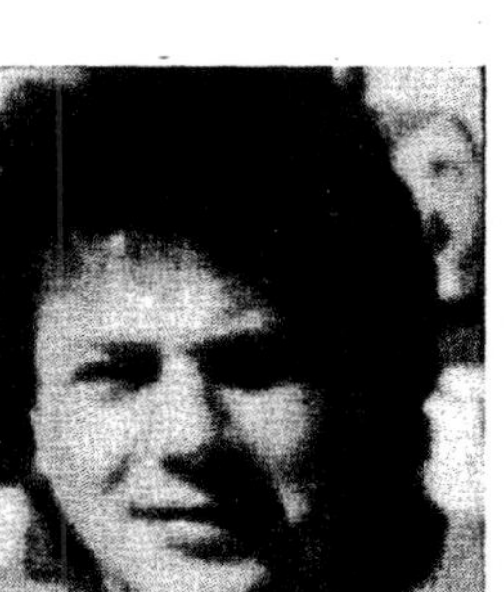

Frank Bönisch
35 Jahre alt, obdachlos. Am 24. August 1992 in Koblenz von einem Skinhead erschossen.

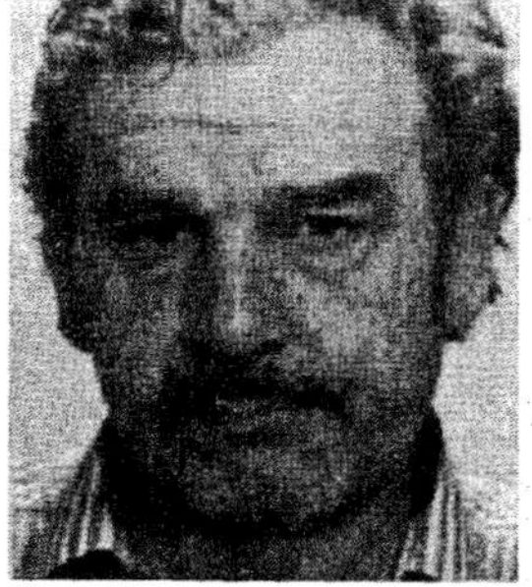

Karl-Hans Rohn
53 Jahre alt, am 12. November 1992 in Wuppertal von zwei Skinheads zusammengetreten und verbrannt.

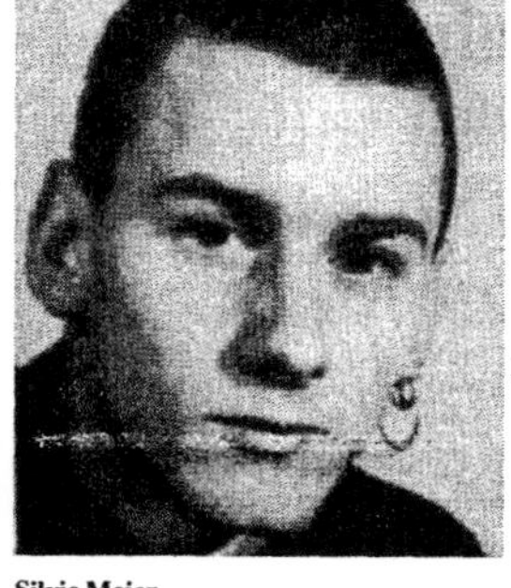

Silvio Meier
27 Jahre alt, am 21. November 1992 in Berlin von Skinheads erstochen.

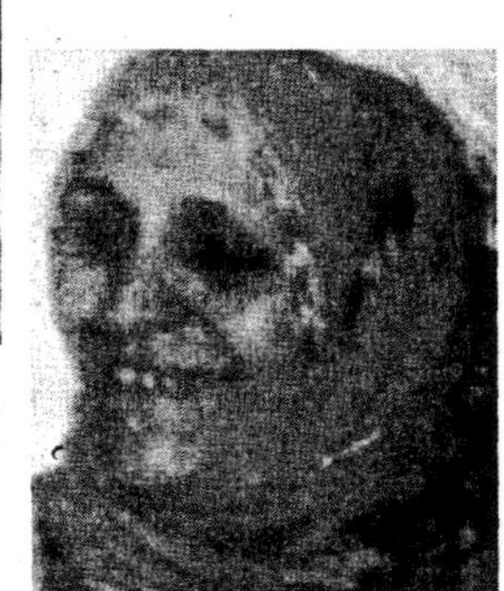

Yeliz Arslan
10 Jahre alt, am 23. November 1992 in Mölln bei einem Brandanschlag von Rechtsradikalen auf zwei von TürkInnen bewohnte Häuser verbrannt.

Bahide Arslan
51 Jahre alt, am 23. November 1992 in Mölln wie Yeliz Arslan verbrannt.

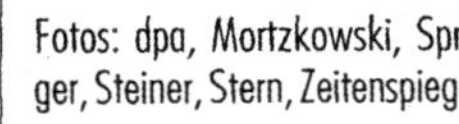
Fotos: dpa, Mortzkowski, Springer, Steiner, Stern, Zeitenspiegel

Gedenkdemonstration für Rosa und Karl

Mit einer Demonstration zur Gedenkstätte in Friedrichsfelde wird am kommenden Sonntag an die vor 76 Jahren ermordeten deutschen Arbeiterführer Karl Liebknecht und Rosa Luxemburg erinnert. Die Mitbegründer der Kommunistischen Partei Deutschlands (KPD) waren am 15. Januar 1919 von Freikorpsoffizieren umgebracht worden. Zu der traditionellen Ehrung hat die PDS aufgerufen. Von 9 bis 13 Uhr können die Demonstranten an dem Porphyrstein mit der Inschrift „Die Toten mahnen uns" vorbeiziehen und Blumen niederlegen. 1994 hatten an der Veranstaltung rund 80.000 Menschen teilgenommen, so viele wie nie zuvor seit der „Wende". Die in der DDR zu einem Ritual erstarrte Veranstaltung war 1988 in die Schlagzeilen geraten. Bürgerrechtler waren damals bei dem Versuch verhaftet worden, am Rande des Zuges ein Transparent mit dem Luxemburg-Zitat „Freiheit ist immer die Freiheit der Andersdenkenden" zu entrollen. **ADN**

Tod bei Wohnungsbrand

Nur noch tot konnte am Samstag die Feuerwehr eine 42jährige aus ihrer Wohnung in Oberschöneweide bergen. Mieter hatten eine starke Rauchentwicklung bemerkt, teilte die Polizei mit. In der Küche sei die Tote dann entdeckt worden. Ursache für das Feuer war vermutlich fahrlässige Brandstiftung. Die Frau starb an einer Rauchvergiftung. **dpa**

Scharping in Köpenick

SPD-Chef Scharping ist heute in Köpenick zu Gast. Er wird im Rathaus mit Gewerbetreibenden und Handwerkern sowie mit Vertretern aus Wirtschaft und Handel, Gewerkschaftern und Betriebsräten diskutieren. Die Veranstaltung im Ratssaal in Alt-Köpenick 21 beginnt um 19 Uhr. **ADN**

Schulen an WHO-Projekt beteiligt

Zwei Schulen sind an einem internationalen Projekt der Weltgesundheitsorganisation WHO beteiligt, das sich der Gesundheitsförderung in der Schule verschrieben hat. Dabei handelt es sich um das Bertha-von-Suttner-Gymnasium in Reinickendorf und die 2. Grundschule in Prenzlauer Berg. Dem 1992 gegründeten Projekt sind mittlerweile rund 30 europäische Länder angeschlossen. Allein in Deutschland sind 26 Schulen aus 13 Bundesländern in ein Netzwerk gesundheitsfördernder Schulen integriert. **ADN**

Blick zurück nach vorn

■ „Neue Synagoge" in der Oranienburger Straße wird am 7. Mai eingeweiht / Zwei Ausstellungen erinnern an jüdisches Leben

„Tuet auf die Pforten" Was bisher nur in hebräischen Lettern über dem Eingang leuchtet, soll im Mai dieses Jahres erneut Wirklichkeit werden. Mit zwei Ausstellungen feiert die Jüdische Gemeinde in Berlin die Wiedereröffnung der Neuen Synagoge in der Oranienburger Straße. Zum Gedenken an das Ende des deutschen Faschismus und des Naziterrors vor fünfzig Jahren präsentiert das Centrum Judaicum in den Räumen der Neuen Synagoge ab dem 9. Mai die Dokumentation „Jüdische Geschichte in Berlin". Die historische Ausstellung der „Stiftung Neue Synagoge" sowie der „Stiftung Topographie des Terrors" stellt einen Überblick zur jüdischen Geschichte, besonders zum Leben der jüdischen Bürger dar, deren Existenz, Kultur und Alltag nach 1933 zerschlagen wurden.

Anläßlich der Neueröffnung der Neuen Synagoge, die in zwei Bauabschnitten von 1988 bis 1995 rekonstruiert, erneuert und umgebaut wurde, ist zudem geplant, „eine Dauerausstellung zur Geschichte des Gotteshauses, seiner Zerstörung und des Wiederaufbaus zu zeigen" Der Sprecher der Stiftung, Münz, betonte, daß bis zum 7 Mai die Bau- und Restaurierungsarbeiten abgeschlossen seien. Die Handwerker für die Außen- und Fassadenbereiche wären „bereits abgezogen" Münz: „Die Arbeiten zur Ausgestaltung der Innenräume befinden sich in den letzten Zügen."

Nach dem Abschluß der Rekonstruktionsarbeiten an der südlichen Hauptfassade mit der goldenen Mittelkuppel, den minarettartigen Türmchen und maurisch angehauchtem Maßwerk hatte sich der Wiederaufbau der Neuen Synagoge auf die verbliebenen Innenräume der Synagoge und die Neubaumaßnahmen am Haus Oranienburger Straße Nummer 29 konzentriert. Während das dreigeschossige Haus Nummer 29 (für Büros, Studienzimmer, einen Versammlungsraum, die Bibliothek und das Archiv) sich mit seiner ziegelroten Fassade an die alte Architektursubstanz nur etwas anlehnt, kontrastiert der Innenausbau der Neuen Synagoge die originalen Reste des Gotteshauses mit der Modernisierung. „Wir streben keine Wiederherstellung des Gebäudes an – man kann die Vergangenheit nicht ungeschehen machen", hatte Heinz Galinski zum Richtfest 1990 erklärt.

Die brutalen Wunden, die die rierungsarbeiten Zeit in die zwischen 1859 und 1886 von Eduard Knoblauch und Friedrich August Stüler für die Jüdische Gemeinde Berlin geplante Neue Synagoge gerissen hatte, wollte Galinski (und zahlreiche Denkmalpfleger) erhalten wissen. 1938 verübten SA-Leute einen ersten Brandanschlag auf das größte jüdische Gebetshaus, das Platz für 3.200 Personen in der zweistöckigen Haupthalle bot. Die Wehrmacht beschlagnahmte das Haus, später zerstörten Bomben das Dach, die Kuppeln und Teile der Hauptsynagoge.

Das Gebäude verfiel nach dem Krieg. 1958 wurde der Hauptraum gesprengt, die Vorderfront dagegen ließen sich (die politischen) Sprengmeister stehen. Erst 1988, aus Anlaß des 50. Jahrestags der Pogromnacht, hatten die Pläne der Jüdischen Gemeinde für die Rekonstruktion des Straßen- und Mitteltraktes bei den SED-Oberen Erfolg. Die gegründete Stiftung durfte den vorderen Teil des einstigen Gebäudes wiederaufbauen.

Wenn die Besucher ab dem 7 Mai die Innenräume der Neuen Synagoge betreten, werden sie auf historische Spuren und die Neubauelemente treffen. Am Eingang, Treppenhaus, Vestibül, im Repräsentantensaal und in der Vorsynagoge finden sich Stukkaturen und arabeske Wandbilder, die konserviert wurden. Die Räume für Vorträge und Ausstellungen und die kleine Synagoge wurden teilweise verändert, ebenso die Mikwe, ein kultischer Baderaum, im Keller des Hauses. Vor Teilen der aufgerissenen Rückwand wurde eine Glaskonstruktion gestellt. Hier schlüpft das Haus nicht mehr zurück in sein historisches Original, sondern wagt neben der Rückbesinnung eine Neudefinition, die ebenso wie die Ausstellung über das jüdische Leben auch nach vorn blicken soll. **Rolf Lautenschläger**

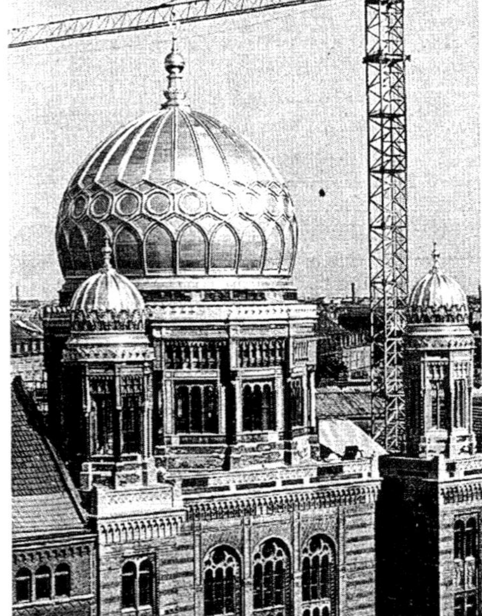

Äußerlich ist die Synagoge längst fertig   *Foto: Chr. Jungeblodt/Signum*

Hinrichtung im Ausländerwohnheim

■ Vietnamese von drei Maskierten erschossen / Immer mehr Morde durch die Zigarettensyndikate / Brutale Methoden

Einer regelrechten Hinrichtung fiel am Wochenende der 22jährige Thai Van Huong zum Opfer. Der Vietnamese, so berichteten Augenzeugen der Tat, saß am Samstag abend mit sechs seiner Landsleute im Ausländerwohnheim Gehrenseestraße vor dem Fernseher, als plötzlich drei Maskierte den Raum betraten und ihn wortlos in Oberkörper und Kopf schossen. Die Täter gingen anschließend noch einmal nah an ihr Opfer heran, um zu sehen, ob es auch wirklich tot war. Dann flüchteten sie unerkannt. Die anderen Vietnamesen wurden nicht verletzt. Als Hintergrund der Tat vermutet die Kripo eine Auseinandersetzung im Bereich des organisierten Handels mit unverzollten Zigaretten.

Hinrichtungsaktionen wie diese waren bereits im vergangenen Jahr keine Seltenheit: Besonders spektakulär erscheint dabei der Fall Hung Quoc D. Dieser wurde im Mai 1993 in der Hohenschönhausener Gehrenseestraße vor den Augen der Anwohner aus einem Auto gezerrt und in eine gelegenes Ausländerwohnheim verschleppt. Dort wurde er mit Axt- und Säbelhieben derart traktiert, daß er wenig später starb. „Allein im Wohnheim Gehrenseestraße sind seit Herbst vier Menschen kaltblütig ermordet worden", berichtet Hans Holm von der Bürgerinitiative Ausländische MitbürgerInnen in Hohenschönhausen e.V

In den Ausländerwohnheimen in der Gehrensee- und der Wollenbergstraße leben offiziell etwa 1.000 meist vietnamesische Asylbewerber. Da sie von den deutschen Behörden keine Arbeitserlaubnis erhalten, leben viele vom Handel unverzollter Zigaretten, der von internationalen Kartellen kontrolliert wird. Die Vietnamesen, die beispielsweise vor Supermärkten stehen, bilden nur das Ende einer Vertriebskette, deren Struktur beträchtlich an die der Mafia erinnert. Beim Verdienst bleibt den Zigarettenverkäufern ein kümmerlicher Rest: fünf Mark pro Stange. Daneben müssen sie Schutzgeldgebühren in Höhe von monatlich 2.000 bis 5.000 Mark, je nach Stellplatz und Publikumsverkehr, an die Verteilerorganisation entrichten. Zahlt ein vietnamesischer Zigarettenhändler nicht, riskiert er sein Leben. Die verschiedenen Banden führen miteinander Krieg um Einflußsphären.

Daß der Mord an Thai Van Huong aufgeklärt wird, ist nicht zu erwarten. Zu groß ist die Angst der Asylbewerber vor der Rache der Schutzgeldbanden und zu gering ihr Vertrauen in die Polizei. Diese hatte in den vergangenen Jahren immer wieder vietnamesische Zigarettenhändler bestohlen, mißhandelt und eingesperrt. **taz**

Gut zu wissen

Beratung zur Pflegeversicherung

Die Verbraucherzentrale Berlin bietet jetzt Beratung in Fragen Pflegeversicherung an. Außerdem hat die Patientenberatung des Vereins ein Merkblatt herausgegeben, auf dem die wichtigsten Regelungen zur Pflichtversicherung erläutert werden. Interessenten können sich mittwochs in der Zeit von 14 bis 17 Uhr telefonisch (2190-7232) oder donnerstags von 15 bis 20 Uhr (mit Voranmeldung) persönlich beraten lassen. Das Merkblatt wird gegen Einsendung eines frankierten Umschlags zugeschickt (Verbraucherzentrale, Bayreuther Straße 40, 10787 Berlin).

Plätze frei

Für Lehrgänge des Deutschen Roten Kreuzes (DRK) Berlin zur Säuglingspflege gibt es noch freie Plätze. Zur Auswahl stehen Kurse von 16.1. bis 6.2. beim Kreisverband Wedding, Gerichtstraße 80/82, und von 17. Januar bis 7 Februar im Urbankrankenhaus, Dieffenbachstraße 1. Die Lehrgänge (Beginn 19 Uhr) umfassen jeweils sieben Doppelstunden. Die Kosten betragen pro Teilnehmer 40 Mark. Anmeldungen bitte unter 850 05 279.

VHS-Programm

Die Volkshochschule Mitte weist darauf hin, daß ihre neueste Broschüre mit Kursangeboten für das Frühjahrssemester 1995 auch in der Bürgerberatung Mitte, Alexanderplatz 1, Raum 208, erhältlich ist.

Lesung

Am Dienstag, 10.1. um 15 Uhr: Bärbel Balke liest Kurzgeschichten und erzählt. Eine Veranstaltung des Bundesverbands Deutscher Autoren, Club am Schloß Charlottenburg, Mollwitzstraße 10, 14054 Berlin.

Programm   Fax: 251 8674

❑THEATER

Berliner Ensemble: 19.30 Ich bin das Volk. Ort: Am Bertolt-Brecht-Platz 1, Mitte, ☎ 2823160/ 2888150

Berliner Kammerspiele: 10.00 Das Dschungelbuch. Ort: Alt-Moabit 99, Moabit, ☎ 391 55 43

Carrousel 10.00 Der kleine Prinz von Dänemark. Ort: Hans-Rodenberg-Platz 1, Lichtenberg, ☎ 5533495

Deutsche Oper: 20.00 Denn gemeint und geschissen ist zweyerley! Ort: Bismarckstr. 35, Charlottenburg, ☎ 3438-1

Deutsches Theater: 19.30 Der zerbrochene Krug. Ort: Schumannstr. 13a, Mitte, ☎ 28441225.

DT-Kammerspiele: 19.30 Ländliche Werbung. Ort: Schumannstr. 13a, Mitte, ☎ 28441226

Die Distel 20.00 Das Allerletzte. Ort: Haus der Journalisten, Friedrichstr.101, ☎ 2004704

Garn-Theater: 20.30 Brief an den Vater. Ort: Katzbachstr.19, Kreuzberg, ☎ 7864346

Haus am Köllnischen Park 20.30 Den Letzten beißen die Deutschen. Ort: Am Köllnischen Park 6/7, Mitte. ☎ 238065

Kartoon: 21.00 Übergangszeit. Ort: Französische Str. 24, Mitte.

Die Kneifzange: 20.00 Mensch! Deutschland. Ort: Friedrichstraße 95, Mitte, ☎ 26432236.

Komische Oper: 19.00 Die Zauberflöte. Ort: Behrenstr. 55-57, Mitte, ☎ 2202761

Komödie 20.00 Keine Ehe nach Maß. Ort: Ku'damm 206, Charlottenburg.

Maxim Gorki Theater: 19.30 Einer flog über das Kuckucksnest. Ort: Am Festungsgraben, Mitte, ☎ 2082748, 2082783

Theater am Ku'damm: 20.00 Ein seltsames Paar. Ort: Ku'damm 206, Charlottenburg, ☎ 8824941

Theater Zerbrochene Fenster: 19.00 Oidipus; 21.00 Penthesilea. Ort: Schwiebusser Str. 16, Kreuzberg, ☎ 6942400.

Volksbühne: 19.30 Pension Schöller/ Die Schlacht. Ort: Rosa-Luxemburg-Platz, Mitte, ☎ 2823394, 2828978

Wintergarten Varieté: 20.00 Die Eiligen drei Könige. Ort: Potsdamer Straße 96, Schöneberg, ☎ 2627070

❑KINDER-THEATER

Fabrik Osloer Straße 9.15 Schneewittchen. Ort: Osloer Str.12, Wedding, ☎ 4932037

Figurentheater Grashüpfer: 9.30 Der standhafte Zinnsoldat. Ort: Dolziger Str. 13, Friedrichshain, ☎ 7074327 (Vorm. nur mit Anmeldung)

Kreuzberger Märchenzirkus 15.30 Hoppla, wir leben! Ort: Köthener Straße 45, ☎ 2614646

Puppentheater Berlin: 10.00 Die zwölf Monate. Ort: Vorbergstr.102a, Schöneberg

❑TERMINE

Kunstraum 17.00 Treffpunkt Künstler im Atelier. Ort: Lindower Str. 18, Wedding

❑DURCH DIE STADT

Luisen-Club 10.00 An der Wiege Berlins. Treff: Neptunbrunnen, Mitte

❑LITERATUR

Literaturhaus 21.00 Richard Burger liest »Einstein privat – Herta(chen) W. erinnert sich an die Jahre 1927-33« Ort: Fasanenstraße 23, Charlottenburg

❑VORTRAG/BILDUNG

Abendrot 19.00 Vortrag: »Demokratie und/oder Kommunismus« Ort: Mariannenstr./ Ecke Paul-Linkke- Ufer, Kreuzberg

Stadtbibliothek 18.30 Vortrag: »Kommunale Selbstverwaltung und städtische Kulturpolitik in der Geschichte Berlins« Ort: Breite Str. 32-34, Mitte

Luisen-Club 19.30 Vortrag: »Paris – ein Streifzug durch die Geschichte und Architektur der Stadt« Ort: Neue Schönhauser Str. 8, Mitte

Urania 15.30 Zum Wiederentdecken: Königsberg und das nördliche Ostpreußen heute; 17.30 Wie alt sind Raum und Zeit?; 17.30 Portugal als Reiseziel; 19.30 Es gibt ein Recht auf Wahrheit. Ort: An der Urania 17, Schöneberg

❑RHYTHMISCHES

Dunckerclub 22.00 Dark Monday: Gothic, Darkwave, Industrial pp. Ort: Dunckerstr. 64, Prenzlauer Berg

Eierschale 1 21.00 The Soulband. Ort: Podbielskiallee 50, Dahlem

Eierschale 2 21.00 Ageless. Ort: Rankestr. 1, Charlottenburg

Eierschale Zenner 21.00 Larry Schuba und Western Union. Ort: Alt-Treptow 14-17

Ellington 21.00 Henner Schmidt-Rabeler am Piano. Ort: Bundesallee 194b, Wilmersdorf

Flöz 21.00 Missing Link – Musiker-Börse und Session. Ort: Nassauische Str. 37, Wilmersdorf

Franz-Club 22.00 Real Monday – heute mit This Age (Dance Core). Ort: Schönhauser Allee 36-39, Prenzlauer Berg

Philharmonie 20.00 Kammermusiksaal: Berliner Philharmonisches Orchester: Werke von Hindemith, Beethoven. Ort: Mathäikirchplatz 1, Tiergarten

Vogelweide 18.00 White Eagle Jazzband. Ort: Schulstraße 2, Tegel

❑BÜHNE

Fontane-Klub 15.00 Live Language Theatre. Ort: Ritterstr. 69, Brandenburg

❑FRAUEN

Paula Panke 15.00 Psycho-Beratung; 18.00 angeleitete Gesprächsgruppe: 20.00 Shiatsu-Massagen. Ort: Schulstraße 6, Pankow

Mühlengrund 13.00 Gedächtnistraining. Ort: Wartenberger Str. 102, Hohenschönhausen

❑NACHWUCHS

biz-café 18.00 Der Jugendstammtisch. Ort: Rhinower Straße 8

Fabrik Osloer Straße 9.15 Kindertheater: »Schneewittchen« Ort: Osloer Str. 12, Wedding

taz berlin

Montag, 31. Juli 1995 ■ Seite 21

■ Käthe Be, Diepgen und Stahmer

Sommeralptraum

Privatheit ist das letzte Tabu dieses Jahrhunderts. Das gilt es zu brechen, sagt uns Käthe Be. Jener Künstler, der seit über drei Wochen seinen Alltag in den Räumen der Hackeschen Höfe rund um die Uhr per Videokamera filmen und mittels TV-Gerät auf die Straße übertragen läßt. Von ihm wissen wir, was er auf dem Klo liest, wann er trifft, wann er zu Bette geht. Das ist der Knüller, dachten sich da wohl CDU-Eberhard und SPD-Ingrid. Flugs luden sie die Medien an ihre Urlaubsorte. Und da erfuhren wir: Unsere Sozialsenatorin Stahmer ein Sozialfall. Gebrochener Arm, Pflegebedürftigkeitsstufe drei. Ehemann Günter muß die Stullen schmieren, der Wanderurlaub in Österreich schon vor dem eigentlichen Beginn dahin. Schließlich Diepgen auf Fehmarn: einen Golf mit Surfbrett fährt er, sagt uns *Bild.* Volkstümlich der Mann. Joggt gegen die Pfunde an, die er den Fotografen hartnäckig unter die Linse hielt. Was verbindet nun aber die Drei? Jeder läßt, auf seine Art, die Hüllen fallen. Und keiner redet über Politik. Käthe Be. grübelt noch, ob das ein Alptraum oder Selbsterfahrung ist. Stahmer und Diepgen dagegen wissen: das ist Wahlkampf. **Gesa Schulz/Severin Weiland**

Heime werden bewacht

■ Vietnamesenheime Gehrenseestraße: Besucher müssen draußen bleiben

„Die Leute gingen morgens aus dem Haus, und als sie abends zurückkamen, standen sie sozusagen vor verschlossenen Türen. Zutritt nur noch mit Hausausweis." Christa Dentler, Interessenvertreterin vietnamesischer Flüchtlinge in der Gehrenseestraße, ist empört. Seit etwa einer Woche forciere die Wohnheimbetreiberin Arwobau in einem bisher ungewohnten Tempo die Abschottung der Heime. Bereits in zwei Häusern kontrollieren mittlerweile Wachschutzkräfte der Firma Kruppa das Kommen und Gehen der BewohnerInnen. „Ich komme mir vor wie zu DDR-Zeiten", äußerte sich dazu Heimbewohner Hoang Son. Mit vielen Tricks habe man damals, wenn Freunde aus einer anderen Stadt zu Besuch kamen und über Nacht bleiben wollten, die Eingangskontrollen umgangen. „Wir wollen nicht, daß wieder jemand durchs Fenster im ersten Stock klettern muß, nur weil er kein genehmigter Besucher ist."

Noch vor einer Woche hatte die sich momentan im Urlaub befindende Ausländerbeauftragte der Arwobau, Gerd Neubert, dagegen erklärt, daß die Wachschutzregelung von den nun ausschließlich legalen Bewohnern der Häuser sehr begrüßt werde. „Endlich ist eine Ruhe eingekehrt, die besonders die ehemaligen Vertragsarbeiter mit Kindern genießen." Statt 500 Leuten wohnten in den einzelnen Blocks nun 120. Die Aushändigung der Schlüssel und der Post erfolge nur noch gegen Vorlage des entsprechenden Heimausweises. Besucher müßten sich anmelden. „Die Häuser sind für die Zigaretten-Mafia uninteressant geworden und demzufolge auch für die Polizei."

Neuberts Zusicherung, die weitere Umwandlung der restlichen Wohnblocks in der Gehrenseestraße behutsam vorzunehmen, scheint nun, da zwischen Bonn und Hanoi vollendete Tatsachen geschaffen wurden und das deutsch-vietnamesische Rücknahmeabkommen unterzeichnet ist, jedoch nicht mehr verbindlich. In einem dritten Haus soll der Wachschutz bereits in der nächsten Woche und einige Tage später auch in einem vierten Block eingesetzt werden, äußerte sich Neuberts Stellvertreter, Gerd-Michael Böhm.

„Die Leute wissen nicht einmal den genauen Tag", kritisiert Christa Dentler. Die Bewohner würden per Aushang rechtzeitig über die Maßnahmen informiert werden, sagt Gerd-Michael Böhm. „Jeder, der nicht legal in der Gehrenseestraße wohnt, hat genügend Zeit, seine persönlichen Sachen aus den Zimmern zu holen." Wohin er dann zieht, steht in den Sternen. „Ich denke", so Hoang Son, „daß die meisten Vietnamesen nicht in die ihnen zugewiesenen Asylbewerberunterkünfte außerhalb Berlins zurückkehren werden." Dort herrschten nicht nur rigide Heimordnungen, es mangele auch an Beratungsstellen, die problemlos zu erreichen sind und an Anwälten, die sich mit Asylverfahren auskennen würden.

Ein Teil der GehrenseestraßenbewohnerInnen wird vermutlich im derzeit ohnehin schon überfüllten Wohnkomplex in der Rhinstraße untertauchen. Dort wiederum laufen durch die Arwobau bereits Leerzugsmaßnahmen, da die Betreiberin die Heime bis Ende des Jahres an die Lichtenberger Wohnungsbaugesellschaft zurückgeben muß. „Vermutlich wird es in der Stadt bald eine Menge obdachlose Vietnamesen geben", so Christa Dentler.

Berlins Ausländerbeauftragte, Barbara John, geht hingegen davon aus, daß etliche der illegal in Berlin Lebenden „auf ihre Zigaretten-Tätigkeit verzichten werden und dorthin zurückgehen, wo für sie gesorgt ist". Sie kritisiere die Arwobau dahingehend, daß sie über Jahre den Zustand in ihren Wohnheimen geduldet habe und begrüßte, daß durch die Wachschutzmaßnahmen endlich die Sicherheit derjenigen garantiert sei, die in den Heimen leben müßten. **Kathi Seefeld**

Demo-Verbot soll aufgehoben werden

■ Kurden rechnen mit 40.000 TeilnehmerInnen am morgigen Trauermarsch / Innenverwaltung will Eskalation vermeiden

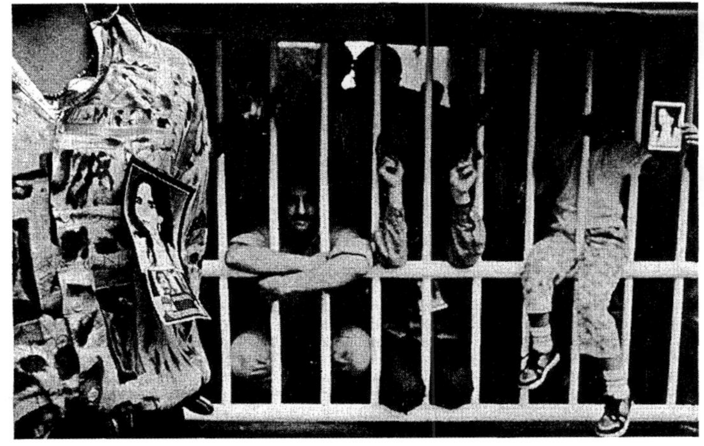

Hungerstreikende im Kreuzberger Kurdenzentrum am Wochenende · Foto: R. Maro/Vision

Berlin steht möglicherweise die bislang größte Kurden-Demonstration ins Haus. Die Veranstalter erwarten 40.000 Teilnehmer an dem morgigen Trauermarsch für die letzte Woche während des Hungerstreiks verstorbene 41jährige Gülnaz Baghistani. Wegen der angespannten Lage wird mit einem massiven Polizeiaufgebot gerechnet. Angesichts der von den Anmeldern auch gegenüber dem polizeilichen Staatsschutz genannten Zahl werde man „entsprechende Präsenz" zeigen, erklärte gestern der Staatssekretär in der Innenverwaltung, Kuno Böse, gegenüber der taz. Aufgrund der jüngsten Anschläge in der Bundesrepublik und der gewalttätigen Auseinandersetzungen in Frankfurt am Main müsse „ernsthaft mit Auseinandersetzungen" gerechnet werden. Oberstes Ziel sei es aber, jede „Eskalation" zu vermeiden. Berlin mit seinen rund 50.000 Kurden und 90.000 Türken sei bisher kein Austragungsort für den politischen Konflikt gewesen und solle es auch bleiben. Die Innenverwaltung unterstütze daher auch jeden Versuch, „eine Ausweitung der Situation zu verhindern"

Hochgepuscht wird die Situation durch Flugblätter verschiedener kurdischer Gruppen, in denen die an einem Herzversagen Verstorbene als „Märtyrerin" gefeiert und der Berliner Polizei indirekt eine Schuld an ihrem Tod gegeben wird. Dies wurde gestern von Böse noch einmal zurückgewiesen. Bei der vergangenen Woche erfolgten Räumung des Hungerstreikenden an der Gedächtniskirche habe die Polizei „alles Mögliche zur Entschärfung getan".

Böse rechnet damit, daß die morgige Demonstration vom polizeilichen Staatsschutz genehmigt wird. Das letzte Woche gegen die Anmelder des Hungerstreiks am Breitscheidplatz erlassene und bis zum 5. August geltende Verbot für Veranstaltungen unter freiem Himmel werde für den Trauermarsch sicherlich nicht mehr gelten, erklärte Böse. Wegen des Todesfalls und der dadurch „veränderten Situation" mache dies „we-nig Sinn." Der Auflösung des Hungerstreiks vergangenen Donnerstag an der Gedächtniskirche waren wiederholte Verstöße gegen das PKK-Verbot und Auseinandersetzungen mit Polizei vorausgegangen. Unterdessen ging der Hungerstreik in dem deutsch-kurdischen Vereinszentrum „Navca-Kurd" in Kreuzberg weiter. Rund 300 Menschen verweigerten weiterhin aus Solidarität mit den in der Türkei inhaftierten 10.000 Kurden die Nahrungsaufnahme. Frankfurt weitere wollten aus Frankfurt am Main anreisen, so ein Sprecher gestern. Vier stark geschwächte Personen mußten gestern von ihren Angehörigen ins Krankenhaus gebracht werden. Der Hungerstreik soll bis zum 5. August weitergehen.

Aus Solidarität hatten sich am Freitag abend rund 100 deutsche Unterstützer zu einer nicht angemeldeten Spontandemonstration auf dem Marheinekeplatz zusammengefunden. Von der Polizei geduldet und mit starken Kräften begleitet, zog der Demo-Zug durch Kreuzberg. **Severin Weiland**

Opfer des Sparzwangs

■ Behinderte dürfen nicht mehr so häufig mit Telebussen fahren, weil Haushaltsansatz sonst überschritten wird

Die Behinderten in Berlin dürfen nicht mehr so häufig mit Telebussen fahren. Aufgrund finanzieller Schwierigkeiten sind Beschränkungen notwendig, erklärte Sozial-Staatssekretär Armin Tschoepe am Samstag. Grund für diese Maßnahme: Im ersten Halbjahr dieses Jahres wurden zehn Prozent mehr Fahrten unternommen als 1994. Doch der geplante Jahresetat von 31,2 Millionen Mark darf nicht erhöht werden. Die zuletzt durchschnittlich 1.140 Fahrten am Tag waren deshalb zuviel. Notwendige Fahrten zum Beispiel zum Arzt, zum Flughafen oder zum Bahnhof werden aber unabhängig von den Sparmaßnahmen gewährleistet, wie Tschoepe betonte.

Der Telebus-Fahrdienst ist eine bundesweit als vorbildlich angesehene Service-Leistung. Etwa 23.000 Berechtigte, darunter viele Rollstuhlfahrer, können 50mal im Monat seine Dienste kostenlos in Anspruch nehmen. Darüberhinaus erhalten rund 5.000 Behinderte, die im Taxi steigen können, zusätzlich 300 Mark pro Monat. An diese Betroffenen appellierte Tschoepe, öfter mit einem Taxi zu fahren. **ADN**

Heckelmann: Weiter Flüchtlinge aufnehmen

Berlin wird nach Worten von Innensenator Heckelmann auch künftig Flüchtlinge aus Bosnien aufnehmen. Zwar habe das Land bereits mehr als seine Pflicht getan, doch könne man niemanden zurückweisen, der Schutz brauche, sagte Heckelmann. „Wenn sie hier sind, werden wir sie nicht schutzlos lassen", erklärte er. Zugleich fordert der Senator Innenminister Kanther (CDU) nachdrücklich auf, mit den europäischen Regierungen und auf Bundesebene vernünftige Verteilungsmechanismen zu finden. In Berlin seien etwa 30.000 bosnische Flüchtlinge untergebracht, monatlich kämen etwa 600 hinzu. **dpa**

199.000 Haushalte bezogen Wohngeld

Rund 199.000 Haushalte haben im Dezember 1994 Wohngeld bezogen. Das waren fast acht Prozent weniger als im entsprechenden Vorjahresmonat. Der Rückgang wurde vor allem mit einer Bestandsbereinigung bei der pauschalierten Wohngeld-Statistik erklärt. Nach Angaben der Behörde bezogen Ende 1994 rund 118.570 Haushalte im Westteil der Stadt und 80.150 Haushalte in den östlichen Bezirken Wohngeld. Während die Zahl im Westen um etwa 11.000 zunahm, ging sie im Osten um 28.000 zurück. Letzteres ist vor allem eine Folge der Kürzung des Wärmezuschlags, mit der sich die anrechenbare Miete reduziert. **ADN**

Schwere Unfälle

Ein 24jähriger Kradfahrer ist am frühen Sonntag morgen in Reinickendorf tödlich verunglückt. Er sei mit seinem Motorrad gegen ein parkendes Auto geprallt. Offenbar war der 24jährige zu schnell gefahren. Der junge Mann starb noch am Unfallort. Ein Toter und fünf Verletzte sind die Bilanz eines schweren Unfalls am Samstag morgen auf dem nördlichen Berliner Ring. Dabei waren drei Fahrzeuge in Brand geraten, wobei eine Person verbrannte. **ADN**

Kochstr.18, 10969 Berlin
Telefonzentrale 25 902 - 0
- 217/-239 Abo-Probleme?,
-247 Lokalprärie,
-232/257/252 Chef vom Dienst,
-224 Justiz, -246/269 Politik,
-273 Soziales & Ausländer,
-129 Stadtentwicklung, -295 Umwelt,
-208 Mieten, -250 Kultur,
251 86 74 Fax

Die Tageszeitung, 31.8.1995

taz berlin

Donnerstag, 31. August 1995 ■ Seite 21

■ Flughafenausschuß

Kontrollierter Absturz

Der brandenburgische Finanzminister Kühbacher (SPD), der sich als Aufsichtsratsmitglied der Flughafen-Holding nicht mehr an Kreditverhandlungen ungewöhnlichen Umfangs, sondern nur noch an das gute Wetter erinnern konnte, wurde trotzdem zum Landesbankchef befördert. Der Potsdamer Ex-Wirtschaftsminister Hirche (FDP), immerhin Aufsichtsratsvorsitzender, will niemals über den Ankauf informiert worden sein. Und Finanzsenator Pieroth (CDU), dessen Behörde ebenfalls ım Aufsichtsrat ist, hat nicht interessiert, was dort geschah.

Solcherlei Einblicke in die Bemühungen des „Kontrollgremıums" machen deutlich, warum nur die Grünen und die PDS an Ergebnissen der parlamentarischen Untersuchung interessiert sınd. Man versteht zugleich, warum der Ausschuß nicht ernsthaft fragt, ob Politiker bei dem desaströsen Kauf von nicht benötigtem Flughafen-Gelände assistierten. Versuchte der Bauunternehmer Ellinghaus, in dessen Firma der ehemalige Regierende Bürgermeister Momper später eintrat, der Flughafengesellschaft ein Grundstück mittels politischem Druck zum überhöhten Preis zu verkaufen? Zeuge Ellinghaus wurde vom Ausschuß dazu überaus vorsichtig befragt. Weitere Zeugen wurden nicht einmal geladen.

Nun kommt beiläufig heraus, daß die Anwaltskanzlei des ehemaligen Finanzsenators und Ausschußmitglieds Riebschläger (SPD) in den versuchten Bodenverkauf verwickelt war. Juristisch mag das unproblematisch sein, moralisch akzeptabel ist es kaum.

Licht in das Dunkel konnte der Ausschuß deshalb nicht bringen; ausgeleuchtet wurden nur die Grenzen des Aufklärungswillens und der Dilettantismus der Politiker. Das ist zwar auch etwas, angesichts des Verlustes von 900 Mio. Mark aber zu wenig. **Gerd Nowakowski**

■ Protest gegen geplante Samstagsarbeit

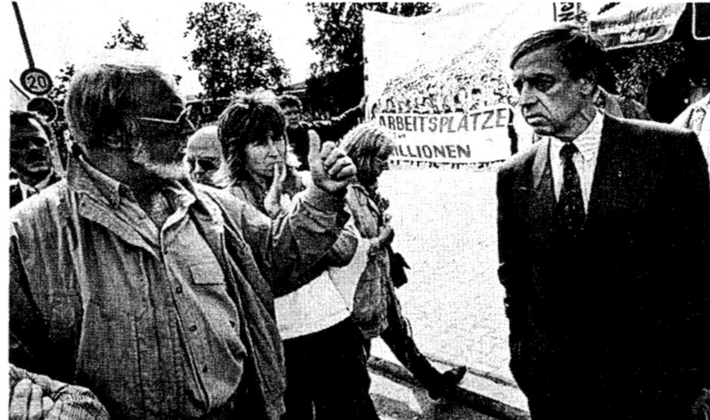

Heftige Streitgespräche um den Samstag als regulären Arbeitstag gab es gestern bei einer Protestkundgebung vor dem Herlitz-Werk in Tegel. Herlitz-Mitarbeiter und die IG Medien warfen der Geschäftsleitung vor, den geltenden Tarifvertrag „auszuhebeln", um längere Arbeitszeiten zu erreichen. In der Abteilung Spritzguß nötige die Geschäftsführung die Mitarbeiter, auf den freien Samstag und damit auch auf die Zahlung von Überstundenzuschlägen zu verzichten. Den Angestellten von Herlitz werde mit „Abteilungsschließung, Versetzung und Entlassung" gedroht.

Foto: Wolfo

Nicht detoniert

Einen Sprengstoffanschlag haben Unbekannte in der Nacht zu gestern auf ein Wohn- und Geschäftshaus in Steglitz versucht. Neben der Eingangstür des Hauses ın der Drakestraße legten sie zwei Handgranaten mit einem besonderen Zündmechanismus ab, die jedoch nıcht detonierten. **ADN**

Demo für Telebus

Rund 100 Behinderte haben gestern gegen die Einschränkung von kostenlosen Fahrdienstleistungen protestiert. Die Beschränkung auf nur 1.000 Einzelfahrten pro Tag seı ein Ausdruck der „behindertenfeindlichen Haushaltspolitik des Senats", erklärte Horst Etter von der Behinderten-Liga auf der Kundgebung vor der Senatsverwaltung für Finanzen. **epd**

Einer lügt in der Flughafenaffaire

■ Ex-Minister Hirche und Ex-Flughafen-Chef widersprechen sich im Untersuchungsausschuß. Senator Pieroth fehlt bei Immobilienskandal der Durchblick. Abgeordneter Riebschläger gerät ins Zwielicht

Kurz vor Schluß wird der Untersuchungsausschuß des Abgeordnetenhauses zum Immobilienskandal der Berlin Brandenburger Flughafen Holding (BBF) spannend. In der gestrigen Sitzung setzte sich der ehemalige Brandenburger Wirtschaftsminister Walter Hirche (FDP) dem Verdacht der Falschaussage aus, demonstrierte Finanzsenator Elmar Pieroth (CDU), daß seine Verwaltung wıchtige Entscheidungen ohne Zustimmung des Senators getroffen hat, und rückt das Ausschußmitglied Klaus Riebschläger (SPD)

ins Zwielicht. Der Ausschuß will noch vor den Wahlen aufklären, wie die Geschäftsführung der BBF rund um den Airport Schönefeld 118 Hektar wertloses Ackerland zu überteuerten Preisen kaufen konnte, ohne offenbar die Genehmigung des Aufsichtsrates zu haben. Wegen der Affaire soll der Holding bis 1997 ein Defizit von 900 Millionen Mark entstehen.

Hirche widersprach gestern einer Aussage des damaligen Holding-Geschäftsführers Knut Henne. Dıeser hatte im Juni Hirche in seiner damaligen Funktion

als Aufsichtsratsvorsitzender schwer belastet. Henne will Hirche nämlich im Dezember 1991 gleich zweimal über den bevorstehenden Kauf unterrichtet haben – am Telefon. Hirche hätte die Aktion stoppen können.

Der Ausschußvorsitzende machte Hirche gestern darauf aufmerksam, daß nur eıner von beiden Zeugen die Wahrheit sagen könne. Möglicherweise würden sich nun „andere Organe" für den Widerspruch interessieren – nämlich die Staatsanwaltschaft wegen des Verdachts der Falschaussage.

Doch auch nach diesem Hinweis, sich möglicherweise strafbar zu machen, bestand Hirche auf seiner Version. Telefongespräche könne es gegeben haben, aber der von Henne behaupteten Inhalt.

Als dann Finanzmınıster Elmar Pieroth (CDU) in den Zeugenstand trat, zeigte er ein armseliges Bild seiner Amtsführung. Von den Grundstückskäufen habe er erst aus der Zeitung erfahren. Seine Verwaltung habe zwar Monate zuvor Vollmachten rechtlich geprüft, aber ihn nicht darüber informiert. Für eine fachliche Bewertung seı

ohnehin die Verkehrsverwaltung zuständig, und wenn dieser der Sachverstand fehle, „kann ich dafür ja nichts", meinte Minister Pieroth.

Nur am Rande spielten Vorwürfe der *Morgenpost* gegen das Ausschußmitglied Klaus Riebschläger eine Rolle. Die Zeitung hatte berichtet, daß Riebschlägers Kanzlei „Knauthe und Partner" bei den Immobilienpoker den Bauunternehmer Kurt Ellinghaus vertreten habe, der Grundstücke an die Flughafen Holding verkaufen wollte. Riebschläger bezeichnete den Bericht als „Geschmiere". Er habe mit Ellinghaus oder Mitarbeitern seines Bauunternehmens ım Zusammenhang mit Grundstückskäufen am Flughafen Schönefeld nichts zu tun gehabt. Eine Interessenkollision mit seiner Rolle als Ausschußmitglied gebe es deshalb nıcht. Der CDU-Abgeordnete Roland Gewalt sagte dagegen, Knauthe hätte Riebschläger über den Mandanten unterrichten und Riebschläger seine Arbeit im Ausschuß niederlegen müssen. **Dirk Wildt**

Teilweise zulässig

Das Verwaltungsgericht hat die Rechte von Eigentümern leerstehender Mietshäuser gestärkt. Wohnungsämter könnten Eigentümer nicht in jedem Fall auffordern, die Wohnungen zu vermieten – etwa wenn Gebäude beschädigt und Renovierungskosten unverhältnismäßig hoch seien. **dpa**

Bauschutt-Zentren

Zur Bewältigung der rund 15 Millionen Tonnen jährlich anfallenden Bauschutts plant der Senat die Errichtung von zunächst vier Baustoff-Recyclingzentren. Das erste davon ıst der „Lindenhof I" in der Schönerlinder Straße. Weitere Anlagen sind in Spandau an der Staakener Straße und an der Nonnendammallee sowie ın Treptow vorgesehen. **ADN**

Razzia im Vietnamesen-Wohnheim

■ Polizei nahm 130 Personen vorläufig fest / Wohnheim in der Rhinstraße wird aufgelöst / Arwobau: Für alle legalen Mieter gibt es Ersatzwohnungen

Bei einer Polizeirazzia im Vietnamesen-Wohnheım Rhinstraße sind in der Nacht zu gestern sechs Personen verhaftet und 130 vorläufig festgenommen worden. Bei dem Einsatz wurden nach Informationen von Polizei und der Wohnungsbaugesellschaft Arwobau unverzollte Zigaretten beschlagnahmt.

Der Einsatz in Haus D der Lichtenberger Rhinstraße war aufgrund eines anonymen Schreibens erfolgt. Das Wohnheim wird derzeit schrittweise aufgelöst. „Bis auf zwei Mieter, die erst Anfang September umziehen können, ist das

Haus C bereits leer", sagte gestern Arwobau-Mitarbeiter Gerd Neubert. Die Häuser B und D werden Ende September und Ende Oktober geschlossen. Insgesamt leben hier über 500 Mieter. Die Wohnheimschließung war nach mehreren Morden an Vietnamesen im Frühjahr beschlossen worden. Nur das Wohnheim in der Gehrenseestraße soll weiterbestehen.

Nach Angaben der Arwobau sınd alle legalen Mieter des Hauses C in der Rhinstraße mit neuem Wohnraum versorgt worden. Wie Neubert erläuterte, sind von den 130 Mietern ın Haus C 81 in das

Wohnheim Gehrenseestraße umgezogen. 16 Mietparteien wurden in anderen Wohnungen untergebracht. 38 Wohnungen seıen von den Mietern ohne Abmeldung verlassen worden. In einigen dieser Wohnungen seien vietnamesische Asylbewerber aus anderen Bundesländern angetroffen worden. Diese seien nach der Aufforderung, die Wohnungen zu verlassen, „friedlich abgezogen". Nach Schätzungen der Arwobau kommt auf jeden legalen Mieter der Rhinstraße ein Bewohner, der sich nach dem Asylgesetz illegal in Berlin aufhält. Neubert bemängelte, daß

viele ehemalige Vertragsarbeiter keinen Anspruch auf Wohnberechtigungsscheine hätten, nur weil sie vor Jahren einmal mit drei Stangen unverzollter Zigaretten angetroffen worden seien. Er halte diese Praxis nicht für gerechtfertigt.

Magnar Hirschberger vom deutsch-vietnamesischen Freundschaftsvereins „Reıstrommel" kritisierte dagegen, daß viele der jetzt gekündigten Mieter keine eigene Wohnung erhalten hätten, sondern schon zu Freunden und Verwandten ın die Gehrenseestraße gezogen seien. **Dorothee Winden**

E

Erika, 2022
**Electric accounting machine
from VEB Robotron-Buchungs-
maschinenwerk Karl-Marx-Stadt;**
Work Contract
41 × 48 × 18 cm

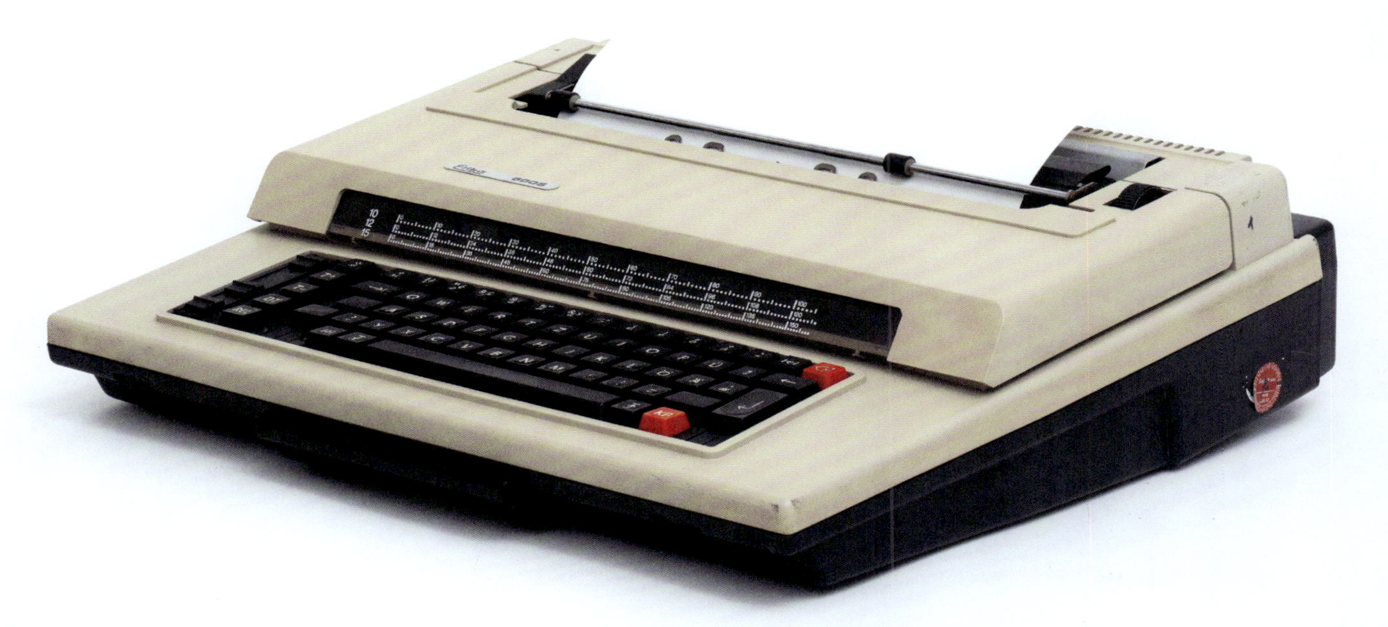

"Everything Or Nothing"
Installation views
Sfeir-Semler Gallery, Hamburg
3 February – 16 April 2022

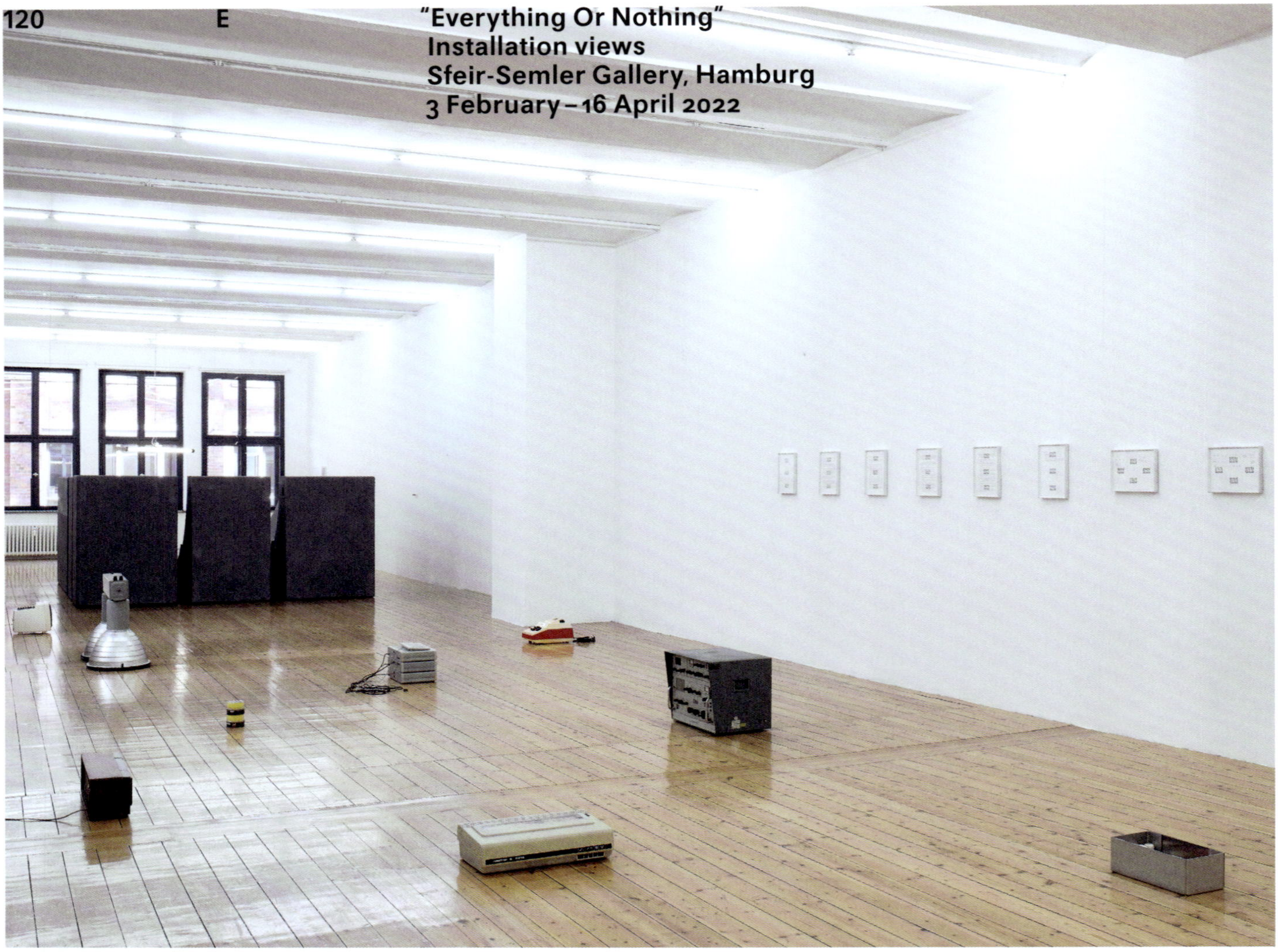

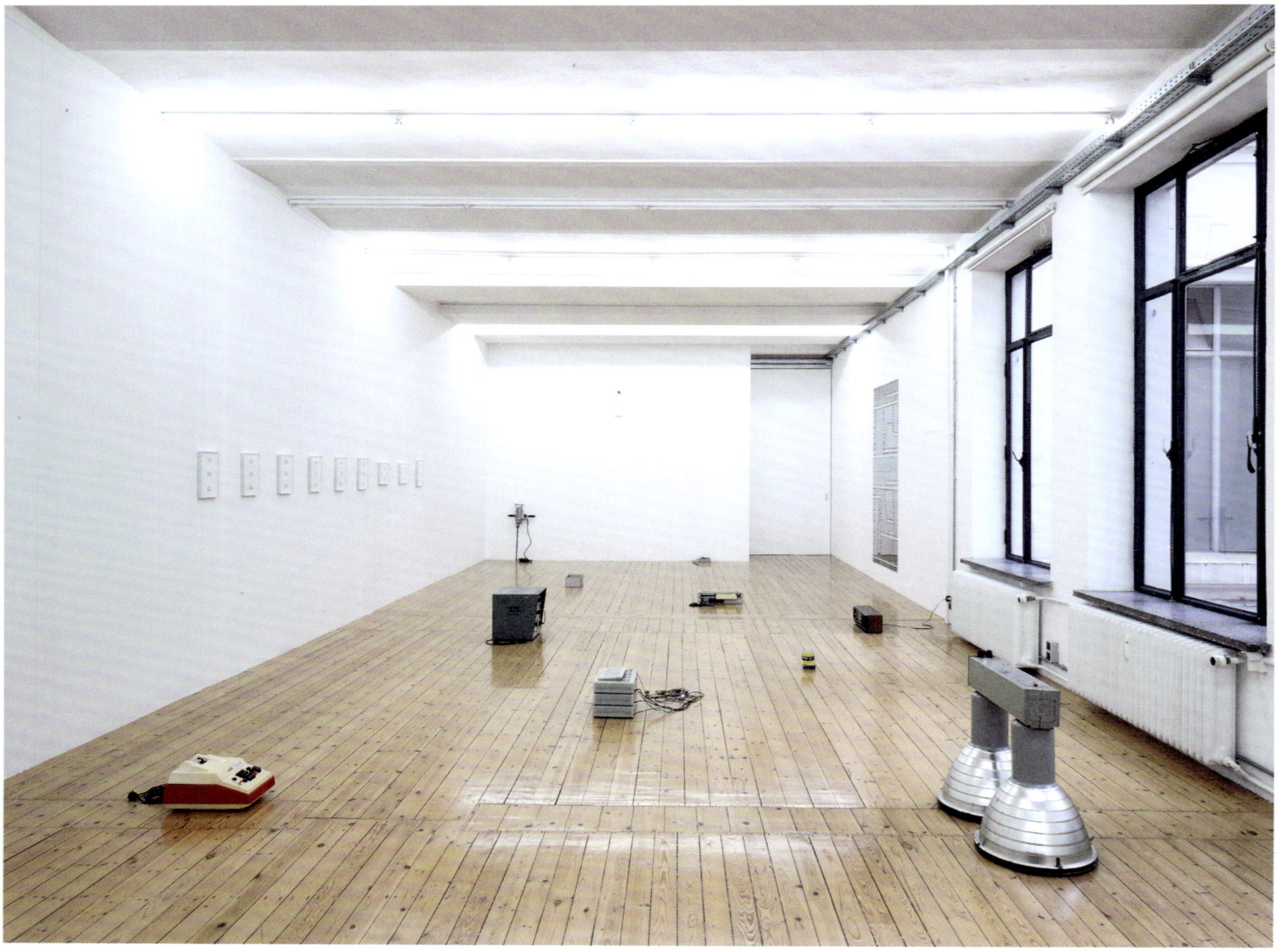

Export Restriction List, **2021**
Stamps on digital print, framed
32.1 × 23.4 cm

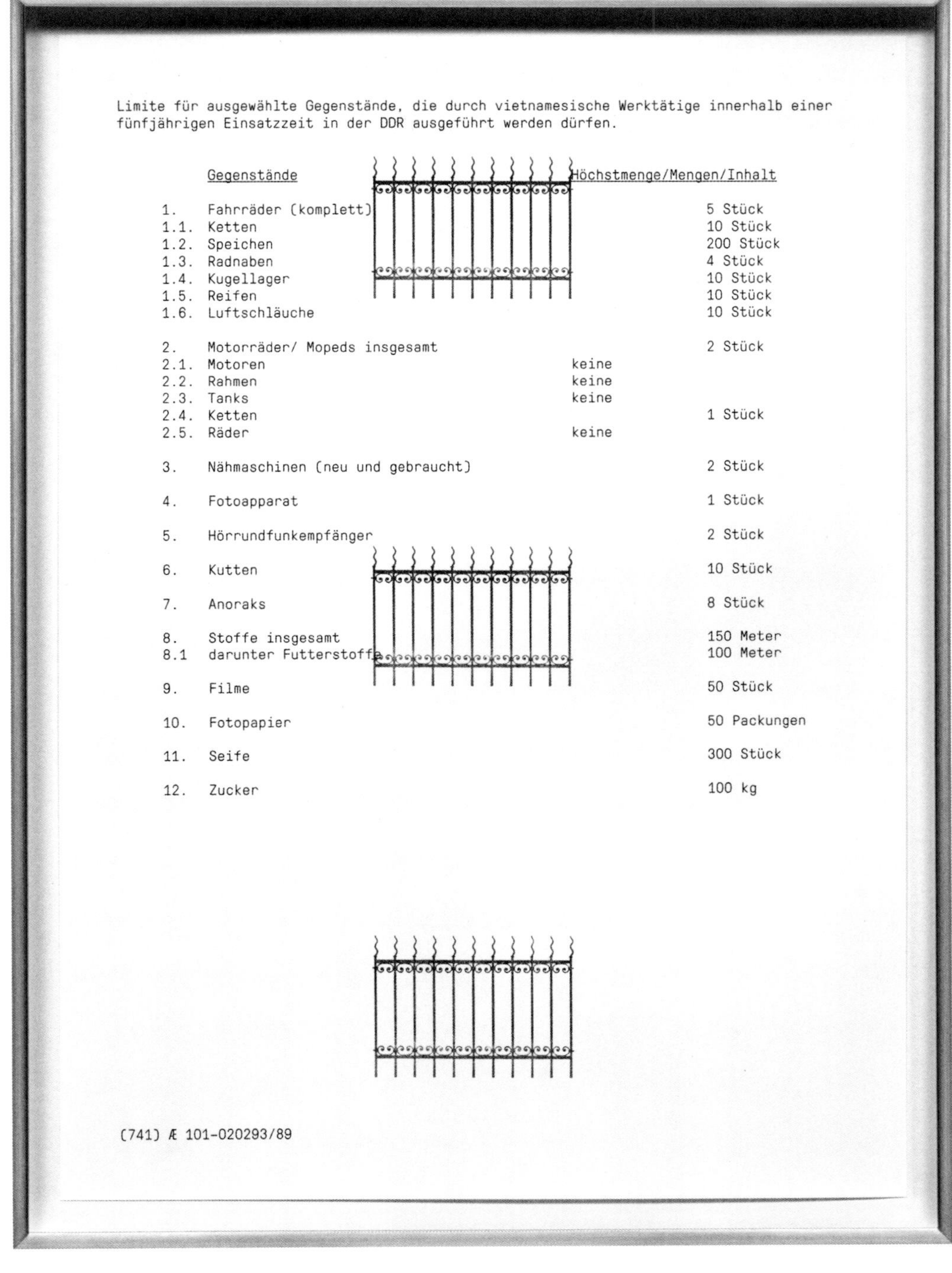

Fall, 2021
Styrofoam in 11 parts
Dimensions variable

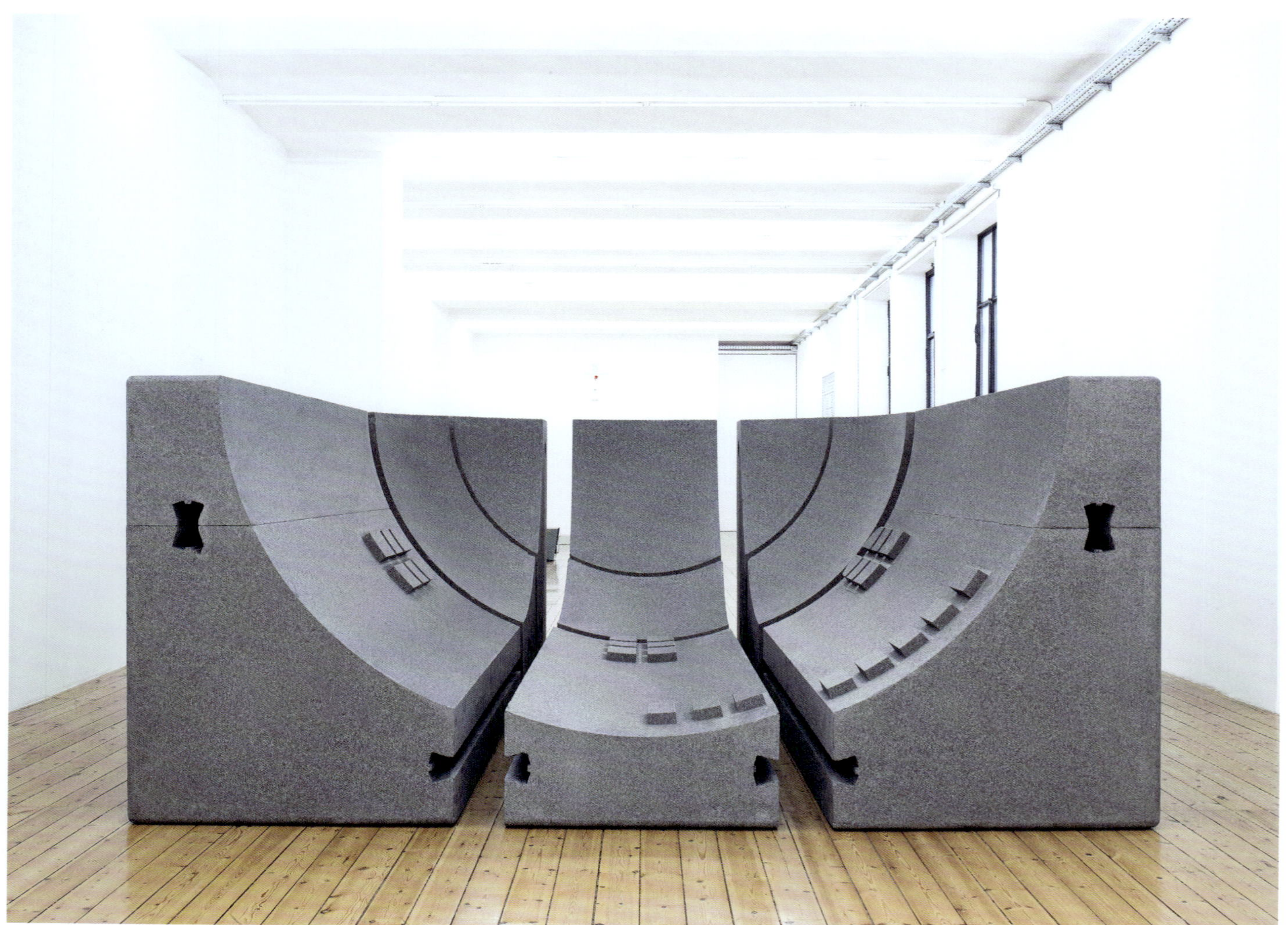

"Fall"
Installation views
Kunstmuseum Bonn
14 October – 12 December 2021

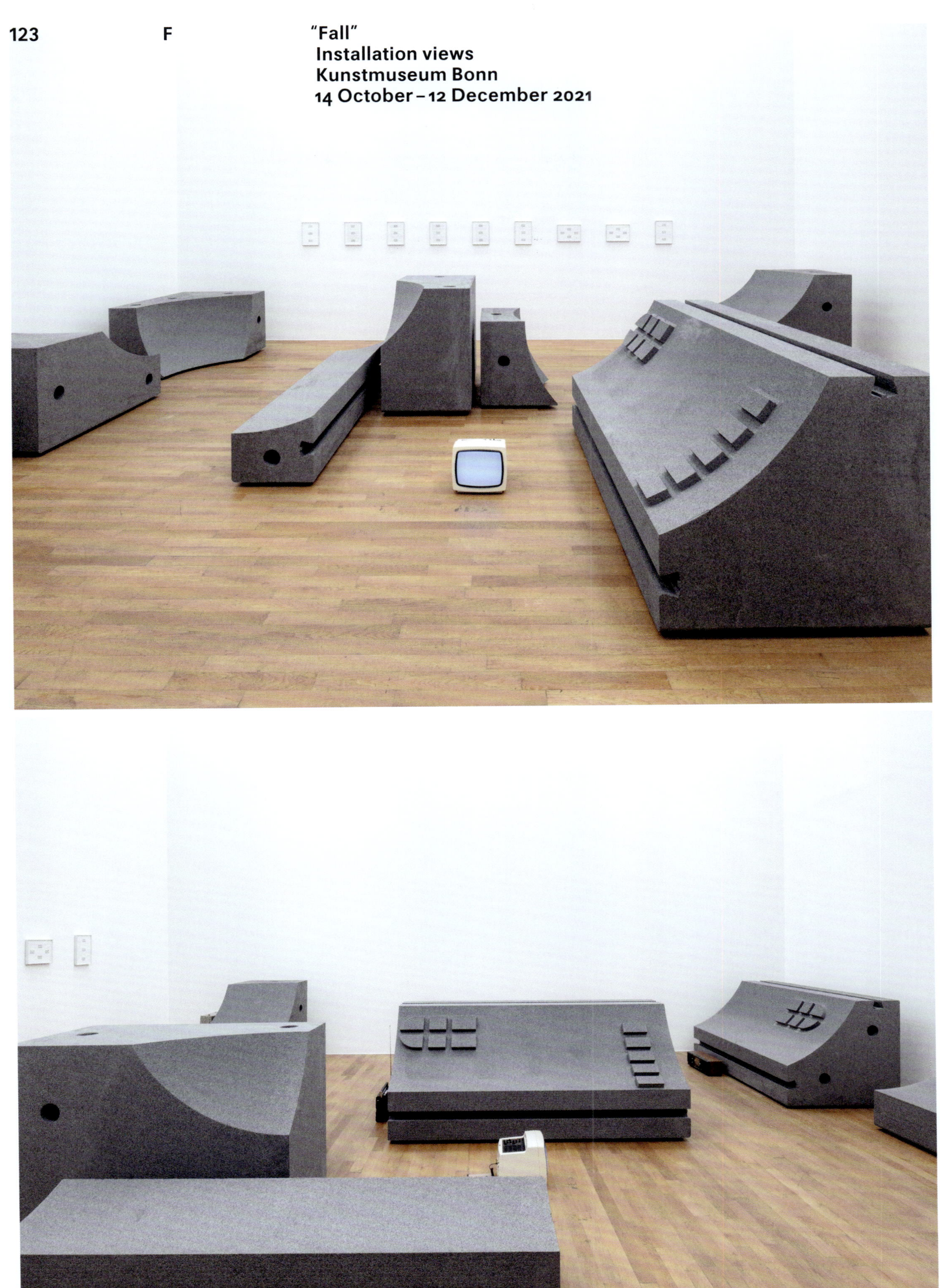

F

Filling Gaps, 2021
Tampons from VEB Vliestextilien
Lößnitztal, polished stainless
steel tube; *Work Contract*
120 × 2.5 × 2.5 cm

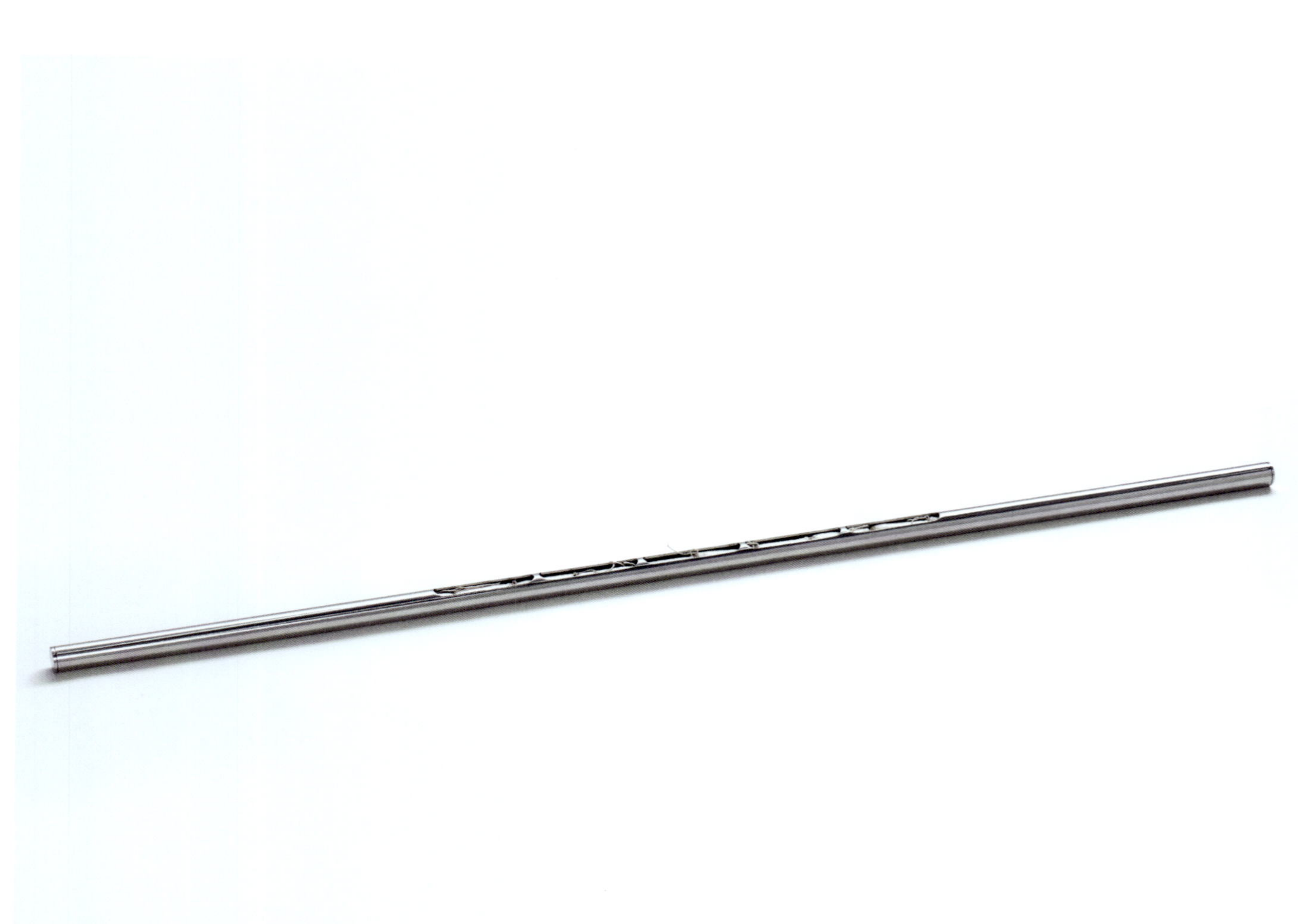

First Aid Kit, 2022
Bandages from VEB Vliestextilien
Lößnitztal, stainless steel; *Work
Contract*
13 × 35 × 19 cm

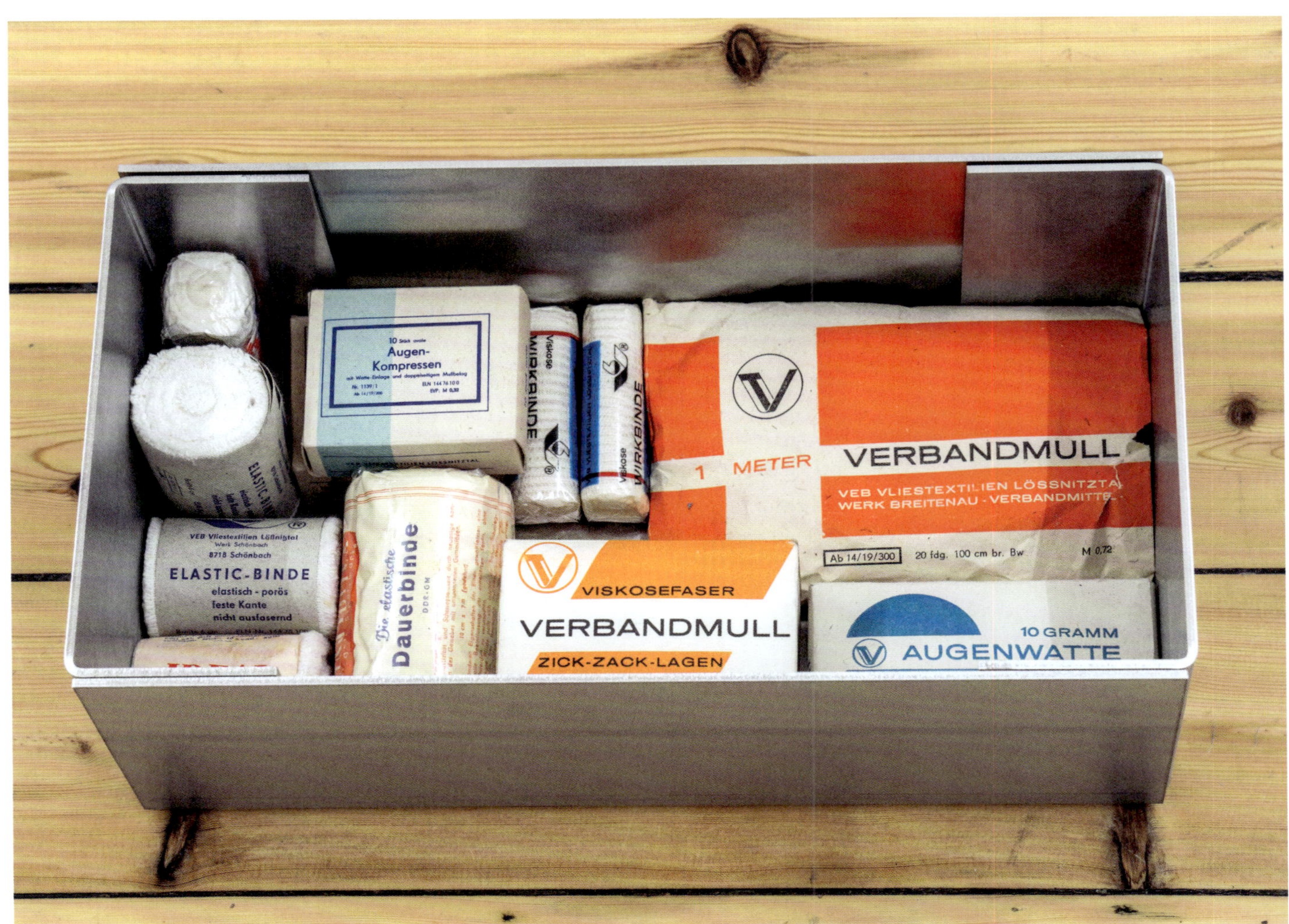

F

Floppy Disk, 2021
Disk drive and keyboard from
VEB Mikroelektronik "Wilhelm
Pieck" Mühlhausen; *Work
Contract*
26 × 38 × 25 cm

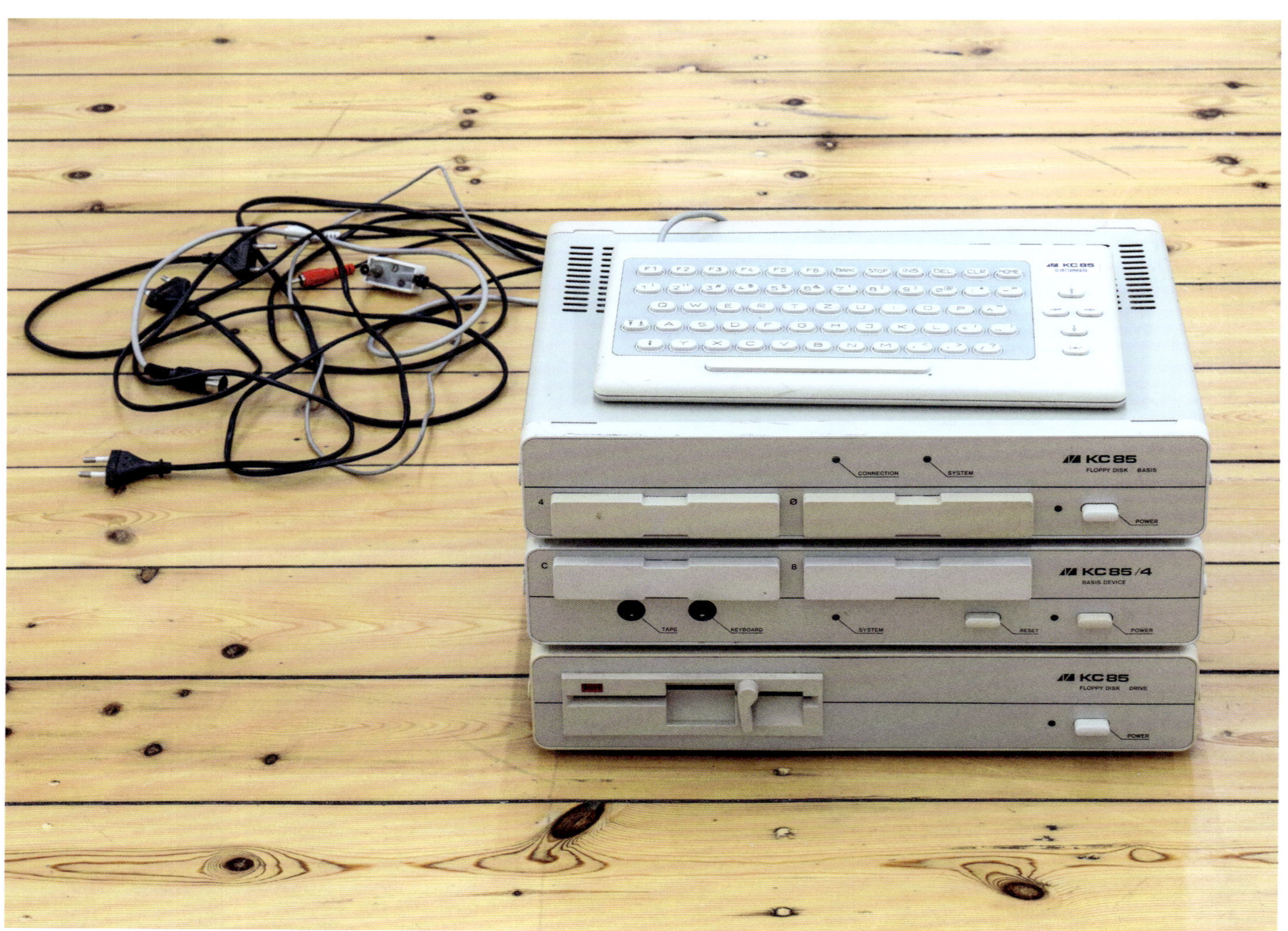

F

Frequency Receiver, 2022
Receiver from VEB Funkwerk
Köpenick; *Work Contract*
43 × 53 × 41 cm

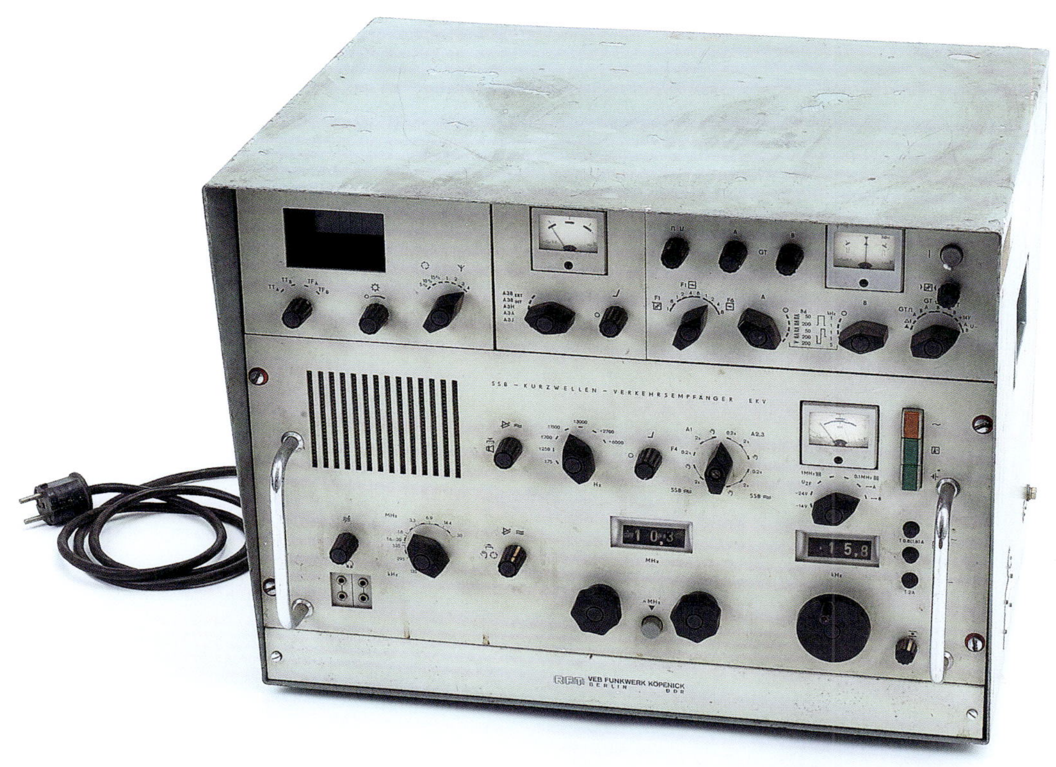

H

Heimempfänger HIV-4444, 2021
**Radio from VEB Robotron-
Vertrieb Berlin;** *Work Contract*
17.5 × 59.5 × 17 cm

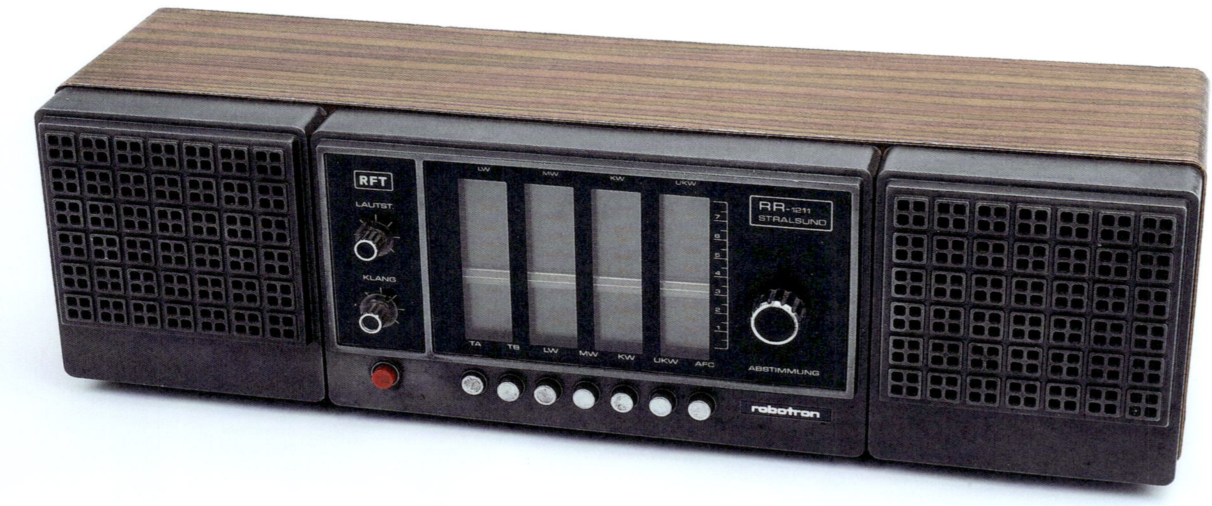

***House Rules*, 2021**
Stamps on digital prints, framed
In 2 parts, each: 32.1 × 23.4 cm

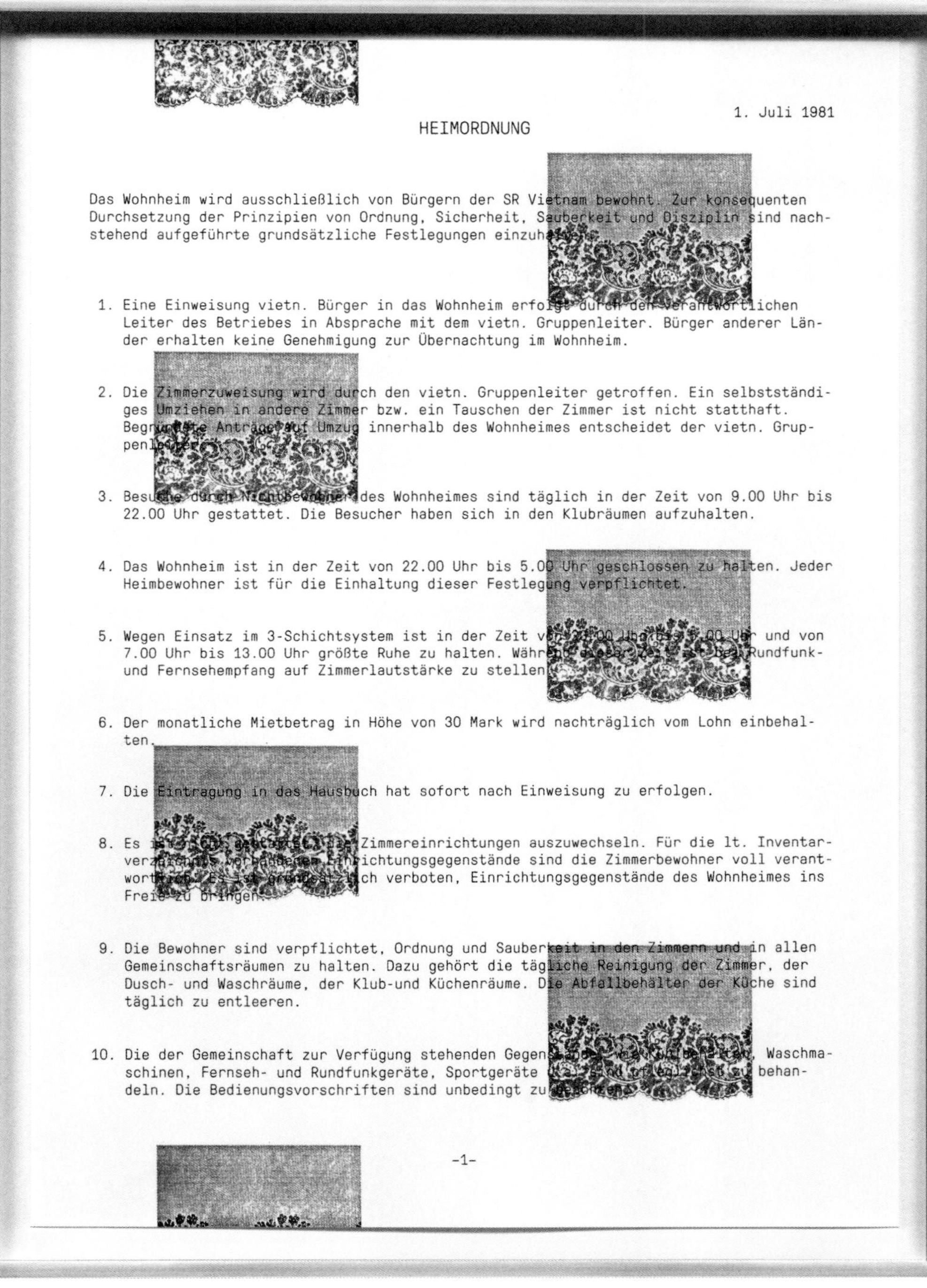

1. Juli 1981

HEIMORDNUNG

Das Wohnheim wird ausschließlich von Bürgern der SR Vietnam bewohnt. Zur konsequenten Durchsetzung der Prinzipien von Ordnung, Sicherheit, Sauberkeit und Disziplin sind nachstehend aufgeführte grundsätzliche Festlegungen einzuhalten.

1. Eine Einweisung vietn. Bürger in das Wohnheim erfolgt durch den verantwortlichen Leiter des Betriebes in Absprache mit dem vietn. Gruppenleiter. Bürger anderer Länder erhalten keine Genehmigung zur Übernachtung im Wohnheim.

2. Die Zimmerzuweisung wird durch den vietn. Gruppenleiter getroffen. Ein selbstständiges Umziehen in andere Zimmer bzw. ein Tauschen der Zimmer ist nicht statthaft. Begründete Anträge auf Umzug innerhalb des Wohnheimes entscheidet der vietn. Gruppenleiter.

3. Besuche durch Nichtbewohner des Wohnheimes sind täglich in der Zeit von 9.00 Uhr bis 22.00 Uhr gestattet. Die Besucher haben sich in den Klubräumen aufzuhalten.

4. Das Wohnheim ist in der Zeit von 22.00 Uhr bis 5.00 Uhr geschlossen zu halten. Jeder Heimbewohner ist für die Einhaltung dieser Festlegung verpflichtet.

5. Wegen Einsatz im 3-Schichtsystem ist in der Zeit von 22.00 Uhr bis 5.00 Uhr und von 7.00 Uhr bis 13.00 Uhr größte Ruhe zu halten. Während dieser Zeit ist der Rundfunk- und Fernsehempfang auf Zimmerlautstärke zu stellen.

6. Der monatliche Mietbetrag in Höhe von 30 Mark wird nachträglich vom Lohn einbehalten.

7. Die Eintragung in das Hausbuch hat sofort nach Einweisung zu erfolgen.

8. Es ist nicht gestattet, Zimmereinrichtungen auszuwechseln. Für die lt. Inventarverzeichnis vorhandenen Einrichtungsgegenstände sind die Zimmerbewohner voll verantwortlich. Es ist grundsätzlich verboten, Einrichtungsgegenstände des Wohnheimes ins Freie zu bringen.

9. Die Bewohner sind verpflichtet, Ordnung und Sauberkeit in den Zimmern und in allen Gemeinschaftsräumen zu halten. Dazu gehört die tägliche Reinigung der Zimmer, der Dusch- und Waschräume, der Klub-und Küchenräume. Die Abfallbehälter der Küche sind täglich zu entleeren.

10. Die der Gemeinschaft zur Verfügung stehenden Gegenstände, wie Küchengeräte, Waschmaschinen, Fernseh- und Rundfunkgeräte, Sportgeräte sind pfleglich zu behandeln. Die Bedienungsvorschriften sind unbedingt zu beachten.

-1-

H

***House Rules*, 2021**
Stamps on digital prints, framed
In 2 parts, each: 32.1 × 23.4 cm

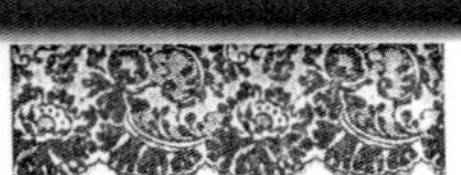

11. Nach Benutzung der im Heim und in den Küchen vorhandenen Geschirrs ist dieses sofort wieder im sauberen Zustand in den Küchenschränken abzustellen. Besondere Aufmerksamkeit und Sauberkeit ist bei der Bedienung und Benutzung der Elektrogeräte erforderlich.

12. Das Betreiben von privaten elektrischen Geräten mit Netzanschluß bedarf der Zustimmung des Brandschutzverantwortlichen des Betriebes.
Gestattet ist die Nutzung von elektrischen Geräten zum persönlichen Bedarf wie Rasierapparate, Haarfön u.a.

13. Beim längeren Verlassen der Zimmer, z.B. zur Arbeit , sind private Sachen in die Schränke einzuräumen, die zu verschliessen sind. Die Zimmerfenster sind zu schließen.

14. Schäden, die bei der Handhabung von Geräten und Gegenständen durch Verschleiß auftreten, sind sofort dem Heimverwalter bzw. dem Gruppenleiter zu melden.

15. Werden Schäden durch mutwillige oder leichtfertige Zerstörung von Einrichtungsgegenständen, am Gebäude oder im Gelände verursacht, wird der Verursacher für den Entstandenen Schaden haftbar gemacht.

16. Werden Zimmer von innen verschlossen, ist zur Einhaltung der Brandschutzbestimmungen der Schlüssel stets abzuziehen.

17. Beim Verlassen der Klubräume sind Fenster zu schließen, die Sessel und Tische ordnungsgemäß hinzustellen, die Geräte und das Licht auszuschalten und die Aschenbecher zu säubern.

18. Den Anordnungen des Betriebsdirektors, der Diensthabenden, des Beauftragten für innere Sicherheit, des verantwortl. deutschen Leiters, des vietn. Gruppenleiters und des Heimverwalters ist unbedingt Folge zu leisten.

19. Bei groben Verstößen gegen Ordnung, Sicherheit, Sauberkeit oder in Wiederholungsfällen behält sich der Betrieb vor, Maßnahmen über die Deutsche Volkspolizei einzuleiten.

Die Heimordnung tritt mit Wirkung vom 01. Juli 1981 in Kraft.

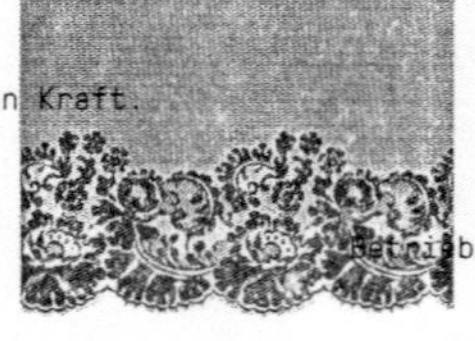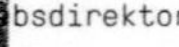

Betriebsdirektor

-2-

In Your Honour, 2022
**Certificate folder from VEB
Vowetex Plauen, framed;** *Work
Contract*
36 × 28 cm

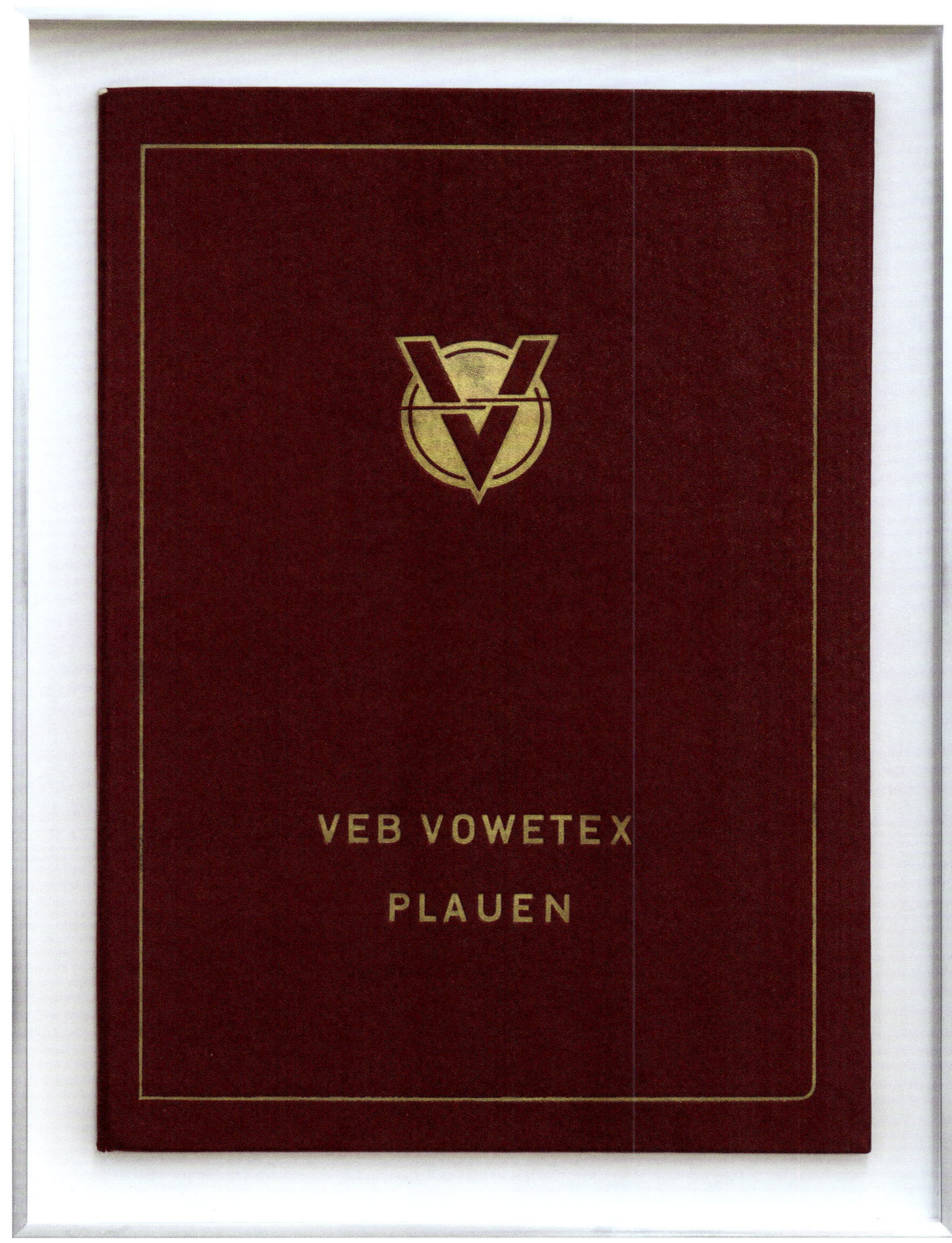

Juncture, 2022
Towel from VEB Frottana, book
from VEB Interdruck Leipzig,
chess game for VEB Keramische
Werke Hermsdorf, alarm clock
from VEB Ruhla, stainless steel,
suitcase fixings, fabric; *Work
Contract*
50 × 64 × 55 cm

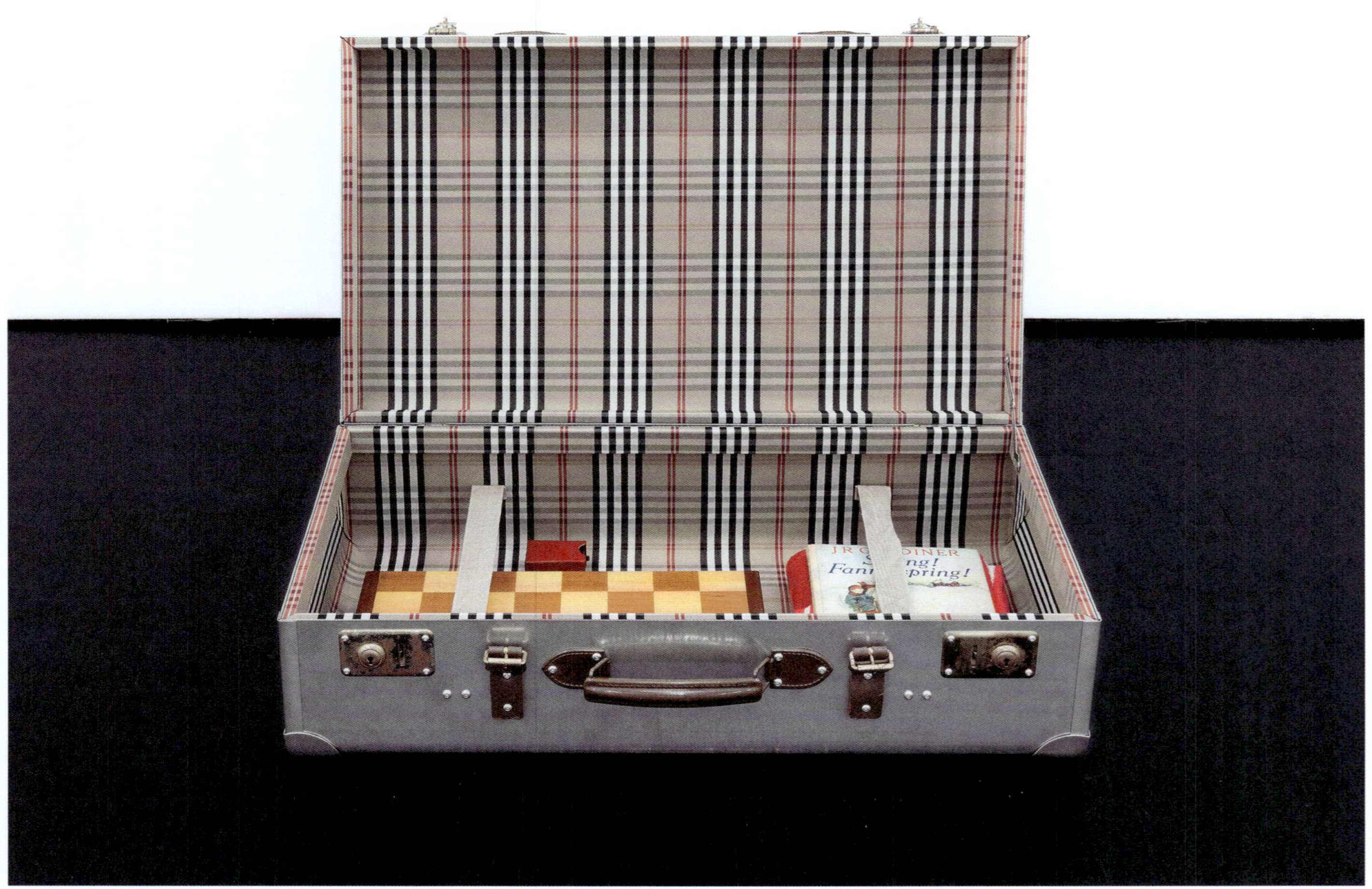

L

Sung Tieu with Vu Thi Hanh
Ladybirds 87–115, 2021
Chocolate ladybirds
In 29 parts, each: 4 × 4 × 1.5 cm
Dimensions variable

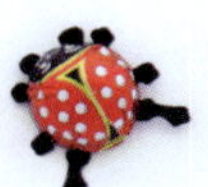
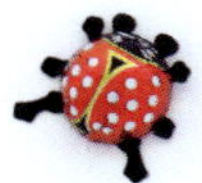
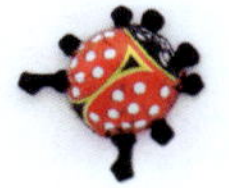
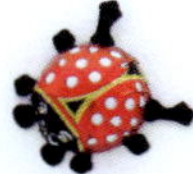
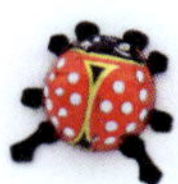
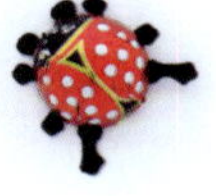

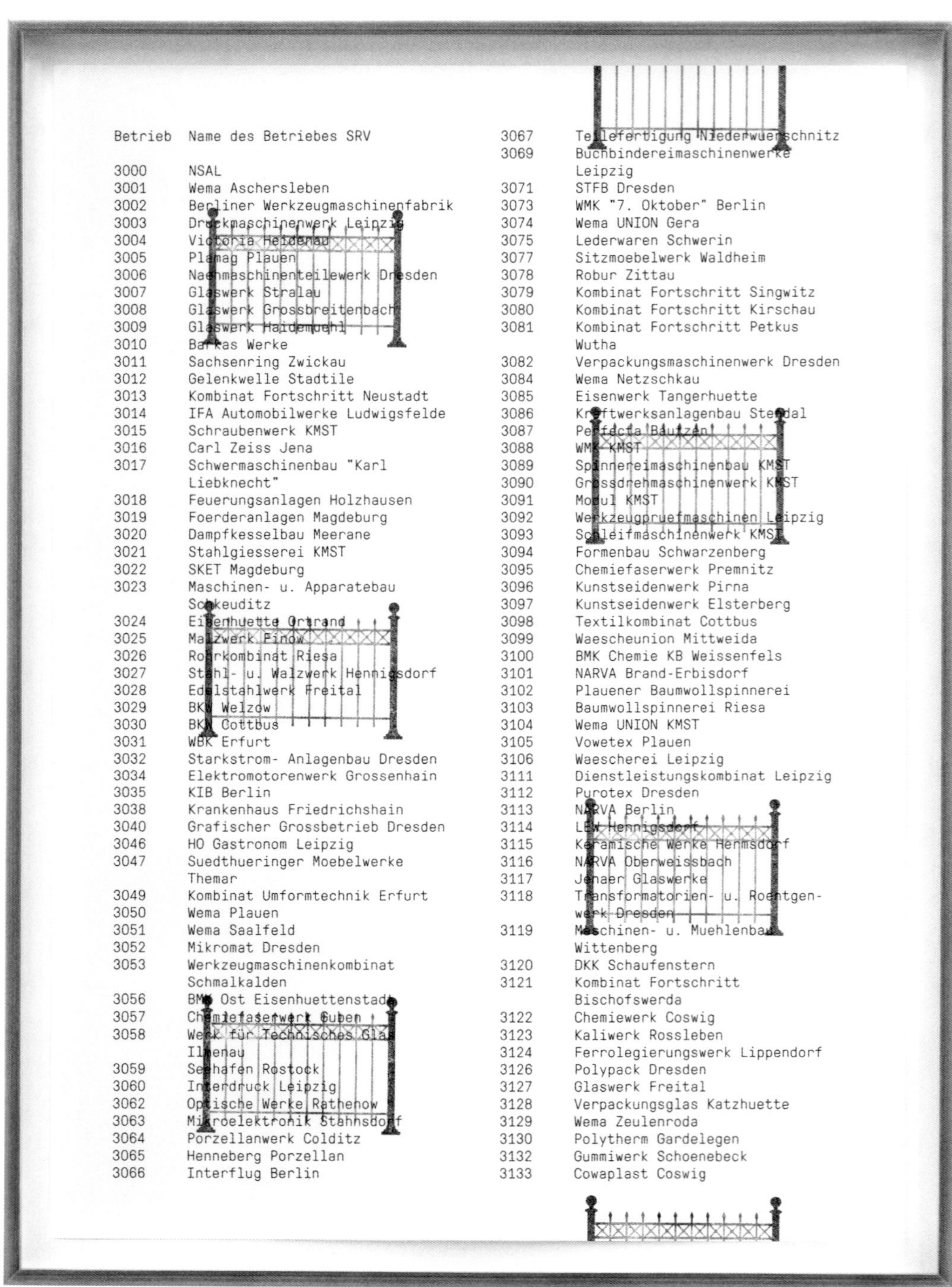

Betrieb	Name des Betriebes SRV
3000	NSAL
3001	Wema Aschersleben
3002	Berliner Werkzeugmaschinenfabrik
3003	Druckmaschinenwerk Leipzig
3004	Victoria Heidenau
3005	Plamag Plauen
3006	Naehmaschinenteilewerk Dresden
3007	Glaswerk Stralau
3008	Glaswerk Grossbreitenbach
3009	Glaswerk Haidemuehl
3010	Barkas Werke
3011	Sachsenring Zwickau
3012	Gelenkwelle Stadtile
3013	Kombinat Fortschritt Neustadt
3014	IFA Automobilwerke Ludwigsfelde
3015	Schraubenwerk KMST
3016	Carl Zeiss Jena
3017	Schwermaschinenbau "Karl Liebknecht"
3018	Feuerungsanlagen Holzhausen
3019	Foerderanlagen Magdeburg
3020	Dampfkesselbau Meerane
3021	Stahlgiesserei KMST
3022	SKET Magdeburg
3023	Maschinen- u. Apparatebau Schkeuditz
3024	Eisenhuette Ortrand
3025	Malzwerk Finow
3026	Rohrkombinat Riesa
3027	Stahl- u. Walzwerk Hennigsdorf
3028	Edelstahlwerk Freital
3029	BKW Welzow
3030	BKW Cottbus
3031	WBK Erfurt
3032	Starkstrom- Anlagenbau Dresden
3034	Elektromotorenwerk Grossenhain
3035	KIB Berlin
3038	Krankenhaus Friedrichshain
3040	Grafischer Grossbetrieb Dresden
3046	HO Gastronom Leipzig
3047	Suedthueringer Moebelwerke Themar
3049	Kombinat Umformtechnik Erfurt
3050	Wema Plauen
3051	Wema Saalfeld
3052	Mikromat Dresden
3053	Werkzeugmaschinenkombinat Schmalkalden
3056	BMK Ost Eisenhuettenstadt
3057	Chemiefaserwerk Guben
3058	Werk für Technisches Glas Ilmenau
3059	Seehafen Rostock
3060	Interdruck Leipzig
3062	Optische Werke Rathenow
3063	Mikroelektronik Stahnsdorf
3064	Porzellanwerk Colditz
3065	Henneberg Porzellan
3066	Interflug Berlin
3067	Teilefertigung Niederwuerschnitz
3069	Buchbindereimaschinenwerke Leipzig
3071	STFB Dresden
3073	WMK "7. Oktober" Berlin
3074	Wema UNION Gera
3075	Lederwaren Schwerin
3077	Sitzmoebelwerk Waldheim
3078	Robur Zittau
3079	Kombinat Fortschritt Singwitz
3080	Kombinat Fortschritt Kirschau
3081	Kombinat Fortschritt Petkus Wutha
3082	Verpackungsmaschinenwerk Dresden
3084	Wema Netzschkau
3085	Eisenwerk Tangerhuette
3086	Kraftwerksanlagenbau Stendal
3087	Perfecta Bautzen
3088	WMK KMST
3089	Spinnereimaschinenbau KMST
3090	Grossdrehmaschinenwerk KMST
3091	Modul KMST
3092	Werkzeugpruefmaschinen Leipzig
3093	Schleifmaschinenwerk KMST
3094	Formenbau Schwarzenberg
3095	Chemiefaserwerk Premnitz
3096	Kunstseidenwerk Pirna
3097	Kunstseidenwerk Elsterberg
3098	Textilkombinat Cottbus
3099	Waescheunion Mittweida
3100	BMK Chemie KB Weissenfels
3101	NARVA Brand-Erbisdorf
3102	Plauener Baumwollspinnerei
3103	Baumwollspinnerei Riesa
3104	Wema UNION KMST
3105	Vowetex Plauen
3106	Waescherei Leipzig
3111	Dienstleistungskombinat Leipzig
3112	Purotex Dresden
3113	NARVA Berlin
3114	LEW Hennigsdorf
3115	Keramische Werke Hermsdorf
3116	NARVA Oberweissbach
3117	Jenaer Glaswerke
3118	Transformatorien- u. Roentgen- werk Dresden
3119	Maschinen- u. Muehlenbau Wittenberg
3120	DKK Schaufenstern
3121	Kombinat Fortschritt Bischofswerda
3122	Chemiewerk Coswig
3123	Kaliwerk Rossleben
3124	Ferrolegierungswerk Lippendorf
3126	Polypack Dresden
3127	Glaswerk Freital
3128	Verpackungsglas Katzhuette
3129	Wema Zeulenroda
3130	Polytherm Gardelegen
3132	Gummiwerk Schoenebeck
3133	Cowaplast Coswig

List of Factories SRV, 2021
Stamps on digital prints, framed
In 6 parts, each: 32.1 × 23.4 cm

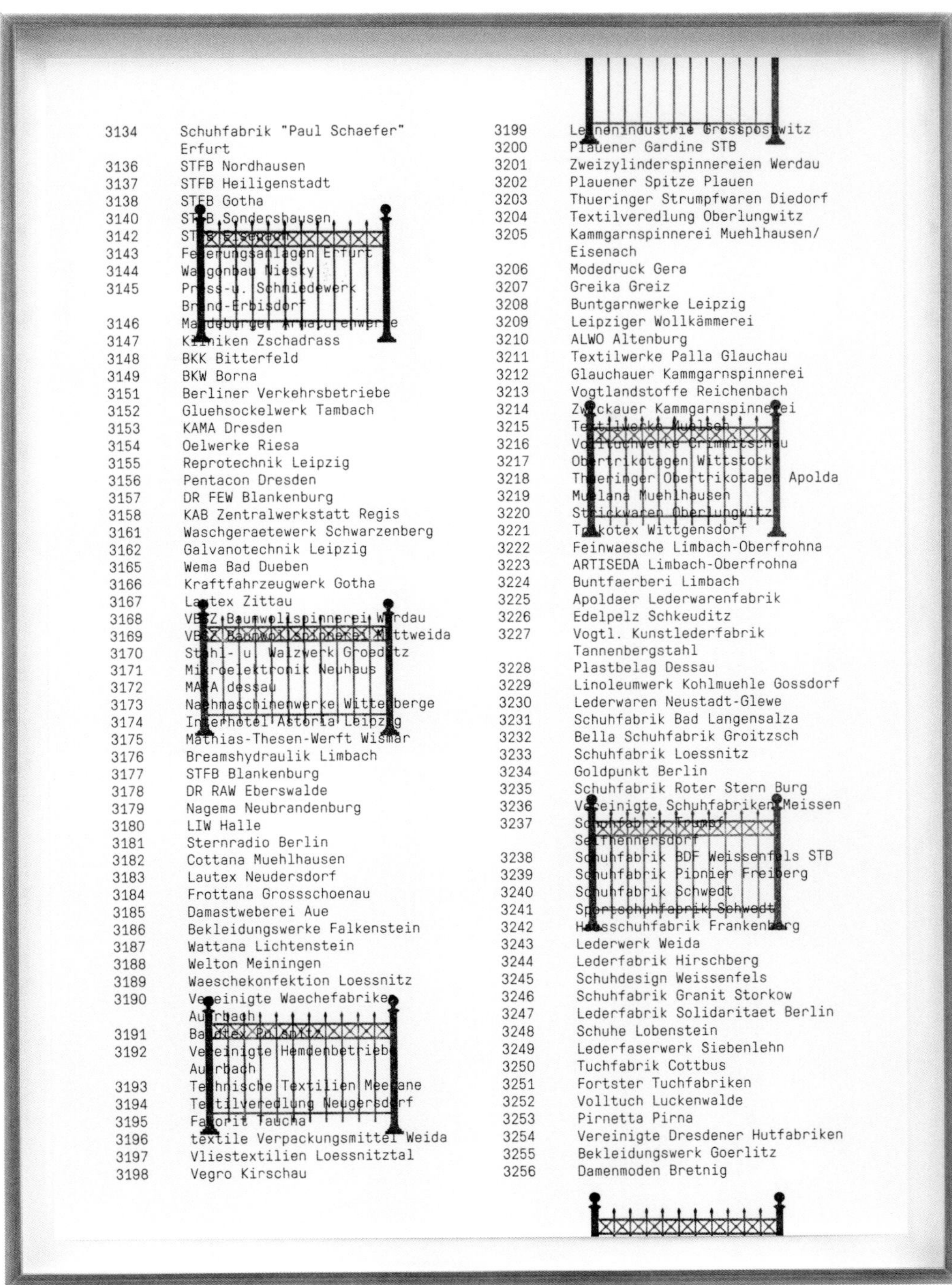

3134	Schuhfabrik "Paul Schaefer" Erfurt
3136	STFB Nordhausen
3137	STFB Heiligenstadt
3138	STFB Gotha
3140	STFB Sondershausen
3142	STFB Erfurt
3143	Feuerungsanlagen Erfurt
3144	Waggonbau Niesky
3145	Press-u. Schmiedewerk Brand-Erbisdorf
3146	Magdeburger Armaturenwerke
3147	Kliniken Zschadrass
3148	BKK Bitterfeld
3149	BKW Borna
3151	Berliner Verkehrsbetriebe
3152	Gluehsockelwerk Tambach
3153	KAMA Dresden
3154	Oelwerke Riesa
3155	Reprotechnik Leipzig
3156	Pentacon Dresden
3157	DR FEW Blankenburg
3158	KAB Zentralwerkstatt Regis
3161	Waschgeraetewerk Schwarzenberg
3162	Galvanotechnik Leipzig
3165	Wema Bad Dueben
3166	Kraftfahrzeugwerk Gotha
3167	Lautex Zittau
3168	VEB Baumwollspinnerei Werdau
3169	VEB Baumwollspinnerei Mittweida
3170	Stahl- u. Walzwerk Groeditz
3171	Mikroelektronik Neuhaus
3172	MAFA dessau
3173	Naehmaschinenwerke Wittenberge
3174	Interhotel Astoria Leipzig
3175	Mathias-Thesen-Werft Wismar
3176	Breamshydraulik Limbach
3177	STFB Blankenburg
3178	DR RAW Eberswalde
3179	Nagema Neubrandenburg
3180	LIW Halle
3181	Sternradio Berlin
3182	Cottana Muehlhausen
3183	Lautex Neudersdorf
3184	Frottana Grossschoenau
3185	Damastweberei Aue
3186	Bekleidungswerke Falkenstein
3187	Wattana Lichtenstein
3188	Welton Meiningen
3189	Waeschekonfektion Loessnitz
3190	Vereinigte Waechefabriken Auerbach
3191	Baltex Plauen
3192	Vereinigte Hemdenbetriebe Auerbach
3193	Technische Textilien Meerane
3194	Textilveredlung Neugersdorf
3195	Favorit Taucha
3196	textile Verpackungsmittel Weida
3197	Vliestextilien Loessnitztal
3198	Vegro Kirschau

3199	Leinenindustrie Grosspostwitz
3200	Plauener Gardine STB
3201	Zweizylinderspinnereien Werdau
3202	Plauener Spitze Plauen
3203	Thueringer Strumpfwaren Diedorf
3204	Textilveredlung Oberlungwitz
3205	Kammgarnspinnerei Muehlhausen/ Eisenach
3206	Modedruck Gera
3207	Greika Greiz
3208	Buntgarnwerke Leipzig
3209	Leipziger Wollkämmerei
3210	ALWO Altenburg
3211	Textilwerke Palla Glauchau
3212	Glauchauer Kammgarnspinnerei
3213	Vogtlandstoffe Reichenbach
3214	Zwickauer Kammgarnspinnerei
3215	Textilofta Kubitch
3216	Volltuchwerke Crimmitschau
3217	Obertrikotagen Wittstock
3218	Thueringer Obertrikotagen Apolda
3219	Muelana Muehlhausen
3220	Strickwaren Oberlungwitz
3221	Trikotex Wittgensdorf
3222	Feinwaesche Limbach-Oberfrohna
3223	ARTISEDA Limbach-Oberfrohna
3224	Buntfaerberi Limbach
3225	Apoldaer Lederwarenfabrik
3226	Edelpelz Schkeuditz
3227	Vogtl. Kunstlederfabrik Tannenbergstahl
3228	Plastbelag Dessau
3229	Linoleumwerk Kohlmuehle Gossdorf
3230	Lederwaren Neustadt-Glewe
3231	Schuhfabrik Bad Langensalza
3232	Bella Schuhfabrik Groitzsch
3233	Schuhfabrik Loessnitz
3234	Goldpunkt Berlin
3235	Schuhfabrik Roter Stern Burg
3236	Vereinigte Schuhfabriken Meissen
3237	Schuhfabrik Erfurt Seifhennersdorf
3238	Schuhfabrik BDF Weissenfels STB
3239	Schuhfabrik Pionier Freiberg
3240	Schuhfabrik Schwedt
3241	Sportschuhfabrik Schwedt
3242	Hausschuhfabrik Frankenberg
3243	Lederwerk Weida
3244	Lederfabrik Hirschberg
3245	Schuhdesign Weissenfels
3246	Schuhfabrik Granit Storkow
3247	Lederfabrik Solidaritaet Berlin
3248	Schuhe Lobenstein
3249	Lederfaserwerk Siebenlehn
3250	Tuchfabrik Cottbus
3251	Fortster Tuchfabriken
3252	Volltuch Luckenwalde
3253	Pirnetta Pirna
3254	Vereinigte Dresdener Hutfabriken
3255	Bekleidungswerk Goerlitz
3256	Damenmoden Bretnig

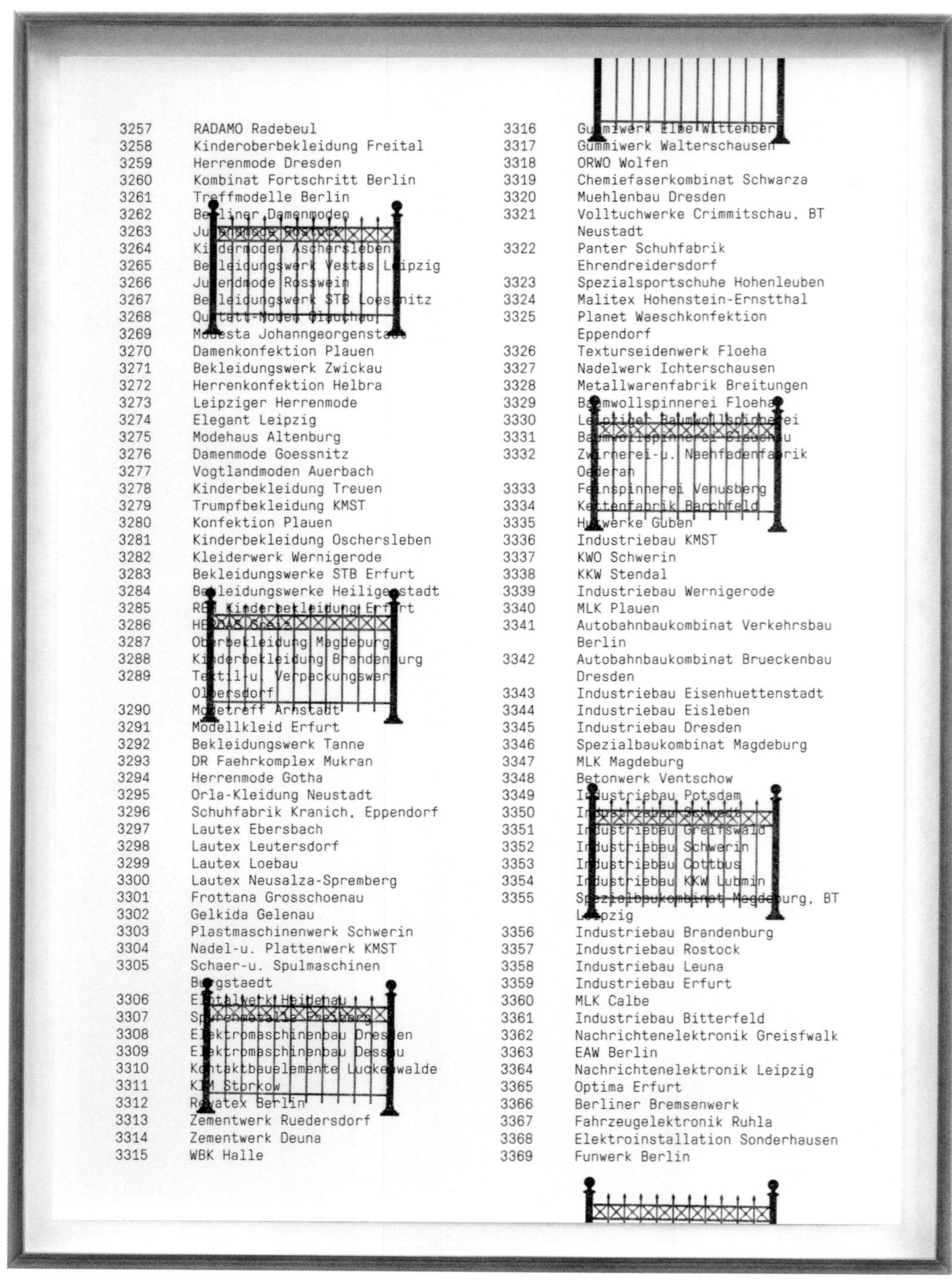

3257	RADAMO Radebeul		3316	Gummiwerk Elbe Wittenberg
3258	Kinderoberbekleidung Freital		3317	Gummiwerk Walterschausen
3259	Herrenmode Dresden		3318	ORWO Wolfen
3260	Kombinat Fortschritt Berlin		3319	Chemiefaserkombinat Schwarza
3261	Treffmodelle Berlin		3320	Muehlenbau Dresden
3262	Berliner Damenmoden		3321	Volltuchwerke Crimmitschau, BT
3263	Jugendmode Rosswein			Neustadt
3264	Kindermoden Aschersleben		3322	Panter Schuhfabrik
3265	Bekleidungswerk Vestas Leipzig			Ehrendreidersdorf
3266	Jugendmode Rosswein		3323	Spezialsportschuhe Hohenleuben
3267	Bekleidungswerk STB Loessnitz		3324	Malitex Hohenstein-Ernstthal
3268	Quiratt-Moden Glauchau		3325	Planet Waeschkonfektion
3269	Modesta Johanngeorgenstadt			Eppendorf
3270	Damenkonfektion Plauen		3326	Texturseidenwerk Floeha
3271	Bekleidungswerk Zwickau		3327	Nadelwerk Ichterschausen
3272	Herrenkonfektion Helbra		3328	Metallwarenfabrik Breitungen
3273	Leipziger Herrenmode		3329	Baumwollspinnerei Floeha
3274	Elegant Leipzig		3330	Leiptibet Baumwollspinnerei
3275	Modehaus Altenburg		3331	Baumwollspinnerei Glauchau
3276	Damenmode Goessnitz		3332	Zwirnerei-u. Naehfadenfabrik
3277	Vogtlandmoden Auerbach			Oederan
3278	Kinderbekleidung Treuen		3333	Feinspinnerei Venusberg
3279	Trumpfbekleidung KMST		3334	Kettenfabrik Barchfeld
3280	Konfektion Plauen		3335	Hutwerke Guben
3281	Kinderbekleidung Oschersleben		3336	Industriebau KMST
3282	Kleiderwerk Wernigerode		3337	KWO Schwerin
3283	Bekleidungswerke STB Erfurt		3338	KKW Stendal
3284	Bekleidungswerke Heiligenstadt		3339	Industriebau Wernigerode
3285	RFT Kinderbekleidung Erfurt		3340	MLK Plauen
3286	HEDAS KMST		3341	Autobahnbaukombinat Verkehrsbau
3287	Oberbekleidung Magdeburg			Berlin
3288	Kinderbekleidung Brandenburg		3342	Autobahnbaukombinat Brueckenbau
3289	Textil-u. Verpackungswerk			Dresden
	Olbersdorf		3343	Industriebau Eisenhuettenstadt
3290	Modetreff Arnstadt		3344	Industriebau Eisleben
3291	Modellkleid Erfurt		3345	Industriebau Dresden
3292	Bekleidungswerk Tanne		3346	Spezialbaukombinat Magdeburg
3293	DR Faehrkomplex Mukran		3347	MLK Magdeburg
3294	Herrenmode Gotha		3348	Betonwerk Ventschow
3295	Orla-Kleidung Neustadt		3349	Industriebau Potsdam
3296	Schuhfabrik Kranich, Eppendorf		3350	Industriebau
3297	Lautex Ebersbach		3351	Industriebau Greifswald
3298	Lautex Leutersdorf		3352	Industriebau Schwerin
3299	Lautex Loebau		3353	Industriebau Cottbus
3300	Lautex Neusalza-Spremberg		3354	Industriebau KKW Lubmin
3301	Frottana Grosschoenau		3355	Spezialbaukombinat Magdeburg, BT
3302	Gelkida Gelenau			Leipzig
3303	Plastmaschinenwerk Schwerin		3356	Industriebau Brandenburg
3304	Nadel-u. Plattenwerk KMST		3357	Industriebau Rostock
3305	Schaer-u. Spulmaschinen		3358	Industriebau Leuna
	Burgstaedt		3359	Industriebau Erfurt
3306	Emaillwerk Heidenau		3360	MLK Calbe
3307	Spulenwerk Halle		3361	Industriebau Bitterfeld
3308	Elektromaschinenbau Dresden		3362	Nachrichtenelektronik Greisfwalk
3309	Elektromaschinenbau Dessau		3363	EAW Berlin
3310	Kontaktbauelemente Luckenwalde		3364	Nachrichtenelektronik Leipzig
3311	KIM Storkow		3365	Optima Erfurt
3312	Ruyatex Berlin		3366	Berliner Bremsenwerk
3313	Zementwerk Ruedersdorf		3367	Fahrzeugelektronik Ruhla
3314	Zementwerk Deuna		3368	Elektroinstallation Sonderhausen
3315	WBK Halle		3369	Funwerk Berlin

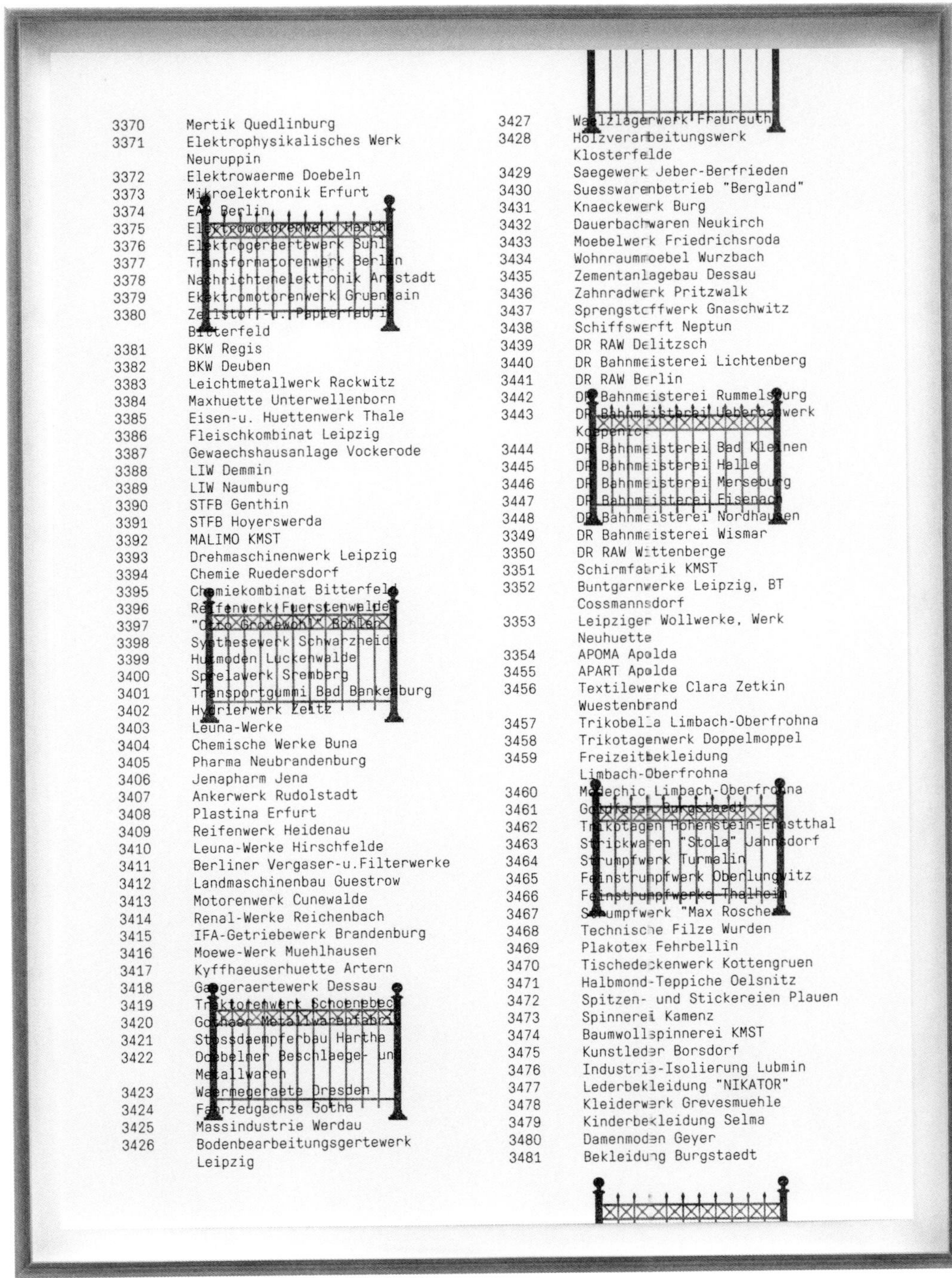

3370 Mertik Quedlinburg
3371 Elektrophysikalisches Werk
     Neuruppin
3372 Elektrowaerme Doebeln
3373 Mikroelektronik Erfurt
3374 EAB Berlin
3375 Elektromotorenwerk Baruth
3376 Elektrogeraetewerk Suhl
3377 Transformatorenwerk Berlin
3378 Nachrichtenelektronik Arnstadt
3379 Elektromotorenwerk Gruenhain
3380 Zellstoff-u. Papierfabrik
     Bitterfeld
3381 BKW Regis
3382 BKW Deuben
3383 Leichtmetallwerk Rackwitz
3384 Maxhuette Unterwellenborn
3385 Eisen-u. Huettenwerk Thale
3386 Fleischkombinat Leipzig
3387 Gewaechshausanlage Vockerode
3388 LIW Demmin
3389 LIW Naumburg
3390 STFB Genthin
3391 STFB Hoyerswerda
3392 MALIMO KMST
3393 Drehmaschinenwerk Leipzig
3394 Chemie Ruedersdorf
3395 Chemiekombinat Bitterfeld
3396 Reifenwerk Fuerstenwalde
3397 "Otto Grotewohl" Boehlen
3398 Synthesewerk Schwarzheide
3399 Hutmoden Luckenwalde
3400 Sprelawerk Spremberg
3401 Transportgummi Bad Blankenburg
3402 Hydrierwerk Zeitz
3403 Leuna-Werke
3404 Chemische Werke Buna
3405 Pharma Neubrandenburg
3406 Jenapharm Jena
3407 Ankerwerk Rudolstadt
3408 Plastina Erfurt
3409 Reifenwerk Heidenau
3410 Leuna-Werke Hirschfelde
3411 Berliner Vergaser-u.Filterwerke
3412 Landmaschinenbau Guestrow
3413 Motorenwerk Cunewalde
3414 Renal-Werke Reichenbach
3415 IFA-Getriebewerk Brandenburg
3416 Moewe-Werk Muehlhausen
3417 Kyffhaeuserhuette Artern
3418 Gasgeraertewerk Dessau
3419 Traktorenwerk Schoenebeck
3420 Gothaer Metallwarenfabrik
3421 Stossdaempferbau Hartha
3422 Doebelner Beschlaege- un
     Metallwaren
3423 Waermegeraete Dresden
3424 Fahrzeugachse Gotha
3425 Massindustrie Werdau
3426 Bodenbearbeitungsgertewerk
     Leipzig

3427 Waelzlagerwerk Fraureuth
3428 Holzverarbeitungswerk
     Klosterfelde
3429 Saegewerk Jeber-Berfrieden
3430 Suesswarenbetrieb "Bergland"
3431 Knaeckewerk Burg
3432 Dauerbachwaren Neukirch
3433 Moebelwerk Friedrichsroda
3434 Wohnraummoebel Wurzbach
3435 Zementanlagebau Dessau
3436 Zahnradwerk Pritzwalk
3437 Sprengstoffwerk Gnaschwitz
3438 Schiffswerft Neptun
3439 DR RAW Delitzsch
3440 DR Bahnmeisterei Lichtenberg
3441 DR RAW Berlin
3442 DR Bahnmeisterei Rummelsburg
3443 DR Bahnmeisterei Ueberbahnwerk
     Koepenick
3444 DR Bahnmeisterei Bad Kleinen
3445 DR Bahnmeisterei Halle
3446 DR Bahnmeisterei Merseburg
3447 DR Bahnmeisterei Eisenach
3448 DR Bahnmeisterei Nordhausen
3349 DR Bahnmeisterei Wismar
3350 DR RAW Wittenberge
3351 Schirmfabrik KMST
3352 Buntgarnwerke Leipzig, BT
     Cossmannsdorf
3353 Leipziger Wollwerke, Werk
     Neuhuette
3354 APOMA Apolda
3455 APART Apolda
3456 Textilewerke Clara Zetkin
     Wuestenbrand
3457 Trikobella Limbach-Oberfrohna
3458 Trikotagenwerk Doppelmoppel
3459 Freizeitbekleidung
     Limbach-Oberfrohna
3460 Modechic Limbach-Oberfrohna
3461 Goldschatz Burgstaedt
3462 Trikoptagen Hohenstein-Ernstthal
3463 Strickwaren "Stola" Jahnsdorf
3464 Strumpfwerk Turmalin
3465 Feinstrumpfwerk Oberlungwitz
3466 Feinstrumpfwerke Thalheim
3467 Strumpfwerk "Max Rosche"
3468 Technische Filze Wurden
3469 Plakotex Fehrbellin
3470 Tischedeckenwerk Kottengruen
3471 Halbmond-Teppiche Oelsnitz
3472 Spitzen- und Stickereien Plauen
3473 Spinnerei Kamenz
3474 Baumwollspinnerei KMST
3475 Kunstleder Borsdorf
3476 Industrie-Isolierung Lubmin
3477 Lederbekleidung "NIKATOR"
3478 Kleiderwerk Grevesmuehle
3479 Kinderbekleidung Selma
3480 Damenmoden Geyer
3481 Bekleidung Burgstaedt

L

List of Factories SRV, 2021
Stamps on digital prints, framed
In 6 parts, each: 32.1 × 23.4 cm

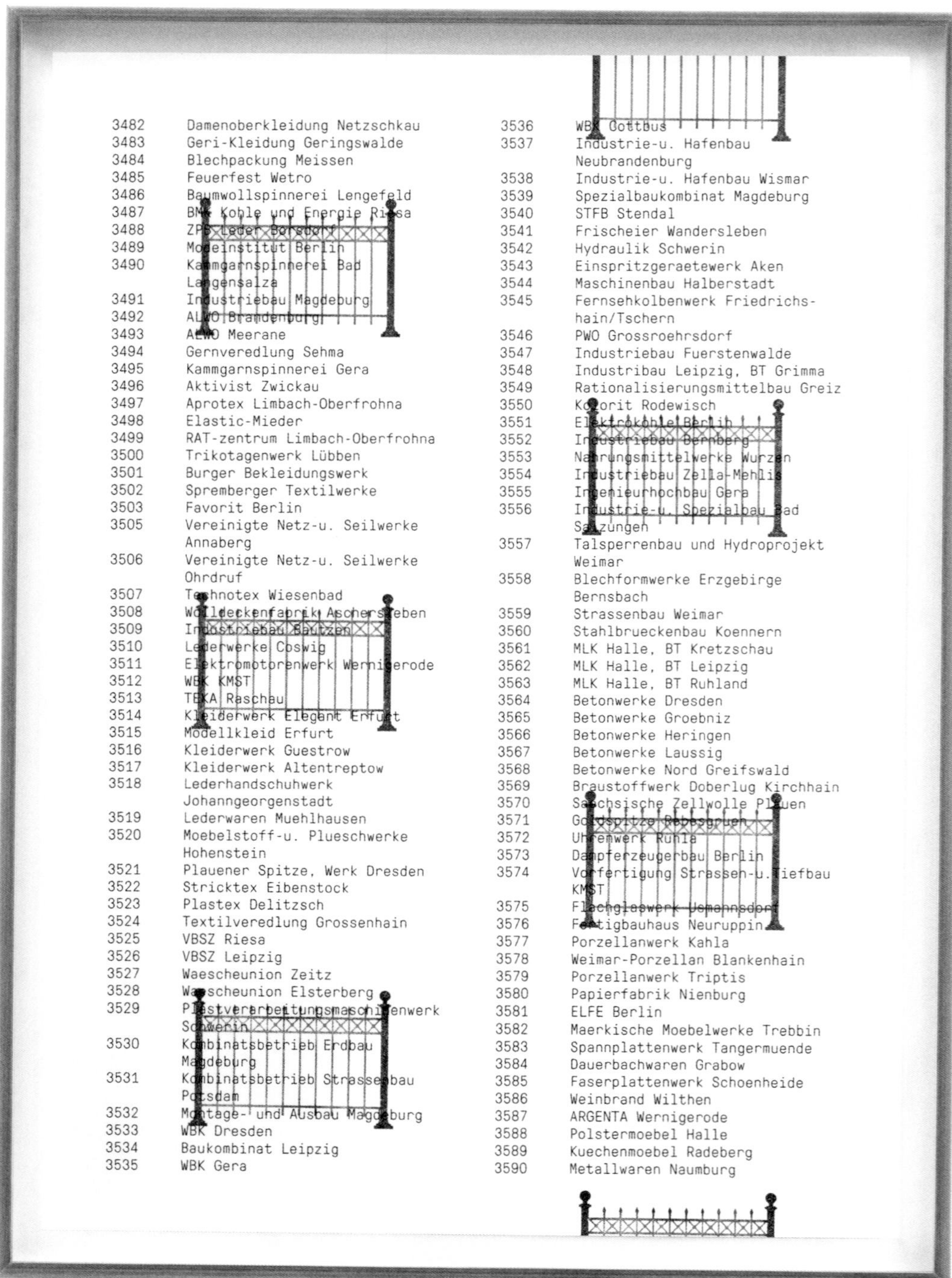

List of Factories SRV, 2021
Stamps on digital prints, framed
In 6 parts, each: 32.1 × 23.4 cm

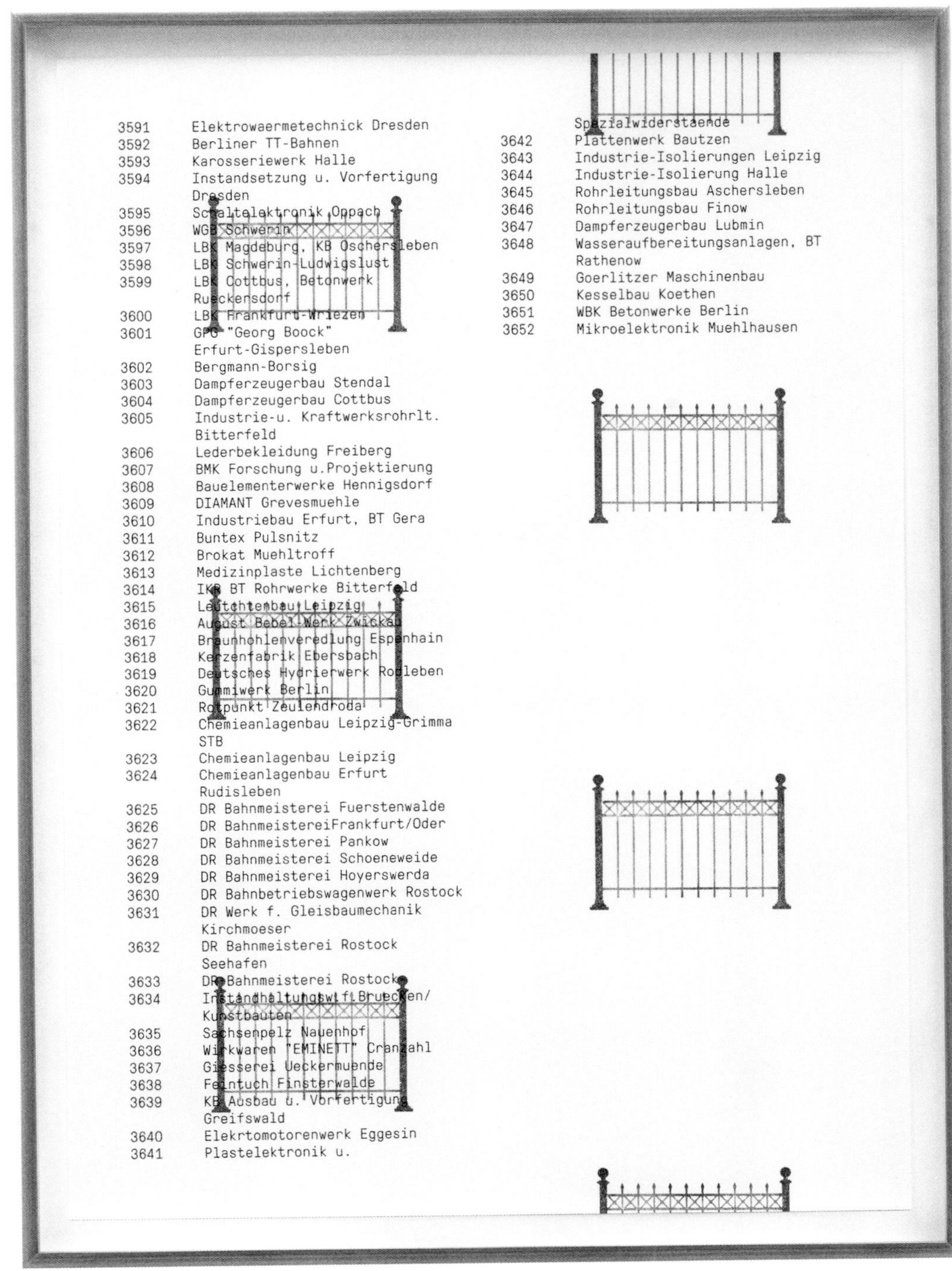

3591	Elektrowaermetechnick Dresden
3592	Berliner TT-Bahnen
3593	Karosseriewerk Halle
3594	Instandsetzung u. Vorfertigung Dresden
3595	Schaltelektronik Oppach
3596	WGB Schwerin
3597	LBK Magdeburg, KB Oschersleben
3598	LBK Schwerin-Ludwigslust
3599	LBK Cottbus, Betonwerk Rueckensdorf
3600	LBK Frankfurt-Wriezen
3601	GPG "Georg Boock" Erfurt-Gispersleben
3602	Bergmann-Borsig
3603	Dampferzeugerbau Stendal
3604	Dampferzeugerbau Cottbus
3605	Industrie-u. Kraftwerksrohrlt. Bitterfeld
3606	Lederbekleidung Freiberg
3607	BMK Forschung u.Projektierung
3608	Bauelementerwerke Hennigsdorf
3609	DIAMANT Grevesmuehle
3610	Industriebau Erfurt, BT Gera
3611	Buntex Pulsnitz
3612	Brokat Muehltroff
3613	Medizinplaste Lichtenberg
3614	IKB BT Rohrwerke Bitterfeld
3615	Leuchtenbau Leipzig
3616	August Bebel Werk Zwickau
3617	Braunkohlenveredlung Espenhain
3618	Kerzenfabrik Ebersbach
3619	Deutsches Hydrierwerk Rodleben
3620	Gummiwerk Berlin
3621	Rotpunkt Zeulenroda
3622	Chemieanlagenbau Leipzig-Grimma STB
3623	Chemieanlagenbau Leipzig
3624	Chemieanlagenbau Erfurt Rudisleben
3625	DR Bahnmeisterei Fuerstenwalde
3626	DR BahnmeistereiFrankfurt/Oder
3627	DR Bahnmeisterei Pankow
3628	DR Bahnmeisterei Schoeneweide
3629	DR Bahnmeisterei Hoyerswerda
3630	DR Bahnbetriebswagenwerk Rostock
3631	DR Werk f. Gleisbaumechanik Kirchmoeser
3632	DR Bahnmeisterei Rostock Seehafen
3633	DR Bahnmeisterei Rostock
3634	Instandhaltungswt f. Bruecken/ Kunstbauten
3635	Sachsenpelz Nauenhof
3636	Wirkwaren "EMINETT" Cranzahl
3637	Giesserei Ueckermuende
3638	Feintuch Finsterwalde
3639	KB Ausbau u. Vorfertigung Greifswald
3640	Elekrtomotorenwerk Eggesin
3641	Plastelektronik u.

	Spezialwiderstaende
3642	Plattenwerk Bautzen
3643	Industrie-Isolierungen Leipzig
3644	Industrie-Isolierung Halle
3645	Rohrleitungsbau Aschersleben
3646	Rohrleitungsbau Finow
3647	Dampferzeugerbau Lubmin
3648	Wasseraufbereitungsanlagen, BT Rathenow
3649	Goerlitzer Maschinenbau
3650	Kesselbau Koethen
3651	WBK Betonwerke Berlin
3652	Mikroelektronik Muehlhausen

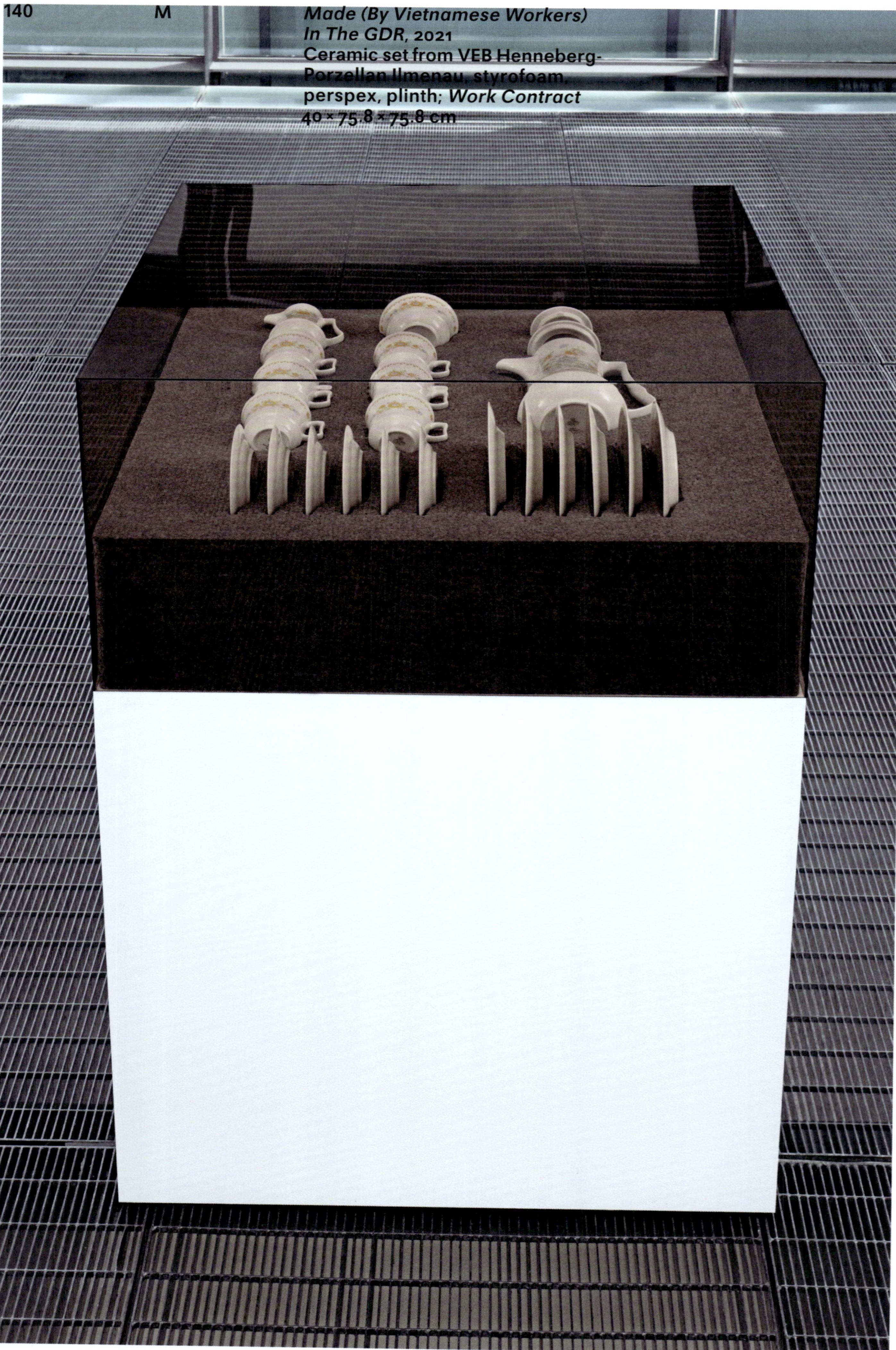

Made (By Vietnamese Workers)
In The GDR, 2021
Ceramic set from VEB Henneberg-
Porzellan Ilmenau, styrofoam,
perspex, plinth; Work Contract
40 × 75.8 × 75.8 cm

M

Mondos, 2022
Condom from VEB Plastina Erfurt,
perspex, stainless steel; *Work
Contract*
5 × 10 × 11 cm

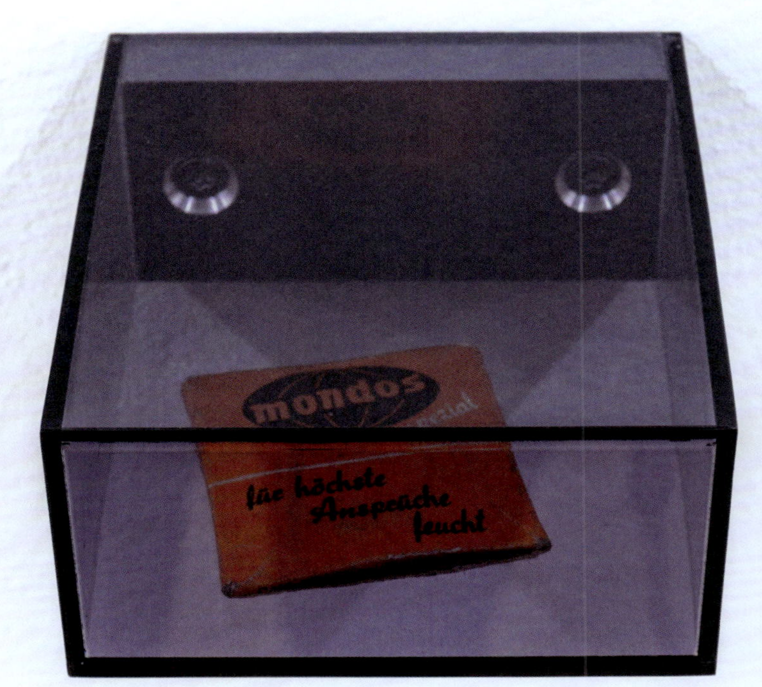

M

Multiboy, 2021
Food processor from VEB
Kombinat Elektromaschinenbau
Dresden, stainless steel; *Work
Contract*
46 × 16 × 16 cm

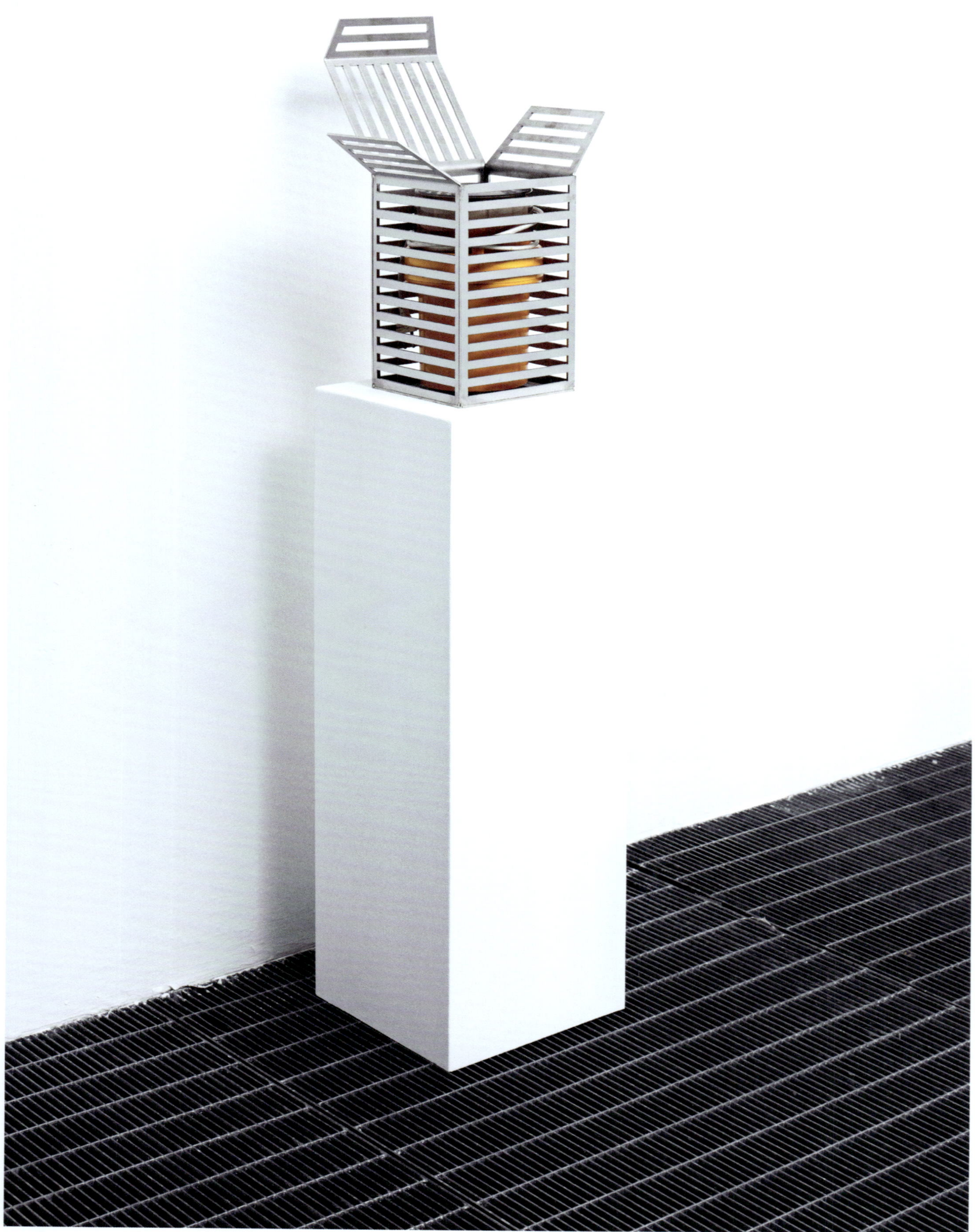

"Multiboy"
Installation views
Galerie für Zeitgenössische
Kunst Leipzig
12 June - 3 October 2021

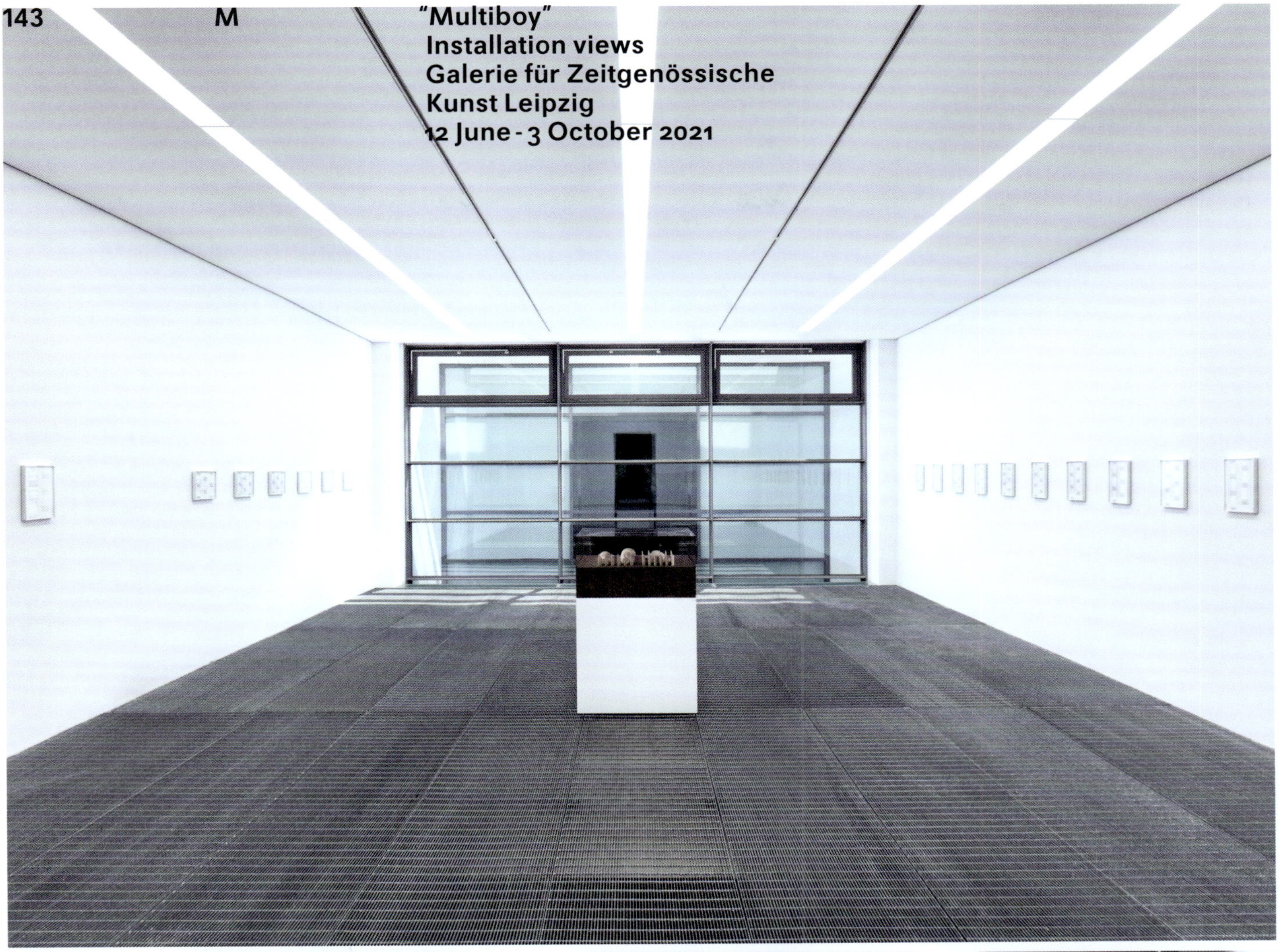

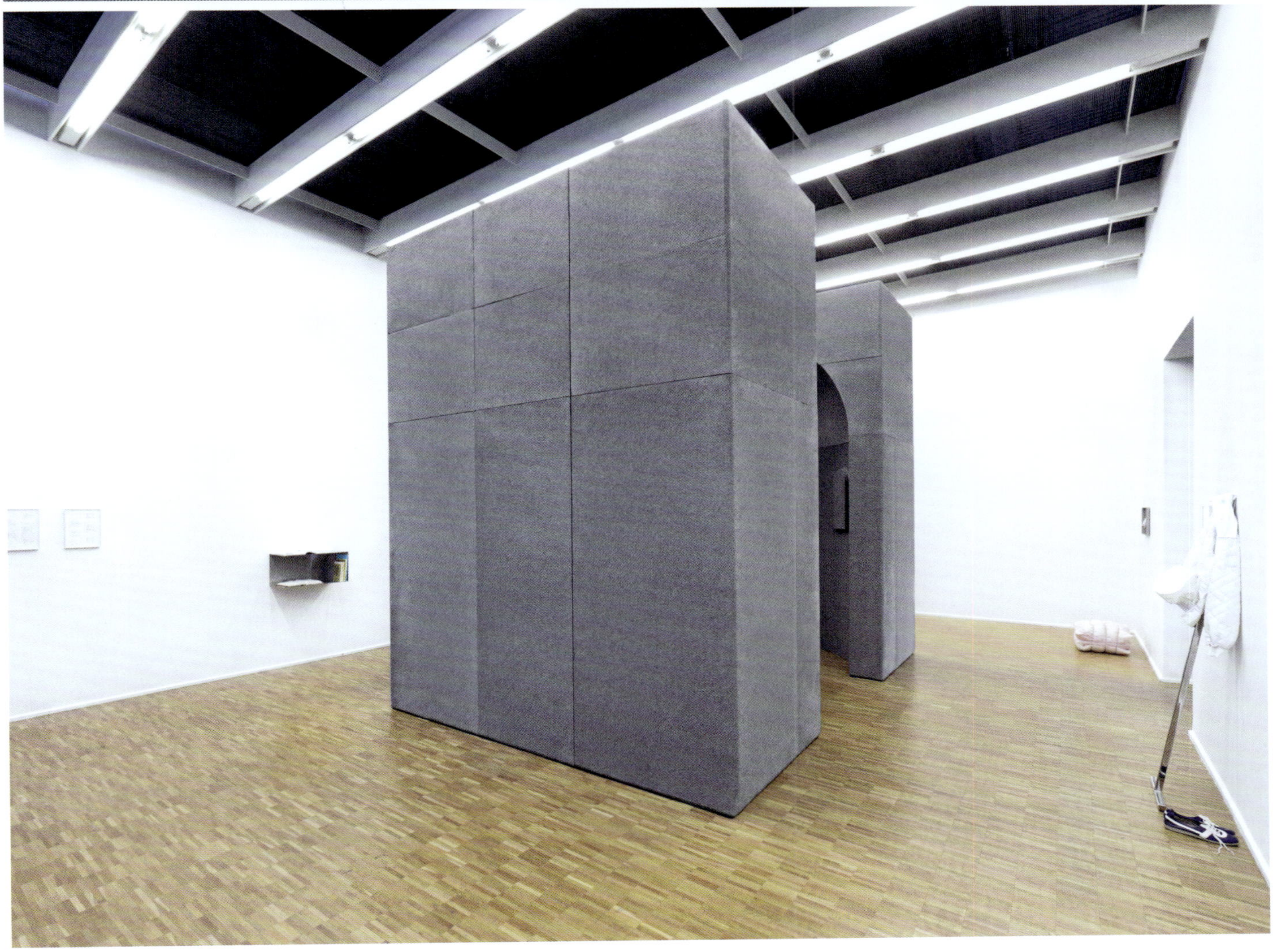

M

Mum's Work, 2021
Work jacket, wooden ladybirds,
shoes from VEB Schuhfabrik
"Banner des Friedens"
Weißenfels, polished stainless
steel; *Work Contract*
174 × 77 × 29.5 cm

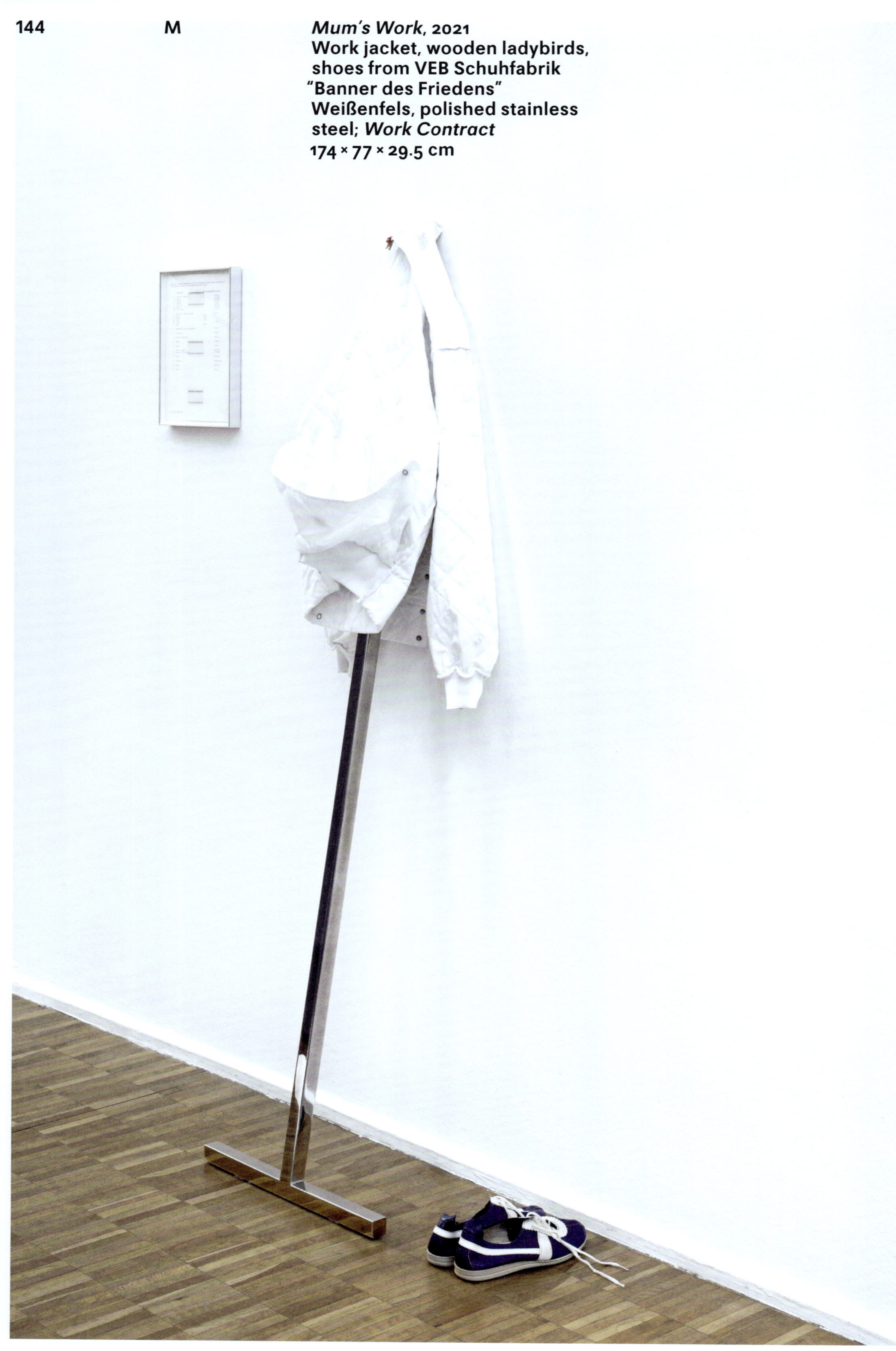

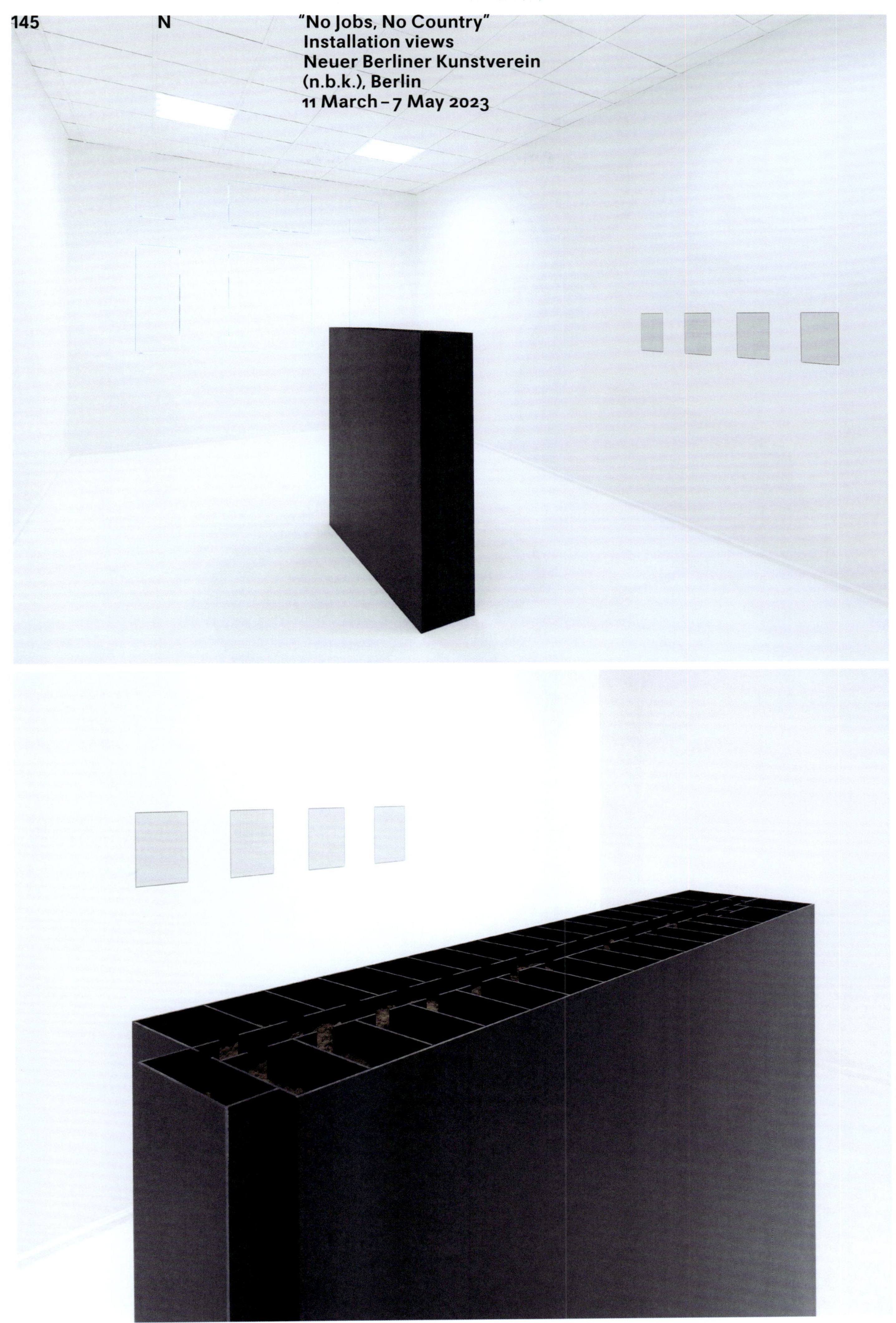

"No Jobs, No Country"
Installation views
Neuer Berliner Kunstverein
(n.b.k.), Berlin
11 March – 7 May 2023

No Proverbs For Your Labour,
2021
**Eight books from VEB Interdruck
Leipzig, stainless steel;** *Work
Contract*
32 × 68 × 32 cm

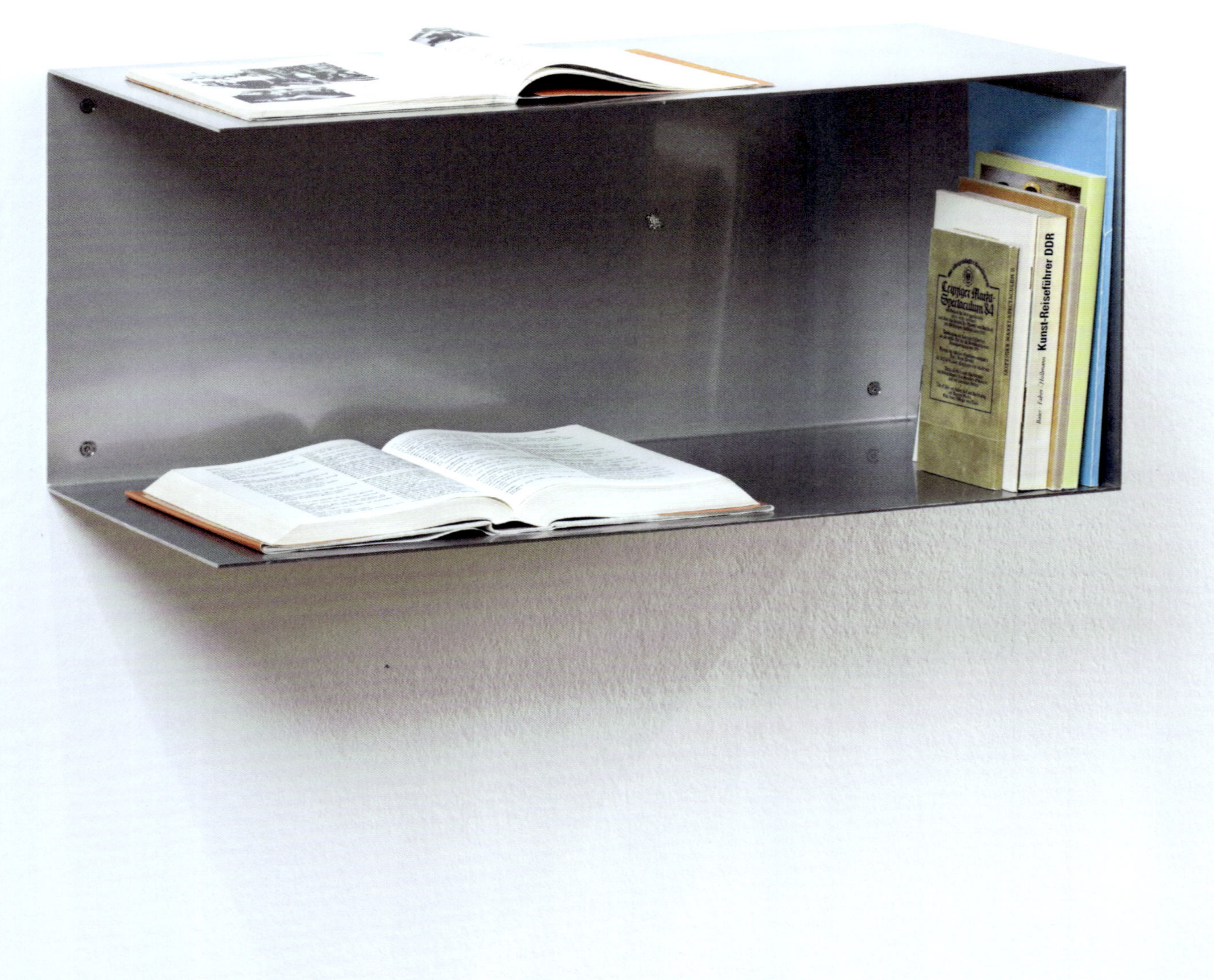

Offerings, 2021
Rum from VEB Weinbrand
Wilthen, candles from VEB Wittol
Wittenberg, ceramic plate from
VEB Henneberg-Porzellan
Ilmenau, tampon packaging from
VEB Vliestextilien Lößnitztal,
condoms from VEB Plastina Erfurt,
stainless steel; *Work Contract*
40 × 40 × 40 cm

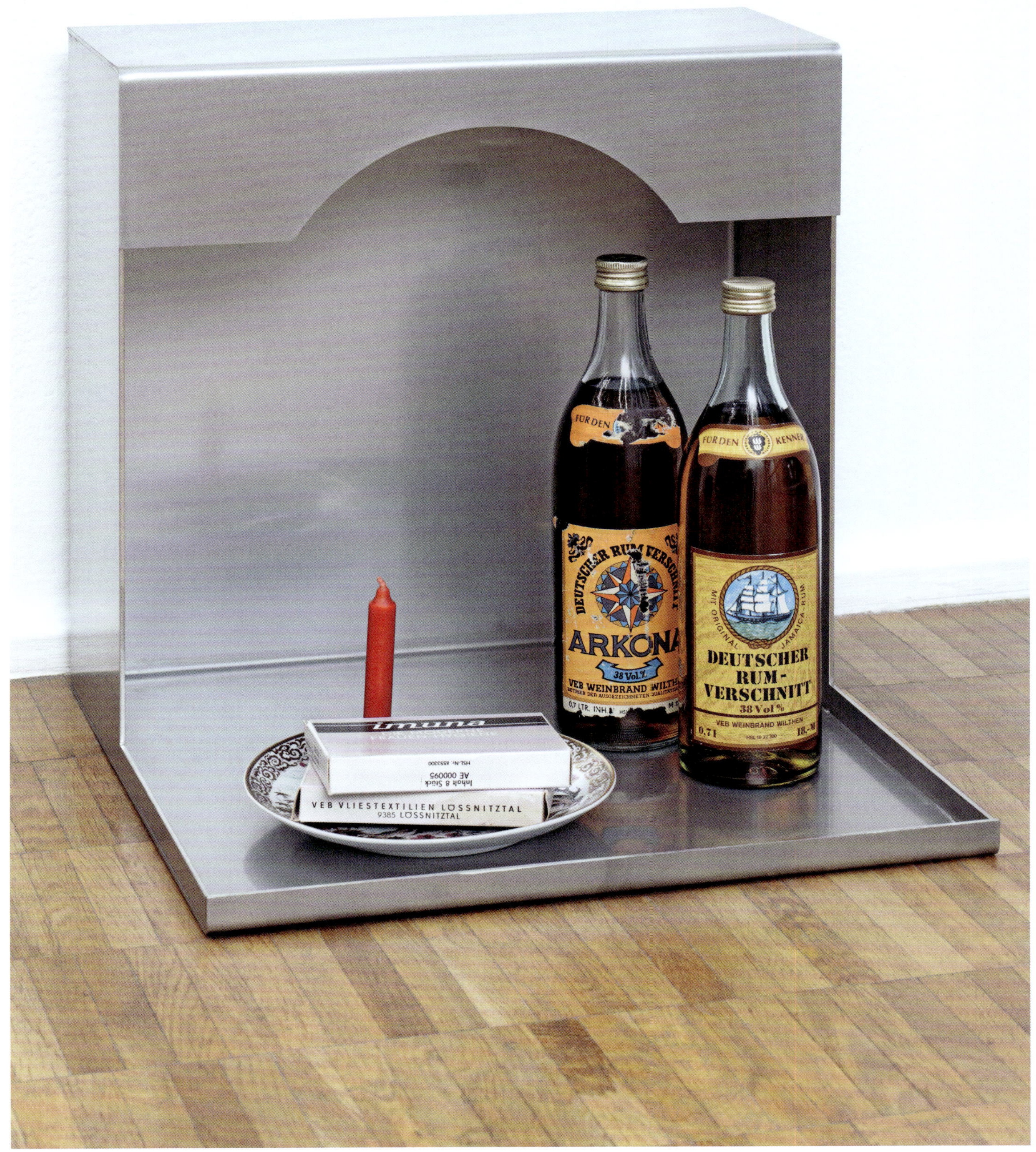

O

"One Thousand Times"
Installation view
Kunst Museum Winterthur
16 September – 19 November 2023

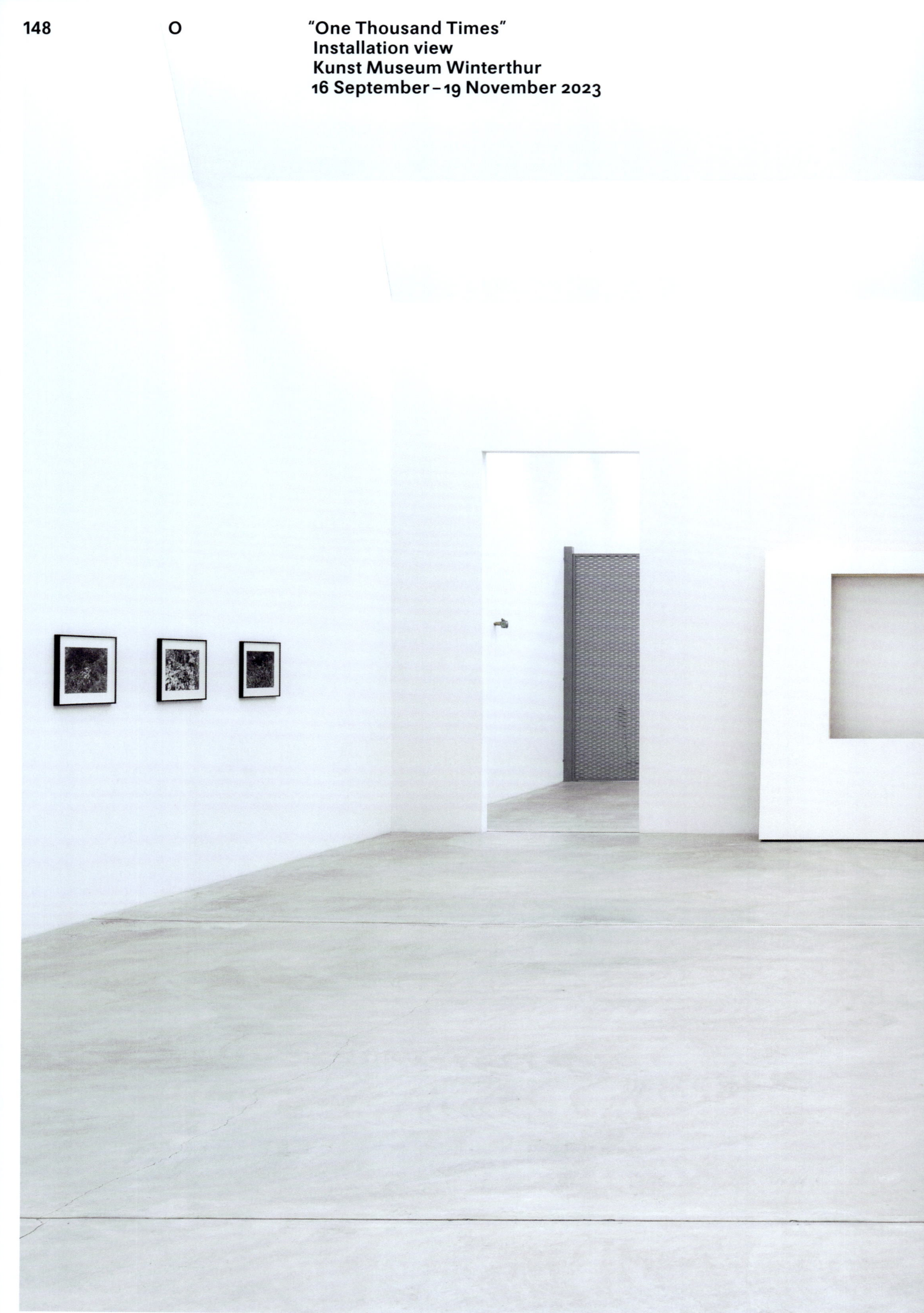

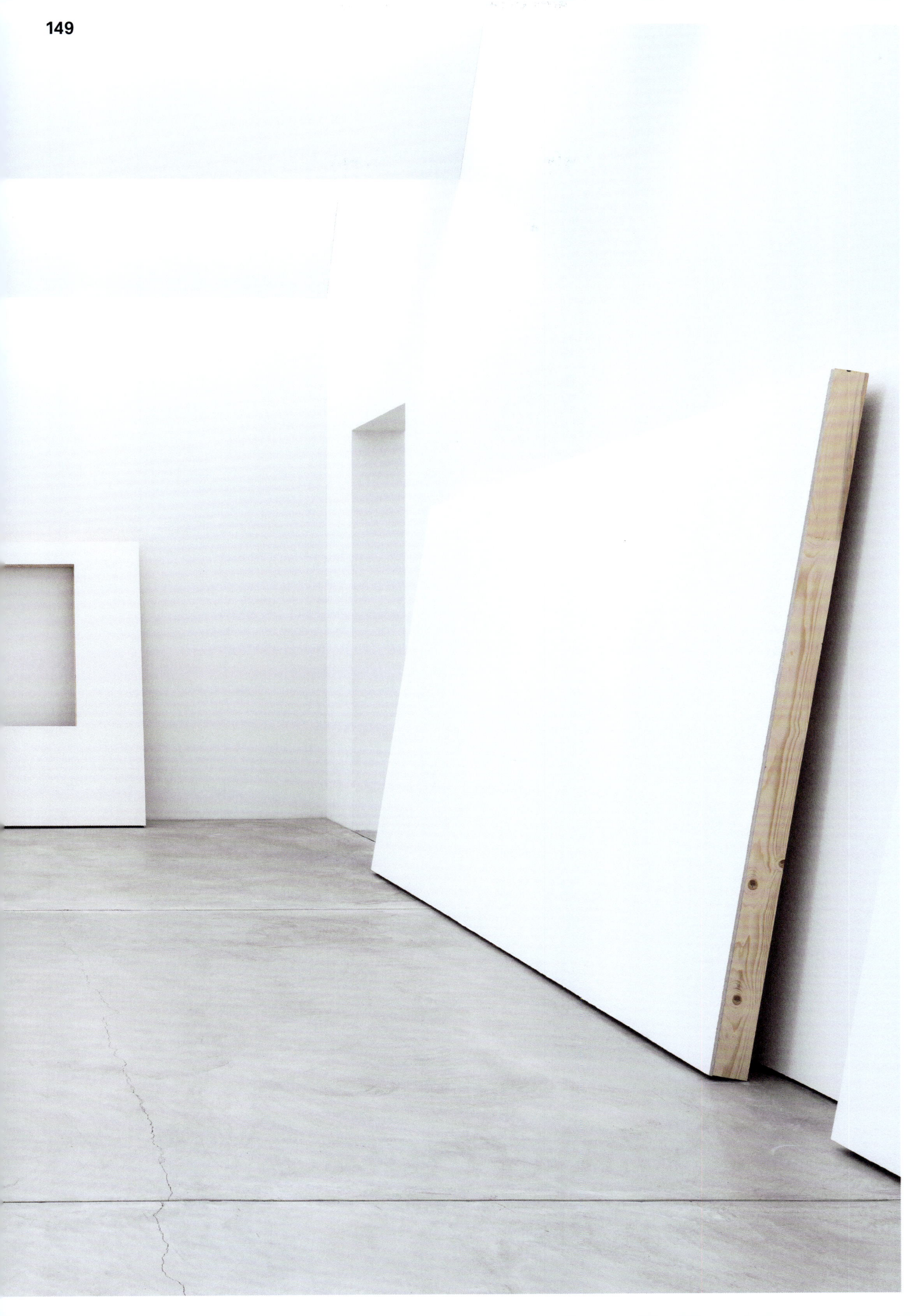

"One Thousand Times"
Installation views
Kunst Museum Winterthur
16 September – 19 November 2023

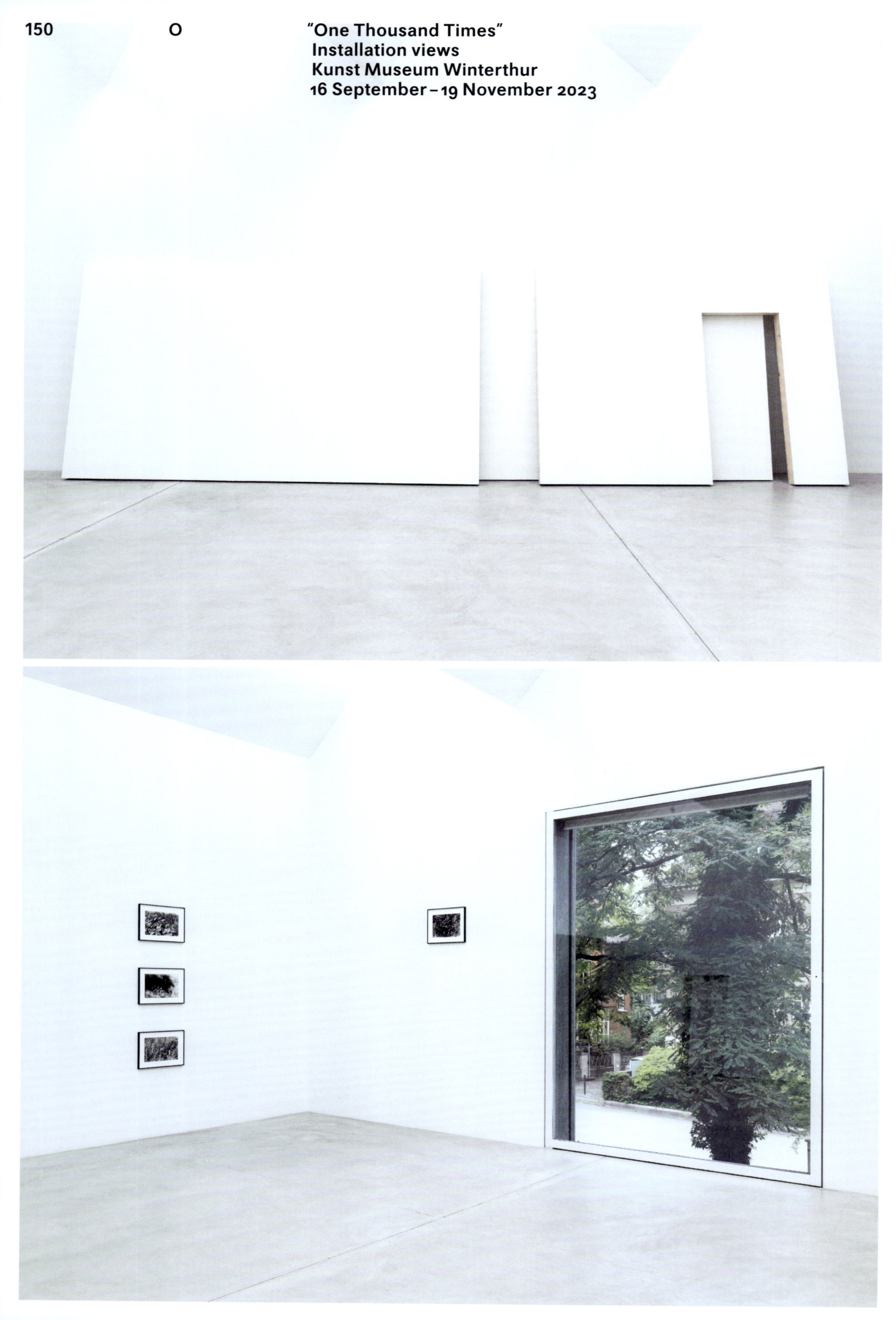

O

"One Thousand Times"
Installation view
Kunst Museum Winterthur
16 September – 19 November 2023

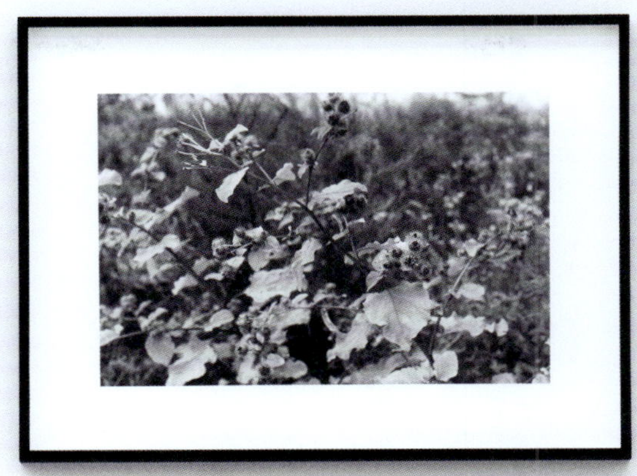

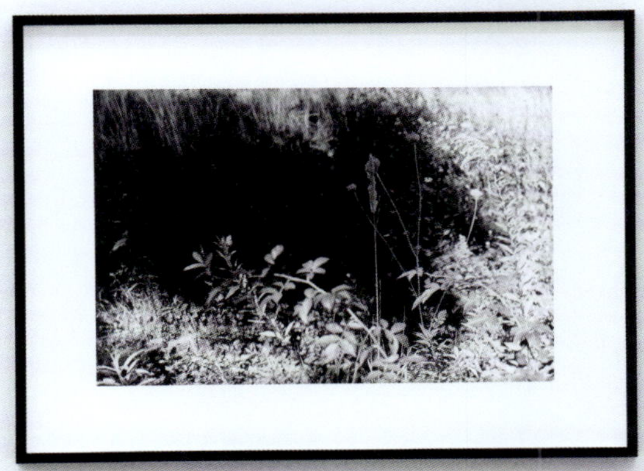

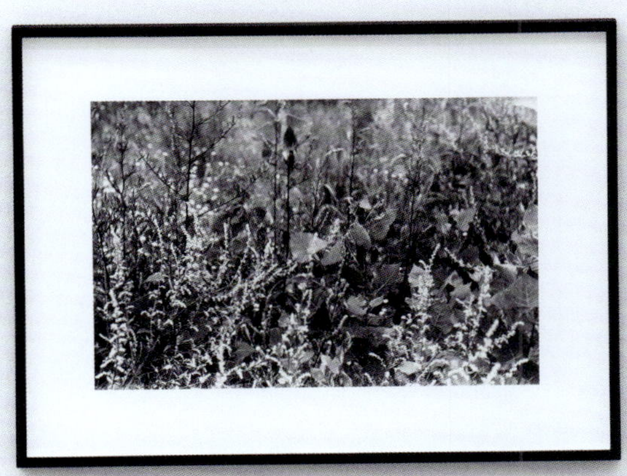

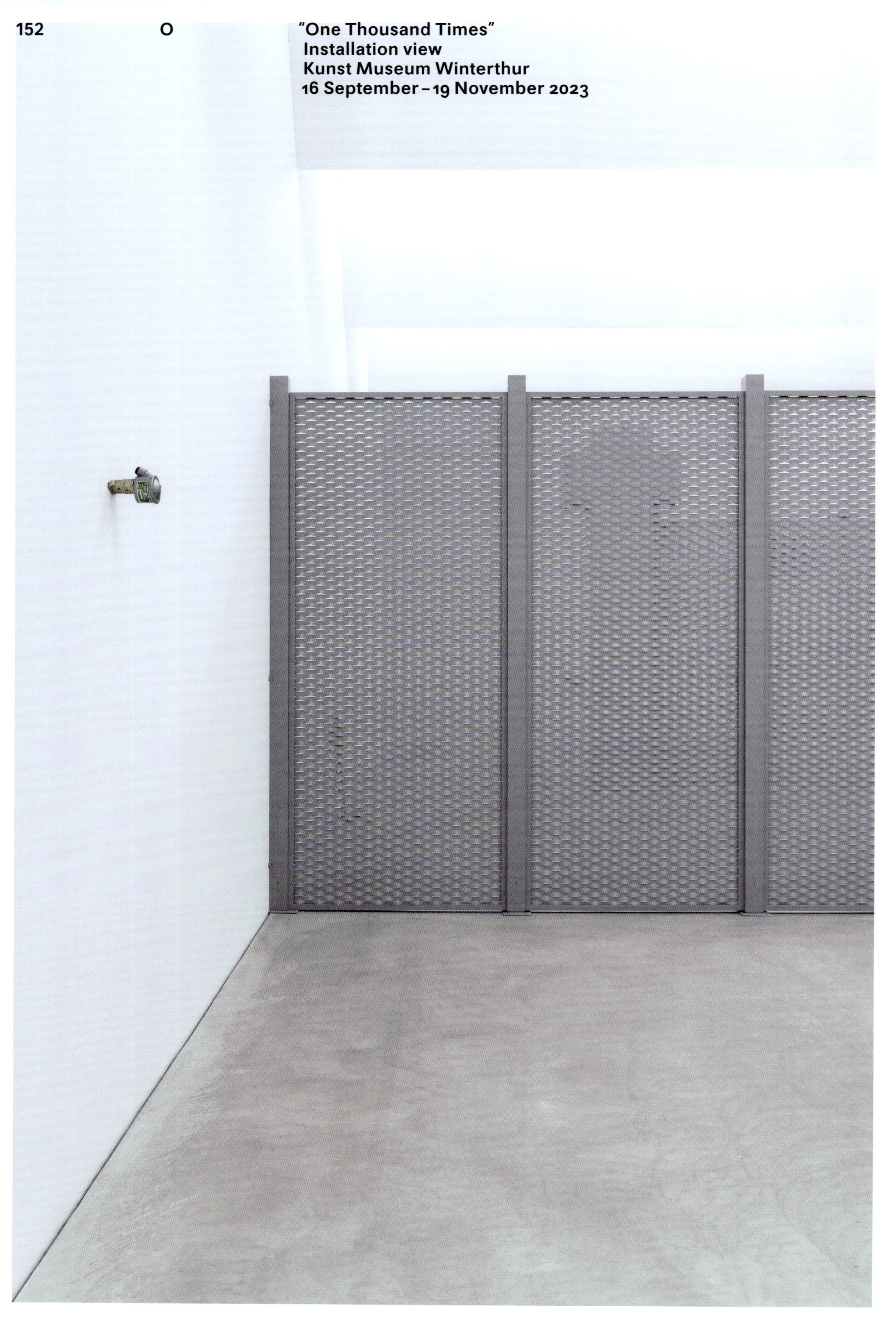

"One Thousand Times"
Installation view
Kunst Museum Winterthur
16 September – 19 November 2023

"One Thousand Times"
Installation views
Kunst Museum Winterthur
16 September – 19 November 2023

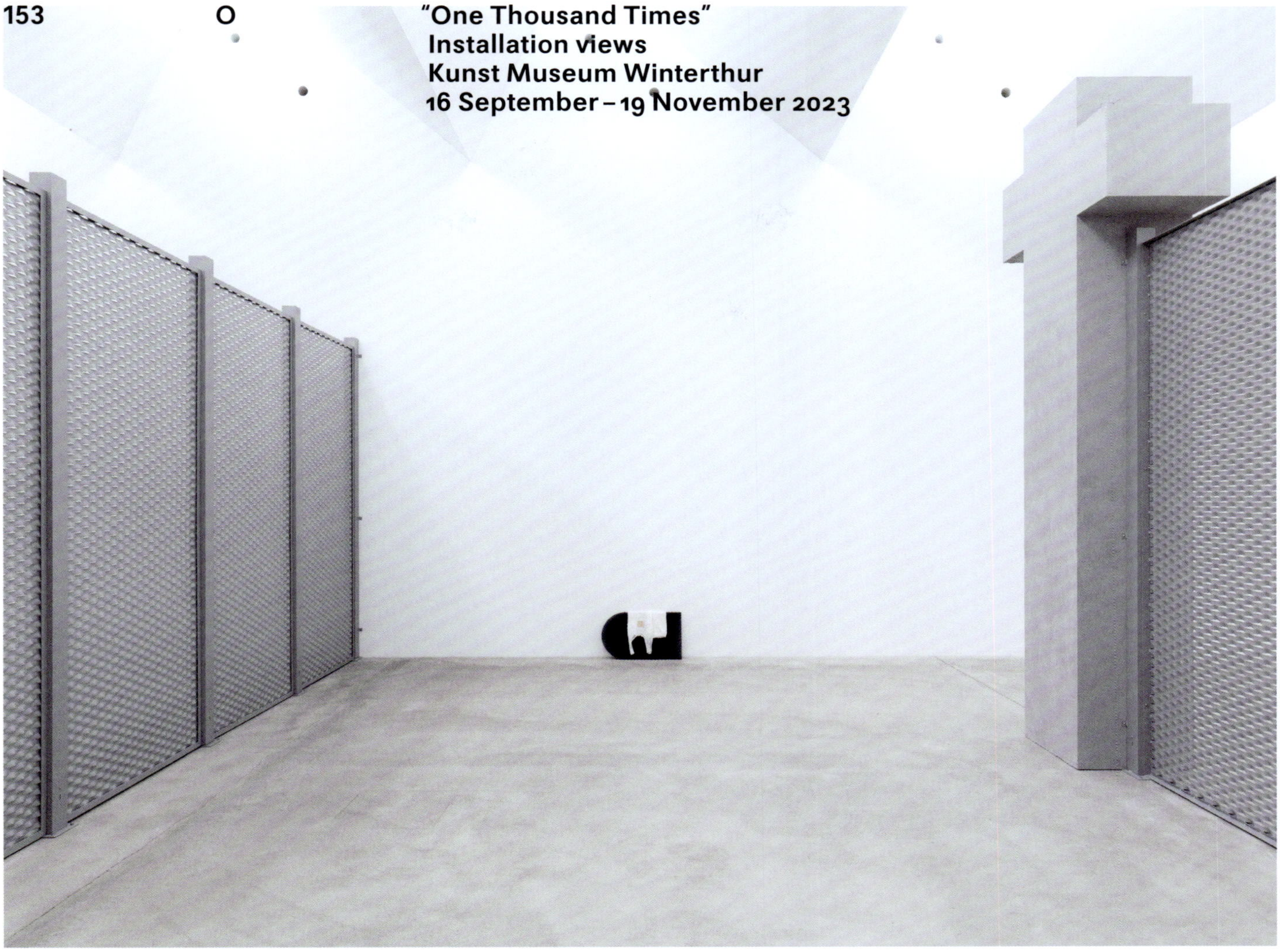

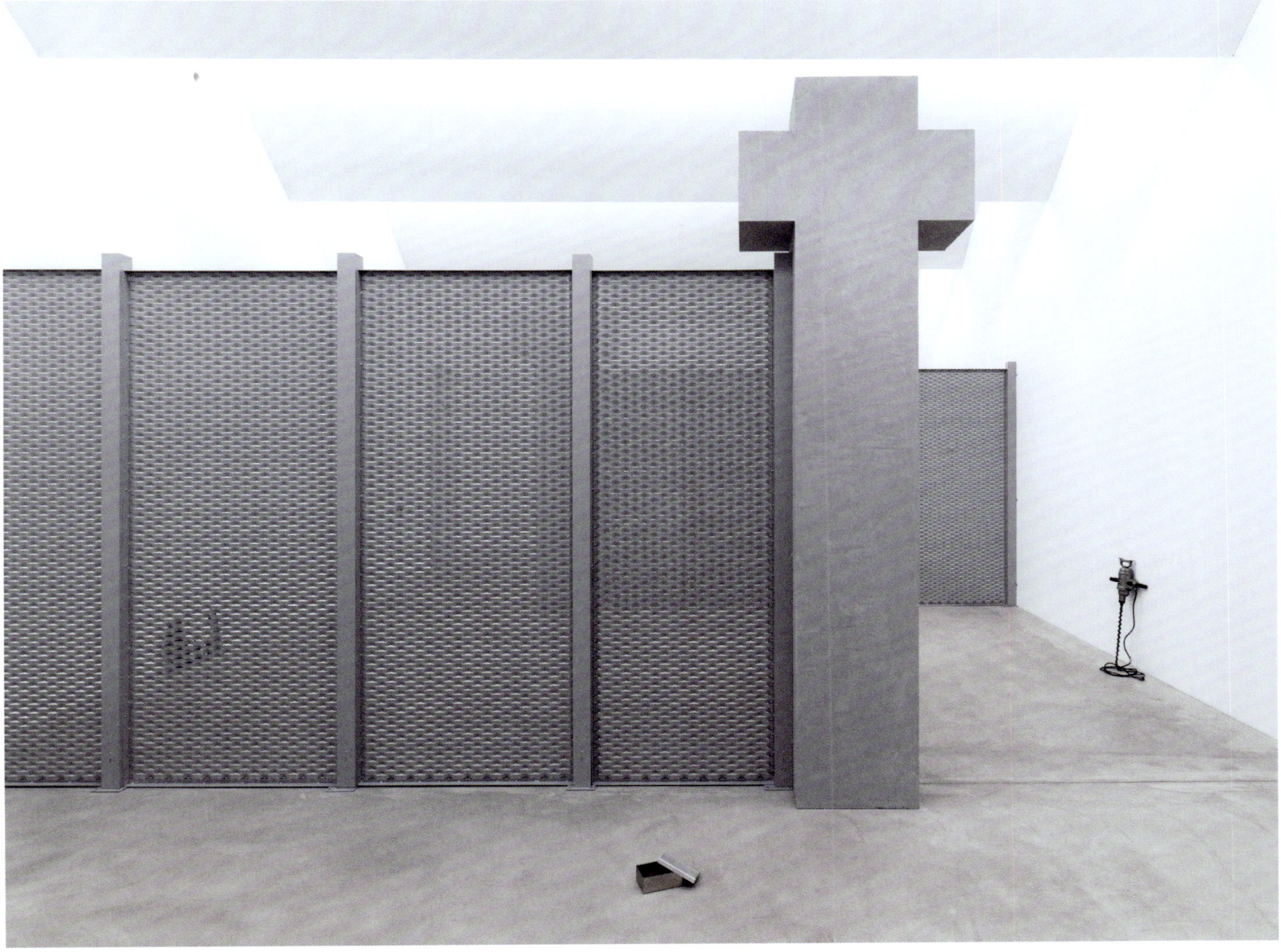

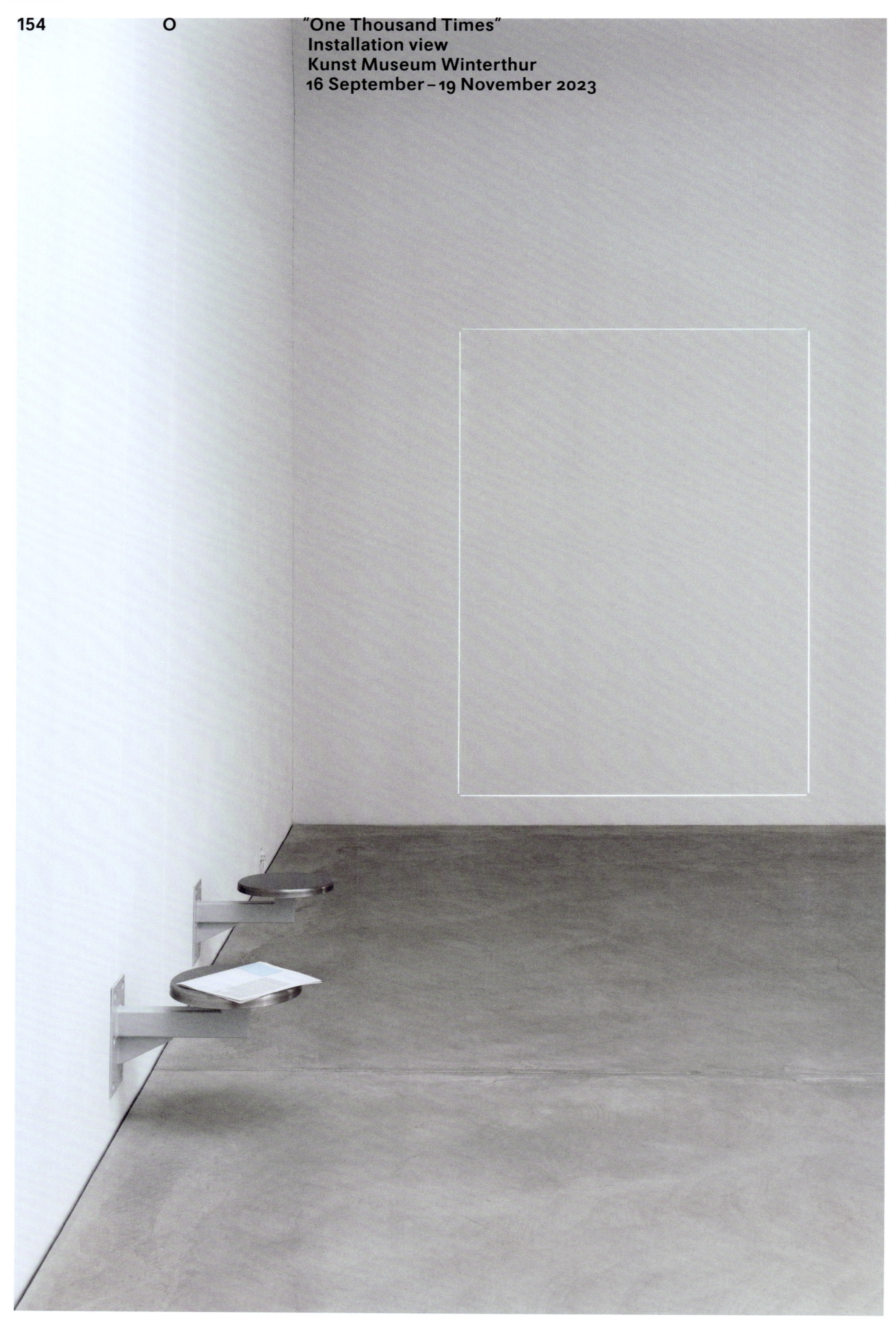

"One Thousand Times"
Installation view
Kunst Museum Winterthur
16 September – 19 November 2023

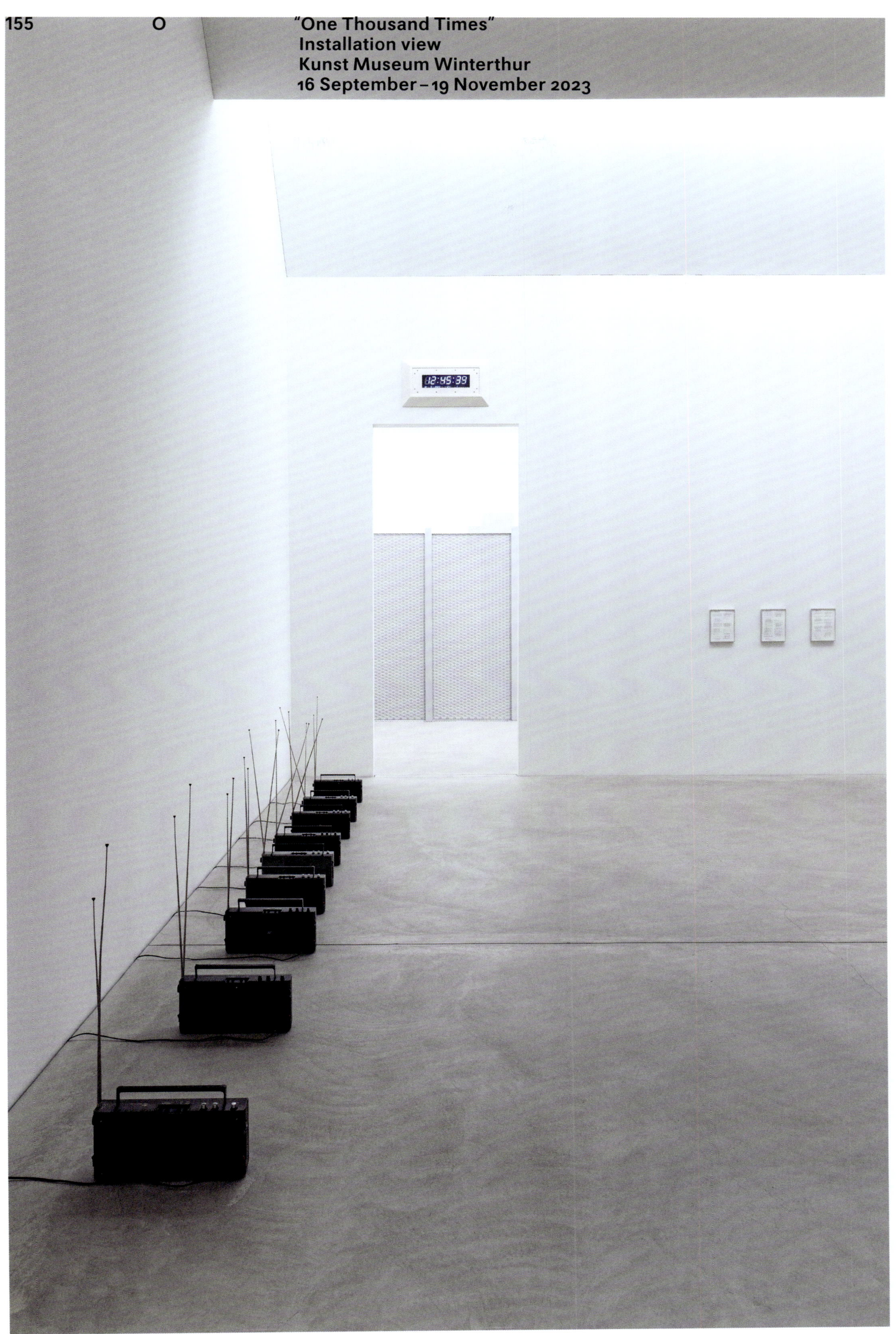

"One Thousand Times"
Installation view
Kunst Museum Winterthur
16 September – 19 November 2023

"One Thousand Times"
Installation views
Kunst Museum Winterthur
16 September – 19 November 2023

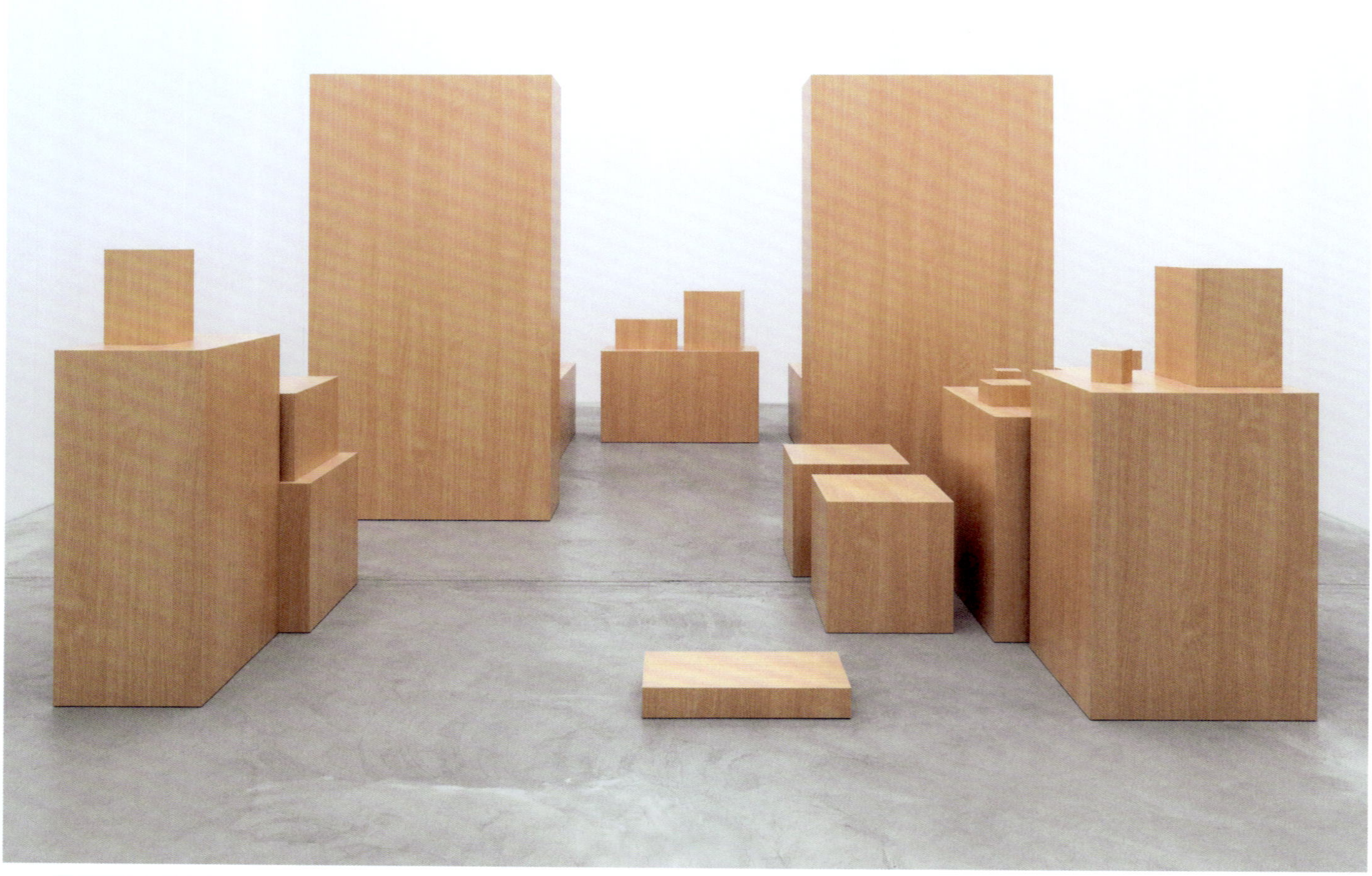

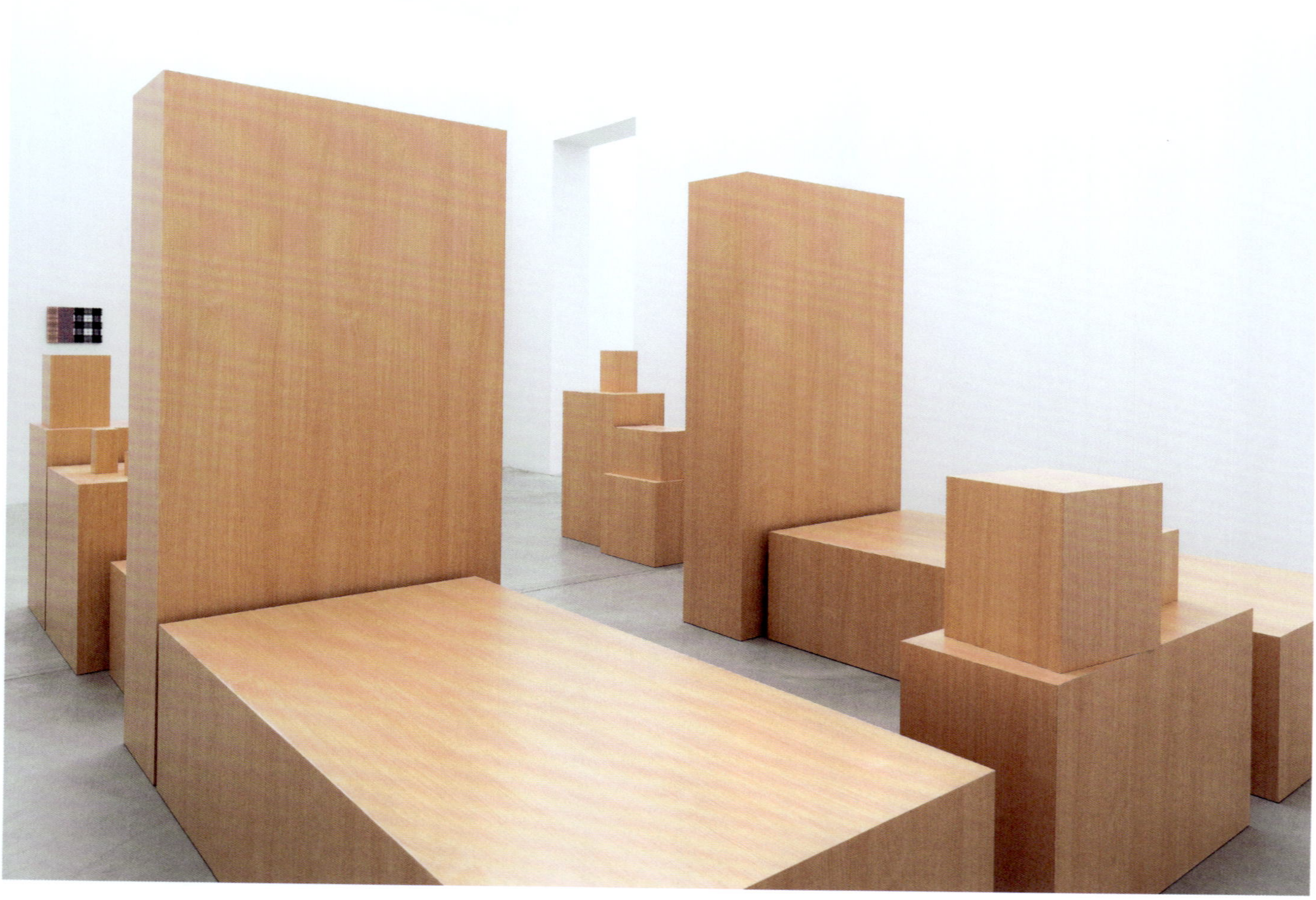

O

"One Thousand Times"
Installation views
Kunst Museum Winterthur
16 September – 19 November 2023

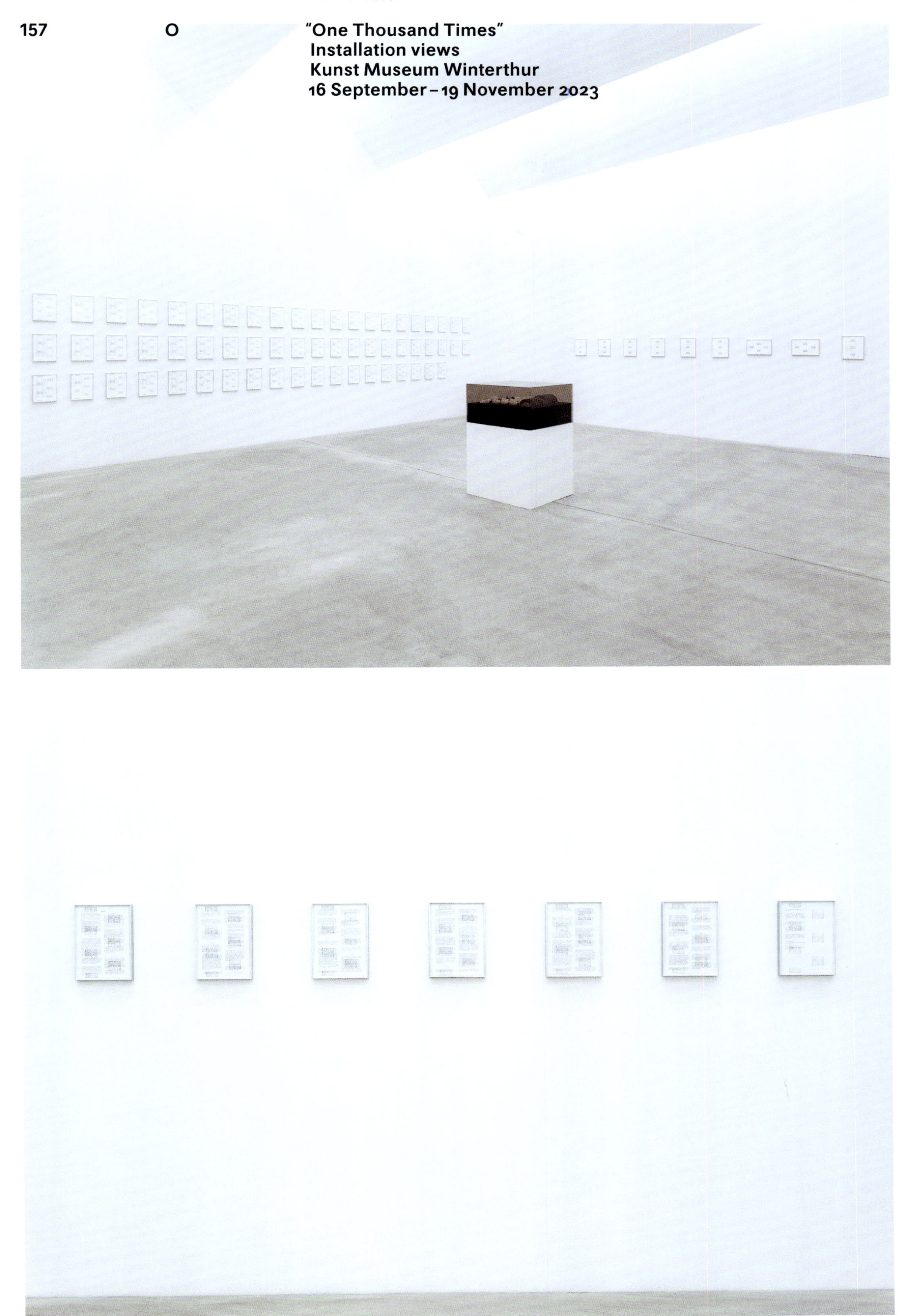

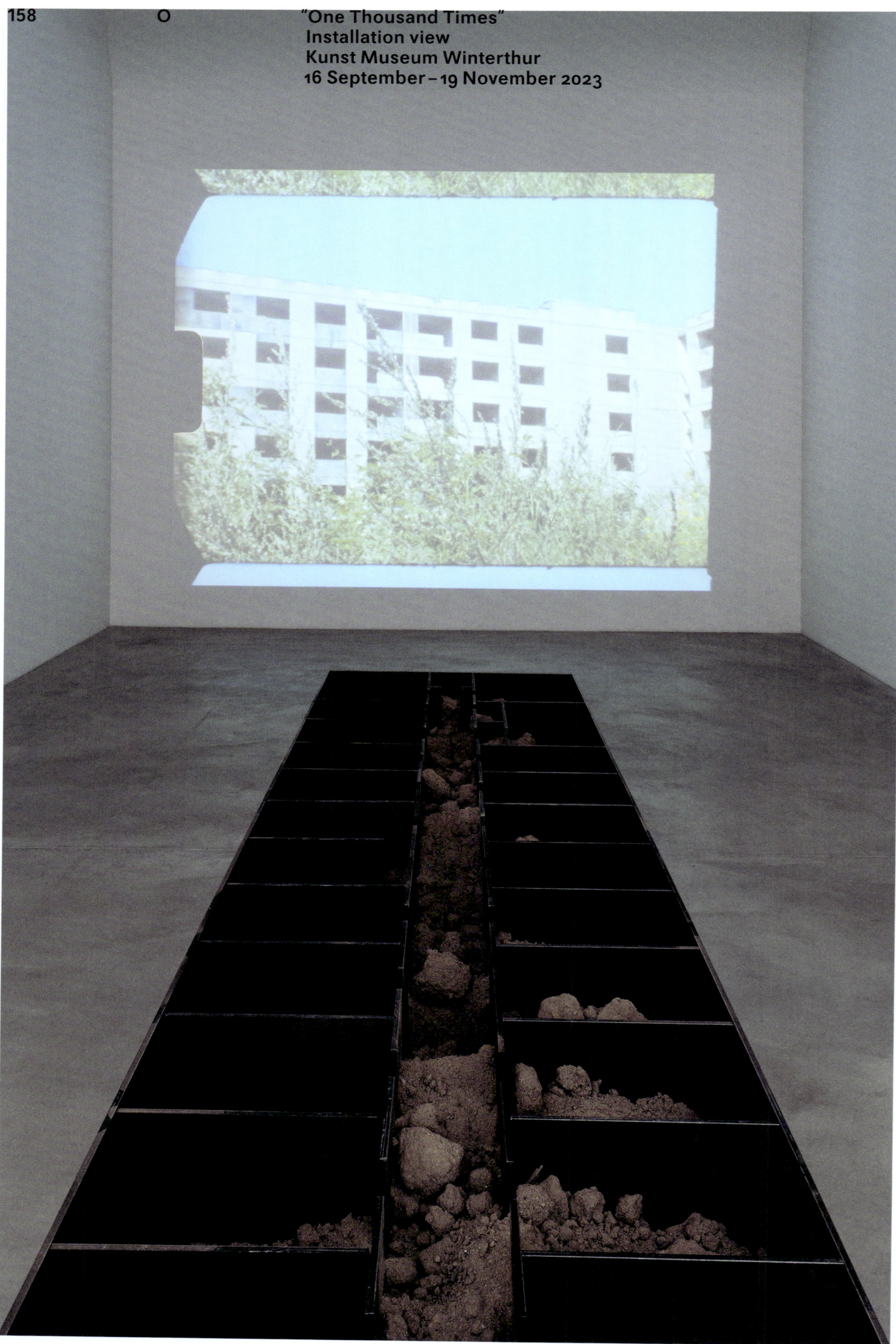

"One Thousand Times"
Installation view
Kunst Museum Winterthur
16 September – 19 November 2023

Pest Control, 2022
Pest repellent machine and wood
case from VEB Robotron Secura-
Werke Berlin; *Work Contract*
130 × 50 × 50 cm

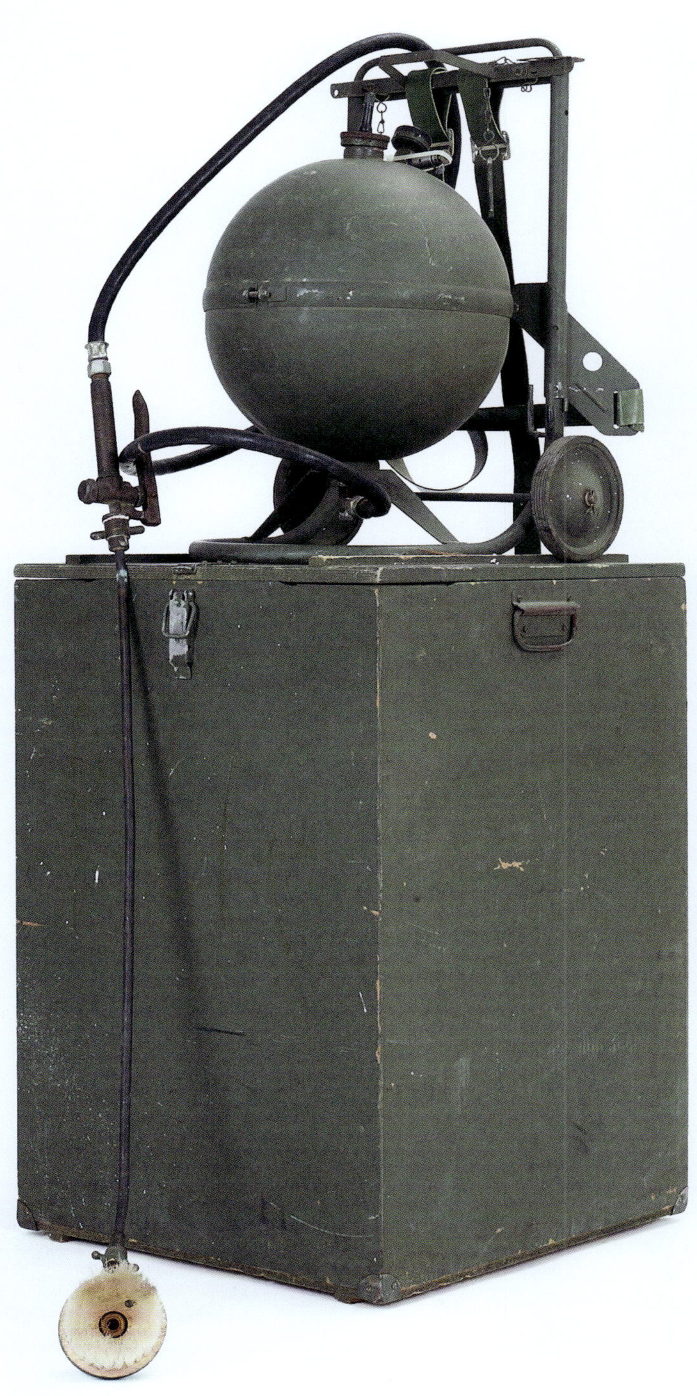

Plus Minus Zero, 2022
**Cash machine from VEB Robotron
Secura-Werke Berlin;** *Work
Contract*
20 × 25 × 40 cm

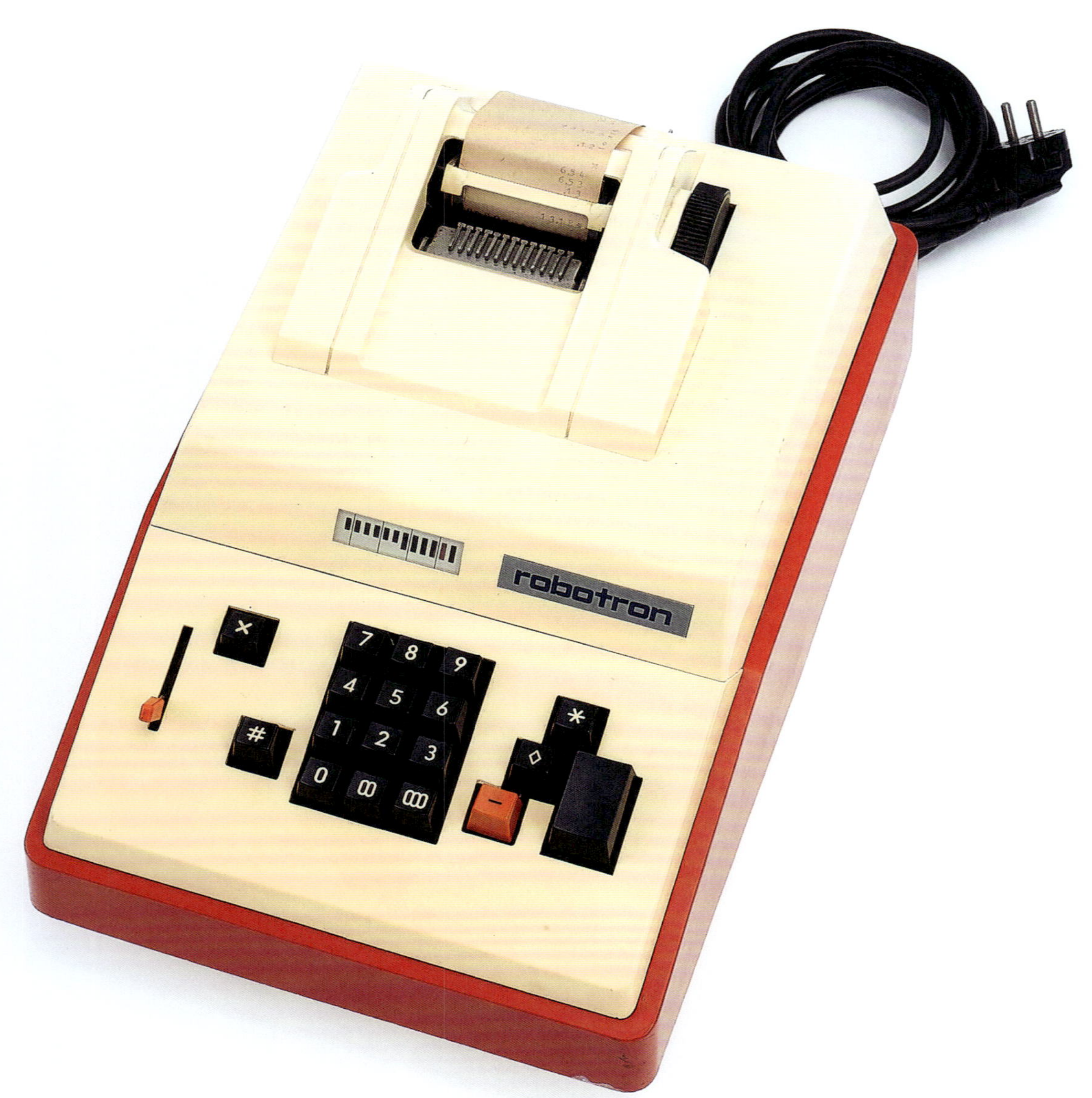

Radiorecorder R 4100, 2021
**Radio from VEB Stern-Radio
Berlin;** *Work Contract*
82.3 × 36 × 8.2 cm

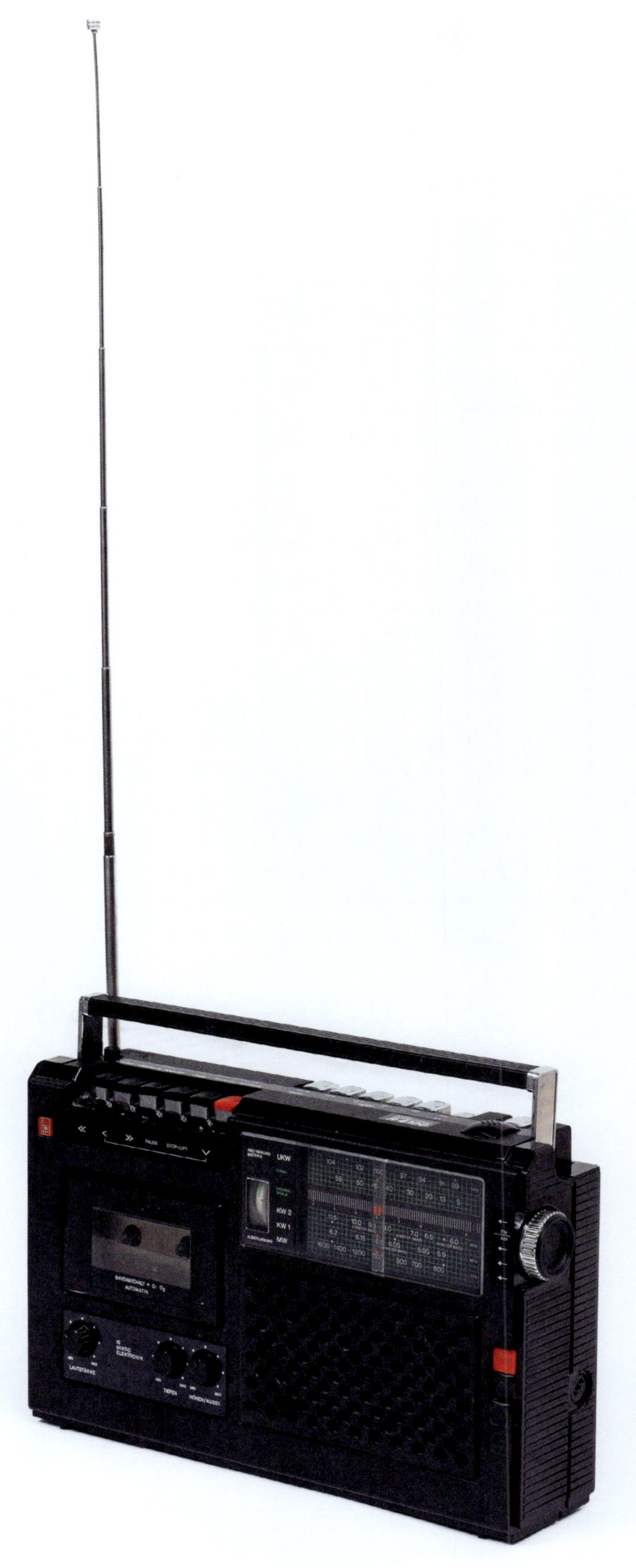

Receptionist, 2022
Jacket and skirt from VEB Textil-
kombinat Cottbus, pin from
VEB Fortschrittwerk Singwitz,
stainless steel hook; *Work
Contract*
86 × 70 × 35 cm

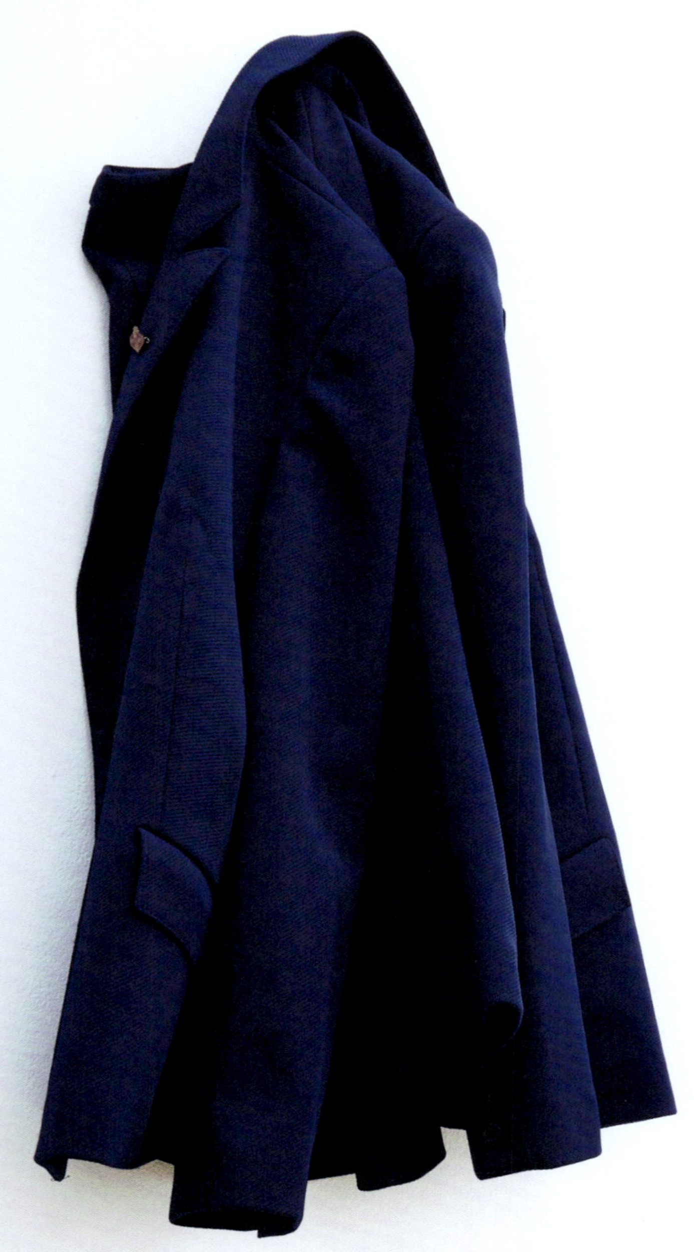

R

Recruitment Agreement, 2021
**Stamps on digital prints, framed
In 7 parts, each 32.1 × 23.4 cm**

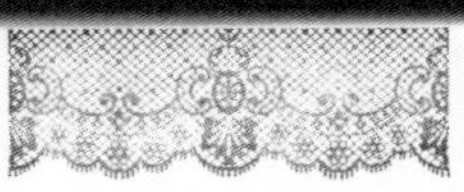

ABKOMMEN

zwischen der Regierung der Deutschen
Demokratischen Republik und der Regierung
der Sozialistischen Republik Vietnam über
die zeitweilige Beschäftigung und Qualifizierung vietnamesischer Werktätiger in
Betrieben der Deutschen Demokratischen
Republik.

Geleitet vom Wunsch zur Vertiefung der
brüderlichen Zusammenarbeit zwischen
beiden Staaten und auf der Grundlage des
beiderseitigen Interesses an der zeitweiligen Beschäftigung und Qualifizierung
vietnamesischer Werktätiger in Betrieben
der Deutschen Demokratischen Republik
haben die Regierung der Deutschen Demokratischen Republik und die Regierung der
Sozialistischen Republik Vietnam dieses
Abkommen geschlossen und folgendes vereinbart:

Artikel 1

(1) Die Regierung der Deutschen Demokratischen Republik gewährleistet vietnamesischen Facharbeitern, Fach- und Hochschulkadern (nachfolgend vietnamesische
Werktätige genannt), die von der Regierung der Sozialistischen Republik Vietnam
entsandt werden, für die Dauer von jeweils vier Jahren die Aufnahme einer
Beschäftigung in Betrieben und Einrichtungen (nachfolgend Betriebe genannt) der
Deutschen Demokratischen Republik.

Die Beschäftigung ist verbunden mit
der Aneignung und Erweiterung praktischer
Berufserfahrungen im Prozeß der produktiven Tätigkeit sowie der beruflichen Aus-
und Weiterbildung im Rahmen der betrieblichen Erwachsenenqualifizierung.

(2) Die Anzahl der in Betrieben der Deutschen Demokratischen Republik zum Einsatz
kommenden vietnamesischen Werktätigen,
die Einsatzbereiche und die vorgesehen
Tätigkeiten der Werktätigen werden in
Jahresprotokollen vereinbart.

(3) Bei der Vereinbarung der Tätigkeiten
in den Jahresprotokollen wird im Rahmen
der Möglichkeiten berücksichtigt, daß die
vietnamesischen Werktätigen auf verschiedenen Gebieten des betrieblichen Arbeits-
prozesses ihre Kenntnisse vertiefen und
ihre berufliche Qualifikation vervoll-
kommnen können.

Artikel 2

(1) Für die Beschäftigung in Betrieben
der Deutschen Demokratischen Republik
werden vietnamesische Werktätige ausgewählt, die im Anschluß an ihre Ausbildung
in der Deutschen Demokratischen Republik
bleiben oder unmittelbar aus der Sozialistischen Republik Vietnam anreisen.

Das Alter der Werktätigen bei Aufnahme
der Beschäftigung beträgt bei Facharbeitern 18 bis 35 Jahre und bei Fach- und
Hochschulkadern bis zu 40 Jahre.

(2) Die gesundheitliche Eignung der vietnamesischen Werktätigen wird auf der
Grundlage eines zwischen den Ministerien
für Gesundheitswesen beider Abkommenspartner abgestimmten Untersuchungsstan-
dards durch vietnamesische Ärzte vor der
Ausreise der Werktätigen aus der
Sozialistischen Republik Vietnam festge-
stellt.

Die ärztliche Untersuchung der vietnamesischen Werktätigen, die im Anschluß an
ihre Ausbildung in der Deutschen Demokratischen Republik weiter beschäftigt werden, erfolgt durch Ärzte der Deutschen
Demokratischen Republik.

(3) Der Aufenthalt der vietnamesischen
Werktätigen in der Deutschen Demokratischen Republik erfolgt ohne Familienange-
hörige. In Ausnahmefällen können beide
Ehepartner auf der Grundlage des Abkommens beschäftigt werden.

Artikel 3

(1) Die Kosten der Reise der vietnamesischen Werktätigen aus der Sozialistischen
Republik Vietnam in die Deutsche Demokratischen Republik sowie die Kosten der
Rückreise aus der Deutschen Demokratischen Republik in die Sozialistische
Republik Vietnam (außer den in Absatz 2
dieses Artikels genannten Fällen) tragen
die Betriebe der Deutschen Demokratischen
Republik.

(2) Erfolgt die vorzeitige Auflösung des
Arbeitsvertrages und die Rückkehr eines
vietnamesischen Werktätigen in die Sozialistische Republik Vietnam aus Gründen,

für die der Werktätige verantwortlich
ist, oder auf Wunsch des vietnamesischen Abkommenspartners, trägt der vietnamesische Abkommenspartner die kosten der
Rückreise des Werktätigen in die Sozialistische Republik Vietnam.

(3) Die Kosten der Anreise und der endgültigen Rückreise der vietnamesischen
Werktätigen auf dem Territorium der Deutschen Demokratischen Republik tragen die
Betriebe der Deutschen Demokratischen
Republik.

Artikel 4

Die auf der Grundlage des vorliegenden
Abkommens in der Deutschen Demokratischen
Republik beschäftigten vietnamesischen
Werktätigen haben die gleichen Rechte und
Pflichten wie die Werktätigen der Deutschen Demokratischen Republik, soweit
diese sich nicht aus der Staatsbürgerschaft ergeben und im vorliegenden Abkommen nichts anderes vereinbart ist.

Artikel 5

(1) Für die Dauer der vereinbarten Beschäftigung schließen die Betriebe der
Deutschen Demokratischen Republik mit den
vietnamesischen Werktätigen Arbeitsverträge in deutscher und vietnamesischer
Sprache ab, in die die gegenseitigen
Rechte und Pflichten aufgenommen werden.

(2) Als Beginn des Arbeitsrechtsverhältnisses gilt der Tag der Ankunft der vietnamesischen Werktätigen in der Deutschen
Demokratischen Republik. Für die vietnamesischen Werktätigen, die anschließend
an ihre Ausbildung in der Deutschen Demokratischen Republik eine Beschäftigung
aufnehmen, ist dies der Tag nach Ablauf
des Qualifizierungsvertrages oder des
Studiums. Als Ende des Arbeitsrechtsverhältnisses gilt der Tag, an dem die vietnamesischen Werktätigen die Deutsche
Demokratische Republik zur endgültigen
Rückkehr in die Sozialistische Republik
Vietnam verlassen.

(3) Die Betriebe der Deutschen Demokratischen Republik oder die vietnamesischen

Werktätigen können den Arbeitsvertrag vor
der vereinbarten Frist nur nach vorheriger Zustimmung der Bevollmächtigten beider Abkommenspartner auflösen.

(4) Jeder der Bevollmächtigten der Abkommenspartner kann die vorzeitige Auflösung
des Arbeitsvertrages und die Rückkehr
eines vietnamesischen Werktätigen in die
Sozialistische Republik Vietnam fordern,
wenn

  a) der Werktätige gegen die Strafgesetze der Deutschen Demokratischen
     Republik verstößt oder wiederholt
     andere Rechtsverletzungen begeht,

  b) der Werktätige schwerwiegend gegen
     die sozialistische Arbeitsdisziplin
     verstößt oder

  c) der Werktätige wegen Krankheit oder
     Arbeitsunfall arbeitsunfähig ist
     und nach ärztlichem Gutachten mit
     der Wiederherstellung der Arbeitsfähigkeit in absehbarer Zeit nicht
     zu rechnen ist,

  d) der Betrieb der Deutschen Demokratischen Republik die Festlegungen
     des Arbeitsvertrages nicht einhält
     oder

  e) es höhere staatliche Interessen der
     Sozialistischen Republik Vietnam
     erfordern.

Die vorzeitige Auflösung des Arbeitsvertrages erfolgt nach Zustimmung der Bevollmächtigten beider Abkommenspartner.
    Für den Fall, daß der unter Buchstabe
d) dieses Absatzes genannte Sachverhalt
zutrifft, prüfen die Bevollmächtigten
beider Abkommenspartner die Möglichkeit
der weiteren Beschäftigung des vietnamesischen Werktätigen in einem anderen
Betrieb der Deutschen Demokratischen
Republik.

Artikel 6

(1) Die vietnamesischen Werktätigen erhalten Lohn und Prämien entsprechend den
arbeitsrechtlichen Bestimmungen der Deutschen Demokratischen Republik.

(2) Zusätzlich zum Lohn erhalten die

vietnamesischen Werktätigen eine Trennungsentschädigung in Höhe von 4,- Mark je Tag des Aufenthalts in der Deutschen Demokratischen Republik. Die Trennungsentschädigung wird in Abhängigkeit von der Arbeitsdisziplin gezahlt.

(3) Die vietnamesischen Werktätigen können bis zu 60% ihres in der Deutschen Demokratischen Republik erzielten Nettoarbeitseinkommens, das monatlich 350,- Mark netto übersteigt, in die Sozialistische Republik Vietnam transferieren.

(4) Die Deutsche Demokratische Republik gewährt für anspruchsberechtigte vietnamesische Werktätige Kindergeld entsprechend den Rechtsvorschriften der Deutschen Demokratischen Republik. Das Kindergeld wird höchstens für vier Kinder je Werktätiger gezahlt. Das Kindergeld wird an den vietnamesischen Abkommenspartner überwiesen.

Artikel 7

(1) Die Beschäftigung der vietnamesischen Werktätigen in Betrieben der Deutschen Demokratischen Republik erfolgt in der Regel in Gruppen von mindestens 50 Personen.

(2) In den Betrieben werden geeignete vietnamesische Werktätige als Gruppenleiter eingesetzt, die vom Bevollmächtigten des vietnamesischen Abkommenspartners ernannt werden. Die Gruppenleiter unterstehen dem Bevollmächtigten des vietnamesischen Abkommenspartners und dem Leiter des Betriebes. Für sie gelten die gleichen arbeitsrechtlichen Verpflichtungen wie für die anderen vietnamesischen Werktätigen. Die Gruppenleiter haben insbesondere die Aufgabe, zur engen Zusammenarbeit zwischen der Gruppe der vietnamesischen Werktätigen und dem Betriebsleiter beizutragen, Einfluß auf die Erfüllung der Arbeitsaufgaben und die Einhaltung der Arbeitsdisziplin zu nehmen und die politische und kulturelle Arbeit in der Gruppe der vietnamesischen Werktätigen zu organisieren.

(3) Zur Gewährleistung der sprachlichen Verständigung in den Betrieben werden in

gegenseitiger Abstimmung zwischen den Bevollmächtigten beider Abkommenspartner im erforderlichen Umfang geeignete vietnamesische Werktätige als Sprachmittler eingesetzt.

Artikel 8

(1) Die Unterbringung der vietnamesischen Werktätigen erfolgt in der Regel in Gemeinschaftsunterkünften, deren Ausstattung dem Niveau von Arbeiterwohnheimen für Werktätige der Deutschen Demokratischen Republik entspricht.

(2) Die vietnamesischen Werktätigen, die unmittelbar aus der Sozialistischen Republik Vietnam anreisen, erhalten nach ihrer Einreise in die Deutsche Demokratische Republik eine einmalige Bekleidungsbeihilfe im Wert von 300,- Mark. Diese Beihilfe braucht nicht zurückgezahlt zu werden.

(3) Die Betriebe stellen den vietnamesischen Werktätigen Arbeitskleidung, Arbeitsschutzbekleidung und Körperschutzmittel entsprechend den in der Deutschen Demokratischen Republik geltenden Normen kostenlos zur Verfügung.

(4) Die Betriebe sichern den vietnamesischen Werktätigen die Inanspruchnahme der kulturellen, sportlichen, sozialen und anderen Einrichtungen.

Artikel 9

(1) Vor Aufnahme der produktiven Tätigkeit wird für die vietnamesischen Werktätigen, die unmittelbar aus der Sozialistischen Republik Vietnam anreisen, in den Betrieben ein Lehrgang durchgeführt, der insbesondere der Vermittlung von Grundkenntnissen der Deutschen Sprache und der künftigen Tätigkeit sowie der eingehenden Belehrung über den Gesundheits-, Arbeits- und Brandschutz sowie über andere grundlegende Verhaltensanforderungen im Betrieb und in der Freizeit dient. Der Lehrgang dauert, in Abhängigkeit von den sprachlichen und beruflichen Voraussetzungen der vietnamesischen Werktätigen und der Kompliziertheit der im

Betrieb angewandten Technologie, ein bis
drei Monate.
    Für die Dauer des Lehrgangs erhalten
die vietnamesischen Werktätigen den in
der Deutschen Demokratischen Republik
geltenden Mindestbruttolohn von 400,-
Mark monatlich.

(2) Die Betriebe gewährleisten die erforderlichen Bedingungen, daß die vietnamesischen Werktätigen entsprechend ihren
Bildungsvoraussetzungen und den Kenntnissen in der deutschen Sprache an der beruflichen Aus- und Weiterbildung im Rahmen der betrieblichen
Erwachsenenqualifizierung außerhalb der
Arbeitszeit teilnehmen können, um ihre
fachliche Qualifikation zu erhöhen. Die
Betriebe sichern, daß die vietnamesischen
Werktätigen durch erfahrene Werktätige
der Deutschen Demokratischen Republik bei
der beruflichen Qualifizierung unterstützt werden.

(3) Zur Unterstützung der sprachlichen
und beruflichen Aus- und Weiterbildung
gewähren die Betriebe den vietnamesischen
Werktätigen stunden- und tageweise bezahlte Freistellung von der Arbeit. Die
Dauer der Freistellung richtet sich nach
den sprachlichen und beruflichen Voraussetzungen der Werktätigen und beträgt bis
zu 15 Arbeitstagen je Beschäftigungsjahr.

(4) Das Ziel und die Etappen der Qualifizierung sowie die beiderseitigen Rechte
und Pflichten werden auf der Grundlage
der Rechtsvorschriften der Deutschen
Demokratischen Republik zwischen den
vietnamesischen Werktätigen und den Betrieben in Qualifizierungsverträgen vereinbart.

(5) Entsprechend der erworbenen Qualifikation erhalten die vietnamesischen Werktätigen Zeugnisse und andere Qualifizie-
rungsnachweise auf der Grundlage der
Rechtsvorschriften der Deutschen Demokratischen Republik.

Artikel 10

(1) Die vietnamesischen Werktätigen erhalten während der Zeit ihrer Beschäftigung in den Betrieben der Deutschen

Demokratischen Republik bezahlten Erholungsurlaub entsprechend den arbeitsrechtlichen Bestimmungen der Deutschen
Demokratischen Republik.

(2) Vietnamesische Werktätige, die im
Anschluß an ihre Ausbildung eine produk-
tive Tätigkeit in der Deutschen Demokratischen Republik aufnehmen, haben die
Möglichkeit, einmal während ihrer gesamten Aufenthaltsdauer in der Deutschen
Demokratischen Republik den Erholungsurlaub in der Sozialistischen Republik
Vietnam zu verbringen.

(3) Wenn es dringende familiäre oder
andere Gründe erfordern, können die Bevollmächtigten beider Abkommenspartner
dem vorübergehenden Aufenthalt vietnamesischer Werktätiger in der Sozialistischen Republik Vietnam zustimmen. In
diesen Fällen wird den vietnamesischen
Werktätigen gemäß den arbeitsrechtlichen
Bestimmungen der Deutschen Demokratischen
Republik Freistellung von der Arbeit oder
auf Antrag Erholungsurlaub gewährt.

(4) Vietnamesische Werktätige, die gemäß
den Absätzen 2 und 3 dieses Artikels
vorübergehend in die Sozialistische Republik Vietnam reisen, erhalten zusätzlich
zu den Urlaubs- oder Freistellungstagen
in Abhängigkeit von der tatsächlichen
Reisedauer, höchstens für 6 Arbeitstage,
eine bezahlte Freistellung von der Arbeit
(Reisetage). Für die Dauer der Freistellung wird ein Ausgleich in Höhe des Tariflohnes gezahlt.

(5) Im Zusammenhang mit den in diesem
Artikel genannten Reisen vietnamesischer
Werktätiger in die Sozialistische Repu-
blik Vietnam tragen die Betriebe der
Deutschen Demokratischen Republik die
Reisekosten der Werktätigen auf dem Ter-
ritorium der Deutschen Demokratischen
Republik sowie die Reisekosten in die
Sozialistische Republik Vietnam. Die
Reisekosten aus der Sozialistischen Repu-
blik Vietnam in die Deutsche Demokrati-
sche Republik tragen die vietnamesischen
Werktätigen.

(6) Die vietnamesischen Werktätigen werden am Nationalfeiertag der Sozialistischen Republik Vietnam, dem 2. September,

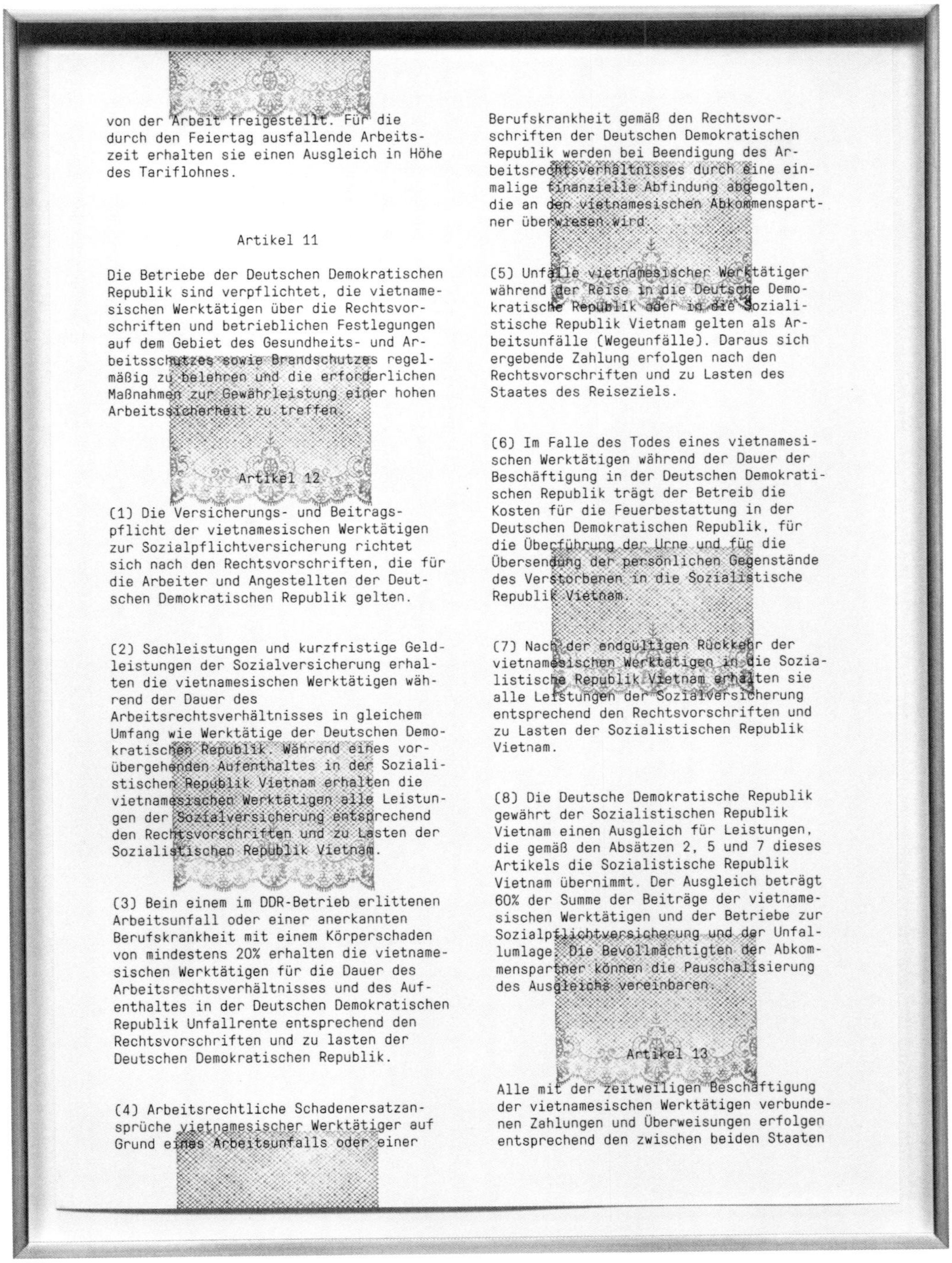

von der Arbeit freigestellt. Für die
durch den Feiertag ausfallende Arbeitszeit erhalten sie einen Ausgleich in Höhe
des Tariflohnes.

Artikel 11

Die Betriebe der Deutschen Demokratischen
Republik sind verpflichtet, die vietnamesischen Werktätigen über die Rechtsvorschriften und betrieblichen Festlegungen
auf dem Gebiet des Gesundheits- und Ar-
beitsschutzes sowie Brandschutzes regelmäßig zu belehren und die erforderlichen
Maßnahmen zur Gewährleistung einer hohen
Arbeitssicherheit zu treffen.

Artikel 12

(1) Die Versicherungs- und Beitrags-
pflicht der vietnamesischen Werktätigen
zur Sozialpflichtversicherung richtet
sich nach den Rechtsvorschriften, die für
die Arbeiter und Angestellten der Deutschen Demokratischen Republik gelten.

(2) Sachleistungen und kurzfristige Geld-
leistungen der Sozialversicherung erhalten die vietnamesischen Werktätigen während der Dauer des
Arbeitsrechtsverhältnisses in gleichem
Umfang wie Werktätige der Deutschen Demokratischen Republik. Während eines vorübergehenden Aufenthaltes in der Sozialistischen Republik Vietnam erhalten die
vietnamesischen Werktätigen alle Leistungen der Sozialversicherung entsprechend
den Rechtsvorschriften und zu Lasten der
Sozialistischen Republik Vietnam.

(3) Bein einem im DDR-Betrieb erlittenen
Arbeitsunfall oder einer anerkannten
Berufskrankheit mit einem Körperschaden
von mindestens 20% erhalten die vietname-
sischen Werktätigen für die Dauer des
Arbeitsrechtsverhältnisses und des Auf-
enthaltes in der Deutschen Demokratischen
Republik Unfallrente entsprechend den
Rechtsvorschriften und zu lasten der
Deutschen Demokratischen Republik.

(4) Arbeitsrechtliche Schadenersatzan-
sprüche vietnamesischer Werktätiger auf
Grund eines Arbeitsunfalls oder einer

Berufskrankheit gemäß den Rechtsvorschriften der Deutschen Demokratischen
Republik werden bei Beendigung des Arbeitsrechtsverhältnisses durch eine einmalige finanzielle Abfindung abgegolten,
die an den vietnamesischen Abkommenspartner überwiesen wird.

(5) Unfälle vietnamesischer Werktätiger
während der Reise in die Deutsche Demokratische Republik oder in die Sozialistische Republik Vietnam gelten als Ar-
beitsunfälle (Wegeunfälle). Daraus sich
ergebende Zahlung erfolgen nach den
Rechtsvorschriften und zu Lasten des
Staates des Reiseziels.

(6) Im Falle des Todes eines vietnamesi-
schen Werktätigen während der Dauer der
Beschäftigung in der Deutschen Demokrati-
schen Republik trägt der Betreib die
Kosten für die Feuerbestattung in der
Deutschen Demokratischen Republik, für
die Überführung der Urne und für die
Übersendung der persönlichen Gegenstände
des Verstorbenen in die Sozialistische
Republik Vietnam.

(7) Nach der endgültigen Rückkehr der
vietnamesischen Werktätigen in die Sozialistische Republik Vietnam erhalten sie
alle Leistungen der Sozialversicherung
entsprechend den Rechtsvorschriften und
zu Lasten der Sozialistischen Republik
Vietnam.

(8) Die Deutsche Demokratische Republik
gewährt der Sozialistischen Republik
Vietnam einen Ausgleich für Leistungen,
die gemäß den Absätzen 2, 5 und 7 dieses
Artikels die Sozialistische Republik
Vietnam übernimmt. Der Ausgleich beträgt
60% der Summe der Beiträge der vietnamesischen Werktätigen und der Betriebe zur
Sozialpflichtversicherung und der Unfal-
lumlage. Die Bevollmächtigten der Abkommenspartner können die Pauschalisierung
des Ausgleichs vereinbaren.

Artikel 13

Alle mit der zeitweiligen Beschäftigung
der vietnamesischen Werktätigen verbundenen Zahlungen und Überweisungen erfolgen
entsprechend den zwischen beiden Staaten

Recruitment Agreement, 2021
Stamps on digital prints, framed
In 7 parts, each 32.1 × 23.4 cm

geltenden Vereinbarungen über die Ver-
rechnung nichtkommerzieller Zahlungen.

Artikel 14

(1) Die vietnamesischen Werktätigen erhalten von der Sozialistischen Republik
Vietnam für die Dauer des Arbeitsrechtsverhältnisses mit Betrieben der Deutschen
Demokratischen Republik Reisepässe, die
nur für den Aufenthalt in der Deutschen
Demokratischen Republik gelten. Reisen
der vietnamesischen Werktätigen in dritte
Länder bedürfen der Zustimmung der Botschaft der Sozialistischen Republik Vietnam in der Deutschen Demokratischen Republik.

(2) Die vietnamesischen Werktätigen erhalten von der Deutschen Demokratischen
Republik für die Dauer des Arbeitsrechtsverhältnisses mit Betrieben der Deutschen
Demokratischen Republik eine Genehmigung
zum Aufenthalt in der Deutschen Demokratischen Republik.

Artikel 15

Für die Ein- und Ausfuhr von Geschenksen-
dungen sowie von Waren, die die vietnamesischen Werktätigen von ihren Arbeitsein-
kommen in der Deutschen Demokratischen
Republik erworben haben, werden von beiden Abkommenspartnern auf der Grundlage
der innerstaatlichen Rechtsvorschriften
Zollvergünstigungen gewährt.

Artikel 16

(1) Soweit im vorliegenden Abkommen oder
in Vereinbarungen zur Durchführung dieses
Abkommens keine besonderen Festlegungen
getroffen werden, gelten für die Interes-
senvertretung der vietnamesischen Werktätigen in der Deutschen Demokratischen
Republik die Bestimmungen des Konsular-
vertrages zwischen der Deutschen Demokratischen Republik und der Sozialistischen
Republik Vietnam vom 31. Oktober 1979.

(2) Das zwischen beiden Abkommenspartnern
bestehende Abkommen vom 22. Oktober 1973
über die Berufsausbildung und weitere

Qualifizierung von Bürgern der Sozialistischen Republik Vietnam in Betrieben
und Einrichtungen der Deutschen Demokratischen Republik wird vom vorliegenden
Abkommen nicht berührt.

Artikel 17

(1) Beide Abkommenspartner empfehlen den
gesellschaftlichen Organisationen ihrer
Länder, die Durchführung des Abkommens
durch enge Zusammenarbeit und Mitwirkung
zu unterstützen.

(2) Beide Abkommenspartner fördern die
Durchführung von gemeinsamen Maßnahmen,
die zwischen den gesellschaftlichen Organisationen ihrer Länder entsprechend dem
vorstehenden Absatz vereinbart wurden.

Artikel 18

(1) Für alle mit der Durchführung dieses
Abkommens verbundenen Aufgaben werden von
der Regierung der Deutschen Demokratischen Republik das Staatssekretariat für
Arbeit und Löhne und von der Regierung
der Sozialistischen Republik Vietnam das
Ministerium für Arbeit bevollmächtigt (im
Abkommen als Bevollmächtigte der Abkommenspartner bezeichnet).

(2) Das Ministerium für Arbeit der Sozialistischen Republik Vietnam wird in der
Deutschen Demokratischen Republik durch
die Botschaft der Sozialistischen Republik Vietnam vertreten.

(3) Die Bevollmächtigten der Abkommenspartner schließen die im Artikel 1,
Absatz 2 des vorliegenden Abkommens genannten Jahresprotokolle sowie zur Kon-
kretisierung und Durchführung des Abkommens erforderliche Vereinbarungen ab.

(4) Soweit die Regelung von Fragen der
Durchführung des vorliegenden Abkommens
zur Zuständigkeit anderer Organe der
Abkommenspartner gehört, können diese in
Abstimmung mit den Bevollmächtigten der
Abkommenspartner erforderliche Vereinba-
rungen abschließen.

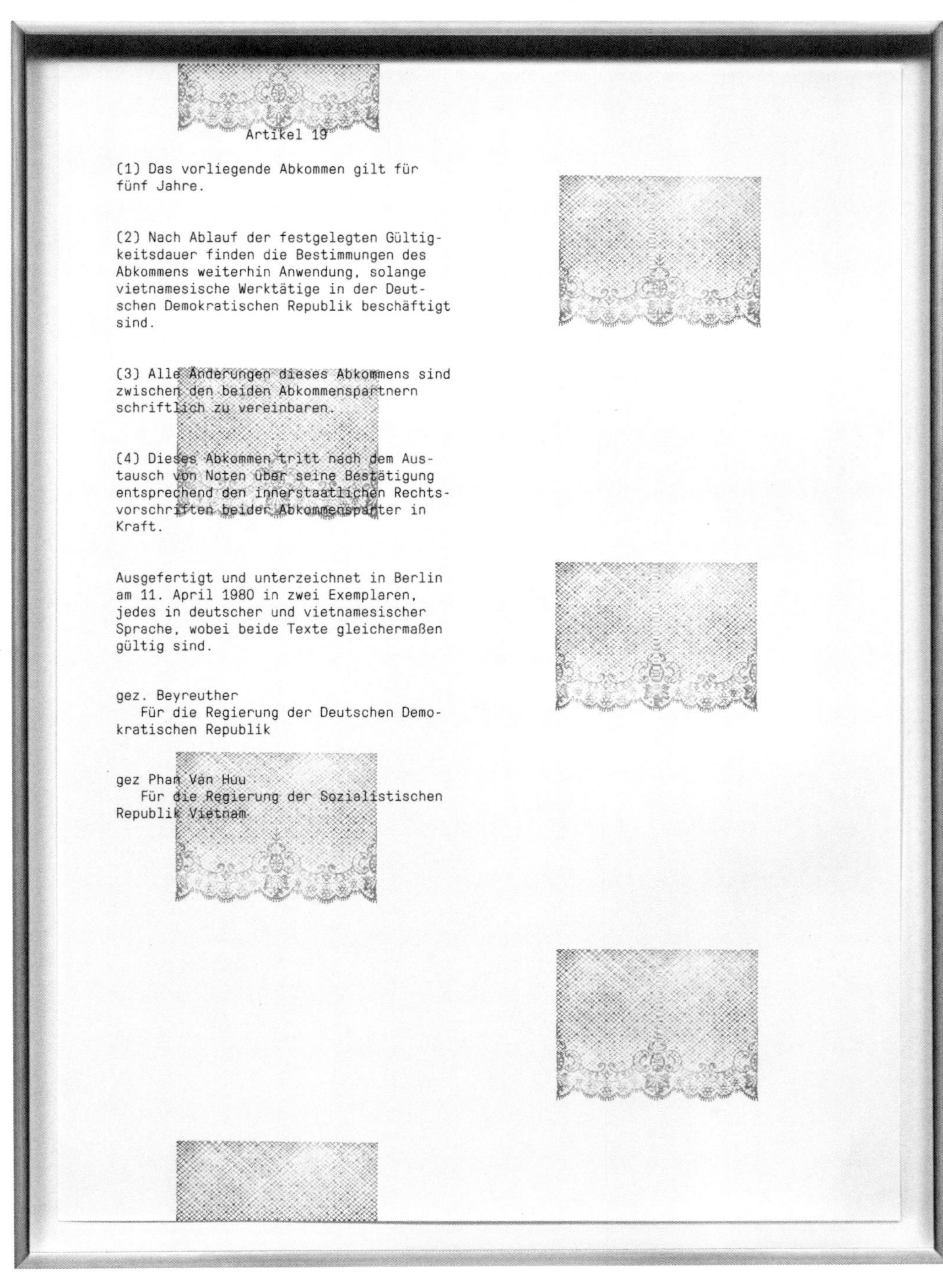

Artikel 19

(1) Das vorliegende Abkommen gilt für
fünf Jahre.

(2) Nach Ablauf der festgelegten Gültig-
keitsdauer finden die Bestimmungen des
Abkommens weiterhin Anwendung, solange
vietnamesische Werktätige in der Deutschen Demokratischen Republik beschäftigt
sind.

(3) Alle Änderungen dieses Abkommens sind
zwischen den beiden Abkommenspartnern
schriftlich zu vereinbaren.

(4) Dieses Abkommen tritt nach dem Austausch von Noten über seine Bestätigung
entsprechend den innerstaatlichen Rechtsvorschriften beider Abkommenspartner in
Kraft.

Ausgefertigt und unterzeichnet in Berlin
am 11. April 1980 in zwei Exemplaren,
jedes in deutscher und vietnamesischer
Sprache, wobei beide Texte gleichermaßen
gültig sind.

gez. Beyreuther
    Für die Regierung der Deutschen Demo-
kratischen Republik

gez Pham Van Huu
    Für die Regierung der Sozialistischen
Republik Vietnam

R

Rest In Power, 2022
**Underwear from VEB Trikotex
Wittgensdorf, perspex sheet;**
Work Contract
45 × 75 cm

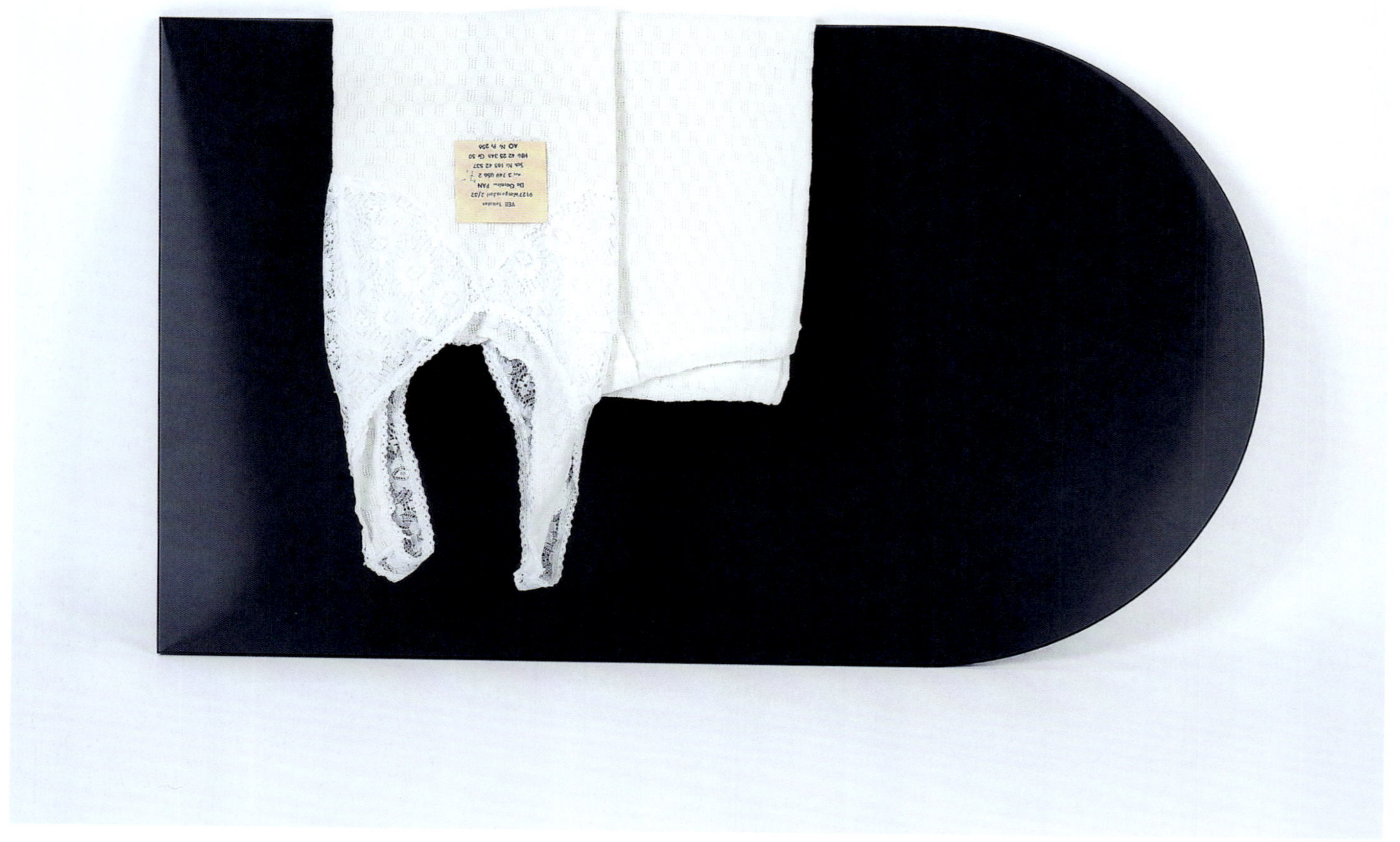

Returning With Something, 2022
Chess-Computer from VEB
Funkwerk Erfurt, shoes from
VEB Schuhfabrik "Roter Stern"
Burg, magazine printed at
VEB Interdruck Leipzig, stainless
steel, suitcase fixings, fabric;
Work Contract
50 × 60 × 55 cm

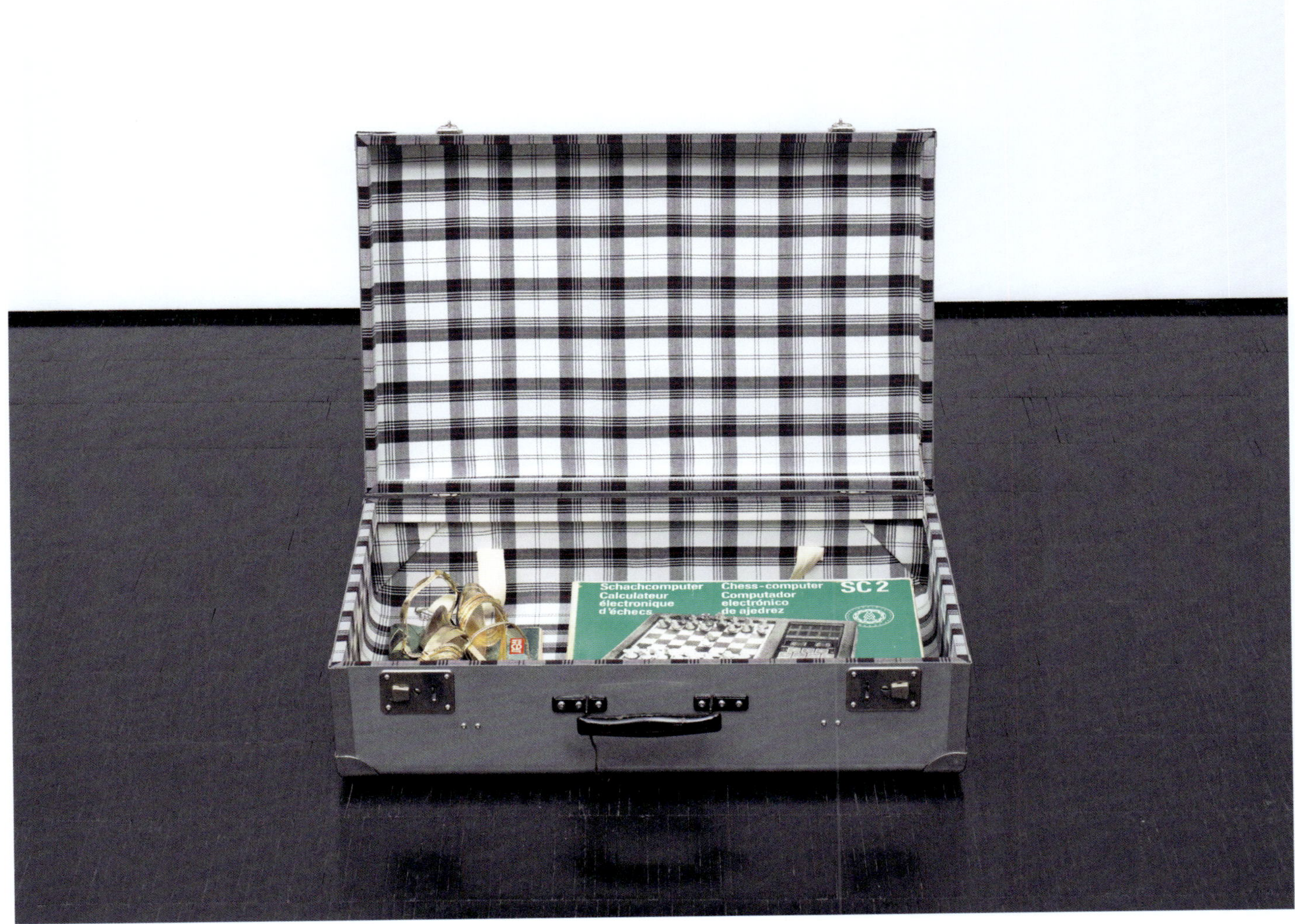

R

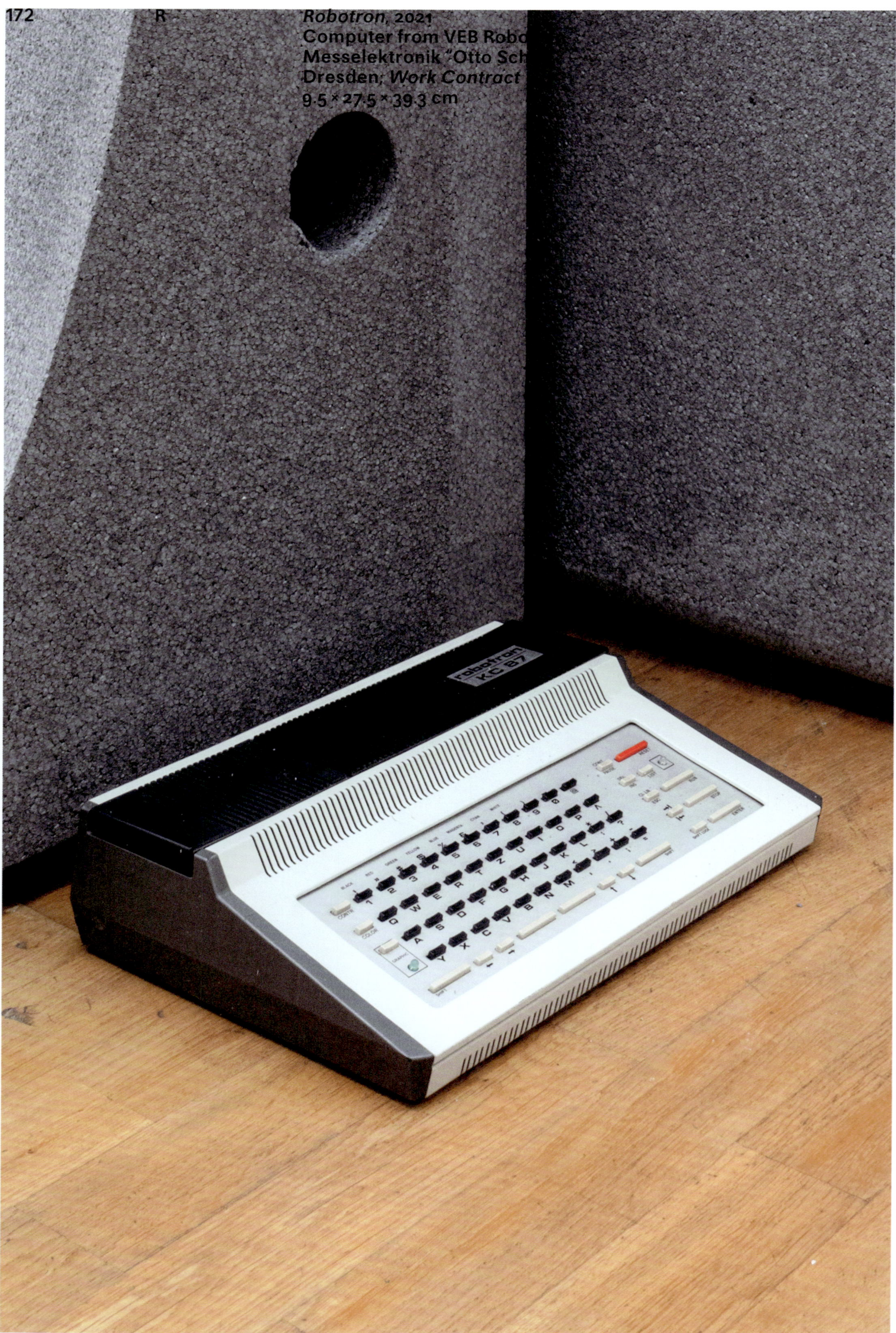

Robotron, 2021
Computer from VEB Robo[tron]
Messelektronik "Otto Sch[...]
Dresden; *Work Contract*
9.5 × 27.5 × 39.3 cm

Plädoyer für die Schiene

Meiningen/Sonneberg (ADN/SZ). Die traditionsreichen Eisenbahnlinien Meiningen-Schweinfurth und Sonneberg-Neustadt b. Coburg sind seit dem Wochenende nach mehr als 40 Jahren Unterbrechung wieder durchgehend befahrbar. Die Teilnahme Zehntausender an Volksfesten an Bahnstationen und beiderseits der wiedereröffneten Strecken dokumentierte die Bedeutung des Ereignisses.

Der Parlamentarische Staatssekretär im Bundesverkehrsministerium Wolfgang Gröbl sprach sich aus diesem Anlaß für einen überproportionalen Anteil der Eisenbahn am zukünftigen Verkehrsmarkt und für mehr Konkurrenz auf der Schiene aus.

Südwest-SPD will mit Spöri Teufel abwählen

Ludwigsburg (dpa/SZ). Ein halbes Jahr vor der Landtagswahl in Baden-Württemberg demonstrierte die SPD Geschlossenheit: Fast einstimmig – mit 279 von 295 abgegebenen Stimmen – wählten die Sozialdemokraten am vergangenen Wochenende auf ihrem Landesparteitag in Ludwigsburg Landtags-Fraktionschef Dieter Spöri (48) zu ihrem Spitzenkandidaten. Ebenso eindeutig wurde die Parteiführung bestätigt. Spöri kündigte an, er wolle die CDU bei den Wahlen am 5. April als stärkste Partei im Land überholen und einen Regierungswechsel herbeiführen.

POLIZEIRAPPORT

In Ottendorf-Okrilla wurde aus einem Penny-Markt ein Tresor entwendet, in dem sich über 22 000 DM befanden. Die Polizei konnte ihn in einem Waldstück unversehrt sicherstellen.

Auf der Straße von Mylau nach Greiz kam eine Pkw-Fahrerin von der Fahrbahn ab. Dabei wurden das mitfahrende Kind tödlich und die Frau schwer verletzt.

Zu einem schweren Unfall kam es gestern auf der Autobahn am Abzweig Bautzen. Dabei gab es drei Schwerverletzte. Die Strecke war für längere Zeit gesperrt.

Eine 17jährige Beifahrerin wurde aus dem Fahrzeug geschleudert, als sich ein Pkw auf der Bundesstraße Freiberg – Siebenlehn in einer Kurve überschlug. Die Beifahrerin verstarb noch an der Unfallstelle, der Fahrer erlitt schwere Verletzungen.

GEWINNZAHLEN

39. Spielwoche

Tele-Lotto 5 aus 35:
9 12 14 17 32
6 aus 49 – 1. Ziehung:
3 4 29 30 35 47
Zusatzzahl: 46
6 aus 49 – 2. Ziehung:
8 9 16 28 32 46
Zusatzzahl: 27
5 aus 45
5 15 20 21 31
Zusatzzahl: 36
Glücksspirale: Endziffer(n) 3: 5,50 DM, 34: 20 DM, 686: 100 DM, 2 164: 1 000 DM, 20 751: 10 000 DM, 518 271: 100 000 DM, 3 570 208: 2 500 000 DM.

Jokerzahl: 4 Prämienziehung:

Losnummern 9 491 733 und 3 333 999 mit jeweils 6 000 DM monatlich als „zweites Gehalt".

Gewinnzahl „Spiel 77": 6120394.

(Angaben ohne Gewähr)

Sächsische Zeitung
Unabhängige Tageszeitung

Chefredakteurin: Edith Gierth

Stellv. Chefredakteure: Jörg Marschner, Olaf Kittel, Rainer Schulze – (240).

Ressortleiter: Innenpolitik: Renate Berthold (256), Wirtschaft: Jörg Wagner (266), Kultur: Karin Großmann (281); Außenpolitik: Gottfried Walsch (232/231); Sport: Jochen Mayer (247/248); Leserbriefe: Peter Kost (273), Beilagen/Bildung: Marlies Trepte (489); Foto: Klaus Thiere (219); Redaktionssekretär: Günter Schrank (227) Chefreporter: Thomas Schade (256), Werner Frisch (266)

Lesertelefon (werktags 9-10 und 15-16 Uhr): 1 86 42 73

Verlagsleitung: Karl H. Helesic.
Anzeigenleitung: Karl-Heinz Kesting.
Vertriebsleitung: Kurt Neitzel.

Anschrift: Verlag und Redaktion:
Dresdner Druck und Verlagshaus GmbH
Ostra-Allee, Haus der Presse, 8010 Dresden.
Postanschrift: Sächsische Zeitung, Postfach, 8012 Dresden.
Telefon Dresden 48 64-0 (Zentrale): Vorwahl West 00 37 51. FAX: Redaktion: 4 95 21 43, Verlag: 48 64 8 00, Anzeigen: 48 64 4 39

Herstellung: Dresdner Druck und Verlagshaus GmbH

Einzelpreis 0,50, im Monatsabonnement bei Botenzustellung DM 9,90, bei Postversand in und DM 17,25 (alle Preise inkl. 7 % MWSt).

Im Abonnementpreis ist wöchentlich das TV-Magazin „rtv" enthalten. Ab zZt der Anzeigenpreisliste Nr. 2 vom 1.2.1991. Der Verlag haftet nicht für den Inhalt der Anzeigen. Im Falle höherer Gewalt und bei Arbeitskampf besteht kein Belieferungs- oder Entschädigungsanspruch. Für unaufgefordert eingesandte Manuskripte, Unterlagen und Fotos übernimmt der Verlag keine Haftung. Die Redaktion behält sich das Recht zur Kürzung vor.

Reges Markttreiben in Altkötzschenbroda

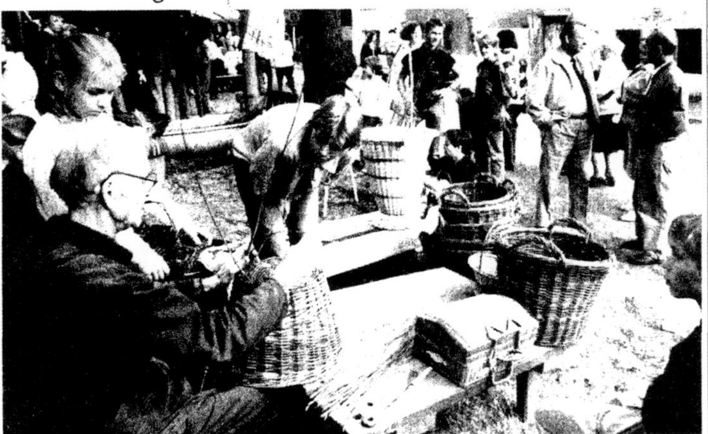

Am Wochenende brachte das Radebeuler Herbst- und Weinfest allerhand auf die Beine. Reges Markttreiben gab es auf dem alten Dorfanger nahe der bekannten Friedenskirche, wo alte Handwerkskunst wie das Korbmachen geboten wurde (unser Foto), zahlreiche Spiele für die Jüngsten stattfanden und nicht zuletzt die Vogelwiese Anziehungspunkt war, die auf dem Elbwiesen in Kötzschenbroda Tradition hat.   Foto: SZ/Waltraud Kossack

Am Wochenende 20 Anschläge auf Asylantenunterkünfte

Ausländerfeindlichkeit immer gewalttätiger – Weizsäcker: „Erschreckend, beschämend"

Hamburg (dpa/SZ). Die Ausländerfeindlichkeit in West- und Ostdeutschland nimmt immer gewalttätigere Ausmaße an. Nach den Ausschreitungen in Hoyerswerda wurden an diesem Wochenende an die 20 Anschläge auf Unterkünfte von Ausländern und Asylbewerbern in Nordrhein-Westfalen, Saarland, Niedersachsen, Schleswig-Holstein, Brandenburg, Sachsen und Sachsen-Anhalt verübt. In Kerken (Niederrhein) wurde eine Frau, in Lünen bei Dortmund ein zehnjähriges Mädchen verletzt. Mehrere rechtsradikale Täter wurden festgenommen. Die Ausschreitungen seien „erschreckend und beschämend", sagte Bundespräsident Richard von Weizsäcker. Er kündigte für diese „Woche der ausländischen Mitbürger" seinen Besuch in Asylunterkünften der Bundesrepublik an.

Politiker aller Parteien verurteilten die Gewalttaten und gaben sich gegenseitig die Schuld an dem schleppenden Fortgang der Asylrechtsdebatte. „Da wurden nur Baldriantropfen in einer Situation verabreicht, in der der Infarkt droht",

schrieb CSU-Generalsekretär Erwin Huber in der Dresdner „Morgenpost am Sonntag" zur Kanzler-Runde. Die Politiker, so Innenminister Wolfgang Schäuble (CDU) im Bayerischen Rundfunk, machten sich schuldig, „wenn sie ein Problem, das mehr und mehr Menschen ängstigt", nicht lösen.

Zu einer regelrechten Serie von Anschlägen auf Ausländerquartiere kam es in Nordrhein-Westfalen. Vor einer Aussiedlerunterkunft in Herford randalierten vermummte und mit Stöcken bewaffnete Jugendliche, sie warfen mit Steinen und riefen „Russen raus". Ein Brandsatz beschädigte einen von Indonesiern bewohnten Container in Steinhagen. Nach Übergriffen im westfälischen Recklinghausen sowie in Marl und Datteln nahm die Polizei sechs Jugendliche fest. Dort waren Brandsätze und Steine auf ein Wohnheim von Sinti und Roma (Recklinghausen) geworfen, Wäsche und Möbelstücke in einer von Asylbewerbern bewohnten Schule (Datteln) angezündet und Brandsätze auf zwei Container-Dörfer (Marl) geschleudert worden. Unbe-

kannte drangen in ein Asylantenwohnheim in Saarbrücken-Dudweiler (Saarland) ein und verwüsteten die Wohnung einer Asylbewerber-Familie mit Holz- und Eisenstangen.

Zehn Täter zerstörten in Altenow (Brandenburg) die Scheiben und Türen eines von Rumänen und Vietnamesen bewohnten Heimes, in Pätz griffen sechs Rechtsradikale ein Ausländerwohnheim an, fünf von ihnen wurden verhaftet. Mit Leuchtgeschossen und Brandflaschen wurden zwei Ausländerheime in Reichenbach und Chemnitz (Sachsen) angegriffen. In Leipzig ließ die Ausländerbehörde ein Asylantenheim nach Auseinandersetzungen zwischen den dort lebenden Rumänen und Mosambikanern räumen. In Freital belagerten in der Nacht zum Sonntag etwa 70 Personen ein Ausländerwohnheim, etwa 15 warfen mit Steinen und einer Brandflasche. Sicherheitskräfte verhinderten Ärgeres. Die Bewohner eines Asylbewerberheims in Weißenfels (Sachsen-Anhalt) wurden von etwa 15 Personen mit Schüssen aus einer Schreckschußpistole geängstigt.

Ex-Spionagechef Wolf stellt Zeugnisse aus

München (ADN/SZ). Der frühere DDR-Spionagechef Markus Wolf hat dem Bundesnachrichtendienst (BND) ein schlechtes, dem Bundesamt für Verfassungsschutz dagegen ein gutes Zeugnis ausgestellt. In einem Interview mit dem „Bunte" sagte der inzwischen Inhaftierte: „Die Quellenlage des BND war nie besonders gut." Als seinen besten Spion nannte Wolf die frühere BND-Referentin Gabriele Gast. Durch sie habe er erfahren, „wie es im BND aussieht." Positiv beurteilte er die Abwehrarbeit des Verfassungsschutzes: „Er war ja in manchen Dingen ganz effektiv. Wir müssen bei denen drinnen sein, damit es wieder ein offenes Spiel ist", sagte Wolf unter Hinweis auf die Überläufer Tiedge und Kuron. Auf die Frage, welcher westliche Dienst für ihn der beste gewesen sei, meinte er: „Vielleicht waren die Engländer die besten, diese James Bonds. Weil ich über die am allerwenigsten wußte."

Industriegelände von Teltow verschoben

Hamburg/Berlin (dpa/SZ). Spitzenmanager der Berliner Treuhandzentrale haben nach Informationen des Hamburger Nachrichtenmagazins „Der Spiegel" die Geräte- und Regler-Werke (GRW) in Teltow bei Berlin für nur eine Mark an westdeutsche Immobilienhändler verschoben. Der Schaden zu Lasten der öffentlichen Hand betrage weit mehr als 100 Millionen Mark, hieß es. Das Blatt wirft Treuhand-Direktor Harald Lang vor, bei dem Geschäft „alte Freunde begünstigt und seinen Vorstand hintergangen" zu haben. Treuhand-Vorstand Wolf Klinz habe Lang „unter Verzicht auf die reine Wahrheit gedeckt". Die Treuhand will heute dazu die „Akten aufdecken und Transparenz schaffen", sagte Treuhand-Sprecher Wolf Schoede auf eine Anfrage. Die Presse werde „durch Akteneinsicht schonungslos informiert". Er wiederum warf dem „Spiegel" „unlautere Gerüchtemacherei" vor.

Sudetendeutsche: Vorwürfe gegen CSFR

München (dpa/SZ). Die Sudetendeutschen lehnen den deutsch-tschechoslowakischen Vertrag in seiner jetzigen Form ab. Grund dafür sei das Fehlen einer klaren Regelung ihres Rechts auf Heimat mit der Möglichkeit der Rückkehr. Gleichzeitig erhob die Organisation am Wochenende auf ihrer Bundesversammlung in München schwere Vorwürfe gegen die CSFR, die widerrechtlich konfiszierten Eigentum als Eigentum an Dritte verstiegere. Die Sprecher der Sudetendeutschen, Franz Neubauer, sagte, in jedem potentiellen Käufer müsse klar sein, daß er bei Erwerb eines solchen Objekts keinerlei Rechtstitel erwerbe und damit rechnen müsse, daß die rechtmäßigen Eigentümer oder deren Erben alle Rechtsmittel ausschöpfen werden, um ihren Eigentumsanspruch zu sichern. Das bisherige Ergebnis des deutsch-tschechoslowakischen Vertrags sei jetzt „kein Glanzstück".

VOS gegen juristische Rehabilitierung

Erfurt (dpa/SZ). Die Vereinigung der Opfer des Stalinismus (VOS) hat sich gegen eine juristische Rehabilitierung von DDR-Unrechtsurteilen ausgesprochen. Dadurch würden die Urteile im Nachhinein als Recht anerkannt, erklärte VOS-Vorsitzender Richard Knöchel zum Abschluß eines Deutschlandtreffens ehemaliger politischer DDR-Häftlinge am Sonntag in Erfurt. Außerdem dauere eine juristische Rehabilitierung zu lange.

Vor 1000 Zuhörern wandte sich Knöchel gegen den Entwurf des Bundesjustizministeriums für ein Unrechtsbeseitigungsgesetz. Die von Bundesjustizminister Klaus Kinkel (FDP) vorgesehene differenzierte Entschädigung je Urteilen vor und nach 1949 und die Trennung nach Wohnorten in alten und neuen Bundesländern schaffe neue Mauern. Ein Sprecher des Verbandes sagte, eine Entschädigung von 20 Mark pro Hafttag dürfe nicht, wie im Kinkel-Entwurf vorgesehen, die Höchstgrenze, sondern müsse das Minimum sein.

Grenze Neugersdorf: Wochenende ruhig

Neugersdorf (SZ/Teichmann). Nachdem sich vergangene Woche bei der Einreise Lkws kilometerlang vor dem Grenzübergang Neugersdorf gestaut hatten, verlief das Wochenende ohne Komplikationen. Am Sonnabend wurden nur noch wenige Lkws abgefertigt, am Sonntag keine. Wie Klaus Büttner, Schichtleiter beim deutschen Zoll, gegenüber SZ erklärte, wurde der Grenzübergang 1978 zur Entlastung Zinnwalds für den Lkw-Verkehr eingerichtet. Das entsprechende Aufkommen. Mit dem Baumaßnahmen auf der Zinnwalder Strecke stieg der Lkw-Verkehr nach Neugersdorf stark an. Die Öffnung der B-178 für den Pkw-Verkehr brachte eine zusätzliche Einschränkung der Abfertigungsspuren für Lkws. Eine Verbesserung bringe erst der Abschluß der Bauarbeiten an der Zinnwalder Strecke und der Ausbau des Überganges Neugersdorf. Der müsse in Frage entscheiden werden, da sich alle Einrichtungen der Grenzkontrolle in Neugersdorf auf CSFR-Seite befinden.

Grüne und Bündnis 90 in Sachsen jetzt gemeinsam

Vereinigung will sich stärker sozialen Fragen zuwenden

Dresden (SZ/Tausch). Die Grünen in Sachsen und Bündnis 90 haben am Wochenende auf dem ersten gemeinsamen Kongreß in Zwickau einen gemeinsamen Landesverband in Sachsen gegründet. „Die Vereinigung will die vorrangig ökologisch orientierten Grünen mit dem sozialen und dem Demokratieanspruch der Bürgerbewegungen verbinden und sich stärker in Wirtschaftspolitik und Finanzpolitik einmischen", erklärte Kornelia Müller, Landtagsabgeordnete von Bündnis 90/Grüne und Mitglied des achtköpfigen Sprecherrates der neuen Vereinigung, gestern gegenüber SZ. Die Gründung sei in einer sehr konstruktiven und wohltuenden Atmosphäre verlaufen.

Die 147 Delegierten, die etwa 1 200 Mitglieder vertreten, nahmen mit großer Mehrheit ein Statut, eine Willenserklärung und einen programmatischen Grundkonsens an. Als inhaltliche Arbeitsschwerpunkte benannte Kornelia

Müller die Asylproblematik, die Umwelt-, Wirtschafts- und Landwirtschaftspolitik. „So soll demnächst in Dresden ein Kongreß stattfinden, auf dem wir über die Asyl- und Einwanderungspolitik diskutieren", so das Vorstandsmitglied. Verstärkt will man sich auch sozialen Fragen zuwenden und im Programm auch Bild einer demokratischen, ökologisch orientierten und innovativen Wirtschaft zeichnen. „Ein besonderer Kritikpunkt ist für uns dabei die Treuhandpolitik, für die wir einen klaren Sanierungsauftrag fordern", sagte Kornelia Müller.

Die Vereinigung hält sich weiter offen – so hat sich die Initiative für Frieden und Menschenrechte noch nicht zum Beitritt durchgerungen – bietet freien Gruppen die Mitarbeit an und will mit den Bundesorganisationen der Grünen und von Bündnis 90 zusammenarbeiten.

Erstes ostdeutsches Europafest

Magdeburg (dpa/SZ). Bis zu 30000 Menschen kamen am Sonnabend nach Magdeburg, um auf dem ersten Europafest der fünf neuen Bundesländer ihr Wissen über die neuen Nachbarn zu erweitern. Unter dem Motto „Europa werde eins" nutzten viele die Möglichkeit, mit Vertretern der Europäischen Gemeinschaft (EG), einzelner Mitarbeiter des Auswärtigen Amtes, der Landesregierung oder von Kommunen ins Gespräch zu kommen. Bundesaußenminister Hans-Diedrich Genscher (FDP) und der Schirmherr des Festes, Sachsen-Anhalts Ministerpräsident Werner Münch (CDU), hatten am Nachmittag die zweitägigen Feierlichkeiten eröffnet.

Kultusministerin erhält Drohungen

Hamburg/Dresden (dpa/SZ). Kultusministerin Stefanie Rehm (CDU), die eine harte Linie bei der Entfernung politisch belasteter Lehrer aus sächsischen Schulen verfolgt, sieht sich Morddrohungen ausgesetzt. Anonyme Anrufer beschimpften sie unter anderem als „schwarze Sau", die die „Kollegen ins Unglück stürze", sagte sie in einem Interview mit dem Nachrichtenmagazin „Der Spiegel". Von der laufenden Kündigungsaktion sind knapp 7 000 Lehrer betroffen; es handele sich im wesentlichen um so genannte „Modrow-Lehrer". Nach der jüngsten Ausgabe des „Spiegel" steht Frau Rehm seit Anfang September unter Personenschutz.

Republikaner wollen in den Schweriner Landtag

Von Randalen profaschistischer Jugendlicher distanziert

Neubrandenburg (ADN/SZ). Die Zukunft der Republikaner werde künftig stärker in den neuen als in den alten Bundesländern entschieden. Diese Einschätzung traf Parteichef Franz Schönhuber auf einer Kundgebung am Sonnabend zum Abschluß des Landesparteitages Mecklenburg-Vorpommern der Republikaner in Neubrandenburg. Die Menschen im Osten jahrzehntelang verblendet und betrogen worden seien, ergebe sich eine größere Aufgeschlossenheit gegenüber neuen Ideen, so Schönhuber. „Die DSU ist tot, wir Republikaner aber leben", so der Bundesvorsitzende unter dem Beifall von etwa 500 Kundgebungsteilnehmern in der Neubrandenburger Stadthalle.

Wie er weiter sagte, habe das „Verger-Tandem Kohl-Genscher" längst aus gehört, deutsche Interessen zu vertreten. „Kein Wahlrecht für Ausländer, Deutschland muß im Land der Deutschen bleiben", forderte Schönhuber. Den Eingang der Republikaner in den Schweriner Landtag habe zuvor Vorsitzender Bernd Bernhard als Ziel seines Landesverbandes beschrieben.

Von den Randalen profaschistischer Jugendlicher am Nachmittag in Neubrandenburg distanzierten sich Schönhuber und der Landesverband bei einem anschließenden Pressegespräch. Schönhuber sprach von „verachtens- und beklagenswerter Ausländerfeindlichkeit".

KURZ NOTIERT

Bei einem Zugunglück in der Nacht zum Samstag bei Neuhof im hessischen Kreis Fulda sind 13 Menschen leicht verletzt worden. Ein Güterzug war auf einen haltenden Autoreiszug gerollt.

Erschossen wurde ein 21 Jahre alter Mann am frühen Samstagmorgen in Hamburg vor einem Lokal von einem unbekannten Täter.

Bundesverkehrsminister Günther Krause (CDU) hat zusätzliche Maßnahmen zur Geschwindigkeitsregulierung auf deutschen Autobahnen angekündigt. Auf den rund 6000 Kilometern Autobahn, auf denen die Geschwindigkeit derzeit noch nicht eingeschränkt ist, sollen auf 600 Kilometern „intelligente" Verkehrsleitsysteme installiert werden.

Den Start des größten Drachens der Welt haben am Samstag beim ger-Tandem Drachenfest im Ostsee bad Damp (Schleswig-Holstein) rund 20 000 Menschen verfolgt. Die niederländische 550 Quadratmeter große Monstrum mit Hilfe von 60 Zuschauern in die Luft. Weil der Wind zu schwach war, stürzte es nach wenigen Minuten ab.

Neuer Bundesschützenkönig wurde beim Bundesschützenfest in Bergkamen der 62jährige Kraftfahrer Otto Zerwas aus Koblenz. An die 40 000 Schützenbrüder und -schwestern am Sonntag durch Güters loh, um ihren neuen Schützenkönig zu feiern.

SZ SAGT IHNEN, WIE DAS WETTER WIRD

Wetterlage: Während um die Wochenmitte Zwischenhocheinfluß herrscht, überqueren anfangs sowie gegen Ende schwache Tiefausläufer Sachsen.

Aussichten bis Freitag, den 4. Oktober: Bei schwachen, zeitweise mäßigen Winden aus Süd bis West teils stark bewölkt, teils aufgeheitert und anfangs sowie gegen Ende vereinzelt Niederschlag. Höchsttemperaturen 16 bis 22 Grad, im Bergland 12 bis 17 Grad, tiefste Nachttemperaturen 13 bis 8 Grad, vereinzelt darunter.

Weitergehender Temperaturtrend bis Montag, den 7.10. 91: Leichter Rückgang.

Für Montag in Dresden:
SA: 6.03 Uhr, SU: 17.47 Uhr.
MA: 21.36 Uhr, MU: 13.51 Uhr. Wasserstände vom 29. 9.: Schöna 106, Dresden 89, Magdeburg 83 cm. Tauchtiefe, Strecke 2: 110 cm.

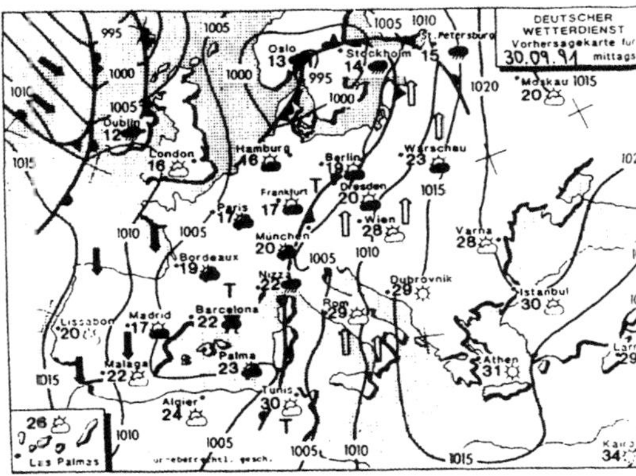

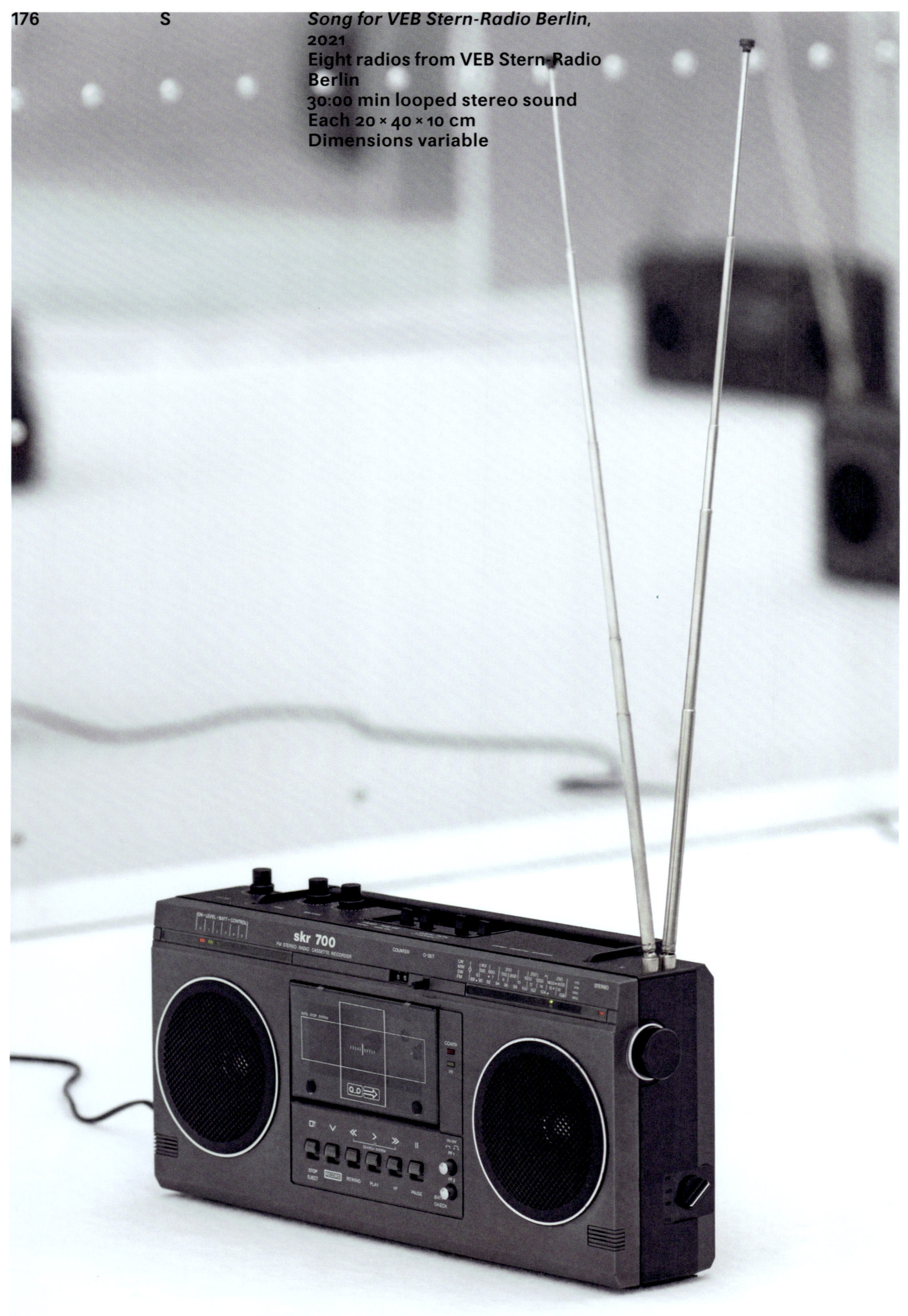

Song for VEB Stern-Radio Berlin,
2021
Eight radios from VEB Stern-Radio
Berlin
30:00 min looped stereo sound
Each 20 × 40 × 10 cm
Dimensions variable

"Song for VEB Stern-Radio Berlin"
Installation views
Preis der Nationalgalerie,
Hamburger Bahnhof—Museum
für Gegenwart, Berlin
15 September 2021–27 February
2022

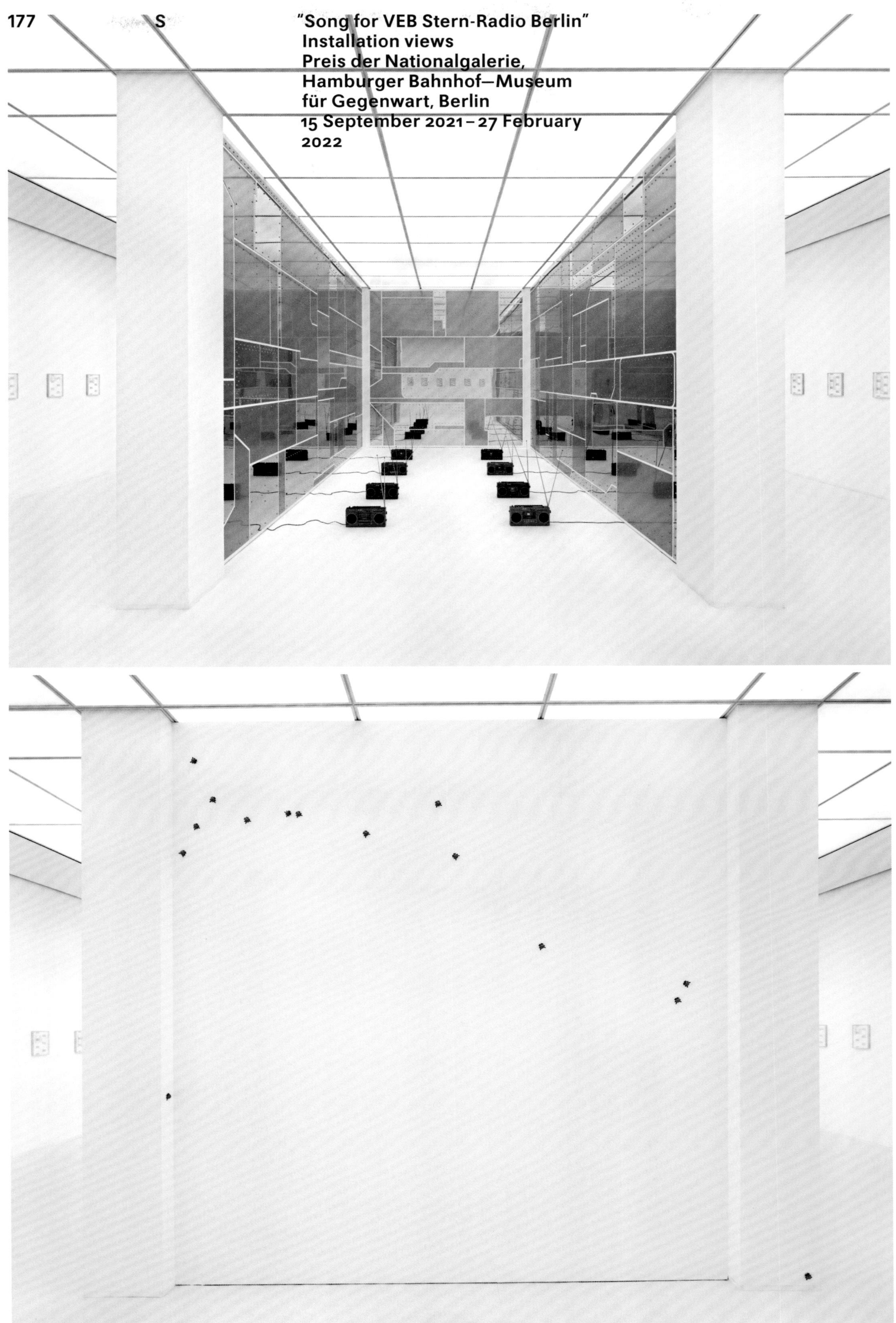

Standard PC, 2023
Computer from VEB Robotron
Büromaschinenwerk "Ernst
Thälmann" Sömmerda; *Work
Contract*
46 × 50 × 65 cm

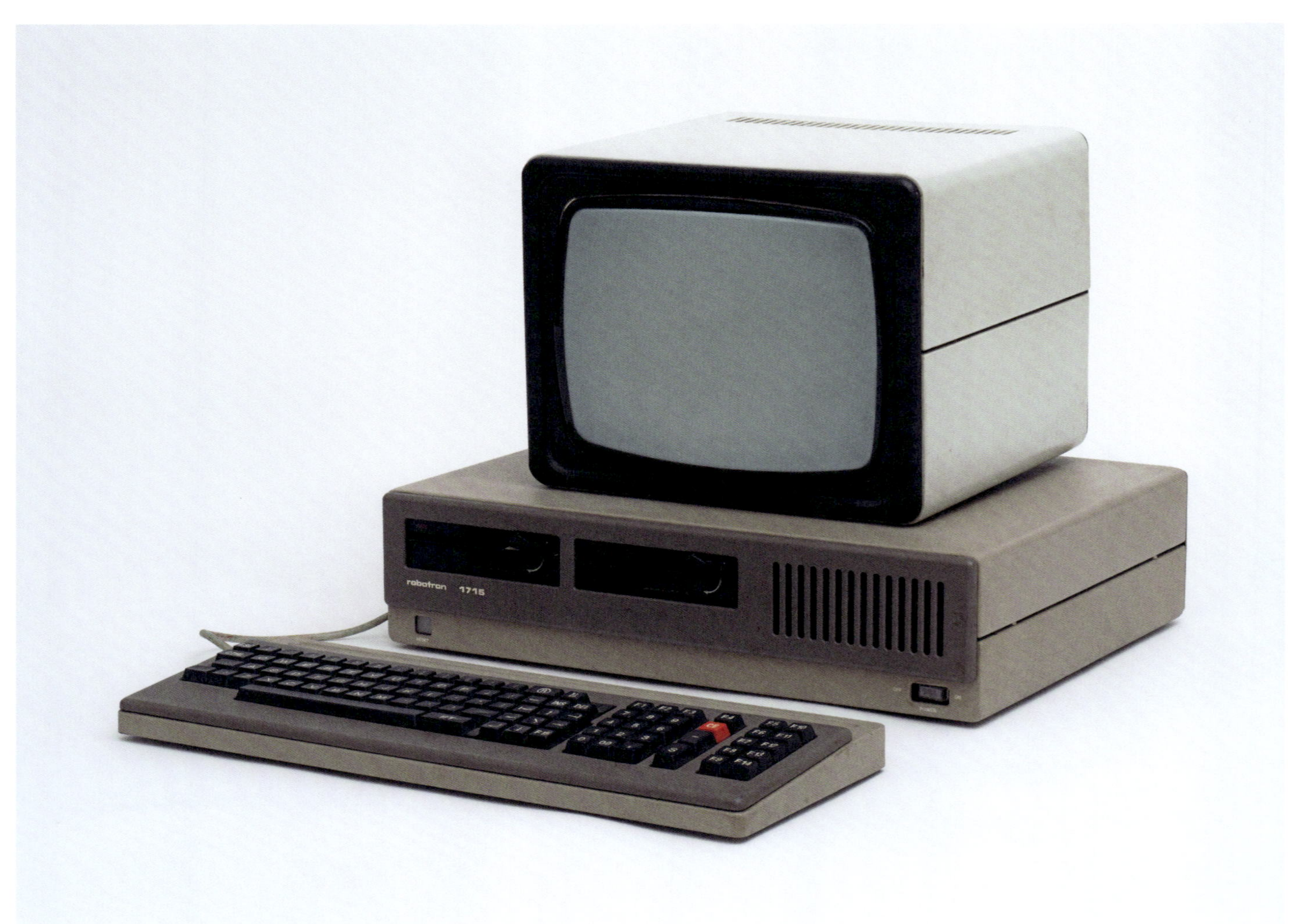

S

Super, 2022
Car polish from VEB Hydrierwerk
Zeitz; *Work Contract*
14 × 10 × 10 cm

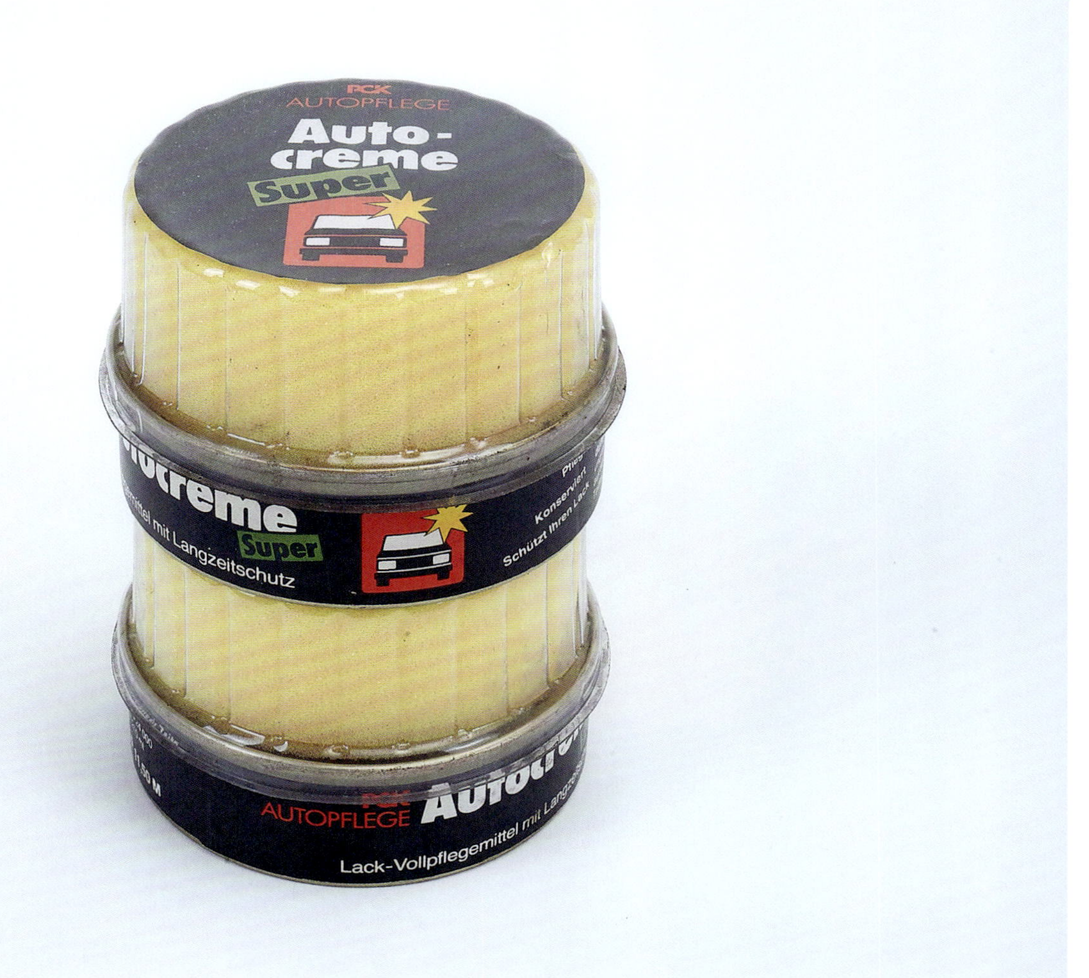

Telephone Alpha, 2023
**Telephone from VEB Fernmel-
detechnik Nordhausen;** *Work
Contract*
12 × 25 × 20.5 cm

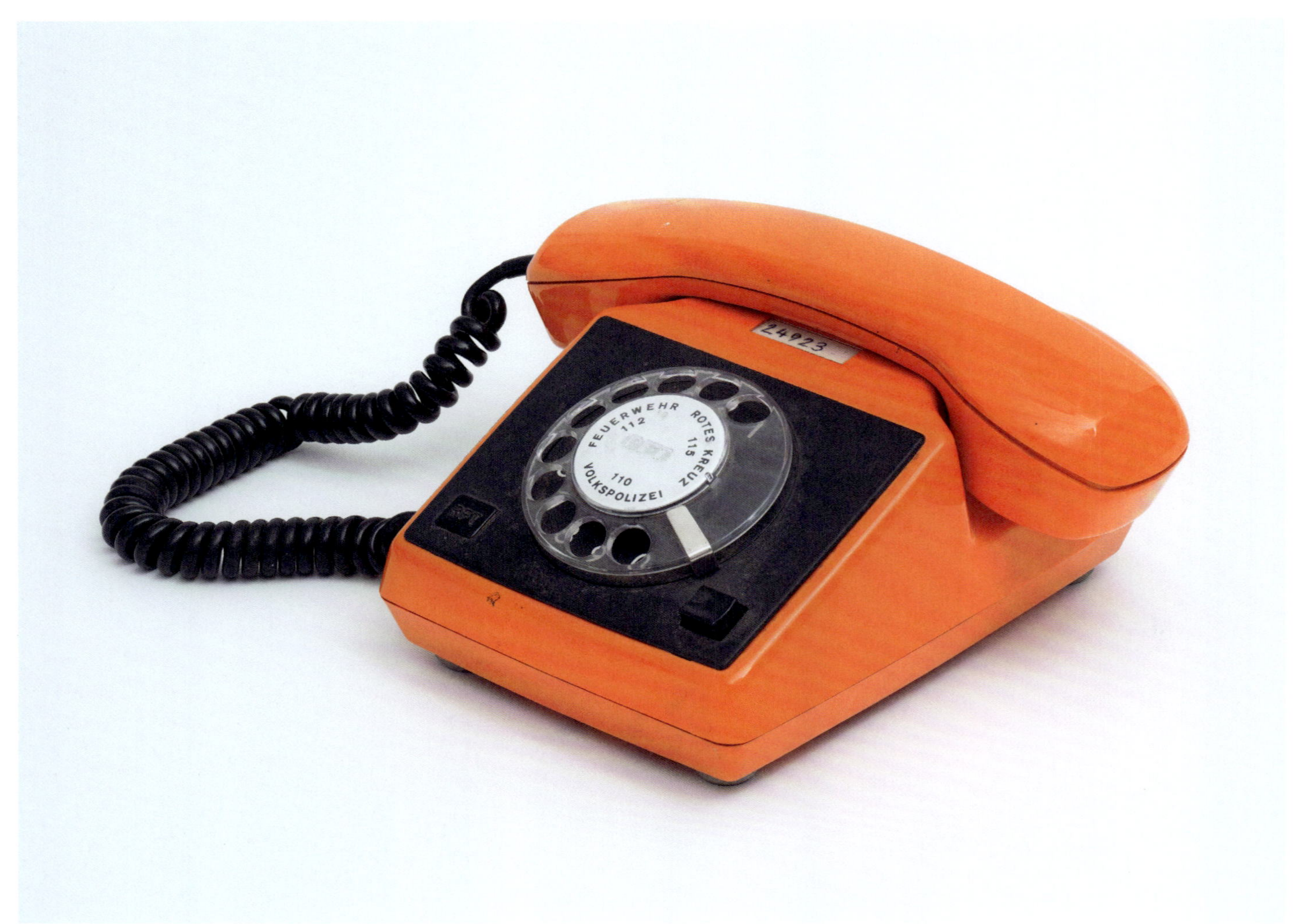

The Disutility Of Conviction, 2021
Styrofoam sculpture in two parts
consisting of eleven elements
4:30 min stereo sound looped
every 15 minutes
Each part: 380 × 294 × 147 cm

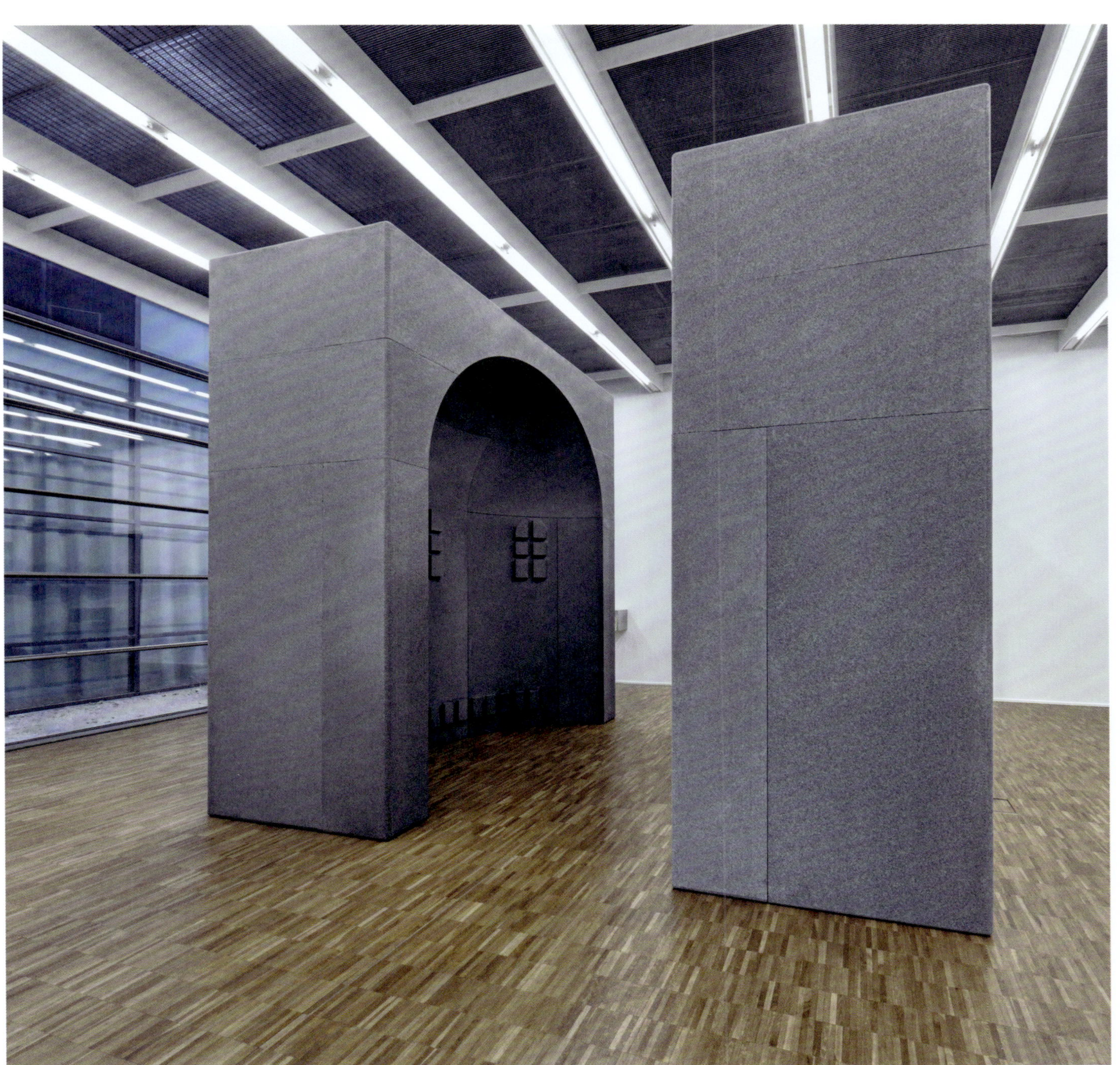

The Earth And The Sky, 2021
Bed and pillow sheets from
VEB Vowetex Plauen, duvet, pillow,
metal wire; *Work Contract*
34 × 67 × 50 cm

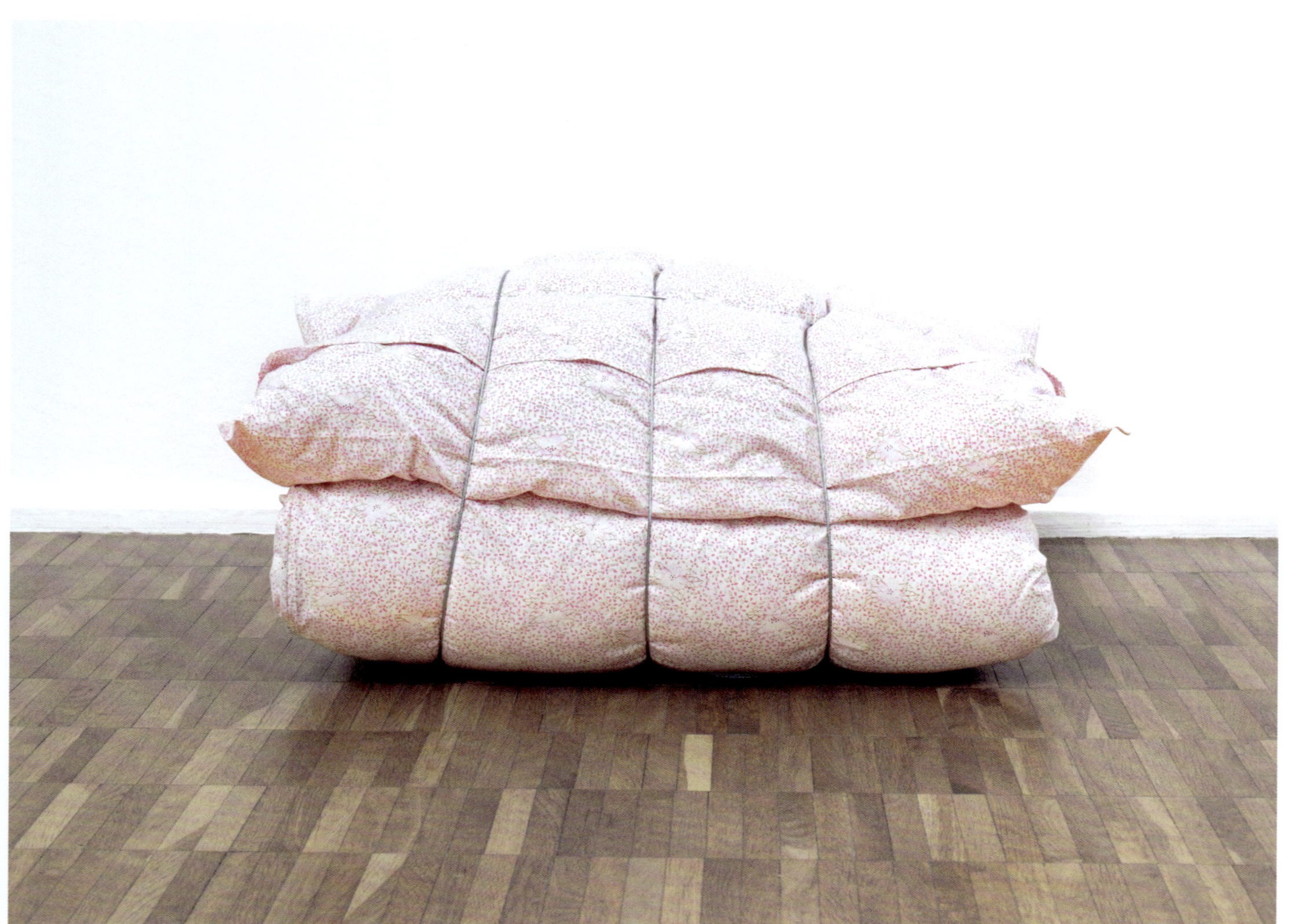

Tight Squeeze, 2021
Shoe polish cream from VEB
Wittol Wittenberg, clothing
detergent from VEB Haushalts-
chemie Meiningen EVP, stainless
steel; *Work Contract*
30 × 47 × 4 cm

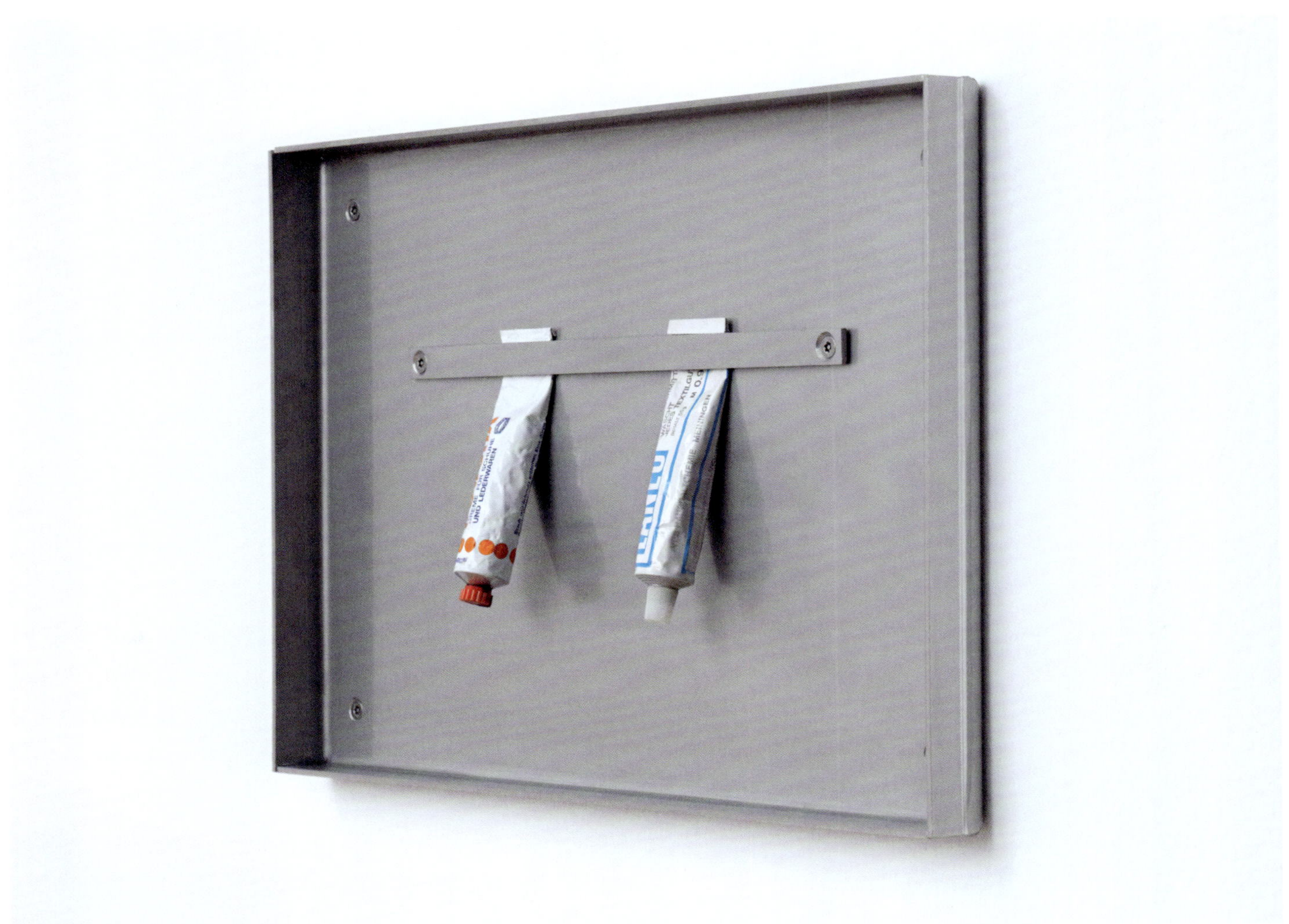

To Live Your Faith At Work, 2022
Drill from VEB Galvanotechnik
Leipzig; *Work Contract*
98 × 46 × 18 cm

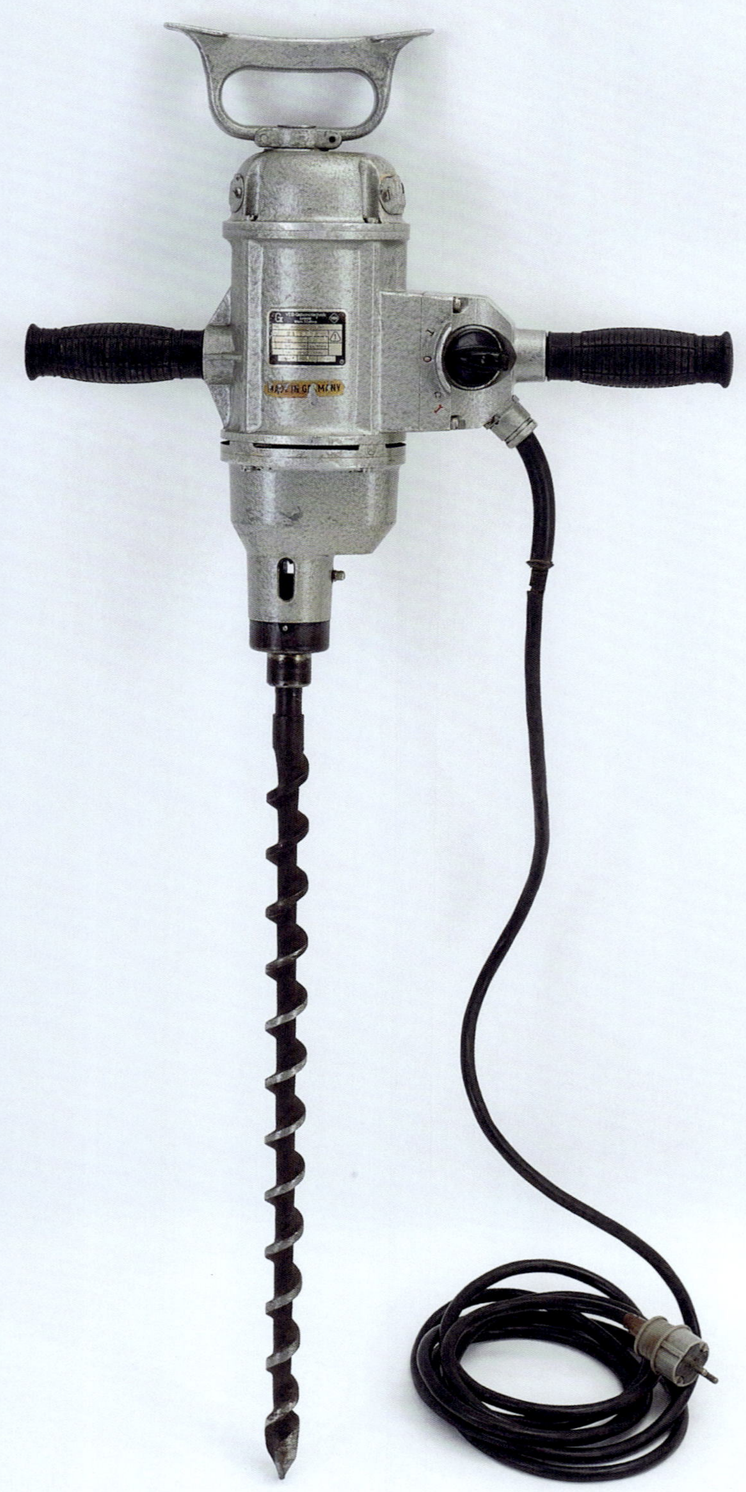

Typ 0181.9, 2021
**Lamp set from VEB Leuchtenbau
Leipzig;** *Work Contract*
70 × 95 × 45 cm

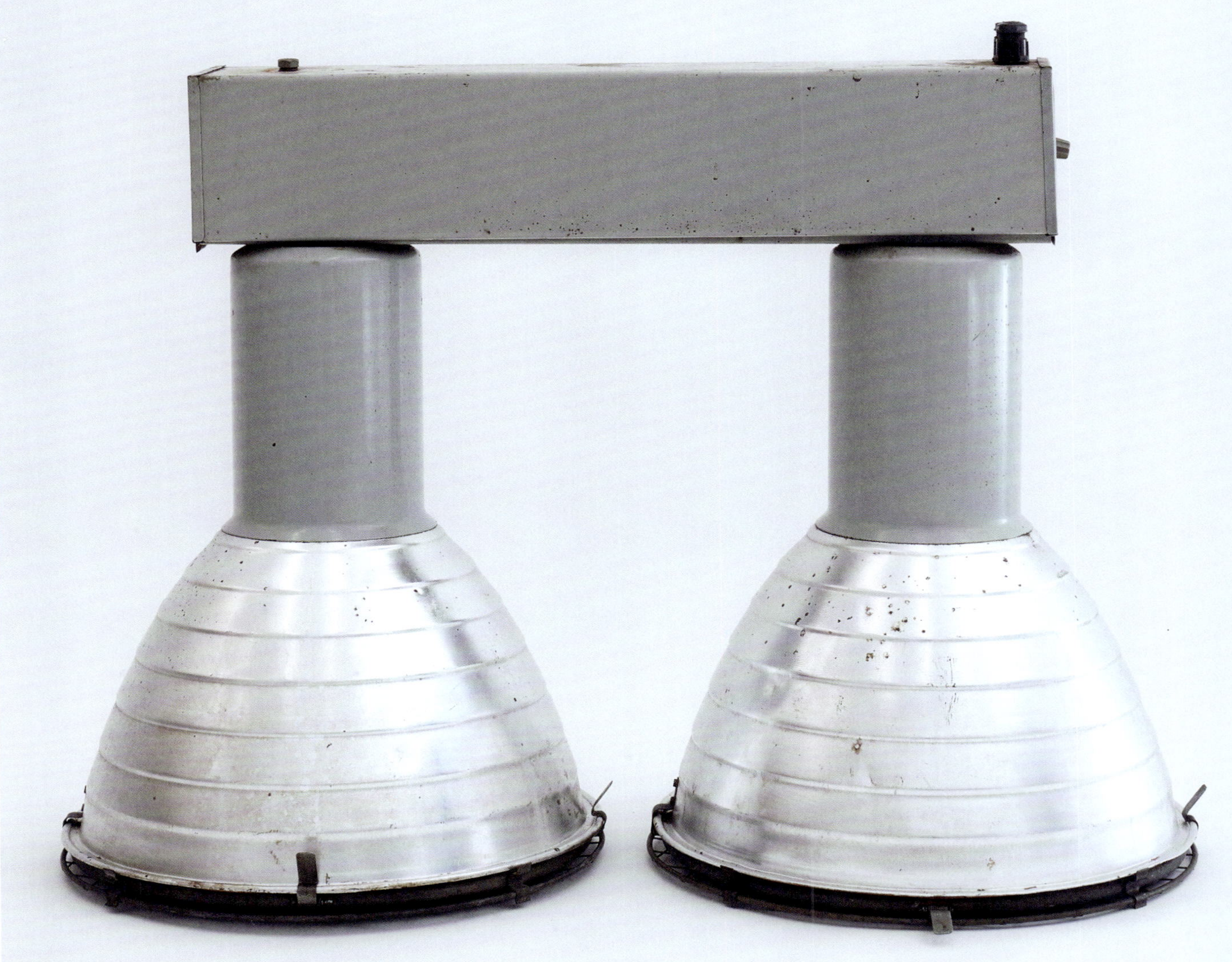

Typ 211.14, 2021
**Temperature controller from
VEB Mertik Quedlinburg;** *Work
Contract*
34 × 14 × 9 cm

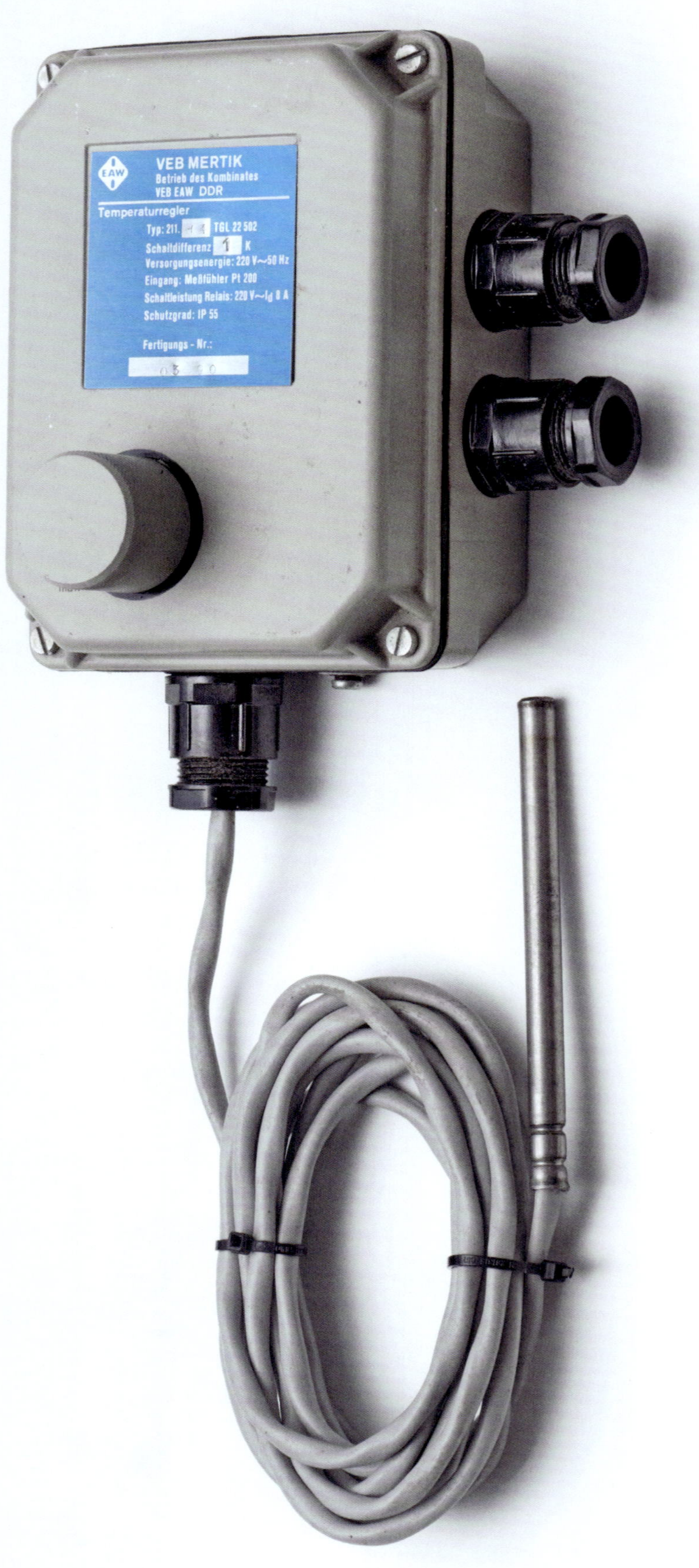

Typ 605.50, 2021
Thermostat from VEB Mertik
Quedlinburg; *Work Contract*
25 × 13 × 8 cm

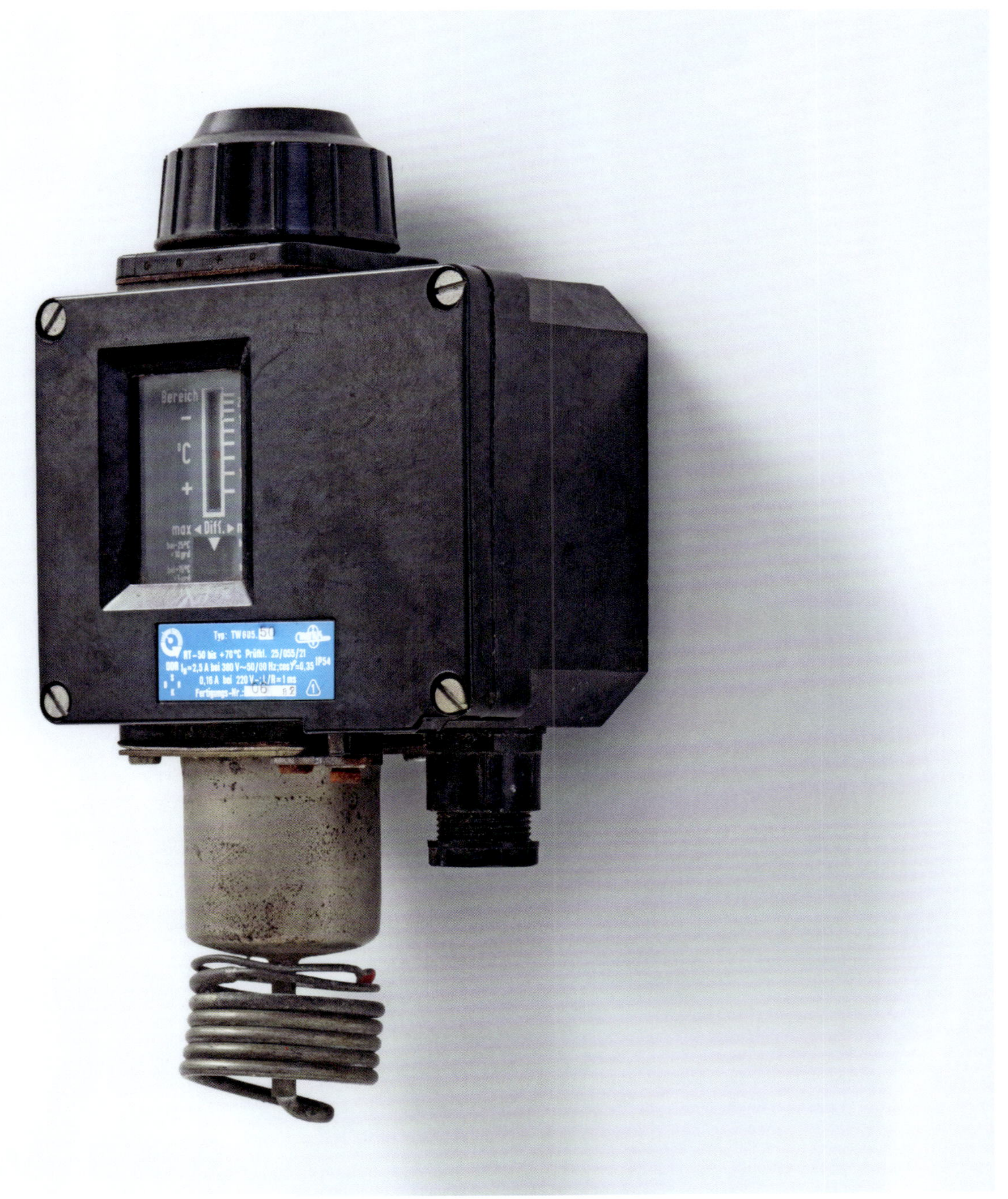

Typ 612.01, 2021
**Pressure controller from VEB
Mertik Quedlinburg;** *Work
Contract*
12 × 5 × 18 cm

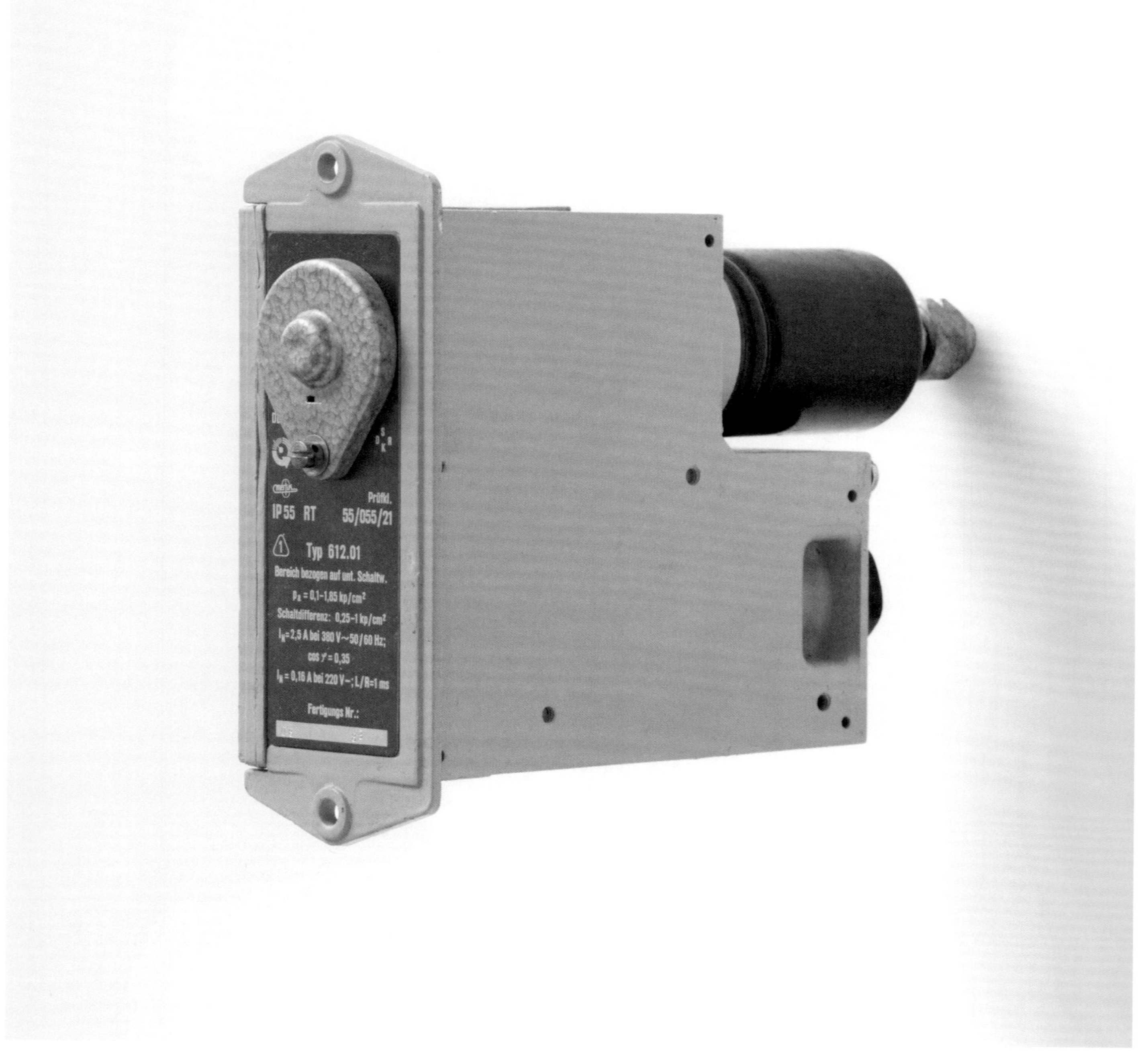

T

Typ 627.51, 2021
**Main valve from VEB Mertik
Quedlinburg;** *Work Contract*
18.5 × 10 × 35 cm

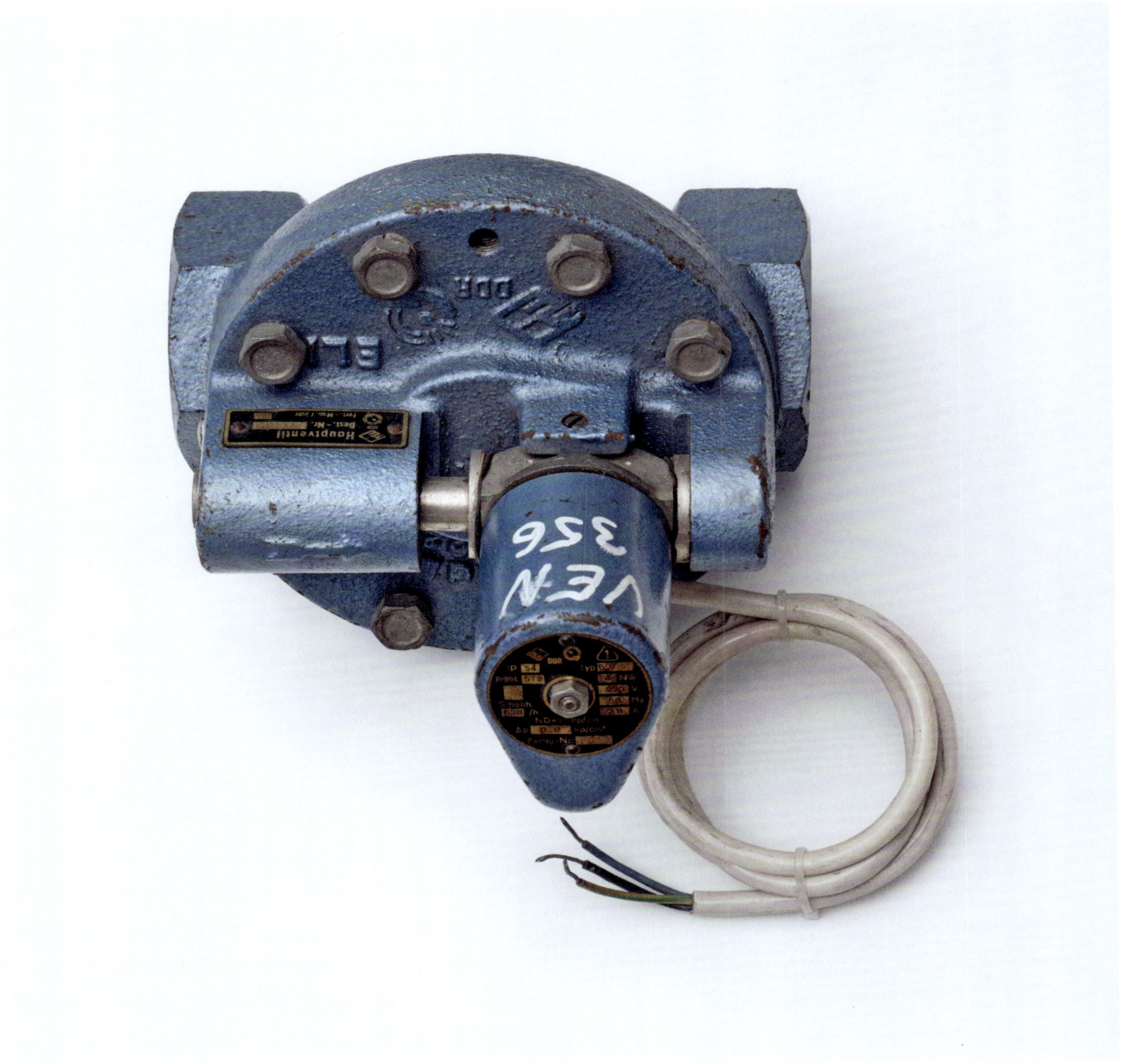

T

Typ 650.01, 2021
**Transmitter from VEB Mertik
Quedlinburg;** *Work Contract*
19 × 19 × 26 cm

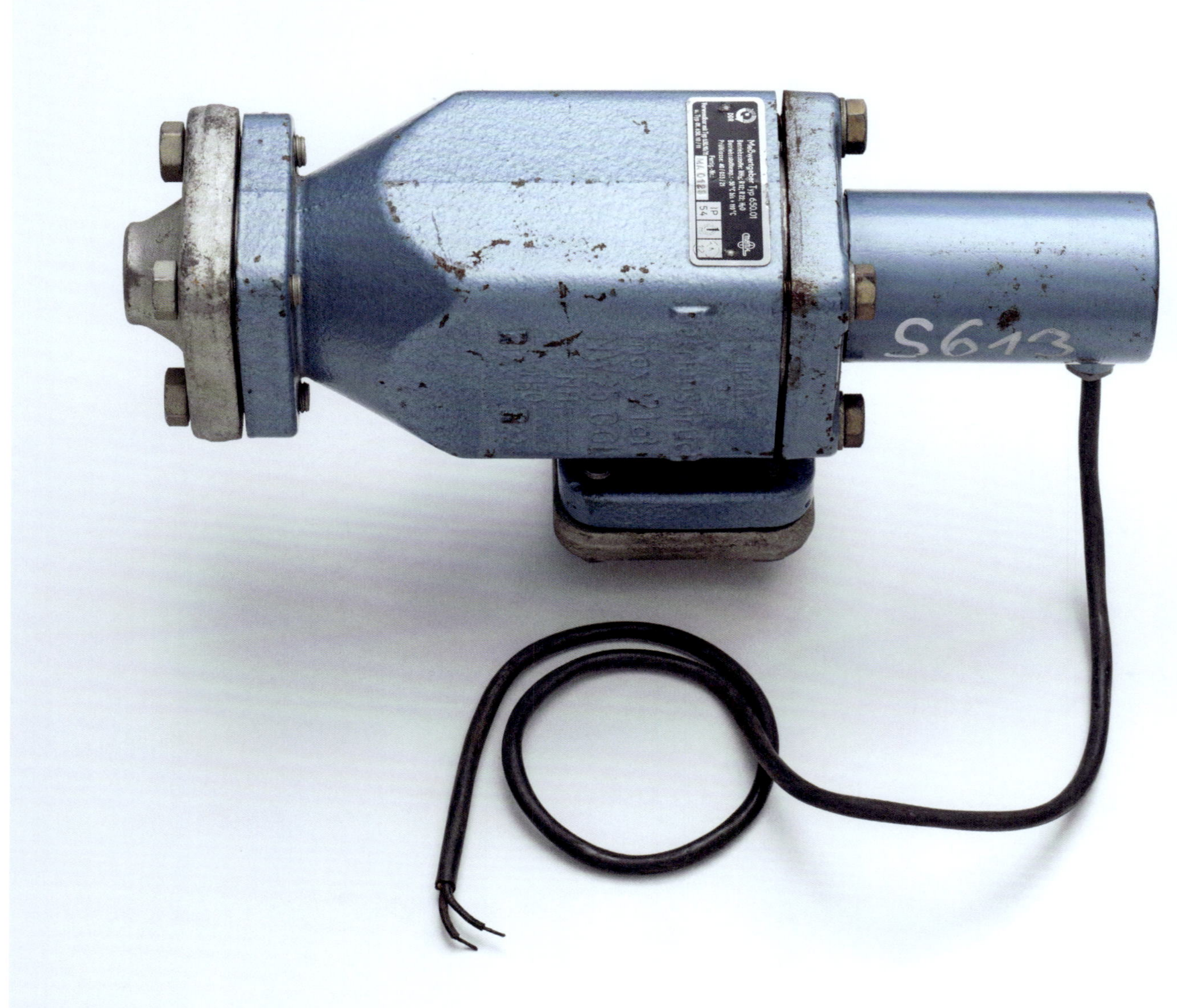

Typ 654.23, 2021
**Pressure controller from VEB
Mertik Quedlinburg;** *Work
Contract*
30.5 × 22.9 × 36.6 cm

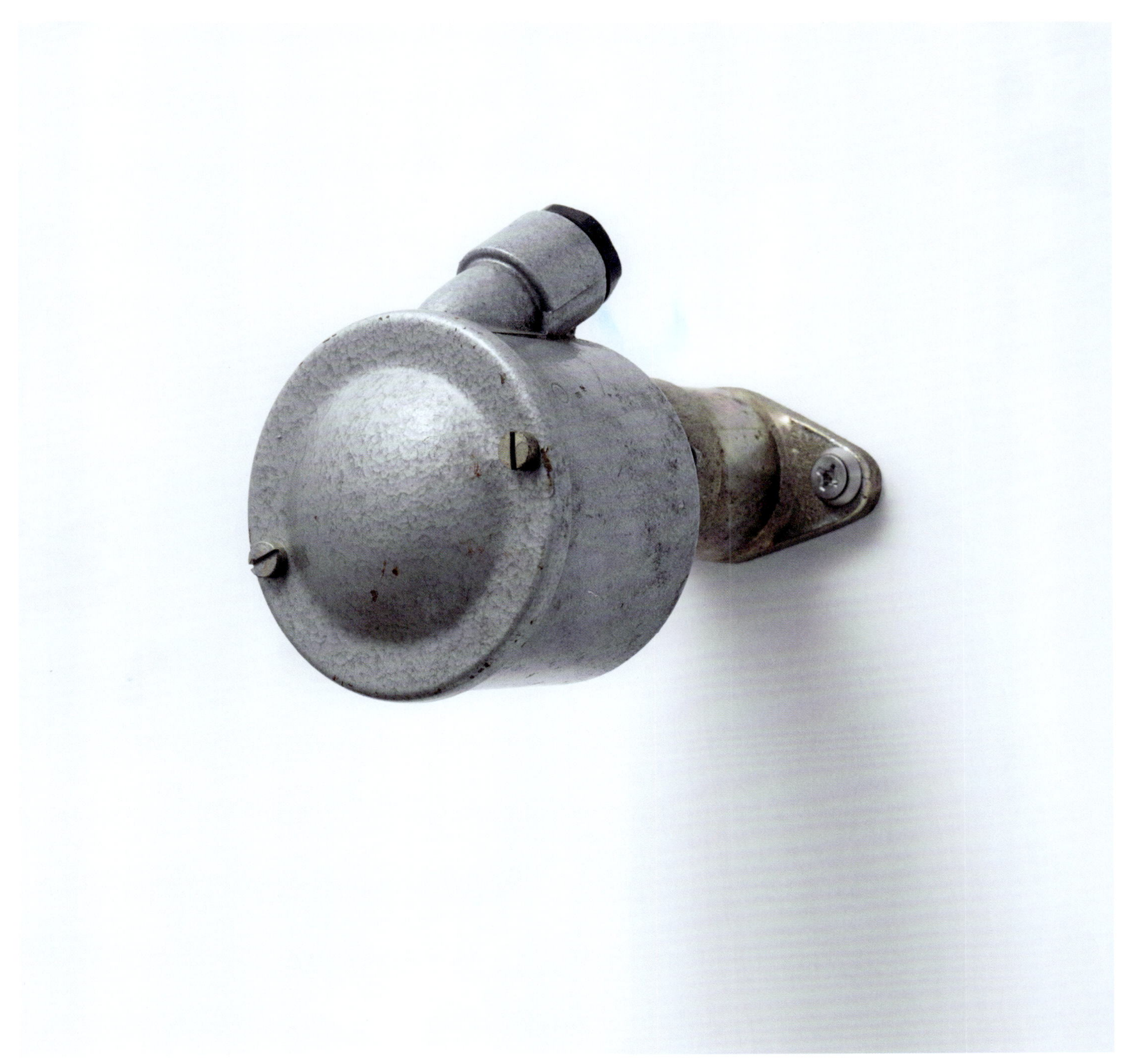

Work Contract, **2021**
Stamps on digital prints, framed
In 3 parts, each 32.1 × 23.4 cm

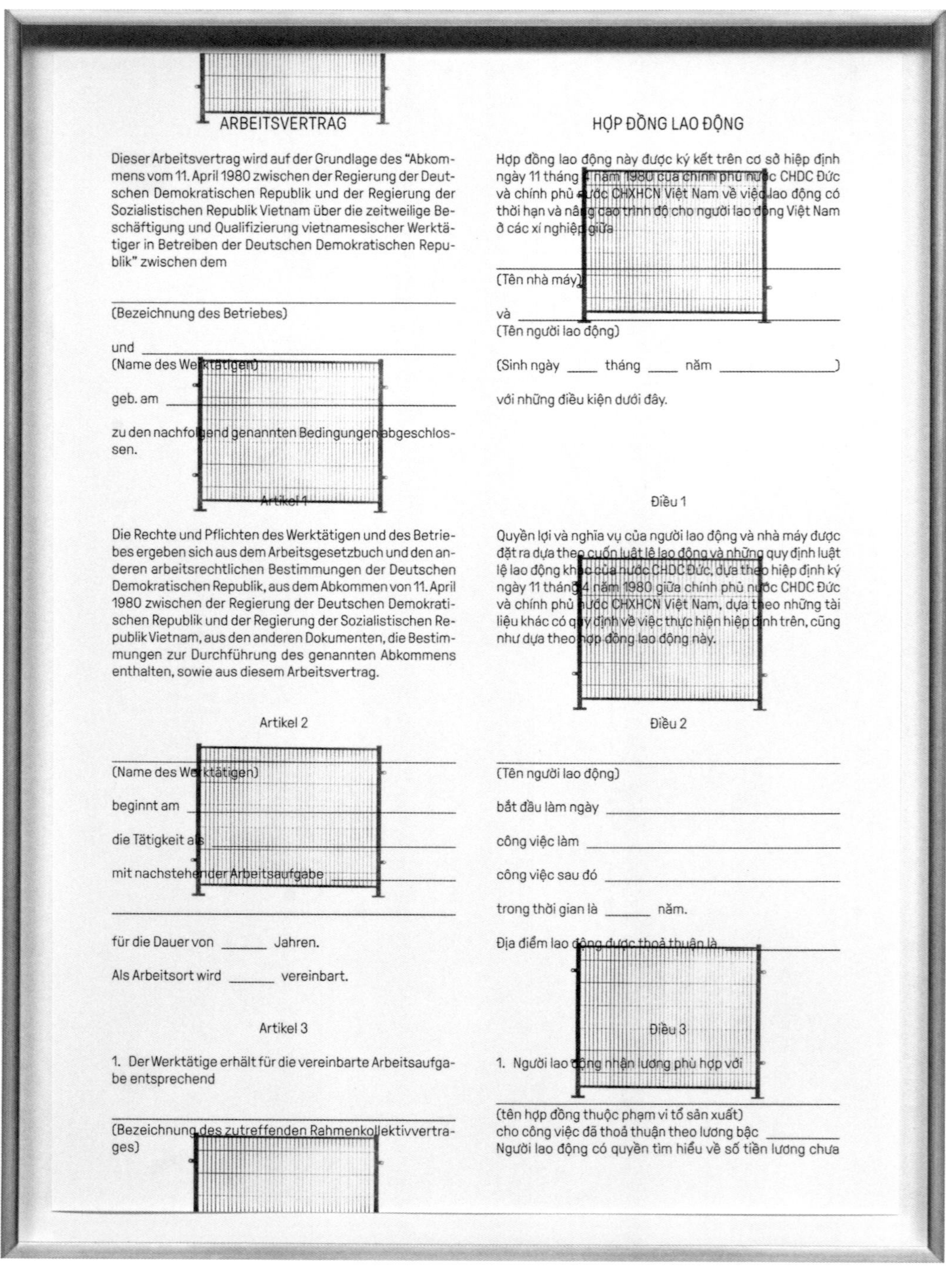

ARBEITSVERTRAG

Dieser Arbeitsvertrag wird auf der Grundlage des "Abkommens vom 11. April 1980 zwischen der Regierung der Deutschen Demokratischen Republik und der Regierung der Sozialistischen Republik Vietnam über die zeitweilige Beschäftigung und Qualifizierung vietnamesischer Werktätiger in Betreiben der Deutschen Demokratischen Republik" zwischen dem

____
(Bezeichnung des Betriebes)

und _______________________
(Name des Werktätigen)

geb. am

zu den nachfolgend genannten Bedingungen abgeschlossen.

Artikel 1

Die Rechte und Pflichten des Werktätigen und des Betriebes ergeben sich aus dem Arbeitsgesetzbuch und den anderen arbeitsrechtlichen Bestimmungen der Deutschen Demokratischen Republik, aus dem Abkommen von 11. April 1980 zwischen der Regierung der Deutschen Demokratischen Republik und der Regierung der Sozialistischen Republik Vietnam, aus den anderen Dokumenten, die Bestimmungen zur Durchführung des genannten Abkommens enthalten, sowie aus diesem Arbeitsvertrag.

Artikel 2

____
(Name des Werktätigen)

beginnt am _______________________

die Tätigkeit als _______________________

mit nachstehender Arbeitsaufgabe

____

für die Dauer von _______ Jahren.

Als Arbeitsort wird _______ vereinbart.

Artikel 3

1. Der Werktätige erhält für die vereinbarte Arbeitsaufgabe entsprechend

____
(Bezeichnung des zutreffenden Rahmenkollektivvertrages)

HỢP ĐỒNG LAO ĐỘNG

Hợp đồng lao động này được ký kết trên cơ sở hiệp định ngày 11 tháng 4 năm 1980 của chính phủ nước CHDC Đức và chính phủ nước CHXHCN Việt Nam về việc lao động có thời hạn và nâng cao trình độ cho người lao động Việt Nam ở các xí nghiệp giữa

____
(Tên nhà máy)

và _______________________
(Tên người lao động)

(Sinh ngày _____ tháng _____ năm _____________)

với những điều kiện dưới đây.

Điều 1

Quyền lợi và nghĩa vụ của người lao động và nhà máy được đặt ra dựa theo cuốn luật lệ lao động và những quy định luật lệ lao động khác của nước CHDC Đức, dựa theo hiệp định ký ngày 11 tháng 4 năm 1980 giữa chính phủ nước CHDC Đức và chính phủ nước CHXHCN Việt Nam, dựa theo những tài liệu khác có quy định về việc thực hiện hiệp định trên, cũng như dựa theo hợp đồng lao động này.

Điều 2

____
(Tên người lao động)

bắt đầu làm ngày _______________________

công việc làm _______________________

công việc sau đó _______________________

trong thời gian là _______ năm.

Địa điểm lao động được thoả thuận là

Điều 3

1. Người lao động nhận lương phù hợp với

____
(tên hợp đồng thuộc phạm vi tổ sản xuất)
cho công việc đã thoả thuận theo lương bậc _______
Người lao động có quyền tìm hiểu về số tiền lương chưa

Work Contract, 2021
**Stamps on digital prints, framed
In 3 parts, each 32.1 × 23.4 cm**

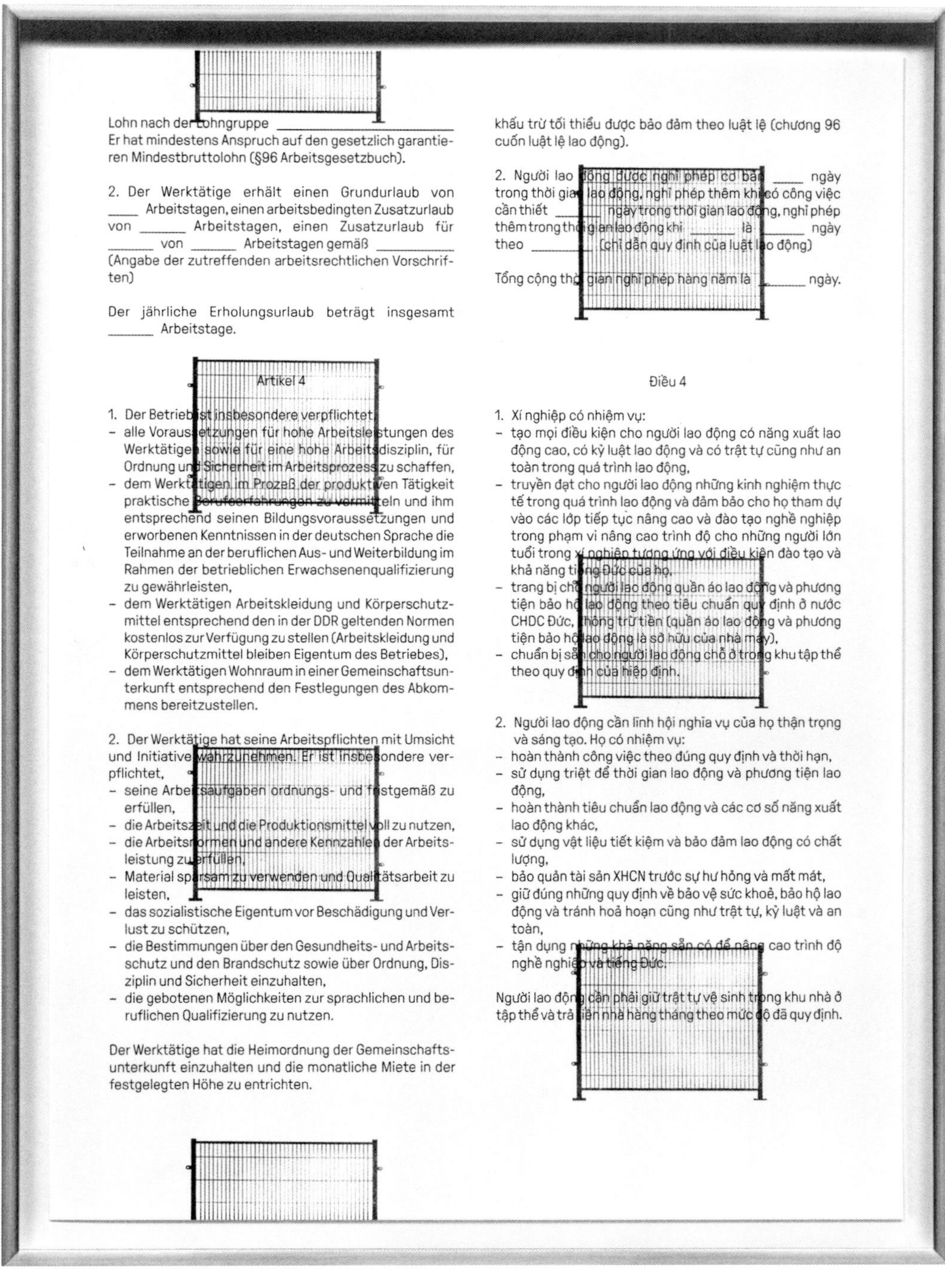

Lohn nach der Lohngruppe ____________
Er hat mindestens Anspruch auf den gesetzlich garantieren Mindestbruttolohn (§96 Arbeitsgesetzbuch).

2. Der Werktätige erhält einen Grundurlaub von
____ Arbeitstagen, einen arbeitsbedingten Zusatzurlaub
von ________ Arbeitstagen, einen Zusatzurlaub für
________ von ________ Arbeitstagen gemäß ________
(Angabe der zutreffenden arbeitsrechtlichen Vorschriften)

Der jährliche Erholungsurlaub beträgt insgesamt
________ Arbeitstage.

Artikel 4

1. Der Betrieb ist insbesondere verpflichtet,
– alle Voraussetzungen für hohe Arbeitsleistungen des
  Werktätigen sowie für eine hohe Arbeitsdisziplin, für
  Ordnung und Sicherheit im Arbeitsprozess zu schaffen,
– dem Werktätigen im Prozeß der produktiven Tätigkeit
  praktische Berufserfahrungen zu vermitteln und ihm
  entsprechend seinen Bildungsvoraussetzungen und
  erworbenen Kenntnissen in der deutschen Sprache die
  Teilnahme an der beruflichen Aus- und Weiterbildung im
  Rahmen der betrieblichen Erwachsenenqualifizierung
  zu gewährleisten,
– dem Werktätigen Arbeitskleidung und Körperschutzmittel entsprechend den in der DDR geltenden Normen
  kostenlos zur Verfügung zu stellen (Arbeitskleidung und
  Körperschutzmittel bleiben Eigentum des Betriebes),
– dem Werktätigen Wohnraum in einer Gemeinschaftsun-
  terkunft entsprechend den Festlegungen des Abkommens bereitzustellen.

2. Der Werktätige hat seine Arbeitspflichten mit Umsicht
und Initiative wahrzunehmen. Er ist insbesondere verpflichtet,
– seine Arbeitsaufgaben ordnungs- und fristgemäß zu
  erfüllen,
– die Arbeitszeit und die Produktionsmittel voll zu nutzen,
– die Arbeitsnormen und andere Kennzahlen der Arbeits-
  leistung zu erfüllen,
– Material sparsam zu verwenden und Qualitätsarbeit zu
  leisten,
– das sozialistische Eigentum vor Beschädigung und Verlust zu schützen,
– die Bestimmungen über den Gesundheits- und Arbeits-
  schutz und den Brandschutz sowie über Ordnung, Disziplin und Sicherheit einzuhalten,
– die gebotenen Möglichkeiten zur sprachlichen und beruflichen Qualifizierung zu nutzen.

Der Werktätige hat die Heimordnung der Gemeinschafts-
unterkunft einzuhalten und die monatliche Miete in der
festgelegten Höhe zu entrichten.

khấu trừ tối thiểu được bảo đảm theo luật lệ (chương 96
cuốn luật lệ lao động).

2. Người lao động được nghỉ phép cơ bản ____ ngày
trong thời gian lao động, nghỉ phép thêm khi có công việc
cần thiết ____ ngày trong thời gian lao động, nghỉ phép
thêm trong thời gian lao động khi ____ là ____ ngày
theo ____ (chỉ dẫn quy định của luật lao động)

Tổng cộng thời gian nghỉ phép hàng năm là ____ ngày.

Điều 4

1. Xí nghiệp có nhiệm vụ:
– tạo mọi điều kiện cho người lao động có năng xuất lao
  động cao, có kỷ luật lao động và có trật tự cũng như an
  toàn trong quá trình lao động,
– truyền đạt cho người lao động những kinh nghiệm thực
  tế trong quá trình lao động và đảm bảo cho họ tham dự
  vào các lớp tiếp tục nâng cao và đào tạo nghề nghiệp
  trong phạm vi nâng cao trình độ cho những người lớn
  tuổi trong xí nghiệp tương ứng với điều kiện đào tạo và
  khả năng tiếng Đức của họ,
– trang bị cho người lao động quần áo lao động và phương
  tiện bảo hộ lao động theo tiêu chuẩn quy định ở nước
  CHDC Đức, (không trừ tiền (quần áo lao động và phương
  tiện bảo hộ lao động là sở hữu của nhà máy),
– chuẩn bị sẵn cho người lao động chỗ ở trong khu tập thể
  theo quy định của hiệp định.

2. Người lao động cần lĩnh hội nghĩa vụ của họ thận trọng
và sáng tạo. Họ có nhiệm vụ:
– hoàn thành công việc theo đúng quy định và thời hạn,
– sử dụng triệt để thời gian lao động và phương tiện lao
  động,
– hoàn thành tiêu chuẩn lao động và các cơ số năng xuất
  lao động khác,
– sử dụng vật liệu tiết kiệm và bảo đảm lao động có chất
  lượng,
– bảo quản tài sản XHCN trước sự hư hỏng và mất mát,
– giữ đúng những quy định về bảo vệ sức khoẻ, bảo hộ lao
  động và tránh hoả hoạn cũng như trật tự, kỷ luật và an
  toàn,
– tận dụng những khả năng sẵn có để nâng cao trình độ
  nghề nghiệp và tiếng Đức.

Người lao động cần phải giữ trật tự vệ sinh trong khu nhà ở
tập thể và trả tiền nhà hàng tháng theo mức độ đã quy định.

Work Contract, 2021
Stamps on digital prints, framed
In 3 parts, each 32.1 × 23.4 cm

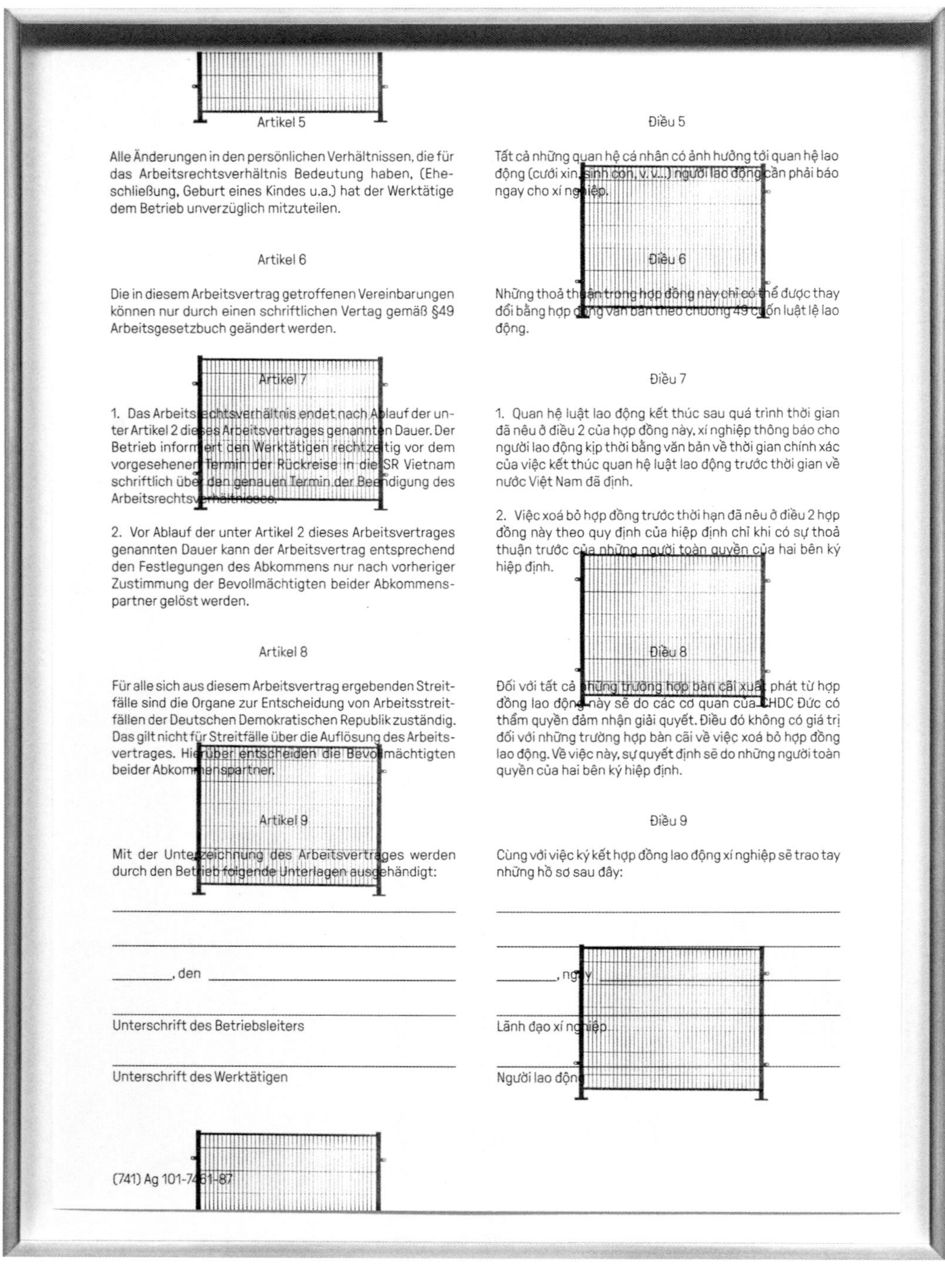

Artikel 5

Alle Änderungen in den persönlichen Verhältnissen, die für das Arbeitsrechtsverhältnis Bedeutung haben, (Eheschließung, Geburt eines Kindes u.a.) hat der Werktätige dem Betrieb unverzüglich mitzuteilen.

Artikel 6

Die in diesem Arbeitsvertrag getroffenen Vereinbarungen können nur durch einen schriftlichen Vertag gemäß §49 Arbeitsgesetzbuch geändert werden.

Artikel 7

1. Das Arbeitsrechtsverhältnis endet nach Ablauf der unter Artikel 2 dieses Arbeitsvertrages genannten Dauer. Der Betrieb informiert den Werktätigen rechtzeitig vor dem vorgesehenen Termin der Rückreise in die SR Vietnam schriftlich über den genauen Termin der Beendigung des Arbeitsrechtsverhältnisses.

2. Vor Ablauf der unter Artikel 2 dieses Arbeitsvertrages genannten Dauer kann der Arbeitsvertrag entsprechend den Festlegungen des Abkommens nur nach vorheriger Zustimmung der Bevollmächtigten beider Abkommenspartner gelöst werden.

Artikel 8

Für alle sich aus diesem Arbeitsvertrag ergebenden Streitfälle sind die Organe zur Entscheidung von Arbeitsstreitfällen der Deutschen Demokratischen Republik zuständig. Das gilt nicht für Streitfälle über die Auflösung des Arbeitsvertrages. Hierüber entscheiden die Bevollmächtigten beider Abkommenspartner.

Artikel 9

Mit der Unterzeichnung des Arbeitsvertrages werden durch den Betrieb folgende Unterlagen ausgehändigt:

____

____

__________, den __________________

____
Unterschrift des Betriebsleiters

____
Unterschrift des Werktätigen

(741) Ag 101-7481-87

Điều 5

Tất cả những quan hệ cá nhân có ảnh hưởng tới quan hệ lao động (cưới xin, sinh con, v. v...) người lao động cần phải báo ngay cho xí nghiệp.

Điều 6

Những thoả thuận trong hợp đồng này chỉ có thể được thay đổi bằng hợp đồng văn bản theo chương 49 cuốn luật lệ lao động.

Điều 7

1. Quan hệ luật lao động kết thúc sau quá trình thời gian đã nêu ở điều 2 của hợp đồng này, xí nghiệp thông báo cho người lao động kịp thời bằng văn bản về thời gian chính xác của việc kết thúc quan hệ luật lao động trước thời gian về nước Việt Nam đã định.

2. Việc xoá bỏ hợp đồng trước thời hạn đã nêu ở điều 2 hợp đồng này theo quy định của hiệp định chỉ khi có sự thoả thuận trước của những người toàn quyền của hai bên ký hiệp định.

Điều 8

Đối với tất cả những trường hợp bàn cãi xuất phát từ hợp đồng lao động này sẽ do các cơ quan của CHDC Đức có thẩm quyền đảm nhận giải quyết. Điều đó không có giá trị đối với những trường hợp bàn cãi về việc xoá bỏ hợp đồng lao động. Về việc này, sự quyết định sẽ do những người toàn quyền của hai bên ký hiệp định.

Điều 9

Cùng với việc ký kết hợp đồng lao động xí nghiệp sẽ trao tay những hồ sơ sau đây:

__________, ngày _________________

____
Lãnh đạo xí nghiệp

____
Người lao động

Gehrenseestrasse 1: Between the Worlds of Architecture and Politics
Eva Bentcheva

> In my short life I have mostly seen what is right in front of me, and not the great power struggles between adults in offices in Washington, Hanoi, London, and the former East Berlin.
> Sung Tieu, 1995[1]

In a fictional letter-to-the editor titled "Inside the Blocks," seven-year old "Ching" responds to the article "The Vietnamese in Germany: No Jobs, No Country" published in the New York Times in 1995. Written by Alan Cowell, the latter described the social and political positioning of one former East Berlin's largest migrant worker and asylum-seeker housing complexes at Gehrenseestrasse 1. Cowell, according to the fictional persona of Ching, reiterated the stereotype of the complex as an embodiment of failed state ideology and criminalization of migrant communities in Germany after reunification. However, for Ching who still lives "inside the blocks," the daily reality is not one of state politics. Instead, she describes an intimate experience of growing up, living together, and forming lasting bonds in close quarters, despite the presence of control mechanisms designed to separate and contain.

Ching[2] is an alias for the artist Sung Tieu who herself lived in the complex at Gehrenseestrasse 1[3] with her mother between 1994 and 1997. Her letter is part of a series of texts authored by the artist, and specifically designed to resemble newspaper articles and commentaries. Their contents explore racial tensions and human struggles in the face of bureaucracy, surveillance, and everyday contacts between people in public spaces.[4] In a similar vein, Ching evokes both a frank, childhood take on the world, as well as a deeper portrayal of a housing complex as a socio-politico "world" of its own. As argued by art historian Monica Juneja, "worlds are plural—we are born into one, may engage it, retreat from it or move to another one; worlds may collide, collaborate or collapse."[5] So too, Ching/Tieu invite their readers to imaginatively and affectively enter into the complex in the 1990s. Here, they witness and learn of an inner space which had been largely concealed from wider society since its creation.

The history and form of Gehrenseestrasse 1 has been a recurring motif throughout a number of Tieu's past works. Most recently, her exhibition, "No Jobs, No Country "(2023), at n.b.k. in Berlin was devoted entirely to the complex. The centerpiece comprised the sculpture *Block G (Gehrenseestrasse, Berlin)*, 2023, a scaled steel architectural replica of the building's floor plan in which Tieu had previously lived. This was surrounded by thin cut-out outlines into the gallery walls revealing the windows behind (*Traces*, 2023), a series of lasercut lines on A4-sized plaster cast tracing the lines of a Berlin residence permit application, five personal photographs from her childhood days in the complex, and the aforementioned letter "Inside the Blocks." While reviews of

1   Sung Tieu, "Inside the Blocks," a fictional article featured in the exhibitions "Formative Years On Dearth" (2019) at Flat Time House in London and "No Jobs, No Country" (2023) at n.b.k. in Berlin.
2   The persona "Ching" was also a fictional character played by Tieu on the German television series *Türkisch für Anfänger* (Turkish for Beginners) between 2006 and 2008. The name is markedly not Vietnamese, but instead alludes to East Asian stereotypes in Euro-America.
3   Due to the changing nomenclature of the complex, as outlined later in this essay, I have chosen to refer to it throughout simply as "Gehrenseestrasse 1."
4   Examples of other fictional reportages authored by Tieu include "There is 'Green' Gas in Ohio State" ("Infra-Spectre," 2023), "Recycling—Army Style" ("In Cold Print," 2019), and "Citizens of Nowhere" ("Zugzwang," 2019), among others.
5   Juneja, M. (2023). *Can Art History be Made Global?: Meditations from the Periphery*. Berlin, Boston: De Gruyter, p. 11.

the exhibition have reiterated the artist's personal relationship to the complex,[6] the prominence of architectural models and modular forms rather signaled a focus on the politics of architectural design. From its very title, Tieu's latest exhibition, "One Thousand Times" (2023–24), shifts away from the micro to the macro "worlds" of lived space. Here, Gehrenseestrasse 1 is not portrayed through the personal lens of Tieu's time spent there. Rather, the exhibition weaves a path through elements from the artist's past works on state architectures of control and the material products of Vietnamese labor, and adds a new layer of inquiry around the scalar and formal worlds of Gehrenseestrasse 1.

Gehrenseestrasse 1: A Brief History

The year 1977 marked the conception of nine *Plattenbau* (panel building) residential complexes. These were to be built in the coming years on the street of Gehrenseestrasse in Berlin's north-eastern district of Alt-Hohenschönhausen.[7] The complex was part of a larger *Wohnungsbauprogramm* (mass housing programme) initiated by then Chairman of the State Council of the German Democratic Republic (GDR), Erich Honecker, during the 1970s and 1980s to solve a state-wide housing shortage. Over the course of two decades, this would involve the rapid construction of high-rise *Plattenbau* residential buildings across the GDR. Definitively echoing the blueprint of socialist Modernism in the USSR, this East German variation followed the principles of creating spaces which could be easily reproduced, and embodied the ideals of functionality and egality.[8] The complex at Gehrenseestrasse 1 was both part of this state-wide program, as well as a project with a specific agenda: throughout the 1980s, it transformed into East Berlin's largest housing complex for *Vertragsarbeiter* (contract workers) who came to Germany by way of labour agreements with socialist-leaning ally states, the so-called socialist *Bruderländer* (brother states).[9]

Vietnam played a particularly important role in this foreign policy. Already in January 1973, following the end of US airstrikes, the GDR had signed a bilateral agreement with then northern Democratic Republic of Vietnam (DRV), agreeing to a program of "mutual assistance." This would see increased material aid from the GDR to assist in the rebuilding of Vietnam after the war, as well as economic exchange, and cooperation in the science, manufacturing, and technology. The 1980s ushered in further "mutual assistance programs"[10] and treatises whereby Vietnamese nationals were granted educational and trainee

6   See Krumm, C. (2023), Im Dazwischen: Sung Tieu im n.b.k. *Gallerytalk.net*, https://www.gallerytalk.net/sung-tieu-nbk/ (accessed 25 August 2023); Tieu, S.; Ballantyn-Way, D. (2023). No Jobs, No Country: Sung Tieu on the family History behind her Latest Show. *Exberliner.* https://www.exberliner.com/art/no-jobs-no-country-sung-tieu-n-b-k-vietnamese-workers-objekt-gehrenseestrasse/ (accessed 25 August 2023).

7   Meyerhöfer, R. (2012). *Hohenschönhausen gestern und heute: Obdach auf Zeit: zur Geschichte der Ausländerwohnheime in der Gehrenseestrasse in Berlin-Hohenschönhausen.* Berlin: Förderverein Schloß Hohenschönhausen e.V..

8   Hartung, U. (2012). Zur Spezifik des Modernen in der DDR-Architektur. Thesen. In *Denkmal Ostmoderne, Aneignung und Erhaltung des baulichen Erbes der Nachkriegsmoderne*, edited by Mark Escherich, 26–41. Berlin: Jovis.

9   A forthcoming exhibition and research project titled "Echoes der Bruderländer" is currently being developed at Haus der Kulturen der Welt in Berlin, and is due to open in 2024. The project will focus specifically on ideologies of exchange and solidarity between the GDR and the socialist-leaning states of Cuba, Ghana, Mozambique, and Vietnam.

10   Schwenkel, C. (2015). Affective Solidarities and East German Reconstruction of Postwar Vietnam. *Comrades of Color: East Germany in the Cold War World.* Quinn Slobodian, ed. NY: Berghahn Press, p. 268.

positions in the GDR. Over the course of the decade, the GDR recruited *Vertragsarbeiter* on limited-term contracts in order to fill the labor shortages in the GDR's manufacturing and industrial sectors.

Throughout the 1980s, the complex became a densely inhabited and communal living space for the contract workers.[11] An architectural design of six-story blocks, each containing individual rooms of approximately fourteen square meters, one shared kitchen and bathroom facility per floor, ensured limited space for gatherings. Moreover, the inhabitants were subject to house rules, regulations, and surveillance, governing not only permitted activities inside the complex, but also restricting exposure to East German society. These living conditions stood in sharp contrast to the rhetoric of socialist "equality" and East German media's widespread images promoting wartime "affective solidarity" with Vietnamese people during the 1960s and 1970s.[12] In contrast, the monumentality and self-enclosed nature of Gehrenseestrasse 1 effectively hid the human experience resulting from the GDR's politico-economic relations with Vietnam.[13]

With the collapse of the GDR and reunification of Germany between 1989 and 1990, the abrupt closure of many East German state-owned enterprises (*Volkseigene Betriebe*) resulted in Vietnamese contract workers, alongside those from other countries, loosing their jobs and entering into a highly precarious legal status in Germany. Over the course of the decade, Gehrenseestrasse 1 became home to those who wished to remain in Germany beyond their limited work permits. Later, asylum seekers from various nations moved into the blocks. The residential complex quickly transformed into a point of contact and a space of safety and community, as well as the object of aggression from local citizens, neighbors, and the police. In August 1992, rising xenophobic sentiments led to a violent mob attack on a similar migrant housing complex known as the *Sonnenblumenhaus* (Sunflower House) in Rostock-Lichtenhagen.[14] Likewise, Gehrenseestrasse 1 also stood in the spotlight of right-wing aggressions in Berlin. Not only was it derogatively referred to as "*F[...] Haus*," it was also the target of a planned march on the complex in 1990 was narrowly averted by counter protesters.[15] Media reports, both within

11 Although the Vietnamese contract workers were the main inhabitants of the complex, Rolf Meyerhöfer has reported the presence of other nationalities, such as Mozambique, after 1982. See *Hohenschönhausen—Gestern und Heute. Obdach auf Zeit. Zur Geschichte der Ausländerwohnheime in der Gehrenseestrasse in Berlin-Hohenschönhausen*, 2012, p. 103.

12 Christina Schwenkel has described popular images of Vietnam in East German media in the 1960s and 1970s as portraying "racialized representations of the Vietnamese people as gentle and innocent kin in need of help (...)." Schwenkel, 2015, p. 272.

13 Architectural historian Greg Castillo has argued that East and West Berlin urban architecture was built in prominent and visible ways in order to be visible from the other side as a political provocation of superiority. In contrast, Gehrenseestrasse 1 was built at a significant distance from the border to West Berlin. See Castillo, G. (2014). Housing as Transnational Provocation in Cold War Berlin. In: Diefendorf, J.M., Ward, J. (eds.) *Transnationalism and the German City. Studies in European Culture and History.* New York: Palgrave Macmillan, pp. 125–39.

14 The right-wing attacks on the *Sonnenblumenhaus* in Rostock-Lichtenhagen were subject of the recent award-winning film, *Wir Sind Jung, Wir Sind Stark* (2015), directed by Burhan Qurbani.

15 The interview with former social worker and activist, Tamara Hentschel, who worked at Gehrenseestrasse in the 1980s and 1990s describes xenophobic and racialised language used in Germany in reference to Vietnamese communities. In this interview, Hentschel also describes aggressions towards the Gehrenseestrasse complex in the 1990s. See Interview mit Tamara Hentschel—Reistrommel e.V., published as part of *Aus Vietnam in die DDR. 40 Jahre Vertragsarbeiter-Abkommen*, Heinrich Böll Stiftung, 2020.

Germany and internationally, often ignored such hostilities. Instead, they synonymized the complex with narratives of failed ideologies, criminalized activities and forced deportation. These systematically overlooked lived hardships, community formation, and efforts to secure new livelihoods directly resulting from changes in the German legal system, whereby after reunification former contract workers found themselves in a legal grey zone and were deprived of work permits essential for generating income via legal channels.[16] These lingering associations of the complex as an "in-between space," as well as a symbol of social and political "ruin," have survived even beyond its closure in 2003.[17]

Revisiting Gehrenseestrasse

In July 2023, artist Sung Tieu and I visited the premises of Gehrenseestrasse 1. Towards the end of the summer, the artist commenced giving self-organised group tours of the complex. These highlighted not only the fact that she had previously resided there with her mother for a period of three years, but also delved into the historical context and formal significance of the building in the wake of its forthcoming demolition. At the time of our visit, its nine large geometrical blocks, each with an almost identical gridded design of windows and doorframes, all still stood solidly intact. Broken glass and loose fixtures had visibly been removed, paving the way for the complex's transition from "Objekt Gehrenseestrasse," as it had been known since the 1990s, into the forthcoming "Quartier Gehrenseestrasse," a multi-use residential complex due to begin being built in 2024. In place of more than one thousand existing small rooms once housing *Vertragsarbeiter*, the investor and construction company now boasted of plans to erect "over 1000 apartments"[18]—a figure which would come to play a symbolic role in Tieu's latest exhibition, eponymously titled "One Thousand Times."

Walking around the premises, we were at first hesitant to trespass the fence which had been erected around the buildings to demarcate a private and no-trespassing zone. Yet, upon entering the inner courtyard, it quickly became clear from the abundant graffiti, a colony of apiaries for bees and overgrowth of plants that the space was still being entered, utilized and reclaimed both by people and nature. Tieu recalled the existence of playgrounds bordering informal shops and stalls inside people's apartments. Her memories resonated with numerous other documentary, exhibition and research-related projects on the complex.[19] The 2012 exhibition accompanying and its accompanying report, "Hohenschönhausen—Gestern und Heute. Obdach auf Zeit," both reiterated the complex's status as a refuge, a "roof" over time, and a "world" of its own; a lived microcosm of intense personal interactions, and, simultaneously, a reflection of the

https://www.boell.de/de/aus-vietnam-die-ddr-40-jahre-vertrags arbeiter-abkommen (accessed 30 July 2023).

16 Cowell, A. The Vietnamese in Germany: No Jobs, No Country, *The New York Times*, 13 October 1995.

17 Teßman, K. Ruinenlandschaft in Hohenschönhausen soll endlich verschwinden. *Berliner Woche*, 13 March 2019. https://www. berliner-woche.de/alt-hohenschoenhausen/c-bauen/ruinen landschaft-in-hohenschoenhausen-soll-endlich-verschwinden_ a204703 (accessed 20 August 2023).

18 Quartier Gehrenseestrasse, Wollenberger Straße: Bauvorhaben. Howoge, 2023. https://www.howoge.de/wohnungsbau/neubau projekte/quartier-gehrenseestrasse-wollenberger-strasse.html (accessed 20 August 2023). Through her research, the artist learned that approximately 2500 new apartments will be built.

19 See Interview mit Nguyen Tuan Anh. Published as part of *Aus Vietnam in die DDR. 40 Jahre Vertragsarbeiter-Abkommen*, Heinrich Böll Stiftung, 2020. https://www.boell.de/de/aus-vietnam-die-ddr-40-jahre-vertragsarbeiter-abkommen (accessed 20 July 2023);

ideological and national efforts of world-making during and after the Cold War.[20] Cursory research into future plans for the site, however, revealed that this "living history" has been readily appropriated into a rhetoric promoting multiculturalism as cover for gentrification. A commissioned essay published on the investor's website summarizes the complex's background drawing on the above-mentioned report, and further heralds it as a *Zwischenwelt*, or "world in-between."[21] It ends with a call on the architects and city planners to reflect its transitory history in the new remodeling:

> The new actors should make it clear: we have understood the space. So let us speak about what used to be there. With whom? Perhaps with Vietnamese artists, with the fully integrated chef from the posh hotel, perhaps with a criminal and with an academic.[22]

On the surface, this concluding remark may be read as support for preserving Berlin's diverse history. Amidst contentious recent erasures of GDR architecture, it has been argued that the destruction of GDR buildings has been instrumentalized since the 1990s in order to erect symbols of a desired West German cultural and political superiority over the former eastern territories. The most high-profile recent case of this has been the demolition of former East Berlin's most symbolic and prized convention center, the *Palast der Republik* (Palace of the Republic), in order to make way for the Humboldt Forum cultural institution in 2021.[23] With its frontal façade modeled on a former Prussian Palace, the Humboldt Forum has been argued to represent a complete overhaul of GDR architecture and history. Likewise, Berlin's numerous *Plattenbau* buildings have also been part of discussions around national cultural and political imposition, albeit to lesser extent. Their functional and reproducible designs, as well as their status as former socialist architectural exports have rendered them seemingly less important for current debates around the legacies of the GDR. In Tieu's practice however, the worlds of "architectural politics" embedded in form and functionality of GDR architecture resurface to the forefront. Whereas "Inside the Blocks" captured lived experiences and personal memories, her more recent work has examined how the lingering afterlives of built space continue to govern fates of thousands across national borders.

One Thousand Times

The idea of architecture as both a product of the world, and a world-making structure, has long been the subject of Tieu's artistic inquiries. In earlier projects, the artist crafted constellations in which everyday objects symbolically interacted with inhabited spaces, ranging from market places and shops, to housing complexes and offices.[24] The collective project, TROI OI (2014–19), developed in collaboration with Nhu Duong, is among Tieu's first works to consider space as a political

20 The exhibition *Obdach auf Zeit* took place at the *Nachbarschaftshaus* in the Ostviertel on Ribnitzer Straße 1b, November 2012.

21 Franke, O. Zwischenwelten. Das Objekt Gehrenseestrasse. *Howoge.* https://www.howoge.de/fileadmin/user_upload/8_Essay_of.pdf (accessed 15 July 2023).

22 In the original language of publication, this sentence reads, "Die neuen Akteure sollten deutlich machen: Wir haben den Standort verstanden. Also reden wir auch darüber, was dort war. Mit wem? Mit vietnamesischen Künstlern vielleicht, mit dem total integrierten Koch aus dem Nobel-Hotel, vielleicht mit einem Kriminellen und mit einem Akademiker." Franke, 2022, p. 3.

23 See Costabile-Heming, C. (2017). The Reconstructed City Palace and *Humboldt Forum* in Berlin: Restoring Architectural Identity or Distorting the Memory of Historic Spaces?. *Journal of Contemporary European Studies*, 25:4, pp. 441–54; Costa, X. (2022). Demolishing Modernism: GDR and Neo-Prussian Architecture in Berlin. *European Review*, 30(S1), pp. 102–07.

24 For a discussion of Tieu's use of objects in her installations, see Quan Damman, C. (2023). Alternative Investments. *Artforum*, April.

interlocutor. TROI OI took up the subject of Berlin's Vietnamese-run flower stalls as a microcosm of the informal economies, social relations and political worlds which the Vietnamese diaspora inhabited since the reunification of Germany. In other installation-based exhibitions such as "Loveless" (2019), "Parkpiece" (2019) and "Formative Years on Dearth" (2019), Tieu explored the dynamics of social housing through a constellation of material objects as remnants and traces of everyday experiences. In the artist's own words:

> The sculptures, objects, texts, and sounds attempt to open up a physically charged space between the personal and something culturally far more universal, something everyone can relate to.[25]

In contrast to her earlier work with objects in-situ, Tieu recent practice has shifted towards the meta-worlds of architecture. Architectural models in the form of sculptures have played a key role in her investigations. For her exhibition "Civic Floor" (2022–23), she created a series of sculptures based on floor plans for historical designs of carceral complexes. In a similar vein, the formal design of Gehrenseestrasse 1 resurfaces as a central subject in "One Thousand Times." Here, the artist delves into the phenomenological and aesthetic realms of politics inherent in built space. The exhibition crafts a journey through a multi-perspectival rendition of the building. Its deconstructed forms are not based solely on official blueprints and architectural sketches retrieved by the artist from state archives, they also derive from Tieu's private documentation, such as family photographs and recent personal recordings of the site.

"One Thousand Times" opens with a glimpse into the present-day state of the building's surroundings; a photo-series of plants reclaiming the premises is juxtaposed with a group of plaster-cast, scaled reproductions of the individual walls enclosing each room inside the complex. These lean against the walls of the gallery, alluding to both the modularity of the building and to Gehrenseestrasse 1's forthcoming demolition, as well as its history as a layered site of transition. The theme of modularity continues throughout the exhibition. In another room, the artist invites visitors to "enter" into the former apartment where she lived with her mother, its contents now displayed as geometric replicas. Echoing the detailed account of her life from "Inside the Blocks," this room however shifts away from ideas of personal nostalgia and longing. Instead, the intimate and individual recollection is replaced with an allusion to the idea of a "multipliable experience." Unlike the GDR's desires for socialist design to symbolize uniformity, Tieu reimagines individual objects and pieces of furniture as three-dimensional geometric forms. Their configuration reflects how each individual grappled in a different way with the functional restrictions of living in a small space. In the final room, Tieu once again displays the architectural model, *Block G (Gehrenseestrasse, Berlin)* together with a new video work capturing the complex in its current state. Here, detailed glimpses at the remnants of once modular room and close-up shots of abundant plant life within the space give a sense that time has moved on. All the meanwhile, the home-made effect of the Super 8 film in which the video was shot, suggests that the experiences and worldviews of the 1980s and 1990s have not entirely vanished. In contrast to calls by investors and urban planners from the city of Berlin to reinvigorate and give new life to a long-defunct complex, Tieu's portrayal of Gehrenseestrasse 1 offers a sense of lingering continuity and resonances across other "worlds" beyond the legacies of the GDR in Germany.

The Worlds of Architectural Politics

One of these "worlds" is the transnational export of socialist architecture and urban planning during the Cold War.[26] While Erich Honecker

25 Tieu, S. (2019). Sung Tieu in conversation with Damian Lentini and Cédric Fauq. *Oath Against Minimalism*. Spector Books, p. 141.
26 Christina Schwenkel has argued that "During the Cold War, the circulation of architectural knowledge and urban planning

declared solidarity with Vietnam in 1980 ("Solidarität mit Vietnam—jetzt erst recht!"), the GDR was already in the midst of executing an agreement signed with the former DRV in 1973 to assist in the rebuilding of infrastructure after the war. Vinh City in the impoverished province of Nghệ An in northern Vietnam became the subject of one of the most ambitious and large-scale, seven-year reconstruction projects. A *Wohnkomplex* (housing complex) directly modelled on the GDR's *Plattenbau* design was erected in the district of Quang Trung. Parallel to the arrival of Vietnamese *Vertragsarbeiter* in Gehrenseestrasse 1, hundreds of East German specialists were sent to Vinh City to oversee and assist in the building process. As noted by sociocultural anthropologist Christina Schwenkel:

> Notably, it was the only major international project in the DRV at the time that required the long-term residency of large groups of foreigners. As such, although relations between nationals and non-nationals were closely monitored and certain interactions forbidden (such as sexual relations and visits to Vietnamese homes), everyday contact did take place, mostly but not only at the work site. Friendships formed, and are still maintained today owing to new forms of social media and the ease of international travel.[27]

Despite the presence of regulations ensuring a "safe distance,"[28] much like the restrictions imposed within Gehrenseestrasse 1, the East German workers in Vinh City were afforded significant privileges in comparison to their Vietnamese counterparts. This included higher wages, senior posts and good living conditions. These advantages were nevertheless masked under the rhetoric of equality. Thus, while the *Wohnkomplex* in Vinh continues to be viewed as a living remnant of the GDR in present-day Vietnam,[29] a closer look into its design and construction history exposes the multiple layers of privilege and political power which were exercised through the building of such structures under socialism. Looking to this history within Southeast Asia, Gehrenseestrasse 1 related not only at the time to its physical locale in the former East Berlin; it also embodied intersecting politico-architectural sensibilities and latent inequalities between the socialist *Bruderländer*.

To reduce Tieu's representation of Gehrenseestrasse 1 only to the GDR's history would, however, provide only a partial understanding of how the artist's work also critically engages with global histories of abstraction and Minimalism. As noted by art historian Pamela Corey, urban spaces in Vietnam have, and continue to, reflect multiple senses of space and time.[30] These include the Cold War battleground of aesthetics and form where modularity was not only a trademark of socialist structures, but also marked notably "western" Minimalist architectural forms, such as Le Corbusier buildings across southern Vietnam. Echoing Juneja's call to recognize that aesthetic "worlds" are plural quoted at the beginning of this essay, Tieu's own work has been deeply critical of Minimalism and abstract art's claims to globalism and universalism. According to the artist:

> I have been looking into the history of Minimalist art and design because there is something about it that I am intuitively skepti-

practices among fraternal socialist countries, particularly between the East bloc and Third World, served to reify particular visions of urban futurity rooted in ideologies of industrial productivity and egalitarian modes of living." Schwenkel, 2015, p. 276.

27 Schwenkel, 2015, p. 275.
28 For a more detailed description of the legacies of politics of social distance, see Hussefeld, B.; Radulovic, V. (2006). *Sicherheitsabstand Vietnam. Kunst. Politik. Freundschaften. Eine Annäherung*. Berlin: Kerber Verlag.
29 See Schwenkel, C. (2020). *Building Socialism: The Afterlife of East German Architecture in Urban Vietnam*. New York, USA: Duke University Press.
30 Corey, P. (2020). *The City in Time: Contemporary Art and Urban Form in Vietnam and Cambodia*. Seattle: University of Washington Press.

cal about: these supposedly neutral forms. To me, these design choices communicate certain inscribed values and speak of larger social imaginaries even though their simplicity appears devoid of signifiers.[31]

"One Thousand Times" situates this skepticism in a historical context, beginning from Berlin and extending to other parts of the world. As noted by art historian Kobena Mercer, rather than being a signifier of modernity, abstraction, and all its associated forms, has encapsulates unresolved cross-overs, conflicts and cross-fertilization even in moments of intense political conflict and competition.[32] The case of architectural forms in Vietnam and their relationship to political and economic relations with the former Eastern Bloc and the West represent one facet of this. Another facet, however, also exists in the present-day politics of remembrance. *Block G (Gehrenseestrasse, Berlin)* is markedly filled with soil sourced from the ground where the artwork is being exhibited. On the one hand, this evokes associations with deterioration, decay and forthcoming construction for the buildings in Alt-Hohenschönhausen in 2024. On the other hand, it also alludes to conflicts in international politics when economic dependence for resources are faced with the need for historical accountability. While discussions continue on whether former East German buildings can solve Berlin's current housing shortage,[33] on the level of international relations, the present-day German official development assistance (ODA) in Vietnam is actively contributing to the planned demolition of the decaying *Wohnkomplex* in Vinh City. In light of these histories and current developments, Tieu's journey through a deconstructed portrait of Gehrenseestraße 1 reminds us that much like people, architectural worlds will continue to collide, collaborate and collapse.

31 Tieu, interview with Lentini and Fauq, 2020, p, 142.
32 Mercer, K. (2006). *Discrepant Abstraction*. MIT Press.
33 O'Sullivan, F. (2020). A Second Life for Berlin's Plattenbau. *Bloomberg.* https://www.bloomberg.com/news/articles/2018-09-06/can-an-east-german-relic-help-fix-berlin-s-housing-crunch (accessed 2 August 2023).

Gehrenseestrasse 1: In den Zwischenwelten von Architektur und Politik

Eva Bentcheva

> „In meinem kurzen Leben habe ich hauptsächlich das gesehen, was mir direkt vor Augen stand. Nicht die grossen Machtkämpfe zwischen Erwachsenen in ihren Büros in Washington, Hanoi, London und dem ehemaligen Ostberlin."
> Sung Tieu, 1995[1]

In einem fiktiven Leserbrief unter dem Titel „Inside the Blocks" antwortet die siebenjährige „Ching" auf den Artikel „The Vietnamese in Germany: No Jobs, No Country", der 1995 in der *New York Times* erschienen ist. Dessen Autor, Alan Cowell, beschreibt die soziale und politische Lage eines Wohnblocks in der Gehrenseestrasse 1, einer der grössten Anlagen im früheren Ostberlin, in der Vertragsarbeiter*innen und Asylsuchende untergebracht waren. Cowell, so die fiktive Person Ching, wärmt lediglich die stereotype Darstellung solcher Wohnblocks als Inkarnation einer *Failed-State*-Ideologie und damit verbundenen Kriminalisierung migrantischer Communitys im Nachwende-Deutschland auf. Für Ching dagegen, die immer noch „in den Blöcken" lebt, ist die tägliche Realität nicht von staatlicher Politik geprägt. Ganz im Gegenteil beschreibt sie persönliche Erfahrungen vom Aufwachsen, vom Zusammenleben und von der Entstehung nachhaltiger Bindungen auf engem Raum – der Allgegenwart von Kontrollmechanismen zum Trotz, die darauf abzielten, Menschen zu separieren und zu überwachen.

Ching[2] ist ein Alias der Künstlerin Sung Tieu, die selbst mit ihrer Mutter von 1994 bis 1997 in diesem Wohnkomplex an den Gehrenseestrasse 1 gewohnt hat.[3] Der Brief ist Teil einer Reihe von Texten, die die Künstlerin im Stil von Zeitungsartikeln oder Leserbriefen verfasst hat. Darin untersucht sie die rassifizierten Spannungen, aber auch die Anstrengungen von Menschen, in den Mühlen von Bürokratie und Überwachung nicht unterzugehen, insbesondere was den täglichen Kontakt im öffentlichen Raum anbelangt.[4] Auf diese Weise gelingt es ihr, die offenherzige Weltsicht eines Kindes mit einem tiefgreifenden Porträt einer Wohnsiedlung als eigenständige soziopolitische „Welt" zu vereinbaren. Oder wie es die Kunsthistorikerin Monica Juneja formuliert: „Welten existieren im Plural – wir werden in eine hineingeboren, können uns mit ihr auseinandersetzen, uns von ihr zurückziehen oder zu einer anderen wechseln; Welten können kollidieren, kollaborieren oder kollabieren."[5] Und so lädt auch Ching/Tieu ihre Leserinnen und Leser ein, mit Fantasie und Einfühlungsvermögen einen Wohnblock der 1990er Jahre zu betreten. Hier erfahren sie von einer Innenwelt, die seit ihrer Entstehung vor der allgemeinen Bevölkerung weitestgehend verborgen geblieben ist.

Geschichte und Gestalt der Gehrenseestrasse 1 bilden ein wiederkehrendes Motiv bei vielen von Tieus Arbeiten. In jüngster Zeit hat sie dem Komplex mit "No Jobs, No Country" (2023) im n.b.k. in

---

1 Sung Tieu, „Inside the Blocks", ein fiktiver Artikel, der Teil der Ausstellungen "Formative Years On Dearth" (2019) im Flat Time House in London und "No Jobs, No Country" (2023) im n.b.k. in Berlin war.

2 „Ching" ist auch der Name einer Figur, die Tieu 2006 bis 2008 in der deutschen TV-Serie *Türkisch für Anfänger* spielte. Es handelt sich um einen bewusst nicht-vietnamesischen Namen, der auf ostasiatische Stereotype in Europa und Amerika anspielt.

3 Wegen der wechselnden Bezeichnungen des Komplexes, auf die ich noch eingehen werde, nenne ich ihn der Einfachheit halber „Gehrenseestrasse 1".

4 Weitere Beispiele für fiktive Berichte, die von Tieu verfasst wurden, sind u. a. „There is ‚Green' Gas in Ohio State" ("Infra-Spectre", 2023), „Recycling – Army Style" ("In Cold Print", 2019) und „Citizen of Nowhere" ("Zugzwang", 2019).

5 Monica Juneja, *Can Art History be Made Global?: Meditations from the Periphery*, Berlin, Boston 2023, S. 11.

Berlin eine ganze Ausstellung gewidmet. Das Herzstück bildete die Stahlskulptur *Block G (Gehrenseestrasse, Berlin)*, 2023, die in verkleinerter Form den Grundriss des Gebäudes nachbildet, in dem Tieu lebte. Umrahmt war die Arbeit von in die Wand eingelassenen Umrisslinien, die den Blick auf die dahinterliegenden Fenster freigaben (*Traces*, 2023), einer Serie von A4-Gipsabdrucken mit lasergefrästen Strichen, die die Zeilen eines Berliner Antrags auf Aufenthaltsgenehmigung nachzeichneten, fünf privaten Aufnahmen aus ihrer Zeit in dem Wohnblock und dem bereits erwähnten Brief „Inside the Blocks". Während Rezensionen der Ausstellung die persönliche Beziehung der Künstlerin zu dem Wohnblock hervorhoben,[6] zeugte die Prominenz architektonischer Modelle und modularer Formen eher von einem Interesse an den politischen Implikationen von Baukunst. Bereits der Titel ihrer aktuellen Ausstellung, "One Thousand Times" (2023–24), bewegt sich von den Mikro- zu den Makro-„Welten" bewohnten Raums. Die Gehrenseestrasse 1 wird hier nicht durch die persönliche Linse von Tieus Aufenthalt dort erfasst; vielmehr webt die Ausstellung einen Pfad durch Elemente früherer Werke der Künstlerin zu staatlichen Architekturen der Kontrolle und materiellen Resultaten vietnamesischer Arbeit. Damit fügt sie der Untersuchung rund um die Massstäbe und formalen Welten der Gehrenseestrasse 1 eine weitere Ebene hinzu.

Gehrenseestrasse 1: Eine kurze Geschichte

1977 begann die Planung von neun Wohnblöcken in Plattenbauweise, die in den kommenden Jahren an der Gehrenseestrasse im nordöstlichen Berliner Stadtteil Alt-Hohenschönhausen errichtet werden sollten.[7] Der Komplex war Teil des umfangreichen Wohnungsbauprogramms der 1970er und 80er Jahre, initiiert vom damaligen Vorsitzenden des Staatsrats der DDR, Erich Honecker, um der landesweiten Wohnraumknappheit Abhilfe zu verschaffen. In zwei Jahrzehnten wurden in der gesamten DDR mehrstöckige Wohnblöcke in Plattenbauweise hochgezogen. In offensichtlicher Mimesis der sozialistischen Moderne in der UdSSR folgte die ostdeutsche Variante dem Prinzip, Räume zu schaffen, die leicht reproduzierbar waren und den Idealen von Funktionalität und Gleichberechtigung entsprachen.[8] Der Block an der Gehrenseestrasse 1 war einerseits Teil dieses landesweiten Programms, andererseits ein Projekt mit spezifischer Agenda: Im Verlauf der 1980er Jahre mauserte es sich zum grössten Wohnheim für Vertragsarbeiter*innen, die über Staatsverträge mit sozialistischen Verbündeten, den sogenannten Bruderländern, in die DDR kamen.[9]

Bei dieser aussenpolitischen Strategie spielte Vietnam eine tragende Rolle. Schon im Januar 1973, nach dem Ende der US-Luftangriffe, hatte die DDR ein bilaterales Abkommen mit der damali-

---

6   Siehe Katrin Krumm, „Im Dazwischen: Sung Tieu im n.b.k." *Gallerytalk.net*, 10. April 2023, https://www.gallerytalk.net/sung-tieu-nbk/ (abgerufen am 31. August 2023); Duncan Ballantyn-Way, „No Jobs, No Country: Sung Tieu on the family history behind her latest show", in: *Exberliner*, 12. April 2023, https://www.exberliner.com/art/no-jobs-no-country-sung-tieu-n-b-k-vietnamese-workers-objekt-gehrenseestrasse/ (abgerufen am 31. August 2023).

7   Rolf Meyerhöfer, *Hohenschönhausen – Gestern und Heute. Obdach auf Zeit. Zur Geschichte der Ausländerwohnheime in der Gehrenseestrasse in Berlin-Hohenschönhausen*, Berlin: Förderverein Schloss Hohenschönhausen e.V., 2012.

8   Ulrich Hartung, „Zur Spezifik des Modernen in der DDR-Architektur. Thesen", in: Mark Escherich (Hg.), *Denkmal Ost-Moderne. Aneignung und Erhaltung des baulichen Erbes der Nachkriegsmoderne*, Berlin 2012, S. 26–41.

9   Das Haus der Kulturen der Welt in Berlin startet 2023 das Ausstellungs- und Forschungsprojekt "Echos der Bruderländer". Es richtet den Fokus insbesondere auf Ideologien von Austausch und Solidarität zwischen der DDR und den sozialistisch orientierten Staaten Kuba, Ghana, Mosambik und Vietnam.

gen Demokratischen Republik Vietnam (DRV) unterzeichnet, das ein Programm gegenseitiger Unterstützung vorsah. Daraus resultierten eine gesteigerte materielle Hilfe, um den Wiederaufbau Vietnams nach dem Krieg zu befördern, sowie wirtschaftlicher Austausch und Kooperationen in Wissenschaft, Industrie und Technologie. Die 1980er Jahre brachten weitere Programme zur gegenseitigen Unterstützung und Verträge, die vietnamesischen Staatsbürger*innen Ausbildungs- und Praktikumsstellen zusicherten.[10] Im Verlauf des Jahrzehnts rekrutierte die DDR Vertragsarbeiter*innen auf Kurzzeitbasis, um den Arbeitskräftemangel im gewerblichen und industriellen Sektor zu lindern.

In den 1980er Jahren wurde so der Komplex zu einer kommunalen Wohnfläche auf engstem Raum für die Vertragsarbeiter*innen.[11] Die Planung sah sechsstöckige Blöcke vor, mit individuellen Räumen von ca. 14 Quadratmetern, einer Gemeinschaftsküche und einem Bad pro Stockwerk, was die Möglichkeiten für Zusammenkünfte deutlich einschränkte. Darüber hinaus waren die Bewohner*innen Hausordnungen, Regulatorien und Überwachungsstrategien unterworfen, die nicht nur die auf dem Gelände erlaubten Aktivitäten kontrollierten, sondern auch den Kontakt zur einheimischen Bevölkerung einschränkten. Diese Lebensbedingungen standen in scharfem Kontrast zur Rhetorik sozialistischer „Gleichheit" und zu der in den ostdeutschen Medien verbreiteten Vorstellung einer „affektiven Solidarität" mit der vietnamesischen Bevölkerung in den Kriegsjahren der 1960er und -70er Jahre.[12] Im Gegensatz dazu verbargen die schiere Monumentalität der Gehrenseestrasse 1 sowie die in sich geschlossene Anlage jegliche Erfahrungswelten, die aus den politisch-ökonomischen Beziehungen der DDR zu Vietnam resultierten, hinter ihren Mauern.[13]

Mit dem Zusammenbruch der DDR und der deutschen Wiedervereinigung 1989/90 führte die plötzliche Schliessung zahlreicher Volkseigener Betriebe für Vertragsarbeiter*innen aus dem Ausland – und damit auch aus Vietnam – zum Verlust ihrer Arbeitsplätze, was einen äusserst prekären Aufenthaltsstatus zur Folge hatte. Im Verlauf des Jahrzehnts wurde die Gehrenseestrasse eine Anlaufstelle für all diejenigen, die über ihre zeitlich begrenzte Aufenthaltserlaubnis hinaus in Deutschland bleiben wollten. Später stiessen Asylbewerber*innen aus verschiedenen Nationen dazu. Die Wohnsiedlung verwandelte sich schnell in eine Kontaktzone, einen Raum, der Sicherheit und Gemeinschaftlichkeit bot, aber auch zur Zielscheibe der Aggression seitens der Ortsansässigen, der Nachbarn und der Polizei wurde. Im August 1992 mündeten steigende xenophobische

10 Christina Schwenkel, „Affective Solidarities and East German Reconstruction of Postwar Vietnam", in: Quinn Slobodian (Hg.), *Comrades of Color: East Germany in the Cold War World*, New York 2015, S. 268.

11 Auch wenn die vietnamesischen Vertragsarbeiter*innen die Hauptbewohner des Wohnheims waren, berichtet Rolf Meyerhöfer über die Präsenz anderer Nationalitäten wie die etwa Mosambikanische ab 1982. Siehe *Hohenschönhausen – Gestern und Heute 2012* (wie Anm. 7), S. 103.

12 Christina Schwenkel schreibt über populäre Vietnambilder in ostdeutschen Medien der 1960er und -70er Jahre, sie porträtierten „das vietnamesische Volk in rassifizierten Darstellungen als sanftmütige und unschuldige Verwandte, die Hilfe brauchen" (Schwenkel 2015 [wie Anm. 10], S. 272).

13 Der Architekturhistoriker Greg Castillo argumentiert, dass die städtische Ost- wie Westberliner Architektur an prominenten und von der je anderen Seite gut sichtbaren Orten angesiedelt war, um provokativ die eigene Überlegenheit zur Schau zu stellen. Im Gegensatz dazu wurde der Komplex an der Gehrenseestrasse 1 in deutlicher Entfernung zur Grenze zu Westberlin errichtet. Siehe Greg Castillo, „Housing as Transnational Provocation in Cold War Berlin", in: Jeffry M. Diefendorf, Janet Ward (Hg.) *Transnationalism and the German City. Studies in European Culture and History*, New York 2014, S. 125–139.

Tendenzen in die gewaltsame Attacke eines Mobs auf einen ebenfalls von Migrant*innen bewohnten Block in Rostock-Lichtenhagen, der als Sonnenblumenhaus bekannt war.[14] In ähnlicher Weise stand die Gehrenseestrasse 1 an vorderster Front rechter Aggression in Berlin. Sie wurde nicht nur abwertend F[...] Haus genannt, sie war auch Zielpunkt eines geplanten Marsches auf die Siedlung im Jahr 1990, der nur knapp durch Gegenprotestierende verhindert werden konnte.[15] Die Medien innerhalb Deutschlands wie auch auf internationaler Ebene ignorierten zumeist diese Feindseligkeiten. Stattdessen wurde der Block zum Synonym für gescheiterte Ideologien, kriminalisierte Aktivitäten und gewaltsame Deportationen. Diese Narrative übersahen die systematisch harschen Lebensbedingungen, aber auch den Aufbau einer Community und die Schwierigkeiten, für den eigenen Lebensunterhalt aufzukommen, die aus den Veränderungen der deutschen Gesetzgebung resultierten. Die ehemaligen Vertragsarbeiter*innen befanden sich in einer legalen Grauzone und verloren ihre Arbeitserlaubnis, ohne die sie kein offizielles Einkommen erwirtschaften konnten.[16] Diese hartnäckigen Assoziationen der Wohnsiedlung als Ort im Niemandsland sowie als soziale wie politische „Ruinenlandschaft" haben sogar den Leerstand seit 2003 überdauert.[17]

Ein Wiedersehen mit der Gehrenseestrasse

Im Juli 2023 besuchten Sung Tieu und ich das Gelände. Zum Ende des Sommers hatte die Künstlerin begonnen, selbstorganisierte Gruppenführungen auf dem Komplex anzubieten. Es ging ihr nicht nur darum, dass sie selbst mit ihrer Mutter drei Jahre lang hier gewohnt hatte, sondern auch darum, die Geschichte und formale Bedeutung des Gebäudes angesichts seines bevorstehenden Abrisses in einen historischen Kontext zu setzen. Zum Zeitpunkt unseres Besuchs machten die neun grossen geometrischen Wohnblöcke – allesamt mit einem nahezu identischen Raster aus Fenster- und Türrahmen versehen – einen soliden, intakten Eindruck. Zerbrochenes Glas und lose Teile waren offensichtlich entfernt worden, um den Übergang einzuläuten vom „Objekt Gehrenseestrasse", wie es seit den 1990er Jahren hiess, zum projektierten „Quartier Gehrenseestrasse", einer Mehrzweckwohnanlage, deren Bau 2024 in Angriff genommen werden soll. Statt etwa tausend existierenden kleinen Zimmern, in denen die Vertragsarbeiter*innen gewohnt hatten, sprechen Investor und Bauunternehmen nun von Plänen, „mehr als 1000 Wohnungen"[18] zu

14 Die rechtsgerichteten Attacken auf das Sonnenblumenhaus in Rostock-Lichtenhagen sind Thema des preisgekrönten Films *Wir sind jung. Wir sind stark* (2015) von Burhan Qurbani.

15 In einem Interview spricht die frühere Sozialarbeiterin und Aktivistin Tamara Hentschel, die in den 1980er und -90er Jahren in der Gehrenseestrasse arbeitete, von der xenophobischen und rassifizierten Sprache in Deutschland, die auf die vietnamesischen Communitys angewendet wurde. Im selben Interview beschreibt Hentschel auch Aggressionen gegen den Gehrenseestrassen-Komplex in den 1990er Jahren. Siehe „Zeitzeugengespräch – Interview mit Tamara Hentschel – Reistrommel e.V.", in: *Aus Vietnam in die DDR. 40 Jahre Vertragsarbeiter-Abkommen*, Heinrich Böll Stiftung, 2020, https://www.boell.de/de/aus-vietnam-die-ddr-40-jahre-vertrags arbeiter-abkommen (abgerufen am 31. August 2023).

16 Alan Cowell, „The Vietnamese in Germany: No Jobs, No Country", in: *The New York Times*, 13. Oktober 1995.

17 Klaus Tessman, „Ruinenlandschaft in Hohenschönhausen soll endlich verschwinden", in: *Berliner Woche*, 13. März 2019, https://www. berliner-woche.de/alt-hohenschoenhausen/c-bauen/ruinen landschaft-in-hohenschoenhausen-soll-endlich-verschwinden_ a204703 (abgerufen am 31. August 2023).

18 „Quartier Gehrenseestrasse, Wollenberger Strasse: Bauvorhaben", in: *Howoge*, 2023, https://www.howoge.de/wohnungsbau/ neubauprojekte/quartier-gehrenseestrasse-wollenberger-strasse.

schaffen – eine Zahl, die als Namensgeber in Tieus neuer Ausstellung eine symbolische Rolle spielen sollte: „One Thousand Times".

Zuerst zögerten wir, den Zaun zu übersteigen, der die Gebäude umgab und ein privates Areal markierte, zu dem der Zutritt untersagt war. Als wir uns dann aber dem Innenhof näherten, wurde schnell klar, dass der Ort nach wie vor betreten, benutzt und von Mensch wie Natur beansprucht wurde: Allenthalben waren Graffiti an den Wänden, eine Bienenkolonie war hier heimisch, und Pflanzen überwucherten das gesamte Gelände. Tieu erinnerte sich an Spielplätze, die an informelle Läden grenzten, und an Verkaufsstände in den Wohnungen der Leute. Ihre Erinnerungen passten zu zahlreichen anderen Dokumentations-, Ausstellungs- und Forschungsprojekten über den Wohnkomplex.[19] Eine Ausstellung im Jahr 2012 und der zugehörige Bericht, "Hohenschönhausen – Gestern und Heute. Obdach auf Zeit", betonten den Status der Siedlung als Rückzugsort, als „Obdach auf Zeit" und als ganz eigene „Welt": ein lebendiger Mikrokosmos intensiver persönlicher Interaktionen und, gleichzeitig, ein Spiegel der ideologischen wie nationalen Bemühungen während des Kalten Kriegs und danach, die Welt nach den eigenen Vorstellungen zu formen.[20] Doch schon ein kurzer Blick auf die aktuellen Zukunftspläne für den Ort offenbart, dass die „gelebte Geschichte" zielgerichtet aufgegriffen und in eine Rhetorik umgemünzt wird, die Multikulturalismus als Deckmantel für Gentrifizierung instrumentalisiert. Ein auf der Website des Investors publizierter Auftragstext fasst den Hintergrund des Wohnkomplexes auf Basis des oben erwähnten Berichts zusammen und drückt ihm das Etikett „Zwischenwelt" auf.[21] Er schliesst mit einem Aufruf an die Architekten und Bauherren, die transitorische Geschichte bei ihrer Neugestaltung nicht zu übersehen:

> „Die neuen Akteure sollten deutlich machen: Wir haben den Standort verstanden. Also reden wir auch darüber, was dort war. Mit wem? Mit vietnamesischen Künstlern vielleicht, mit dem total integrierten Koch aus dem Nobel-Hotel, vielleicht mit einem Kriminellen und mit einem Akademiker."[22]

Auf den ersten Blick mag diese Schlussbemerkung als Forderung wahrgenommen werden, die diversifizierte Geschichte Berlins nicht zu vergessen. Umstrittene Abrisse von DDR-Architektur legten die Schlussfolgerung nahe, dass der „Rückbau" von Bauten der DDR seit den 1990er Jahren instrumentalisiert wurde, um weithin sichtbare Zeichen der kulturellen und politischen Überlegenheit des Westens in den Vordergrund zu stellen. Der prominenteste derartige Fall war der Abriss des symbolträchtigsten und bedeutendsten Tagungszentrums des ehemaligen Ostberlins, des Palasts der Republik, um Platz für eine Kultureinrichtung zu schaffen, die unter dem Namen Humboldt Forum 2021 eröffnet wurde.[23] Mit seiner Fassade, die das

html (abgerufen am 31. August 2023). Im Zuge ihrer Recherche hat die Künstlerin herausgefunden, dass ungefähr 2 500 neue Wohnungen gebaut werden.

19 „Zeitzeuginnengespräch. Audiospaziergang mit der ehemaligen vietnamesischen Vertragsarbeiterin Thu Huong Pham Thi", veröffentlicht in: *Aus Vietnam in die DDR. 40 Jahre Vertragsarbeiter-Abkommen,* Heinrich Böll Stiftung, 2020, https://www.boell.de/de/aus-vietnam-die-ddr-40-jahre-vertragsarbeiter-abkommen (abgerufen am 31. August 2023).

20 Die Ausstellung *Obdach auf Zeit* wurde im November 2012 im Nachbarschaftshaus im Ostseeviertel gezeigt.

21 Ottfried Franke, „Zwischenwelten. Das Objekt Gehrenseestrasse", in: *Howoge,* o. J., https://www.howoge.de/fileadmin/user_upload/8_Essay_of.pdf (abgerufen am 31. August 2023).

22 Ebd., S. 3.

23 Siehe Carol Anne Costabile-Heming, „The reconstructed City Palace and *Humboldt Forum* in Berlin: restoring architectural identity or distorting the memory of historic spaces?", in: *Journal of Contemporary European Studies* 25/4 (2017), S. 441–454; Xavier Costa, „Demolishing Modernism: GDR and Neo-Prussian Architecture in Berlin", in: *European Review* 30/S1 (2022), S. 102–107.

frühere Berliner Schloss nachbildet, gilt das Humboldt Forum als Inbegriff einer Generalüberholung der DDR-Architektur und Geschichte. In ähnlicher Weise waren auch zahlreiche Berliner Plattenbauten Gegenstand nationaler wie politischer diskursiver Übergriffe, wenn auch in geringerem Ausmass. Ihr funktionales und reproduzierbares Design sowie ihr Status als frühere sozialistische Architekturexporte liessen sie als weniger wichtigen Stoff für aktuelle Debatten um das Erbe der DDR erscheinen. Demgegenüber tauchen in Tieus Praxis die Welten einer „Architektur als Politik" – eingebettet in die Form und Funktionalität der DDR-Architektur – an vorderster Front wieder auf. Während „Inside the Blocks" gelebte Erfahrungen und persönliche Erinnerungen thematisierte, untersucht ihre neueste Arbeit, wie das anhaltende Nachleben gebauten Raums das Schicksal Tausender Menschen über nationale Grenzen hinweg beherrscht.

One Thousand Times

Die Vorstellung von Architektur als Produkt der Welt einerseits, als weltgestaltende Struktur andererseits ist seit Langem Gegenstand von Tieus künstlerischen Forschungen. In früheren Projekten schuf sie Umgebungen, in denen Alltagsgegenstände symbolisch mit bewohnten Räumen interagierten: von Marktplätzen und Geschäften bis hin zu Wohnsiedlungen und Büros.[24] Das Projekt TROI OI (2014–19), das sie gemeinsam mit Nhu Duong entwickelte, zählt zu Tieus ersten Arbeiten, die Raum als politischen Dialogpartner betrachten. TROI OI nahm sich des Themas vietnamesischer Blumenläden als Mikrokosmos der informellen Ökonomien, sozialen Beziehungen und politischen Welten an, die die vietnamesische Diaspora seit der Wiedervereinigung Deutschlands prägen. In anderen installativen Ausstellungen wie „Loveless" (2019), „Parkstück" (2019) und „Formative Years on Dearth" (2019) untersucht Tieu die spezifische Dynamik des sozialen Wohnungsbaus über eine Konstellation materieller Objekte als Spuren alltäglicher Erfahrung. In den Worten der Künstlerin:
> „Die Skulpturen, Objekte, Texte und Klänge versuchen einen physisch aufgeladenen Raum zu eröffnen, zwischen dem Persönlichen und etwas weit Universellerem, etwas, zu dem jeder eine Beziehung herstellen kann."[25]

Im Gegensatz zu früheren Werken mit In-situ-Objekten bewegt sich Tieus aktuelle Praxis in Richtung der Metawelten der Architektur. Architektonische Modelle spielen dabei eine zentrale Rolle. Für ihre Ausstellung "Civic Floor" (2022–23) schuf sie eine Serie von Skulpturen, die auf Grundrissen historischer Entwürfe von Gefängnissen basieren. In ähnlicher Weise taucht der formale Entwurf der Gehrenseestrasse 1 als zentrales Thema bei "One Thousand Times" erneut auf. Hier befasst sich die Künstlerin mit den phänomenologischen wie ästhetischen Aspekten von Politik, die dem gebauten Raum innewohnen. Die Ausstellung nimmt das Publikum mit auf eine Reise durch eine multiperspektivische Repräsentation des Gebäudes. Die dekonstruierten Formen basieren dabei nicht nur auf offiziellen Vorlagen und architektonischen Skizzen, die die Künstlerin in staatlichen Archiven gefunden hat, sondern auch auf Tieus persönlichen Unterlagen, beispielsweise Familienporträts und neueren Privataufnahmen des Ortes.

"One Thousand Times" beginnt mit einem Blick auf den aktuellen Zustand der Umgebung des Gebäudes: Eine Fotoserie mit Pflanzen, die das Gelände zurückerobern, befindet sich neben einer Gruppe skalierter Trockenwand-Reproduktionen der individuellen Wände, die jeden Raum in dem Komplex umgeben; an die Galeriewände gelehnt, spielen sie auf den modularartigen Charakter der Plattenbauten an, aber auch auf den bevorstehenden Abriss der Gehren-

---

24 Eine Auseinandersetzung mit Tieus Verwendung von Gegenständen in ihren Installationen findet sich in: Catherine Quan Damman, „Alternative Investments", in: *Artforum*, April 2023.
25 „Ein gespiegeltes Gespräch: Sung Tieu im Interview mit Damian Lentini und Cédric Fauq", in: Damian Lentini und Cédric Fauq (Hg.), *Oath Against Minimalism*, Leipzig 2020, S. 141.

seestrasse 1 und deren komplexe Geschichte als transitorischer Ort. Dieses Thema der Modularität zieht sich durch die gesamte Ausstellung. In einem anderen Raum lädt die Künstlerin die Besucherinnen und Besucher ein, die Wohnung, in der sie mit ihrer Mutter lebte, zu „betreten", wobei das Inventar als geometrische Nachbildungen gezeigt wird. Der Raum ruft Erinnerungen an den detaillierten Bericht aus „Inside the Blocks" wach, enthält sich aber privater Nostalgie oder Sehnsucht. Die intime und individuelle Erinnerung wird durch die Anspielung auf eine „multiplizierbare Erfahrung" ersetzt. Im Kontrast zu den Vorstellungen der DDR von einem sozialistischen Design, das Uniformität symbolisieren sollte, entwirft Tieu die individuellen Gegenstände und Möbelstücke allerdings als dreidimensionale geometrische Formen. Deren Konfiguration verweist darauf, wie die Menschen auf je eigene Art mit den funktionalen Restriktionen eines Lebens in beengten Verhältnissen umgingen. Im letzten Raum präsentiert Tieu ein weiteres Mal das Architekturmodell *Block G (Gehrenseestrasse, Berlin)* zusammen mit einer neuen Videoarbeit, die den Komplex in seinem gegenwärtigen Zustand zeigt. Detaillierte Einblicke in die Überreste einer modularen Raumaufteilung und Nahaufnahmen des überschiessenden Pflanzenbewuchses auf dem Gelände zeugen davon, dass die Zeit nicht stehen geblieben ist. Gleichzeitig verweist der amateurhafte Charakter des Super-8-Films darauf, dass die Erfahrungen und Weltanschauungen der 1980er und -90er Jahre nicht vollständig verschwunden sind. Im Gegensatz zu Aufrufen der Investoren und kommunalen Stadtplaner Berlins, einen seit Langem leerstehenden Gebäudekomplex mit neuem Leben zu erfüllen, bietet Tieus Porträt der Gehrenseestrasse 1 eine Vorstellung von Kontinuität und Nachhall anderer „Welten" jenseits des Erbes der DDR in Deutschland.

Architektur als Politik

Eine dieser „Welten" ist der transnationale Export sozialistischer Architektur und Stadtplanung zu Zeiten des Kalten Kriegs.[26] 1980 proklamierte Erich Honecker einen Schulterschluss mit Vietnam („Solidarität mit Vietnam – jetzt erst recht!"). Zu dieser Zeit setzte die DDR allerdings schon längst ein 1973 mit der DRV geschlossenes Abkommen um, beim Wiederaufbau der Infrastruktur nach dem Krieg zu helfen. Die Stadt Vinh in der verarmten Provinz Nghệ An im Norden Vietnams wurde zum Objekt eines ehrgeizigen, gross angelegten Wiederaufbauprojekts, das sieben Jahre umspannen sollte. Im Bezirk Quang Trung wurde ein Wohnkomplex errichtet, der den Plattenbaustil der DDR duplizierte. Parallel zur Ankunft der vietnamesischen Vertragsarbeiter*innen in der Gehrenseestrasse 1 wurden Hunderte ostdeutsche Spezialisten nach Vinh geschickt, um den Baufortschritt zu überwachen. Die Kulturanthropologin Christina Schwenkel schreibt dazu:

> „Bemerkenswerterweise war es das einzige umfangreiche internationale Projekt der damaligen DRV, das einen längeren Aufenthalt grösserer Gruppen von Ausländern erforderte. Auch wenn Beziehungen zwischen Fremden und Einheimischen streng kontrolliert wurden und bestimmte Interaktionen verboten waren (wie sexuelle Beziehungen und Besuche bei Vietnamesen zu Hause), gab es Kontakte, zumeist, aber nicht immer, waren am Arbeitsplatz. Freundschaften entstanden, die in Zeiten von Social Media und unkomplizierten internationalen Reisemöglichkeiten noch heute gepflegt werden."[27]

26 Christina Schwenkel stellt die These auf, dass „im Kalten Krieg die Zirkulation von Architekturwissen und städteplanerischen Praktiken unter sozialistischen Bruderländern, insbesondere zwischen dem Ostblock und der Dritten Welt, dazu diente, bestimmte Vorstellungen urbaner Zukunftsgestaltung in die Tat umzusetzen, die in Ideologien von industrieller Produktivität und egalitären Lebensbedingungen wurzelten" (Schwenkel 2015 [wie Anm. 10], S. 276.

27 Ebd., S. 275.

Trotz der Vorschriften, die eine „sichere Entfernung" garantieren sollten[28] – und die den Beschränkungen in der Gehrenseestrasse 1 nicht unähnlich waren –, genossen die ostdeutschen Arbeiter in Vinh im Vergleich zu ihren vietnamesischen Kollegen bemerkenswerte Privilegien. Dazu zählten höhere Löhne, gehobene Posten und gute Wohnbedingungen. All diese Vorteile wurden jedoch von einer Rhetorik der Gleichheit übertüncht. Während also der Wohnkomplex in Vinh weiterhin als lebendiges Erbe der DDR im heutigen Vietnam gilt,[29] offenbart ein genauerer Blick auf seine Gestaltung und Baugeschichte die vielschichtigen Privilegien und die politische Macht, die durch den Aufbau solcher Strukturen im Sozialismus ausgeübt wurden. Angesichts dieser Geschichte in Südostasien beschränken sich die Implikationen der Gehrenseestrasse 1 nicht nur auf den physischen Standort im ehemaligen Ostberlin; ebenso treten überschneidende politisch-architektonische Sensibilitäten und latente Ungleichheiten zwischen den sozialistischen Bruderländern zutage.

Tieus Darstellung der Gehrenseestrasse 1 nur auf die Geschichte der DDR zu reduzieren, würde ohnehin zu kurz greifen. Denn das Werk der Künstlerin setzt sich ebenso kritisch mit der globalen Historie von Abstraktion und Minimalismus auseinander. Wie die Kunsthistorikerin Pamela Corey festhält, spiegelten und spiegeln urbane Räume in Vietnam multiple Eindrücke von Raum und Zeit.[30] Um Ästhetik und Form tobte im Kalten Krieg eine veritable Schlacht, bei der modulare Bauweise nicht nur ein Markenzeichen sozialistischer Strukturen war, sondern auch eindeutig „westliche" minimalistische Architekturformen kennzeichnete, beispielsweise die Gebäude von Le Corbusier im Süden Vietnams. Vergleichbar mit Junejas zu Beginn dieses Essays zitierter Aufforderung anzuerkennen, dass ästhetische „Welten" als pluralistisch zu begreifen sind, zeigt sich auch Tieus Werk sehr kritisch gegenüber den globalistischen und universalistischen Ansprüchen von Minimalismus und abstrakter Kunst. Sie formuliert es so:

> „Ich habe mir die Geschichte von minimalistischer Kunst und minimalistischem Design genauer angesehen, weil es da etwas gibt, dem ich mit intuitiver Skepsis gegenüberstehe: diese angeblich neutralen Formen. Meiner Ansicht nach vermitteln diese Designentscheidungen spezifische in ihnen eingeschriebene Werte und spiegeln umfassende soziale Vorstellungswelten wider, selbst wenn ihre Einfachheit scheinbar frei von jeglicher Referenz zu sein scheint."[31]

"One Thousand Times" verortet diesen Skeptizismus in einem historischen Kontext, der sich, von Berlin ausgehend, auf andere Teile der Welt erstreckt. Wie der Kunsthistoriker Kobena Mercer bemerkt, ist die Abstraktion mit all ihren assoziierten Formen nicht einfach ein Zeugnis der Moderne, sondern birgt in sich ungelöste Überschneidungen, Konflikte wie auch gegenseitige Befruchtungen – insbesondere in Zeiten eines intensiven politischen Wettstreits.[32] Das Fallbeispiel architektonischer Formen in Vietnam und deren Verhältnis zu politischen und ökonomischen Wechselwirkungen zwischen dem ehemaligen Ostblock und dem Westen repräsentieren eine Facette dieses Phänomens. Eine andere besteht in der heutigen Erinnerungspolitik. *Block G (Gehrenseestrasse, Berlin)* ist gefüllt mit Erde aus dem Boden des Ortes, an dem das Kunstwerk ausgestellt ist. Auf der einen Seite erweckt dies Assoziationen mit Abnutzung, Verfall

28 Eine detaillierte Beschreibung der Hinterlassenschaften einer Politik der sozialen Distanz bieten Veronika Radulovic und Birgit Hussefeld, *Sicherheitsabstand. Vietnam. Kunst. Politik. Freundschaften. Eine Annäherung*, Berlin 2006.
29 Siehe Christina Schwenkel, *Building Socialism: The Afterlife of East German Architecture in Urban Vietnam*, New York 2020.
30 Pamela N. Corey, *The City in Time: Contemporary Art and Urban Form in Vietnam and Cambodia*, Seattle 2020.
31 „Ein gespiegeltes Gespräch" 2020 (wie Anm. 25), S. 142.
32 Kobena Mercer (Hg.), *Discrepant Abstraction*, Cambridge/MA 2006.

und den bevorstehenden Erdarbeiten zur Errichtung der Gebäude in Alt-Hohenschönhausen im Jahr 2024. Auf der anderen Seite ist es eine Anspielung auf internationale politische Konflikte, wenn die ökonomische Abhängigkeit von Ressourcen auf die Forderung nach historischer Rechenschaftspflicht trifft. Während die Diskussionen um die Frage anhalten, auf welche Weise die ehemals ostdeutschen Gebäude dazu beitragen können, der aktuellen Wohnungsnot in Berlin abzuhelfen,[33] ist auf internationaler Ebene derzeit der deutsche Arm der Official Development Assistance (ODA) in Vietnam aktiv am geplanten Abriss des im Verfall begriffenen Wohnkomplexes in Vinh beteiligt. Angesichts dieser Geschichte(n) und gegenwärtigen Entwicklungen erinnert Tieus dekonstruiertes Porträt der Gehrenseestrasse 1 daran, dass architektonische Welten – ähnlich wie Menschen – auch weiterhin kollidieren, kollaborieren und kollabieren.

33 Feargus O'Sullivan, „A Second Life for Berlin's Plattenbau", in: *Bloomberg*, 6. September 2018, https://www.bloomberg.com/news/articles/2018-09-06/can-an-east-german-relic-help-fix-berlin-s-housing-crunch (abgerufen am 1. September 2023).

In this excerpt from *Building Socialism: The Afterlife of East German Architecture in Urban Vietnam*, published with Duke University Press (2020), Christina Schwenkel highlights the entangled histories of utopian design projects in the GDR and Vietnam that Sung Tieu's exhibition explores through art. The entwined legacies of housing and labor, set against backdrops of war and national division, uniquely connected these two countries through unfinished—and unrealized—utopian projects, which continue to shape landscapes, memories, and social practices to this day. The "Quang Trung" housing complex in Vinh City, built with GDR technical assistance between 1974–80, and the *Gehrenseestrasse* housing complex in Berlin, which housed Vietnamese contract workers, illustrate how architecture was envisioned as an "instrument of governmentality," in Sung Tieu's words, to shape conduct and boost productivity. In both cities, the decaying—if not already demolished—housing blocks stand as poignant reminders that aspirations toward the good life and the cultivation of global socialist citizens paradoxically served to exacerbate racial, gender, and class inequalities, as well as disparities between nations, rather than eliminate them.

On the Housing Question in Postwar Vietnam
Christina Schwenkel

After World War II, housing emerged as a strategic Cold War policy instrument. Capitalist countries promoted private home ownership as the path to prosperity and self-fulfillment and even exported this model to promote democracy.[1] Socialist countries, on the other hand, provided centralized, affordable housing to achieve stability and equality, and also promoted their model overseas. One East German architect who spent two years in Vietnam explained the *Wohnungspolitik* (housing politics) that his team brought to Vinh City: "No privatization, everything should be state-given. Each person had the right to an apartment to help support production: *eine*, nicht *seine* [*one* (apartment) not *his*]. The goal was a better life for people."[2] Vietnamese leaders likewise proposed abolishing capitalism and redistributing land to solve their housing question, not unlike Engels's proposal a century earlier.[3]

Although the right to housing is enshrined in the Vietnamese constitution, there was no centralized government response to the critical need for postwar housing, unlike the mass construction of *Khrushchyovka* (prefabricated panel or brick) flats in the Soviet Union in the 1960s or the *Wohnungsbauprogramm* (residential housing program) in East Germany in the 1970s. Leaders such as Phạm Văn Đồng did press for the rapid construction of permanent dwellings to enable people to resettle with their families and enjoy social stability. The second Five-Year Plan (1976–80) called for fourteen million square meters of residential housing to be built, of which six million were to be in cities and close to industry in provinces hit hard by US air strikes. But it did not explain how this plan should be carried out. Rather, solving the housing crisis fell largely to local governments, which delegated responsibility to the workplace. Until this time, urban housing policy in Vietnam mirrored the Chinese collectivist model of the danwei, in which employers were responsible for fulfilling workers' basic needs, including accommodation. David Bray argues that the danwei in China offered members a sense of belonging and identity by providing a "complete social guarantee" of welfare services.[4]

1   Kwak N., *A World of Homeowners: American Power and the Politics of Housing Aid*, Chicago 2015.
2   Personal interview, Germany, 29 August 2012.
3   Engels F., The Housing Question (1872/73), in: *Marx-Engels-Werke, vol. 18*, Berlin 1962, pp. 209–87.
4   Bray D., *Social Space and Governance in Urban China: The Danwei System from Origins to Urban Reform*, Redwood City 2005, pp. 4f.

Owing to wartime conditions, employers in Vietnam were unable to provide fully for their work brigades and units, but they did offer simple provisions. This system of paternalism that was so integral to socialism, with its "quasi-familial dependency" between subject and state[5], had been in place in Vietnam since the end of French colonialism. This was a time when the drive for industrialization—and for achieving revolutionary social transformation—created jobs for migrant workers, who needed housing close to industry.

Like the danwei in China, the work unit in Vietnam was the center of cultural, material, and political life. Retired female workers who were my neighbors in the Quang Trung residential complex—many of them had helped to build the blocks—explained that the workplace afforded an important sense of social cohesion, care, and belonging, especially in times of hardship. The emphasis on the communal—rather than the individual or the nuclear family—was instrumental to subject formation and to the operation of state power in the workplace. As Bray argues of the danwei, the work brigade was a "highly determined, regularized, and ordered spatial unit" that promoted the collectivization of daily life.[6] In Vinh, it was also a space of spontaneity and blurred boundaries, contrary to functional urban planning introduced by GDR planners. For example, the state-run mechanics factory employed around three hundred workers from surrounding rural districts. The land allocated to this operation was used for industry, housing, sport, and agriculture. Workers were expected to become self-sufficient, particularly during the war and postwar subsidy years, when collective farming was necessary to supplement government rations. They also bore responsibility for housing construction.

State agencies and enterprises viewed collective housing (*nhà tập thể*) as the solution to the housing crisis. These were often rudimentary, single-story structures with shared facilities in the *nhà cấp IV* (housing level IV) style: the most basic shelter, according to state building standards ratified in 1969 known as TC-36-69. Occasionally they had two or three stories and were made of brick. During and after the war, when construction materials were lacking, the structures were made of scavenged wood, thatch, and bamboo, and they had neither water nor electricity. In interviews, retired state employees—including former university faculty, civil servants at the Department of Culture, and workers at the confectionary factory—recollected how their brigades had worked collectively to build the makeshift *nhà tập thể*, before they were allocated modern apartments in the housing complex. They recalled the overcrowded living conditions without amenities during and after evacuation, when several people or families occupied single rooms. Winters were cold, and the winds and rains penetrated the porous walls, leaving them vulnerable to illness. These were unhygienic, noisy, and uncomfortable living conditions, but still legal, according to the building code.

For example, Ms. Lan, a bricklayer for Construction Company 1, returned from building roads on the Hồ Chí Minh Trail to work on the construction of Quang Trung. She shared a small room in the company's *nhà tập thể* with five to six other women. They took their meals communally at the workplace canteen, so there was no need for a kitchen. This cost her 21 Vietnam đồng (vnd) per month, almost half her monthly income of 45 vnd.[7] She married an older supervisor at Construction Company 2 (with earnings of 68 vnd per month), who had been tortured at the infamous Côn Đảo prison for five years for his anticolonial activities. He had also been a representative at the Quang Trung groundbreaking ceremony in 1974. After their marriage, the couple was allotted a collective family unit (*tập thể gia đình*) in block A3, where they continued to live through my fieldwork.

Nhà tập thể were not the great equalizer, however, and not all state employees lived in them. Unmarried recruits, the vast majority

5   Verdery K., *What Was Socialism, and What Comes Next?*,
    Princeton 1996, p. 63.
6   Bray 2005 (as note 4), p. 9.
7   Personal interview, Vinh, 15 December 2010.

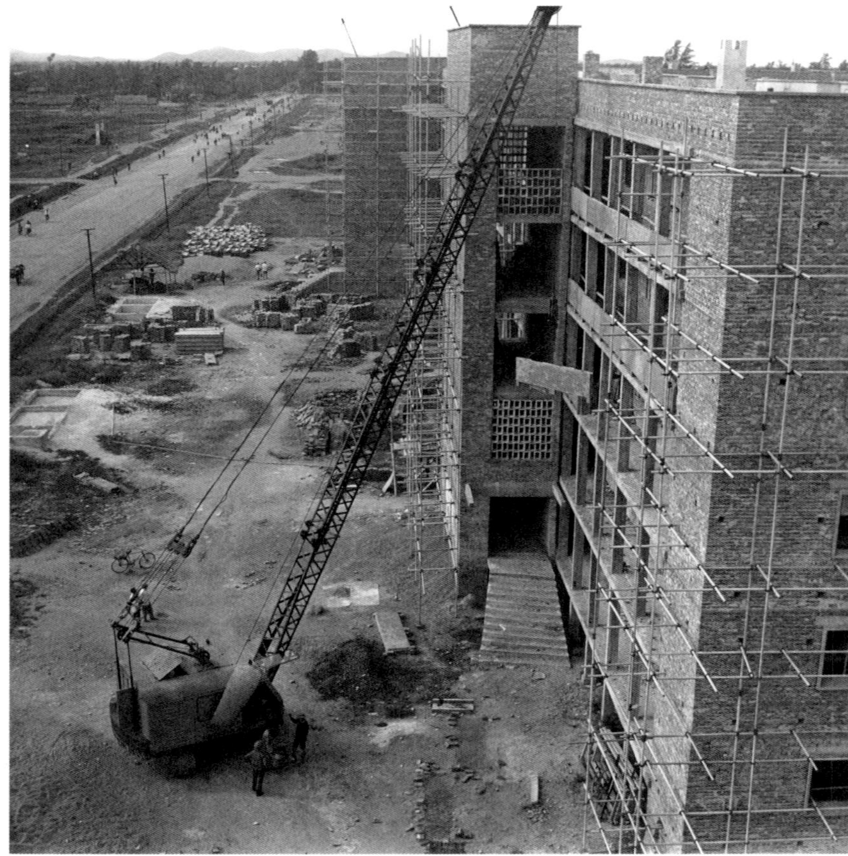

Reconstruction of the city of Vinh in Vietnam with the help of the GDR, construction work on the Quang Trung residential complex, 1974/1975 /
Wiederaufbau der Stadt Vinh in Vietnam mit Hilfe der DDR, Bauarbeiten am Quang Trung Wohnkomplex, 1974/1975

of them low-skilled female workers from rural villages, as well as young families with absent husbands who had gone to war, typically lived in collective housing. Other families with access to land or with male heads of households—typically managers from the city—lived in provisional structures (*nhà tạm*) of wood and thatch. These tended to be randomly dispersed around the collective housing facilities but in close proximity to the workplace. Land at that time was regarded as a common resource. According to a male supervisor for Nghệ An Pharmaceuticals, "People could lay claim to any piece of land, but only if they had the means to build their own shelter."[8] Male family members ventured into the forests to fell trees and gather bamboo for the rafters. "Women couldn't do this difficult labor alone," he claimed, though women then proceeded to help build the homes. This housing strategy reflected social divisions of labor in the workplace rooted in essentialist notions of gender and sexual difference, and in hierarchies between town and country: many urban administrators had not been sent to war, unlike the husbands of low-skilled migrant workers. These divisions laid the foundation for gender disparities in housing access, as a claim to workplace land, in practice, required the presence of a male head of household.

Those with *nhà tạm* were fortunate in many ways, and that privilege accompanied evacuees when they returned to the city and were assigned a new domicile, as *nhà tạm* served as evidence of familial self-sufficiency. To illustrate the complex housing situation before Quang Trung was built, I offer the life history of a man who grew up on the outskirts of Vinh through a biography of his family house. I call him Bác, for "uncle," the term he used in our interview.[9] Bác was born in Vinh in 1950 and grew up in a fairly well-off family whose plot of land was large enough to require ten hired farmhands. He spent his early childhood in a spacious five-room thatch house

8   Personal interview, Vinh, 27 April 2011.
9   Personal interview, Vinh, 19 July 2011.

(*nhà tranh*) with courtyard garden and orchard out back. During land reform, his family was categorized as a "medium landowner" (*chủ vừa*). Their land was seized, split up, and reallocated, reducing the holding from thirty-five hundred to five hundred acres. Because they were not considered wealthy (*giàu*), but only middle class (*khá*), no family member was tried in court. The house was burnt during the scorched-earth policy of the Việt Minh in the anticolonial war against the French. It was rebuilt after 1954 as a more modest, three-room shelter, also made of thatch.

Bác evacuated after the first bombs struck Vinh in August 1964. Throughout the air war, his mother worked alongside other women in an agricultural cooperative (*hợp tác xã*). Because his father, a civil servant, was required to stay in the city, the house was never abandoned, which saved it from squatters. Bác studied in his host village through the tenth grade before going to war. Though "no one wanted to go to the front," he was expected to do so as the eldest son. While the family's house was not bombed directly, it was damaged from attacks on neighboring factories and required rebuilding. In 1975, after the war, Bác studied chemistry in Hanoi at Bách Khoa University. Upon graduating, he accepted a job as a technician at the state chemical factory in Vinh. Because the plant was not far from his residence, he was given permission (as a bachelor) to live in the family's rebuilt *nhà tranh*, which over time they renovated to make larger and more durable (*kiên cố*). Bác explained that his situation was unique: the majority of factory workers, mostly women from the countryside, lived in the *nhà tập thể*. By his estimate, fewer than 10 percent of workers had the means to live independent of collective housing.

Workers typically aspired to having their own freestanding home. Despite having such a house, Bác envied the "elites" who were allocated an apartment in Quang Trung. "They were the tallest buildings we had seen in Vinh until then, and considered very modern," compared to his simple thatch house, he explained. To understand how a foreign-designed housing estate became the face of the city (*bộ mặt*), as Bác called it, and appeared, at least initially, to mitigate workplace housing disparities, it is essential to examine the negotiations that led to standardized mass housing organized around the nuclear family.

From the Collective to the Individual: Competing Ideas of Mass Housing

High-density housing had already been suggested as a solution to the postwar housing crisis even before GDR experts arrived, but on a much smaller scale. In November 1970, provincial architects proposed constructing a *khu tập kết*, or collective residential complex, in the city center, on the former site of the colonial railway station. The station was ruined during the French War and rebuilt on the edge of town in the early 1960s. This left twenty hectares of land largely vacant, save a few makeshift repair shops. Building a high-density settlement on this site meant that no compensation (*đền bù*) for landholders would be necessary, although archival documents showed there were indeed families who had settled on this property.[10] Architects drafted a plan to build interim accommodation in low-rise, *nhà cấp IV* style for 3 410 cadres and state employees, while more stable workplace housing was constructed for returning evacuees, thus maintaining the danwei-like system.[11] The adoption of the term *khu tập kết* to describe the vision showed a different housing approach from that of Eastern Europe and the Soviet Union. It also differed from the model in Hanoi, of brick, multistory collective housing blocks in a single compound, or *khu tập thể* (classified as housing level III). Those in Hanoi typically had a shared kitchen, washroom, and latrine on each

10 Report on the situation in Vinh town, September 1970, Nghệ An Provincial Archives, File 50.
11 Report on the planning of a housing complex for returning state employees to Vinh town, 5 November 1970, Nghệ An Provincial Archives, File 51.

floor, more like the Soviet communal dwellings of the Stalin era. By contrast, the proposed *khu tập kết* in Vinh would initially be transient, single-story collectives before more permanent housing could be built. The planned provision of space—twenty hectares of land for more than three thousand residents averaging sixty square meters per person—raised eyebrows among officials who rejected the plan.

Provincial planners introduced a modified proposal in the three-year plan (1973–75) for rebuilding postwar Vinh. This roadmap for social and economic rehabilitation described the grave situation and need for immediate action:

> The war of destruction carried out by American imperialists flattened Vinh. All of our factories and enterprises have been annihilated. All public works, agencies, and facilities have been completely ruined. Our technical infrastructure has been heavily damaged, our transportation lines crushed. More than forty thousand square meters of permanent housing have been destroyed. Consequently, the work to recover and rebuild the city to meet the demand for production and the everyday needs of our workers is a matter of critical urgency.[12]

With streams of evacuees returning to the city, housing construction took priority. The three-year plan proposed two options that showed changes from the 1970 proposal. One was temporary modular housing; another was permanent high-rises that would become the architectural façade of the city (*tạo bộ mặt kiến trúc thành phố*). Both remained collective in orientation, as in Hanoi. Planners were advised to take families as well as unmarried workers into consideration—in other words, to think about variegated floor plans rather than spatial uniformity. In collaboration with the Ministry of Construction in Hanoi, planners designed the first set of housing blocks, A1–A4, on the southeastern edge of what would become the housing complex named after the emperor Quang Trung.

East German specialists brought an alternative vision. Ideologically, there was consensus between Vietnamese and East Germans: architecture (including housing) was key to governing and creating moral persons. Deterministic thinking about the power of built space to shape socially desirable actions informed planning practice across socialist countries. There was less agreement, however, about the scale, form, and arrangement of space, or the spatial distribution of people.

When the first team of GDR experts arrived in Vinh, they were confronted with an informal and spontaneous built environment that they considered nonprogressive compared with the forward march of modernist architecture and functional planning. Respondents showed me photographs of scattered bamboo huts they first encountered—a cultural and temporal marker of primitivity. When they visited ruined factories, they saw the overcrowded, thatch *nhà tập thể*—another crude dwelling—and the integrated spatial unit of the workplace with mixed land use instead of single-function zoning. A review of planning documents also familiarized them with the proposal to create provisional collective housing on a mass scale in the city center. The idea of ephemeral architecture and multifamily dwellings concerned them; their vision of progress and urban futurity centered on permanent, stable buildings that encouraged individual rather than collective forms of living. One senior architect (SA) explained:

> SA: We spent a lot of time thinking about what type of housing to build and how to create a new urban environment. It was a long discussion. We told the Vietnamese that we would not build anything temporary. We wanted something that would last over the long term. So we proposed five-story, European-style apartment blocks.
>
> CS: Were you concerned that residents might not be accustomed to this type of housing?
>
> SA: Of course we were worried! We knew most people were from the countryside and wanted a freestanding home with a garden

12 Draft three-year plan for the construction of Vinh town, 1973, Nghệ An Provincial Archives, File 51.

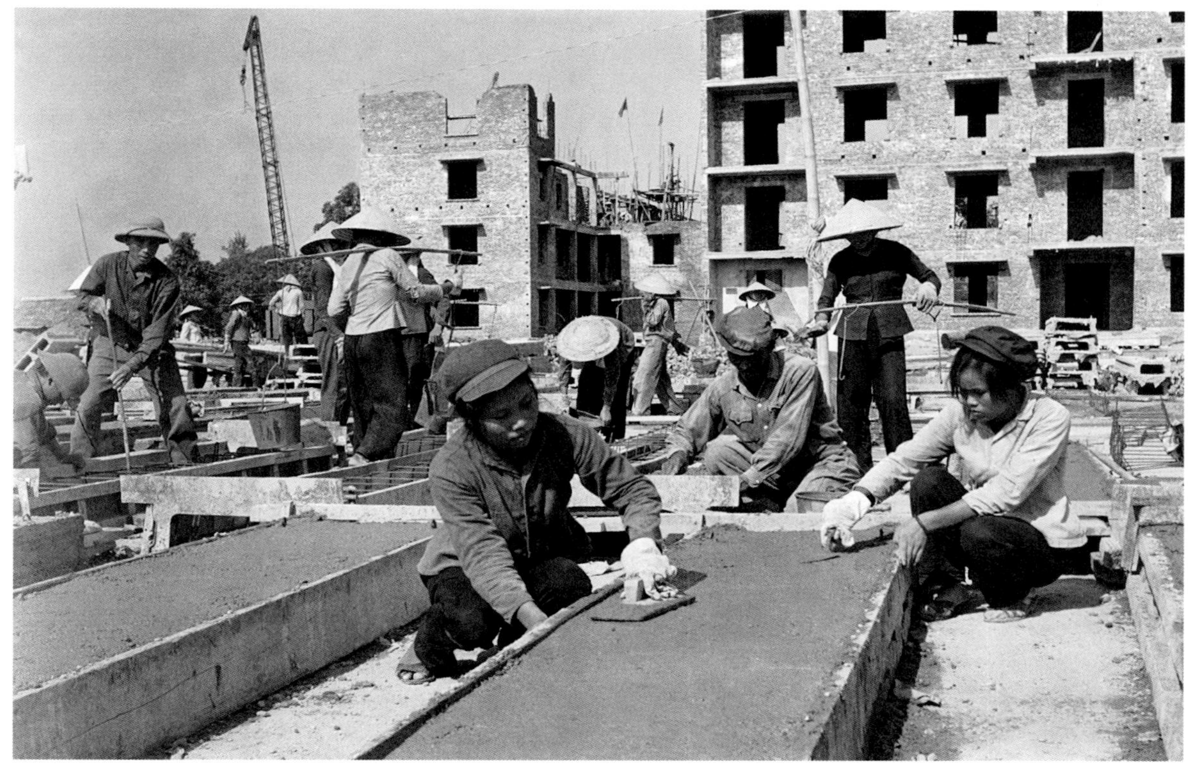

Vorfertigung von Bauelementen auf der Baustelle des Quang Trung Wohnkomplexes, ca. 1974 /
Prefabricaton of building components on site on the Quang Trung residential complex, ca. 1974

for their animals. But that was not practical. We wanted to create a new city, one that could provide a higher standard of living than life in the jungle. We were not there just to rebuild, you know, but to modernize and produce a new way of life.[13]

GDR experts thus dismissed provisional housing as a primitive relic from the past. In contrasting jungle life with their promise of modernity, they endeavored to not only improve living conditions but also to create an entirely new socialist civilization. This standpoint was also reflected in the photographs they showed me that positioned "the past" (thatch dwellings) alongside "the future" (modern housing blocks) within a single frame.

These experts also expressed opposing ideas about spatial organization within the buildings. Their approach reflected a conception of the socialist subject that centered on *individual* cultivation and *self*-mastery to collectively transform society. They strongly advocated against communal dwellings, endorsing small, single-family apartments (*khép kín*) as the beacon of a prosperous society comprising self-realized, socialist persons. In contrast, the Vietnamese Communist Party emphasized *collective* mastery (*làm chủ tập thể*) as the basis for socialist transformation. As one Vietnamese architect explained, "When the East Germans came, they didn't want to invest in communal housing. It wasn't modern and didn't fit with their plan for urbanization."[14] Unlike the Soviet Union, the GDR did not have a history of building communal flats that decentered the nuclear family under the pretext of women's emancipation. Rather, its culture of domesticity centered around the nuclear family. Popular desires in the GDR for the familial over the collective (and over the workplace) were evident in everyday life; for example, in the aversion to taking communal meals at factory canteens.[15]

Shaped by these beliefs, the residential complex that GDR experts proposed would dramatically alter the material and social fabric of

13 Personal interview, Germany, 21 August 2012.
14 Personal interview, Vinh, 20 July 2011.
15 Weinreb A., *Modern Hungers: Food and Power in Twentieth-Century Germany*, Oxford 2017, p. 133.

Vinh by moving workers and civil servants away from their workplaces and into high-density housing on a much larger scale than the Vietnamese state had envisioned. This was intentional. Rational planning prescribed the functional division of urban space to maintain social order, with clear lines between industry and housing. Modern urban workers would be more productive, and lead healthier lives, away from the pollution and stress of the workplace, one GDR architect explained. By advocating for a separate, occupationally mixed residential zone, East German planners broke with the spatial logics of the integrated, multifunctional work unit that suggested an incomplete urbanism. In separating work from social life, and the family from the collective, housing would no longer be communal but rather a mass individual experience.[16]

Exteriors: Vinh as Urban Lab

In *Spaces of Hope*, David Harvey identifies the visionary work of twentieth-century architects and planners, whose glimpses of utopian futurity merged an "intense imaginary of some alternative world" with a pragmatic concern for engineering urban space according to "radically new designs."[17] In Vinh, this utopian vision found material expression in Quang Trung. Achieving this required that planners turn the city into an urban laboratory, where behavior could be studied in a controlled setting. Much like their colonial predecessors, GDR planners conceived of Vinh as a source of empirical data acquired through observation and experimentation, and with a similar goal: to render the population more legible. In this instance, however, experts appropriated colonial methodologies to develop socialist knowledge practices and predictive behavior-modeling in order to undo socio-spatial inequality.

Turning Vinh into a creative laboratory for Western fantasies of modernity introduced a new scalar metric to the landscape. The *Wohngebiet* project dwarfed the housing proposal in the three-year plan, almost doubling the allotted land from twenty to thirty-four hectares. GDR planners helped design five separate areas of apartment blocks—A, B, C, D, E—spread over two microdistricts separated by Quang Trung Road, a main thoroughfare leading to Hanoi (see figure 1). The goal was to house more than fifteen thousand "priority" (ưu *tiên*) citizens, who had made notable contributions to nation building, a number that was almost five times that originally planned. The rapid construction of high-rises that followed would showcase East German scientific ingenuity. The sudden, almost magical appearance of imported technologies across the ruined city—bulldozers, cars, lorries, cranes, hoists, excavators, stone crushers, pumps, pipes, steel—was evidence of East Germany's technological power and prosperity. Such material abundance, along with knowledgeable experts, reinforced optimism that socialism was indeed the best path to modernization.

Like Le Corbusier's housing lab in Pessac (France), mass housing in Vinh represented a utopian social experiment, which took the razed city as a site for amassing knowledge to create order out of chaos. GDR ambitions to create a new society intersected with Vietnam's party goals to "build a new cultural way of life," or *xây dựng nếp sống văn hóa mới*. The horizontal and vertical design of the complex would be critical to this ideological project. Horizontally, planners focused on creating an extensive social infrastructure that would improve living standards for workers in the city. As in integrated microrayons in East Germany and elsewhere, public facilities were made available onsite or adjacent to housing to satisfy anticipated needs, including a shopping arcade, daycare centers, schools, youth clubhouse, a refurbished cinema, hotel, and library—everything residents would need to attain the good life. Vertically, high-rise living would offer

16 Reid S., Communist Comfort: Socialist Modernism and the Making of Cosy Homes in the Khrushchev Era, in *Gender & History* 21/3 (2009), pp. 465–98, here p. 472.
17 Harvey D., *Spaces of Hope*, Oakland 2000, p. 164.

more housing and more land for communal green spaces, as envisioned by Le Corbusier. Parks and playgrounds meant to uplift and restore the population averaged 1.5 square meters per person.[18] In this ecosocialist approach to urban planning, children, youth, and adults each had their designated commons to encourage sociality while facilitating cultural and political activities for nation building (see figure 2).

Values of inclusion and egalitarianism were reinforced in designs for technical infrastructure that included new energy, water, and transportation systems. The provision of public utilities and services was to benefit all households equitably: electricity to illuminate homes and streetlights, fresh water and sanitation to enable indoor plumbing, sidewalks and internal access roads to facilitate mobility. This comprehensive approach to design differed from the focus in Hanoi, which prioritized housing construction over infrastructure expansion.[19] In Vinh, social and technical infrastructure developed in tandem with housing to produce appropriate urban tastes, habits, and conduct. The shift away from collective dwellings would alter social and family responsibilities; single-family housing with modern amenities would—ostensibly—liberate women from domestic drudgery.

The GDR's plan for Vinh proved too ambitious, however, even with a two-year project extension. The Quang Trung construction project came to an official close at the end of 1980, with twenty-two of the proposed thirty-six blocks completed in areas A, B, and C (and one in D), across twenty hectares, the size of the original 1970 plan. Over fifteen hundred units were allocated to approximately nine thousand tenants comprising the families of workers and civil servants from more than a dozen state factories and government agencies. Only half the number of daycares and nurseries were built (two out of four in both cases), and half the number of primary and secondary schools, all on the eastern side of Quang Trung. A faltering GDR economy, recurring project delays, and mounting difficulties securing goods through patronage networks led to a decision not to further extend the agreement. This unfinished utopia, which risked East Germany's reputation as a technological leader, was not widely known: a senior architect who had been on-site from 1974 to 1975 continued to insist that the project had been completed, even after I told him otherwise.

Nonetheless, the housing estate brought Vinh national recognition. Its modernist design, rational planning, and ecological efficiency were on a scale that was unprecedented at the time. Curious spectators flocked to Vinh to witness the utopia-in-the-making, posing for photos against the backdrop of multistory buildings stretching into the distance. In 1978, the Ministry of Construction organized a conference in Vinh for a delegation of planning officials from northern provinces, who gazed upon the buildings like "palaces that had dropped from the moon" (*như từ trên cung trăng rơi xuống*), one attendee remembered.[20] With tremendously limited resources, GDR planners had, to all appearances, succeeded where others had failed. Much of the enchantment with the "palaces" could be attributed to what we today call green design, which I have described elsewhere as "eco-socialist planning." This approach adapted modernist styles and architecture originating in Europe to the social and ecological conditions of "the tropics," a socialist—if not Orientalist—rendition of Vietnamese tropical modernism.

18 Concept for the development and project planning of the Vinh-Quang Trung residential area, BArch, sapmo, dh 1/28549.
19 Trinh D.L. and Nguyen Q.V., *Socio-Economic Impacts of "Doi Moi" on Urban Housing in Vietnam*, Hanoi 2001, p. 52.
20 Personal interview, Vinh, 28 September 2010.

In diesem Auszug aus *Building Socialism: The Afterlife of East German Architecture in Urban Vietnam*, erschienen 2020 bei Duke University Press, richtet Christina Schwenkel den Fokus auf die verzahnten Geschichten utopischer Designprojekte in der DDR und Vietnam, die Sung Tieus Ausstellung aus künstlerischer Warte untersucht. Ein enges Verhältnis von Wohnungsbau und Arbeitsorganisation vor dem Hintergrund von Krieg und nationaler Teilung verband auf einzigartige Weise diese beiden Länder über unvollendete – und unverwirklichte – utopische Projekte, die bis heute Landschaften, Erinnerungen und gesellschaftliches Handeln überformen. Die „Quang Trung"-Wohnsiedlung in der Stadt Vinh, von 1974 bis 1980 mit technischer Unterstützung der DDR erbaut, und der „Gehrenseestraße"-Block in Berlin, der vietnamesische Vertragsarbeiterinnen und -arbeiter beheimatete, bezeugen, wie Architektur – in den Worten von Sung Tieu – als „Instrument staatlicher Lenkung" betrachtet wurde, um Verhaltensweisen zu beeinflussen und die Produktivität zu steigern. In beiden Städten sprechen die im Verfall begriffenen – wenn nicht schon abgerissenen – Wohnblöcke dafür, dass das Streben nach einem guten Leben und die weltweiten Bemühungen, sozialistische Bürgerinnen und Bürger heranzuziehen, paradoxerweise dazu beitrugen, Ungleichheiten hinsichtlich Ethnie, Klasse und Geschlecht sowie zwischen den Nationen zu verstärken statt sie zu beseitigen.

Zur Wohnungsfrage im Vietnam der Nachkriegszeit
Christina Schwenkel

Nach dem Zweiten Weltkrieg entwickelte sich der Wohnungsbau zum Instrument politischer Strategien im Kalten Krieg. Kapitalistische Länder propagierten nicht nur das Eigenheim als Königsweg zu Wohlstand und Selbstverwirklichung, sondern exportierten dieses Modell sogar, um für Demokratie zu werben.[1] Sozialistische Staaten wiederum stellten zentralisierten, bezahlbaren Wohnraum zur Verfügung, um gesellschaftliche Stabilität und Gleichheit zu gewährleisten – und auch sie warben im Ausland für ihr Modell. Ein ostdeutscher Architekt, der zwei Jahre in Vietnam verbracht hatte, erklärte die Wohnungspolitik, die sein Team nach Vinh brachte, folgendermassen: „Keine Privatisierung, alles sollte vom Staat kommen. Jeder Mensch hatte das Recht auf eine Wohnung, um die Produktion voranzubringen: *eine*, nicht *seine* Wohnung. Die Menschen sollten ein besseres Leben haben."[2] Auch die vietnamesische Führung hatte vor, den Kapitalismus abzuschaffen und das Land neu zu verteilen, um die Wohnungsfrage zu lösen – ein Ansatz, der an Friedrich Engels' *Überlegungen* aus dem vorangegangenen Jahrhundert erinnert.[3]

Obwohl das Recht auf Wohnraum in der vietnamesischen Verfassung verankert ist, gab es keine zentral gesteuerte Antwort der Regierung auf den kritischen Wohnraummangel nach dem Krieg – im Gegensatz zur Massenbauweise der Chruschtschowkas (vorgefertigte Platten- oder Backsteinbauten) in der UdSSR der 1960er Jahre oder zum Wohnungsbauprogramm im Ostdeutschland der 1970er Jahre. Politische Führer wie Phạm Văn Đồng drängten auf den schnellen Bau dauerhafter Wohnstätten, um den Menschen und Familien eine neue Bleibe in Aussicht zu stellen und soziale Stabilität zu gewährleisten. Der zweite Fünfjahresplan (1976–80) forderte zum Bau von 14 Millionen Quadratmetern Wohnfläche auf, von denen sechs Millionen in Städten und nahe der Industrie in Regionen liegen sollten, die von früheren US-Luftangriffen besonders hart betroffen waren. Es fehlten allerdings weitere Ausführungen, wie dieser Plan umzusetzen wäre. Darum sollten

1   Nancy H. Kwak, N., *A World of Homeowners: American Power and the Politics of Housing Aid*, Chicago 2015.
2   Persönliches Interview, Deutschland, 29. August 2012.
3   Friedrich Engels, „Zur Wohnungsfrage" (1872/73), in: *Marx-Engels-Werke*, Band 18, Berlin 1962, S. 209–87.

sich die örtlichen Verwaltungen kümmern, die ihrerseits die Verantwortung an die Betriebe delegierten. Bis zu dieser Zeit spiegelte die vietnamesische Wohnungspolitik das chinesische kollektivistische Modell *danwei*, nach dem die Betriebe dafür verantwortlich waren, die Grundbedürfnisse der Arbeiter zu erfüllen, wozu ein Dach über dem Kopf zählte. Laut David Bray vermittelte die *danwei* in China den Menschen ein Gefühl der Zugehörigkeit und Identität, weil es eine „vollständige soziale Garantie" staatlicher Wohlfahrtsleistungen bot.[4] Unter den Bedingungen des Kriegs waren die Arbeitgeber in Vietnam nicht in der Lage, ihre Arbeitsbrigaden und -einheiten umfassend zu versorgen, aber sie boten einfache Behausungen an. Dieses paternalistische System, das mit seiner „quasi-familiären Abhängigkeit" zwischen Subjekt und Staat integraler Bestandteil des Sozialismus war,[5] hatte sich in Vietnam seit dem Ende des französischen Kolonialismus etabliert. Es war eine Zeit, in der das Streben nach Industrialisierung – und nach einer revolutionären gesellschaftlichen Transformation – Jobs für Wanderarbeiter schuf, für die Wohnraum in Industrienähe benötigt wurde.

Wie die *danwei* in China war die Arbeitseinheit in Vietnam das Zentrum des alltäglichen, kulturellen und politischen Lebens. Pensionierte Arbeiterinnen, die meine Nachbarinnen in der Quang-Trung-Wohnsiedlung waren – viele von ihnen hatten selbst mitgeholfen, die Blöcke zu errichten – erklärten mir, dass der Arbeitsplatz ein wichtiges Gefühl sozialer Bindung, Fürsorge und Zugehörigkeit schuf, besonders in harten Zeiten. Die Betonung der Gemeinschaft gegenüber dem Individuum und der Kernfamilie fungierte als instrumentaler Bestandteil der Menschenformung und der angewandten Staatsmacht am Arbeitsplatz. Wie es Bray bei der *danwei* sieht, war die Arbeitsbrigade eine „hochdeterminierte, regulierte und geordnete räumliche Einheit", die die Kollektivierung des täglichen Lebens voranbringen sollte.[6] In Vinh gab es indes einen grossen Raum der Improvisation und unscharfen Grenzen im Vergleich zur funktionalen Stadtplanung, wie sie in der DDR eingeführt wurde. Die staatliche Maschinenfabrik beispielsweise beschäftigte 300 Arbeiter aus den umliegenden ländlichen Regionen. Das Land, das dafür zur Verfügung stand, wurde für die Industrie, aber auch für Wohnraum, Sport und Landwirtschaft genutzt. Von den Arbeitern wurde erwartet, dass sie sich selbst versorgten, insbesondere während des Kriegs und den Subventionsjahren danach, als kollektiver Ackerbau nötig war, um die staatlichen Rationen aufzustocken. Die Arbeiter waren auch für den Bau von Unterkünften verantwortlich.

Staatliche Agenturen und Unternehmen sahen kollektive Heimstätten (*nhà tập thể*) als Lösung der Wohnraumknappheit an. Hierbei handelte es sich oft um rudimentäre, einstöckige Gebäude mit Gemeinschaftseinrichtungen im Stil des *nhà cấp IV* (Wohnraumniveau IV): die einfachste Form der Unterkunft, entsprechend den staatlichen Baustandards, ratifiziert 1969 und bekannt als *TC-36-69*. Gelegentlich hatten sie auch zwei oder drei Stockwerke und waren aus Backstein. Während des Krieges und in der Folgezeit, als ein Mangel an Baumaterial herrschte, wurden die Konstruktionen aus aufgelesenem Holz, Stroh und Bambus errichtet und verfügten weder über Wasser noch Elektrizität. In Interviews erzählten pensionierte Staatsbedienstete – darunter ehemalige Hochschullehrer, Beamte des Kulturministeriums und Arbeiter der Süsswarenfabrik – davon, wie ihre Brigaden kooperiert hatten, um behelfsmässige *nhà tập thể* zu errichten, bevor ihnen moderne Wohnungen in der Siedlung zugewiesen wurden. Sie erinnerten sich auch an beengte Verhältnisse ohne jeden Komfort, als mehrere Leute oder Familien in einem Zimmer hausten. Die Winter waren kalt, Wind und Regen drang durch die Wände, was die Menschen sehr krankheitsanfällig machte. Es handelte sich um unhygienische, lärmbelastete und unbequeme Lebensverhältnisse, die sich aber nach der Bauordnung im Rahmen der Legalität bewegten.

4   David Bray, *Social Space and Governance in Urban China: The Danwei System from Origins to Urban Reform*, Redwood City 2005, S. 4f.
5   Katherine Verdery, *What Was Socialism, and What Comes Next?*, Princeton 1996, S. 63.
6   Bray 2005 (wie Anm. 4), S. 9.

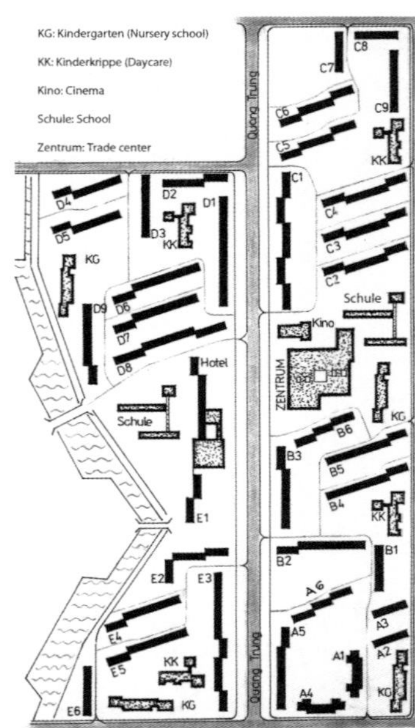

Construction plan for Quang Trung residential complex, with housing blocks and public buildings. Only the east (right-hand) side would be built to completion. / Bauplan für den Wohnkomplex Quang Trung mit Wohnblöcken und öffentlichen Gebäuden. Nur die östliche (rechte) Seite wurde fertiggestellt.

Um ein Beispiel zu nennen: Frau Lan, eine Maurerin der Baukompanie 1, kehrte vom Strassenbau am Hồ-Chí-Minh-Trail zurück, um bei Quang Trung mitzuarbeiten. Sie teilte sich ein kleines Zimmer im *nhà tập thể* der Firma mit fünf oder sechs anderen Frauen. Ihre Mahlzeiten nahmen sie gemeinsam in der Kantine am Arbeitsplatz ein, benötigten also keine Küche. Das kostete sie 21 Đồng pro Monat, fast die Hälfte ihres Einkommens von 45 Đồng.[7] Sie heiratete einen älteren Vorarbeiter der Baukompanie 2 (mit einem monatlichen Verdienst von 68 Đồng), der wegen seiner antikolonialistischen Aktivitäten fünf Jahre lang im berüchtigten Gefängnis Côn Đảo gefoltert worden war. Er war auch als offizieller Vertreter zur Grundsteinlegung von Quang Trung im Jahr 1974 geladen. Nach ihrer Heirat wurde dem Paar eine kollektive Familieneinheit (*tập thể gia đình*) in Block A3 zugewiesen, wo sie während meiner Feldstudien noch lebten.

Nhà tập thể war jedoch nicht der grosse Gleichmacher, und nicht alle Staatsbediensteten lebten dort. Unverheiratete neue Arbeitskräfte, die überwiegende Mehrzahl Frauen mit geringer Ausbildung aus ländlichen Gebieten sowie junge Familien, deren Ehemänner im Krieg waren, lebten üblicherweise in kollektiven Räumlichkeiten. Andere Familien, die Zugriff auf Land hatten oder deren Familienoberhäupter Männer waren – zumeist Manager aus der Stadt –, lebten in provisorischen Bauten (*nhà tạm*) aus Holz und Stroh. Diese waren häufig unsystematisch um die Gemeinschaftsunterkünfte verteilt, lagen aber stets in der Nähe des Arbeitsplatzes. Land wurde damals als gemeinsame Ressource betrachtet. Wie es ein Vorgesetzter des Pharmaunternehmens Nghệ An ausdrückte: „Die Menschen konnten jedes beliebige Stück Land für sich beanspruchen, aber nur, wenn sie die nötigen Mittel vorweisen konnten, um es zu bebauen."[8] Die männlichen Familienmitglieder drangen in die Wälder ein, um Bäume zu fällen und Bambus für die Dächer zu sammeln. „Die Frauen konnten

7   Persönliches Interview, Vinh, 15. Dezember 2010.
8   Persönliches Interview, Vinh, 27. April 2011.

diese schwere Arbeit nicht alleine bewältigen", meinte er, auch wenn sie im Anschluss durchaus am Bau ihres Heims beteiligt waren. Diese Wohnbaustrategie spiegelte soziale Arbeitsteilungen am Arbeitsplatz, die in essenzialistischen Vorstellungen von Geschlecht und sexueller Differenz sowie im Stadt-Land-Gefälle wurzelten. Viele städtische Verwaltungsangestellte waren nicht in den Krieg geschickt worden, im Gegensatz zu den Ehemännern von gering qualifizierten Wanderarbeiterinnen. Diese Unterscheidungen legten den Grundstein für Geschlechtermissverhältnisse, was den Zugang zu Wohnraum anbelangte, da der Anspruch auf Land am Arbeitsplatz im realen Leben die Anwesenheit eines männlichen Familienoberhaupts erforderte.

Diejenigen, die in *nhà tạm* hausten, hatten Glück in vielerlei Hinsicht, und dieses Privileg genossen auch evakuierte Menschen, wenn sie in die Stadt zurückkehrten und eine neue Bleibe zugewiesen bekamen, da *nhà tạm* als Beleg für familiäre Selbstversorgung diente. Die komplizierten Wohnraumverhältnisse aus der Zeit vor dem Bau von Quang Trung veranschauliche ich im Folgenden anhand der Lebensgeschichte eines Mannes, der am Rande von Vinh aufwuchs, und der „Biografie" seines Familienwohnsitzes. Ich nenne ihn Bác (für „Onkel"), ein Begriff, den er selbst im Interview benutzte.[9] Bác wurde 1950 in Vinh geboren und wuchs in einer recht wohlhabenden Familie auf, deren Landbesitz gross genug war, um zehn Landarbeiter zu beschäftigen. Er verbrachte seine frühe Kindheit in einem geräumigen Strohhaus (*nhà tranh*) mit fünf Zimmern, das über einen Garten im Hof und Obstbäume hinter dem Anwesen verfügte. Während der Landreform wurde seine Familie als „mittelgrosse Landbesitzer" (*chủ vừa*) kategorisiert. Ihr Land wurde beschlagnahmt, aufgeteilt und neu zugewiesen, sodass sich der Grundbesitz von 3 500 auf 500 Acre (von ca. 1 400 auf 200 Hektar) verringerte. Weil sie nicht als reich galten, sondern zur Mittelklasse gezählt wurden, wurde keinem Familienangehörigen der Prozess gemacht. Das Haus wurde im Zuge der Politik der verbrannten Erde, die die Việt Minh in ihrem antikolonialistischen Kampf gegen die Franzosen verfolgten, abgefackelt. 1954 wurde es mit lediglich drei Räumen neu errichtet, wiederum strohgedeckt.

Bác wurde evakuiert, als im August 1964 die ersten Bomben auf die Stadt fielen. Über den gesamten Luftkrieg hinweg arbeitete seine Mutter neben anderen Frauen in einer Landwirtschaftskooperative (*hợp tác xã*). Weil sein Vater, ein Beamter, in der Stadt bleiben musste, war das Haus nie verlassen, was es vor einer Fremdbesetzung bewahrte. Bác ging in dem Dorf, das ihn aufgenommen hatte, bis zur zehnten Klasse in die Schule, bevor er in den Krieg ziehen musste. Obwohl „niemand an die Front wollte", wurde von ihm als ältestem Sohn dieser Einsatz erwartet. Auf das Haus selbst fielen keine Bomben, es erlitt aber Schäden durch Angriffe auf benachbarte Fabriken und war daher reparaturbedürftig. 1975, also nach dem Krieg, studierte Bác Chemie in Hanoi an der Universität Bách Khoa. Nach seinem Abschluss trat er eine Stelle an der staatlichen Chemiefabrik in Vinh an. Weil die Fabrik nicht weit entfernt von seinem Wohnsitz lag, erhielt er (als Junggeselle) die Erlaubnis, im neu erbauten *nhà tranh* der Familie zu wohnen, den sie im Lauf der Zeit renovierten, um ihn grösser und beständiger zu machen (*kiên cố*). Bác erläuterte, dass ihre Situation sehr ungewöhnlich war. Der Grossteil der Fabrikarbeiterinnen und -arbeiter, in erster Linie Frauen vom Land, lebte in den *nhà tập thể*. Nach seiner Schätzung hatten nur zehn Prozent der Arbeiter die nötigen Mittel, um unabhängig ausserhalb von Gemeinschaftsunterkünften zu wohnen.

Die meisten Arbeiter sehnten sich nach einem eigenen, freistehenden Haus. Obwohl er selbst über ein solches verfügte, beneidete Bác die „Eliten", denen eine Wohnung in Quang Trung zugeteilt wurde. „Es waren die höchsten Gebäude, die wir je in Vinh gesehen hatten, und sie galten als sehr modern" im Vergleich zu einem einfachen strohgedeckten Haus, erklärte er. Um zu verstehen, wie eine von fremder Hand entworfene Wohnsiedlung sich zum Anlitz der Stadt (*bộ mặt*) mausern konnte, wie Bác es formulierte, und – zumindest zu Anfang – die Ungleichheiten beim Wohnen in Arbeitsplatznähe zu glätten schien,

9   Persönliches Interview, Vinh, 19. Juli 2011.

ist es essenziell, die Verhandlungen genauer zu untersuchen, die zu den standardisierten, auf die Kernfamilie ausgerichteten Massenunterkünften führten.

Vom Kollektiv zum Individuum: konkurrierende Vorstellungen vom Wohnungsbau für die Massen

Verdichteter Wohnraum war bereits als Lösung der Wohnraumkrise nach dem Krieg im Gespräch, bevor die Experten aus der DDR anreisten, allerdings in weit geringerem Umfang. Im November 1970 schlugen Architekten aus der Region vor, ein *khu tập kết* zu bauen, eine Kollektivwohnanlage im Stadtzentrum auf dem Gelände des Bahnhofs aus der Kolonialzeit. Der Bahnhof selbst war im französischen Indochinakrieg schwer beschädigt und in den 1960er Jahren am Stadtrand neu errichtet worden. Zurück blieben 20 Hektar Land, die – mit Ausnahme von wenigen provisorischen Werkstätten – praktisch unbebaut waren. An dieser Stelle hochverdichteten Wohnraum zu schaffen, hätte Kompensationszahlungen (*đền bù*) an Grundbesitzer vermieden, selbst wenn Unterlagen aus dem Archiv vermuten lassen, dass sich manche Familien auf diesem Gelände niedergelassen hatten.[10] Architekten skizzierten einen Zwischennutzungsplan in Flachbauweise, *nhà cấp IV*, für 3 410 Kader und Staatsbedienstete, während zugleich betriebliche Wohnungen für ehemals Evakuierte errichtet werden sollten, was im Einklang mit dem *danwei*-System stand.[11] Die Verwendung des Begriffs *khu tập kết* zur Beschreibung dieses Vorhabens zeugt von einer anderen Herangehensweise an den Wohnungsbau als in Osteuropa und der UdSSR. Sie unterschied sich auch vom Hanoi-Modell mehrstöckiger Gemeinschaftswohnblocks auf einem Areal, *khu tập thể* genannt (und klassifiziert als Wohnungsniveau III). Die Unterkünfte in Hanoi teilten sich üblicherweise Küche, Badezimmer und Latrine auf einem Stockwerk und entsprachen damit den kommunalen Wohnungen der Sowjetunion unter Stalin. Im Gegensatz dazu sollten die für Vinh vorgeschlagenen *khu tập kết* eher als temporärer einstöckiger Gemeinschaftswohnraum dienen, bevor langlebigere Gebäude errichtet werden konnten. Der eingeplante Flächenbedarf – 20 Hektar Land für mehr als 3 000 Menschen, was im Schnitt 60 Quadratmeter pro Person bedeutet hätte – rief den Argwohn der Behörden hervor, die den Entwurf ablehnten.

Im Dreijahresplan 1973–75 stellten die regionalen Planer einen modifizierten Vorschlag zum Wiederaufbau von Vinh nach dem Krieg vor. Die angepeilte Marschroute zur gesellschaftlichen und ökonomischen Erneuerung beruhte auf einer ernsten Lagebeurteilung und betonte die Notwendigkeit raschen Handelns:

> „Der von den amerikanischen Imperialisten durchgeführte Zerstörungskrieg hat Vinh dem Erdboden gleichgemacht. All unsere Fabriken und Unternehmen wurden vernichtet. Alle öffentlichen Betriebe, Agenturen und Einrichtungen sind ruiniert. Unsere technische Infrastruktur ist schwer beschädigt, unsere Transportwege zerschlagen. Mehr als 40 000 Quadratmeter an permanentem Wohnraum wurden zerstört. Daher ist die Aufgabe, die Stadt neu aufzubauen, um die Anforderungen der Produktion und der täglichen Bedürfnisse zu erfüllen, von höchster Dringlichkeit."[12]

Angesichts der Ströme von zuvor evakuierten Heimkehrern musste neuer Wohnraum geschaffen werden. Der Dreijahresplan sah zwei Optionen vor, die von den Überlegungen aus dem Jahr 1970 abwichen. Eine bestand in temporärem modularen Wohnraum, die andere in langlebigen Hochhäusern, die zur Architekturfassade der Stadt (*tạo bộ mặt kiến trúc thành phố*) werden sollten. Beide orientierten sich, wie in Hanoi, am Kollektiv. Die Stadtplaner wurden angewiesen,

10 Bericht über die Situation in der Stadt Vinh, September 1970, Nghệ An Provinzarchiv, File 50.
11 Bericht über die Planung einer Wohnanlage für die zurückkehrende Staatsbedienstete in die Stadt Vinh, 5. November 1970, Nghệ An Provinzarchiv, File 51.
12 Entwurf eines Dreijahresplans zum Bau der Stadt Vinh, 1973, Nghệ An Provinzarchiv, File 51.

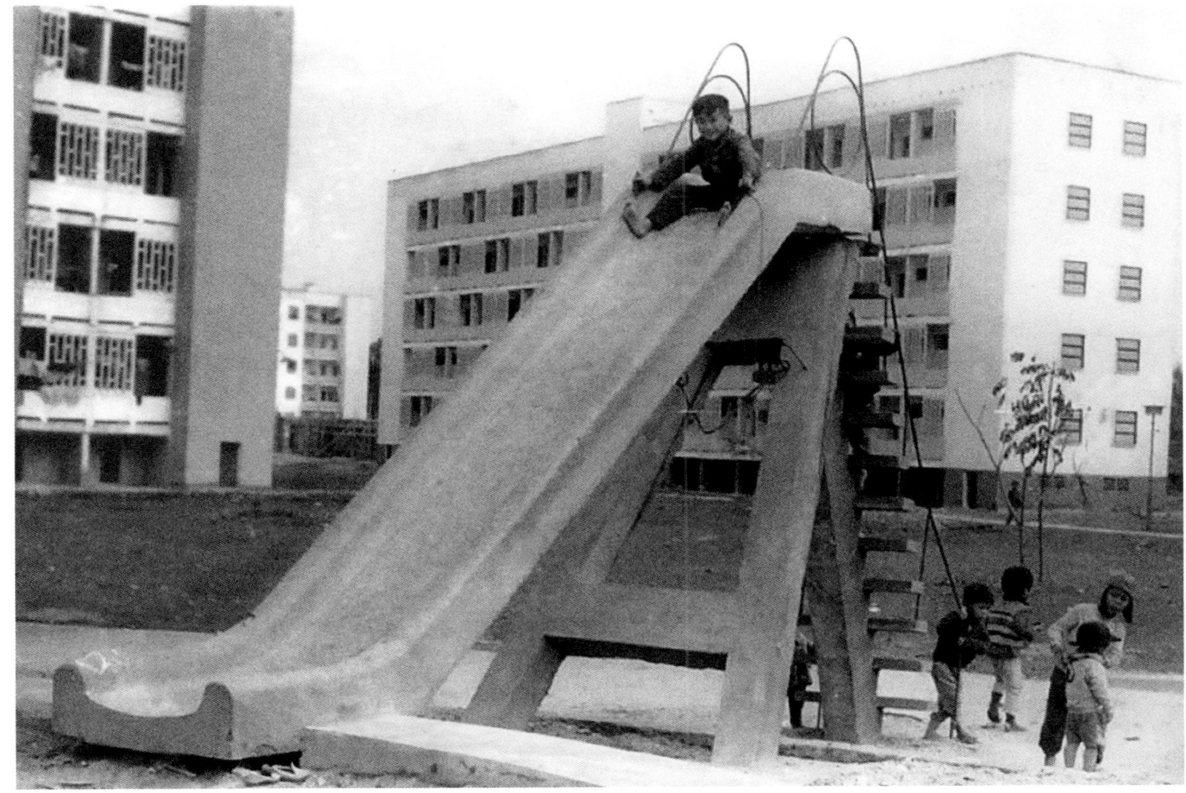

Spielplatz im Wohnkomplex Quang Trung, ca. 1978 /
Playground in Quang Trung residential complex, ca. 1978

Familien wie auch unverheiratete Arbeiterinnen und Arbeiter in ihre Überlegungen einzubeziehen – mit anderen Worten über verschieden geschnittene Grundrisse statt über räumliche Einförmigkeit nachzudenken. In Zusammenarbeit mit dem Bauministerium in Hanoi entwarfen sie eine erste Serie an Wohnblöcken, A1–A4, am südöstlichen Stadtrand. Später sollte daraus der nach dem Kaiser Quang Trung benannte Wohnkomplex werden.

Die ostdeutschen Spezialisten hatten eine alternative Vision im Gepäck. Ideologisch bestand Konsens zwischen Vietnamesen und Ostdeutschen: Architektur (einschliesslich des Wohnungsbaus) war ein Schlüssel zu effektivem Regieren und geeignet, die Moral des sozialistischen Menschen zu stärken. Deterministische Überlegungen zur Macht von gebautem Raum zwecks Steuerung des Sozialverhaltens war Grundlage der Planungspraxis in den sozialistischen Ländern. Weniger Einigkeit herrschte allerdings, wenn es um die Dimension, Form und Anordnung des Raums sowie dessen Aufteilung für die Menschen ging.

Als das erste Team aus der DDR in Vinh eintraf, sahen sie sich mit einer informell und intuitiv errichteten Baulandschaft konfrontiert, die im Vergleich zur fortschrittlichen Marschroute modernistischer Architektur und funktionaler Planung völlig anachronistisch wirkte. Die von mir dazu Befragten zeigten mir Fotografien planlos verstreuter Bambushütten, die sie zu Beginn antrafen – kulturelle und zeitliche Belege für eine gesellschaftliche Rückständigkeit. Als sie die zerstörten Fabriken besuchten, sahen sie die überfüllten Strohunterkünfte *nhà tập thể* – auch dies einfache Behausungen – und in die Arbeitsstätten integrierte Konstruktionen, die von einer kruden Verquickung der Bodennutzung statt von einer funktionalen Aufteilung zeugten. Ein Blick auf die Planungsdokumente machte sie mit der Idee vertraut, provisorische Gemeinschaftsunterkünfte in grossem Stil im Stadtzentrum zu errichten. Die Vorstellung von Kurzzeitarchitektur und Mehrfamilienunterkünften irritierte sie, denn ihre eigene Vision von Fortschritt und urbaner Zukunftsfähigkeit kreiste um langlebige, stabile Gebäude, die eher zu einer individuellen denn kollektiven Lebensweise passten. Ein leitender Architekt (SA) erklärte es im Gespräch mit der Autorin so:

„Wir verwandten viel Zeit auf die Frage, welchen Haustyp wir bauen sollten und wie man ein neues urbanes Umfeld schaffen könnte. Es war eine langwierige Diskussion. Wir erklärten den Vietnamesen, dass wir nichts Temporäres bauen würden. Wir wollten etwas, das über einen langen Zeitraum erhalten bliebe. Also schlugen wir fünfstöckige Wohnblocks im europäischen Stil vor."

„Machten Sie sich keine Sorgen, dass die Bewohnerinnen und Bewohner sich mit diesem Gebäudetyp schwertun könnten?"

„Doch, natürlich! Wir wussten ja, dass die meisten Menschen vom Land kamen und ein freistehendes Haus mit einem Garten für die Tiere bevorzugen würden. Aber das war unpraktisch. Wir wollten eine neue Stadt schaffen, eine, die einen höheren Lebensstandard bieten konnte als im Dschungel. Wir waren ja nicht zum Wiederaufbau der alten Strukturen gekommen, sondern um zu modernisieren und eine neue Art des Lebens zu verwirklichen."[13]

Die Experten aus der DDR verwarfen provisorischen Wohnbau als primitives Relikt der Vergangenheit. Indem sie das Leben im Dschungel dem Versprechen der Moderne gegenüberstellten, versuchten sie nicht nur, die Existenzbedingungen der Menschen zu verbessern, sondern eine vollständig neue sozialistische Zivilisation ins Leben zu rufen. Dieser Standpunkt spiegelt sich auch in Fotografien, die sie mir zeigten. Diese stellten in einem Rahmen vereint „die Vergangenheit" (Strohhütten) „der Zukunft" (moderne Häuserblocks) gegenüber.

Die ostdeutschen Spezialisten hatten auch andere Vorstellungen von der räumlichen Organisation im Inneren der Gebäude. Ihr Ansatz reflektierte ein Konzept des sozialistischen Subjekts, das sich auf *individuelle* Entwicklung und einen *eigen*ständigen Beitrag zur kollektiven Umwandlung der Gesellschaft konzentrierte. Sie sprachen sich klar gegen Gemeinschaftsunterkünfte aus und befürworteten stattdessen kleine Einfamilienwohnungen (*khép kín*) als Vorreiter einer aufblühenden Gesellschaft aus souveränen sozialistischen Persönlichkeiten. Im Gegensatz dazu betonte die Kommunistische Partei Vietnams die kollektive Überwindung (*làm chủ tập thể*) anstehender Herausforderungen als Grundlage einer sozialistischen Transformation. In den Worten eines vietnamesischen Architekten: „Als die Ostdeutschen auf den Plan traten, war schnell klar, dass sie nicht in kollektiven Wohnraum investieren wollten. Das war nicht modern und passte nicht in ihre Vorstellung von Urbanisierung."[14] Anders als die Sowjetunion gab es in der DDR keine Geschichte kommunenartigen Wohnraums, der unter dem Vorwand weiblicher Emanzipation die Kernfamilie in den Hintergrund drängte. Die allgemeine Sehnsucht nach Familienleben statt Leben im (Arbeits-)Kollektiv trat im Alltag der DDR deutlich zum Vorschein, beispielsweise in der verbreiteten Abneigung gegenüber gemeinsamen Mahlzeiten in den Betriebskantinen.[15]

Von diesen Überzeugungen geleitet, stellten die DDR-Experten eine Wohnsiedlung vor, die das materielle und soziale Gefüge Vinhs drastisch verändern sollte: Arbeiter und Beamte sollten vom Arbeitsplatz in hochverdichteten Wohnraum ziehen, und zwar in viel grösserem Umfang, als der vietnamesische Staat sich das vorgestellt hatte. Dahinter steckte eine klare Strategie. Rationale Planung schrieb eine funktionale Aufteilung des städtischen Raums mit einer offensichtlichen Trennlinie zwischen Fabrik und Wohnung vor, um die soziale Ordnung aufrechtzuerhalten. Moderne Arbeiterinnen und Arbeiter sollten produktiver sein, ein gesünderes Leben führen, fern von der Verschmutzung und dem Stress des Arbeitsplatzes wohnen – so erklärte es ein DDR-Architekt. Indem sie sich für ein separates, beruflich gemischtes Wohngebiet einsetzten, brachen die ostdeutschen Planer mit der räumlichen Logik einer funktional integralen Arbeits- und Wohneinheit, die für eine nur unvollständige Urbanisierung stand. Mit der Trennung von Arbeit und gesellschaftlichem Leben, von Familie und Kollektiv wurde das Wohnen von der gemeinsamen zur massenindividuellen Erfahrung.[16]

13 Persönliches Interview, Deutschland, 21. August 2012.
14 Persönliches Interview, Vinh, 20. Juli 2011.
15 Alice Weinreb, *Modern Hungers: Food and Power in Twentieth-Century Germany*, Oxford 2017, S. 133.
16 Susan E. Reid, „Communist Comfort: Socialist Modernism and the Making of Cosy Homes in the Khrushchev Era", in: *Gender & History* 21/3 (2009), S. 465–498, hier S. 472.

In *Spaces of Hope* beschreibt David Harvey das visionäre Werk der Architekten und Planer des 20. Jahrhunderts, deren Utopien eine „eindringliche Vorstellung von einer alternativen Welt" mit einem pragmatischen Interesse an der Ausgestaltung des urbanen Raums entlang „radikal neuer Entwürfe" verbanden.[17] In Vinh fand eine solche Utopie mit Quang Trung ihren materiellen Ausdruck. Für die Realisierung mussten die Planer die Stadt in ein urbanes Labor verwandeln, in dem sich menschliches Verhalten in einer kontrollierten Umgebung studieren liess. Nicht unähnlich ihren kolonialen Vorgängern betrachteten die Planer aus der DDR Vinh als eine Fundgrube empirischer Daten, die sich durch Beobachtung und Experiment erheben liessen. Und auch das Ziel unterschied sich nicht: Es ging darum, die Bevölkerung besser lesen zu können. Nur dass sich in diesem Falle die Experten kolonialistische Methoden zur Ausweitung sozialistischer Wissensproduktion und vorausschauender Verhaltensmodellierung aneigneten, um sozialräumliche Ungleichheiten abzuschaffen.

Vinh in ein Kreativlabor westlicher moderner Fantasien zu verwandeln, setzte ganz neue Massstäbe für die Landschaft. Das Siedlungsprojekt liess den Vorschlag des Dreijahresplan geradezu zwergenhaft erscheinen, verdoppelte es doch fast den zugedachten Boden von 20 auf 34 Hektar. Die Planer aus der DDR trugen massgeblich dazu bei, fünf getrennte Areale für Wohnblocks zu entwerfen – A, B, C, D, E – die sich über zwei Mikrodistrikte erstreckten, durchschnitten von der Quang Trung Strasse, einer zentralen Verkehrsader, die nach Hanoi führte (Abbildung 1). Erklärtes Ziel war, mehr als 15.000 „Vorzugs"-Bürgerinnen und Bürgern (ưu *tiên*), die einen wertvollen Beitrag zum Aufbau der Nation geleistet hatten, eine dauerhafte Bleibe zu verschaffen – eine Zahl, die fünfmal so hoch war wie ursprünglich geplant. Der rasante Bau von Hochhäusern, der schon bald erfolgte, sollte die wissenschaftliche Genialität Ostdeutschlands unter Beweise stellen. Das plötzliche, fast magische Auftauchen importierter Technologie in der Stadt – Bagger, Autos, Laster, Kräne, Fördermaschinen, Steinbrecher, Pumpen, Röhren, Stahl – zeugte von der technologischen Macht und Prosperität Ostdeutschlands. Ein derartiger materieller Überfluss, neben den versierten Experten, befeuerte den Optimismus, dass der Sozialismus in der Tat der Königsweg zur Modernisierung war.

Ähnlich wie Le Corbusiers Wohnlabor im französischen Pessac stellte das Massenprojekt in Vinh ein utopisches gesellschaftliches Experiment dar, für das die zerstörte Stadt den perfekten Ort zur Anhäufung des nötigen Wissens darstellte, um aus Chaos Ordnung zu schaffen. Der Ehrgeiz der DDR, eine neue Gesellschaft zu formen, traf sich mit den Zielen der vietnamesischen Partei, „einen neuen kulturellen Lebensweg zu ebnen" (*xây dựng nếp sống văn hóa mới*). Doch horizontale wie vertikale Achse waren kritische Punkte dieses ideologischen Projekts. Auf der waagrechten Ebene konzentrierten sich die Planungen darauf, eine ausgedehnte soziale Infrastruktur zu schaffen, um die Lebensverhältnisse von Arbeiterinnen und Arbeitern in der Stadt zu verbessern. Wie in den integrierten Wohngebieten ausserhalb der Stadtkerne in Ostdeutschland und anderswo sollten öffentliche Einrichtungen vor Ort zur Verfügung stehen, um die erwartbaren Bedürfnisse zu befriedigen: ein Einkaufszentrum, Kinderbetreuung, Schulen, ein Jugendclub, ein neu eingerichtetes Kino, ein Hotel und eine Bücherei – alles, was die Bewohnerinnen und Bewohner für ein angenehmes Leben brauchten. Auf der senkrechten Ebene sollten die Hochhäuser mehr Wohnraum und mehr kommunale Grünflächen bieten, ganz so, wie es sich Le Corbusier vorstellte. Parks und Spielplätze zur Rekreation der Bevölkerung standen im Verhältnis von 1,5 Quadratmetern pro Person zur Verfügung.[18] In diesem ökosozialistischen Ansatz hatten Kinder, Jugendliche und Erwachsene ihre je eigenen gemeinschaftliche Räume, um das soziale Miteinander

17 David Harvey, *Spaces of Hope*, Oakland 2000, S. 164.
18 Konzeption für die Bebauung und Projektierung des Wohngebietes Vinh–Quang Trung, *BArch*, sapmo, dh 1/28549.

zu fördern und gleichzeitig kulturelle wie politische Aktivitäten zum Aufbau der Nation zu ermöglichen (siehe Abbildung 2).

Werte der Inklusion und Gleichberechtigung wurden in den Planungen der technischen Infrastruktur verstärkt einbezogen, was auch neue Formen der Energie und Wassernutzung sowie die Transportsysteme betraf. Das Angebot öffentlicher Einrichtungen und Serviceleistungen sollte allen Haushalten gleichermassen zugutekommen: Elektrizität zur Beleuchtung von Innen- wie Aussenräumen, Installationen für Sanitäranlagen und zur Trinkwasserversorgung der Wohnungen, Bürgersteige und Zufahrtswege für mehr Mobilität. Dieser umfassende Gestaltungsanspruch unterschied sich vom Hanoier Konzept, das dem Hausbau gegenüber einer erweiterten Infrastruktur den Vorzug gab.[19] In Vinh entwickelte sich die soziale und technische Infrastruktur parallel zum Wohnungsbau, um dem urbanen Geschmack, den zeitgenössischen Gewohnheiten und Verhaltensweisen entgegenzukommen. Die Abkehr von Gemeinschaftsunterkünften sollte soziale und familiäre Verpflichtungen verändern; modern ausgestattete Einfamilien-Apartments sollten – zumindest nach aussen hin – Frauen von der häuslichen Mühsal erlösen.

Der Plan sollte sich jedoch als zu ehrgeizig erweisen, selbst nach einer Projektverlängerung um zwei Jahre. 1980 wurde das Quang-Trung-Bauprojekt offiziell abgeschlossen, 22 der in Aussicht gestellten 36 Blöcke in den Abschnitten A, B und C (und einer in Abschnitt D) waren vollendet – auf einer Fläche von 20 Hektar wie im Ursprungsplan von 1970 festgehalten. Über 1.500 Wohneinheiten wurden ca. 9.000 Mietern zugewiesen: Arbeiter- und Beamtenfamilien aus mehr als einem Dutzend staatlicher Fabriken und Regierungsbehörden. Nur die Hälfte der Tagesstätten und Kindergärten (je zwei von vier) und nur die Hälfte der Primär- und Sekundärschulen wurden gebaut, alle auf der östlichen Seite von Quang Trung. Die schwächelnde DDR-Wirtschaft, ständige Projektverzögerungen und wachsende Probleme, die nötigen Materialien in einem System der Vetternwirtschaft zu beschaffen, führten zur Entscheidung, das Projekt nicht weiter zu verlängern. Dass es sich somit um eine unvollendete Utopie handelte, unter der Ostdeutschlands Ruf als Technologieführer zu leiden drohte, ist allerdings nicht allgemein bekannt. Ein leitender Architekt, der von 1974 bis 1975 vor Ort war, bestand weiterhin darauf, dass das Projekt abgeschlossen sei, auch nachdem ich ihm etwas anderes gesagt hatte. Nichtsdestotrotz brachte die Wohnsiedlung Vinh internationale Anerkennung. Das moderne Design, die rationale Planung, die ökologische Effizienz waren in ihrer Dimension beispiellos. Neugierige Besucher kamen scharenweise nach Vinh, um Zeuge eines im Entstehen begriffenen Utopia zu werden, und posierten für ein Foto vor dem Hintergrund der mehrstöckigen Gebäude, die sich in die Ferne erstreckten. 1978 organisierte das Bauministerium eine Konferenz in Vinh für eine Delegation von Planungsbeauftragten aus dem Norden des Landes, die auf die Gebäude starrten, als wären sie „Paläste, die vom Mond herabgefallen sind" (*như từ trên cung trăng rơi xuống*) – so erinnert es einer der damaligen Teilnehmer.[20] Trotz enorm beschränkter Ressourcen waren die Planer aus der DDR allem Anschein nach erfolgreich gewesen, wo andere gescheitert waren. Dass die „Paläste" so viele Menschen nachhaltig beeindruckten, liegt nicht zuletzt an dem, was wir heute grünes Design nennen; andernorts habe ich es als „ökosozialistische Planung" bezeichnet. Dieser Ansatz knüpfte moderne Stilistik und Architektur aus Europa an die sozialen und ökologischen Bedingungen der „Tropen": eine sozialistische – wenn nicht sogar orientalistische – Interpretation einer vietnamesisch-tropischen Moderne.

19 Duy Luan Trinh u. Quang Vinh Nguyen, *Socio-Economic Impacts of "Doi Moi" on Urban Housing in Vietnam*, Hanoi 2001, S. 52.
20 Persönliches Interview, Vinh, 28. September 2010.

Colophon / Impressum

Sung Tieu: One Thousand Times
is published on the occasion of the exhibitions / ist anlässlich der
folgenden Ausstellungen erschienen:

"One Thousand Times"
Kunst Museum Winterthur
16 September – 19 November 2023
Curator / Kurator: Lynn Kost

"One Thousand Times"
Kunsthalle Nürnberg
9 March – 9 June 2024
Curator / Kuratorin: Harriet Zilch

Editor / Herausgeber: Lynn Kost
Design / Grafik: Dan Solbach
Essays / Texte: Eva Bentcheva, Kito Nedo, Christina Schwenkel
Proofreading and Copy Editing / Korrekturen: Hans-Jörg Huhn,
    Harry Joelson-Strohbach (English)
Translations / Übersetzungen: Martin Hager (English to German),
    Tas Skorupa (German to English)
Cover / Titelbild: Vu Thi Hanh
Typeface / Schrift: Maxima (Gert Wunderlich, VEB Typoart 1970)

Production / Gesamtherstellung
Snoeck Verlagsgesellschaft mbH
Nievenheimer Str. 18
50739 Köln
www.snoeck.de

ISBN 978-3-86442-426-7

This publication has received generous support from /
Diese Publikation wurde grosszügig unterstützt von
Dr. Georg und Josi Guggenheim Stiftung
Ernst und Olga Gubler-Hablützel Stiftung
Sfeir-Semler Gallery, Hamburg/Beirut

Lenders / Leihgeber
Artemis Baltoyanni
Emalin, London
Family Servais Collection
Galerie Barbara Weiss | Trautwein & Herleth, Berlin
Julius Woeste
Privatsammlung Saskia Leopold
Sammlung Gräfling
Sammlung W15
Sfeir-Semler Gallery, Hamburg/Beirut
Stiftung Galerie für Zeitgenössische Kunst Leipzig

Kunst Museum Winterthur and Kunsthalle Nürnberg would like to
thank Sung Tieu for her great commitment to the exhibitions / danken
Sung Tieu für ihr grosses Engagement für die Ausstellungen.
    We would like to extend our thanks to / In unseren Dank einschlies-
sen möchten wir Andrée Sfeir-Semler and/und Ana Siler (Sfeir-Semler
Gallery, Hamburg/Beirut), Bärbel Trautwein, Daniel Herleth and/und
Patrick Armstrong (Galerie Barbara Weiss, Berlin), Leopold Thun,
Angelina Volk, and/und Lucy Cowling (Emalin, London), Artemis
Baltoyanni, Family Servais Collection, Johanna and/und Friedrich
Gräfling, Saskia Leopold, Sammlung W15, Julius Woeste, Franciska

Zólyom and/und Stiftung Galerie für Zeitgenössische Kunst Leipzig,
and/und Jackson Beyda, Gunar Laube, Mara Hornemann, Silvio Saraceno,
Miriam Wierzchoslawska (Studio Sung Tieu).

Sung Tieu would like to thank her mother Vũ Thị Hạnh and her father,
Tiêu Dũng Tiến, who served as inspiration for this body of work /
bedankt sich bei ihrer Mutter und ihrem Vater, die als Inspiration
für diese Werkgruppe dienten; and/und Lynn Kost, Konrad Bitterli,
Harriet Zilch, Dan Solbach, Eva Bentcheva, Christina Schwenkel, Kito
Nedo, Andrée Sfeir-Semler and/und Ana Siler (Sfeir-Semler Gallery,
Hamburg/Beirut), Bärbel Trautwein, Daniel Herleth, and/und Patrick
Armstrong (Galerie Barbara Weiss, Berlin), Leopold Thun, Angelina
Volk, and/und Lucy Cowling (Emalin, London), Franciska Zólyom, Tuan
Do Duc, Damian Lentini, Anna-Lena Seiser, Barbara Scheuermann,
Chrissie Breinlinger-O'Reilly, Nina Kettiger, Reistrommel e.V., Alexis
Chan, Daniel Milnes, Erkin Karamemet, and/und Jackson Beyda, Gunar
Laube, Mara Hornemann, Silvio Saraceno, Miriam Wierzchoslawska
(Studio Sung Tieu).

Photo Credits / Fotonachweis:
Nick Ash, pp. 28, 119, 132, 171, 173, 178, 180; Raimer Buntrock, p. 225;
Theo Christelis, pp. 12, 14; David Ertl, pp. 123, 172; Hans-Georg Gaul,
pp. 11, 15–16, 29–101, 121, 124, 129–30, 133–44, 146–47, 163–69, 176–
177, 181–83, 186–94; Maximilian Geuter, pp. 212–13; Stephen James,
pp. 27, 161; Gunnar Meier, pp. 148–58; Volker Renner, pp. 13, 17–18,
102–10, 120, 122, 125–28, 141, 154, 159–160, 162, 170, 179, 184–85; Jens
Ziehe, p. 145; © Berliner Zeitung, pp. 19–26; © Bundesarchiv, p. 214;
© Die Tageszeitung, pp. 111–118; © Sächsische Zeitung, pp. 174–75;
© Vietnam Germany Friendship Association of Nghệ An, p. 222;
© Vietnam News Agency, p. 217

Courtesies:
Unless otherwise stated / Wenn nicht anders angegeben: Courtesy
the Artist, Emalin, London, Sfeir-Semler Gallery, Hamburg/Beirut, and/
und Galerie Barbara Weiss, Berlin.
   Courtesy Family Servais Collection, pp. 96–101, 140; Courtesy
the Artist and/und Sfeir-Semler Gallery, Hamburg/Beirut, pp. 120,
122; Courtesy Collection Gräfling, p. 121; Courtesy Sammlung W15,
pp. 129–30; Courtesy Stiftung Galerie für Zeitgenössische Kunst
Leipzig, pp. 143, 181–83; Courtesy Artemis Baltoyanni, p. 187; Courtesy
Julius Woeste, p. 191
   "Unfinished Utopias" is a reprint with courtesy of / ist ein Reprint
mit Genehmigung von Christina Schwenkel, "Utopian Housing," in
*Building Socialism: The Afterlife of East German Architecture in
Urban Vietnam*, pp. 161–207. © 2020, Duke University Press. All rights
reserved. Republished by permission of the copyright holder, and
the publisher: www.dukeupress.edu

Kunst Museum Winterthur
Museumstrasse 52
8400 Winterthur
www.kmw.ch
**Kunst Museum
Winterthur**

Director / Direktor: Konrad Bitterli
Curators / Kurator*innen: Lynn Kost, Andrea Lutz,
    Sonja Remensberger, David Schmidhauser
Registrars / Logistik: Andreas Ehmann, Ludmilla Sala
Conservation / Konservatorinnen: Bea Lips, Natalie Prader
Communication and Marketing / Kommunikation und Marketing:
    Melanie Staub, Eva Ruckstuhl
Administration: Claudia Keiser, Markus Schmutz
Controlling / Finanzen: Rita Baur
Education / Vermittlung: Stefanie Bieri, Lucia Angela Cavegn,
    Tiziana Carraro, Eleonor de Pesters, Sonja Remensberger, Theres
    Schwarz-Steiner
Head of Technical Team / Cheftechniker: Pascal Stalder
Technicians / Technik: Joëlle Allet, Soraija Baumgartner,
    Alex Fässler, Ivan Filaferro, Dominik Heim, Heiko Schätzle,
    Marco Wyss, Andrea Züllig
Facility Management / Gebäudeunterhalt: René Geiger (Manager /
    Leiter), Hakan Dogan, Walter Hartmann, Florim Ismajli, Ibrahim
    Özgül, Enzo Strati
Public Service / Besucherservice: Cornelia Cucuzza, Magdalena
    Egg, Lolita Müller, Rose von Niederhäusern, Elsbeth Preiss,
    Katharina Steinemann, Christina Talotti
Museum Guards / Aufsicht: Simone Auer, Seraina Brandes,
    Viviane Breu, Hugo Brito, Regina Brunner, Anita Christinger,
    Nora Gnädinger, Melania Montàn, Katrin Noser, Elisabeth Notter,
    Irene Roost, Antonia Schiavano, Iwona Schumann, Silvia Staub,
    Maria-Luise Ziltener-Fulko
Maintenance / Reinigung: Hanim Dogan, Aminda Dos Santos, Hasibe
    Krasniqi, Nadire Özer, Satu Simsek, Döndü Tas, Elmas Uzun

The Kunst Museum Winterthur is supported by /
    Das Kunst Museum Winterthur wird institutionell gefördert von

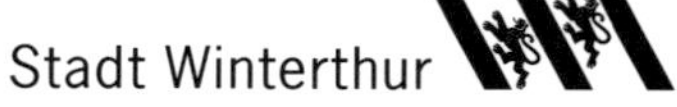

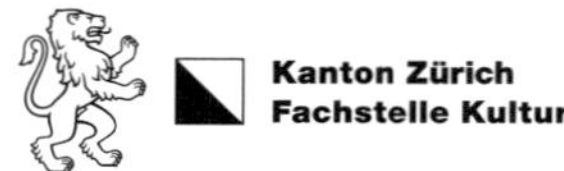

Kunsthalle Nürnberg im KunstKulturQuartier
Lorenzer Strasse 32
90402 Nürnberg
www.kunsthalle.nuernberg.de

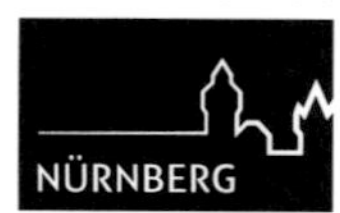

Kunsthalle Nürnberg
im KunstKulturQuartier

Director / Leitung: Dr. Harriet Zilch
Curator / Kuratorin: Dr. Anne Schloen
Registrar / Logistik: Wolfgang Schimmer
Public Relations / Öffentlichkeitsarbeit: Angela Lohrey
Administration: Nadia Bolzonaro, Georgia Burkard-Paschou
Technical Support / Ausstellungs- und Haustechnik: Thomas
    Christochowitz, Michael Erdmann